Rüdiger Henkel
Was treibt den Spion?

Rüdiger Henkel

Was treibt den Spion ?

Spektakuläre Fälle von der „Schönen Sphinx“ bis zum „Bonner Dreigestirn“

Mit 66 Abbildungen

edition q

Die Deutsche Bibliothek – CIP-Einheitsaufnahme

Henkel, Rüdiger:
Was treibt den Spion? : spektakuläre Fälle von der
„Schönen Sphinx“ bis zum „Bonner Dreigestirn“ /
Rüdiger Henkel. - Berlin : Ed. q, 2001
ISBN 3-86124-537-X

Covergestaltung: Barlo Fotografik, Berlin
Abbildungsnachweis am Schluss des Buches

ISBN 3-86124-537-X

Für Siglinde

Inhalt

Vorwort

Die Triebfedern, mich mit Spionen und ihren Motiven zu beschäftigen und schließlich dieses Buch zu schreiben, waren Enttäuschung, Ärger und Neugier. Das bedarf einer Erklärung:

Nachdem ich, im Anschluss an das Abitur, zunächst vier Jahre im Museumswesen sowie, nach entsprechenden Studien, acht Jahre im Schuldienst tätig gewesen bin, arbeitete ich zwischen 1969 und 1998 als höherer Verwaltungsbeamter im Bundesdienst, davon bis 1990 im Bundesministerium für innerdeutsche Beziehungen und ab 1991 im Bundesministerium des Innern. Mein Dienstort war Bonn. In beiden Häusern war ich mit Problemen beschäftigt, die sich aus der deutschen Teilung, den Verhältnissen in der DDR sowie den Beziehungen zwischen den beiden bis 1990 bestehenden deutschen Staaten ergaben.

In der Zeit meiner Bonner Tätigkeit bin ich weder dienstlich noch privat mit gewöhnlichen Kriminellen in Berührung gekommen. Das Gegenteil wäre ja auch verwunderlich gewesen. Doch achtmal während meiner Dienstzeit als Ministerialbeamter erfuhr und erlebte ich, dass Personen, die ich gut kannte und mit denen ich vertrauensvoll kooperierte, als Spione für den Staatssicherheitsdienst der DDR entlarvt und angeklagt wurden.

Ich fand es noch nicht allzu aufregend, dass Irene Schultz, zuletzt Vorzimmerdame des Wissenschaftsministers Leussink, eine allseits beliebte Kollegin und tatkräftige Organisatorin der gemeinsamen Karnevalsfeste mehrerer Ministerien, 1970 verhaftet und 1973 ohne Prozess im Austausch gegen in der DDR inhaftierte westliche Agenten freigelassen wurde. Gravierender fand ich schon, dass 1972 der Gewerkschaftssekretär Wilhelm Gronau verhaftet wurde, der als Referent für innerdeutsche Beziehungen im Bundesvorstand des DGB arbeitete und im innerdeutschen Minsterium ein und aus gegangen war. Auch er wurde ohne Prozess am gleichen Tag wie Irene Schultz im Austausch gegen Westagenten in die DDR abgeschoben.

Noch aus Frankfurt a. Main kannte ich seit 1963 die Eheleute Günter und Christel Guillaume, die ich bis zu ihrer Verhaftung 1974 für verlässliche politische Gesinnungsgenossen und in der Bonner Zeit für gute Bekannte hielt. Besonders mit Günter Guillaume traf ich mich auch privat, um vertraulich Dinge zu besprechen, die uns dienstlich und politisch berührten. Von der Entdeckung und Entlarvung der beiden als Spione der DDR war ich menschlich tief berührt und schwer enttäuscht. 1975 sind sie zu dreizehn beziehungsweise acht Jahren Haft verurteilt worden.

Fregattenkapitän Wilhelm Reichenburg aus dem Bundesministerium der Verteidigung, ein jovialer und geselliger Mann, betreute ehrenamtlich, wie ich auch, geflüchtete Soldaten der Nationalen Volksarmee der DDR, um ihnen ihre soziale Eingliederung in der Bundesrepublik Deutschland zu erleichtern. Als er 1984 verhaftet wurde, war ich zwar auch noch erstaunt und empört über seinen Verrat, aber durch den Fall Guillaume schon abgehärtet. 1985 wurde Reichenburg zu sechs Jahren Haft verurteilt.

Ab 1990 brachten Überläufer aus dem Ministerium für Staatssicherheit der DDR reichlich Beweismaterial für die Spionagetätigkeit von Bonner Beamten mit, die bis dahin den Abwehrorganen nicht aufgefallen waren. Meine Kollegen aus dem inzwischen aufgelösten innerdeutschen Ministerium waren, genau so wie ich, davon überrascht, 1993 unter den Enttarnten auch den Regierungsdirektor Knut Gröndahl zu finden. Durch seine Hände waren jahrelang alle Materialien gegangen, die zur Vorbereitung innerdeutscher Verhandlungen auf den verschiedensten Ebenen benötigt wurden. Gröndahl, der Mitte der siebziger Jahre sogar einmal durch eine Zusammenkunft mit Markus Wolf in Wien geehrt worden ist, erhielt 1996 drei Jahre Haft, denn nach der Wiedervereinigung war besonders das Oberlandesgericht Düsseldorf in außerordentlich milder und gnädiger Stimmung.

Die wahrscheinlich dienstälteste Quelle der kommunistischen Aufklärungsorgane für den Bereich von Nordrhein-Westfalen war Lothar Weirauch, zunächst Landesgeschäftsführer der FDP, später Hauptgeschäftsführer der Partei in Bonn und schließlich bis in die siebziger Jahre Ministerialdirektor im innerdeutschen Ministerium mit unbeschränkter Zugriffsmöglichkeit auf alle Personalakten und großem Einfluss auf Stellenbesetzungen. Ob er damals eine besonders sympathische Persönlichkeit war, kann man unterschiedlich sehen. Unbestreitbar ist jedoch, dass er als fleißiger und pflichtbewusster Beamter galt, der auch den Staatssekretär in dessen Abwesenheit zu vertreten hatte.

Weirauch ist bereits 1948 für die Parteiaufklärung der SED angeworben worden. Das war eine Formation des Parteigeheimdienstes, als es die DDR und das Ministerium für Staatssicherheit noch gar nicht gab. Später ist er von den Mannen des Markus Wolf übernommen und von ihnen als Spion geführt worden. Beobachter des Prozesses gegen Knut Gröndahl erfuhren während der Gerichtsverhandlung, dass die DDR-Behörden über Belastungsmaterial gegen Weirauch aus der nationalsozialistischen Zeit verfügten und ihn damit unter Druck setzen konnten. Seine Taten voll aufzuklären und ihn zur Verantwortung zu ziehen, war nicht mehr möglich, weil Weirauch bereits lange vor der Wiedervereinigung gestorben ist.

Der Letzte im Reigen der mir persönlich gut bekannten DDR-Spione war Armin Hindrichs, zunächst Angestellter im Gesamdeutschen Institut, einer nachgeordneten Behörde des Bundesministeriums für innerdeutsche Beziehungen, seit 1972 Referent in der SPD-Bundestagsfraktion und zuständig für deren deutschlandpolitischen Arbeitskreis. Es lag nahe, dass er ständigen Kontakt zu Kollegen im innerdeutschen Ministerium hielt und dort immer wieder Auskünfte einholte. Als er 1991 verhaftet wurde, blickte er auf eine Spionagetätigkeit von dreißig Jahren (1959-1989) zurück. Erst 1996 wurde auch Hindrichs vom milden Oberlandesgericht Düsseldorf ebenfalls zu drei Jahren Haft verurteilt.

Als ich Mitte der neunziger Jahre die oben genannten Personen wieder einmal im Gedächtnis Revue passieren ließ, begann ich mich ernstlich zu fragen, warum Menschen eigentlich Spionage betreiben, ihre unmittelbare Umgebung hintergehen und Vertrauen missbrauchen. Was veranlasst jemanden, für einen Nachrichtendienst zu arbeiten, in seinem Auftrag Geheimnisse zu ergründen und zu übermitteln oder Desinformationen zu verbreiten? Kurz: Was treibt den Spion?

Die Antwort auf diese Frage habe ich mir nicht leicht gemacht. Keineswegs konnte und wollte ich mich auf meine subjektiven Erlebnisse mit acht Einzelpersonen beschränken. Ich besann mich darauf, dass ich in den Studienfächern Geschichte, Politik und Pädagogik einiges gelernt hatte und sammelte acht Jahre lang systematisch Material. Inzwischen besitze ich ein Archiv mit ungefähr 10.000 deutschen und englischen Zeitungsausschnitten, die nach Personennamen geordnet sind, eine Bildkartei mit ungefähr 700 Bildern, eine umfangreiche Bibliothek mit seriöser Spionageliteratur sowie eine Namenskartei von 2.100 Spionen aus der Zeit vom ausgehenden 17. bis zum Ende des 20. Jahrhunderts.

Außer dem Klarnamen und möglichst dem Vornamen sind auf jeder Karteikarte der Zeitraum der Tätigkeit, die Nationalität des Spions, der Geheimdienst, für den er arbeitete und die Erkenntnisse über die Motive vermerkt. Dabei habe ich 25 verschiedene Spionagemotive festgestellt und den einzelnen Personen bis zu drei Motive zugeordnet. Allerdings gelang das nicht in jedem Fall, weil in der Berichterstattung den Motiven in der Regel sehr wenig Aufmerksamkeit gewidmet wird.

Natürlich handelt ein Spion, wie jeder andere Mensch, nicht nur aus einem einzigen Antrieb, sondern aus einem Motivbündel heraus, wobei ein einzelnes dominierend sein kann. Erschwerend kommt hinzu, dass ein Spion auch nach seiner Enttarnung fast nie die volle Wahrheit offenbart. Das geschieht aus Selbstschutz vor Gericht und selbst nach Verbüßung der Strafe, um sich das spätere Leben erträglich zu gestalten. Manche Spione haben so lange gelogen und ein Doppelleben geführt, dass sie selbst in ihren Memoiren Wahrheit und Unwahrheit nicht mehr voneinander unterscheiden konnten.

Alles, was ich bisher über Spione ausgesagt habe, gilt selbstverständlich auch für Spioninnen. Ich konnte überhaupt feststellen, dass Frauen in diesem Gewerbe unverzichtbar sind und darin schon lange vor ihrer gesetzlichen Emanzipation eine wesentliche Rolle gespielt haben. Wenn ich nicht dauernd von Spioninnen und Spionen schreibe, dann nur aus Gründen der sprachlichen Vereinfachung.

Nachdem ich mein Material durchgearbeitet hatte, stand ich vor der Wahl, entweder eine theoretische Abhandlung mit vielen Tabellen zu verfassen und Fälle höchstens anzudeuten – oder ein Buch vorzulegen, in dem die Einzelfälle im Vordergrund stehen. Ich entschied mich für die zweite Möglichkeit, weil das für die meisten Leser spannender ist. Doch welche Fälle sollte ich auswählen? In bunter Reihe drängen die unterschiedlichsten Persönlichkeiten heran: Minister, Abgeordnete, hohe Offiziere und Beamte, Ingenieure, Kaufleute und Lagerarbeiter, tüchtige Sekretärinnen mit trostlosem Privatleben und begleitet von ihren „Romeos", Schauspielerinnen und Tänzerinnen, gewissenhafte Familienväter und liebevolle Mütter, Patrioten und politische Überzeugungstäter, kluge Damen und Herren der besten Gesellschaft, sowie charakterloses und käufliches Gesindel jeder Sorte.

Ich habe mich einfach für die Fälle entschieden, die mich am meisten interessierten, ohne in diesem Buch mein Reservoir voll ausschöpfen zu können. Für einige prinzipielle Bemerkungen habe ich die Fallschilderungen durch ein Nachwort ergänzt. Wen theoretische Erkenntnisse und Erwägungen langweilen, der braucht es nicht zu lesen, denn die Fälle wirken auch für sich. Wenn aber der Leser durch dieses Buch unterhalten und informiert wird, so habe ich es nicht umsonst geschrieben. Falls die Lektüre sogar zu Erkenntnissen führt, die die Spionageabwehr erleichtern, würde mich das sehr freuen.

Bei den Recherchen erhielt ich vielfältige Unterstützung. Allen, die mir geholfen haben, danke ich herzlich, besonders meiner Schwester Ortrud Lübke in Berlin und meinem Freund Rudolf Rothe in Bonn.

Meckenheim, im Sommer 2001 Rüdiger Henkel

Anmerkung

Die Reihenfolge der Darstellung richtet sich in der Regel nach dem Zeitpunkt, an dem der Spion entdeckt worden ist. Nach jeder Fallschilderung folgen Hinweise. Aus ihnen sind die Belege für den jeweiligen Fall ersichtlich. Bei Zeitungen, die einen fallbezogenen Artikel enthalten, wird stets der volle Titel und das Erscheinungsdatum genannt, bei Zeitschriften, zum Beispiel „Der Spiegel", das Erscheinungsjahr, die Nummer und die Seite angegeben. Bei Büchern erscheinen nur die Nachnamen der Verfasser sowie die Titel in verkürzter Form. Die vollständigen bibliographischen Angaben finden sich im Literaturverzeichnis am Schluss des Buches.

Kaffee als Agentenlohn

Im Jahr 1683 lag ein türkisches Heer von mehr als 200.000 Mann vor Wien, dessen Verteidiger nach zweimonatiger Belagerung in eine kritische Situation gekommen waren. Die Vorräte an Munition und Nahrungsmitteln gingen zur Neige, die Bevölkerung hungerte, Seuchen breiteten sich aus und die Zahl der Verteidiger wurde in den Kämpfen immer stärker dezimiert. Wiens Kapitulation war abzusehen und nichts schien sie aufhalten zu können. In dieser Lage entschloss sich der Stadtkommandant von Wien, Fürst Starhemberg, dem Oberbefehlshaber des kaiserlichen Heeres, Herzog Karl von Lothringen, Nachricht vom Stand der Dinge und von den drohenden Folgen zu geben sowie um schleunigsten Entsatz der Festung zu bitten.

Doch wie und von wem sollte der Belagerungsring der Türken durchbrochen werden? Zur Verteidigung Wiens eingesetzte Soldaten waren dazu nicht in der Lage. Da meldete sich ein ziviler Freiwilliger, der griechisch-katholische Serbe Georg Kolschitzky, ein Kaufmann, der lange in der Türkei gelebt hatte, mit den Bräuchen der Türken vertraut war und ihre Sprache beherrschte. Er bot sich an, zusammen mit seinem Diener Michajlowitsch, als Türken verkleidet, durch die feindlichen Linien zu schleichen, um Starhembergs Bericht an Herzog Karl zu übermitteln.

Das Vorhaben gelang am 14. August 1683. Beide kamen unbehelligt durch den Belagerungsring und drei Tage später nach Wien zurück. Michajlowitsch soll das Unternehmen sogar noch dreimal alleine wiederholt haben. Der Gewinn für die „psychologische Kriegsführung" war in Wien ungeheuer. Die Belagerten erfuhren von der Versammlung des Entsatzheeres und am 9. September 1683 von dessen Anmarsch auf Wien. Die Verteidiger hielten aufgrund der guten Nachrichten aus, obwohl ihre Zahl auf ein Drittel des ursprünglichen Bestandes zusammengeschmolzen war und die Türken bereits große Breschen in die Burgbastei gesprengt hatten. Am 12. September 1683 wurde Wien befreit.

Doch die arm gewordene Stadt und ihr Kommandant hatten ein Problem. Wie sollte Georg Kolschitzky entlohnt und belohnt werden? Man fand einen typisch österreichischen Modus. Bei ihrer hastigen Flucht hatten die Türken in ihrem Lager vor Wien riesige Kaffeevorräte zurückgelassen. Die erhielt Kolschitzky und dazu ein steuerfreies Geschäftslokal, in dem er das erste Kaffeehaus Wiens einrichtete. So kam der Kaffee nach Wien und später ins übrige Europa. Noch heute erinnert die Kolschitzkygasse in Wien an den berühmten Spion, denn das war er zweifellos, hatte er sich doch als Zivilist in „türkischer Uniform" durch die feindlichen Linien geschlichen, um Nachrichten zu übermitteln und damit gegen die Kriegsgesetze verstoßen. In späteren Zeiten hätten viele Spione viel dafür gegeben, in der Erinnerung der Nachwelt so dazustehen wie Georg Kolschitzky. Als erfolgreichen Held ohne moralischen Makel, der von seinen Gegnern nicht erwischt worden ist, lernt ihn noch heute die österreichische Schuljugend kennen.

Hinweise

Lettow-Vorbeck: Weltkriegsspionage, S. 26 f.

Käsebier – Papini – Chapman: Berufsverbrecher als Spione

Der Spion handelt eigentlich wie ein Dieb. Er erschleicht sich Vertrauen und missbraucht es, um zu stehlen. Allerdings stiehlt er nicht Geld, silberne Löffel oder Schmuck, sondern entwendet im Auftrag eines fremden Geheimdienstes Berichte, Pläne, Gebrauchsmuster (zum Beispiel eine neue Waffe) oder auch Gedankengänge, die ihm gesprächsweise anvertraut wurden. Was liegt also näher, als Diebe und Einbrecher anzuwerben, um sie als Spione zu nutzen? Doch unter 2.100 Spionen aus den letzten dreihundert Jahren, deren Motive ich für dieses Buch untersucht habe, fand ich zwar eine ganze Reihe asozialer Typen mit sehr labilem Charakter, aber nur drei Berufsverbrecher. Offenbar verträgt sich die Egozentrik und die unberechenbare Verhaltensweise dieses Personenkreises nicht mit den Anforderungen, die Geheimdienste an die innere und äußere Disziplin ihrer Agenten stellen müssen.

Hinzu kommt, dass ein Vorbestrafter als Spion unbrauchbar ist, weil er in der Regel die Vertrauensstellung gar nicht bekommt, die er braucht, um sich als Agent eines Geheimdienstes betätigen zu können. (Die bisherigen Ausführungen gelten selbstverständlich genauso für spionierende Frauen, die nur aus sprachlichen Gründen nicht dauernd extra erwähnt werden.)

Als Friedrich der Große während des Siebenjährigen Krieges im Sommer 1757 die Stadt Prag belagerte, in die sich die österreichische Armee unter Führung des Herzogs Karl von Lothringen zurückgezogen hatte, blieben alle Anstrengungen erfolglos, die Österreicher zur Übergabe zu zwingen. Trotz schwerer Bombardements und der in der Stadt herrschenden Hungersnot ergaben sich die Verteidiger nicht. Da ließ König Friedrich den später weltberühmten Dieb **Christian Andreas Käsebier** (der Name ist keine Erfindung, der Mann hieß wirklich so) aus dem Stettiner Strafhaus holen. Er sollte sich in die Stadt einschleichen und entweder Nachrichten über die dortigen Zustände bringen oder durch Bestechung von Wachtposten Prag in die Hände der Preußen liefern.

Käsebier wurde am 12. Juni 1757 vor den König gebracht, der ihm seinen Auftrag erklärte, aber gleichzeitig deutlich fühlen ließ, dass er den Dieb verachtete und ihn nur als Werkzeug benutzen wollte. Friedrich versprach ihm im Erfolgsfall die Begnadigung und Geld. Käsebier, der zumindest Respekt vor seinem „fachlichen Können" erwartet hatte und durch die Behandlung deutlich verstimmt war, folgerte mit seinem scharfen Verstand, dass die österreichische Entsatzarmee schon sehr nahe sein müsse, wenn der König ausgerechnet ihn zur Hilfe holen ließ. Als er seine Vermutung laut äußerte, konnte er den erschrockenen Reaktionen von Friedrichs Beratern entnehmen, dass er richtig kombiniert hatte. Folglich kannte er ein für die Preußen gefährliches militärisches Geheimnis und konnte davon ausgehen, dass der König nicht mehr viel Zeit hatte, um Prag zu erobern. Trotz des großen Risikos wollte Friedrich II. den Spion, nachdem er ihn einmal herbeigeholt hatte, auch benutzen. Zu seinen Beratern äußerte er sich dahingehend, dass Käsebier auch in Prag schon einmal wegen Diebstahls verurteilt worden sei und man einem derartigen Subjekt nicht glauben werde, wenn es vage Informationen ohne handfeste Beweise anbieten sollte.

Käsebier schlich sich auftragsgemäß in die Stadt ein, wurde aber dort von einer Prostituierten erkannt, die sich daran erinnerte, dass sie ihn als Kind gesehen hatte, als er am Prager Pranger stand. Obwohl sie sich mit Käsebier einließ, erwies sich die Dame als österreichische Patriotin. Als sie gemeinsam in einer Kneipe saßen, machte sie einen Polizeispitzel lauthals auf den preußischen Spion aufmerksam. Der trat auf Käsebier zu, verhaftete ihn jedoch nicht, sondern zog den Hut und erkundigte sich höflich, ob ihm der Dieb eine Anstellung beim preußischen König verschaffen könne. Der verblüffte Spion erfuhr im Laufe der Unterhaltung, dass die Stadt am Abend an die Preußen übergeben werden sollte, weil weiterer Widerstand aussichtslos geworden war.

Käsebier erkannte schnell, dass er Friedrich dem Großen nichts mehr nützen konnte und eingedenk der Behandlung, die er von ihm erfahren hatte, beschloss er, dem König die Stadt zu stehlen. Er ließ sich vor das österreichische Generalkommando führen und erklärte, was er wusste. Daraufhin wurde die Kapitulation hinausgeschoben und Käsebier in vorläufige Haft genommen, bis sich die Richtigkeit seiner Angaben herausstellte.

Vier Tage später fand die Schlacht bei Kolin statt, in der die Preußen vernichtend geschlagen wurden. Friedrich musste die Belagerung Prags aufgeben. Käsebier wurde von den Österreichern reich belohnt, kaufte sich in Sachsen ein Gut, heiratete und ist zwanzig Jahre später friedlich gestorben.

Nachdem Italien im Juni 1915 auf der Seite der Entente in den Ersten Weltkrieg eingetreten war, ließ eine österreichische Sabotageorganisation das Land nicht mehr zur Ruhe kommen. Am 27. September 1915 detonierte das Schlachtschiff „Benedetto Brin" im Hafen von Brindisi. Daneben wurden drei weitere Schiffe durch Explosionen zerstört. 456 Matrosen starben. Danach vergeht kaum eine Woche ohne neue Anschläge. Im Hafen von Livorno explodiert der mit Dynamit beladene Frachter „Ertrurio". In Ascona werden Flugzeughangars gesprengt. Im Hafen von Genua brennt das Zollgebäude ab. In Neapel verbrennen riesige Lagerhallen mit Versorgungsgütern aus den USA. In La Spezia fliegt ein Güterzug mit Munition in die Luft. Dabei sterben 256 Soldaten und Zivilisten. In Vallegrande explodiert ein weiterer Munitionszug und in der Provinz Vicenza eine Dynamitfabrik.

Das Wasserkraftwerk in Termi wird erheblich beschädigt. Ein Saboteur, der gerade eine Sprengladung am Staudamm des Wasserkraftwerkes Marmare Alte anbringen will, wird verhaftet. Er ist Italiener. Ein weiterer Italiener stellt sich freiwillig der Polizei. Er könne es nicht mit seinem Gewissen vereinbaren, die beiden Staudämme der Wasserwerke von Chiamonte und Sempione zu sprengen.

Die beiden Verhafteten sowie ein Überläufer aus dem österreichischen Geheimdienst, der italienische Rechtsanwalt Livio Bini, bringen die Abwehr im Mai 1916 auf die Spur zur Sabotagezentrale. Es ist das österreichische Konsulat in Zürich. Konsul Rudolf Mayer ist in Wirklichkeit Offizier der österreichischen Marine und verfügt über ungeheure Geldmittel aus dem Evidenzbüro (Zentrale für Spionage und Gegenspionage in Wien, seit Kriegsbeginn auch für Sabotageakte zuständig). Konsul Mayer plant in seinem Büro die Sabotageaktionen und beauftragt die Agenten. Folgerichtig organisiert der italienische Geheimdienst einen Einbruch in Mayers Konsulatsbüro, um aus dem dortigen Panzerschrank die Namenslisten der Agenten und die Sabotagepläne zu stehlen. Die Zeit drängt, denn am 2. August 1916 explodiert in der Bucht von Tarent das Schlachtschiff „Leonardo da Vinci“, eines der modernsten Schiffe der italienischen Flotte.

Was nun folgt, ist trotz des Ernstes der Angelegenheit sehr komisch. Rechtsanwalt Livio Bini kennt die Lage und die Einrichtungen des Büros genau, weil er in Zürich lebt und mit Konsul Mayer gut befreundet ist. Er kann in den Räumen ein und aus gehen und keine Veränderung, zum Beispiel der Einbau einer weiteren Sicherungstür, entgeht ihm.

Italienische Diplomaten machen aus ihrer Botschaft in Bern eine Lagerstätte für Einbruchswerkzeuge und Nachschlüssel, vor allem aber ein Quartier für Agenten, die die Einzelheiten des Zürcher Coups planen. Italienische Marineoffiziere besorgen Gasflaschen und Schneidbrenner, andere stellen die Zeiten fest, in denen die Nachtwächter ihre Runde machen, Diplomaten und Konsularbeamte werden zum Schmierestehen und zum Abtransport der Beute eingeteilt. Doch keiner der patriotischen Soldaten und Beamten ist in der Lage, einen Panzerschrank aufzuschweißen. Folglich wird die italienische Polizei gefragt. Sie hat gerade einen Fachmann vorrätig. Er heißt **Natale Papini,** sitzt wegen eines Bankeinbruchs im Gefängnis von Livorno und ist, nach Ansicht der Polizei, Italiens bester Safeknacker.

Papini, ein 35 Jahre alter Schlossermeister, hat keine patriotischen Anwandlungen. Die vielen Sprengstoffanschläge in seinem Vaterland und der Kriegszustand überhaupt berühren ihn offensichtlich kaum, denn für seine Teilnahme am staatlich sanktionierten Einbruch stellt er folgende Bedingungen:

– Streichung sämtlicher Vorstrafen aus dem Strafregister.

– Befreiung von jedem künftigen Militärdienst.

– Ein Honorar in Höhe aller Wertsachen und Bargeldbestände, die er im geknackten Safe findet.

Dem italienischen Geheimdienst bleibt nichts anderes übrig, als auf die Forderungen einzugehen. Der Feinmechaniker Remigio Bronzin aus Triest wird ihm sogar noch als Gehilfe beigegeben.

In der Nacht zum Sonnabend, dem 24. Februar 1917, ist Karneval in Zürich,

Natale Papini

der, wie überall in der neutralen Schweiz, trotz des Weltkrieges ringsumher, ausgiebig gefeiert wird. Die Nachtwächter nehmen ihre Rundgänge in den Bürohäusern nicht sehr genau und auch die Polizei ist in Feierlaune. Unter den wachsamen Augen und mit tätiger Anteilnahme italienischer Geheimdienstler gehen Papini und Bronzin ans Werk. Es gelingt. Der Inhalt des Panzerschranks wird erbeutet, in die italienische Botschaft nach Bern gebracht und gelangt am nächsten Tag als Diplomatengepäck nach Italien. Weitere Sprengstoffanschläge wurden unterbunden und der österreichische Geheimdienst konnte sich von dieser Schlappe im Ersten Weltkrieg nicht mehr erholen.

Als die deutsche Wehrmacht im Zweiten Weltkrieg nach der Niederlage Frankreichs 1940 auch die zu Großbritannien gehörende Insel Jersey besetzte, fiel ihr im dortigen Gefängnis **Edward Chapman** in die Hände. Er war 1939 als Soldat der britischen Goldstream Guards desertiert, konnte gut mit Sprengstoffen umgehen und hatte sich als Safeknacker betätigt. Die Deutschen brachten ihn nach Nantes in Frankreich und ließen ihn sorgfältig als Spion und Saboteur ausbilden. Er lernte Funken, Fallschirmspringen und viele andere Dinge, die ein Agent notwendig braucht, um seine Aufgaben zu erfüllen und um zu überleben.

Mit dem Auftrag, einen Sabotageakt auf die de Havilland-Flugzeugwerke in Hatfield, Grafschaft Hertfordshire, zu verüben, sprang Chapman im Dezember 1942 aus einem deutschen Flugzeug über England ab. Dort wurde er jedoch bereits erwartet, denn die britische Gegenspionage war über ihn recht gut unterrichtet, weil sie den deutschen Funkverkehr abhören und entschlüsseln konnte, möglicherweise aber auch eine Quelle in Deutschland hatte. Allerdings wartete Chapman nicht, bis er verhaftet wurde, sondern stellte sich sofort nach seinem Eintreffen der Polizei und der Spionageabwehr. Er brachte einen Nachrichtenfragebogen sowie ein Funkgerät mit und berichtete über seinen Sabotageauftrag. Zur Begründung seines Frontwechsels erklärte er, dass er sich mit den Deutschen nur eingelassen habe, um aus dem Gefängnis freizukommen und wieder nach England zu gelangen.

Edward Chapman

Sir John Masterman, Leiter des wichtigen britischen Spionageunternehmens „Doppelspiel“ (Doublecross), gab ihm den Decknamen „Zickzack“ (Zigzag) und berichtete später über ihn:

„So wussten wir sogar, dass er durch seine Zahnprothese identifiziert werden konnte, weil seine Abreise infolge eines Unfalls bei seinem Fallschirmtraining verschoben worden war; er hatte sich in Zahnbehandlung begeben müssen. Wir wussten wirklich recht viel über ihn: Er würde im Besitz von zwei Identitätskarten sein, wir kannten seine Ausrüstung in allen Einzelheiten und wussten, dass er als ersten Auftrag einen Sabotageakt auszuführen hatte. Nicht aber wussten wir, ob er tatsächlich auf unserer Seite stand oder auf der Seite der Deutschen. Sein Verhalten bei der Ankunft überzeugte uns jedoch davon, dass er auf der unseren stand.“[1]

Um die deutsche Seite gründlich zu täuschen, durfte Chapman unter Aufsicht funken, denn man erwartete von ihm Wettermeldungen, Informationen über die eintreffenden amerikanischen Truppen, den Schiffbau und den Verkehr in Großbritannien. Für die Erfüllung seines Sabotageauftrages hatte man ihm Sprengmittel mitgegeben und eine Belohnung von 15.000 Pfund versprochen. Innerhalb einiger Wochen sollte er zurückkehren, entweder als englischer Matrose über Portugal oder über Irland, vielleicht auch mit Hilfe eines deutschen U-Bootes, das ihn abholt. Danach sollte er in die USA gehen, um dort Spionage- und Sabotageunternehmen zu leiten.

Der britische Geheimdienst selbst ließ nun Sprengungen in den Flugzeugwerken vornehmen, die aus der Luft sichtbar waren und über die die Deutschen nicht nur von Zickzack unterrichtet wurden. So durfte sich die britische Presse lautstark über die Unfähigkeit der Sicherheitsbehörden empören, die nicht einmal Sabotageakte im Inland verhindern konnten.

Anschließend wurde Zickzacks „Flucht“ oerganisiert. Als Steward auf der „City of Lancaster“ gelangte er nach Lissabon (Portugal nahm am Krieg nicht teil). Dort ging er an Land und nahm Verbindung zu den Deutschen auf. Um sich ihnen weiterhin als ihr Parteigänger zu präsentieren, verlangte er als Kohlestücke getarnte Sprengstoffpäckchen, die er in den Brennstoffkammern zurücklassen wollte, bevor er das Schiff verließ. Er erhielt die Päckchen, händigte sie jedoch dem Kapitän aus, bevor er auftragsgemäß desertierte.

In Deutschland wurde Zickzack hervorragend empfangen, belohnt und ausgezeichnet. Nach Mastermans Ansicht behandelten die Deutschen ihn psychologisch geschickt. So befriedigte man seine Eitelkeit dadurch, dass man mit ihm im Offizierskasino in Nantes verkehrte und der

Leiter der dortigen Abwehrstelle sich freundschaftlich um ihn kümmerte.

1944 hörten die Briten wieder von Zickzack. Zuerst gelangten Nachrichten über einen rätselhaften Mann in Oslo nach London, der mit lauter Stimme schlechtes Deutsch sprach, einen grauen Tweedanzug trug, zwei Goldzähne blitzen ließ und eine Privatyacht besaß. Dann kam er persönlich.

„Ende Juni wurde er zum zweiten Mal in Cambridgeshire mit Fallschirm abgesetzt, mit zwei Funkgeräten, einigen Kameras, 600 Pfund und Instruktionen für eine Spionagemission ausgerüstet. Er war, seit er uns verlassen hatte, von seinen deutschen Chefs fürstlich behandelt worden und hatte die meiste Zeit als eine Art ehrenamtlicher Berater für Sabotagemethoden bei der Abwehrstelle in Oslo verbracht. Er war sehr großzügig bezahlt worden und hatte, zumindest seiner Ansicht nach, den Feind bestens getäuscht.“[2]

Zickzack sollte seinen deutschen Auftraggebern vor allem über die Treffgenauigkeit und den Schadenseffekt der fliegenden Bombe V 1 und der Rakete V 2 berichten. Kontrolliert von britischen Fachleuten setzte er gefälschte Zielmeldungen ab, um die Raketen von Churchills Hauptquartier fern zu halten. Der Beschuss ging jedoch weiter, aber die Einschläge erfolgten nun nicht auf freiem Feld, sondern in den dicht besiedelten Londoner Arbeiterbezirken. Außerdem begann Zickzack über seine Abenteuer und seine Erfolge in den Londoner Kneipen zu reden, so dass ihn der Secret Service bis Kriegsende komfortabel aber sicher einsperren lassen musste.

Danach durfte er weiter am Rande der vornehmen Gesellschaft Londons seine Geschichten erzählen. Er soll in den Besitz eines Rolls Royce und einer Gesundheitsfarm gekommen sein, habe dann als Vertreter einer holländischen Baufirma in Westafrika gearbeitet und schließlich ein Büro in Tanger eröffnet, in dem Spionageauftäge für die kommunistischen Ostblockstaaten erledigt worden sein sollen.

Käsebier, Papini und Chapman haben Memoiren geschrieben. Dichter, Schriftsteller und Drehbuchautoren haben die drei Herren gewürdigt. Nach Egon Erwin Kischs Angaben im „Prager Pitaval“ haben sich Gottfried August Bürger, Johann Gottfried Seume und Georg Christoph Lichtenberg mit Käsebier befasst. Nicht zu vergessen ist Kisch selbst, der über ihn nicht nur in seinen Reportagen berichtet, sondern auch das Theaterstück „Die gestohlene Stadt“ geschrieben hat. Die DDR-Filmgesellschaft DEFA sorgte 1972 für Käsebiers Nachruhm durch den Film „Die gestohlene Schlacht“ mit Manfred Krug in der Hauptrolle.

Über Papini wurde in Italien ein Film gedreht, und von Edward Chapman, dem großen Zickzack, erzählt der Film „Spion zwischen zwei Fronten" aus dem Jahr 1967, eine internationale Coproduktion mit Yul Brynner, Christopher Plummer, Gert Fröbe, Romy Schneider und anderen.

Der Nachhall in der Literatur und im Kino mag sehr unterhaltsam sein, hat jedoch mit der historischen Wahrheit nicht viel zu tun. Vor allem kann er nicht darüber hinwegtäuschen, dass alle drei Berufsverbrecher waren, deren Einsatz für die ursprünglichen Auftraggeber ein unkalkulierbares Risiko darstellte. Käsebier schadete Friedrich dem Großen. Papinis Einsatz war nur deshalb ein Erfolg, weil der italienische Geheimdienst ihn auf die Aufgabe beschränkt hatte, den Safe im Konsulatsbüro zu knacken, ihm aber vor und nach der „Arbeit" keinen unbeobachteten Schritt gestattete. Ob bei Chapman auch ein patriotisches Gefühl mitschwang, als er sich, zumindest vorwiegend, für die Zusammenarbeit mit dem britischen Secret Service entschied, bleibt zweifelhaft. Auf jeden Fall konnte er 1942, beim ersten Fallschirmabsprung über England, schon ziemlich klar erkennen, welche Seite den Krieg gewinnen würde.

Motive der drei Männer waren die Aussicht auf Haftentlassung und hohe Belohnungen sowie Abenteuerlust und Geltungsdrang. Ein uneigennütziges Motiv oder zumindest geschäftliche Redlichkeit war von Leuten ihres Schlages nicht zu erwarten.

1 Masterman: Unternehmen Doppelspiel, S. 143
2 Ebd., S. 197

Hinweise

Zu Käsebier

Kisch: Käsebier und Fridericus Rex. In: Prager Pitaval.

Zu Papini

Piekalkiewicz: Weltgeschichte der Spionage, S. 281 ff.

Zu Chapman

Masterman: Unternehmen Doppelspiel, S. 143 ff., S. 154 f. und S. 197 f. / Brown: Die unsichtbare Front, S. 672 f. / Der Spiegel 1954/32/5

Wilhelm Stieber – Agent aus Leidenschaft

Wilhelm Johann Carl Eduard Stieber wurde am 3. Mai 1818 als Sohn eines preußischen Subalternbeamten in Merseburg geboren. Die Herkunft der Mutter aus einer begüterten englischen Familie ermöglichte eine Lebenshaltung in sorgenfreier Wohlhabenheit. Nachdem der Vater 1820 zum Inspektor im preußischen Kirchenministerium avanciert war, zog er mit seinen Angehörigen nach Berlin um. Sohn Wilhelm wurde Schüler des berühmten Gymnasiums „Zum Grauen Kloster" und nach bestandenem Abitur dazu ausersehen, evangelischer Geistlicher zu werden.

Während er sich nach Meinung des Vaters fleißig der Theologie zuwandte, studierte Wilhelm in Wirklichkeit Jura. Um sich jedoch die väterlichen Zuschüsse zu erhalten, erwähnte er seinen Fakultätswechsel zu Hause nicht, legte in seinem Studierzimmer Kanzelreden aus, die er aus dem Predigtbuch eines Kommilitonen abgeschrieben hatte und hielt, noch als Student, an einem Sonntag in der Berliner Hofkirche eine eindrucksvolle Predigt, als er den kranken Pfarrer vertrat. In Anwesenheit der stolzen Eltern und im Beisein von König Friedrich Wilhelm IV. sprach Wilhelm Stieber, angetan mit schwarzem Talar und weißem Bäffchen, zum Thema: „Welche Strafen erwarten den Christen für die Sünde der Lüge?"

Nach Stiebers Beobachtung schlief der König während der Predigt mit offenen Augen. Als sie zu Ende war, erhob er sich schnell, winkte dem Prediger huldvoll zu und verschwand mit seinem Gefolge. Am Abend des ereignisreichen Tages gestand der zu den schönsten Hoffnungen berechtigende Kanzelredner seinen Eltern, dass er Jura studiere und keine Aussicht bestünde, ein theologisches Examen abzulegen. Stieber schrieb in seinen nachgelassenen Papieren:

„Als mein Vater damit die Wahrheit erfuhr, brach er zusammen, verstieß mich aus seinem Hause und entzog mir jeden Zuschuss zu weiterem Studium. Ich wurde dadurch gezwungen, mir fortan durch Schreiberdienst bei dem Kriminalgericht zu Berlin und den Polizeibüros die Mittel für meine Existenz und meine weiteren juristischen Studien zu verdienen. Und während dieser Tätigkeit gelangte ich erstmals mit Kriminalkommissaren des Berliner Polizeipräsidiums in Fühlung, welche mich auf ihre Streifzüge zur Aufklärung von Straftaten und Verhaftung von Verbrechern mitnahmen. Diese abenteuerreiche Tätigkeit erschien mir auf einmal um so viel erstrebenswerter als die trockene Beschäftigung bei Gericht, dass ich nach meinem mit Auszeichnung bestandenen Referendariatsexamen beantragte, bei der … Kriminalabteilung des Berliner Polizeipräsidiums als Kommissar einzutreten, welches Gesuch mir 1844 … genehmigt wurde."[1]

Wilhelm Stieber

Wilhelm Stieber war und blieb ein unsympathischer Mensch. Er wusste das und es störte ihn nicht. Viele verachteten ihn, nicht zuletzt Karl Marx. Liebe und Zuneigung schien er nicht zu vermissen, denn um Freunde bemühte er sich nicht. Stiebers Begabung und lebenslange Leidenschaft war es, jedem Menschen hinter das Gesicht zu sehen, geheime Gedanken und Gefühle zu eruieren, Absichten und Handlungen rechtzeitig zu erkennen und gegebenenfalls zu konterkarieren. Sein Aussehen und Auftreten konnte er vielseitig variieren, seine eigentlichen Tätigkeiten und Ziele geschickt verbergen. Er vergaß und vergab nichts. Missliebigen vernichtete er die bürgerliche Existenz und Reputation.

Mit diesen Gaben hätte er auch Falschspieler oder Hochstapler werden können, doch er hatte sich für die Beamtenlaufbahn entschieden und diente im Laufe seines Lebens auf ungewöhnliche Weise dem preußischen Staat. Persönliche Aufträge erhielt er von König Friedrich Wilhelm IV., Kaiser Wilhelm I. und Bismarck, die es allerdings stets vermieden, sich öffentlich mit ihm zu zeigen oder sich demonstrativ für ihn einzusetzen, wenn er in Schwierigkeiten kam.

Trotz hoher Gunst war Stieber aber auch stolz auf seine kleinen Anfänge. Als Kriminalkommissar entdeckte er auf einem Spaziergang in der Umgebung Berlins den Unterschlupf einer berüchtigten Räuberbande, die friedlich im Wald in einer Höhle schnarchte, und sorgte für deren Verhaftung.

1845 begab er sich im Polizeiauftrag, als Landschafts- und Porträtmaler Wilhelm Schmidt getarnt, nach Schlesien. Weil er tatsächlich ansprechend und mit Talent malte, erregte er keinerlei Misstrauen und jedem war plausibel, dass er in der Hirschberger Gegend von Ort zu Ort reiste, um Menschen und Dinge zu beobachten und zu skizzieren. Seine eigentliche Aufgabe war jedoch, die Anführer und Mitglieder einer Geheimgesellschaft zu finden und zu überführen, die sich die Enteignung und gegebenenfalls die Ermordung aller Reichen zum Ziel gesetzt hatte.

Stieber berichtete über seine Beobachtungen und erhielt den Befehl, alle verdächtigen Personen sofort zu verhaften. Er selbst hatte für eine Fortsetzung der geheimen Beobachtungen plädiert, weil er die Beweislage noch nicht für ausreichend hielt, um eine gerichtliche Verurteilung zu erreichen. Die spätere Entwicklung gab ihm recht. Der Hauptverdächtige musste aus Mangel an Beweisen freigesprochen werden, aber durch die Gerichtsverhandlungen wurden Stiebers geheimpolizeiliche Methoden in der Öffentlichkeit bekannt und am Vorabend der bürgerlichen Revolution von 1848 mit verachtungsvoller Ablehnung kommentiert. Die volle Wahrheit schreibt Stieber selbst in seinen nachgelassenen Papieren nicht immer. In seinem Hang zur eitlen Selbststilisierung schreckt er auch vor Lügen nicht zurück, die leicht zu entlarven sind. Dafür ein Beispiel:

Am 18. und 19. März 1848 kam es in Berlin zu heftigen Barrikadenkämpfen zwischen preußischen Truppen und den bürgerlichen Revolutionären. Die Auseinandersetzungen forderten auf Seiten der Bürger 290 Todesopfer, die auf dem Schlossplatz aufgebahrt wurden. König Friedrich Wilhelm IV. sah sich genötigt, auf einen Balkon des Schlosses herauszutreten und sich vor diesen Märzgefallenen zu verneigen. Um die Volksstimmung zu beruhigen, unternahm er zwei Tage später, mit einer schwarz-rot-goldenen Armbinde und einer gleichfarbigen Kokarde geschmückt, alleine einen Umritt durch Berlin. Soweit die Fakten. Stieber schrieb dazu:

„Bloß durch einen Zufall kam ich gerade recht, als der einsame königliche Reiter während seiner ebenso gefährlichen wie weltfremden Unternehmung von immer mehr lärmendem Volke umringt ward und endlich Gefahr lief, vom Pferde gestoßen zu werden. Kurz entschlossen sprang ich hinzu, entriss dem anstürmenden Führer einer lärmenden Rotte sein schwarz-rot-goldenes Banner und bahnte, dessen Tuch hin und her schwenkend, dem königlichen Pferde mit Mühe und Not eine Gasse durch die immer wilder dagegen anbrandende Volksmenge.

Doch erst, als ich in einem fort aus Leibeskräften ausrief: ‚Der König ist auf eurer Seite – Platz eurem Könige!‘, gelang es mir endlich, den Reiter, welchem auf seinem Tiere, das jeden Augenblick zu scheuen drohte, Schweißtropfen über das Antlitz rannen, hinter das massive Schlosstor in Sicherheit zu ziehen. Dessen Flügel konnten die dort postierten Wachsoldaten, selber vom Volke bedrängt, eben noch hinter ihrem Herrscher zuwerfen …“[2]

Laut Stieber geschah nun folgendes: Im Schloss angekommen, wurde der bewusstlose Reiter von seinem Pferd gezogen und von Soldaten zu einem anwesenden Arzt getragen, der dem „König" den angeklebten Bart abzog, so dass sich der Reiter als ein bekannter Berliner Schauspieler entpuppte, der dem König sehr ähnlich sah und den Friedrich Wilhelm IV. veranlasst hatte, an seiner Stelle durch Berlin zu reiten. Der echte König bedankte sich überschwänglich bei Stieber, erinnerte sich an dessen Predigt in der Berliner Hofkirche sowie an seine späteren Erfolge als Polizeiagent und ernannte ihn mit sofortiger Wirkung zum Direktor der Berliner Kriminalpolizei.

An dieser Geschichte stimmt nichts. Stieber betätigte sich 1848 vorübergehend gar nicht im Staatsdienst, sondern als freier Strafverteidiger. Der König ist selbst durch die Stadt geritten. Die Berliner Bevölkerung empfing ihn freundlich und war teilweise durch seine Geste gerührt. Das Schloss wurde in diesen Tagen nicht von Soldaten, sondern von der Berliner Bürgerwehr bewacht. Einem Schauspieler, der den König darstellen sollte, einen Bart anzukleben und wieder abzunehmen, war schon deshalb unnötig, weil Friedrich Wilhelm IV. gar keinen Bart trug. Alle zeitgenössischen Bilder beweisen es. Dass der echte König sich an die viele Jahre zurückliegende Predigt erinnert hat, ist unwahrscheinlich, zumal er, laut Stieber, während der Darbietung geschlafen hat. Offensichtlich konnte Stieber, wie viele andere namhafte Spione auch, in nachgelassenen Memoiren Fakten und phantastische Wunschträume nicht mehr auseinanderhalten. Deshalb darf man nur dann auf seine Schilderungen zurückgreifen, wenn sie auch von anderer Seite bestätigt und dadurch zumindest glaubhaft werden.

1850 gab der preußische Innenminister dem inzwischen reaktivierten Stieber den Auftrag, mit dessen Erledigung er in die deutsche Geschichte eingegangen ist. Er sollte die Umtriebe des „Bundes der Kommunisten" aufdecken, dessen programmatischer Vordenker Karl Marx in London war. Über das, was nun geschah, gibt es keine vollständige Klarheit.

Leopold Auerbach, der schon 1884 die hinterlassenen Papiere des Agenten in stark bearbeiteter Form referierend veröffentlicht hat, geht davon aus, dass Stieber mit Hilfe anderer Agenten in London in den Besitz der Zentralkartei und anderer Materialien gekommen sei, die im Kölner „Kommunistenprozess" von 1852 eine Rolle als Beweismaterial gespielt haben.

Karl Marx behauptet in einer „Erklärung zum Abschluss des Kölner Prozesses"[3] sogar, dass Stiebers Agenten sich Beweismaterial durch einen Einbruch in die Londoner Wohnung von Oswald Dietz, einem Mitglied des Kommunistenbundes, beschafft hätten.

Stieber behauptet dagegen, selbst in London Marx und Dietz überlistet und die belastenden Papiere erhalten zu haben. Im Gegensatz zu der Episode mit Friedrich Wilhelm IV. ist diese Behauptung glaubhaft, weil er in seinem Nachlass ein Bild von Marx gezeichnet hat, das auf persönlicher Bekanntschaft zu beruhen scheint und sich mit Beschreibungen deckt, die andere Personen über das Wesen des revolutionären Theoretikers verfasst haben.

Glauben wir Stieber, so hat er 1851 Marx in London aufgesucht, sich ihm als Redakteur einer medizinischen Zeitschrift und Sympathisant des Kommunistenbundes vorgestellt, der aus politischen Gründen sein Medizinstudium in Deutschland abbrechen musste. Der äußerst egozentrische Marx hielt ihm daraufhin einen langen Monolog über die Notwendigkeit, die kapitalististische Produktionsweise abzuschaffen und die Arbeiterklasse zum Eigentümer der Produktionsmittel zu machen. Er schenkte Stieber ein Exemplar des „Kommunistischen Manifests" mit persönlicher Widmung und eigenhändiger Unterschrift. Der Agent und angebliche Medizinstudent versprach als Gegenleistung, dem Revolutionär eine Tinktur zu brauen, die dessen ständige Hämorrhoidalschmerzen lindern sollte. Marx entließ seinen Besucher in bestem Einvernehmen und in der Erwartung, ihn bald wiederzusehen.

Stieber begab sich nun schnurstracks zu Oswald Dietz, einem weiteren Mitglied des Kommunistenbundes. Von ihm wusste er, dass er die Mitgliederkartei und das Archiv der Vereinigung verwaltete. Außerdem war Dietz Apotheker von Beruf und hatte für Marx bisher die Hämorrhoidentinktur hergestellt. Stieber erklärte dem Dietz, dass Marx sehr krank sei und übergab ihm einen Zettel, auf dem stand: „Bitte mir sofort Arznei und Registratur bringen!" Darunter die Unterschrift von Karl Marx, die Stieber nach der Widmung im geschenkten „Kommunistischen Manifest" gefälscht hatte.

Dietz tat, was ihm aufgetragen worden war, braute die Tinktur, verpackte die Materialien in einen Leinensack und ging mit Stieber zu dem Haus, in dem Marx lebte. Der Agent, von dem Dietz annahm, dass er tatsächlich Arzt sei, ging zunächst alleine zur Dachgeschosswohnung von Marx hinauf und ließ seinen Begleiter unten warten. An der Wohnungstür klingelte er jedoch nicht, sondern ging nach einer Weile wieder die Treppe hinunter. Unten erklärte er Dietz:

„... dass mein in seinem Bette ruhender Patient niemand sehen wolle und ihn, Dietz, bitte, das Mitgebrachte an mich, den behandelnden Arzt auszuhänden, was Dietz zufolge meines selbstgewissen und respektheischenden Auftretens auch tatsächlich befolgte.

Ich verabschiedete den Dietz hierauf, ihm ausdrücklich einschärfend, nicht eher als nach drei Tagen erneut den ruhebedürftigen Kranken aufzusuchen, und begab mich sodann abermals, diesmal mit der Arzneiflasche und dem Leinensack in Händen nach Marxens Wohnung hinauf.

Dietz verließ gleich darauf das Haus, und ich verfolgte ihn aus einem Dachfenster mit meinen Blicken, bis er außer Sichtweite war. Sodann verließ ich mit meiner endlich erlangten Beute Marxens Haus, und zwar gemessenen Schrittes, um nicht durch rasches Flüchten Aufsehen zu erregen.“[4]

Die Materialien von Dietz, besonders die Mitgliederkartei, waren eine wertvolle Grundlage für anschließende Fahndungen und Haussuchungen sowie für zahlreiche Festnahmen von Mitgliedern und Anhängern des Kommunistenbundes in Deutschland und Frankreich. Die englische liberale Gesetzgebung verbot ein vergleichbares Vorgehen in Großbritannien, so dass Marx und seine Anhänger dort geschützt waren.

Beim Kölner Kommunistenprozess 1852 war Stieber ein Kronzeuge der Anklage, die sich auch auf das von ihm erbeutete Material stützte. Marx beschimpfte ihn weidlich in seinen verquollen und unklar geschriebenen „Enthüllungen über den Kommunisten-Prozess zu Köln"[5], erwähnt aber einen Besuch Stiebers in seiner Wohnung nicht. Trotzdem spricht viel dafür, dass er tatsächlich stattgefunden hat, denn Stieber war immer davon überzeugt, dass er selbst sein bester Agent sei. Die hinterlassene plastische Beschreibung von Karl Marx spricht ebenfalls für eine persönliche Bekanntschaft. Marx seinerseits hätte sich unsterblich vor seinen Genossen blamiert, wenn er zugegeben hätte, auf den Agenten hereingefallen zu sein.

Die weiteren Taten und Untaten unseres Helden können hier nur summarisch erwähnt werden. In Berlin gründete er eine aus Polizisten bestehende Hehlerbande, die Diebesgut lagerte und sich die Lieferanten gut merkte. Die „Arbeit“ der Polizisten finanzierte er, indem er sich von einem befreundeten Bankier Kreditvorschüsse auf sein Gehalt auszahlen ließ. Als sein Kredit erschöpft war, ließ Stieber dreißig Diebe auf einen Schlag verhaften und aufgrund der gesammelten Beweismittel verurteilen.

Nachdem ihm die Existenz eines Bordells in der preußischen Hauptstadt bekannt geworden war, in dem auch minderjährige Mädchen an Männer der höchsten Gesellschaftskreise verkuppelt wurden, ließ er das Etablissement nicht schließen, sondern unter seiner Aufsicht weiter betreiben. Die Wirtin wurde zu einer ihm verpflichteten Unteragentin, die ihn mit vielen Informationen belieferte, auch über eigene Vorgesetzte. Als man Stieber unter dem dringenden Verdacht des Amtsmissbrauches verhaftete, floh er aus dem Gefängnis, verbarg sich bei der Bordellwirtin und schrieb Briefe an die Berliner Zeitungen, in denen er mit Aktenzitaten nachwies, dass er alle ihm zur Last gelegten gesetzwidrigen Handlungen nicht aus eigener Machtvollkommenheit, sondern auf Weisung seiner Vorgesetzten begangen hatte.

Stieber wurde flugs rehabilitiert, jedoch als Beamter zur Disposition gestellt, weil er als ranghoher Kriminalist in der Öffentlichkeit nicht mehr tragbar war. Bismarck nahm sich seiner an und betraute ihn mit dem Aufbau eines Agentennetzes in Österreich. Der Krieg von 1866 zwischen dem auszuspähenden Staat und Preußen um die Vorherrschaft in Deutschland stand bevor und Stieber musste für kriegswichtige Informationen sorgen. Die Agenten, die er anwarb, waren ausschließlich Österreicher, beobachteten nur ein genau abgestecktes Gebiet und hatten als Journalisten, Kunstmaler oder Wanderarbeiter unverfängliche Gründe für zahlreiche Reisen.

Bezahlt wurden die Spione vorwiegend mit Falschgeld, das Stieber von den besten Fälschern herstellen ließ, die er in den preußischen Gefängnissen auftreiben konnte. Er ließ nur so viele Falsifikate herstellen, wie er für seine großzügigen Honorare brauchte, jedoch nicht so hohe Summen, dass die östereichische Währung ernsthaft gefährdet werden konnte.

Im Deutsch-Französischen Krieg 1870/71 überzog Stieber Frankreich mit einem noch wirkungsvolleren Spionagenetz. Falschgeld brauchte er nun nicht mehr, weil Bismarck inzwischen im Königreich Hannover den riesigen Schatz des preußenfeindlichen Welfenkönigs beschlagnahmt hatte und daraus alle Summen anwies, die Stieber zur Bezahlung seiner Spione benötigte.

Als die deutschen Belagerer von Paris beobachteten, dass die Franzosen laufend Brieftauben aufstiegen ließen, die Nachrichten in unbesetzte französische Gebiete brachten, sorgte Stieber dafür, dass Jagdfalken an die Front vor Paris geschafft wurden. Sie stiegen auf und töteten jede Taube, die sich am Himmel zeigte.

Schließlich reiste Jules Favre, Vizepräsident und Außenminister der französischen Regierung, aus Paris ins deutsche Hauptquartier nach Versailles und bat um Frieden. Stieber hieß ihn willkommen und stellte ihm sein eigenes Quartier zur Verfügung. Allen Feldpolizisten, die für ihn Büroarbeiten erledigten, befahl er, Zivilkleidung anzulegen und als Diener des französischen Gastes zu fungieren. Auf diese Weise entging ihm nichts, was Favre tat, mit seinen Vertrauten besprach oder über den Verlauf der Verhandlungen nach Paris berichtete.

Im Frieden vor und nach dem Deutsch-Französischen Krieg sorgte Stieber für die persönliche Sicherheit von Bismarck und Kaiser Wilhelm I. Beide fuhren nach seinen Plänen in unauffälligen Mietdroschken auf ständig wechselnden Fahrtrouten zu ihren jeweiligen Reisezielen. Gleichzeitig rollten die prunkvollen Staatskarossen durch die großen Straßen Berlins. In ihren weitgehend verdeckten Coupés saßen Holzpuppen, die die Kleidung des Kaisers und des Reichskanzlers trugen. Auf diese Weise sollten Attentate verhindert oder erschwert werden.

Zwischen 1860 und 1874 fand Stieber sogar noch Zeit, aufgrund privatrechtlicher Vereinbarungen als geheimer Sicherheitsberater des russischen Zaren zu arbeiten. Er hatte vor allem auf potenzielle Attentäter bei dessen Auslandsreisen zu achten.

Als Privatmann führte der Agent ein glückliches Familienleben. Seiner Ehe entsprossen einundzwanzig Kinder, von denen allerdings nur zehn den Vater überlebten.[6] Stieber litt in seinen letzten Lebensjahren stark an Gicht, was seine Arbeitsfähigkeit und Spannkraft stark beeinträchtigte. Am 29. Januar 1882 starb er.

Das Leben und Treiben dieses Mannes vollständig aufzuklären, wird wohl nicht mehr gelingen. Seine nachgelassenen Papiere erhielt Leopold Auerbach unmittelbar nach Stiebers Tod und legte bereits 1884 das Buch „Denkwürdigkeiten des Geheimen Regierungsrathes Dr. Stieber“ vor. Darin referieriert Auerbach Stiebers Aktivitäten und Verstrickungen exakt in den Fakten und wohlwollend in der Beurteilung, lässt entscheidende Episoden weg, so die angebliche Rettung Friedrich Wilhelm IV. vor der Volkswut und die Bordellaffäre. Andere fügt er aus eigener Kenntnis als Zeitzeuge und nach zusätzlichem Aktenstudium hinzu.

Die unkommentierten Texte aus Stiebers Nachlass veröffentlichte der Seewald Verlag 1978. Die gesamte Diktion lässt den Schluss zu, dass Stieber diese Aufzeichnungen erst am Ende seines Lebens verfasst und sich dabei nicht auf Akten oder Tagebücher gestützt hat, denn manche Sachverhalte sind zeitlich verschoben oder unzulässig miteinander verknüpft worden. Offensichtliche Unwahrheiten und Übertreibungen aus Gründen der Selbststilisierung kommen hinzu.

Übrigens standen auch dem Seewald Verlag für seine Veröffentlichung „Spion des Kanzlers“ nicht die Originaltexte aus Stiebers Hand zur Verfügung. Sie waren als Erbe an dessen Sohn Paul gefallen, der von ihnen aus unbekannten Gründen eine Abschrift angefertigt hat. Paul Stieber starb 1944. Der gesamte Nachlass seines Vaters ist 1945 durch Kriegseinwirkungen in Berlin verloren gegangen. Nur die Abschrift ist erhalten geblieben und von Paul Stiebers Erben an den Seewald Verlag verkauft worden.

Sich voll auf die Aussagen der Gegner Stiebers zu verlassen, ist nicht ratsam. Sie hatten handfeste Interessen, um ihn zu bekämpfen und gegebenenfalls auch zu verleumden. Vor allem die Einlassungen von Karl Marx sind nicht besonders sachlich, die von seinen später geborenen Parteigängern Franz Mehring und Egon Erwin Kisch noch viel weniger.

Was Stieber zu Lebzeiten vor Gericht ausgesagt, in Presseerklärungen und Aktennotizen geschrieben hat, muss nicht immer stimmen, denn er war genötigt, seine Informationsquellen und Methoden zu verschleiern, wenn er weiter erfolgreich bleiben wollte. So müssen wir uns, wenn wir ihn einschätzen wollen, auf das beschränken, was an dieser Stelle über ihn geschrieben wurde, denn ein lebenslanger Agent sagt nie und nirgends die volle Wahrheit.

1 Stieber: Spion des Kanzlers, S. 16 f.
2 Ebd., S. 24 f.
3 Marx/Engels: Werke. Bd. 8, S. 395
4 Stieber: Spion des Kanzlers, S. 35 f.
5 Marx/Engels: Werke. Bd. 8, S. 405 ff.
6 Auerbach: Denkwürdigkeiten, S. 20

Hinweise

Auerbach: Denkwürdigkeiten des Geheimen Regierungsrathes Dr. Stieber / Stieber: Spion des Kanzlers / Marx/Engels: Werke, Bd. 8

Alfred Redl – Der Fall, aus dem nichts gelernt wurde

Kaum ein Spionagefall hat so viel Aufsehen erregt und so lauten Nachhall gehabt wie der des **Alfred Redl**, aufgedeckt im Frühjahr 1913. Egon Erwin Kisch, der „rasende Reporter", begründete seinen späteren Weltruhm damit, dass er als Erster die Öffentlichkeit über die Affäre informierte. In unzähligen Publikationen wurde sie von verschiedenen Autoren mehr oder weniger richtig beschrieben, viermal wurde sie verfilmt. Namhafte Schauspieler verkörperten die Titelrolle, so Robert Valberg (in einem Stummfilm 1925), Theodor Loos (1930), Ewald Balser (1955) und Klaus Maria Brandauer (1984). John Osborne schrieb über den Fall das Theaterstück „A patriot for me“. Der ganzen Wahrheit am nächsten kamen die Journalisten Egon Erwin Kisch und Georg Markus mit ihren Darstellungen des Sachverhaltes. Beide Autoren legten vor allem die Spionagemotive frei.

Alfred Redl

Alfred Redl wurde als Sohn eines Oberinspektors der Eisenbahn am 14. März 1864 in Lemberg geboren, das damals zum Vielvölkerstaat Österreich-Ungarn gehörte. Die Eltern waren Deutsche und bekannten sich zur römisch-katholischen Kirche. Alfred hatte vier Brüder und zwei Schwestern. Der ehrgeizige Vater bewirkte für alle Kinder eine gute Ausbildung. Zwei Söhne wurden Berufsoffiziere, einer Jurist und Hofrat im Kultusministerium, einer Architekt und einer Bahnbeamter wie der Vater. Die beiden Töchter wurden Lehrerinnen.

Alfred Redl besuchte zunächst die Unterrealschule in Lemberg und wurde als Fünfzehnjähriger Militärkadett in Karthaus bei Brünn. Seine weiteren Lebens- und Karrierestationen waren:

1883: Absolvent der Kadettenanstalt und Offiziersstellvertreter.

1887: Ernennung zum Leutnant nach vier Jahren Truppendienst.

1891: Ernennung zum Oberleutnant.

1892: Aufnahme in die Kriegsschule (die höchste akademische Ausbildungsstätte für Militärs) und Ausbildung zum Generalstabsoffizier. Nach seinen Militärakten sprach und schrieb Redl zu dieser Zeit Deutsch, Polnisch und Ukrainisch vollkommen, Tschechisch genügend für den Dienstgebrauch, Französisch notdürftig.

1894: Zuteilung zum Generalstab.

1896: Beförderung zum Hauptmann.

1899: Einjährige Reise nach Kasan zum russischen Sprachstudium.

1900: Eintritt in die russische Gruppe des Evidenzbüros (zuständige Dienststelle für Spionage und Spionageabwehr in Österreich-Ungarn).

1905: Beförderung zum Major.

1909: Beförderung zum Oberstleutnant.

1912: Beförderung zum Oberst und Ernennung zum Generalstabschef des Prager Korps.

1913: Selbstmord am 25. Mai.

Wenn man bedenkt, dass Redl der Sohn eines bürgerlichen Subalternbeamten war, nur eine unbedeutende Kadettenanstalt besucht hat, die im Regelfall lediglich eine Karriere bis zum Hauptmann im Truppendienst ermöglichte, und außerdem berücksichtigt, dass von 20.000 aktiven Offizieren in der österreichisch-ungarischen Armee nur 500 die Kriegsschule mit Erfolg abschlossen und danach zum Dienst im Generalstab ausgewählt wurden, so darf man seine Karriere als außergewöhnlich sowie als Beweis für hohe Intelligenz, brennenden Ehrgeiz und exorbitantes Leistungsvermögen bezeichnen.

Die Bezahlung eines Generalstabsoffiziers spottete dagegen jeder Beschreibung. Sie lag weit unter der vergleichbarer Zivilbeamter, von den Gehältern außerhalb des Staatsdienstes gar nicht zu reden. Gleichzeitig verlangte man von den Generalstäblern jedoch, dass sie aktiv am gesellschaftlichen Leben teilnahmen, Theater und Bälle besuchten, Einladungen annahmen und angemessene Gastgeschenke mitbrachten. Redl genügte diesen Ansprüchen durchaus.

Er hielt sich in Wien eine luxuriöse Wohnung, besaß zwei Reitpferde und bereits 1910 ein Auto. Außerdem achtete er auf auserlesene Garderobe. Überträgt man Redls Dienstbezüge von 1908 auf das Jahr 2000, so erhielt er ungefähr 2.700 DM monatlich. Den Aufwand, den er trieb, konnte er mit dieser Summe keineswegs bestreiten, denn er verkehrte ständig in teuren Hotels und gab hin und wieder in der kostspieligsten Bar Wiens eine Party für seine Offizierskameraden. Seinem Neffen, dem Kavallerieleutnant Stefan Horinka, bezahlte er eine standesgemäße Wohnung sowie ein Reitpferd und machte ihm häufig Geldgeschenke. Auch zu anderen jungen Offzieren war er großzügig.

Diese Ausgaben hielt Redl nicht verborgen. Seine Vorgesetzten beim militärischen Geheimdienst kümmerten sich jedoch nie darum, woher das Geld eigentlich kam, das er verbrauchte. Aus dem Elternhaus konnte er es nicht haben und von einer reichen Ehefrau auch nicht, denn Redl war Junggeselle. Doch seit 1899 wusste der russische Geheimdienst etwas, was die Kameraden und Vorgesetzten nie bemerkt hatten: Redl war homosexuell.

Entsprechende Aktivitäten waren in Österreich-Ungarn ein Straftatbestand, der mit schwerer Kerkerhaft geahndet wurde. Ein Offizier musste in diesem Fall außerdem mit der unehrenhaften Entlassung aus der Armee rechnen. In Russland, wo sich Redl 1899 zu Sprachstudien aufgehalten hatte, war Homosexualität dagegen nicht strafbar. So fiel es dem russischen Geheimdienst leicht, Redls Sexualverhalten zu beobachten und ihn nach dessen Rückkehr nach Wien zu erpressen. Die Russen wussten auch, dass einige angebliche Neffen, besonders Stefan Horinka, gar keine Verwandten, sondern Alfred Redls Geliebte waren.

Ein russischer Agent namens Pratt stellte Redl vor die Alternative, entweder die ihm bekannten militärischen Geheimnisse auszuliefern oder aber mit der Bekanntgabe des Sexualverhaltens an die Vorgesetzten zu rechnen. Weil Redl an seiner militärischen Karriere hing, hatte die Erpressung Erfolg. Sie wurde jedoch nur als Einstieg benutzt, denn der erfahrene russische Geheimdienst wusste, dass Spione, die man lediglich erpresst, schlecht arbeiten. Redl war aber von 1900 bis zu seinem Tod 1913 nachweislich ein eifriger Agent der Russen, denn er erhielt von ihnen in diesen Jahren Honorare, die ungefähr das Elffache seines Offiziersgehalts ausmachten. Als er merkte, wie einträglich die Spionagetätigkeit wurde, arbeitete er außerdem für den italienischen und den französischen Geheimdienst.

Redl auf die Spur zu kommen, war in Österreich-Ungarn fast unmöglich. Das lag zunächst an falscher Sparsamkeit. Der Gesamtetat für Spionage und Spionageabwehr lag dort im Jahr 1910 bei nur 110.000 Kronen. Entsprechend gering waren die Aktivitäten. Redl erhielt dagegen alleine von den Russen 50.000 Kronen pro Jahr, das heißt, fast die Hälfte dessen, was der österreichische Staat insgesamt für Spionagezwecke ausgab.

Graf Spannocchi, Militärattaché an der östereichischen Botschaft in St. Petersburg, erhielt im Jahre 1910 gewichtige Hinweise, dass ein österreichischer Generalstabsoffizier für Russland spionierte. Als Spannocchi den damaligen Chef des Evidenzbüros, Oberst Hordlicka, davon mündlich unterrichtete, erfolgte keinerlei Überprüfung der im Spionagedienst tätigen Generalstabsoffiziere. Hordlicka verwies Spannocchi dagegen an seinen Stellvertreter, den damaligen Oberstleutnant Redl, der, falls nötig, entsprechende Maßnahmen ergreifen würde. Das tat Redl auch, indem er die Russen unterrichtete, die unverzüglich dafür sorgten, dass undichte Stellen in ihrem Machtbereich verstopft wurden.

Entscheidend war jedoch: Nach Auffassung der österreichischen Generalität und des Kaisers war es undenkbar, dass ein Generalstabsoffzier spionieren könnte. Die stichprobenartige Überwachung und Überprüfung von Generalstäblern durch Kriminalbeamte oder die Militärjustiz wäre als absurde Zumutung empfunden worden.

Redl waltete folglich weiter ungestört seines offiziellen Amtes als stellvertretender Leiter der österreichischen Militärspionage. Er fing natürlich auch Spione, meist Tschechen und Polen, die aus finanziellen und ideellen Gründen für fremde Geheimdienste arbeiteten. Die Sympathie vieler Angehöriger der slawischen Völker lag immer mehr bei den Russen, Italienern und Franzosen als bei ihrer österreichischen Obrigkeit.

Was sie taten, war meist unbedeutend, denn wichtige feindliche Spione ließ Redl nicht verhaften, sondern warnen. Um jedoch seinem Ruf als gefährlicher Spionejäger gerecht zu werden, trat er in vielen Spionageprozessen als Gutachter auf, erklärte den meist ahnungslosen Gerichtsvorsitzenden, welche abscheulichen Individuen die Angeklagten seien und erwirkte meist die Höchststrafen für relativ geringfügige Taten. Wer von Redl begutachtet wurde, hatte mit fünf Jahren Kerker zu rechnen.

Redls eigene Lieferungen waren ungeheuerlich. So lange er im Evidenzbüro tätig war, verfügten die Russen über den jeweils aktuellen Aufmarschplan der österreichischen Truppen gegen ihr Land. Die Franzosen hat er wahrscheinlich mit den deutschen Aufmarschplänen im Westen versorgt. Die großen Verluste, die er der eigenen Seite dadurch im Kriegsfall zufügen würde, waren ihm offensichtlich gleichgültig.

Im Gegensatz zu seinen österreichischen Dienstherren, die ihn so bald wie möglich zum General befördern wollten, machten sich seine russischen Auftraggeber über ihn keine Illusionen. So berichtet der russische Militärattaché in Wien, Mitrofan Martschenko, im Jahr 1907 nach St. Petersburg:

„Redl ... ist von mittlerer Größe, hat leicht ergrautes blondes Haar, einen grauen kurzen Schnurrbart, etwas hervorstehende Backenknochen, graue Augen und einen freundlich einschmeichelnden Blick. Er ist schlau, verschlossen, konzentriert und leistungsfähig. Seine Mentalität ist kleinlich. Sein Äußeres wirkt schmierig. Er spricht zuckersüß, weich und kriecherisch. Seine Bewegungen sind abgemessen und langsam. Er ist eher schlau und falsch als klug und begabt. Ein Zyniker, der die Zerstreuung liebt.“[1]

Redl selbst muss sich vor dem Ende seines Lebens und seiner Karriere gottähnlich gefühlt haben. Seine österreichischen Vorgesetzten und die Auftraggeber für seine Spionagetätigkeit schienen ohne ihn nicht auskommen zu können. Er musste annehmen, dass das Schicksal vieler Völker in seiner Hand lag. Seine Entlarvung war purer Zufall.

Im Frühjahr 1913 traf auf dem Hauptpostamt Wien ein postlagernder Brief an Herrn Nikon Nizetas ein. Er war im ostpreußischen Eydtkunen, der ersten deutschen Stadt an der damaligen Grenze zu Russland, aufgegeben worden und wurde nicht abgeholt. Nach dem Ende der Aufbewahrungsfrist wurde er nach Eydtkunen zurückgeschickt. Als der Einlieferer auch dort nicht ermittelt werden konnte, wurde die Sendung nach den geltenden Postvorschriften geöffnet, um ihn so festzustellen. Der Brief enthielt 6.000 österreichische Kronen, nach dem Wert im Jahr 2000 ungefähr 35.000 DM. Außerdem enthielt er eine Adresse in Genf, die der inzwischen hinzugezogenen deutschen Abwehr als Spionagzentrale bekannt war. Die Abwehr vermutete nun aufgrund der Umstände, dass Nikon Nizetas ein russischer Spion sein müsse. Deshalb wurde der Brief in einem neuen Umschlag nach Wien zurückgeschickt und außerdem das österreichische Evidenzbüro benachrichtigt. Dort war Redl nicht mehr tätig, weil er inzwischen als Oberst zum Stabschef des Prager Korps ernannt worden war.

Die Spionageabwehr beauftragte Kriminalbeamte damit, die Hauptpost zu überwachen. Sechs Wochen lang legten sie sich in einem extra für sie mit einer Klingelanlage versehenen Raum auf die Lauer, um den zu schnappen, der sich am Schalter für postlagernde Sendungen als Nikon Nizetas ausgeben würde. Inzwischen waren noch zwei weitere Briefe an ihn mit insgesamt 15.000 Kronen (ca. 78.000 DM) eingegangen. Am 24. Mai 1913 verlangte ein Herr die Briefe. Es war Oberst Redl, der sich besuchsweise in Wien aufhielt. Er brauchte das Geld, um seinem Geliebten, Stefan Horinka, der sich von ihm lösen wollte, ein Auto zu kaufen. Von der inzwischen installierten Überwachung auf der Hauptpost hatte Redl keine Ahnung gehabt.

Der Chef des österreichischen Generalstabes, Conrad von Hötzendorf, befahl noch am Abend des 24. Mai 1913, dass der Spionagefall unter allen Umständen geheim zu bleiben habe und nicht einmal Kaiser Franz Joseph sowie der Thronfolger Franz Ferdinand etwas erfahren dürften. Redl wurde deshalb in der Nacht des ereignisreichen Tages von einer Abordnung aus vier Stabsoffizieren in seinem Quartier, dem Hotel Klomser, aufgesucht. Er gestand die Spionage prinzipiell ein, ohne nach Einzelheiten gefragt zu werden, und nannte auch den Grund für die ursprüngliche Erpressung. Dann durfte er um eine Pistole bitten, um sich, dem Ehrenkodex der Generalstabsoffiziere gemäß, im Laufe der Nacht zu erschießen. Als der österreichische Thronfolger Franz Ferdinand den Sachverhalt kurz darauf doch erfuhr, traf er eine simple Feststellung: „Ich sehe nicht ein, wozu es ein Evidenzbüro gibt, wenn ein Offizier ein oder zwei Automobile besitzt und Orgien feiert, ohne dass so etwas auffällt.“[2]

Nachdem spätestens seit 1924 alle Einzelheiten des Falles durch Egon Erwin Kisch einer breiten Öffentlichkeit bekannt geworden sind, müsste man eigentlich annehmen, dass auch alle Institutionen der Spionageabwehr daraus Schlussfolgerungen gezogen hätten. Erstaunlicherweise ist das nicht der Fall. Dafür zwei Beispiele:

Der 1940 geborene **Lothar Lutze** wurde am 1. Februar 1973 im Bonner Verteidigungsministerium als Bürobote eingestellt. Bisher war er beruflich nirgends erfolgreich gewesen, weil seine Leistungen unterdurchschnittlich waren. Er galt als energielos, faul und wenig anpassungsfähig. Im Ministerium fiel er bald durch sein Geltungsbedürfnis bei gleichzeitiger Leistungsschwäche auf. Im Kollegenkreis vertrat er die Ansicht, dass man nicht nach seinen Leistungen, sondern nach seinen Bedürfnissen entlohnt werden sollte. Er gab zu erkennen, dass man mit möglichst wenig Arbeit möglichst viel Geld verdienen müsse.

Lutze war trotz des ungünstigen Eindrucks, den sein bisheriges Berufsleben und sein Auftreten machte, auf Wunsch des damaligen Leiters der Sozialabteilung, Herbert Laabs, im Ministerium angestellt worden. Laabs wollte seiner tüchtigen Sekretärin Renate Lutze, die dort bereits seit 1967 arbeitete, einen Gefallen tun, indem er ihrem Ehemann eine Stellung verschaffte, die eigentlich jeder nach Abschluss der Hauptschule ausfüllen konnte.

Natürlich konnte niemand im Verteidigungsministerium zu diesem Zeitpunkt annehmen oder gar wissen, dass Lothar Lutze seit 1961 ein Agent des Staatssicherheitsdienstes der DDR war und ab Oktober 1973 auch seine damalige Ehefrau in die Spionagetätigkeit einbezog. Die Überprüfungsmöglichkeiten von Bewerbern für einen Arbeitsplatz in den Bundesbehörden waren und sind unvollkommen, weil der gesetzliche Datenschutz die Grenzen für die Ausforschung der Kandidaten sehr eng zieht.

Mit Unterstützung seiner Ehefrau gelang es Lutze, an den Panzerschrank von Laabs heranzukommen, den dort liegenden Streitkräfteplan, ein sehr wichtiges und umfassendes Geheimdokument über die Entwicklung der Bundeswehr in den kommenden Jahren, zu entnehmen, zu kopieren und die Ablichtungen nach Ost-Berlin verbringen zu lassen. Auch sonstige wichtige Dokumente entnahm er dem Panzerschrank oder den Botenmappen, die er herumzutragen hatte.

Lothar und
Renate Lutze

Laabs fiel jedoch auf, dass Bürobote Lutze einen Sportwagen, Marke Porsche, fuhr und keinerlei Gemütsbewegung zeigte, als er diesen während der morgendlichen Fahrt zum Dienst so gegen einen Baum fuhr, dass das Auto nur noch Schrottwert hatte.

Auf einer privaten Party erzählte das Ehepaar Lutze dem eingeladenen Herbert Laabs von Urlaubsreisen, die so teuer gewesen sein mussten, dass die Lutzes sie sich vom regulären Einkommen unmöglich leisten konnten. Aufgrund dieser Wahrnehmungen bat Laabs den Militärischen Abschirmdienst (MAD), der für die Spionageabwehr im Bereich der Bundeswehr zuständig ist, um eine Prüfung der Vermögensverhältnisse. Antwort: „Alles in Ordnung."

Erst nachdem der Verfassungsschutz ein Ehepaar Gerstner durch eine Rasterfahndung als Agentenführer der Lutzes enttarnt hatte, konnten Lothar und Renate Lutze 1976 verhaftet werden. In den anschließenden Untersuchungen wurde zweifelsfrei festgestellt, dass Geldgier die wesentlichste Triebkraft für Lothar Lutzes Spionagetätigkeit gewesen war. Der Schaden, den er angerichtet hatte, wurde vom Gericht so hoch bewertet, dass er zwölf Jahre Haft erhielt, die er fast vollständig verbüßen musste. Das war eine der höchsten Strafen, die ein bundesdeutsches Gericht in einem Spionagefall ausgesprochen hat. Nur die Spione Felfe, Guillaume und Conrad (siehe jeweils dort) sind in der Bundesrepublik Deutschland höher bestraft worden.

Aldridge Ames, ein hauptamtlicher Mitarbeiter der CIA in Washington, spionierte zwischen 1985 und 1991 für den sowjetischen KGB und anschließend für dessen russische Nachfolgeorganisation. Der Schaden, den er den USA zufügte, ist unmessbar. Er verriet mehr als einhundert verdeckte Operationen der CIA und mindestens dreißig westliche Agenten, von denen zehn hingerichtet worden sind, unter ihnen Generalmajor Dimitri Poljakow, der ungefähr zwanzig Jahre für den Westen in der Sowjetunion gearbeitet hatte.

Aufgefallen war der CIA schon 1986, dass in ihrer Organisation ein Leck sein musste, denn zwei frisch angeworbene Diplomaten waren in die Sowjetunion zurückgeholt und erschossen worden. Das Debakel musste zu dieser Zeit nicht unbedingt auf Ames zurückzuführen sein, aber überprüft worden ist er offensichtlich nicht, obwohl er bei einem Jahresverdienst von 69.843 Dollar alleine 40.000 Dollar für einen Jaguar-Sportwagen ausgegeben hatte, mit dem er täglich zur Arbeit fuhr. Sein Haus in einem Vorort von Washington hatte 540.000 Dollar gekostet, die er beim Kauf bar bezahlte. Freunde bestaunten die erlesenen Möbel des Ehepaares und das Meißener Porzellan. Auch die Vermögensverhältnisse der kolumbianischen Ehefrau waren niemals überprüft worden, obwohl das bei der CIA Vorschrift ist, zumal wenn es sich um eine Ausländerin handelt. Die Tatsache, dass das Paar das Geld mit vollen Händen ausgab, irritierte niemand. Das FBI, das in den USA für Spionageabwehr zuständig ist, stellte bereits im Februar 1986 fest, dass sich Ames mit Sowjets getroffen und am nächsten Tag 20.000 Dollar auf sein Bankkonto eingezahlt hatte. Eine Meldung an die CIA erfolgte nicht.

Aldridge Ames

Erst als dreißig Westagenten in der Sowjetunion beziehungsweise in Russland verhaftet und zehn von ihnen hingerichtet worden waren und die Spuren dieser Opfer unmissverständlich zu Ames führten, wurde er 1994 festgenommen und zu lebenslänglicher Haft verurteilt. Seine Spionagetätigkeit hatte ihm mehr als 2.500.000 Dollar eingebracht.

So bleibt die Frage, warum aus dem Fall Redl nichts gelernt worden ist. Eine Antwort ist sicher, dass in Staaten, die keine Diktaturen sind, Vertrauen die Grundlage aller zwischenmenschlichen Beziehungen, auch im öffentlichen Dienst, sein muss. Vertrauen und ständige Wachsamkeit in ein vernünftiges Verhältnis zueinander zu bringen, gelingt, wie man sieht, häufig nicht. Eine andere Antwort hat Egon Erwin Kisch bereits 1924 gegeben:

„So einzigartig der Kriminalfall Redl auch scheinen mag – er wird sich immer in irgend einer Form wiederholen. Denn die Staaten selbst sind die Auftraggeber dieses Verbrechens, das die Staaten selbst bestrafen…“

1 Markus: Der Fall Redl, S. 74
2 Ebd., S. 261

Hinweise

Zu Alfred Redl

Kisch: Der Fall des Generalstabschefs Redl / Kisch: Wie ich erfuhr, dass Redl ein Spion war / Markus: Der Fall Redl

Zu Lothar und Renate Lutze
Der Spiegel 1978/2/14, 1978/5/23 ff., 1978/7/31 f., 1978/22/63 ff. / Die Welt, 2. 4. 1987 / Bild am Sonntag, 18. 11. 1990 / Super Illu, 11. 7., 18. 7. und 25. 7. 1991
Zu Aldridge Ames
Polmar/Allen: Spy Book, S. 21 f. / General-Anzeiger, Bonn, 5. 3. 1994

Der patriotische Spion Carl Hans Lody

Am 6. November 1934 versammelten sich an der Außenseite des Lübecker Burgtores Repräsentanten der Stadt, der NSDAP und der Kriegsmarine, um ein Denkmal zu enthüllen. Es bestand aus drei Teilen: einer Tafel mit der Darstellung eines Ritters, einer Texttafel daneben und einer Glocke. Der etwa zwei Meter hohe Ritter steckte in voller Rüstung. Sein geschlossenes Visier stand für Spionage in Feindesland, die Schlange zwischen seinen Beinen stand für Verrat, die gefesselten Hände für Gefangennahme. Die Inschrift daneben lautete:

Ich habe einen Auftrag meines Vaterlandes erfüllt.
C. H. Lody vor seinen Richtern.
Am 6. Nov.1914, 6.30 früh starb
Lody von feindlichen Kugeln durchbohrt,
im Tode noch seinen Gegnern Achtung abtrotzend.
Für deutsches Heldentum.
Denkt daran!
Lübeck 6. Nov.1934

Bis 1944 wurde am Jahrestag von Lodys Tod stets die Denkmalsglocke geläutet. Doch nach dem Ende des Zweiten Weltkrieges setzte in ganz Deutschland eine eifrige Denkmalszerstörung ein, von der auch Lübeck nicht verschont blieb. Dabei ging es nicht nur um die Beseitigung nationalsozialistischer Monumente, sondern um Ehrenmale aller Art und Größe, vorwiegend mit militärischer Thematik, die man mit Militarismus und Nationalsozialismus gleichsetzte. In diesem Zusammenhang sollte auch das Lody gewidmete Denkmal vernichtet werden. Doch ausgerechnet der britische Resident-Officer, G. B. Sullivan, dessen Soldaten Lübeck besetzt hatten, griff ein und verbot die Beseitigung mit der Begründung, dass es sich hier um die Ehrung eines tapferen deutschen Offiziers handle, die mit Politik nichts zu tun habe. Er ordnete deshalb lediglich die Entfernung des nationalsozialistischen Hakenkreuzes an. Trotzdem wurde spätestens 1946 das gesamte Denkmal beseitigt.

Carl Hans Lody

Wer war der Mann, den der britische Besatzungsoffzier nach Kriegsende offensichtlich historisch genauer einordnen konnte als die eigenen Landsleute?

Carl Hans Lody wurde am 20. Januar 1877 in Deutschland geboren. Als Geburtsort wird in Lettow-Vorbecks großem Sammelband über die „Weltkriegsspionage" die Stadt Nordhausen angegeben. Das Stadtarchiv in Lübeck hält Berlin für den möglichen Geburtsort. Den weiteren Lebenslauf hat Piekalkiewicz in seiner „Weltgeschichte der Spionage" am präzisesten dargestellt.

Danach stammt Lody aus einer alten preußischen Beamten- und Offiziersfamilie, wollte schon als Kind unbedingt Seemann werden und brennt als Sechzehnjähriger nach Hamburg durch. Als Schiffsjunge wird er im September 1893 auf dem Großsegler „Sirius" angemustert, bringt eine sechsjährige Fahrenszeit auf hoher See hinter sich und bezieht ab Oktober 1899 für ein Jahr die Navigationsschule in Geestemünde. Dort erwirbt er das Steuermannspatent und damit die Berechtigung, als „Einjähriger" seinen Wehrdienst bei der Kaiserlichen Kriegsmarine abzuleisten. Als Leutnant der Reserve entlassen, fährt Lody auf einem Passagierschiff, das zwischen Italien und New York verkehrt, als zweiter und erster Offizier wieder zur See und besteht im Februar 1904 das Kapitänsexamen mit Auszeichnung. 1908 absolviert er eine Reserveübung bei der Kriegsmarine und wird zum Oberleutnant der Reserve befördert.

Als er 1909 die Seefahrt wegen eines Augenleidens gänzlich aufgeben muss, verdingt er sich als Reiseleiter bei einem großen New-Yorker Reisebüro und ein Jahr später bei der Hapag, die als erste deutsche Reederei Weltreisen organisiert.

„Während einer Reise lernt Lody die Tochter eines wohlhabenden Brauereibesitzers deutscher Abstammung aus Omaha kennen und heiratet sie. Nun lässt er sich in Omaha nieder und tritt in die Direktion der Union Pacific Railroad ein. Lodys Ehe zerbricht jedoch nach kurzer Zeit, so dass er nach Deutschland zurückkehrt und wieder als Reiseleiter bei der Hapag tätig wird. Im Juni 1914, sechs Wochen vor Kriegsausbruch, fährt er mit einer Gesellschaft amerikanischer Mediziner nach Schottland und England, und Anfang Juli 1914 begleitet Lody eine Reisegruppe auf der Luxusyacht ‚Meteor' durch die norwegischen Fjorde."[1]

Lody ist ein Vertrauen erweckender Mann mit solider maritimer Berufsausbildung und militärischen Kenntnissen, verfügt über Lebenserfahrung, Weltkenntnis und spricht perfekt Englisch mit einem leichten amerikanischen Akzent. Als er am 29. Juli 1914 wieder in Hamburg ankommt, weiß er, dass der Kriegsausbruch nur noch eine Frage von Tagen ist. Er weiß aber auch, dass er für den aktiven Militärdienst wegen seines Augenleidens nicht mehr in Frage kommt. Weil er jedoch seinem Vaterland unbedingt dienen will, reist er zwei Tage später nach Berlin zum Admiralstab. Dort bietet er an, sofort als Spion nach Großbritannien zu gehen, um britische Flottenbewegungen zu melden sowie Nachrichten über den Stand der maritimen Rüstung zu sammeln. Mit allen möglichen Tricks hat er sich einen amerikanischen Pass besorgt. Als Mr. Charles A. Inglis aus New York will er auf eigene Kosten so schnell wie möglich über neutrale Staaten ins britische Königreich gelangen und seine Tätigkeit aufnehmen.

Die Kaiserliche Kriegsmarine hat allen Grund, Lodys Plan sofort zu akzeptieren. Sie ist auf den enthusiastischen Amateurspion angewiesen, denn die britische Spionageabwehr und Scotland Yard hatten gleich bei Kriegsbeginn alle deutschen Spione in einer schlagartigen nächtlichen Aktion verhaftet, so dass die Kriegsmarine ihren stärksten Gegner wegen fehlender Informationen überhaupt nicht mehr einschätzen kann. Nach äußerst flüchtigen Instruktionen reist der nunmehrige Mr. Inglis am 17. August 1914 von Hamburg aus über Dänemark und Norwegen nach Großbritannien und trifft am 25. August in Edinburgh ein. Aber nicht die schöne Stadt und ihre Sehenswürdigkeiten interessieren den amerikanischen Reisenden, sondern der unweit gelegene Firth of Forth mit dem britischen Flottenstützpunkt Rosynth.

Vom North British Hotel am Bahnhof Edinburgh fährt Mr. Inglis, meist in Gesellschaft anderer Amerikaner, die auf ihre Überfahrt in die USA warten, jeden Morgen mit dem Bus zum Firth of Forth und verwickelt dabei alle möglichen Leute, auch einen britischen Marineoffizier, in Gespräche. Bereits nach fünf Tagen hat Mr. Inglis so viel gehört und gesehen, dass er am 30. August 1914 auf der Hauptpost ein Telegramm an einen Mr. Burghard in Stockholm aufgeben kann. Darin steht:

„Muss ausfallen lassen. Johnson sehr krank. Verlor vier Tage. Werde in Kürze abreisen. Charles.“[2]

Der Postbeamte verlangt aufgrund der in der Kriegszeit geltenden Zensurbestimmungen, dass Mr. Inglis dieses Telegramm mit seinem vollen Namen und seiner Hotelanschrift unterzeichnet. Eigentlicher Empfänger ist selbstverständlich die Admiralität in Berlin. Wenn sie es erhält, weiß sie, dass vier Kriegsschiffe in den Docks überholt werden und im Firth of Forth mehrere große Flotteneinheiten liegen, die in Kürze auslaufen sollen.

Am Sonnabend, dem 5. September 1914 um 16 Uhr erschüttert eine gewaltige Explosion die Gegend von St. Abbs Head. Der Torpedo eines deutschen U-Boots hat die Munitionskammern des leichten Kreuzers „Pathfinder“ getroffen. Das Schiff sinkt so schnell, dass fast niemand von den 270 Besatzungsmitgliedern gerettet werden kann. Dieser offensichtliche militärische Erfolg der Kriegsmarine ist nach deutscher Darstellung auf Lodys Nachricht und anschließende Befehle an deutsche U-Boote zurückzuführen, sich am Firth of Forth auf die Lauer zu legen.

Die englische Darstellung ist nüchterner. Der verschrobene Telegrammtext sei den Zensurbeamten sofort aufgefallen und das Telegramm gar nicht befördert worden. Vielmehr habe man Mr. Inglis in der Folgezeit genau beobachtet. Ein Blick auf die Landkarte verdeutlicht außerdem, dass kein großer Scharfsinn dazu gehörte, den Firth of Forth als geeignetes Versteck für große Teile der britischen Kriegsflotte auszumachen. Der Flottenstützpunkt Rosynth und die Lage der Docks war sicher schon vor 1914 kein Geheimnis für die deutsche Admiralität. Deshalb waren die Befehle an die deutschen U-Boote auf keinen Fall verkehrt und wurden durch den Erfolg vom 5. September 1914 glänzend gerechtfertigt.

Auf jeden Fall zog Mr. Inglis am Abend dieses Tages von seinem Hotel in Edinburgh in ein Privatquartier um, borgte sich ein Fahrrad und intensivierte seine Beobachtungen. Am 6. und 14. September 1914 sandte er Briefe in deutscher Sprache an seine Kontaktadresse in Stockholm ab, die dank der britischen Zensur den Empfänger nie erreichten. Als er einen Amerikaner entdeckt, der ihn als früheren Reiseleiter unter seinem richtigen Namen kennt, fährt er für zwei Tage nach London. Dann kehrt er nach Edinburgh zurück, um am 28. September 1914 über Liverpool und Holyhead nach Irland auszuweichen. Er verfasst noch mehrere große Berichte über seine Beobachtungen in den Häfen, die ebenfalls von der Zensur abgefangen worden sind. Eine ständig steigende Überwachung verdeutlicht ihm, dass seine Tage als Spion gezählt sind.

Am 20. Oktober 1914 wird er in Killarney im Südwesten Irlands verhaftet. Die Durchsuchung seines Gepäcks sowie von Koffern, die er vor seiner Abreise in Edinburgh deponiert hat, ergibt so viel Beweismaterial für seine Spionagetätigkeit, dass man schon von unfassbarem Dilettantismus sprechen darf. So findet man ein Jackett mit dem Firmenzeichen eines Berliner Schneiderateliers und dem Namen Carl Hans Lody. Abschriften der abgesandten Berichte sowie Briefe aus Berlin und Hamburg vervollständigen das Bild.

Zwischen dem 31. Oktober und 2. November 1914 wird Carl Hans Lody in London vor Gericht gestellt. George Elliot, einer der berühmtesten Anwälte Großbritanniens, verteidigt ihn zusammen mit seinem Sozius Roland Harker. Der Angeklagte argumentiert, dass er kein Spion ist, sondern auf Befehl als Offizier im Feindesland gekämpft hat. Das Gericht billigt ihm zu, dass er nicht für Geld gearbeitet und die Kosten für seine Reise sowie seinen Aufenthalt in Großbritannien aus eigenen Mitteln finanziert hat. Er wird deshalb nicht wegen Spionage, sondern wegen Kriegshochverrats zum Tode durch Erschießen verurteilt. Damit billigt man ihm den Status eines Aufklärungsoffiziers zu. Als Spion wäre er gehängt worden.

Sein Tod ist würdevoll und wird ihm durch ein Empfinden für ritterlichen Anstand erleichtert, dem sich zu Beginn des Ersten Weltkrieges noch beide Seiten verpflichtet fühlten. In der Nacht vom 5. zum 6. November 1914 empfängt Lody in seiner Zelle zunächst Captain Lloyd, den Bataillonsadjutanten des Royal Sussex Regiments, der Zigaretten und eine Flasche Wein mitbringt. Danach kommt Mr. Harker, sein zweiter Verteidiger, um für die nächsten drei Stunden bei ihm zu bleiben. Lody schenkt ihm zum Andenken sein silbernes Zigarettenetui und seine Taschenuhr. Zuletzt schreibt er einen Abschiedsbrief an seine Angehörigen, die in der Gegend von Stuttgart leben:

„Tower of London, den 5. November 1914

Meine Lieben!

Ich habe auf meinen Gott vertraut und er hat entschieden. Durch viele Gefahren des Lebens hat er mich geführt und immer errettet. Er hat mir die Schönheiten der Welt gezeigt, mehr als Millionen unter uns, und ich darf nicht klagen. Meine Uhr ist abgelaufen, und ich muss den Weg durchs dunkle Tor gehen, wie viele meiner braven, tapferen Kameraden in diesem furchtbaren Ringen der Völker. Da gibt es keine Wahl und keine Warnung, und darum gehe ich meinem Schicksal entgegen im selben Geist und Mut unserer glorreichen Vorfahren. ‚Mit Gott für Kaiser und Reich!‘ Möge mein Leben als ein bescheidenes Opfer auf dem Altar des Vaterlandes gewürdigt werden. Ein Heldentod in der Schlacht ist schöner, jedoch ist er mir nicht beschieden, und ich sterbe hier in Feindesland, still und unbekannt. Das Bewusstsein jedoch, im Dienste des Vaterlandes zu sterben, macht mir den Tod leicht. Wenn ich auch bei meinen Feinden nicht um Gnade flehte, so bat ich meinen Gott, mir gnädig zu sein, und dies ist mir gewährt.

Lebt wohl, Ihr Lieben, und behaltet mich in Eurer Erinnerung als den Hans, den Ihr kennt. Möge der allmächtige Gott Euch schützen und den deutschen Waffen den Sieg verleihen. Das Oberkriegsgericht in London hat mich wegen Kriegsverschwörung zum Tode verurteilt. Morgen werde ich nun hier im Tower erschossen. Es ist mir eine große Beruhigung, dass man mich nicht als Spion behandelt. Ich habe gerechte Richter gehabt, ich werde als Offizier und nicht als Spion sterben. Lebt wohl, Gott segne Euch.

Hans"[3]

Am 6.November 1914 um sechs Uhr morgens wird der Delinquent aus seiner Zelle im Londoner Tower geholt. In einer Wellblechbaracke, die als Schießstand dient, steht ein breiter hölzerner Armstuhl, auf dem er Platz nimmt. Acht Soldaten der schottischen Garde haben ihm gegenüber, Gewehr bei Fuß, bereits Aufstellung genommen. Eine Augenbinde lehnt der Todeskandidat ab. Der kommandierende Offizier, Lord Athlumney, geht auf ihn zu, und die beiden Männer schütteln sich die Hand. Der Wortlaut der Sätze, die dabei gesprochen werden, wird in der deutschen und englischen Literatur unterschiedlich wiedergegeben. Auf jeden Fall bringt der britische Offzier zum Ausdruck, dass er einem Spion nicht die Hand schütteln würde, jedoch einem tapferen Mann, der seine Pflicht erfüllt hat. Dann tritt der Offizier zur Seite und gibt das Kommando zum Feuern. Carl Hans Lody, der erste deutsche Spion, den man im Ersten Weltkrieg in Großbritannien hingerichtet hat, ist sofort tot.

1 Piekalkiewicz: Weltgeschichte der Spionage, S. 289
2 Ebd., S. 289
3 Lettow-Vorbeck: Weltkriegsspionage, S. 340

Hinweise

Buchheit: Die anonyme Macht, S. 142 / Knightley: Geschichte der Spionage im 20. Jahrhundert, S. 42-44 / Lettow-Vorbeck: Weltkriegsspionage, S. 339 f./ Piekalkiewicz: Weltgeschichte der Spionage, S. 288-292 / Polmar/Allen: Spy Book., S. 339 / Schriftliche Auskunft der Hansestadt Lübeck vom 25. 10. 1999 an den Verfasser zur ursprünglichen Gestalt des Denkmals für Lody an der Außenseite des Lübecker Burgtores.

Die „Schöne Sphinx“ Vera de Cottany-Chalbur

Bei **Vera de Cottany-Chalbur** ist nur gewiss: Es gab sie wirklich und sie hat viele Männer fasziniert. Wahrscheinlich ist, dass Vera ihr richtiger Vorname war. Welcher von ihren vielen Nachnamen zumindest zeitweise ihr richtiger war, de Cottany-Chalbur, von Schalburg oder Erickson und ob sie aus gräflicher Familie stammte, bleibt unklar. Auch ihre späteren Chronisten hat sie verwirrt, so Nikolaus Ritter, der sie persönlich kannte, Ladislas Farago, der nach dem Zweiten Weltkrieg die Archive der Abwehr ausgewertet hat, den umtriebigen Journalisten Günter Alexander, der auch zweifelhafte Informationen ziemlich unkritisch verarbeitete, und Janusz Piekalkiewicz, der sie in seiner „Weltgeschichte der Spionage“ schildert und abbildet. Fasst man zusammen, was über sie berichtet wird, so entsteht ungefähr folgendes Bild:

Vera ist 1910 oder 1913 im zaristischen Russland geboren. Das Geburtsjahr 1910 ist wahrscheinlicher. Geburtsort war entweder Riga oder St. Petersburg. Ihr Vater, ein zaristischer Offizier, fiel kurz nach der Oktoberrevolution von 1917 im Kampf gegen die Bolschewiki. Die Mutter gelangte mit Vera und deren älterem Bruder über Lettland nach Kopenhagen, arbeitete dort als Sprachlehrerin und Dolmetscherin und sorgte für eine ausgezeichnete Erziehung ihrer Kinder. So kam Vera in ein vornehmes Mädchenpensionat, wahrscheinlich in der Schweiz, in dem sie ihre Sprachkenntnisse vervollkommnete. Sie sprach später fließend Russisch, Französisch, Deutsch und leidlich Englisch.

Während der Pensionatszeit hatte sie einen älteren Franzosen kennen gelernt, mit dem sie auf und davon ging, als ihre Mutter die Genehmigung zur Eheschließung verweigerte. Von ihrem Geliebten bald verlassen, arbeitete Vera in Pariser Bars und – wie viele Kinder russischer Emigranten – für den sowjetischen Geheimdienst. Ihre Familie hörte jahrelang nichts von ihr. Im Halbweltmilieu der Nachtlokale, Berufsverbrecher und Spione traf sie 1938 auf den deutschen Abwehragenten Karl Theodor Drücke, der gerade mit Geldfälschern verhandelte, sich unsterblich in sie verliebte und sie nach Brüssel mitnahm. Dort stellte er sie seinem Führungsoffizier Hans Dierks vor, der nun wieder Veras große Liebe wurde und dem sie an seinen Dienstort Hamburg folgte. Kurz darauf kam auch Drücke nach.

Dierks, der stark auf Frauen wirkte und im Umgang mit seinen Agentinnen Dienst und Privatleben hoffnungslos durcheinander brachte, warb Vera für die deutsche Abwehr an und besorgte ihr eine Überfahrt nach Großbritannien, wo sie zunächst als Gesellschafterin im Haus eines prominenten britischen Politikers fungierte und später in einem vornehmen Geschäft im Londoner Stadtteil Mayfair arbeitete. Vor allem aber übermittelte sie an die Abwehr kontinuierlich interessante Informationen. Niemand in der Dienststelle Hamburg zweifelte an ihrer Loyalität sowie an ihrer Bindung zu Dierks, was für Vera offensichtlich ein und dasselbe war. Eine zu den schönsten Hoffnungen berechtigende Spionin war platziert. Doch nun geschah etwas völlig Unvorhersehbares.

Vera de Cottany-Chalbur

Veras Bruder, der es in der dänischen Marine bis zum Korvettenkapitän gebracht hatte, war aus unauslöschlichem Hass auf die Sowjetunion Mitglied der dänischen Nationalsozialistischen Partei und Leiter ihrer geheimen Sturmtruppe geworden. Er fand nicht nur heraus, dass seine Schwester in England lebte, sondern auch, dass sie dort für die deutsche Abwehr arbeitete. Am 8. Mai 1939 zog er sich seine Galauniform an, suchte die deutsche Gesandtschaft in Kopenhagen auf und hielt dem Geschäftsträger einen verwirrenden Vortrag, den Ladislas Farago so wiedergibt:

„Meine Schwester war einmal GPU-Agentin, aber sie hat es sich anders überlegt und konnte dazu gebracht werden, gegen die Komintern zu arbeiten. Jetzt scheint sie jedoch der deutsche Geheimdienst nicht nur im Kampf gegen die Kommunisten einzusetzen, sondern auch als Geheimagentin gegen England." Wenn dies bekannt werde, fuhr er fort, könnten ihr die einstigen bolschewistischen Genossen nach dem Leben trachten, und er selbst könnte in Verruf gebracht werden. Dies würde der dänischen NS-Partei nicht wieder gut zu machenden Schaden zufügen. „Exzellenz, ich flehe Sie an, Ihren Einfluss geltend zu machen, dass meine Schwester sofort aus dem deutschen Geheimdienst entlassen wird."[1]

Der verblüffte Diplomat berichtete diese reichlich unlogischen Ausführungen an das Auswärtige Amt nach Berlin, das tatsächlich eine Weisung an Dierks erwirkte, sie aus London abzuberufen. Bereits im Juni 1939 kam sie zurück. Im vornehmen Hamburger Alsterviertel bezog sie eine Wohnung, die ihr Dierks besorgt hatte, bewirtete dort dessen Gäste und diente als Lockvogel für Leute, an denen er beruflich interessiert war.

Kurz nach ihrer Rückkehr geriet Vera auch in das Blickfeld von Nikolaus Ritter, der in der Hamburger Abwehrdienststelle das Referat Luftwaffe leitete und sich für sie nur streng dienstlich interessierte, aber trotzdem von ihr sehr beeindruckt war. In seinen Erinnerungen schrieb er: „Die schöne Vera war trotz ihrer fragwürdigen Liebesaffären Aristokratin vom Scheitel bis zur Sohle. Sie war mittelgroß, hatte dunkles Haar, blaue Augen und eine auffallend weiche, olivfarbene Haut. Sie hatte eine tadellose Figur, hübsche Beine und trug meist einen Sportmantel mit breitem Gürtel und eine Mütze.“[2]

Ritter agierte allerdings in der Abwehr wie Hans Huckebein der Unglücksrabe bei Wilhelm Busch. Auf einer Dienstreise im Jahr 1937 hatte er die Bekanntschaft der Schwedin May Erikson gemacht, die im englischen Grimsby einem britischen Offzier den Haushalt führte. Sie stellte ihm bald ihre beste englische Freundin vor, angeblich eine Herzogin. Die Damen waren vorzüglich geschulte Agentinnen des britischen Secret Service, ausgestattet mit fabelhaften Legenden, die viele wahre Tatbestände enthielten. Ritter war so vertrauensselig, dass er beide ohne gründliche Prüfungen als Abwehragentinnen verpflichtete, ihnen Decknamen zuteilte und mit der Herzogin ein ehrgeiziges Projekt besprach. Sie sollte in London mit Geldern der Abwehr einen Salon etablieren, in dem sich Politiker, hohe Beamte und Offiziere zum Tee trafen. Die Gespräche zu belauschen, ausgewählte Gäste gezielt auszuhorchen und darüber zu berichten, sollte der Sinn des Unternehmens sein. Bei einer Besprechung im Sommer 1939 in Hamburg machte die ältliche Herzogin geltend, dass sie für diesen Salon noch eine jüngere Frau zur Unterstützung, aber vor allem als Attraktion benötige.

Ritter dachte sofort an Vera, und obwohl es zu den eisernen Regeln jedes Geheimdienstes gehört, nie Agenten miteinander bekannt zu machen, so lange ein Projekt noch im Planungsstadium ist, arrangierte er ein Treffen im Hamburger Alsterpavillon, bei dem er Vera der Herzogin vorstellte, die sich anschließend begeistert äußerte und sich vorsorglich erkundigte, ob Vera wohl bereit wäre, sich von Dierks zu trennen. Offensichtlich war ihr sogar dieses Verhältnis bekannt. Die Verbindung zwischen der Herzogin und Ritter sollte über die schwedische Adresse von May Erikson laufen, auch und gerade im Kriegsfall.

Es blieben drei Probleme zu lösen: Die Abwehr musste die Erlaubnis erhalten, Vera wieder offiziell in ihren Dienst nehmen zu dürfen. Sie musste einverstanden sein, nach England zu gehen. Es musste eine Transportmöglichkeit für sie gefunden werden. Das erste Problem löste sich mit dem Kriegsausbruch im September 1939 von selbst. Die Abwehr durfte nun rekrutieren, wen sie wollte und hatte keine Einsprüche anderer Dienststellen mehr zu befürchten. Veras Einverständnis war die Folge dramatischer Ereignisse in ihrer Privatsphäre. Hans Dierks hatte ihr im Frühjahr 1940 eröffnet, dass er seine Beziehung zu ihr beenden und sich von ihr trennen wolle. Vera verübte einen Selbstmordversuch mit Schlaftabletten, der fast gelungen wäre. Es dauerte Wochen, bis sie wieder gesund war. Danach schienen sich ihr Leichtsinn und ihre Bedenkenlosigkeit noch verstärkt zu haben. Sie meldete sich freiwillig zu einem Himmelfahrtskommando in England, wofür schon Transportmöglichkeiten vorbereitet wurden.

Denn inzwischen war es Sommer 1940 geworden. Hitler hatte in Polen, Frankreich, Belgien und den Niederlanden gesiegt, Dänemark und Norwegen besetzt und plante nun für Ende August das Unternehmen „Seelöwe", das heißt die Überquerung des Kanals und die Eroberung Englands. Agenten der Abwehr mussten vorher die örtlichen Verhältnisse an den Landungsorten erkunden, über Abwehrmaßnahmen der Briten berichten sowie die Landungstruppen erwarten und einweisen. Diese Agenten gab es nicht. Da niemand das Hitler mitzuteilen wagte, mussten sie im Schnellverfahren gefunden und ausgebildet werden. Die Einzelheiten wurden Nikolaus Ritter übertragen, der hier zum ersten Mal während des Zweiten Weltkrieges augenfällig bewies, das dort, wo er beschäftigt war, auch im Detail nichts klappte. Er ließ junge Leute, meist Ausländer, in verschiedenen Flüchtlingslagern zusammensuchen, die stramm nationalsozialistisch gesinnt waren, dafür aber nicht Englisch sprachen, kein Funkgerät bedienen sowie mit Kompass und Karte nicht umgehen konnten. In den Schnellkursen konnte ihnen nicht einmal das Notwendigste beigebracht werden. Es dauerte nur Stunden nach der Landung, bis sie verhaftet wurden und nur einige Monate, bis man sie zum Tode verurteilt und hingerichtet hatte. Nach der Überlieferung starben sie für ihre nationalsozialistische Überzeugung.

Vera wurde einer Gruppe zugeteilt, zu der ihr früherer Freund Karl Theodor Drücke sowie ein Robert Petter gehörte, der sich als Schweizer Staatsbürger ausgeben sollte. Ausbildung und Ausrüstung waren auch bei dieser Gruppe unter aller Kritik. Ihre Papiere mussten sofort als Fälschungen auffallen. Am 3. September 1940 feierten die drei zusammen mit Hans Dierks in zwei vornehmen Hamburger Lokalen ihren Abschied. Gleich danach sollten sie nach Norwegen fliegen, um von dort aus nach England gebracht zu werden. Betrunken fuhren sie in einem Auto zum Flugplatz Fuhlsbüttel. Es überschlug sich. Dierks war sofort tot, die drei anderen geschockt, aber kaum verletzt. Vera soll angeboten worden sein, sie überhaupt aus dem Einsatz zu entlassen, aber sie wollte weiter mitmachen.

Die Aktion musste bis Ende September 1940 aufgeschoben werden. Zu diesem Zeitpunkt dachten Hitler und die Wehrmachtsführung gar nicht mehr an die Durchführung des Unternehmens „Seelöwe“, weil schon die Wetterverhältnisse im Kanalgebiet es gar nicht mehr zuließen. Die Abwehrstelle Hamburg hatte man von den Planänderungen jedoch nicht unterrichtet. So flog die Gruppe am 21. September nach Stavanger in Norwegen und erst am 30. September von dort aus mit einem Wasserflugzeug an die schottische Küste. Mit einem Schlauchboot und schließlich im Niedrigwasser watend erreichen die drei das Festland, verlieren dabei einen Teil ihrer Ausrüstung, darunter drei Fahrräder. Sie trennen sich. Petter will sich nach Edinburgh durchschlagen. Vera und Drücke gehen dagegen zur Bahnstation Port Gordon. Dort fällt dem Stationsvorsteher sofort auf, dass sie nicht richtig Englisch sprechen, ihnen offensichtlich gleichgültig ist, wohin sie fahren wollen, ihre Hosen und Schuhe durchnässt sind. Er ruft die Polizei.

Eine Leibes- und Gepäckvisitation auf dem Revier fördert bei Drücke eine Mauserpistole, Munition, ein Funkgerät, Verschlüsselungsunterlagen, deutsche Hartwurst und andere verdächtige Gegenstände zutage. Er wird abgeführt. Vera bleibt völlig ruhig. In ihrer Handtasche findet man lediglich englisches Geld, Kosmetika und Tabletten. Dann bittet sie den diensttuenden Inspektor, sofort eine bestimmte Person zu benachrichtigen. Ob es ein Captain King vom War Office ist, wie Piekalkewiecz berichtet, oder May Erikson in Grimsby, wie Farago behauptet, können wir getrost auf sich beruhen lassen. Tatsache ist, dass ihrem Wunsch unverzüglich entsprochen wurde, denn Vera war eine Agentin des britischen Secret Service.

Petter wird noch am gleichen Tag auf dem Bahnhof Edinburgh verhaftet. Er und Drücke werden nach einem Prozess hingerichtet. Vera wird nicht einmal vor Gericht gestellt. Sie blieb in England, „wo sie in gewisser Weise unseren Behörden noch dienlich war“, wie sich ein ehemaliger Lordrichter später feinsinnig ausdrückte. Nach dem Krieg lebte sie unter dem Namen Vera de Witte. Ihr Bruder war als Offizier der Waffen-SS in der Sowjetunion gefallen. Welche Rollen sie im sowjetischen, deutschen und britischen Geheimdienst wirklich spielte, hat sie nie offenbart.

1 Farago: Spiel der Füchse, S. 188 f.

2 Ritter: Deckname Dr. Rantzau, S. 156 f.

Hinweise
Ausführliche, aber in Details unterschiedliche und sich widersprechende Berichte finden sich bei Alexander: So ging Deutschland in die Falle, S. 139, 153, 156-166 und 174 / Farago: Spiel der Füchse, S. 183 ff. / Piekalkiewicz: Weltgeschichte der Spionage, S. 357 ff. / Ritter: Deckname Dr. Rantzau, S. 156 ff.

Die Überzeugungstäterinnen Cynthia und Sonja

Cynthia und Sonja haben sich mit Sicherheit nie kennen gelernt, wahrscheinlich auch nie voneinander gehört, waren sich aber in der Unbedingtheit ihres Handelns sehr ähnlich und werden deshalb hier nacheinander dargestellt. Beide stammten aus gutbürgerlichen Verhältnissen, erhielten eine sorgfältige Erziehung sowie eine solide Allgemeinbildung. Sie galten als lebhafte, geistig rege und anziehende Frauen. Beide füllte nach der erstmaligen Heirat die Ehe und das Hausfrauendasein nicht aus, so dass es nicht allzu schwer war, sie zur Spionagetätigkeit zu überreden. Doch hier enden die Parallelen. Die stark gefühlsbetonte Cynthia interessierte sich in ihrem Privatleben in erster Linie für Männer und arbeitete für den britischen Secret Service, während die spröde und willensstarke Sonja sich als überzeugte Kommunistin für den sowjetischen militärischen Geheimdienst (GRU) engagierte. Ihre private Leidenschaft waren Kinder. Die Vornamen Cynthia und Sonja sind Decknamen, die die jeweiligen Geheimdienste ihren Trägerinnen zugeteilt hatten.

Cynthia wurde am 22. November 1910 als Amy Elizabeth Thorpe in den USA geboren. Ihr Vater war zu dieser Zeit Major im US-Marine-Corps. Ihre Erziehung und Ausbildung erhielt sie in den Orten, in denen er gerade stationiert war. Als Neunzehnjährige verlobte sich Cynthia mit dem 38 Jahre alten Arthur Pack, der als zweiter Sekretär an der britischen Botschaft in Washington tätig war. Darüber sagte sie später:
„... plötzlich war ich verlobt. Ich glaubte nicht eine einzige Minute daran, dass er mich liebte. Und ich wusste, dass ich ihn nicht liebte. Es

war, als hätte sich etwas ereignet, womit ich persönlich überhaupt nichts zu tun hatte. Ich ging durch diese Begebenheiten hindurch wie ein Nachtwandler. Meine Verlobung mit Arthur Pack war nichts anderes – so vermute ich – als die Erfüllung eines Wunsches, den alle Mütter in Washington für ihre Töchter herbeisehnen. Jedenfalls hatte sich bei mir die Meinung gebildet, dass ich auf dem Markt einfach zu billig ‚verschleudert' worden war."[1]

Cynthia

1930 heiratete das Paar und Cynthia gebar fünf Monate nach der Hochzeit einen Sohn, der einige Wochen später an Pflegeeltern abgegeben wurde. Der Ehemann und Vater wollte seine Karriere nicht gefährden, denn jeder Vorgesetzte oder Kollege hätte sonst herausfinden können, dass das Kind vor der Eheschließung gezeugt worden war. Durch dieses Verhalten zerbrach Cynthias erste Ehe, lange bevor sie offiziell geschieden wurde und obwohl sie 1934 ihr zweites Kind, eine Tochter, bekam.

Als Frau eines britischen Diplomaten folgte sie ihrem Mann auf seine wechselnden Auslandsposten. Mit ihrer Tochter kam sie über Chile nach Spanien, erlebte dort den Bürgerkrieg, hatte einige außereheliche Affären, über die sie ihrem Biographen vor ihrem Tod freimütig Auskunft gab, war aber auch sehr hilfsbereit zu Personen in beiden politischen Lagern, deren Leben bedroht war. Eigentlich suchte sie das Abenteuer, zumindest eine Aufgabe.

Im Herbst 1937 zog sie mit Mann und Tochter nach Polen weiter. Später erzählte sie:

„Ich mochte die Polen. Ich fühlte mich von ihrem starken Lebenshunger und ihrem ausgesprochenen Sinn für die Kunst angezogen. Ich mochte ihre wechselnde Stimmung zwischen Fröhlichkeit und Trauer, was ja mit meinem Temperament durchaus verwandt war. Ich hielt die Polen, als ganzes genommen, für sehr anziehend. Die Männer waren hübsch und attraktiv, die Frauen schön. Und mein Interesse an ihnen nahm noch zu, als ich hörte, dass beide Geschlechter in der Liebeskunst erfahren waren."[2]

Cynthia stürzte sich ins gesellschaftliche Leben Warschaus, gewann dort Freunde und erfuhr politische Neuigkeiten, für die sich ein untergeordneter Beamter der Botschaft, der für Visa und Pässe zuständig war, lebhaft interessierte, als sie mit ihm Golf spielte. Er forderte sie auf, bestimmte Fakten gezielt zu ermitteln, und so setzte Cynthia ihre ersten Schritte in die Welt der Geheimdienste, denn der unscheinbare Passbeamte war der Kopf des britischen Secret Service in Polen.

Da ihr Mann krankheitshalber oft abwesend war, konnte sie sich voll auf ihre Aufträge konzentrieren. Sie war eine überzeugte Demokratin, empfand Hitler und den Nationalsozialismus als kulturfeindlich und spürte die drohende Kriegsgefahr. In der Spionagetätigkeit für den Secret Service erkannte sie die ihr gemäße Aufgabe, der sie auch ihr Intimleben unterordnete. Ihre Affären wurden nicht geschmacklos, waren in Zukunft aber auch immer ein Mittel zur Nachrichtenbeschaffung. Vor ihrem Mann hielt sie ihre Tätigkeit auftragsgemäß geheim. Begründet hat sie ihre Handlungsweise so:

„Ich hoffe und glaube, dass ich eine Patriotin war. Es gibt eigentlich keine Grundregeln für den Patrioten. Ich war in der Lage, einige Männer zu veranlassen, sich in mich zu verlieben. Ich glaube wenigstens, dass sie in jedem Fall verliebt waren. Als Gegenleistung für meine ‚Liebe' versahen sie mich mit Informationen. Beschämend? – Ach nicht im geringsten. Meine Vorgesetzten sagten mir einmal, dass das Ergebnis meiner Arbeit Tausenden von Engländern und Amerikanern das Leben gerettet hat. Die Rettung eines einzigen Lebens wäre schon dieser Mühe wert gewesen.

Die Sache verwickelte mich manchmal in Situationen, aus denen sich achtbare Frauen zurückgezogen hätten – aber für mich bedeuteten diese Situationen ganz persönliche und absolute Verpflichtungen. Kriege werden nicht durch achtbare Methoden gewonnen. Man versucht, jeden Krieg zu gewinnen – auf jede Art und Weise."[3]

Als sich das nationalsozialistische Deutschland nach dem Anschluss Österreichs der Eroberung der Tschechoslowakei zuwandte, unterrichtete Cynthia die britische Regierung davon, dass auch Polen beabsichtige, sich bestimmte Gebiete der Tschechoslowakei anzueignen. Ihre Quelle, ein Beamter aus dem Stab des polnischen Außenministers, gab ihr außerdem viele wichtige weitere Nachrichten über die außenpolitischen Absichten der polnischen Regierung.

Kurz vor dem Ausbruch des Zweiten Weltkrieges verließen Cynthia und ihr Mann Polen und gingen wieder nach Chile. Im November 1940 trennte sich das Paar. Cynthia zog nach Washington und stellte sich für die Dauer des Krieges dem britischen Geheimdienst voll zur Verfügung. Erst jetzt erhielt sie offziell ihren Decknamen. Im Auftrag des Secret Service mietete sie ein kleines Haus, schrieb Zeitungsartikel und nahm am gesellschaftlichen Leben Washingtons teil, was ihr wegen ihrer Kontaktfreudigkeit leicht fiel.

So gelang es ihr, das Wissen des italienischen Marineattachés abzuschöpfen. Das war sehr wichtig, weil sich England gegen Italien bereits im Krieg befand. Sie soll sogar den Funkcode der italienischen Marine beschafft haben, so dass die Briten erhebliche Gefechtsvorteile im Seekrieg erhielten.

Nach der Niederlage Frankreichs im Sommer 1940 brauchte die britische Regierung viele Informationen für die weitere Kriegsführung, zum Beispiel darüber, wie die von den Deutschen abhängige französische Regierung in Vichy künftig ihre Streitkräfte einsetzen würde, vor allem die intakte Mittelmeerflotte. Wie konnte man an die französischen Goldreserven herankommen, die einen Wert von 300.000.000 Dollar hatten und auf die Insel Martinique verbracht worden waren? Weil der Secret Service vermutete, dass in der Washingtoner Botschaft der Vichy-Regierung entsprechende Informationen vorhanden sein müssten, wurde Cynthia im Mai 1941 mit der Suche und eventuellen Beschaffung beauftragt.

Zielgerichtet machte sie unmittelbar darauf als Journalistin die Bekanntschaft des Pressechefs der Botschaft, Capitaine Charles Brousse. Beide waren sofort entflammt füreinander und offenbar auf Dauer voneinander fasziniert, denn nach dem Zweiten Weltkrieg heirateten sie. Die Ehe hielt bis zu Cynthias Tod 1963.

Im Mai 1941 dachte sie jedoch in erster Linie an ihre Aufgabe. Nach zwei Monaten der Bekanntschaft gab ihr Brousse, der sie für eine amerikanische Agentin hielt, regelmäßig Informationen und erhielt über sie Geld für einen angemessene Lebensführung, da ihn die Vichy-Regierung nur sehr unzureichend bezahlen konnte. Er war seinerseits bereit, der antifaschistisch eingestellten Regierung der USA Informationen zu liefern, nicht jedoch den Briten, gegen die er Ressentiments hatte.

Im März 1942 verlangte der Secret Service von Cynthia die Beschaffung des französischen Marine-Codes. Was nun folgte, war genial in seiner Einfachheit. Brousse erklärte dem Nachtwächter der französischen Botschaft, dass er mit Cynthia ein Verhältnis habe und nachts mit ihr zusammen sein wolle. Bei ihm oder ihr zu Hause ginge das nicht. Sie würden für ihre Rendezvous´ die Halle der Botschaft brauchen, in der ein Diwan stand. Der Nachtwächter erhielt ein großzügiges Trinkgeld und hatte ein Einsehen. Eines Nachts konnte es Cynthia so einrichten, dass sich der Wächter, der die Räume kontrollierte, vor ihrem Anblick im Evakostüm diskret zurückzog und ihr dadurch die Möglichkeit bot, in diesem Aufzug einen Safeknacker in die Botschaft einzulassen. Dieser schaffte es, den Panzerschrank gewaltlos zu öffnen, in dem sich der Marine-Code befand. Cynthia übergab die Codemappen gleich danach einem Kurier des Secret Service, der die einzelnen Seiten kopieren ließ. Als er um vier Uhr morgens zurückkam, nahm sie ihm, nun wieder angezogen, die Mappen ab, legte sie an ihren Platz und verschloss den Safe. Ihr Liebhaber Charles Brousse hatte die ganze Zeit über Schmiere gestanden, um eventuell den Nachtwächter aufzuhalten oder abzulenken.

Als am 8. November 1942 amerikanische und englische Truppen in Nordafrika landeten, stießen sie auf keinen feindlichen Widerstand. Das war auch Cynthias Verdienst, denn durch ihre Beschaffung des Marine-Codes war es möglich geworden, die Absichten der französischen Flotte vorauszusehen, die damals im Bund mit den Deutschen stand. Die Landung hätte auch stark behindert oder verhindert werden können.

Mit dem Ende des Krieges endete auch Cynthias Bindung an den Secret Service. Sie blieb jedoch eine militante Gegnerin jedes diktatorischen Regimes. 1951 empfing sie auf Schloss Castellnou in den Pyrenäen, wo sie inzwischen mit Brousse lebte, für einige Tage den Besuch ihres Sohnes Anthony George Pack. Sie sah ihn zum ersten Mal nach seiner Geburt wieder. Er war inzwischen 21 Jahre alt und freiwillig in Großbritannien Soldat geworden. Die Einschiffung seines Regiments zum Kriegseinsatz in Korea stand unmittelbar bevor.

Cynthia war besorgt um ihn, aber auch sehr stolz, als er zum Leutnant befördert und ihm wegen Tapferkeit vor dem Feind das britische Militärkreuz verliehen wurde. Mitte 1952 erhielt sie die Nachricht von seinem Tod. Später erklärte sie:

„Ich bin zufrieden. Er starb, als er das tat, was er tun wollte. Man soll nicht mit dem Tode feilschen, wenn man das tut, was man leidenschaftlich und mit dem Herzen tut. Der Tod ist nur ein Hasardspiel um den Gewinn. Sein Grab liegt unter einer Fichte – irgendwo in Südkorea, er liegt dort mit vielen tausenden toter Kameraden, mit Amerikanern, Engländern und anderen, die unter der Fahne der Vereinten Nationen gegen die kommunistische Aggression gekämpft haben. Ich danke Gott, dass ich ihn diese wenigen Tage in Castellnou haben durfte, bevor wir uns zum letzten Mal und für immer trennten.“[4]

Als Cynthia sich den Fragen ihres Biogaphen stellte und ihm ihr Leben erzählte, war sie bereits schwer an Krebs erkrankt. Sie wusste, wie es um sie stand und ertrug ihr Leiden mit einer bewundernswerten Haltung. Sie starb in der Nacht zum 1. Dezember 1963. Kurz vor ihrem Tode wurde ihr noch folgende Frage gestellt:

„Wenn Sie frei von häuslichen und privaten Verpflichtungen wären, würden Sie dann eine solche Abeit wieder aufnehmen wollen?“ In ihrer

Stimme lag ein leidenschaftlicher Ton, sie schaute ihren Biographen Hyde scharf an und sagte: „Wie ein gezieltes Geschoss würde ich darangehen.“[5]

Sonja wurde am 15. Mai 1907 als Ursula Kuczynski in Berlin geboren. Ihr Vater war der Wirtschaftswissenschaftler und Statistiker René Robert Kuczynski. Ihr älterer Bruder Jürgen wurde in der DDR als Wirtschaftswissenschaftler, Soziologe und Zeithistoriker später sehr bekannt. Außerdem hatte sie vier jüngere Schwestern. Ursula absolvierte eine Lehre als Buchhändlerin, wurde 1924 Mitglied des Kommunistischen Jugendverbandes (KJV) und trat 1926 in die KPD ein. In beiden Organisationen wurde sie sehr aktiv und übernahm verschiedene Funktionen. Dabei hatte sie die Unterstützung ihres Bruders, der ebenfalls Kommunist war, und die wohlwollende Zustimmung der Eltern, besonders ihres Vaters, der mit der KPD sympathisierte.

1929 heiratete sie den Architekten Rudolf Hamburger, mit dem sie im Juli 1930 nach China ging, weil er in Deutschland keine Arbeit fand. Das Paar siedelte sich im internationalen Stadtteil von Shanghai an. Zu den Aktivisten der in dieser Zeit illegal arbeitenden KP Chinas bekam Ursula Hamburger zunächst keinen Kontakt. In der Gesellschaft europäischer Frauen, die keinen Beruf ausübten, Haus- und Gartenarbeit sowie Kochen und Kindererziehung dem chinesischen Dienstpersonal überließen und nur geringe geistige Interessen hatten, fühlte sie sich nicht wohl. Auch eine Halbtagsbeschäftigung, die Einrichtung eines politischen Archivs aus deutschen und englischen Presseausschnitten, füllte sie nicht aus.

Anregungen brachte ihr dagegen die Freundschaft mit der Schriftstellerin Agnes Smedley, durch deren Vermittlung sie im November 1930 Richard Sorge kennen lernte. Der offizielle Korrespondent der „Frankfurter Zeitung“ und Meisterspion der Sowjetunion besuchte sie zuerst alleine in ihrer Wohnung und sprach mit ihr unter vier Augen. Die Begegnung veränderte ihr Leben. Sorge, der für den sowjetischen militärischen Nachrichtendienst (GRU) arbeitete, bat sie um ihre Mitarbeit. Sie sagte sofort zu, ohne die ihr eingeräumte Bedenkzeit in Anspruch zu

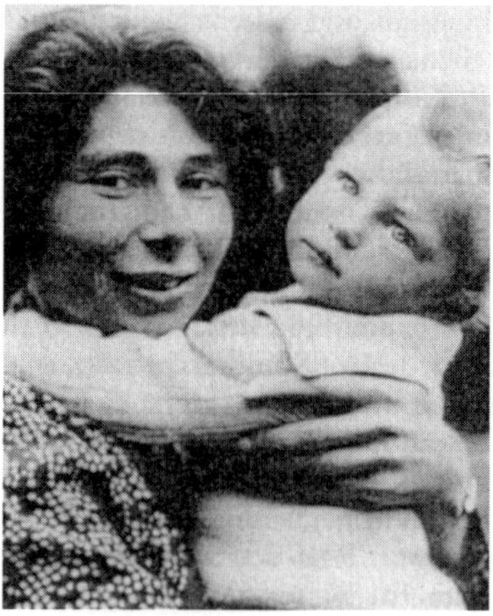

Sonja mit Sohn Micha, ca. 1933

nehmen. Auf seine Veranlassung erhielt sie den Decknamen Sonja.

Zu dieser Zeit hatten die Hamburgers noch keine eigene Wohnung, sondern lebten im Hause eines befreundeten Ehepaares. Außerdem erwartete Sonja ihr erstes Kind. Ihre erste nachrichtendienstliche Aufgabe bestand darin, das eigene Wohnzimmer zur Verfügung zu stellen und darauf zu achten, dass sich Sorge dort ungestört mit chinesischen Kommunisten treffen konnte. In ihren Erinnerungen schrieb sie 1977:

„Ich kann mich nicht mehr auf die einzelnen Zusammenkünfte besinnen, solange wir noch in Walters Haus wohnten, aber meine Arbeit für die Gruppe hatte, anschließend an das Gespräch mit Richard [Sorge], schon dort begonnen. Ich weiß noch genau, wie Richard mich zur Geburt meines Sohnes im Februar 1931 beglückwünschte und ich ihn halb verlegen, dass ich mich mit so privaten Dingen wie Kinderkriegen befasste, halb stolz auf den Sohn an das Babykörbchen führte ...

Walter hatte Rolf [Rudolf Hamburger] zu seiner Stellung in Shanghai verholfen und uns gastlich im eigenen Heim aufgenommen. Falls meine illegale Tätigkeit in seinem Haus entdeckt wurde, konnte es Walters aussichtsreiche berufliche Laufbahn und noch viel mehr zerstören. Über unsere Arbeit musste ich schweigen, hätte er davon gewusst, wäre er noch mehr gefährdet gewesen.“[6]

Das Heim des Freundes war eigentlich eine gute Tarnung für die illegale Arbeit. Da dessen Frau sich jedoch viel zu Hause aufhielt, konnten die Treffs dort nur selten organisiert werden. Sorge empfahl Sonja deshalb, mit ihrem Mann ein eigenes Haus zu mieten und dabei darauf zu achten, dass es frei stand, von keinem anderen Haus aus beobachtet werden konnte und zwei Ausgänge hatte. Sie fand ein Haus, das in einer Grünanlage stand, die an drei verschiedene Straßen grenzte und alle Bedingungen erfüllte.

Bei den Gesprächen, die Sorge mit chinesischen Kommunisten führte, war sie nie zugegen, sondern hatte nur dafür zu sorgen, dass ihre Gäste nicht gestört wurden. Ihr Mann wusste, dass sie in Deutschland Kommunistin gewesen war, nicht jedoch, was sie jetzt tat. Mit Rücksicht auf sie selbst und das gemeinsame Kind hatte er ihr jede illegale Tätigkeit in China untersagt. Sie schrieb später:

„Nun wurde für mich alles anders. Während der drei Jahre in Shanghai wusste Rolf nicht, dass unsere Wohnung illegaler Treffpunkt war, dass während langer Perioden Koffer mit Nachrichtenmaterial in den Schränken verborgen lagen. Er kannte einen Teil der Genossen, die meine engsten Freunde wurden, nicht, oder er traf sie, als harmlose Geschäftsfreunde getarnt, und ich musste sie vor ihm auch so behandeln. Weder über die Menschen, die mir am nächsten standen, noch über die Arbeit, die der Inhalt meines Lebens war, konnte ich mit ihm sprechen."[7]

Eines Tages brachte Sonja Tee in das Zimmer, in dem sich wieder einmal Sorge mit mehreren Chinesen aufhielt. Die Männer hatten Revolver in den Händen und wurden von Sorge in deren Gebrauch unterwiesen. Auch auf dem Teppich und in einem offenen Koffer lagen Waffen. Den Koffer hatte Sonja ebenfalls aufbewahrt, ohne zu ahnen, was er enthielt. Sie freute sich über ihre Entdeckung, denn sie wusste nun, dass sie wirklich wichtig war, weil man ihr nicht nur Papiere, sondern auch Waffen zur Aufbewahrung anvertraute. Zu dieser Zeit war ihr Sohn Michael sechs Monate alt.

Sonjas Ehe zerbrach im Juli 1933, als sie mit ihrem Sohn Shanghai verließ. Offiziell scheiden ließ sie sich erst sechs Jahre später in der Schweiz. Sonja hatte sich zur „beruflichen Qualifizierung" entschlossen. Sie brachte Michael für ein halbes Jahr zu ihren Schwiegereltern, die wegen ihrer jüdischen Abstammung in die Tschechoslowakei emigriert waren, und erzählte ihnen, dass sie in die Sowjetunion fahren müsse, um Russisch zu lernen. Sie und ihr Mann wollten sich dort niederlassen, weil sie aus sogenannten rassischen Gründen nicht in das inzwischen nationalsozialistische Deutschland zurückgehen konnten und in China bald keine Arbeit mehr haben würden.

Die Wirklichkeit war etwas anders. Sonja fuhr tatsächlich in die Sowjetunion, jedoch um in einer Schulungseinrichtung der Roten Armee Morsen, den Bau von Sendeanlagen und Russisch zu lernen. Nach dem Halbjahreslehrgang war sie wiederum für den Einsatz in China vorgesehen. Ihren Sohn durfte sie schon deshalb nicht in die Sowjetunion mitnehmen, weil das Kind dort „aus Versehen" auch die Landessprache gelernt hätte und der kleine Junge einer deutschen Mutter, der plötzlich Russisch sprach, wäre am Einsatzort bestimmt aufgefallen.

Am Ende der Ausbildungszeit lernte Sonja ihren Partner und Vorgesetzten kennen, mit dem sie nach China gehen sollte und den sie in ihren Erinnerungen nur Ernst nennt. Er war ein deutscher Kommunist und Seemann von Beruf. Zu ihm entwickelte sie eine merkwürdige Beziehung, die wohl nur in der Welt der Geheimdienste, speziell der kommunistischen, denkbar ist. Sie respektierte ihn als berufliches Vorbild und als Vorgesetzten. Gleichzeitig war er ihr sympathisch, doch wiederum nicht so, dass sie sich mit ihm ein Leben auf Dauer vorstellen konnte. Sie beschrieb ihn so:

„Ernst sprach grammatisch fehlerhaftes Deutsch, sein Geschmack war verkitscht, seine Manieren nicht die eines Geschäftsmannes. Es geschah, dass er eine angerauchte Zigarette zur späteren Weiterbenutzung hinters Ohr steckte. Ich versuchte, mit ihm darüber zu sprechen, aber wie immer ich die Worte wählte, er nahm sie mir übel, wurde aggressiv nannte mich überheblich oder spießig oder eine Intellektuelle ... Ich achtete seine Leidenschaft und seine Gefühlswelt als Kommunist. Ich bewunderte seinen Fleiß, seine enorme Willenskraft und seine größere Erfahrung ... Das andere – ein gutes Benehmen – war für mich kein Werturteil, es war einfach zur Legalisierung notwendig ... Wenn ich auch Streit nicht mochte, musste ich ihm über Bücher, Bilder und Menschen meine Meinung sagen. Er aber schien sich über alles zu ärgern, was ich besaß, meine Bildung, mein fließendes Englisch, meine größere Sicherheit im Umgang mit Menschen."[8]

Im Mai 1934 gingen die beiden nach Mukden. Sie berichteten von dort aus per Funk von den Aktivitäten der chinesischen Partisanen, die in der Mandschurei gegen die Japaner kämpften. Ernst war sofort damit einverstanden gewesen, dass Sonja den inzwischen dreijährigen Michael von den Großeltern abholte und mitnahm. Sie wollte mit Ernst ein „Leben auf kameradschaftlicher Basis" führen, aber sie war 26 Jahre alt, gab ihrer Ehe mit Rudolf Hamburger keine Zukunft mehr und wünschte sich trotzdem weitere Kinder. Ernst war ein Jahr älter als sie und ständig in ihrer Nähe. Im Juni 1935 wusste sie, dass sie ihr zweites Kind erwartete, das sie behalten wollte, obwohl ihr klar war, dass ihr wieder „aus beruflichen Gründen" eine baldige Trennung von Ernst bevorstand, denn sie mussten China verlassen und die künftigen Einsatzorte hingen nicht von privaten Beziehungen ab.

Unter diesen Umständen erklärte sich ihr „Noch-Ehemann" Rudolf Hamburger bereit, sie an ihren künftigen Einsatzort in Polen zu begleiten. Er sah das als seine menschliche und politische Pflicht an, denn er war inzwischen Kommunist und ebenfalls Mitarbeiter der GRU geworden. Von der bevorstehenden Geburt des Kindes wusste er, da er sich mit Ernst darüber unterhalten und beraten hatte.

Im Februar 1936 bezogen Sonja und ihr Mann ein Haus in einem Warschauer Vorort. Von dort aus funkte sie wieder Nachrichten nach Moskau. Auch die polnische KP konnte damals nur illegal arbeiten. Sonja betreute mehrere Gruppen. Diese Arbeit unterbrach sie nur kurz im April 1936, als sie ihr zweites Kind, eine Tochter, gebar. Die alte Kinderfrau der Familie Kuczynski war mit nach Polen gekommen und betreute beide Kinder, ohne vom kompliziertem Privatleben der Mutter etwas zu erfahren.

1937 und 1938 fuhr Sonja zweimal zu Lehrgängen nach Moskau. Sie erlernte die Herstellung und fachgerechte Anwendung von Sprengstoffen sowie den Umgang mit Handfeuerwaffen. Außerdem wurde sie zum Major der Roten Armee ernannt und erhielt aus der Hand des sowjetischen Staatspräsidenten Kalinin den Rotbannerorden, damals die höchste militärische Auszeichnung für eine Ausländerin.

Im September 1938 zog Sonja mit ihren beiden Kindern und der Kinderfrau in die Schweiz. Rudolf Hamburger dagegen ging im Sommer 1939 nach China zurück, jetzt als Agent der GRU und unter dem Kommando von Ernst, Sonjas bisherigem Gefährten und Vater ihrer Tochter. Die Verantwortlichen in der Moskauer GRU-Zentrale waren eben Gemütsmenschen, und ihre Spione offensichtlich auch.

In der Schweiz war wieder die Nachrichtenübermittlung Sonjas Hauptaufgabe, und deshalb mietete sie in der Nähe von Caux ein Haus, in dem sie ihren Sender unterbrachte. Die illegale Arbeit richtete sich jetzt in erster Linie gegen das nationalsozialistische Deutschland. Sonja wurde die Vorgesetzte von zwei jungen englischen Kommunisten, die bereits im Spanischen Bürgerkrieg in den Reihen der Internationalen Brigaden gekämpft hatten und von der Schweiz aus mit Spionage- und Sabotageaufträgen nach Deutschland geschickt werden sollten. Alexander Foote und Leon Charles Beurton, genannt Len, lernten von Sonja alle illegalen Techniken, einschließlich Herstellung und Gebrauch von Sprengmitteln und Brandsätzen. Sie konnten aber ihr Wissen und Können nicht mehr wie vorgesehen anwenden, weil inzwischen der Zweite Weltkrieg ausgebrochen und der Einsatz von Engländern mit schlechten Deutschkenntnissen in Deutschland völlig aussichtslos war.

Die Moskauer GRU-Zentrale hatte jedoch noch einen zweiten Auftrag. Einer von beiden sollte mit Sonja nach der Scheidung von ihrem Mann eine Scheinehe eingehen, denn eine britische Staatsbürgerin schien vor einer Ausweisung aus der Schweiz sicherer zu sein als eine Deutsche. Außerdem wurde Sonjas späterer Einsatz in England dadurch leichter. Alexander Foote machte Ausflüchte und lehnte die Heirat ab.

Len Beurton, sieben Jahre jünger als Sonja, war einverstanden. Er unterschied sich sehr von ihr, war nach einer unglücklichen Kindheit überempfindlich und verschlossen, begann als Vierzehnjähriger zu arbeiten, erst im Steinbruch, dann als Lkw-Fahrer und schließlich als Automechaniker. Im Spanischen Bürgerkrieg galt er als äußerst tapferer Soldat. Als Sonja ihm versprach, dass sie sich, sobald er es wünschte, wieder scheiden ließe, wurde er schrecklich wütend. Die Ehe hielt lebenslang. Bis zu ihrem Tod im Jahr 2000 hieß Sonja im bürgerlichen Leben Ursula Beurton.

Alexander Foote brach nach dem Zweiten Weltkrieg mit der KP und dem sowjetischen Nachrichtendienst. Er schrieb ein Buch, in dem er sich von seiner bisherigen Weltanschauung lossagt. Sonja bezeichnete ihn daraufhin nur noch als Verräter. Überhaupt hatte sie für Leute, die mit dem Kommunismus brachen, keinerlei Verständnis. Das waren für sie generell Feiglinge oder Fahnenflüchtige. Auch die „Periode der Ungesetzlichkeiten und des Misstrauens“ im sowjetschen Machtbereich, womit sie die Stalinschen Säuberungen umschreibt, war in ihren Augen keine Rechtfertigung für eine Absage an den Kommunismus.

In der Schweiz blieb für sie und ihre beiden Helfer die Übermittlung von Nachrichten aus Deutschland die wichtigste Aufgabe. Sie bezogen ihr Material von Alexander Rado, einem ungarischen Kommunisten mit großem Geschick für geheimdienstliche Arbeit, der viele deutsche Zuträger hatte.

Auf Weisung der Moskauer Zentrale zog Sonja im Dezember 1940 mit ihren beiden Kindern, aber ohne Kinderfrau und ohne ihren „Scheinehemann“ auf abenteuerlichen Wegen nach England. Die Reise über Frankreich, Spanien und Portugal dauerte mehr als sechs Wochen. Len und Alexander mussten in der Schweiz zurückbleiben, weil sie als Rados Funker unentbehrlich waren.

In Großbritannien sollte Sonja die Stimmung politischer Kreise gegenüber der Sowjetunion erforschen. Dabei halfen ihr Vater und Bruder, die von ihrer geheimdienstlichen Tätigkeit wussten. Sonjas Familie war aus rassischen und politischen Gründen bereits vor ihr nach England emigriert. Wahrscheinlich die wichtigste Aufgabe in ihrem Agentenleben war der zeitweilige Kontakt zum Atomspion Klaus Fuchs, an den sie Aufträge übermittelte. Von ihm hat sie auch Materialien über die britische Atomforschung entgegengenommen. Regelmäßig traf sie sich mit einem Mittelsmann aus der sowjetischen Botschaft. Zweimal in der Woche funkte sie nach Moskau.

Mit ihren Kindern hatte sie wieder ein freistehendes Haus bezogen, damit der Sendebetrieb nicht so auffiel. Im Spätsommer 1942 kam Len aus der Schweiz zu ihr und nahm Verbindung zu Personen auf, die ihn über britische Rüstungsplanungen informierten. Im September 1943 gebar Sonja ihr drittes Kind, das sie sich schon lange gewünscht hatte, ihren Sohn Peter.

Im Sommer 1946 brach die Moskauer Zentrale aus unbekannten Gründen jede Verbindung zu Sonja ab, und im Herbst 1947 warnte Alexander Foote, der nun mit der KP gebrochen hatte, sie und Len vor jeder weiteren Spionageaktivität. Kurz darauf wurden die beiden vom englischen Inlandsgeheimdienst wegen ihrer Tätigkeit für die Sowjetunion befragt. Als sie jede Kooperation verweigerten, hatte das keine Folgen.

1950 zog Sonja mit Len und ihren Kindern in die DDR und schlug das Angebot aus, weiter für den sowjetischen Nachrichtendienst zu arbeiten. Es war Zeit für sie geworden, eine vorläufige Bilanz ihres Lebens zu ziehen. Sie war jetzt 43 Jahre alt und die lange Geheimdiensttätigkeit war nicht spurlos an ihr vorüber gegangen. Vor allem die nervliche Belastung traute sie sich nicht weiter zu. Ihr Sohn Michael war inzwischen 19 Jahre alt und studierte bereits. Ihre Tochter Nina war 14, entwickelte die Angewohnheiten eines englischen Teenagers und sammelte Bilder der Kronprinzessin Elizabeth. Der jüngste Sohn Peter war sieben Jahre alt und kam zur Grundschule. Kein Kind hatte bisher etwas von der eigentlichen Tätigkeit der Mutter erfahren, doch die dauernden Schul- und Wohnsitzwechsel, oft verbunden mit dem Erlernen einer neuen Landessprache, störten ihre Ausbildung und Entwicklung. So hatte sie mit Michael in China, Polen, in der Schweiz und in Großbritannien gelebt, ohne dass der junge Mann im ständigen Wechsel der Umgangssprachen, Wohnorte, Schulen und Lebensumstände einen Sinn erkennen konnte. Trotzdem kam er mit in die DDR.

Sonjas „Kündigung" wurde akzeptiert. Man entließ sie ehrenvoll im Rang eines Obersts der sowjetischen Armee und im Jahre 1969 erhielt sie zum zweiten Mal den Rotbannerorden. Den ersten hatte man ihr über die Kriegszeit aufgehoben und bereits 1967 zugestellt. Zwischen 1950 und 1956 arbeitete sie im Informationsamt der DDR-Regierung. Danach begann sie eine erfolgreiche Karriere als freischaffende Schriftstellerin. Ihre Romane und Erzählungen sind vom kommunistischen Credo geprägt, aber sie schreibt talentiert und und interessant. Ihr Schriftstellerpseudonym, unter dem sie der Öffentlichkeit bekannt wurde, ist Ruth Werner.

Im März 2000 befragte ich sie brieflich, ob sie außer ihrer kommunistischen Weltanschauung, die sie mit vielen anderen Menschen teilte, auch noch andere Motive für ihre nachrichtendienstliche Arbeit gehabt habe, weil doch kein Mensch nur aus einem einzigen Motiv handelt. Sie anwortete, dass nur ihre politische Überzeugung maßgebend für ihr Tun gewesen sei. Am 7. Juli 2000 verstarb sie, 93 Jahre alt, in Berlin.

1 Hyde: Cynthia, S. 28 f.
2 Ebd., S. 108
3 Ebd., S. 13 f.
4 Ebd., S. 265
5 Ebd., S. 279
6 Werner, Sonjas Rapport, S. 53
7 Ebd., S. 62
8 Ebd., S. 141 f.

Hinweise

Zu Cynthia

Hyde: Cynthia / Buchheit: Die anonyme Macht, S. 238 ff. / Der Spiegel 1966/23/102 f. und 1966/27/75 f.

Zu Sonja

Werner: Sonjas Rapport / Polmar/Allen: Spy Book, S. 522 f. / Bohnsack/Brehmer: Auftrag: Irreführung, S. 204 / Der Spiegel 1954/19/34 / Die Welt, 28. 7. 1982 / Stern, 28. 7. 1982 / Frankfurter Allgemeine Zeitung, 15. 5. 1997

Warum spionierte Rudolf von Scheliha?

Auf einer Gedenktafel im Auswärtigen Amt der Bundesrepublik Deutschland in Berlin sind die Namen von elf Diplomaten verzeichnet, die wegen ihres Widerstandes gegen das nationalsozialistische Regime zum Tode verurteilt und hingerichtet worden sind. Darunter steht:

SIE GABEN IHR LEBEN FÜR DIE EHRE DES DEUTSCHEN VOLKES.

Diese Tafel ist bereits am 20. Juli 1961 in Bonn eingeweiht worden. Als am 9. September 1994, ebenfalls noch in Bonn, eine Gedenkfeier für diese Opfer des Nationalsozialismus stattfand, sagte der damals amtierende Außenminister Klaus Kinkel:

Rudolf von Scheliha

„Integrität des Urteils und Lauterkeit des Gewissens bestimmten das Handeln dieser Beamten. Sie beschränkten sich nicht auf eine Ethik der Gesinnung. Im vollen Bewusstsein der Verstrickungen und Widersprüche, der persönlichen Risiken und der unabsehbaren Konsequenzen, wagten sie zu handeln.

Motive und Ziele derjenigen, die sich im Widerstand zusammenfanden, waren unterschiedlich. Jeder von ihnen hatte sein unverwechselbares persönliches Schicksal, seine eigene Haltung, seine eigenen Ideale. Gemeinsam war ihnen allen der sittliche Anspruch, der Sinn für Menschenwürde und Gerechtigkeit, die Seelenstärke, die menschliche Größe. Wenn eine Haltung es verdient, heldenhaft genannt zu werden, dann die ihrige."[1]

Am 21. Dezember 1995 wurde eine weitere Schriftzeile unter die Tafel gesetzt:

RUDOLF VON SCHELIHA † BERLIN-PLÖTZENSEE
22. DEZEMBER 1942.

Auf den ersten Blick stimmt alles. Am Widerstandskampf der elf Diplomaten besteht kein Zweifel. An ihrer Würdigung durch Kinkel ist nichts auszusetzen. Doch warum ist Schelihas Name erst mehr als 34 Jahre später hinzugesetzt worden? Zweifellos war er Diplomat im Auswärtigen Amt und zweifellos ist er in einem Prozess zum Tode verurteilt worden, der in einem Unrechtsstaat stattfand. Es besteht aber auch kein Zweifel daran, dass Scheliha als Spion vor Gericht gestanden hat.

Nun kann man sich als Widerstandskämpfer gegen eine totalitäre Macht durchaus für das Mittel der Spionage entscheiden. Es ist unter Umständen effektiver als der Beitritt zu einer Widerstandsgruppe, die bereits von Spitzeln durchsetzt sein kann oder deren Führer die Regeln der Konspiration nicht einhalten. Wer sich dagegen einem fremden Nachrichtendienst anvertraut, weiß, dass er mit Fachleuten zusammenarbeitet, die von illegaler Arbeit etwas verstehen und ihre Agenten auch sichern können. Doch warum spionierte Scheliha? War es Widerstand gegen das NS-Regime oder hatte er andere Motive?

Rudolf von Schelihas Lebenslauf

Geboren am 31. 5. 1897 als Sohn eines Rittergutsbesitzers in Zessel (Schlesien). Privatunterricht in der Grundschulzeit, danach Besuch des Gymnasiums in Oels und später in Wohlau. 1915 Abitur. Vom 1. 3. 1915 bis 23. 12. 1918 Kriegsfreiwilliger im Ersten Weltkrieg, mehrfach verwundet, entlassen als Leutnant der Reserve.
1919-1921 Jurastudium in Breslau und Heidelberg. Als Vorsitzender des Heidelberger Allgemeinen Studentenausschusses macht er Front gegen antisemitische Tendenzen. Nimmt im Mai 1921 am oberschlesischen Aufstand teil.

10. 12. 1921 Ernennung zum Referendar. 15. 2. 1922 Eintritt in die Hamburger Außenstelle des Auswärtigen Amtes. 1. 7. 1922 Attaché im Auswärtigen Amt, tätig in der Osteuropa-Abteilung, zwei Jahre persönlicher Referent des Staatssekretärs Ago von Maltzahn. 15. 12. 1924 Abschlussprüfung und endgültige Aufnahme in den Auswärtigen Dienst.
5. 1. 1925 Versetzung an die Deutsche Gesandtschaft in Prag. 18. 8. 1926 Versetzung an die Deutsche Botschaft in Konstantinopol. 1927 Ernennung zum Legationssekretär.
24. 10. 1927 Hochzeit mit Marie Louise Edle von Medinger.
April 1929 Vizekonsul im Generalkonsulat Kattowitz (Polen).
17. 10. 1932 Versetzung an die Deutsche Botschaft in Warschau.
1. 7. 1933 Eintritt in die NSDAP. Ab 1934 Kontakt zu Rudolf Herrnstadt und Ilse Stöbe.
14. 8.-10. 9. 1936 Reserveübung. Ernennung zum Rittmeister der Reserve. 28. 9. 1937 Ernennung zum Gesandtschaftsrat Zweiter Klasse. 28. 8. 1939 Rückkehr aus Warschau nach Berlin.
Referatsleiter in der Informationsabteilung des Auswärtigen Amtes. Zuständig für „Beobachtung und Bekämpfung der polnischen Hetzpropaganda". Mitarbeiter der Abteilung sind auch Dr. Carl Helfrich und Ilse Stöbe, zeitweise Gerhard Kegel.
10. 7. 1941 Ernennung zum Legationsrat Erster Klasse. Ab Frühjahr 1942 Gruppenleiter für neun Länderreferate und persönlich zuständig für das Referat Mittel-, Nord- und Osteuropa.
1941/42 mehrere Reisen in die Schweiz, zuletzt vom 9.-20. 10. 1942. Verhaftung am 29. 10. 1942 und Einlieferung in die Gestapozentrale in der Berliner Prinz-Albrecht-Straße.
14. 12. 1942 Prozess vor dem Zweiten Senat des Reichskriegsgerichts. Urteil: Todesstrafe wegen Landesverrats. 22. 12. 1942 Hinrichtung durch den Strang in Berlin-Plötzensee.

Der Lebenslauf – dessen Daten dem Buch von Regina Griebel „Erfasst" entnommen und mit den Angaben in Ulrich Sahms Biographie über Scheliha verglichen wurden – ist der typische Werdegang eines Karrierediplomaten. Einer politischen Partei hat er vor 1933 nicht angehört, in religiösen Laienorganisationen war er nicht aktiv, zu den Widerständlern gegen den Nationalsozialismus unterhielt er lediglich lose Verbindungen und nur das Todesurteil wegen Spionage fällt aus dem Rahmen des üblichen Beamtenlebens. Die eigentlichen Prozessakten gibt es nicht mehr. Sie sind durch Kriegs- oder Nachkriegseinwirkungen vernichtet worden. Aber Scheliha ist nicht spurlos untergegangen. Es gab Zeugen, die sich auch noch nach dem Zweiten Weltkrieg an ihn erinnerten und Publizisten, die seinen Fall dargestellt haben. Diejenigen, die ihn kannten und etwas über seine Spionagetätigkeit sagen konnten, waren entweder Nationalsozialisten oder Kommunisten. Lupenreine Demokraten waren nicht darunter. Das ist bedauerlich, ergibt sich jedoch aus den Umständen, unter denen Scheliha tätig war.

Spätestens seit 1934 hatte er enge Kontakte zu Rudolf Herrnstadt, dem Auslandskorrespondenten des „Berliner Tageblatts“ in Warschau. Herrnstadt, 1903 in Gleiwitz geboren, war eine außergewöhnliche Persönlichkeit. Sein Jurastudium, das ihn langweilte, brach er nach einem Jahr ab. Gleichzeitig von der Politik und dem geschriebenen Wort fasziniert, drängte es ihn zur Schriftstellerei, wozu ihn Sprachbeherrschung und Beobachtungsgabe prädestinierten. Über Menschen und Dinge, auch über sich selbst, schrieb er mit Schärfe, Ironie und innerer Distanz. Leben konnte er von seiner literarischen Arbeit nicht, so dass er sich ab 1924 dem Journalismus zuwandte. Sein eigentlicher Lehrmeister auf diesem Gebiet wurde Theodor Wolff, Herausgeber des „Berliner Tageblatts“, der den jungen Mann 1928 als Hilfsredakteur einstellte und ihm ein väterlicher Freund wurde.

1929 berichtete Herrnstadt für die Zeitung aus dem oberschlesischen Kattowitz. Ob er und Scheliha, der zu dieser Zeit dort deutscher Vizekonsul war, sich schon damals kennengelernt haben, ist ungewiss, aber nicht ausgeschlossen. Zwischen Juni 1930 und Juni 1933 berichtete Herrnstadt aus Prag, Warschau, Danzig, Königsberg, Kronstadt, Bukarest und Bessarabien. Von Juni bis September 1933 war er, inzwischen ein hoch angesehener Journalist, Korrespondent in der Sowjetunion, wurde aber von dort wie alle anderen deutschen Presseberichterstatter ausgewiesen, weil die sowjetische Regierung die Nichtzulassung sowjetischer Korrespondenten zum Reichstagsbrandprozess vergelten wollte.

Der damalige deutsche Botschafter in Polen, Hans Adolf von Moltke, setzte sich dafür ein, dass Herrnstadt ab Oktober 1933 als ständiger Auslandskorrespondent in Warschau etabliert wurde und es auch bis März 1936 blieb. Damit war er wahrscheinlich der einzige Journalist jüdischer Abstammung im Dritten Reich, der noch in dieser Weise tätig sein durfte. Moltke schätzte ihn wegen seiner Klugheit und politischen Sachkenntnis, legte Wert auf den vertraulichen Meinungsaustausch mit ihm und hielt ihn für einen deutsch-nationalen Juden, was auch immer das sein mag.

Zwischen 1936 und 1938 hielt sich Herrnstadt vorübergehend in London auf, um für die „Prager Presse“ zu berichten, kehrte aber im August 1938 als Korrespondent einer französischen Zeitung nach Warschau zurück. Rudolf von Scheliha, der ebenfalls von dem scharfsinnigen Herrnstadt fasziniert war, verkehrte mit ihm in Warschau auf gesellschaftlicher Ebene, lud ihn als Gast in die Familienwohnung ein und gab ihm in Absprache mit Botschafter Moltke auch vertrauliche Informationen.

Doch Rudolf Herrnstadt hatte noch eine andere Seite, die die Öffentlichkeit nicht kannte. Seit 1929 war er ein sehr unauffälliges Mitglied der KPD und arbeitete für den militärischen Nachrichtendienst der Sowjetunion (GRU). Davon wussten in Warschau nur ganz wenige Menschen, mit denen er sich unter konspirativen Bedingungen traf. Zu ihnen gehörten seine Freundin Ilse Stöbe, der spätere Diplomat Gerhard Kegel, dessen Ehefrau Charlotte Vogt sowie zeitweilig der spätere Verlagsleiter Helmut Kindler und der spätere DDR-Minister Lothar Bolz.

Ilse Stöbe, 1911 in Berlin geboren, hatte Herrnstadt noch als Sekretärin von Theodor Wolff kennengelernt und sich mit ihr intim befreundet. Unter seinem Einfluss arbeitete sie ab 1931 ebenfalls für die GRU. Mit Förderung von Theodor Wolff verfasste sie journalistische Texte und ging im Februar 1933 als Auslandskorrespondentin der „Neuen Zürcher Zeitung“ und anderer Schweizer Blätter ebenfalls nach Warschau. Zur Tarnung ihrer illegalen Tätigkeit trat sie in die NSDAP ein und war ab 1934 Kulturreferentin der NSDAP-Auslandsorganisation in Warschau. In dieser Funktion betreute sie auch die Ehefrauen der deutschen Diplomaten.

Selbstverständlich kannte Scheliha auch sie, genauso wie er Gerhard Kegel kannte, der 1907 geboren wurde, in Breslau Jura studierte, 1931 konspirativ in die KPD eintrat und als Journalist bei den „Breslauer Neuesten Nachrichten“ arbeitete. Ab 1932 wurde Kegel für die GRU tätig, ging im Spätherbst 1933 als sehr niedrig besoldeter Auslandskorrespondent seiner Zeitung nach Warschau und fand über Lothar Bolz, dem in diesem Buch ein eigenes Kapitel gewidmet ist, Kontakt zu Rudolf Herrnstadt. Im Mai 1934 trat Kegel ebenfalls der NSDAP-Auslandsorganisation in Warschau bei, und Anfang 1935 wurde er als Hilfsreferent in der handelspolitischen Abteilung der Deutschen Botschaft in Warschau angestellt. Kegel machte später eine große Karriere im diplomatischen Dienst der DDR.

Helmut Kindler, der nach dem Zweiten Weltkrieg als einziger Nichtkommunist Herrnstadts geheimdienstliche Arbeit für die Sowjetunion bezeugen konnte, hielt sich 1934 für mehrere Wochen in Warschau auf. Herrnstadt und Ilse Stöbe gewannen ihn dort für illegale Aufgaben in Deutschland, Österreich und Rumänien, die er neben seiner journalistischen Berufsarbeit erledigte. 1938 stellte Kindler seine geheime Tätigkeit jedoch ein, um sich Verfolgungen der Gestapo zu entziehen.

Nachdem sich Scheliha und Herrnstadt seit langer Zeit kannten, muss es spätestens im August 1938, nach Herrnstadts Rückkehr von London nach Warschau, zu einer qualitativen Änderung ihrer Beziehungen gekommen sein, denn Gerhard Kegel schreibt in seinen Lebenserinnerungen:

„Etwa 1938 wurde unsere kleine Warschauer Widerstandsgruppe durch den bereits erwähnten, in Warschau und Berlin über viele hervorragende Verbindungen verfügenden Diplomaten der Warschauer Botschaft Rudolf von Scheliha verstärkt. Scheliha war kein Kommunist, eher ein Konservativer. Aber er war ein deutscher Patriot, der erkannt hatte, dass Hitler das deutsche Volk in die Katastrophe eines zweiten Weltkrieges stürzen und Deutschland zerstören würde. Er war der Überzeugung, dass nur die Beseitigung des Hitlerregimes, das er aufrichtig hasste, die drohenden tödlichen Gefahren von Deutschland abwenden konnte. Deshalb hatte er sich zu dem Entschluss durchgerungen, am Kampf gegen das Hitlerregime teilzunehmen. Für die Sowjetunion zu arbeiten, hätte wahrscheinlich seine Bereitschaft, mit uns im Kampf gegen Hitler zusammenzugehen, überfordert. Deshalb hielten wir es für klüger, ihm über diese Seite unseres Widerstandes nichts zu sagen. Wir ließen ihn bei der Überzeugung, für Großbritannien zu arbeiten.

In der hektischen Situation des bedrohlich nahe gerückten Krieges war von Scheliha eine ungemein wertvolle Unterstützung für unsere Widerstandstätigkeit. Aus Gründen der Sicherheit hatten wir festgelegt, dass nur Genosse Herrnstadt zu ihm Verbindung halten sollte. Scheliha war in der illegalen Arbeit nicht nur völlig unerfahren, sondern – im Bewusstsein, zur herrschenden Klasse zu gehören – Gefahren gegenüber vielfach naiv und in Gesprächen extrem unvorsichtig. Von meiner und Ilse Stöbes Tätigkeit wusste er nichts. Erst als Genosse Herrnstadt, dessen Rückkehr nach Hitlerdeutschland unmöglich war, kurz vor Kriegsbeginn Polen verlassen musste, übernahm in Berlin Ilse Stöbe die Verbindung, was Scheliha noch in Warschau mitgeteilt wurde.“[2]

Es besteht kein Grund, am Kerngehalt von Kegels Darstellung zu zweifeln. Scheliha teilte Herrnstadt und später Ilse Stöbe Geheimnisse mit, von denen er wusste, dass sie ins Ausland weitergeleitet wurden. Juristisch war damit der Tatbestand der Spionage erfüllt. Die Anwerbung Schelihas „unter falscher Flagge“ war eine übliche Taktik, die besonders kommunistische Geheimdienste anwandten, wenn sie davon ausgehen mussten, dass der Werbekandidat nicht für den eigentlichen Auftraggeber, in diesem Fall die Sowjetunion, arbeiten würde. Was Kegel über Schelihas Gegnerschaft zum NS-System sowie über seine Unvorsichtigkeit in Gesprächen sagt, wurde von vielen wohlmeinenden Bekannten aus eigenem Erleben bestätigt.

Die Spionageergebnisse des Diplomaten waren mehr als zufriedenstellend. Scheliha kannte die diplomatischen Verhandlungen in Warschau, las die diplomatische Post und bekam außerdem viele Informationen über die innen- und außenpolitische Lage Deutschlands. Nach den Erkenntnissen von Blank und Mader (in „Rote Kapelle gegen Hitler" S. 136 ff.) teilte er im Mai 1939 mit, dass es schon seit 1938 Planungen für einen militärischen Schlag gegen Polen gab. Darin war vorgesehen, den Angriff mit einer plötzlichen Bombardierung Warschaus zu beginnen, das vollständig vernichtet werden sollte. Für die anschließende Zerschlagung der polnischen Armee sei eine Frist von 14 Tagen vorgesehen. Hitler rechnete nicht mit einer Einmischung Großbritanniens und Frankreichs in den deutsch-polnischen Konflikt.

In den letzten Augusttagen 1939, kurz vor Beginn des Zweiten Weltkrieges, waren Scheliha mit seiner Familie, Ilse Stöbe sowie Gerhard Kegel aus Warschau nach Berlin zurückgekehrt und wurden von der Informationsabteilung des Auswärtigen Amtes übernommen. Herrnstadt war bei Kriegsausbruch über das Baltikum in die Sowjetunion geflüchtet. **Ilse Stöbe** wurde jetzt die maßgebende Informantin der GRU in Berlin, und über den ihr zugeteilten Funker Kurt Schulze hielt sie eine direkte Verbindung in die Sowjetunion. Von Scheliha, mit dem sie dienstlich nicht direkt zu tun hatte, erhielt sie jetzt außerordentlich gewichtige Informationen, so über den bevorstehenden Eintritt Italiens in den Krieg an der Seite Deutschlands im Juni 1940, vor allem aber über die Vorbereitungen für einen Angriff auf die Sowjetunion, die ab Februar 1941 immer massiver wurden.

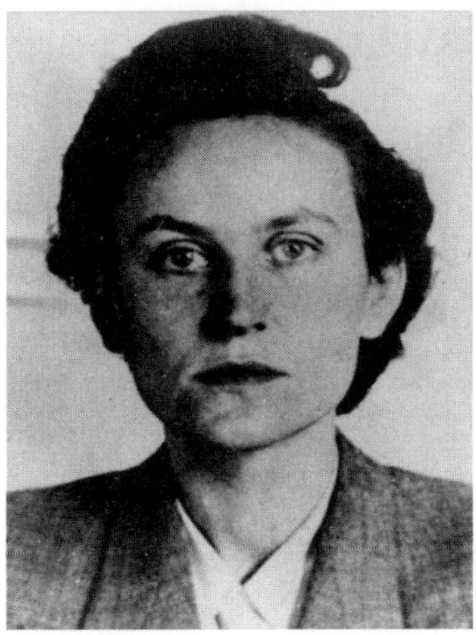

Ilse Stöbe

Ob Scheliha jetzt noch davon ausging, dass Ilse Stöbe seine Informationen den Briten mitteilte, kann man zwar nicht ausschließen, ist jedoch wenig wahrscheinlich. Spätestens seit seiner Abreise aus Warschau wusste er, dass Herrnstadt mit Ilse Stöbe nachrichtendienstlich zusammenarbeitete. Ob er wirklich nicht wusste, dass Herrnstadt nach dem Kriegsausbruch in die Sowjetunion gegangen war? Wie auch immer – folgt man Blank und Mader, die als linientreue kommunistische Publizisten privilegierten Zugang zu sowjetischen und DDR-Archiven hatten, so wurden Ilse Stöbes Berichte unter dem Decknamen Alta immer präziser. Dabei berief sie sich gegenüber ihren Auftraggebern auf Scheliha, dem man im geheimdienstlichen Funkverkehr den Decknamen Arier gegeben hatte.

Im Februar 1941 erfuhr Moskau: Es werden drei Armeegruppen unter der Führung der Feldmarschälle Bock, Rundstedt und von Leeb gebildet. Die erste Armeegruppe rückt von Königsberg aus gegen Leningrad, die zweite aus Warschau gegen Moskau und die dritte aus Posen gegen Kiew vor. Im Gebiet von Pinsk ist eine Kesselschlacht geplant, an der 120 deutsche Divisionen teilnehmen werden. Panzerzüge mit russischer Spurweite werden bereits gebaut.

Im März 1941 berichtete Alta (Stöbe): Im Generalgouvernement sind 120 Divisionen stationiert. Arier (Scheliha) hat darauf hingewiesen, dass er das von denselben Leuten weiß, die ihn zu Beginn des Jahres 1940 über den Aufmarsch gegen Holland und Belgien unterrichtet haben. Am 7. Juni 1941 gab sie die Nachricht durch, dass nach dem Osten täglich 50 Transportzüge abgehen, und am 17. Juni 1941 meldete sie, dass nach Informationen aus dem Oberkommando der Wehrmacht der Angriff auf die Sowjetunion unmittelbar bevorsteht.

Auch wenn man bei einem Autor wie Mader Vorsicht walten lassen muss, weil er sich stets als Publizist im kommunistischen Parteiauftrag verstand und deshalb Stöbes Wirken übertrieben haben kann, so ist es trotzdem glaubhaft, dass Scheliha ihr wichtigster Informant war. Er verfügte über viele dienstliche Informationen sowie hochrangige private Kontakte aufgrund seiner Herkunft. Als Berufsdiplomat war er in politischer Analyse und zielgerichteter Gesprächsführung geschult worden. Außerdem besaß er militärische Kenntnisse und Erfahrungen.

Doch welcher Kitt verband ihn mit Ilse Stöbe, der er sich in gewisser Weise unterordnen musste, weil sie die Führungspersönlichkeit in der Spionagegruppe war? Kurz, welche Motive hatte Scheliha? Darüber gehen die Ansichten in der seriösen Literatur erheblich auseinander. Heinz Höhne geht in seinen Werken davon aus, dass Geld und Erpressung ihn zur Spionage geführt haben, und fast alle nichtkommunistischen Autoren sowie die maßgeblichen Persönlichkeiten im Auswärtigen Amt schlossen sich dieser Auffassung an. Deshalb wurde Scheliha zunächst auch nicht in die Ehrentafel der Widerstandskämpfer im Auswärtigen Dienst aufgenommen. 1990 veröffentlichte jedoch Ulrich Sahm eine Biographie Schelihas, die zu einem Sinneswandel geführt hat. Ist er berechtigt? Um der Wahrheit möglichst nahe zu kommen, muss man sich mit den Umständen beschäftigen, die zur Verhaftung Schelihas geführt haben. Hier zunächst die Darstellung von Heinz Höhne in seinem Buch „Kennwort Direktor“:

„Herrnstadt verwickelte den schlesischen Edelmann in fragwürdige Devisengeschäfte, durch die Scheliha immer tiefer in das russische Spionagenetz verstrickt wurde. Seit spätestens 1937 stand ‚Arier‘ (so Schelihas Deckname) im festen Sold der Sowjets und lieferte alle ihm bekannten AA-Vorgänge nach Moskau. Er ließ sich seine Dienste gut honorieren: die Sowjets zahlten insgesamt 50.000 Reichsmark, überwiesen auf ein Scheliha-Konto des Bankhauses Julius Bär & Co. in Zürich.

Als Scheliha bei Kriegsbeginn nach Berlin ins Auswärtige Amt zurückberufen wurde, blieb Ilse Stöbe in seiner Nähe und hielt den Kontakt zwischen ihm und der Zentrale aufrecht. Jede Anfrage des Raswedupr-Hauptmanns Petrow, ihres Führungsoffiziers in Moskau, überbrachte ‚Alta‘ an Scheliha. Und Scheliha gab, wenn auch von Monat zu Monat zurückhaltender, Auskunft: über diplomatische Geheimverhandlungen des Dritten Reiches, außenpolitische Pläne der Reichsregierung, Interna über die Führer der Achsenmächte.“[3]

Halten wir zunächst einmal fest, dass zwischen Scheliha und Ilse Stöbe nie unmittelbare Arbeitsbeziehungen im Auswärtigen Amt bestanden haben. Auch auf ein amouröses Verhältnis zwischen beiden deutet nichts hin. Nicht einmal die Gestapo hat dergleichen behauptet. Einen Kontakt auf gesellschaftlicher Ebene hat es ebenfalls nicht gegeben, denn Ilse Stöbe war zwar willensstark, zielstrebig, hochintelligent und bildungsbeflissen, hatte jedoch im Gegensatz zu Scheliha nur eine schmale Formalausbildung (Volksschule und Ausbildung als Stenotypistin) und nicht im entferntesten seine gesellschaftliche Stellung. Eine weltanschauliche Verbundenheit, die über die Ablehnung des NS-Systems hinausging, hat ebenfalls nie jemand behauptet.

Was bleibt dann übrig? Scheliha stand (auch nach den Ausführungen Sahms!) während seiner Warschauer Zeit vor dem Problem, das Erbe seiner Ehefrau zumindest teilweise in der Schweiz sicher anzulegen. Dazu betrieb er Devisengeschäfte, die nach den Gesetzen des Dritten Reiches verboten waren und vor denen ihn Botschafter von Moltke, dem er davon erzählte, dringend gewarnt hatte. Er ließ sich jedoch nicht davon abhalten und unterhielt zu diesem Zweck sowohl ein Konto beim

Bankhaus Julius Bär in Zürich als auch bei einer Bank in New York. Ilse Stöbe kannte zumindest das Zürcher Konto, das auf den Namen seiner Schwester Renata lief, weil sie darauf im Jahr 1941 einmal 3.000 Schweizer Franken überwiesen hat, die ihr Scheliha in Berlin in Reichsmark zurückzahlte. Auch wenn man berücksichtigt, dass Ilse Stöbe seit Januar 1940 als Erbin von Dr. Rudolf Huber, dem Hauptaktionär der Schweizer „Thurgauer Zeitung", eine reiche Frau war, so bleibt der ganze Vorgang angesichts der geringen offiziellen Berührungspunkte, die es ansonsten zwischen Scheliha und Stöbe gab, höchst ungewöhnlich.

Doch wie ging es weiter? Abwehr und Gestapo war es im Spätsommer 1942 gelungen, in den Besitz der Codes zu gelangen, die die für die Sowjetunion arbeitenden Agentenfunker benutzten. Dadurch kam die Gestapo auf die Adresse und den Klarnamen von Alta (Stöbe), die zunächst beobachtet und am Sonnabend, dem 12. September 1942 zusammen mit ihrem Lebensgefährten Dr. Carl Helfrich verhaftet wurde. Im Berliner Gestapogefängnis in der Prinz-Albrecht-Straße blieb sie trotz grauenhafter Folterungen ungewöhnlich schweigsam. Gerhard Kegel berichtet in seinen Erinnerungen, dass sie niemanden genannt, geschweige denn belastet hat, der sich im Machtbereich der Gestapo befand. Er, seine Ehefrau sowie ein weiterer Agent, gemeint ist Helmut Kindler, verdankten ihrer Schweigsamkeit das Überleben und die persönliche Freiheit bis zum Kriegsende. Carl Helfrich, der bei den Verhören gefährlicher Mitwisser von brisanten Geheimnissen geworden war, kam in KZ-Haft, aber für eine Anklage gegen ihn gab es offenbar nicht genügend Material, so dass auch er Ilse Stöbes Standhaftigkeit sein Leben verdankte.

Dagegen hat sie wahrscheinlich den Namen von Rudolf Herrnstadt genannt, weil sie wusste, dass er sich in der Sowjetunion aufhielt und nicht gefährdet werden konnte. Die Gestapo begann jetzt nach Personen zu forschen, die Herrnstadt noch aus Warschau kannten, und kam zunächst auf Gerhard Kegel, den sie telefonisch nach der Art seiner Bekanntschaft befragen ließ. Der gab zu, Herrnstadt zu kennen, verbunden mit der einleuchtenden Erklärung, dass sie als Zeitungskorrespondenten Nachrichten ausgetauscht hätten und das gegenseitige Interesse erloschen sei, nachdem Kegel seine Arbeit in der Deutschen Botschaft aufgenommen hatte.

Die Arbeit der Gruppe um Ilse Stöbe war so organisiert, dass der Kommunist Kegel wohl über die Rolle Schelihas im Bilde war, dagegen Scheliha nichts über die anderen Gruppenmitglieder wusste. Am Morgen des 29. Oktober 1942 ging Kegel unter einem Vorwand zu ihm und unterrichtete ihn beiläufig über Nachforschungen nach Bekannten von Herrnstadt. Scheliha nahm die Mitteilung mit großer Nervosität auf. Doch die Tatsache, dass er immer noch in Freiheit war, ließ den Schluss zu, dass Ilse Stöbe auch ihn nicht preisgegeben hatte. Die Situation änderte sich jedoch noch am Nachmittag desselben Tages. Scheliha wurde im Auswärtigen Amt festgenommen und in die Prinz-Albrecht-Straße verbracht. Zur gleichen Zeit wurde auch seine Ehefau verhaftet. Was war geschehen?

Irgendwann Anfang Oktober 1942 war die Gestapo mit Ilse Stöbe nicht mehr weitergekommen. Sie weigerte sich hartnäckig zu sagen, wer sich hinter dem Decknamen Arier verbarg. Aus den dechiffrierten Funkmeldungen war zu entnehmen, dass es sich um eine Person aus dem Auswärtigen Amt handeln musste. Der Gestapo war es aber unter Drohungen und Folterungen gelungen, einen Funkagenten umzudrehen und für ihre Zwecke einzuspannen. Dieser Mann musste nun nach Moskau funken, dass Alta Schwierigkeiten mit dem Informanten Arier habe und vor allem Geld brauche. Jeder Funker hat beim Morsen einen ganz bestimmten Rhythmus, den man als seine Handschrift bezeichnet. In Moskau erkannten die Empfänger den ihnen bekannten Rhythmus und fielen auf die Nachricht herein. Der ausgebildete Fallschirmagent Heinrich Koenen, Sohn eines prominenten Funktionärs der KPD, wurde in Marsch gesetzt, sprang über Ostpreußen aus einem sowjetischen Flugzeug ab und gelangte nach Berlin.

Inzwischen hatte man die Gestapo-Angestellte Gertrud Breiter in die gemeinsame Wohnung von Ilse Stöbe und Carl Helfrich in der Ahornallee 48 einquartiert. Dort rief Koenen am frühen Abend des 28. Oktober an, bat die angebliche Ilse Stöbe zu einem S-Bahnhof, bestieg mit ihr einen Zug und stellte ihr Fangfragen, die sie offensichtlich zu seiner Zufriedenheit beantwortete. In der Überzeugung, die richtige Ilse Stöbe kennengelernt zu haben, erschien Koenen am nächsten Tag, dem 29. Oktober 1942, in der Ahornallee und wurde prompt verhaftet. In seiner Kleidung fand man neben Geldscheinen einen Zahlungsbeleg, aus dem hervorging, dass Rudolf von Scheliha seit 1938 ein besoldeter Spion der Sowjetunion war. Erst jetzt wusste die Gestapo, wer sich hinter Arier verbarg und griff sofort zu.

Marie-Louise von Scheliha wurde nach acht Tagen aus der Gestapohaft entlassen, weil sie von der Spionagetätigkeit ihres Mannes keinerlei Kenntnis gehabt hatte. Scheliha selbst wurde nach den üblichen Gestapomethoden verhört, auch geschlagen und hatte kaum Verteidigungsmöglichkeiten. Der ihm zugeteilte Offizialverteidiger konnte sich kaum mit ihm besprechen und hatte nur kurzfristig Akteneinsicht. Der Prozess gegen Ilse Stöbe und ihn am 14. Dezember 1942 dauerte nur einige Stunden. Die Anklage vertrat der Oberstkriegsgerichtsrat Manfred Roeder, einer der übelsten NS-Juristen, dem man nach dem Zweiten Weltkrieg vergeblich den Prozess wegen seiner völlig überzogenen Strafanträge und seiner Unmenschlichkeit zu machen versuchte. Der Gerichtsvorsitzende Alexander Kraell konnte gegen ihn nur mit Mühe die übliche Verhandlungsform durchsetzen, in der auch die Angeklagten zu Wort kamen. Scheliha soll auch noch vor Gericht geltend gemacht haben, dass er bis zuletzt davon ausgegangen sei, für die Briten tätig geworden zu sein. Am Ende stand das Todesurtei für die beiden Angeklagten. Am 22. Dezember 1942 wurden Ilse Stöbe mit dem Fallbeil und Rudolf von Scheliha durch den Strang hingerichtet.

In diesem Sinne schildern Dallin, Höhne, Perrault und Trepper den Sachverhalt, allesamt keine Sympathisanten des Nationalsozialismus. Sie kommen jedoch zur Schlussfolgerung, dass Scheliha kein Widerstandskämpfer, sondern ein bezahlter Spion war. Dafür bieten sie Belege an und nennen Zeugen. Die maßgeblichen Persönlichkeiten im Auswärtigen Amt, auch und gerade die bis 1995 amtierenden Minister aus unterschiedlichen demokratischen Parteien, kamen deshalb zu der Schlussfolgerung, dass auf einer Ehrentafel für Widerstandskämpfer, die Helden unseres Volkes und Vorbilder für die nachfolgenden Generationen sind, Schelihas Name nicht stehen dürfe.

Doch Ulrich Sahm, ein hochrangiger Karrierediplomat, der erst im Auswärtigen Amt und danach als Abteilungsleiter im Bundeskanzleramt wesentlich an der Umsetzung der Ostpolitik Willy Brandts beteiligt war, kommt in seiner Biographie über Scheliha zu ganz anderen Bewertungen und Schlüssen. Er schreibt:

„Die Machthaber des NS-Staates hielten Scheliha für so gefährlich, dass sie sich viel Mühe machten, ein schlüssig konstruiertes Scheinverfahren einzuleiten. Die Richter wurden zu Werkzeugen der Gestapo, die sich auf diese Weise mit Hilfe falscher Beweismittel und gepresster Geständnisse eines Gegners entledigte. …

Es war zu erwarten, dass die Spekulationen um Schelihas Verschwinden oder seine Verurteilung … in die richtige Richtung gehen würden: dass ihm sein tiefer Hass gegen das Regime, die großzügige Hilfe für von den Nazis verfolgte Menschen und die Unterrichtung des Auslands über Naziverbrechen zum Verhängnis geworden sein mussten. Als Verräter aus Geldgier, als Spieler und Frauenheld in Geldnöten wäre er aber gesellschaftlich wie moralisch und politisch tot gewesen, auch wenn das Gericht ihn hätte leben lassen.“[4]

Sahm sagt damit, dass Scheliha ein Widerstandskämpfer war, dessen

Andenken durch den fortwirkenden Rufmord der Gestapo verunglimpft worden ist und dessen Reputation wiederhergestellt werden muss. Zu dieser Schlussfolgerung kommt er durch eine konsequente Umbewertung aller bis jetzt vorliegenden Fakten und Zeugenaussagen, nicht durch neue Erkenntnisse. Dabei ist ihm Akribie nicht abzusprechen. Hier eine Zusammenfassung seiner Argumente (mit der jeweiligen Seitenziffer von Sahms Scheliha-Biografie in Klammern):

Alle Publizisten, die sich nach 1945 mit Scheliha befasst haben, berufen sich auf den Gestapo-Schlussbericht, in dem alle Vorwürfe gegen Ilse Stöbe und ihn zusammengefasst worden sind. Dieser Bericht ist eine erst nach dem Krieg angefertigte Fälschung oder Verfälschung der Tatsachen, um den in Untersuchungshaft befindlichen ehemaligen Ankläger Manfred Roeder zu entlasten. Verfasser ist der ehemalige Gestapo-Beamte Horst Kopkow, der besonders methodisch arbeiten konnte und ein gutes Gedächtnis gehabt hat. Beweise für diese Behauptung werden nicht vorgelegt. (S. 309 f.)

Ab 1949 ermittelte der Lüneburger Staatsanwalt Dr. Hans Jürgen Finck mit außerordentlicher Tatkraft gegen Roeder, hörte zahlreiche Zeugen, auf deren Aussagen sich viele spätere Publizisten beriefen, verfasste Vernehmungsprotokolle von insgesamt 2.000 Seiten zuzüglich Anlagen in Form von Briefen sowie Dokumenten und erstellte einen Abschlussbericht von 1.732 Seiten. (S. 297)

Finck kommt in Bezug auf Scheliha zu dem Schluss: „Hier handelt es sich um Spionage größten Ausmaßes, die lediglich dem Zweck des Gelderwerbs diente und auch nicht die geringsten idealistischen Beweggründe in sich trägt." (S. 298)

Laut Sahm ist das alles trotzdem unerheblich, weil Finck, Staatsanwalt seit 1939 und nominelles Mitglied der NSDAP, in den Gedankengängen der unmittelbaren Nachkriegszeit befangen gewesen sei (Bedrohung durch den Kommunismus, überzeugt von korrekten Urteilen deutscher Militärgerichte usw.). Beweise werden nicht erbracht. (S. 300 ff.)

Ähnlich bewertet Sahm die Zeitzeugen. Rechtsanwalt Rudolf Behse, Schelihas Verteidiger, der den gesamten Prozess mitgemacht und den Krieg überlebt hat, sagte in Lüneburg vor Staatsanwalt Finck aus, dass Scheliha ein bezahlter Spion war. Unerheblich laut Sahm, denn schließlich war der Mann seit dem 1. Februar 1930 Mitglied der NSDAP. (S. 198)

Die Nachkriegsaussage der Gestapo-Angestellten Gertrud Breiter wird von Sahm überhaupt nicht thematisiert, obwohl sie nach Ilse Stöbes Verhaftung deren Rolle übernahm, die Festnahme des Fallschirmagenten Koenen am 29. Oktober 1942 miterlebte und auf den Zusammenhang mit der unmittelbar darauf erfolgten Verhaftung Schelihas hingewiesen hat.

Gerhard Kegel lebte in ideologischen Zwängen. Seine Memoiren sind deshalb laut Sahm keine zuverlässige Quelle. (S. 323)

Botschafter von Moltke, Schelihas Vorgesetzter in Warschau und vertrauter Freund, hatte unmittelbar vor der Verhandlung am 14. Dezember 1942 eine Begegnung mit ihm, nahm als Vertreter des Auswärtigen Amtes sowie als Zeuge an der Verhandlung teil und teilte unmittelbar danach mehreren Kollegen, die den Krieg überlebt haben, erschüttert mit, dass Scheliha für Geld spioniert hat (S. 206, 211, 212). Laut Sahm unwichtig, weil Moltke getäuscht worden ist. (S. 237)

Und schließlich Sahm sinngemäß: Die Verbindung zwischen Ilse Stöbe und Scheliha ist von der Gestapo konstruiert worden, um einen Gegner des Nationalsozialismus zu vernichten. (S. 234)

Sahm geht nicht darauf ein, warum man diesen komplizierten Weg wählte. Wenn Scheliha kein Spion gewesen ist, hätte man ihn doch wegen anderer Delikte (Defaitismus, Feindbegünstigung, Gerüchtemacherei usw.) vor Gericht stellen oder ohne Urteil ins KZ bringen können.

Der 1951 in Hamburg arbeitende Schriftsteller Günther Weisenborn, Angehöriger der Widerstands- und Spionage-Organisation um Arvid Harnack und Harro Schulze-Boysen, ein Mann mit prokommunistischer Einstellung, aber unabhängigem Urteil, der unmittelbar nach dem Krieg den genauesten Einblick in die Materialien gehabt hat, die in Ost-Berlin und im Gebiet der späteren DDR aufbewahrt wurden, distanzierte sich am 10. Juni 1951 in der Zeitschrift „Stern" von Scheliha und bestätigte, dass es sich in diesem Fall um bezahlte Spionage gehandelt hat. Sahm hält diese Distanzierung für grotesk. (S. 317 f.)

Scheliha wird in der Literatur der Sowjetunion und der DDR als ehrlicher Gegner des NS-Regimes dargestellt. Das Geldmotiv wird dort nicht erwähnt (S. 322). Die Tatsache, dass nach kommunistischer Darstellung die von der Sowjetunion beauftragten „Kundschafter an der unsichtbaren Front" nie für Geld gearbeitet haben oder erpresst worden sind, wird ignoriert.

Harald Poelchau, der Gefängnispfarrer von Plötzensee, hat mit Scheliha vor dessen Hinrichtung ein längeres Gespräch unter vier Augen geführt. Dabei versicherte ihm der Todeskandidat, dass er keinerlei Geldbeträge angenommen hat, andere Fehler dagegen zugab, über die der Pfarrer wegen seiner Schweigepflicht jedoch nichts aussagen durfte (S. 222). Wenn man so will, ist das die einzige entlastende Aussage, die Sahm anführen kann.

Doch wenden wir uns jetzt erst einmal von den Bewertungen ab und den Tatbeständen wieder zu. Auf Antrag von Marie Louise von Scheliha, die damals in Bayern lebte, wurde das Kriegsgerichtsurteil gegen ihren Mann am 3. Februar 1955 aufgehoben. Aufgrund eines bayerischen Gesetzes von 1946 galt es als nationalsozialisisches Unrechtsurteil, wobei es auf die Tatmotive nicht ankam. Die Aufhebung des Urteils bedeutete aber noch nicht, dass der Witwe und ihren Kindern ein Unterhaltsbeitrag und eine materielle Wiedergutmachung zugesprochen wurden. Das federführende Bundesministerium des Innern stützte sich nach wie vor auf die Urteilsgründe des Reichskriegsgerichts und lehnte alle Ansprüche der Hinterbliebenen ab. Diesem Standpunkt schloss sich das Auswärtige Amt an. So blieb der Witwe, die den Klageweg vor den Gerichten materiell und physisch nicht durchstehen konnte, nur übrig, sich wegen eines Gnadenerweises an den Bundespräsidenten zu wenden. Das Bundespräsidialamt, das die gesamten Vorgänge sehr sorgfältig prüfte (laut Sahm, S. 252), kam am 29. Mai 1956 zu dem Schluss, dass Unklarheiten über die Person und das Verhalten Schelihas blieben, die heute einfach nicht mehr zu beseitigen sind. Frau von Scheliha wurde deshalb ein jederzeit widerruflicher Unterhaltsbeitrag in Höhe des gesetzlichen Witwengeldes auf Lebenszeit bewilligt (Sahm, S. 253).

Sie ließ die Dinge jedoch nicht auf sich beruhen und wandte sich im August 1961 an den Wiesbadener Rechtsanwalt Fabian von Schlabrendorff, einen namhaften Mann des Widerstandes gegen Hitler. Er konnte jedoch nichts mehr für Frau von Scheliha erreichen, wobei Sahm unterstellt, dass er das auch gar nicht wollte, weil zu seinen Mitarbeitern seit 1951 Alexander Kraell gehörte, der als Präsident des Zweiten Senats des Reichskriegsgerichts auch den Prozess gegen Scheliha geführt hatte (Sahm, S. 253 f.). In der Tat hat Kraell sich nach 1945 mehrfach über Scheliha geäußert, jedoch stets in dem Sinne, dass er ein bezahlter und erpresster Spion gewesen sei, der nach der Gesetzeslage von 1942 nur zum Tode verurteilt werden konnte. Zu ergänzen bleibt, dass selbst die später in der DDR prominent gewordene Kommunistin Greta Kuckhoff Kraell als einen moralisch hochstehenden und verantwortungsbewussten Richter bezeichnet hat (Sahm, S. 208) und gerade Schlabrendorff kaum einen belasteten ehemaligen NS-Richter in seiner Kanzlei eingestellt hätte. Kraell ist übrigens 1964 verstorben, während Schlabrendorff seine Tätigkeit für Frau von Scheliha erst im September 1967 ergebnislos eingestellt hat (Sahm, S. 254).

Das blieb der Stand der Dinge bis zum Jahr 1990, als Ulrich Sahm seine Biographie über Scheliha herausbrachte. Das Werk ist nicht nur durch eine Umbewertung aller bisherigen Dokumente und Zeugenaussagen gekennzeichnet, sondern auch durch eine ungewöhnliche emotionelle Nähe des Autors zu seinem Forschungsgegenstand. Er ist mit der Familie von Scheliha freundschaftlich verbunden und nahm sich deshalb auch der Belange der Witwe tatkräftig an. Am 25. Oktober 1995 erschien er, zusammen mit dem Schwiegersohn von Frau von Scheliha, als Prozessbevollmächtigter vor der 8. Kammer des Kölner Verwaltungsgerichts, das nun endlich, nach einer Verhandlung von eineinhalb Stunden, der Klägerin die Versorgungsleistungen zusprach, die ihr als Opfer nationalsozialistischen Unrechts zustanden.

Um keine Missverständnisse aufkommen zu lassen: Das Urteil gegen Scheliha war unrechtmäßig. Die Tatsache, dass es bis 1995 gedauert hat, ehe der Witwe die ihr zustehenden Bezüge zugesprochen wurden, bleibt ein Skandal. Doch ist Scheliha deshalb ein Held des Widerstandes gegen den Nationalsozialismus?

Er war ein Mensch in seinem Widerspruch, von dem niemand bezweifelt, dass er den Nationalsozialismus ablehnte, von dem durchaus glaubhaft ist, dass er Juden und Polen geholfen hat, so gut er konnte, und von dem zu Recht angenommen werden kann, dass er Personen im In- und Ausland vor Gefahren gewarnt hat, die vom NS-System ausgingen. Warum sollen aber deswegen alle Zeugen unglaubwürdig sein, die ihn als bezahlten Spion bezeichneten? Die Tatsache, dass sie entweder Nazis oder Kommunisten waren, reicht wohl kaum aus, denn wir benutzen auch sonst deren Zeugenaussagen und Dokumente, um der historischen Wahrheit näher zu kommen. Der Einwand, dass ihm bezahlte Spionage wesensfremd war, ist auch kein Gegenbeweis. Auf den Anklagebänken der Gerichte sitzen immer wieder Leute, die ihnen wesensfremde Taten begangen haben. Doch hier geht es nicht mehr um juristische Schuld, sondern um eine historische Bewertung.

War Scheliha ein Spion? Nach allem, was wir wissen, ja. Ist er bezahlt und/oder erpresst worden? Höchstwahrscheinlich ja. Ist sein Handeln vergleichbar mit dem von Kurt Gerstein, Paul Rosbaud und Adolf-Henning Frucht, die in diesem Buch gleichfalls dargestellt werden? Eindeutig nein. Folglich gehört Schelihas Name nicht auf eine Ehrentafel heldenhafter Widerstandskämpfer. Ulrich Sahm muss das nicht einsehen. Doch das Auswärtige Amt sollte sich korrigieren.

1 Auswärtiges Amt: Widerstand im Auswärtigen Dienst, S. 6 f.

2 Kegel: In den Stürmen unseres Jahrhunderts, S. 112 f.

3 Höhne: Kennwort Direktor, S. 180

4 Sahm: Rudolf von Scheliha, S. 237

Hinweise

Auswärtiges Amt: Widerstand im Auswärtigen Dienst, S. 6 f. / Blank/Mader: Rote Kapelle gegen Hitler, S. 136-138 / Dallin: Sowjetspionage, S. 151, 152, 290, 292-294, 424 / Griebel u. a.: Erfasst? Darin alle Angaben zu Rudolf von Scheliha, Ilse Stöbe und Heinrich Koenen / Höhne: Kennwort Direktor, S. 66, 162, 180, 196, 197, 198, 221-222, 232, 233 / Höhne: Krieg im Dunkeln, S. 310-311, 333, 335, 389-390 / Kegel: In den Stürmen unseres Jahrhunderts, S. 105, 112, 113, 115, 135, 281, 312, 348-351, 355-361, 363, 364 / Helmut Kindler zum 70.Geburtstag, S. 38, 64, 74 / Mankowska: Odyssee einer Agentin, S. 141-144, 177-178 / Müller-Enbergs: Der Fall Rudolf Herrnstadt, S. 16, 23, 26, 36, 70, 342 / Perrault: Auf den Spuren der Roten Kapelle, S. 277 f., 282 ff., 286, 288, 292 f., 319 / Sahm: Rudolf von Scheliha / Trepper: Die Wahrheit, S. 153, 351, 355, 365, 377.

Öffentliche Sitzung der 8. Kammer des Verwaltungsgerichts Köln vom 25. 10. 1995, Aktenzeichen: 8 K 5055/94. Verfahren von Frau Marie-Louise von Scheliha gegen die Bundesrepublik Deutschland wegen Wiedergutmachung von NS-Unrecht.

Frankfurter Allgemeine Zeitung (FAZ), 27. 12. 1995: Dem Mord folgte der Rufmord. / FAZ, 4. 1. 1996: Ilse Stöbe und Legationsrat von Scheliha (Leserbrief von Heinz Höhne, Autor von „Kennwort Direktor" sowie „Krieg im Dunkeln") / FAZ , 13. 1. 1996: Primäre und sekundäre Literatur über Scheliha (Leserbrief von Thomas Ritscher-von Scheliha).

Kurt Gerstein – Spion im Auftrag Gottes?

Der von seinem Glauben und der eigenen Rolle in der Geschichte stets überzeugte evangelische Christ und SS-Offizier **Kurt Gerstein** ist oft, auch von seinen Biographen, ein Spion Gottes genannt worden. Natürlich ist das eine unpräzise Bezeichnung, weil jeder gläubige Christ davon ausgehen muss, dass Gott in seiner Allwissenheit und Allmacht keine Spione braucht. Wenn man in Gerstein jedoch einen Mann sieht, der sich von Gott beauftragt fühlte, das absolut Böse zu bekämpfen, es zumindest zu beobachten, um vor kommenden Generationen Zeugnis abzulegen, dann kommt man seinem Wollen am nächsten. Aufträge eines irdischen Geheimdienstes hat er während seiner historischen Mission nicht erfüllt, aber die Grundmethode jedes guten Spions angewandt, sich in das Vertrauen derjenigen einzuschleichen, deren Taten und Absichten er erkunden wollte. Um ihn zu begreifen, hilft ein Blick auf sein Leben.

Kurt Gerstein wurde am 11. August 1905 als Sohn eines Landgerichtspräsidenten im westfälischen Münster geboren. Weil sein Vater oft versetzt wurde, musste er mehrfach die Schule wechseln, bevor er zu Ostern 1925 in Neuruppin das Abitur bestand. Im selben Jahr schloss sich Gerstein, der zu Hause im deutsch-nationalen Sinne, aber religiös indifferent erzogen worden war, dem damals protestantisch geprägten Christlichen Verein Junger Männer (CVJM) und dem Bund Deutscher Bibelkreise an. Von 1925 bis 1931 absolvierte er erfolgreich eine Ausbildung als Bergbauingenieur, der sich bis 1935 die Praktika und Vorbereitungen für das Amt des Bergassessors anschlossen.

Zusammen mit seinem Vater und seinen Brüdern wurde Kurt Gerstein am 1. Mai 1933 Mitglied der NSDAP und erhielt die Mitgliedsnummer 2.136.174. Die ganze Familie erhoffte sich von Hitlers Machtübernahme den nationalen Wiederaufstieg Deutschlands und eine Revision des Versailler Friedensvertrages. Trotzdem behielt Gerstein sein Engagement in der evangelischen Jugendbewegung bei, rückte bis in die Reichsführung des Bundes Deutscher Bibelkreise auf und empörte sich zunehmend gegen die antichristliche Agitation der Nationalsozialisten.

Am 30. Januar 1935, dem zweiten Jahrestag der „Machtergreifung" Hitlers, wurde im Hagener Stadttheater das antichristliche Stück „Wittekind" aufgeführt. Als ein Schauspieler deklamierte: „Wir wollen keinen Erlöser haben, der jammert und schreit!", sprang Gerstein im Zuschauerraum von seinem Sitz auf und schrie: „Das ist unerhört! Wir lassen unseren Glauben nicht öffentlich verhöhnen!" Darauf zerrten ihn Angehörige einer Streife der Hitler-Jugend (HJ) aus dem Theater und verprügelten ihn fürchterlich. Sein Gesicht war entstellt, ein Auge verletzt und zwei Backenzähne waren ihm ausgeschlagen worden. Doch Gerstein ließ sich nicht einschüchtern.

Mit Hilfe seiner Freunde Martin Niemöller (später Kirchenpräsident von Hessen und Nassau) und Hermann Ehlers (später Präsident des Deutschen Bundestages) organisierte er evangelische Jugendlager, die prompt von der Gestapo beobachtet und durchsucht wurden. Im Sommer 1936 plante er, zusammen mit einem befreundeten Pfarrer, einen Aufklärungsfeldzug gegen die Kirchenfeinde innerhalb der NSDAP und verfertigte 1.000 Briefe an hohe Ministerial- und Justizbeamte, in die er Schriften der Bekennenden Kirche einlegte. Tausende weiterer Briefe sollten später abgesandt werden.

Das alles blieb natürlich nicht ohne Folgen. Am 24. September 1936 wurde Gerstein von der Gestapo in Saarbrücken erstmalig für mehrere Wochen verhaftet und am 15. Oktober desselben Jahres aus der NSDAP ausgeschlossen. Die Saarbergwerke kündigten ihm, worauf er ab Dezember 1936 vorübergehend ein Medizinstudium in Tübingen aufnahm. Im Mai 1937 erhielt er Redeverbot für das gesamte Reichsgebiet. Vom 14. Juli bis zum 28. August 1938 kam er zum zweiten Mal in Haft, die er im Arbeitslager Welzheim verbringen musste. Die dortige Behandlung, den Schmutz und das Zusammenleben vieler Menschen auf engstem Raum fand er so unerträglich, dass er nach seiner Entlassung äußerte, eine dritte Inhaftierung nicht überleben zu können. Eine anschließende Voruntersuchung wegen Hochverrats wurde im Oktober 1938 eingestellt.

In diesem ganzen Trubel fand er trotzdem noch Zeit, sich mit Elfriede Bensch zu verloben und sie im November 1937 in Berlin zu heiraten. Der spätere evangelische Bischof von Berlin/Brandenburg und Ratsvorsitzende der Evangelischen Kirche in Deutschland, Otto Dibelius, traute das Paar. Seiner Frau und seinen Freunden verlangte der hektische und arbeitsbesessene Mann viel ab. Musik zu hören und Kunstwerke zu betrachten hielt er für Zeitverschwendung, selbst die Zeit, die er notgedrungen für lebensnotwendige Tätigkeiten wie Essen, Trinken und Schlafen aufbringen musste, bedauerte er. Sein Charisma wirkte besonders auf junge Menschen, doch beunruhigend waren die fanatischen Züge seines Wesens. Er verbot sich und anderen zu rauchen, war in sexuellen Fragen fast krankhaft prüde und lief deshalb selbst gegen dezente Kondomreklamen Sturm.

Als er sich im Laufe des Jahres 1939 wieder dem Nationalsozialismus zuwandte und um die Aufhebung seines Parteiauschlusses nachsuchte, irritierte er damit alle seine Bekannten. Der Ausschluss wurde zwar nicht rückgängig gemacht, aber im Juni 1939 in eine einfache Entlassung umgewandelt. Das oberste Parteigericht hielt ihm zugute, dass er nur aus Glaubensgründen opponiert habe und sonst kein Gegner der Partei sei. Die Wiederaufnahme in die NSDAP käme aber erst nach weiterer politischer Bewährung in Betracht. Hohe HJ-Führer, die ihn noch aus der gemeinsamen Arbeit in der evangelischen Jugendbewegung kannten, boten ihm daraufhin Hilfe und Zusammenarbeit an. Was in den Jahren 1939 und 1940 alles in ihm vorging, weiß niemand genau. War es erwachter Ehrgeiz, im NS-Staat eine führende Rolle zu spielen? Begann er schon mit den Vorbereitungen für seine spätere Spionagetätigkeit? War es beides gleichzeitig?

Sein Biograph Pierre Joffroy hat festgestellt, dass er schon vor der Machtergreifung Hitlers eine gewisse Zeit als Agent der Reichswehr in Frankreich tätig gewesen ist und nach Aussagen von Freunden aus der evangelischen Jugend beachtliche Fähigkeiten und Fertigkeiten besaß, die ein Spion unbedingt braucht. Er konnte sich unerkennbar verkleiden und verstellen, beliebige Schlösser mit einem Kamm oder dem Haken eines Kleiderbügels öffnen sowie mit Hilfe eines Radiergummis und einer Kartoffel Urkunden fälschen. Andererseits blieb Gerstein in seinem Denken der nationalistischen Umwelt verhaftet, aus der er stammte. In einem Brief an seinen Freund Robert Weiß in Straßburg vom 5. Oktober 1939 mischen sich leidenschaftliche religiöse Glaubensbekenntnisse mit wunderlichen politischen Vorstellungen: so über das „dummdreiste“ polnische Volk mit „einem selten primitiven“ katholischen Glauben, über den geringeren Chauvinismus der Nationalsozialisten, von denen eine geschicktere Politik gegenüber anderen Völkern zu erwarten sei als vom kaiserlichen Deutschland, über die Reste der innenpolitischen Gegner, die als Bundesgenossen nicht in Betracht kämen, weil sie kriminell oder asozial seien, über die Fehler der Bekennenden Kirche, die zuviel spezifisch Jüdisches in die neue Zeit hinübergeschleppt hätte und darüber, dass auch kein ausländischer Gegner des Deutschen Reiches das Recht habe, die Ehre des Führers zu besudeln.[1] Weil Gerstein seinen Brief bewusst über die deutsche Postzensur geleitet hat, ist er beim Empfänger nie angekommen, sondern nur in Akten erhalten geblieben.

Beruflich arbeitete Gerstein ab September 1939 in der Bergwerksgesellschaft Wintershall in Thüringen und ab Oktober 1940 für die Familienfirma in Düsseldorf. Schon 1940 erhielt er durch den evangelischen Stuttgarter Landesbischof Kenntnis davon, dass in den Krankenanstalten von Hadamar und Grafeneck eine große Zahl Geisteskranker als „unwertes Leben“ mit Gas vergiftet wurde. Auch seine Schwägerin Bertha Ebeling gehörte 1941 zu den Opfern.

Am 10. Dezember 1940 meldete er sich als Freiwilliger zur SS und am 10. März 1941 wurde er einberufen. Dem Hagener Gemeindepfarrer Rehling, der ihn wegen seines Sinneswandels zur Rede stellte, erklärte Gerstein:

„Wenn Sie merkwürdige Dinge von mir hören, so denken Sie nicht, ich sei ein anderer geworden. Ich habe mich zur SS gemeldet und rede jetzt manchmal deren Sprache. Ich tue das aus zwei Gründen: Der Zusammenbruch kommt. Das ist absolut gewiss. Es kommt Gottes Gericht.

In diesem Augenblick werden diese gewissenlosen Desperados alle jene noch umbringen, die sie als ihre Gegner ansehen. Dann hilft kein Widerstand von außen. Die einzige Hilfe kann nur durch einen kommen, der dann Befehle unterschlägt oder sie verstümmelt weitergibt. Dahin gehöre ich jetzt. Und der andere Grund: Ich bin so vielen Verbrechen auf der Spur. Meine Schwägerin ist in Hadamar getötet worden. Ich will wissen, an welcher Stelle und durch wen diese Mordbefehle gegeben werden."[2]

Trotzdem ist anzunehmen, dass der Nationalsozialismus zur Zeit von Gersteins Freiwilligenmeldung zur SS auf ihn noch faszinierend gewirkt haben muss. Vielleicht kommt Saul Friedländer, ebenfalls einer seiner Biographen, ihm am nächsten, wenn er schreibt, dass Gerstein die Doppelrolle, die er sich aufzwang, nur aufgrund der krankhaften Fähigkeit durchhalten konnte, zwei unvereinbare Rollen gleichzeitig aufrichtig zu leben. Diese schizophrene Veranlagung habe ihn befähigt, das Paradoxe eines jeden Widerstandes innerhalb eines totalitären Systems zu ertragen. Es bestehe darin, dass Widerstand nur leisten kann, wer bereit ist, sich mitschuldig zu machen.[3]

Zwischen März und Mai 1941 wurde Gerstein in Hamburg, Arnheim (Holland) und Oranienburg zusammen mit 40 Ärzten militärisch ausgebildet und erhielt anschließend wegen seines Doppelstudiums – Technik und Medizin – den Befehl, beim Hygienedienst der Waffen-SS tätig zu werden. Zu seinen Aufgaben gehörte die Konstruktion von fahrbaren Desinfektionsanlagen und Trinkwasserfiltriergeräten für die Truppe, für Gefangenen- und Konzentrationslager. Dank seiner Industrieerfahrungen hatte er auch bald Erfolge. Die Sterblichkeit in den Gefangenenlagern sank. Rasch erfolgte die Beförderung zum Fachoffizier im Range eines Untersturmführers (Leutnant).

Im Sommer 1941 begegnete Gerstein seinem holländischen Freund Ubbink wieder, der sich später so erinnerte:

„Er hat meine Wohnung im Sommer 1941 sehr häufig besucht. Unsere Gespräche hatten den Krieg und den Nationalsozialismus zum Inhalt. Dabei zeigte er sich als ein sehr großer Gegner des Nationalsozialismus. Aus diesen Gesprächen habe ich einige sehr markante Aussprüche behalten: Wir müssen diesen Krieg verlieren. Besser ein hundertfaches Versailles, als dass diese Verbrecherbande bleibt. Was hilft es einem Volk, wenn es die ganze Welt gewinnt und seine Seele leidet Schaden."[4]

Seine Frau, die ihm in allen Lebensabschnitten voll vertraut hat und ihn, so wie er war, als ihr Schicksal akzeptierte, verschonte er weitgehend mit seinen Gedankengängen, wahrscheinlich um sie zu schützen oder weil er davon ausgehen konnte, dass sie ihn stets auch ohne lange

Erklärungen verstand. Im August 1941 schrieb er ihr nur über berufliche Dinge und deutete lediglich im letzten Satz an, worum es ihm eigentlich ging:

„Eigentlich hatte ich noch nach Tübingen kommen wollen, leider geht es nicht mehr. Ich baue zur Zeit mit Verbissenheit eine größere Anzahl X-Züge (Desinfektionswagen), eine sehr schöne, aber überaus nüchterne Arbeit. Immerhin deckt sich seit einigen Monaten bei mir endlich wieder Neigung und Beruf. Ich bin hier an einem Platze, wo ich in der Tat ungeheuer viel nützen und – verhindern kann."[5]

Auch noch im September 1941 schrieb Gerstein im gleichen Sinne an seine Frau, indem er sich wiederum höchst befriedigt über seine berufliche Arbeit äußerte. Doch spätestens im Winter 1942 muss sich seine geistige Verfassung völlig verändert haben, denn sein Jugendfreund Helmut Franz, den er Ende April 1942 im Lazarett in Neustrelitz besuchte, erinnerte sich so:

„Für mich völlig überraschend stand er eines Tages wie ein Gespenst in SS-Uniform vor meinem Bett. Ich war erschüttert darüber, wie trostlos und pessimistisch seine Stimmungslage war. Dabei hatte er damals die Vernichtungslager in Polen noch nicht besichtigt. Das Schlimmste stand ihm also noch bevor.

Und dennoch hatte das, was er sonst in der SS so gesehen und gehört hatte, genügt, um ihn zu einem verzweifelten und unproduktiven Menschen zu machen. In dauernder Angst vor Entlarvung lebend, war er mit den Nerven völlig heruntergekommen.

Der Satanismus der Nazis schien ihm so gigantisch, dass er ihren Endsieg für durchaus möglich hielt. Um so größer war sein allgemeiner Pessimismus und seine tiefe innere Zerschlagenheit."[6]

Was Gerstein Ende April 1942 von der geplanten und teilweise bereits praktizierten „Endlösung der Judenfrage" schon wusste, ist nicht bekannt. Sicher ist, dass in den von den Deutschen besetzten Gebieten der Sowjetunion Massenerschießungen von Juden durch extra gebildete Einsatzgruppen aus Verbänden der SS, der Polizei und der Wehrmacht bereits im vollen Gange waren. Außerdem wurde mit Gasautos experimentiert. Dabei wurden die Opfer in Lastwagen eingeschlossen, deren Auspuffgase in das Wageninnere eingeleitet wurden. Die Menschen starben nach langen Todesqualen. Das alles befriedigte Reinhard Heydrich, den Cheforganisator der „Endlösung", jedoch noch nicht. Auf der sogenannten Wannsee-Konferenz am 20. Januar 1942 ging er davon aus, dass der Großteil von elf Millionen Juden bei Arbeitseinsätzen im Osten „durch natürliche Verminderung ausfallen wird." Die verbleibenden Menschen, die man wegen ihrer großen Zahl weder erschießen noch in den mobilen Gaswagen umbringen konnte, sollten in speziellen Vernichtungslagern auf dem Gebiet Polens durch Gas vergiftet werden. Vorbild dafür war die vorangegangene Tötung von Geisteskranken in Hadamar und Grafeneck im Rahmen des sogenannten Euthanasieprogramms.

Kurt Gerstein, ca. 1942

Im Juni 1942 waren in den Vernichtungslagern bereits Gaskammern in Betrieb, in die von Dieselmotoren erzeugte Auspuffgase eingeleitet wurden. Doch die Apparaturen arbeiteten zu langsam, waren störanfällig und die von den Initiatoren gewünschten Todeszahlen wurden nicht erreicht. In dieser Situation erhielt SS-Untersturmführer Kurt Gerstein, der mittlerweile den gesamten technischen Desinfektionsdienst einschließlich der Desinfektion mit hochgiftigen Gasen im SS-Bereich leitete, am 8. Juni 1942 einen Auftrag des ihm bis dahin unbekannten SS-Sturmbannführers (Major) Günther vom Reichssicherheitshauptamt. Was nun folgte, können wir einem Bericht von Gerstein entnehmen, den er selbst am 26. April 1945 niedergeschrieben hat und der wegen seiner historischen Bedeutung nachfolgend ausführlich zitiert werden soll:

„Er [Günther] gab mir den Befehl, 100 Kilo Blausäure zu beschaffen und mich damit an einen Ort zu begeben, der nur dem Fahrer des Lastwagens bekannt war. Wir fuhren in die Kalifabrik bei Kolin (Prag). Nachdem der Wagen beladen worden war, fuhren wir nach Lublin, Polen. Wir nahmen Professor Dr. med. Pfannenstiel mit, Ordinarius für Hygiene an der Universität Marburg/Lahn. – In Lublin erwartete uns SS-Gruppenführer [Generalleutnant] Globocnik. Er sagte uns: Dies sei eine der geheimsten Sachen, die es gebe, ja sogar die allergeheimste. Jeder, der darüber spreche, werde sofort erschossen. Erst gestern seien zwei Schwätzer gestorben. Dann erläuterte er uns: Gegenwärtig – 17. August 1942 – gibt es drei Anlagen:

1. Belcec an der Straße Lublin-Lemberg, im Abschnitt an der russischen Demarkationslinie. Maximum täglich 15 000 Personen. (Gesehen!)

2. Sobibor, ich weiß nicht genau, wo. Nicht gesehen. 20 000 Personen täglich.

3. Treblinka, 120 km NNO von Warschau. 25 000 täglich. Gesehen!
4. Maidannek, bei Lublin, im Aufbau gesehen.

Globocnik sagte: Sie müssen die Desinfizierung von sehr großen Kleidermengen vornehmen, zehn- oder zwanzigmal soviel wie das Ergebnis der Spinnstoffsammlung, die man lediglich durchführt, um die Herkunft der jüdischen, polnischen, tschechischen usw. Kleider zu verschleiern. - Ihre andere Aufgabe wird sein: die Bedienung unserer Gaskammern zu ändern, die jetzt mit den Abgasen eines alten Dieselmotors funktionieren, zugunsten einer Sache, die giftiger ist und schneller wirkt, nämlich Blausäure. ... Am nächsten Tag fuhren wir nach Belcec ... An diesem Tag sah man keine Toten, aber der Gestank in der ganzen Gegend, schon an der großen Straße, war pestilenz-artig. Neben dem kleinen Bahnhof gab es eine große Baracke ‚Umkleideraum' mit einem Schalter ‚Wertsachen'. Dann ein Raum mit 100 Stühlen: ‚Friseur'. Dann ein 150 m langer Gang im Freien. Stacheldraht auf beiden Seiten und Schilder: ‚Zu den Bade- und Inhalierräumen!' – Vor uns ein Haus als Badeanstalt, rechts und links ein großer Betonkübel mit Geranien oder anderen Blumen. Nachdem man eine kleine Treppe hinaufgegangen ist, rechts und links je drei Kammern wie Garagen, 4 x 5 Meter, 1,90 m hoch. An der Rückseite, nicht sichtbar, Holztore. Auf dem Dach ein kupferner Davidstern. Vorn am Gebäude die Inschrift ‚Heckenholt-Stiftung'. – Mehr habe ich an diesem Nachmittag nicht bemerkt.

Am nächsten Morgen verkündete man mir wenige Minuten vor sieben: In zehn Minuten trifft der erste Zug ein! – Tatsächlich kam nach wenigen Minuten der erste Zug aus Lemberg. 45 Waggons enthielten 6700 Personen, davon 1450 schon bei der Ankunft tot. Hinter den kleinen mit Stacheldraht vergitterten Luken Kinder, gelb, voller Angst, Frauen, Männer. Der Zug hält: 200 Ukrainer, die zu dieser Arbeit gezwungen werden, reißen die Türen auf und jagen mit Lederpeitschen die Menschen aus den Wagen. Dann gibt ein großer Lautsprecher Weisungen: Im Freien, manche in der Baracke, alles ausziehen, auch Prothesen und Brillen ablegen. Mit kleinen Bändeln, die ein vierjähriger jüdischer Junge herumreicht, die Schuhe zusammenbinden. Alle Wertsachen, alles Geld am Schalter abgeben. ‚Wertsachen' ohne Gutschein, ohne Quittung. Dann die Frauen, die Mädchen zum Friseur – mit einem oder zwei Schnitten die Haare abschneiden, die in großen Kartoffelsäcken verschwinden, ‚um daraus spezielle Dinge für die U-Boote zu machen, Dichtungen usw.', sagte mir der SS-Unterscharführer vom Dienst. – Dann beginnt der Marsch: rechts und links Stacheldraht, hinten zwei Dutzend Ukrainer mit Gewehren. Angeführt von einem ungewöhnlich schönen Mädchen, kommen sie heran. Ich und der Polizeihauptmann Wirth befinden uns vor den Todeskammern. Vollständig nackt die Männer, die Frauen, die jungen Mädchen, die Kinder, die Babys, die Einbeinigen – alle ziehen nackt vorüber. An der Ecke ein kräftiger SS-Mann, der den Armen mit lauter salbadernder Stimme sagt: Euch wird nicht das Geringste passieren! Ihr braucht nur tüchtig zu atmen, dieses Inhalieren stärkt die Lungen, es ist nötig gegen ansteckende Krankheiten, es ist eine schöne Desinfizierung! – Auf die Frage, was ihr Schicksal sein würde, sagt er ihnen: Wirklich, die Männer müssen arbeiten, Straßen und Häuser bauen. Aber die Frauen sind dazu nicht verpflichtet. Nur wenn sie wollen, können sie im Haushalt oder in der Küche helfen. – Für einige dieser armen Leute nochmals eine kleine Hoffnung, genug, um sie widerstandslos in die Todeskammern ziehen zu lassen. – Die meisten wissen alles, der Gestank kündet ihnen ihr Schicksal! Dann steigen sie das Treppchen hinauf und sehen die Wahrheit! Stillende Mütter mit Kindern an der Brust: nackt; viele Kinder in jedem Alter: nackt. Sie zögern, aber sie betreten die Todeskammern, die meisten, ohne ein Wort zu sagen, geschoben von den anderen hinter ihnen, angetrieben von den Peitschen der SS. – Eine etwa vierzigjährige Jüdin mit Augen wie Fackeln ruft das Blut ihrer Kinder auf ihre Mörder herab. Von Polizeihauptmann Wirth selber erhält sie fünf Peitschenhiebe ins Gesicht und verschwindet in der Gaskammer. Viele beten, andere sagen: Wer gibt uns Wasser für den Tod? (Jüdischer Ritus?) – In den Kammern presst die SS die Leute zusammen. ‚Gut füllen', hat Hauptmann Wirth befohlen. Die nackten Menschen stehen einander auf den Füßen. 700 bis 800 auf 25 Quadratmeter, zu 45 Kubikmeter! – Die Türen schließen sich. Inzwischen wartet der Rest des Zuges nackt. Man sagt mir: Nackt auch im Winter! – Aber sie können sich den Tod holen! – Dazu sind sie ja hier! Das war die Anwort! In diesem Augenblick verstehe ich, warum ‚Heckenholt-Stiftung'. – Heckenholt ist der Chauffeur des Dieselmotors, dessen Abgase dazu bestimmt sind, die Armen zu töten! SS-Scharführer Heckenholt bemüht sich, den Dieselmotor in Gang zu setzen. Aber er läuft nicht! Hauptmann Wirth kommt herbei. Man sieht, er hat Angst, weil ich das Unglück sehe. Ja, ich sehe alles, und ich warte. Meine Stoppuhr hat alles festgehalten. 50 Minuten, 70 Minuten – der Diesel läuft nicht! – Die Menschen warten in ihren Gaskammern. Vergebens. Man hört sie weinen ‚wie in der Synagoge' – sagt der SS-Sturmbannführer [Major] Professor Dr. Pfannenstiel, Ordinarius für Hygiene an der Universität Marburg/Lahn, das Ohr an der hölzernen Tür. Wütend schlägt Hauptmann Wirth dem Ukrainer, der Heckenholts Gehilfe ist, 11-12mal mit der Peitsche ins Gesicht. – Nach zwei Stunden 49 Minuten – die Stoppuhr hat alles festgehalten – springt der Diesel an. Bis zu diesem Augenblick leben die Menschen in den vier schon gefüllten Kammern, es sind viermal 750 lebende Menschen in viermal 45 Kubikmetern! – Wieder vergehen 25 Minuten: Viele sind tatsächlich tot. Da sieht man durch das kleine Fenster, durch das man mit der Taschenlampe für einen Augenblick das Innere der Kammer erkennen kann. Nach 28 Minuten leben noch einige. Nach 32 Minuten endlich – ist alles tot! – Auf der anderen Seite öffnen jüdische Arbeiter die Holztüren. Man hat ihnen – für ihre schreckliche Arbeit – die Freiheit und ein paar Prozent des Erlöses der gefundenen Wertsachen und des Geldes versprochen. Wie Basaltsäulen stehen die Toten noch aufrecht, weil es nicht den geringsten Platz gibt, umzufallen oder sich zu neigen. Noch im Tode erkennt man die Familien, die sich an der Hand halten. Man hat Mühe, sie zu trennen, um die Kammern für die nächste Ladung zu leeren.

Man wirft die Leichen hinaus: blau, nass von Schweiß und Urin, die Beine voller Kot und Menstruationsblut. Überall dazwischen Babys, Kinderleichen. – Aber man hatte keine Zeit! Zwei Dutzend Arbeiter sind damit beschäftigt, die Münder zu untersuchen, die sie mittels Brecheisen öffnen. ‚Gold nach links, ohne Gold nach rechts!' Andere untersuchen After und Geschlechtsteile auf Geld, Brillanten, Gold usw. Zahnärzte brechen mit Hämmern die Goldzähne, Kronen und Brücken heraus. Zwischen alledem Hauptmann Wirth. Er ist in seinem Element, hält mir eine große Konservendose voller Zähne hin und sagt: Probieren Sie selbst, wie schwer das Gold wiegt! Das ist nur von gestern und vorgestern! Und Sie glauben gar nicht, was wir täglich finden! Dollars, Brillanten, Gold! …

Am nächsten Tag fuhren wir mit dem Wagen von Haupmann Wirth nach Treblinka. Etwa 120 km nordnordöstlich von Warschau. Die Anlage dieser Todesstätte war fast die gleiche wie in Belcec, aber noch größer. 8 Gaskammern und wahre Berge von Kleidern und Wäsche, etwa 34-40 m hoch."[7]

Am 20. August 1942 war die Verwandlung Kurt Gersteins in einen kompromisslosen Widerstandskämpfer gegen das NS-Regime vollendet. Nach diesen Erlebnissen wollte er auf sich selbst und seine Familie keinerlei Rücksicht mehr nehmen, obwohl er inzwischen drei kleine Kinder hatte, die zwischen 1939 und 1942 geboren worden waren. Seine Frau bat er für diese Haltung um Verständnis. Sie und die Kinder sah er kaum noch, weil er inzwischen in Berlin wohnte, wenn er nicht auf Reisen war. Seine ganze Kraft und seine Fähigkeiten benutzte er nun, um den Mördern in den Arm zu fallen, vor allem aber dazu, das Ausland über die Massenmorde aufzuklären.

Und damit begann er schon am Abend des 20. August 1942, als er im D-Zug von Warschau nach Berlin fuhr, keinen Schlafwagenplatz mehr gefunden hatte und im Wagengang auf den Legationssekretär der Schwedischen Gesandtschaft in Berlin, Baron von Otter traf, den er bis dahin nicht gekannt hatte. Auch Otter hatte keinen Platz mehr bekommen, so dass die beiden Männer die Nacht auf dem Gang verbrachten. Otter ist sie unvergesslich geblieben, weil Gerstein die ganze Zeit von seinen Erlebnissen erzählte und ihn beschwor, die schwedische Regierung zu unterrichten, die ihrerseits die Weltöffentlichkeit alarmieren sollte. Gerstein war vollkommen offen. Er bat den Diplomaten, sich bei Otto Dibelius über ihn zu erkundigen und zeigte ihm auch die Bestellscheine für das aus Blausäure bestehende Zyklongas. Otter nahm tatsächlich sofort Kontakt zu Dibelius auf, verfasste einen Bericht über sein Gespräch mit Gerstein und gab ihn an seine vorgesetzte Dienststelle weiter. Aber die schwedische Regierung wollte keinerlei weitere Belastungen der Beziehungen zu Deutschland und unternahm nichts.

Ein Versuch Gersteins, dem päpstlichen Nuntius in Berlin Bericht zu erstatten, scheiterte sofort. Als er in der Botschaft des Vatikans auf die Frage, ob er Soldat sei, wahrheitsgemäß mit ja antwortete, verweigerte man jede weitere Unterredung und forderte ihn zum sofortigen Verlassen des Gebäudes auf.

Als ihn sein holländischer Jugendfreund Ubbink im Februar 1943 in Berlin besuchte, unterrichtete Gerstein auch ihn sofort und bat ihn um Hilfe. Ubbing berichtete später:

„Er fragte mich dann, ob ich in Verbindung kommen könnte mit Leuten, die in Funkverbindung mit England standen. Auf meine Bejahung hin bat, nein vielmehr beschwor er mich, die Geschichte weiterzugeben nach England, damit sie weltkundlich gemacht werden konnte und auch das deutsche Volk aufgeklärt werden konnte. Ich versprach ihm das. Ich habe mein Versprechen gehalten, aber man glaubte damals eine derartig fürchterliche Geschichte nicht.“[8]

Gerstein konnte sich unter Umständen vorstellen, dass man seinen Bericht, den er schon während des Krieges immer wieder artikuliert und formuliert hatte, wegen seines entsetzlichen Inhalts zunächst nicht glauben wollte. Er konnte damals jedoch nicht ahnen, dass man in maßgebenden Stellen des Auslandes aus unterschiedlichsten politischen Gründen alles gar nicht so genau wissen wollte. Die USA wollten die eigene jüdische Bevölkerung nicht alarmieren, die Briten fürchteten die Einwanderung jüdischer Flüchtlinge nach Palästina, unter die sich deutsche Agenten mischen könnten, der Vatikan und Schweden wollten ihre Beziehungen zu Deutschland nicht gefährden, die Schweiz befürchtete vor allem Übervölkerung. Als es Gerstein im Juni 1944 gelang, den Schweizer Generalkonsul Hochstrasser zu informieren, führte das zu nichts, weil es in der Schweiz schon seit dem 13. August 1942 eine Polizeiverordnung gab, in der es hieß:

„Es dürfen nicht zurückgewiesen werden: Deserteure … politische Flüchtlinge. Jene, die nur aufgrund ihrer Rasse die Flucht ergriffen haben, beispielsweise die Juden, dürfen nicht als politische Flüchtlinge betrachtet werden.“[9]

Am meisten enttäuscht äußerte sich Gerstein nach Kriegsende über die Untätigkeit des Papstes, den er auch über den Berliner Erzbischof, Graf Preysing, zu unterrichten versucht hatte:

„Welches Vorgehen gegen den Nationalsozialismus konnte man von einem gewöhnlichen Bürger verlangen, wenn sich selbst der Stellvertreter Jesu auf Erden weigert, etwas zu unternehmen, obwohl Zehntausende von Menschen jeden Tag ermordet werden und obwohl es mir schon verbrecherisch erschien, auch nur einige Stunden zu warten. Sogar der Nuntius in Deutschland weigerte sich, sich unterrichten zu lassen über diese ungeheuerliche Verletzung der Grundlage der Gebote Jesu: Liebe deinen Nächsten wie dich selbst.“[10]

Doch zurück in das Jahr 1942. Gleichzeitig mit den ausländischen Persönlichkeiten informierte Gerstein auch seine deutschen Freunde und Bekannten, besonders diejenigen, die er aus der evangelischen Jugendbewegung kannte. Trotz ihres Entsetzens und ihrer Empörung riet er ihnen davon ab, in öffentlichen Kundgebungen, zum Beispiel in Gottesdiensten, über die Massenmorde zu berichten, denn er schätzte richtig ein, dass man jeden für geisteskrank erklären würde, der einen derartigen Versuch machte. In seiner eigenen Haltung mischten sich dagegen bis zum Kriegsende Angst und extreme Unvorsichtigkeit. So trug er ständig Gift und eine geladene Pistole bei sich, um Selbstmord zu begehen, falls seine wahren Absichten entdeckt werden sollten. Andererseits erzählte er auch Personen, die keinerlei Einfluss oder Hilfsmöglichkeiten hatten, von den Geschehnissen in den Vernichtungslagern, womit er nichts bewirkte, sondern nur sich selbst gefährdete. In seiner Berliner Wohnung stellte er sein Radio oft so laut, wenn er verbotene Feindsender abhörte, dass es durch alle Zimmer dröhnte. Sein gesundheitlicher Zustand war höchst bedenklich. Eine starke Zuckerkrankheit führte während seiner Dienstzeit zu häufigen Ausfällen. Dabei handelte es sich, wie ein befreundeter Arzt später berichtete, um präkomatöse Zustände, die seine Absencen und merkwürdigen Reaktionen erklärten. Seinen Vorgesetzten ist Gersteins psychischer Zustand und seine wahre Gesinnung offenbar verborgen geblieben, denn im April

1943 wurde er zum Obersturmführer (Oberleutnant) befördert und lobend beurteilt.

Am schlimmsten war jedoch, dass ein Teil der Zyklongaslieferungen für die Vernichtungslager weiter über ihn lief. Die auf seinen Namen ausgestellten Lieferscheine der Herstellungsfirma hat er aufgehoben und nach Kriegsende als Zeitzeugnisse vorgelegt. Die Bezahlung des Giftstoffes hat er sabotiert, aber trotz aller Bemühungen konnte es ihm nicht gelingen, die gesamte Menge zu vernichten oder unbrauchbar zu machen. Er wusste stets, dass dieses Unvermögen mit dazu beitrug, Menschen den Tod zu bringen. Doch deshalb angesichts seines Opfermutes über ihn zu richten, stand irdischen Gerichten, obwohl sie es versucht haben, wohl nicht zu.

In der zweiten Märzhälfte 1945 verließ Gerstein Berlin und traf am 26. März 1945 bei seiner Frau und den drei Kindern ein. Dort stellte er fest, dass er vermutlich drei Wochen zu früh gekommen war, denn er hatte gehofft, dass die Front schon näher gerückt sei. Weil er ohne Erlaubnis gekommen war, konnte er nicht mehr nach Berlin zurück. Bleiben konnte er aber auch noch nicht, ohne sich und seine Familie zu gefährden. So fuhr er nach einigen Tagen mit unbekanntem Ziel wieder fort. Niemand wusste zu diesem Zeitpunkt, dass es das letzte Zusammentreffen mit seiner Familie sein sollte.

Am 21. April 1945 stellt sich Kurt Gerstein französischen Truppen in Württemberg. Er erklärt den kommandierenden Offizieren, worüber er in künftigen Gerichtsverhandlungen berichten will und stößt auf völlige Verständnislosigkeit. Selbst die zugezogenen Offiziere des militärischen Nachrichtendienstes glauben ihm zunächst nicht und fragen ihn ihrerseits über die Werwolforganisation aus, die sie fürchten, obwohl es sie nur in der Phantasie des noch amtierenden deutschen Propagandaministers Joseph Goebbels gibt. Anschließend wird er für mehr als einen Monat im Hotel Mohren in Rottweil interniert. Er hat Bewegungsfreiheit in der Stadt, besucht den örtlichen Pfarrer und leiht sich von ihm eine Schreibmaschine. Darauf schreibt er seinen Bericht in deutscher und französischer Fassung.

Am 26. Mai 1945 wird Gerstein nach Langenargen am Bodensee verlegt und einige Zeit später nach Paris verbracht. Dort beginnt man ihn wegen des Verdachts zu verhören, Kriegsverbrechen begangen zu haben, und sperrt ihn deshalb am 5. Juli 1945 in das Militärgefängnis Cherche-Midi ein. Dann walten die Untersuchungsrichter ihres Amtes, schreiben Protokolle über die Vernehmungen, in denen der Angeschuldigte sich zu entlasten versucht und auch Zeugen benennt, die sich in Berlin oder Stockholm befinden und unter den europäischen Nachkriegsumständen natürlich nicht zu erreichen sind. Am 20. Juli 1945 kommt Kurt Gerstein in Einzelhaft und am 25. Juli 1945 erhängt er sich am Fenster seiner Zelle.

Die Ursachen für diesen letzten endgültigen Schritt sind unbekannt. Trotzdem aber hat Gerstein sein Ziel erreicht, vor der Nachwelt Zeugnis vom menschlichen Inferno abzulegen, das er sehen wollte und tatsächlich auch gesehen hat. Am 30. Januar 1946 wurde der Gerstein-Bericht im Nürnberger Haupkriegsverbrecherprozess erwähnt. 1953 erschienen Auszüge des Berichts in den „Vierteljahrsheften für Zeitgeschichte". 1955 veröffentlichte Leon Poliakow den vollen Wortlaut in seinem Buch „Das Dritte Reich und die Juden". 1960 spielte der Bericht eine wichtige Rolle im Jerusalemer Eichmann-Prozess.

Von der Nachwelt ist Kurt Gerstein nicht vergessen worden. Zunächst erinnerten sich seine engen Freunde öffentlich an ihn. Otto Dibelius, Martin Niemöller, Herbert Mochalski, Otto Wehr und Kurt Rehling, sämtlich namhafte Männer der Evangelischen Kirche, haben Zeugnis für seine moralische Haltung abgelegt. Der katholische Domkapitular Buchholz, während des Zweiten Weltkrieges geistlicher Betreuer der Todeskandidaten von Berlin-Plötzensee, hat sich ihnen in der Würdigung Gersteins angeschlossen. Der Jugendfreund Helmut Franz schrieb 1964 die erste Biographie des Widerstandskämpfers in SS-Uniform. Vor allem aber bemühten sich überlebende Juden, die Gerstein persönlich nie gekannt hatten, um sein Andenken. Das jüdische Dokumentationszentrum in Paris nannte ihn einen „Gerechten unter Gottlosen". Der ehemalige jüdische KZ-Häftling Issy Wygoda setzte sich 1964 für die Entschädigung von Elfriede Gerstein als Opfer des Nationalsozialismus ein. Sie hatte vorher keinerlei Unterstützung erhalten, weil ihr verstorbener Ehemann laut Spruchkammerbescheid von 1950 als Nationalsozialist „belastet" war. Wygodas Bemühungen führten schließlich dazu, dass die Witwe nach einem Entscheid von 1965 eine Kriegshinterbliebenenrente in Höhe von 120 DM pro Monat erhielt. 1969 legte Saul Friedländer, Historiker jüdischer Abstammung, eine wissenschaftliche Biographie Gersteins vor, in der das Bemühen um eine ausgewogene Darstellung erkennbar ist.

Am bekanntesten wurde Kurt Gerstein durch das 1963 uraufgeführte Theaterstück „Der Stellvertreter" von Rolf Hochhuth. Es ist trotz seines großen Erfolges umstritten geblieben, auch die Zeichnung Gersteins durch den Autor. Doch eines ist sicher: Weder einem Historiker noch einem Psychologen, sondern allenfalls einem Dramatiker kann es gelingen, alle Facetten des Wesens von Kurt Gerstein zu erfassen und darzustellen.

1 Vgl. Joffroy: Spion Gottes, S. 517-525
2 Der Spiegel 1968/51/89
3 Vgl. ebd.
4 Ebd., 91
5 Ebd., 91 f.
6 Ebd., 92
7 Joffroy: Spion Gottes, S. 509-514
8 Der Spiegel 1968/52/127
9 Ebd., 128
10 Ebd., 129

Hinweise
Franz: Kurt Gerstein / Joffroy: Spion Gottes / Der Spiegel 1964/24/53-56, 1968/50/86-100, 1968/51/86-100, 1968/52/117-129, 1969/1-2/84-90, 1969/3/90-97

Paul Rosbaud – der Greif

Wäre es allein nach den Wünschen von Paul Rosbaud und dem Willen des britischen Secret Service gagangen, so würde heute niemand über sein Leben als Spion etwas wissen. Weil jedoch der amerikanische Autor Arnold Kramish nach jahrelangen Forschungen seine Spuren freilegen konnte und 1987 über ihn das Buch „Der Greif" vorgelegt hat, ist ein verdienter Mann dem Dunkel der Vergangenheit entrissen worden, der sich als leidenschaftlicher Gegner der Nationalsozialisten zum kompromisslosen Widerstand gegen sie entschlossen hatte und deshalb planmäßig und durchdacht mit dem britischen Geheimdienst zusammenarbeitete.

Paul Rosbaud kam am 18. November 1896 in Graz als drittes Kind zur Welt. Sein bereits 1882 geborener Bruder Bruno war gleich nach der Geburt von einer Belgrader Familie adoptiert worden, wurde Musiker und im Zweiten Weltkrieg Anführer einer jugoslawischen Partisanengruppe. Pauls zweitältester Bruder Hans, mit dem er zusammen aufwuchs, wurde 1895 geboren. Nach einem Studium am Hoch´schen

Konservatorium in Frankfurt am Main als Komponist und Dirigent tätig, wurde er im Zweiten Weltkrieg als Leiter der im Rundfunk ausgestrahlten Wunschkonzerte für die deutschen Soldaten sehr bekannt. Die 1897 geborene Schwester Martha kam bereits in den ersten Lebenswochen zu Pflegeeltern, heiratete später, wurde Hausfrau und starb früh bei der Geburt eines Kindes.

Paul Rosbaud, ca. 1960

Alle vier Kinder sind unehelich geboren worden. Ihre Mutter, Anna Rosbaud, schlug sich als Klavierlehrerin durch und ernährte mit ihren Einnahmen sich und die bei ihr lebenden Söhne Hans und Paul. Alle Kinder hatten aber auch denselben Vater. Es war der anderweitig verheiratete Franz Heinnisser, der aus einer wohlhabenden und angesehenen Grazer Familie stammte. Anna Rosbaud hat sich bis zu ihrem Tod geweigert, sowohl den Behörden als auch ihren Kindern den Namen des Vaters zu nennen. Als sie 1904 den ersten und letzten Besuch ihres Sohnes Bruno erhielt, der ihr seine Braut vorstellte, sagte ihm Anna nur, dass sein Vater aus einer hochstehenden Familie stamme. Dem Sohn Paul sagte sie 1913 auf dem Sterbebett: „Du wirst es nie wissen müssen."

Die Art, wie Anna Rosbaud einen Teil ihres Lebens selbst gegen die engste Umgebung abschottete und verkapselte, sollte später auch charakteristisch für ihren Sohn Paul werden. Im übrigen hatten Hans und Paul bei der Mutter nichts auszustehen. Waren die beiden Buben unartig, so brauchte sie nur zu drohen, dass sie heiraten werde, damit ein Vater ins Haus komme. Das half sofort. Außerdem sorgte sie für eine gute Ausbildung der beiden Kinder. Paul war ein glänzender Schüler mit guter musikalischer Begabung und großem Interesse für die Naturwissenschaften. Im späteren Leben fiel ihm auch das Erlernen von Fremdsprachen leicht. Im Sommer 1914, ein Jahr nach dem Tod der Mutter und praktisch als Vollwaise, bestand er ohne Schwierigkeiten sein Abitur oder die Matura, wie man in Österreich sagt.

Im März 1915, als der Erste Weltkrieg bereits tobte, wurde Paul Rosbaud als Achtzehnjähriger zur österreichischen Armee eingezogen und an der Isonzofront gegen Italien eingesetzt. Er überstand zwei Lazarettaufenthalte wegen Erfrierungen und Typhus, wurde zum Leutnant befördert und erhielt mehrere Tapferkeitsauszeichnungen, darunter das Karlskreuz. Im November 1918 geriet er für kurze Zeit in englische Gefangenschaft. Später schrieb er darüber:

„Meine ersten zwei Tage als Gefangener unter britischer Bewachung waren der Ursprung meiner langwährenden Anglophilie. Für die britischen Soldaten war der Krieg vorbei und vergessen. Sie behandelten uns nicht wie Feinde, sondern wie unglückliche Verlierer des Krieges. Sie verbrüderten sich nicht mit uns, aber sie waren höflich und korrekt."[1]

1919 war Paul Rosbaud Gast des Prinzen Alexander Friedrich von Hessen, einem Gönner seines Bruders Hans, in der Holsteinischen Schweiz. Ab 1920 studierte er mit Unterstützung des Prinzen in Darmstadt Chemie und heiratete 1923 Hilde Frank, die Tochter eines reichen Holzhändlers jüdischen Glaubens. Die übereilt geschlossene Ehe wurde nicht glücklich. Beide unterhielten Beziehungen zu anderen Partnern. Von Pauls Eskapaden erfuhren seine zahlreichen Freunde allerdings nie Näheres. Seine Studien setzte er am Kaiser-Wilhelm-Institutut in Berlin-Dahlem fort. 1926 promovierte er an der Technischen Hochschule in Berlin-Charlottenburg über Probleme der Röntgenstrahlung. Im August 1927 wurde seine Tochter Angela geboren, zu der er eine große Zuneigung entwickelte. Während seines ganzen unruhigen Lebens ließ er den Kontakt zu ihr nie abreißen.

Im Anschluss an die Promotion arbeitete Paul Rosbaud zunächst im Labor der Firma „Metallgesellschaft" in Frankfurt am Main und wechselte im Januar 1928 zur Zeitschrift „Metallwirtschaft" in Berlin. Hier erhielt er eine Aufgabe, die zu seiner Persönlichkeit passte. Für eigene wissenschaftliche Forschungsarbeit offenbar zu ungeduldig und unruhig, reiste er jetzt im Auftrag der Zeitschrift durch ganz Europa, um führende Wissenschaftler kennen zu lernen und erfolgreich um Aufsätze über ihre Forschungsarbeiten zu bitten. Da es ihm leicht fiel, Kontakte zu knüpfen, Bekannte und Freunde zu finden, hatte er bald feste Verbindungen zu Albert Einstein, Peter Kapitza, Niels Bohr, Ernest Rutherford, Leo Szilard, Otto Hahn, Lise Meitner, Max Born, Werner Heisenberg und vielen anderen, die entweder in der Chemie und Physik schon Rang und Namen hatten oder bald bekommen sollten.

Paul Rosbaud wurde für die Redaktion der „Metallwirtschaft" und ab 1935 für den wissenschaftlichen Springer Verlag ein unverzichtbarer Talentsucher und Berater mit einem einzigartigen Überblick über den aktuellen Forschungsstand in vielen Bereichen, vor allem in der immer mehr an Bedeutung gewinnenden Atomphysik. Gleichzeitig beobachtete er wachsam den Aufstieg der Nationalsozialisten. Sein Doktorvater Hermann Mark berichtete darüber:

„Als ich Deutschland 1932 wegen der Nazis verließ und nach Wien ging, blieben wir in engem Kontakt. … Paul stand dem Regime in Deutschland zunehmend feindlich gegenüber. Bei mehreren Gelegenheiten, wenn wir uns in Deutschland, England oder Österreich trafen, äußerte er viel Kritik und berechtigte Feindschaft gegenüber den Nazis. Er war einer der wenigen, die die Entwicklung sehr klar voraussahen."[2]

Irgendwann in den frühen dreißiger Jahren machte Rosbaud noch eine Bekanntschaft ganz anderer Art. Francis Edward Foley arbeitete als Passbeamter an der britischen Botschaft in Berlin. Geboren 1884 in der Grafschaft Somerset, ging er in Frankreich zur Schule. Er wurde ein hervorragender Linguist, der später auch akzentfrei Deutsch sprach. Nach der Teilnahme am Ersten Weltkrieg kam er als Hauptmann zum britischen Nachrichtendienst und offensichtlich in dieser Funktion traf er auf Rosbaud. Seine offizielle Stellung als Passbeamter nutzte Foley aus, um Juden beim Verlassen des Dritten Reiches zu helfen. Später, im Zweiten Weltkrieg, war er einer der wichtigsten Verhörspezialisten, der sich dem nach England übergelaufenen „Stellvertreter des Führers", Rudolf Heß, zu widmen hatte.

Die Umgebung Rosbauds wusste von dessen Kontakt zu Foley nichts. Die beiden Männer haben sich wohl auch nur selten getroffen. Rosbaud schien es darauf angekommen zu sein, jemanden im britischen Geheimdienst kennen zu lernen und dessen Vertrauen zu gewinnen, den er als Briefträger für Nachrichten benutzen konnte, die ohne lange Verzögerungen im Instanzenweg und ohne zeitraubende Überprüfungen an die richtige Stelle gelangten. Wir haben es hier mit dem seltenen Fall zu tun, dass sich nicht ein Nachrichtendienst seinen Agenten aussucht, sondern ein hoch motivierter Spion sich den Geheimdienstoffzier auswählt, den er braucht.

Rosbaud war in der ganzen Zeit seiner Spionagetätigkeit bis 1945 ein mutiger, kraftvoller und souveräner Mann in einer sehr starken Position. Er brauchte kein Geld, nicht einmal für Spesen, denn er verdiente sehr gut und reiste auf Kosten seines Arbeitgebers durch ganz Europa, sogar während des Krieges in die von den deutschen Truppen besetzten Gebiete. Hinzu kam, dass seine Nachrichten aus der deutschen Forschung, zunehmend auch aus den militärisch wichtigen Versuchsanstalten und aus der Rüstungsindustrie, schon deshalb sofort an die wichtigsten Wissenschaftler in Großbritannien geleitet werden mussten, weil nur sie ihre Bedeutung ermessen sowie der politischen und militärischen Führung erklären konnten. Dagegen war ein Geheimdienstoffizier in der Regel kein Naturwissenschaftler und zur fachlichen Beurteilung dieses speziellen Materials gar nicht in der Lage. Außerdem hat sich Rosbaud stets vorbehalten, selbst zu bestimmen, was er nach Großbritannien weitergab, und während des Krieges von Fall zu Fall auch über die Nachrichtenwege entschieden. Seinen Decknamen „Greif" hat er sich ebenfalls selbst ausgesucht. Angeregt wurde er zu diesem Namen, der gut zu seiner Spionagetätigkeit passte, als er einmal zufällig bemerkte, dass der Schauspieler Harry Piel einen schönen Schäferhund besaß, der auch so hieß.

Seitdem die Nationalsozialisten zur Macht gekommen waren, musste Hilde Rosbaud wegen ihrer jüdischen Abstammung mit Verfolgung aus „rassischen" Gründen rechnen. Doch gerade deshalb ließ sich Paul von ihr nicht scheiden, obwohl die Ehe zerrüttet war, denn Kameradschaft und Solidarität blieben seine lebenslangen Wesensmerkmale. Er veranlasste aber, dass seine Frau mit der gemeinsamen Tochter 1938 nach Großbritannien emigrierte. Bis zum Kriegsbeginn konnte er aus seinem hohen Einkommen auch dort den Lebensunterhalt der beiden sichern. Außerdem konnte er Verbindungen nach England für jeden Beobachter dadurch motivieren, dass Frau und Kind eben dort lebten.

Rosbaud blieb während der gesamten Kriegszeit in Berlin, um weiter seinem Beruf nachzugehen, gegen die Nazis als Spion zu arbeiten und um mit seiner Freundin Ruth Lange zusammen zu leben. Sie war die Schwester von Hilde Benjamin geborene Lange, der späteren Justizministerin der DDR.

Anfang der dreißiger Jahre war Ruth Lange Weltmeisterin im Kugelstoßen und deutsche Meisterin im Diskuswerfen gewesen. Sie beendete ihre sportliche Karriere 1934/35. Während des Zweiten Weltkrieges widmete sie sich der Rehabilitation von Behinderten und Kriegsversehrten. Durch sie lernte Rosbaud ihre antifaschistisch eingestellten Verwandten kennen, zum Beispiel den kommunistischen Arzt Georg Benjamin (Ehemann der Schwester Hilde) sowie dessen Bruder, den Philosophen und Literaten Walter Benjamin. Ruth Lange wusste vermutlich von Rosbauds geheimdienstlicher Tätigkeit für Großbritannien, aber sicher keine Einzelheiten.

Im übrigen pflegte er private Bekanntschaften in der künstlerischen Boheme bis hin zur Halbwelt in den zweifelhaftesten Berliner Nachtlokalen, hielt diese Kontakte aber sowohl vor seinen seriösen Freunden unter den Wissenschaftlern als auch vor den Mitarbeitern und Kurieren des britischen Geheimdienstes verborgen. Seine Feindschaft zum Nationalsozialismus bekannte er dagegen auch nach 1933 völlig offen. Sie war nicht parteipolitisch bedingt, sondern entsprang seiner freiheitlichen Einstellung und seinem Abscheu vor dem Rassenwahn.

Am 13. Juli 1938 sorgte Paul Rosbaud dafür, dass Lise Meitner auf schnellstem Wege Deutschland verlassen konnte. Nach dem Anschluss Österreichs an das Deutsche Reich hatte sie ihre bisherige Staatsbürgerschaft und damit jeden Schutz vor rassischer Verfolgung in Berlin verloren. Sie war als jüdische Wissenschaftlerin in exponierter Stellung außerordentlich gefährdet. Gleichzeitig war sie eine sehr eigenwillige und kapriziöse Frau, die es ihren Freunden schwer machte, ihr beizustehen. Rosbaud besorgte ihr über den holländischen Wissenschaftler Dirk Coster ein vorläufiges Visum, mit dem sie die Grenze zu den Niederlanden überschreiten konnte. Von dort aus emigrierte sie nach Schweden. Am Vorabend ihrer Abreise kam Rosbaud in Lise Meitners Wohnung. Otto Hahn erinnert sich daran so:

„Mit Hilfe unseres alten Freundes Paul Rosbaud verbrachten wir die Nacht damit, die Kleider einzupacken, die sie am dringendsten brauchte, und ein paar ihrer Wertsachen."[3]

Lise Meitner schrieb nach dem Zweiten Weltkrieg an Rosbaud:

„Ich persönlich erinnere mich dankbar an den letzten Abend in Dahlem, als Sie mit sehr viel freundschaftlichem Verständnis durch meine Räume gingen und alles mögliche in meinen Koffer legten. Ich habe auch nicht die Sendung Bücher vergessen, die Sie so sorgfältig ausgesucht haben."[4]

Gerade wegen seiner offensichtlichen politischen Einstellung und aufgrund seiner sympathischen Wesensart erregte Rosbaud keinerlei Argwohn. Politisch indifferente Wissenschaftler schätzten sein offenes Bekenntnis und Parteigänger des Nationalsozialismus nahmen es in Kauf, weil er ihnen persönlich angenehm war, führten mit ihm vertrauliche Gespräche, zeigten ihm, was er sehen wollte und beantworteten seine Fragen. Anzahl und Qualität der Informationen, die er Großbritannien zukommen ließ, waren deshalb beachtlich.

Am 22. Dezember 1938 hatte Otto Hahn gerade einen Aufsatz beendet, in dem er erstmalig eine Atomkernspaltung beschrieb, eine Entdeckung, die ihm kurz zuvor, zusammen mit Fritz Strassmann, gelungen war. Rosbaud sorgte für die sofortige Veröffentlichung des Aufsatzes in der Zeitschrift „Naturwissenschaften", die der Springer-Verlag herausgab. Lise Meitner, die den Aufsatz gleichzeitig mit Rosbaud in Schweden bekam, unterrichtete Niels Bohr in Kopenhagen und den britischen Wissenschaftler John Douglas Cockcroft in Cambridge. Rosbaud wollte auf keinen Fall, dass das nationalsozialistische Deutschland einen Vorsprung in der Atomforschung bekam, denn das schloss die Möglichkeit ein, eines Tages zuerst die Atombombe zu bauen und einzusetzen. Am 10. März 1939 traf er sich deshalb auf einer Englandreise selbst mit Cockcroft in Cambridge, um ihn über weitere Details der deutschen Atomforschung am Berliner Kaiser-Wilhelm-Institut zu unterrichten, die noch nicht publiziert worden waren.

Nach dem Kriegsausbruch am 1. September 1939 waren Englandreisen für Deutsche unmöglich geworden. Deshalb war es bedeutsam, dass Anfang November des Jahres in der britischen Botschaft in Oslo ein Norweger erschien und den Mitarbeiter Foley zu sprechen wünschte, Rosbauds alten Bekannten aus Berlin, der sich jetzt in Norwegen aufhielt.

Foley war abwesend, und deshalb übergab der Besucher ein Päckchen an ihn, dessen Inhalt in der seriösen Spionageliteratur als „Oslo-Report" bekannt geworden ist. Darunter befand sich ein Buch von Adolph Beck „Magnesium und seine Legierungen", das im September 1939 in Berlin erschienen war. Beschrieben wurde darin die Zusammensetzung von Materialien, die für den Bau neuartiger Kampfflugzeuge verwendet werden konnten. Weiter enthielt das Päckchen eine ebenfalls in deutscher Sprache abgefasste Vorausschau über die Entwicklung und geplante Produktion verschiedener Waffen oder Waffenteile, unter anderem einen Torpedo, einen Elektrozünder für Bomben und Granaten sowie über verschiedene Raketen. In dem Schriftstück wurde zum ersten Mal auch die Versuchsanstalt Peenemünde erwähnt. Außerdem befand sich in der Sendung ein versiegeltes Glasröhrchen, das Muster eines neuartigen Annäherungszünders.

Offiziell nennt der britische Secret Service den Verfasser des „Oslo-Reports" bis heute nicht. Kramish führt in seinem Buch jedoch eine Fülle von Indizien an, die zu Rosbaud führen. Unter anderem:

– Der Bote, der das Päckchen in den ersten Novembertagen 1939 in der britischen Botschaft abgegeben hat, war der norwegische Wissenschaftler Odd Hassel, ein Freund Rosbauds.

– Foley, der eigentliche Empfänger des Päckchens, war ein alter Bekannter von Rosbaud und einer der seltenen Briten mit Diplomatenstatus, der ausgezeichnet Deutsch konnte. Für die vorläufige Auswertung und sachgerechte Weiterleitung der Informationen war das unabdingbar.

– Das Buch von Adolph Beck war zwei Monate vorher im wissenschaftlichen Springer-Verlag erschienen, der Arbeitsstelle von Paul Rosbaud.

– Anfang November 1939 hat die deutsche Botschaft in Oslo eine deutsche Buchausstellung veranstaltet. Dort wurden auch die Publikationen des Springer-Verlages gezeigt.

– Rosbaud war im November 1939 in Oslo und warnte bei dieser Gelegenheit norwegische Freunde vor einer geplanten Invasion des Landes, die im April 1940 tatsächlich erfolgte.

Diese und weitere Indizien machen es so gut wie sicher, dass Rosbaud der Verfasser des „Oslo-Reports" war. Als bekannter Wissenschaftsjournalist erhielt er vielfältige Informationen und besaß außerdem die Fähigkeit, sie zu deuten und einzuordnen. Tragisch war, dass die Übergabe des Materials in der britischen Botschaft an den zufällig anwesenden Marine-Attaché zu monatelangen Verzögerungen und unsachgemäßen Auswertungen führte, weil dieser nicht genügend Deutsch konnte, nicht genau zu beurteilen vermochte, um was es sich handelte und die eigentlichen Fachleute nicht kannte. An Foley gelangte das Material wegen des kriegsbedingten Wechsels der Zuständigkeiten im Geheimdienst überhaupt nicht. Rosbaud blieb dadurch eine lange Zeit ohne jede Verbindung zum Secret Service. Doch er resignierte nicht und sammelte ständig weiter Material, vor allem über die Atomforschung.

Zu seinen Bekannten, wenn auch der unangenehmsten Sorte, gehörte der Atomforscher Werner Heisenberg, den man am kürzesten als eingefleischten Nazi ohne Parteibuch und miesen Charakter bezeichnen kann. So sind Heisenbergs wissenschaftliche Leistungen, für die er 1933 den Nobelpreis erhielt, nicht denkbar ohne die mathematischen Vorarbeiten von Max Born, seinem akademischen Lehrer in Göttingen. Born verließ 1933 Deutschland und ging nach Cambridge, kam aber in den ersten Jahren der NS-Herrschaft noch einmal besuchsweise zurück, um einen Teil seines Eigentums wieder zu bekommen. Der Versuch war erfolglos. Heisenberg, inzwischen Professor in Göttingen, benahm sich unfassbar. Als Born mit seiner Frau ihn besuchte, empfing er das Ehepaar mit gegen Juden gerichtete Bemerkungen und Obszönitäten und spuckte schließlich vor Max Borns Füßen auf den Boden.[5]

Heisenbergs Problem in der Folgezeit war, dass er gerne für Deutschland und den Führer die Atombombe gebaut hätte, aber leider nicht wusste, wie. Deshalb fuhr er, zusammen mit Carl Friedrich von Weizsäcker, der ihn als einen spontanen Menschen mit einem starken und unkontrollierten Ehrgeiz in Erinnerung behielt, im Oktober 1941 zu Niels Bohr nach Kopenhagen. Von ihm erwartete Heisenberg Informationen über den Stand der Atomforschung in den USA. Bohr empfing Heisenberg unfreundlich und zurückhaltend. Die erwarteten Auskünfte gab er nicht.

Am 4. Juni 1942 traf sich im Berliner Harnackhaus ein illustres Gremium. Hitlers Rüstungsminister Albert Speer war in Begleitung vieler Mitarbeiter erschienen. Auch eine große Anzahl hoher Offiziere war gekommen. Von ihnen repräsentierte Admiral Witzell die Marine, General Fromm das Heer und Feldmarschall Erhard Milch die Luftwaffe. Unter den anwesenden Wissenschaftlern waren, wie konnte es anders sein, auch Freunde von Paul Rosbaud, die ihm brühwarm erzählten, was nun geschah.

Heisenberg erklärte in einer für Laien fasslichen Sprache, wie eine Atombombe gebaut werden müsse. Doch das Auditorium hörte nicht nur ehrerbietig zu. Gerade die ranghöchsten Anwesenden stellten Fragen: Woher soll das spaltbare Material in den nötigen Mengen kommen? Wie soll die Explosion der Bombe herbeigeführt werden? Heisenberg wusste es nicht. Wieviel Geld er für seine Forschung brauche? Heisenberg meinte, 100.000 Mark würden genügen. Carl Friedrich von Weizsäcker ergänzte, dass man noch einmal zusätzlich 100.000 Mark für den eigentlichen Bau der Bombe benötigen werde. (In dieser Zeit gab allein die deutsche Luftwaffe pro Monat 666.000.000 Mark aus.) Speer bot Heisenberg von sich aus ein paar Millionen Mark für die Forschung an. General Fromm erklärte sich bereit, mehrere hundert wissenschaftliche Assistenten vom Dienst im Heer freizustellen, damit sie an dem Projekt mitarbeiten könnten. Heisenberg war von den Angeboten völlig irritiert und erklärte, dass er mit Ressourcen dieser Größenordnung nicht umgehen könne. Resigniert verließen Speer und die Militärs den Konferenzsaal. Es wurden keine Versuche mehr unternommen, eine deutsche Atombombe zu bauen. Die Verantwortlichen konzentrierten sich von nun an auf andere Waffensysteme.

Nach Kriegsende hat Heisenberg erklärt, dass er alles getan habe, was in seiner Macht stand, um die Atombombe nicht zu bauen. Zu Niels Bohr sei er gefahren, um durch ihn die Atomforscher der westlichen Welt vor den Gefahren der atomaren Rüstung warnen zu lassen und sie zu einem weltumspannenden Solidarpakt gegen die Atombombe zu veranlassen. Im übrigen habe er sich während des Krieges so zögerlich wie möglich verhalten, um nicht schuldig zu werden. Diese Einlassungen sind so nicht wahr, denn Heisenberg verdeutlichte noch im Okober 1943 bei einem Besuch in den Niederlanden seine eigentliche Gesinnung:

„Die Geschichte gibt Deutschland das Recht, Europa und später die Welt zu beherrschen. Nur eine Nation, die unbarmherzig regiert, kann sich selbst erhalten. Die Demokratie kann nicht genügend Energie entwickeln, um Europa zu regieren. Es gibt deshalb nur zwei Möglichkeiten: Deutschland oder Russland, und vielleicht ist ein Europa unter deutscher Führung das kleinere Übel.“[6]

Paul Rosbaud, der Heisenbergs Gesinnung und Wunschträume kannte, reiste am 10. Juni 1942, eine Woche nach der denkwürdigen Veranstaltung im Harnackhaus, wieder einmal für acht Tage nach Oslo, um dort befreundete Wissenschaftler zu besuchen. In deutscher Uniform flog er als Passagier in einer Militärmaschine mit und umging auf diese

Weise viele Kontrollen, so dass er es wagen konnte, auch für den britischen Secret Service bestimmtes Material mitzunehmen. Die wichtigste Nachricht hatte er im Kopf: Deutschland konnte keine Atombombe bauen!

Die Reisemöglichkeit hatte Rosbaud wiederum einem Freund zu verdanken, den er als „altes Parteimitglied und absolut anständigen Menschen“ charakterisierte. Professor Friedrich Karl Drescher-Kaden, ein einflussreicher Mann in der Rüstungswirtschaft des Dritten Reiches, war in der Anfangszeit der Weimarer Republik Mitglied der rechtsextremen „Brigade Ehrhardt“ gewesen, danach des „Wikingerbundes“ und ab 1932 der NSDAP. Offiziell sollte Rosbaud herausfinden, ob der norwegische Wissenschaftler Victor Moritz Goldschmidt, natürlich auch ein alter Bekannter, dazu beitragen konnte, Deutschland beim Bau der Atombombe zu helfen. Selbstverständlich führten diese Erkundigungen zu nichts. Die Konferenz im Harnackhaus hatte bereits zu einer negativen Grundsatzentscheidung geführt, Goldschmidt war Jude und deshalb gerade zu dieser Zeit Verfolgungen in Norwegen ausgesetzt und Rosbaud war sowieso der falsche Bote.

Entscheidender war, dass er in Oslo mit Eric Welsh zusammentreffen konnte. Wann und wo sich die beiden Männer kennen gelernt haben, ist nicht bekannt. Ofiziell war Welsh schon seit der Zeit zwischen den beiden Weltkriegen Angestellter einer norwegischen Firma, die Farben und Lacke für Schiffsrümpfe herstellte. Diese Firma unterhielt Geschäftsbeziehungen in ganz Europa. Überall wurden Schiffe gebaut und angestrichen, Handelsschiffe und Kriegsschiffe. Wer zu den Werften reiste, um Lacke und Farben zu verkaufen, bekam zwangsläufig einen Überblick über den Flottenbau, und den brauchte der britische Secret Service. Eric Welsh reiste viel im Auftrag seiner Firma, doch dass er eigentlich britischer Staatsbürger war, blieb lange im Dunkeln. Völlig unbekannt blieb lange Zeit, dass er Auge und Ohr des Secret Service und dessen wichtigster Mann in Norwegen war. Intern war Welsh für seine Brutalität und Verschlagenheit bekannt und seinen innigen Wunsch, Hitler zu vernichten. Die Agenten, die er einsetzte, umsorgte er mit rührender Fürsorglichkeit.

In der Kriegszeit unterstanden ihm neben anderen Helfern bis zu zehn norwegische Studenten, die in Deutschland studierten. Einer von ihnen war Sverre Bergh, immatrikuliert an der Technischen Hochschule Dresden, Fachrichtung Schiffbau. Er wurde der wichtigste Kurier zwischen Welsh und Rosbaud, der ihn seit September 1941 kannte und ihm im Laufe der Zeit eine Fülle von Nachrichten anvertraute.

Nachdem Foley als Partner für Rosbaud nicht mehr zur Verfügung stand, war Welsh an dessen Stelle getreten. Auch ihm gegenüber wahrte Rosbaud seine Selbstständigkeit. Wenn es ihm zweckmäßig erschien, einzelne Informationen nicht über Norwegen, sondern über niederländische oder französische Widerstandsgruppen oder über die Schweiz an ganz bestimmte Empfänger zu senden, so tat er das, obwohl sich Welsh mehrfach darüber verärgert zeigte. Die beiden Männer verband neben dem Wunsch, Hitler zu vernichten, auch die Faszination von der Spionage als einem gefährlichen und reizvollen Spiel.

Rosbaud steigerte seine Aktivitäten für den Secret Service vom Sommer 1942 bis zum Kriegsende ständig. Eric Welsh hatte veranlasst, dass er in den einseitigen Funkverkehr des Secret Service einbezogen wurde. Rosbaud musste deshalb jeden Abend um 21 Uhr die Nachrichtensendungen der BBC abhören, um verschlüsselte Anfragen und Aufträge entgegennehmen zu können.

Im Dezember 1942 fuhr er nach Holland, um über private Freunde eine Nachricht an den Chemiker Jan Hendrik de Boer zu senden, der seit 1940 in Großbritannien arbeitete. Die Information besagte, dass in Deutschland an einem Giftstoff gearbeitet wurde, der auch Gasmasken durchdringen konnte.

Rosbaud sorgte für die Entlassung der französischen Physikstudenten Henri Piatier und Charles Peyrou aus deutscher Kriegsgefangenschaft und ihren zweckgerichteten Arbeitseinsatz in Berlin. Piatier kam zu Ingenieur Michael Schön, einem Vertrauten Rosbauds in den Osram-Werken. Schön gab ihm Informationen über die Zusammensetzung von Baumaterialien für den geplanten deutschen Düsenjäger, die die beiden Studenten an eine gaullistische Widerstandsgruppe in ihrer Heimat weiterleiteten. Rosbaud, den sie als Vaterfigur verehrten, setzte sie auch von sich aus als Kuriere ein.

Zusammen mit Sverre Bergh sammelte Rosbaud 1943 systematisch Informationen über Peenemünde, nachdem sicher war, dass die Briten sich jetzt ernsthaft für die Versuchsanstalt interessierten. Übermittelt wurden ihnen die geographischen Koordinaten, die Namen und Funktionen der dort tätigen Wissenschaftler, Einzelheiten über die Konstruktion der Raketen und vieles andere. Die wichtigsten Informationen darüber erhielt Rosbaud von Pasqual Jordan, einem langjährigen Mitglied der NSDAP, den er nach Berlin einlud und während eines rauschenden Festes gewaltig unter Alkohol setzte. Ruth Lange ist dabei gewesen und erinnerte sich noch viel später an diese Begebenheit. Eric Welsh und der Secret Service haben Rosbauds Informationen bestimmt genutzt. Am 27. August 1943 flog die britische Luftwaffe einen verheerenden Angriff auf Peenemünde.

Im August 1944 war Rosbauds Gesundheit stark angegriffen. Trotzdem wollte ihn die „Organisation Todt" zum Arbeitseinsatz einziehen. Diese riesige Organisation errichtete Festungsanlagen, Bunker, Panzersperren sowie andere kriegswichtige Bauten und unterhielt Produktionsbetriebe. Sie verfügte über dienstverpflichtete Arbeiter und Angestellte aus Deutschland und dem besetzten Ausland, Einheiten des Arbeitsdienstes, Kriegsgefangene und KZ-Häftlinge. Der Arbeitseinsatz hätte Rosbauds Tod bedeutet. Otto Hahn und besonders Drescher-Kaden sorgten dafür, dass er als „Schlüsselkraft der Rüstungsindustrie" bis zum Kriegsende nirgends eingezogen werden durfte. Rosbaud hat vor allem Drescher-Kaden diesen Freundschaftsdienst nie vergessen, ihn auch nach dem Krieg in Schutz genommen und stets ein gutes Leumundszeugnis ausgestellt.

Paul Rosbaud überlebte das Kriegsende in Berlin, zusammen mit Ruth Lange und Hilde Benjamin. Seine Wohnung war ausgebombt worden, aber das Trio bekam eine Bleibe und lebte von den Gunstbeweisen der Sowjets, Briten und Amerikaner in Form von Lebensmitteln und Alkohol. Hilde Benjamin wurde sofort eine Schlüsselfigur für die Durchsetzung der sowjetischen Ziele. Ruth Lange hatte ihre Ruhe und Paul Rosbaud wurde von Russen, Engländern und Amerikanern ständig zu Gesprächen abgeholt, die zwischen liebenswürdigen Plaudereien und Verhören hin und her schwankten. Als offenkundig wurde, dass sich die Russen zu sehr für Rosbaud interessierten und seine Sicherheit auch in den Berliner Westsektoren nicht mehr zu gewährleisten war, griff der fürsorgliche Eric Welsh ein. Er schmuggelte Rosbaud Ende 1945 in einer britischen Uniform aus Berlin heraus und brachte ihn nach London. Dort baute Rosbaud eine Tochtergesellschaft des wissenschaftlichen Springer-Verlages auf und unterhielt Beratungsbüros für wissenschaftliche Verlage in Europa. Sporadisch überwies er das Geld, das deutsche Firmen ihm bezahlten, an Ruth Lange. Sie starb 1994 in Berlin-Lankwitz, lange nach ihrem zeitweiligen Lebenspartner.

Interessant ist, wie sich Paul Rosbaud nach Abschluss seiner wichtigsten Lebensphase selbst gesehen hat. In einem Brief an seine Tochter Angela, den er ihr im September 1945, noch aus Berlin, geschrieben hat, heißt es:

„Ich habe nie von mir behauptet, alles besser zu wissen als die anderen, und selbst wenn ich sicher war, dass ich es tatsächlich besser wusste, habe ich geschwiegen. Ich habe mich anderen Menschen nie überlegen gefühlt, sondern habe vielmehr versucht, demütig und bescheiden zu sein. Doch vor allen Dingen bin ich kein Egoist gewesen. Andere sollten es nicht schlechter haben als ich, und wenn ich heute nach fast fünfzig Jahren zurückblicke, dann glaube ich, dass ich richtig gehandelt habe. ... In den Augenblicken größter Gefahr war es ein herrliches Gefühl, zu wissen, dass jemand da war, wenn mir etwas zustoßen sollte, der sagen würde: Du bist mein lieber Sohn, an dem ich Wohlgefallen habe."[7]

Nach Kriegsende erhielt Rosbaud viele Dankesbezeugungen von Menschen, denen er geholfen hatte, das nationalsozialistische Regime zu überleben. Lise Meitner war längst nicht die einzige, die seinen Einsatz nicht vergessen hatte. Im Gegensatz dazu schweigt der britische Geheimdienst über ihn bis heute.

Drei Tage vor seinem Tod machte Paul Rosbaud sein Testament. Er hinterließ seiner Tochter 500 Pfund, seine goldene Uhr, die ihm verliehene goldene Tate-Medaille des amerikanischen Instituts für Physik sowie zwei Lithographien von Chagall und Toulouse-Lautrec. Seine Ehefau Hilde erbte seine wissenschaftlichen Bücher und die Frau, mit der er in England zusammen gelebt hatte, bekam seine Briefmarkensammlung. Am 28. Januar 1963 ist er an Leukämie gestorben. Ein Priester segnete den Sarg, bevor er auf hoher See bestattet wurde.

1 Kramish: Der Greif, S. 19
2 Ebd., S. 26
3 Ebd., S. 60
4 Ebd., S. 60 f.
5 Vgl. ebd., S. 60
6 Ebd., S. 151
7 Ebd., S. 324 f.

Hinweise

Die Fakten und Zitate wurden wurden dem Buch von Arnold Kramish „Der Greif" entnommen. Das Werk, das noch viele weitere Informationen über Paul Rosbaud und die deutschen Atomforscher in der Zeit des Nationalsozialismus enthält, ist leider nicht sehr bekannt geworden, jedoch noch heute sehr zur Lektüre zu empfehlen.
Die Auskunft über das Todesjahr von Ruth Lange stammt von privater Seite.

Hans Kemritz – der Mann ohne Charakter

Rechtsanwalt Dr. Hans Kemritz, frühes Mitglied der NSDAP, wurde nach Hitlers Machtübernahme in den Vorstand des Berliner Anwaltsvereins berufen, um für dessen nationalsozialistische Ausrichtung zu sorgen. Bei Kriegsausbruch 1939 rückte er als Reservehauptmann zur deutschen Abwehr ein und wurde im Generalkommando III in Berlin-Wilmersdorf dem Referat „Spionageabwehr und Geheimhaltungsvorschriften" zugeteilt. Im Verlauf des Krieges zum Major befördert, versah Kemritz zeitweise auch in Paris und Brüssel seinen Dienst.

1944 scheute sich Kemritz nicht, einen ranghöheren Offizier unter massiven Drohungen zu einem Meineid anzustiften, um ein Todesurteil wegen angeblicher Wehrkraftzersetzung gegen den damaligen Unteroffizier Michael Graf Soltikow zu erreichen, der ebenfalls der Abwehr angehörte. Das Kriegsgericht, das sich von den Machenschaften gegen den Angeklagten überzeugen konnte, sprach Soltikow frei, ohne jedoch anschließend den Nationalsozialisten Kemritz zu belangen.

Nach der Einnahme Berlins durch die Rote Armee im Mai 1945 geriet Kemritz in sowjetische Gefangenschaft, wurde aber schon im Oktober 1945 als einziger Abwehroffizier aus dem Gefangenenlager Landsberg/Warthe entlassen, kehrte nach Berlin zurück und eröffnete noch im gleichen Jahr eine Praxis in der Schadowstraße, im damaligen Ostsektor der Stadt. Er galt als politischer Flüchtling aus dem Westen und erklärte überall: „Selbstverständlich darf ich nicht in den amerikanischen Sektor, denn die Amerikaner suchen mich." Nachts soll er sich trotzdem in seine Dahlemer Villa geschlichen haben, die damals im amerikanischen Sektor von Berlin lag.

Hans Kemritz

Fest steht, dass Kemritz in den Jahren 1945 bis 1947 zahlreiche Bekannte aus West-Berlin oder Westdeutschland, darunter ehemalige Kameraden der Abwehr, schriftlich oder telefonisch zu Besuchen in seiner Praxis aufforderte, um ihnen einen Arbeitsplatz oder ein lukratives Geschäft zu vermitteln. Spätestens nach der zweiten Verabredung verschwanden seine Besucher in den Haftanstalten des sowjetischen NKWD, der Vorläuferorganisation des KGB. Bald stand in West-Berlin fest, dass das Anwaltsbüro eine Menschenfalle war und Kemritz im Auftrag der Sowjets handelte. Nach einer Untersuchung des Bundesministeriums der Justiz von 1950 sind allein zwischen November 1945 und Juli 1946 mindestens siebzehn namentlich bekannte Personen, darunter drei Frauen, auf diese Weise angelockt und verschleppt worden. Sie bekamen lange Haftstrafen und bis 1950 konnten nur sechs Personen zurückkehren. Die meisten sind in den Gefängnissen oder Lagern verstorben. Mindestens ein Mann ist zum Tode verurteilt und hingerichtet worden.

Zur allgemeinen Überraschung der Öffentlichkeit meldete sich Kemritz 1947 als politischer Flüchtling bei den Amerikanern in West-Berlin. Angeblich hatte er für sie und gegen die Sowjets gearbeitet. Er setzte sich sofort nach Westdeutschland ab und verfügte über beachtliche Geldmittel sowie eine elegant eingerichtete Villa in Bad Homburg.

1950 strengten die ersten zurückgekehrten Opfer sowie Angehörige der noch Inhaftierten und der inzwischen Verstorbenen ein Verfahren vor dem Landgericht Berlin an. Ihre Anschuldigungen wegen Beihilfe zum Menschenraub wurden der Staatsanwaltschaft Frankfurt am Main übergeben. Dort wurde Dr. Kemritz am 4. November 1950 verhaftet und nach einer sechswöchigen Untersuchungshaft gegen eine Kaution von 5.000 DM auf freien Fuß gesetzt. Sein Rechtsanwalt wurde Robert Kempner, der 1946/47 in den Nürnberger Prozessen gegen die Hauptkriegsverbrecher amerikanischer Anklagevertreter gewesen war. Am 15. Dezember 1950 teilte der Staatsanwalt beim Landgericht Frankfurt nach Berlin mit: „Der amerikanische Landeskommissar für Hessen hat das Verfahren Dr. Kemritz an sich gezogen und an das zuständige amerikanische Bezirksgericht abgegeben."

1951 verloren sich die Spuren des Dr. Hans Kemritz. Er ist in Deutschland nie vor deutschen oder amerikanischen Gerichten angeklagt, geschweige denn von ihnen verurteilt worden. Als Graf Soltikow, den er 1944 zum Tode verurteilen lassen wollte, Kemritz im Dezember 1951 lediglich als Zeugen vor eine Münchener Spruchkammer laden ließ, verhinderten die Amerikaner auch diesen Auftritt, obwohl es dort ausschließlich um die Klärung von Sachverhalten aus der NS-Zeit ging, die Kemritz nicht einmal direkt betrafen. Der damalige hessische Ministerpräsident und Justizminister Georg August Zinn konnte ihm zwar die Zulassung zum Notar entziehen, den entsprechenden Bescheid jedoch nur öffentlich an die Haustür in Bad Homburg heften lassen, weil der Empfänger nicht greifbar war. Ein Ehrengerichtsverfahren der Anwaltskammer von Frankfurt a. M. musste auf Befehl der US-Besatzungsmacht eingestellt werden.

Elly von Hake, die Witwe des ehemaligen Abwehroffiziers und in der Haft verstorbenen Kemritz-Opfers Jürgen von Hake, erstritt in West-Berlin eine Gerichtsentscheidung, in der Kemritz verurteilt wurde, ihr eine Entschädigung in Höhe von 11.640 DM und eine Monatsrente in Höhe von 300 DM zu zahlen. Nicht einmal zum Vollzug dieser Strafe kam es, denn der amerikanische General Matthewson schrieb im Auftrag des US-Hochkommissars McCloy an den Berliner Bürgermeister Ernst Reuter:

„Ich muss Sie ersuchen, auf dem üblichen Dienstwege dem den Vorsitz führenden Richter des Landgerichtes folgende Anweisung zu übermitteln: In die Akten des Gerichtes ist eine Eintragung zu machen, dass die Entscheidung des Gerichtes in Sachen von Hake gegen Kemritz aufgrund des Gesetzes Nr. 7 der Alliierten Kommandantur null und nichtig ist. Bitte teilen Sie mir bis zum 10. August mit, dass alle in Frage kommenden Personen die Weisung befolgt haben und senden Sie mir eine beglaubigte Abschrift der Eintragung in die Gerichtsakten.“[1]

Elly von Hake wandte sich an die Ehefrau des Hochkommissars McCloy, um zu verhindern, dass der Lockspitzel von den US-Behörden einen Auslandspass bekam. Einen deutschen Reisepass konnte Kemritz nicht erhalten, weil der deutsche Haftbefehl wieder in Kraft gesetzt worden war, der allerdings wegen amerikanischer Intervention nicht vollstreckt werden konnte. Frau McCloy riet der Witwe, kein so großes Geschrei zu erheben, weil der Fall auf hoher politischer Ebene läge.

McCloy selbst erklärte am 7. August 1951 in Berlin in einer Pressekonferenz, Kemritz habe „nach dem Kriege einen wertvollen Beitrag zur Sicherung des Westens geleistet“. Ferner, Kemritz habe „als Doppelagent während seiner Berliner Zeit die Alliierten beim Aufspüren von Kriegsverbrechern und Nazis unterstützt“.[2] Trotzdem oder gerade wegen dieser offiziellen amerikanischen Erklärungen wurde der Fall Gegenstand ausführlicher Presseerörterungen in der Bundesrepublik Deutschland sowie äußerst unfreundlicher Kommentare gegen die amerikanische Besatzungsmacht. Bereits am 20. Juni 1951 hatte es dazu eine erregte Debatte im Deutschen Bundestag zum Thema Kemritz gegeben.

Warum ist er in der Hochzeit des Kalten Krieges in dieser massiven Form von der US-Besatzungsmacht geschützt worden? Erich Kern berichtet in seinem 1963 erschienenen Buch „Verrat an Deutschland“, dass ein Hauptmann Wernicke von der deutschen Abwehr in Paris einem alliierten Spionagering auf die Spur gekommen sei, dem auch Kemritz angehört haben soll. Seit 1942 sei Kemritz klar gewesen, dass Deutschland den Krieg verlieren würde, und deshalb habe er es für geboten gehalten, sich rechtzeitig auf die Seite der Stärkeren zu schlagen. Wernicke, dem es vor allem oblag, Spione in den eigenen Reihen zu bekämpfen, habe zwei Jahre später, 1944, so viel Beweismaterial in den Händen gehabt, dass er jederzeit hätte zugreifen können. Im Durcheinander nach der Invasion, da der Krieg sowieso verloren war, und aus menschlichen Erwägungen habe er es damals unterlassen, Kemritz zu belangen.

Der von den Sowjets zum Tode verurteilte Wernicke erzählte das nach 1945 dem Berliner Rechtsanwalt Paul Ronge, als er mit ihm gemeinsam in sowjetischer Haft saß. Ronge, ein über jeden Zweifel erhabener Mann und später Abgeordneter in Berlin, gab über das Gespräch eine notarielle Erklärung ab und ließ sie am 17. Mai 1952 in der illustrierten Wochenzeitschrift „Revue" veröffentlichen. Die Angaben über den angeblichen Verratsumfang von Kemritz, die Kern gemacht hat, sind nach dem heutigen Stand der Forschung überholt und brauchen hier nicht erörtert zu werden. Kerns Grundthese, dass Verrat und Sabotage gegen Deutschland eine entscheidende Ursache für die Niederlage im Zweiten Weltkrieg gewesen seien, kann guten Gewissens in den Bereich der Fabel verwiesen werden.

Da Kern jedoch nicht nachgesagt werden kann, dass er bewusst Fakten fälschte, behält sein Grundvorwurf, dass Kemritz schon während des Zweiten Weltkrieges ein alliierter Spion gewesen sei, den die Amerikaner nach 1945 keinesfalls fallen lassen wollten, eine gewisse Wahrscheinlichkeit, kann aber nach dem derzeitigen Kenntnisstand nicht schlüssig bewiesen werden.

Über die wahre Rolle, die Kemritz nach Kriegsende gespielt hat, gibt es ebenfalls viele Spekulationen. Die abenteuerlichste Annahme ist, dass er seit 1945 ein Spion der USA gewesen sei und in ihrem Auftrag Personen in Schlüsselstellungen in der damaligen Sowjetischen Besatzungszone gebracht habe, die nach erfolgter Etablierung als amerikanische Agenten tätig werden sollten. Als den Sowjets das bekannt geworden sei, hätten sie Kemritz zunächst in Ruhe gelassen, die aus dem Westen angereisten Besucher aber sofort nach ihrer Visite auf der Straße verhaftet. Nach der damaligen Mentalität der sowjetischen Geheimdienstmitarbeiter in Deutschland ist das aber wenig wahrscheinlich.

Am ehesten glaubhaft ist, dass dem ehemaltigen Nationalsozialisten Kemritz, der während der Kriegszeit Kameraden fälschlich denunzierte oder unter Druck setzte und danach dem sowjetischen Geheimdienst zuarbeitete, 1947 aus irgendeinem Grund der Boden im Osten zu heiß geworden ist und er sich den Amerikanern zur Verfügung gestellt hat, um ihnen seine Kenntnisse zu offerieren. Sicher ist, dass die US-Behörden Kemritz jede öffentliche Äußerung verboten haben, ihn 1951 zunächst auf US-Militärgelände in München unterbrachten und noch im gleichen Jahr die Auswanderung in die USA ermöglichten.

Am merkwürdigsten ist, dass man auch heute noch kein Licht in die ganze Angelegenheit bringen kann. Amerikaner, die es wissen müssen, werden sehr schweigsam, wenn man sie nach Kemritz fragt. George Bailey und David E. Murphy, Autoren des Buches „Die unsichtbare Front", in dem sie als unmittelbar Beteiligte den Krieg der Geheimdienste im geteilten Berlin schildern, wussten 1998 auf einer Präsentationsveranstaltung in Bonn keine Antwort auf die Frage, warum sie den Fall Kemritz in der deutschen Ausgabe ihres Buches überhaupt nicht und in der englischen Ausgabe nur verschwommen dargestellt haben.

Im September 1999 trafen auf einer Konferenz, die das Alliierten-Museum in Berlin zusammen mit der Forschungsabteilung der CIA veranstaltete, Veteranen der Nachrichtendienste aus der ersten Nachkriegszeit mit Historikern zusammen, um Erkenntnisse und Meinungen über den Krieg der Geheimdienste in Berlin zwischen 1946 und 1961 auszutauschen. Selbst in Privatgesprächen während der Konferenzpausen konnte sich niemand von den damaligen amerikanischen Akteuren an den Fall Kemritz erinnern, nicht einmal der in Mainz geborene Peter Sichel, der auch heute noch ausgezeichnet deutsch spricht und 1951 als US-Bürger die Station des amerikanischen Geheimdienstes in Berlin geleitet hat.

Sichel und der Direktor der CIA-Forschungsabteilung, Lloyd D. Salvetti, überreichten mir zuvorkommend ihr Visitenkarten und forderten mich auf, ihnen den Sachverhalt und meine Fragen schriftlich einzureichen, damit sie Nachforschungen veranlassen könnten. Unverzüglich kam ich am 20. September 1999 ihrer Aufforderung nach und schickte beiden Briefe mit allen erforderlichen Unterlagen in englischer Sprache. Auf die Antworten warte ich heute noch.

1 Kern: Verrat an Deutschland, S. 153
2 Ebd.

Hinweise

Der Spiegel 1951/25/10 ff., 1951/31/5 ff., 1954/19/32 / Bundesministerium für gesamtdeutsche Fragen: Der Staatssicherheitsdienst, S. 48 / Kern: Verrat an Deutschland, S. 150-155

Der Einflussagent Lothar Bolz

Nach Kriegsende 1945 verfügte die Rote Armee in Deutschland im Vergleich zu den Westalliierten über eine große Anzahl vorzüglich vorbereiteteter Spezialisten, die fließend deutsch sprachen, die kulturellen und gesellschaftlichen Verhältnisse des besetzten Landes genau kannten und vor allem die besten Informationen über deutsche Persönlichkeiten hatten, die aus sowjetischer Sicht für die Übernahme politischer Ämter und Repräsentationsposten geeignet waren.

Trotzdem musste die Sowjetische Militäradministration für Deutschland (SMAD) am Anfang des Jahres 1948 erkennen, dass sie nicht einmal in der sowjetischen Besatzungszone (SBZ) die Bevölkerungsmehrheit für die kommunistische Politik gewonnen hatte. Die Gräueltaten beim Einzug der Roten Armee waren unvergessen. Bei freien Wahlen wäre die SED in eine Minderheitenposition gekommen. Die Anhänger von CDU und LDPD (der heutigen FDP vergleichbar) hatten auf kommunaler Ebene vielfach Koalitionen gegen sie gebildet. Auf dem Lande konnten die Kommunisten trotz der Bodenreform kaum Fuß fassen. Gerade die Neubauern, die aus den ehemaligen deutschen Ostgebieten stammten, lehnten die SED ab, weil sie die Oder-Neiße-Linie als gerechte deutsche Ostgrenze propagierte.

Die ehemaligen Mitglieder der NSDAP, die während der NS-Zeit keine Verbrechen begangen hatten, konnten nicht länger in politischer Quarantäne gehalten werden. Ihre Zahl ging in die Millionen. Sie waren eine zu große Bevölkerungsgruppe, um ihnen auf Dauer zahlreiche Berufsverbote auferlegen zu können oder ihnen neue Parteimitgliedschaften und das passive Wahlrecht weiterhin vorzuenthalten. Sie sowie die ehemaligen Berufssoldaten und Offiziere der deutschen Wehrmacht, die nach und nach aus den Kriegsgefangenenlagern entlassen wurden, konnten durch direkte kommunistische Propaganda kaum gewonnen werden.

Lothar Bolz, um 1959

Der SMAD und ihrem politischen Kopf, Oberst Sergej Tjulpanow, musste es in dieser Situation darauf ankommen, das nichtkommunistische Lager in der SBZ weiter aufzusplittern, die Bauern zu organisieren sowie nationalistisch orientierten Personen eine politische Heimat zu schaffen. Außerdem sollte Einfluss auf politische Gruppen in Westdeutschland genommen werden, die keine Gespräche mit SED-Funktionären geführt hätten. Deshalb entschlossen sich SMAD und SED-Führung zur Gründung und Finanzierung von zwei neuen Parteien, deren Vorsitzende sie ebenfalls bestimmten. So entstanden 1948 die Demokratische Bauernpartei Deutschlands (DBD) unter Leitung des Altkommunisten Ernst Goldenbaum und die National-Demokratische Partei Deutschlands (NDPD) mit dem Eichenblatt im Parteiwappen und der „National-Zeitung" als Parteiorgan. Ihr Vorsitzender wurde Lothar Bolz.

Während Goldenbaum schon in der Weimarer Republik als gelernter Landwirt und kommunistischer Landtagsabgeordneter zumindest in Mecklenburg einen gewissen politischen Bekanntheitsgrad hatte, kannte Bolz in Deutschland so gut wie niemand, aber Oberst Tjulpanow und Wilhelm Pieck, Altkommunist und Führer der SED, kannten ihn genau und wussten, dass sie sich auf ihn verlassen konnten.

Lothar Bolz wurde am 3. September 1903 im oberschlesischen Gleiwitz als Sohn eines Uhrmachers geboren, bestand dort 1921 sein Abitur und studierte zwischen 1921 und 1926 an den Universitäten München, Kiel und Breslau Rechts- und Staatswissenschaften. Außerdem belegte er die Fächer Kunst- und Literaturgeschichte. Schon während der Studienzeit war er intensiv als Journalist für verschiedene schlesische Zeitungen tätig. 1929 legte er nach der Referendarzeit sein zweites juristisches Staatsexamen ab und erhielt 1930 die Zulassung als Rechtsanwalt am Oberlandesgericht Breslau, die ihm im Mai 1933 wegen „Betätigung im kommunistischen Sinne" entzogen wurde. Ob er zu diesem Zeitpunkt tatsächlich der KPD angehört hat, war bis jetzt nicht zu klären. Ganz unbestritten ist jedoch, dass Lothar Bolz seit frühester Kindheit einen Freund hatte, dessen Eltern mit seinen Eltern in Gleiwitz im selben Haus lebten. Es war Rudolf Herrnstadt, Kommunist, Mitarbeiter des sowjetischen militärischen Nachrichtendienstes (GRU) und offziell seit mehreren Jahren Auslandskorrespondent für das liberale „Berliner Tageblatt". Als Lothar Bolz im Oktober 1933 die Verhaftung durch die Gestapo drohte, emigrierte er nach Polen und begab sich zu Herrnstadt nach Warschau.

In Polen erhielt Bolz keine Arbeitserlaubnis. Deshalb unterstützte ihn Herrnstadt finanziell und bezog ihn für vier Monate in die Tätigkeit seiner Spionagegruppe ein. Auf seine Empfehlung besorgte dann der damalige sowjetische Botschafter in Polen für Bolz ein Visum nach Moskau. Dort half ihm, ebenfalls auf Herrnstadts Empfehlung, Karl Radek weiter.

Im Februar 1934 traf Bolz in Moskau ein und wurde bis Juli 1935 wissenschaftlicher Mitarbeiter am dortigen Marx-Engels-Lenin-Institut beim ZK der KPdSU. Spätestens jetzt muss er Mitglied der deutschen oder sowjetischen kommunistischen Partei geworden sein, denn die hauptamtliche Tätigkeit eines parteilosen Ausländers an dieser Einrichtung wäre unmöglich gewesen. Zwischen Juli 1935 und Mai 1943 arbeitete Bolz als Journalist, hauptamtlicher Gewerkschaftsfunktionär und als Deutschlehrer, zunächst in Leningrad, dann in Nowosibirsk.

Durch die Emigration war es zur dauernden Trennung von seiner in Deutschland verbliebenen Frau und Tochter gekommen. Seine erste Ehe wurde deshalb im Januar 1936 geschieden. 1938 heiratete Bolz die deutschstämmige sowjetische Staatsbürgerin Tamara Boos.

Bei Kriegsbeginn im Juni 1941 wurden fast alle Deutschen in der Sowjetunion aus ihren Wohnungen deportiert und in Arbeitslager verbracht. Zu diesem Zweck wurde auch die Familie Bolz in den Sowjet von Nowosibirsk bestellt und erfasst. Frau Bolz und ihre Mutter sowie Lothar Bolz sollten in unterschiedliche Lager deportiert, die Tochter Lieselott-Dagmar in einem Kinderheim untergebracht werden. Bolz gelang es, sich mit Moskauer Dienststellen in Verbindung zu setzen, die diese Entscheidung innerhalb von drei Tagen aufhoben und veranlassten, dass die Familie an ihrem Wohnsitz bleiben durfte. Berücksichtigt man die Lage in der Sowjetunion bei Kriegsbeginn, so kann nur einer der beiden Geheimdienste des Staates in der Lage gewesen sein, die Deportation zu verhindern.

Am 19. Juli 1943 erschien in Moskau zum ersten Mal die Zeitung „Freies Deutschland“, das Organ des Nationalkomitees Freies Deutschland (NKFD), das am 12. 7. 1943 von führenden deutschen Kommunisten sowie gefangenen Soldaten und Offizieren der deutschen Wehrmacht gegründet worden war. Bolz gehörte von Anfang an zum Mitarbeiterstab der Zeitung, deren Chefredakteur Rudolf Herrnstadt war.

Wegen der prekären Moskauer Wohnverhältnisse von Bolz schrieb Wilhelm Pieck am 3. Oktober 1944 an Georgi Dimitroff, den Führer der Komintern, einen Brief, in dem es heißt:

„Ich muss Dich leider mit der Wohnungsfrage des Genossen Lothar Bolz behelligen, der in der Redaktion der Zeitung ‚Freies Deutschland‘ beschäftigt ist und nach der Erkrankung des Genossen Herrnstadt mit der Redaktion der Broschüren des Nationalkomitees betraut wurde, die jetzt schnellstens herauskommen sollen. Bolz, der ein zuverlässiger und eifriger Parteiarbeiter ist, wurde für die Redaktionsarbeit in der Zeitung nach Moskau geholt und wohnte mit seiner Frau vorübergehend in der Wohnung des Genossen Weinert [der deutsche kommunistische Schriftsteller Erich Weinert]. Das weitere Verbleiben in der Wohnung ist nicht mehr möglich, weil die Frau des Genossen Bolz kurz vor der Entbindung steht. Es muss also eine Wohnung für den Genossen gefunden werden. …

Um aber dem Genossen Bolz behilflich zu sein, eine Wohnung zu erlangen, wollen wir mit den Genossen, die jetzt wegen ihres baldigen Einsatzes auf die Schule geschickt werden, sprechen, dass einer von ihnen seine Wohnung im Lux dem Genossen Bolz zur Verfügung stellt. [Im Moskauer Hotel Lux wohnten die exilierten Spitzenfunktionäre der westeuropäischen kommunistischen Parteien – d. Verf.] Es kommen dafür die Genossen Mahle, Keller und Matern in Betracht. [Die Kommunisten Hans Mahle und Hermann Matern wurden später Spitzenfunktionäre der SED – d. Verf.] Vielleicht werden sich die Genossen damit einverstanden erklären, dass einer von ihnen zu dem anderen Genossen zieht und dadurch ein Zimmer für Bolz frei wird. Wenn die Genossen damit einverstanden sind, so bitte ich Dich, die Anweisung an den Lux-Direktor geben zu lassen, dass der Genosse Bolz mit seiner Frau im Lux angemeldet wird. …"[1]

Es ist ausgeschlossen, dass Pieck im damaligen Moskau in einem Brief jemand als Genossen bezeichnet hat, der kein Parteimitglied war. Auch der sachliche Inhalt erlaubt keinen Zweifel daran, dass Bolz zu dieser Zeit KP-Mitglied war.

Anfang des Jahres 1945 übergab Herrnstadt die Chefredaktion von „Freies Deutschland" zunächst an Karl Maron, der sie bald darauf Bolz übergab. Am 3. November 1945 erschien die Zeitung zum letzten Mal und wurde durch das Blatt „Nachrichten", mit dem Untertitel „Für deutsche Kriegsgefangene" ersetzt. Es erschien wöchentlich. Die Chefredaktion übernahm Bolz. Gleichzeitig schrieb er darin unter dem Pseudonym Rudolf Germersheim regelmäßige Beiträge über das sowjetische Alltagsleben. Alle Bitten, ihm nach Kriegsende die Rückkehr nach Deutschland zu erlauben, sind zunächst abgeschlagen worden. Doch für den Aufbau und die Führung der NDPD in der SBZ war er der geeignetste Mann. Tjulpanow schrieb über ihn:

„Ich erklärte, dass ich Dr. Lothar Bolz, den die Initiatoren der Gründung der neuen Partei als NDPD-Vorsitzenden vorgeschlagen hatten, als überzeugten Demokraten und äußerst entschlossene Persönlichkeit des öffentlichen Lebens gut kenne; er sei in der Lage, die NDPD auf antifaschistisch-demokratischem Kurs zu führen. Ich hatte mehrmals Gelegenheit, mit ihm zusammenzukommen, wobei wir verschiedene ideologische und organisatorische Fragen erörterten."[2]

Am 29. Juni 1948 traf Bolz mit seiner Familie in Berlin ein, nachdem er von der Chefredaktion bei der Zeitung „Nachrichten" entbunden und aus der sowjetischen Staatsbürgerschaft entlassen worden war, die er während der Emigrationszeit erworben hatte. Was nun von ihm erwartet wurde, erschließt sich nicht auf den ersten Blick. Lothar Bolz machte nie den Eindruck eines kontaktfreudigen Menschen. Der Typ eines charismatischen nationalistischen Parteiführers war er schon gar nicht. Betrachtet man Fotos aus der Zeit nach 1948, so erblickt man einen gedankenverlorenen, in sich gekehrten, höflich abweisenden Mann. Dieser Eindruck wird verstärkt, wenn man die Briefe liest, die er im Verlauf der Jahre an Parteifreunde und Funktionäre des Kulturbundes gerichtet hat. Fast ausschließlich sind es Absagen auf Aufforderungen, eine Rede vor geladenen Gästen oder in einer öffentlichen Versammlung zu halten. Er schiebt Terminschwierigkeiten oder Arbeitsüberlastung vor. Man erkennt schnell, dass er öffentlichen Auftritten gerne aus dem Wege ging.

Viel besser passte seine eifrige Sammlertätigkeit zu ihm. Bis ins hohe Alter war er ein Kenner und Liebhaber der Graphik. Außerdem sammelte er Briefmarken und Ikonen. Die Bedeutung des Sammlers war bestimmt größer als die des Politikers Bolz. Doch wozu hatte man ihn 1948 geholt? Die Antwort ist ganz einfach: Er sollte im Auftrag der Sowjets jede eigenständige nationalistische Regung in der DDR verhindern, indem er das entsprechende politische Potenzial organisierte und gleichzeitig kontrollierte.

1949-1953 war er Minister für Aufbau, 1953-1965 Außenminister. Den Vorsitz der NDPD behielt er bis 1972. Präsident der Gesellschaft für Deutsch-Sowjetische Freundschaft, einer der größten Massenorganisationen der DDR, war er zwischen 1968 und 1978. Seine Reden und Schriften sind durchzogen von Treuebekenntnissen zur SED und zur Sowjetunion. Immer wieder betont er, dass er gerade als gebürtiger Schlesier die Rechtmäßigkeit der Oder-Neiße-Grenze und die Aussiedlung der deutschen Bevölkerung aus den Gebieten östlich dieser Linie einsieht.

In den Lebensläufen, die er wie jeder andere Funktionär in Ost-Berlin anfertigen musste, log er (vermutlich auftragsgemäß), dass sich die Balken bogen. Bis 1939 sei er in Polen als Jurist und Publizist tätig gewesen und nach Kriegsbeginn in die Sowjetunion gegangen. Dort habe er nach 1941 als parteiloser (!) Antifaschist deutsche Kriegsgefangene betreut und sei von ihnen in die Redaktion ihrer Zeitung berufen worden.

Natürlich erwähnte er seine nachrichtendienstliche Tätigkeit mit keinem Wort. Seit Ende 1947 habe er in Sachsen-Anhalt als Jurist gearbeitet. Erst mit Übernahme des NDPD-Vorsitzes hielt er sich wieder an die Fakten.

Seinem Jugendfreund Rudolf Herrnstadt verdankte er viel, in Warschau und in der Sowjetunion. Als Herrnstadt, gleich nach Kriegsende nach Berlin ging, bat ihn Bolz, sich um seine in Gleiwitz lebenden Eltern und seine Tochter aus erster Ehe zu kümmern. Herrnstadt holte sie nach Berlin und besorgte eine Wohnung sowie Plätze in einem Altersheim. Doch als der Freund bei Ulbricht in Ungnade gefallen war, alle politischen Ämter verloren hatte und als Archivar nach Merseburg verbannt worden war, fand Lothar Bolz nicht den Weg zu ihm. Er fehlte auch, als Herrnstadt am 1. September 1966 auf dem Gertraudenfriedhof in Halle im Freundeskreis beerdigt wurde.

Andere Leute brachten sich dagegen bei Lothar Bolz in Erinnerung. Am 8. Februar 1975, dem 25. Gründungstag des Ministeriums für Staatssicherheit der DDR, erhielt er den „Kampforden für Verdienste um Volk und Vaterland" in Gold. Ob lediglich als Auszeichnung oder gleichzeitig als Erinnerung an unauflösliche nachrichtendienstliche Verpflichtungen – wahrscheinlich beides. Auf jeden Fall war die Ordensverleihung gerade an diesem Tage kein protokollarischer Zufall.

Am 29. Dezember 1986 starb Lothar Bolz nach langer Krankheit im damaligen Ost-Berlin. Die von ihm einst geführte Partei überlebte die Wende in der DDR nicht. Auf dem letzten Parteitag im Januar 1990 kam es zu Tumulten, nationalistischen Ausbrüchen und schließlich zur Auflösung der NDPD.

1 Nachlass Pieck (IfGA, ZPA NL 36/544, jetzt im Archiv der Parteien und Massenorganisationen, Bundesarchiv Berlin)
2 Tjulpanow: Deutschland nach dem Kriege, S. 268

Hinweise

Henkel: Im Dienste der Staatspartei, S. 180 ff. / Müller-Enbergs: Der Fall Rudolf Herrnstadt, S. 10, 18 f., 32, 50, 52 f., 66, 344 / Tjulpanow: Deutschland nach dem Kriege, S. 268 / Wulf: Biographische Studie Lothar Bolz.
Der Brief von Pieck an Dimitroff wurde von mir 1991 im Archiv der PDS eingesehen, ein von Bolz ausgefüllter Personalfragebogen im selben Jahr im damals noch bestehenden Archiv der Gesellschaft für Deutsch-Sowjetische Freundschaft. Beide Dokumente befinden sich jetzt im Archiv der Parteien und Massenorganisationen der DDR im Bundesarchiv Berlin.

Spionage als Komödienstoff

Im Jahr 1949 spionierte Alexander Skrzynia, offiziell polnischer Vizekonsul in Toulouse, französische Staatsgeheimnisse aus. Seine Zuträger waren vor allem in Frankreich lebende polnische Kommunisten, die in wichtigen Positionen saßen und deshalb Nachrichten liefern konnten. Dieses Treiben blieb nicht verborgen, so dass die französische Abwehr ihren Beamten Pierre Debard beauftragte, die Einzelheiten der Geheimtätigkeit Skrzynias zu ermitteln.

Zu diesem Zweck schloss Debard enge Freundschaft mit der siebzehnjährigen Sekretärin des Herrn Vizekonsuls, die ihm schließlich verschiedene Dokumente und Berichte Skrzynias aushändigte. Aus ihnen konnte Debard Rückschlüsse auf die Lieferanten der Geheiminformationen ziehen. Vorschriftswidrig bewahrte er jedoch einige dieser vertraulichen Schriftstücke in seiner Privatwohnung auf. Dadurch bekam seine eifersüchtige Ehefrau, der das Verhältnis zwischen ihrem Mann und der Sekretärin des Vizekonsuls nicht entgangen war, Gelegenheit zu einem Racheakt. Mathilde Debard raffte eines Tages die Papiere zusammen und brachte sie ins polnische Konsulat zurück. Der nun gewarnte Vizekonsul setzte sich, zusammen mit seinem Chauffeur und Diener Thadeusz Lukowicz, sofort nach Paris ab, um von dort aus nach Polen zu verschwinden. Doch schon am Pariser Bahnhof Aubrais wurden beide zu Skrzynias Überraschung verhaftet. Dazu war die französische Polizei berechtigt, weil ein Konsul keinen diplomatischen Status hat. Doch warum war es ihr gelungen, so schnell zuzugreifen? Das stellte sich wenig später heraus, denn nur der Herr Vizekonsul musste in Haft bleiben. Diener und Chauffeur Lukowicz wurde sofort freigelassen und erhielt Asyl in Frankreich. Weil er nicht ins damalige kommunistische polnische Vaterland zurück wollte, hatte er sich bereits geraume Zeit vorher der französischen Abwehr als Agent zur Verfügung gestellt und ihr auch alle Einzelheiten der geplanten Flucht rechtzeitig mitgeteilt.

Vizekonsul Skrzynia blieb übrigens nur eine Woche in Haft. Die polnische Regierung hatte nämlich Georges Estrade, den französischen Vizekonsul in Stettin, der kurz vorher bei einem Autounfall schwer verletzt worden war, ebenfalls unter der Beschuldigung der Spionage verhaftet. Der französischen Regierung blieb nur übrig, der Erpressung nachzugeben und ihn gegen Skrzynia auszutauschen.

Hinweise

Dallin: Sowjetspionage, S. 337 ff.

Hans Konrad Schmeißer – das arme Würstchen

Am 9. Juli 1952 kam es zu einem bis dahin beispiellosen Vorgang in der jungen deutschen Nachkriegsdemokratie. Im gesamten Bundesgebiet rückten ungefähr 10.000 Polizisten aus, um in allen einschlägigen Verkaufsstellen die neueste Ausgabe des Nachrichtenmagazins „Der Spiegel" zu beschlagnahmen. Ursache der Maßnahme war eine richterliche Anordnung, ausgelöst durch einen Strafantrag von Bundeskanzler Konrad Adenauer.

Stein des Anstoßes war ein Artikel in der Nummer 28 des Nachrichtenmagazins unter dem Titel „Am Telefon vorsichtig". Darin wurde behauptet, dass ein wichtiger Agent des französischen Geheimdienstes „Service de documentation extérieure et de contre-espionnage" (SDECE) in den Jahren 1948 und 1949 in engem Kontakt zu Konrad Adenauer, Herbert Blankenhorn und Adolph Reifferscheidt gestanden und mit ihnen brisante politische Fragen erörtert habe. Der SDECE unterstand direkt dem Ministerpräsidenten Frankreichs.

Zum Zeitpunkt der Gespräche war Adenauer CDU-Vorsitzender für die britische Besatzungszone, Blankenhorn Generalsekretär und Reifferscheidt Wirtschaftsreferent der Partei. Als der Spiegel-Artikel 1952 erschien, bestand die Bundesrepublik Deutschland schon länger als drei Jahre. Adenauer war Bundeskanzler, Reifferscheidt inzwischen Gene-

Hans Konrad Schmeißer (l.) kurz vor Prozesseröffnung am 26. September 1959 im Landgericht Hannover, daneben die mitangeklagten „Spiegel"-Redakteure Mans und Jaene sowie „Spiegel"-Herausgeber Rudolf Augstein (r.).

ralkonsul der Bundesrepublik Deutschland und Blankenhorn als Ministerialdirektor Leiter der politischen Abteilung im Auswärtigen Amt. Doch worum ging es in den Unterredungen des Agenten mit den inzwischen prominenten Herren? Eine Teilantwort gibt dieses Dokument:

„BUNDESREPUBLIK DEUTSCHLAND Bonn, den 8. Juli 1952
DER BUNDESKANZLER

Strafantrag

In der Wochenzeitschrift ‚Der Spiegel' Nr. 28 vom 9. 7. 1952, Herausgeber Rudolf Augstein, Hannover, ist unter der Überschrift ‚Am Telefon vorsichtig' ein Artikel erschienen, der folgende Verleumdungen sowohl über mich wie über Herrn Ministerialrat Blankenhorn enthält:

Es wird behauptet, daß ein Hans Konrad Schmeißer, alias René Levacher in den Jahren 1948 und 1949 mit mir und Herrn Ministerialdirektor Blankenhorn in Verbindung gestanden habe und von uns als Agent des französischen Nachrichtendienstes mit dem geheimsten Material versorgt worden sei.

Weiterhin wird behauptet, daß Herr Ministerialdirektor Blankenhorn, der stets im ausdrücklichen Auftrag und mit meiner vollen Zustimmung gehandelt habe, Geldzahlungen und sonstige Zuwendungen vom französischen Nachrichtendienst als Gegenleistung erhalten habe. Ferner wird behauptet, daß Herr Blankenhorn in meinem Auftrage mit dem französischen Nachrichtendienst verhandelt habe, der meine Familie im Falle eines russischen Einmarsches von Westdeutschland nach Spanien bringen sollte.

Diese Behauptungen stellen ebenso Verleumdungen dar wie die letzte Behauptung, wonach der französische Nachrichtendienst gebeten worden sei, die CDU durch eine größere Geldsumme im Wahlkampf zur Bundestagswahl zu unterstützen.

Wegen dieses Sachverhaltes, der mir am 8. Juli 1952 bekannt geworden ist, stelle ich Strafantrag gegen den Gewährsmann Hans Konrad Schmeißer, den Verfasser des Berichtes und den verantwortlichen Herausgeber der Wochenzeitschrift ‚Der Spiegel'.

Adenauer
(Eigenhändige Unterschrift)"[1]

Aber der inkriminierte Spiegel-Artikel vom 9. Juli 1952 enthielt noch mehr. Laut Hans Konrad Schmeißer, dem damaligen Agenten der Franzosen, habe Adolph Reifferscheidt die Abtrennung der linksrheinischen Gebiete von Deutschland und deren wirtschaftlichen Anschluss an Frankreich für notwendig gehalten. Schmeißer wörtlich: „Reifferscheidt bat mich, seine Absichten in Paris vorzutragen und ihn bei der Verwirklichung seines Planes zu unterstützen."

Schmeißer behauptete außerdem, dass ihm Reifferscheidt eine Liste mit den einflussreichsten deutschen Persönlichkeiten überreicht habe, die damals gleichfalls eine Loslösung des Rheinlandes von Deutschland anstrebten. Der Agent wörtlich: „Eine Abschrift dieser Liste habe ich damals sofort nach Paris geschickt, und das Original wurde von mir in der Schweiz deponiert."

Ganz genau weiß der Agent auch: „Reifferscheidt ließ auf eigene Kosten für an die 1.000 Mark Flugschriften drucken, die gleichfalls für eine Loslösung des Rheinlandes Propaganda machten. Aber er kam damit zu spät. Paris hielt die Durchführung dieses Planes zu jener Zeit aufgrund der veränderten politischen Konstellationen schon nicht mehr für realisierbar."

Reifferscheidt hat Schmeißer auch mit Herbert Blankenhorn bekannt gemacht, der ihn wiederum Konrad Adenauer vorstellte. Der Agent erinnerte sich laut „Der Spiegel" so:

„Mit Blankenhorn habe ich mich – als offizieller Beauftragter des französischen Nachrichtendienstes – zunächst lange über politische und nachrichtendienstliche Dinge unterhalten." Dabei habe, so erinnert sich Schmeißer, Blankenhorn jedoch betont, dass er die Entscheidung über die konkreten französischen Vorschläge betreffs einer Zusammenarbeit Dr. Adenauer überlassen müsse. Weiter Schmeißer: „Als wir darauf mit Dr. Adenauer eine halbe Stunde gesprochen hatten, schickte Dr. Adenauer Blankenhorn aus dem Zimmer. Anschließend habe ich noch gut zwei Stunden allein mit Dr. Adenauer verhandelt. …

Um keine unnötigen Schwierigkeiten heraufzubeschwören, wurde beschlossen, dass ich nicht mehr direkt mit Dr. Adenauer verkehren, sondern alles mit Blankenhorn abmachen sollte. Mehrfach wurde mir später von Blankenhorn versichert, dass alles, was er mit mir unternehme, im ausdrücklichen Auftrag und mit voller Zustimmung Dr. Adenauers geschehe. Darauf habe ich mich regelmäßig, meist einmal in der Woche, mit Blankenhorn getroffen. …

Bei jedem Zusammentreffen erstattete Blankenhorn mir Bericht. … Seine Berichterstattung bezog sich auf:

– die internsten innenpolitischen Absichten Adenauers, soweit sie da-

mals für den französischen Nachrichtendienst von Interesse waren;
– Adenauers außenpolitische Pläne, die auf eine enge und dauernde Verbindung mit Frankreich hinzielten (wobei Blankenhorn mich bat, am Telefon vorsichtig zu sein, da er befürchte, dass unsere Gespräche zur Kenntnis des britischen Intelligence Service kommen könnten);
– den französischen Dienst interessierende Einzelheiten über westdeutsche Politiker ...;
– antikommunistische Informationen.
Alles war geheimstes Material, das niemals veröffentlicht worden ist."

Schmeißer erklärte im Artikel auch, dass Blankenhorn laufend von ihm Geld sowie Lebens- und Genussmittel aus französischen Magazinen bekommen habe. Im Auftrag des SDECE bot der Agent außerdem, immer nach seinen eigenen Einlassungen, sowohl für Konrad Adenauer als auch für Herbert Blankenhorn und deren engste Familienangehörige im Fall eines sowjetischen Einmarsches nach Westdeutschland ein Asyl in Spanien an. Blankenhorn habe das Angebot sofort akzeptiert. Adenauer habe seine Zustimmung davon abhängig gemacht, dass seine gesamten Angehörigen mit ihm in Sicherheit gebracht würden. Blankenhorn habe bei dem Gespräch erklärt: „Sie können sich ja gar nicht vorstellen, was für einen übertriebenen Familiensinn der Alte hat." Der französische Nachrichtendienst habe daraufhin sein Angebot zurückgezogen, weil er sich außerstande sah, im Kriegsfall einen Bus zur Verfügung zu stellen.

Besonders pikant ist auch Schmeißers abschließende Einlassung, dass Blankenhorn über ihn anfragen ließ, ob französische Stellen bereit seien, den Wahlkampf der CDU für den ersten Deutschen Bundestag 1949 mit 800.000 DM zu unterstützen.

Der Spiegel-Artikel endet mit der ziemlich massiven Schlussbemerkung:

[Die Bekundungen des Agenten sind] „nach etlichen polizeilichen Vernehmungen Konrad Schmeißers und seiner früheren Mitarbeiter – in Kehl, in Offenburg und in Wiesbaden – seit nunmehr einem halben Jahr längst amtlich zu Papier gebracht. Sie schlummern in Tresoren und niemand hat das, was Konrad Schmeißer vor amtlichen Stellen behauptete, bisher zum Anlass genommen, ihn wegen dieser Behauptungen zur Rechenschaft zu ziehen."

Nun, nach diesem Artikel hatte die deutsche Presse ihr Thema und es war keinesfalls anzunehmen, dass die Öffentlichkeit die Behauptungen schnell vergessen und zur Tagesordnung übergehen würde. Konrad Adenauer hatte mit dem eingangs zitierten Strafantrag blitzschnell reagiert. Adolph Reifferscheidt und Herbert Blankenhorn schlossen sich ihm als Nebenkläger sofort an.

Zunächst stellte sich die Frage, wer der Agent, der den ganzen Wirbel verursacht hatte, eigentlich war. Nicht sofort, aber im Lauf von Jahren ergab sich aus allgemein zugänglichen Veröffentlichungen folgendes:

Hans Konrad Schmeißer wurde am 24. November 1919 in Dortmund geboren. Sein Vater war Landgerichtspräsident in Stettin gewesen und 1945 als Gegner Hitlers in einem Konzentrationslager umgebracht worden. Er hatte alles getan, um seinem Sohn eine solide Ausbildung zu ermöglichen, der zunächst das König-Wilhelm-Gymnasium in Stettin besuchte und dort 1938 das Abitur bestand. Anschließend studierte Schmeißer zwei Semester Medizin in Berlin. 1939 wurde er erst zum Reichsarbeitsdienst und danach zum Reiterregiment 5 in Stolp/Pommern eingezogen. 1941 von der Wehrmacht beurlaubt, widmete sich Schmeißer dem Jurastudium an der Universität Würzburg. Hier kam er in Kontakt zu einer Widerstandsgruppe, die der Rechtsprofessor Wolgast um sich versammelt hatte. Ob das für Schmeißer in der NS-Zeit negative Folgen hatte, ist nicht bekannt, aber auch nicht wahrscheinlich. Nach dem großen Bombenangriff auf Würzburg im Februar 1945 verließ er die Stadt und meldete sich bei seinem Stammtruppenteil zurück. Bei Kriegsende geriet er als Oberfähnrich in britische Gefangenschaft, aus der er bald entlassen wurde.

Schmeißer ging nach Bayern zurück, berief sich auf seine Tätigkeit als Widerstandskämpfer sowie sein Jurastudium und bekam Anfang 1946 mit Hilfe kommunistischer Funktionäre eine Anstellung als Regierungsrat in der Rechtsabteilung des bayerischen Sonderministeriums für politische Befreiung. Dieses Ministerium war für die sogenannte Entnazifizierung im Land Bayern zuständig. Seine Bediensteten stellten im Auftrag der amerikanischen Besatzungsmacht die Schuld ehemaliger Nationalsozialisten fest und verhängten Sühnemaßnahmen. Die Verfahren mochten von den Initiatoren gut gemeint sein, hielten jedoch rechtsstaatlichen Kriterien nicht Stand.

Im Zusammenhang mit strafrechtlich relevanten Vorwürfen, die nirgends näher beschrieben worden sind, musste Schmeißer Ende 1946 seine Stellung in Bayern aufgeben. Es gelang ihm aber, 1947 in das hessische Landwirtschaftsministerium einzutreten. Dort hielt er sich nur einige Monate, gab eine kurze Gastrolle in einer Anwaltskanzlei und arbeitete ab August 1947 für den französischen Nachrichtendienst. Auch hier wurde ihm im Herbst 1951 gekündigt.

Über seine Erlebnisse als französischer Agent sagte er am 22. November 1951 vor der Kriminalpolizei in Wiesbaden sowie am 16. Januar 1952 in Freiburg i. Breisgau aus. Anschließend zog Schmeißer nach Frankfurt a. Main, etablierte sich dort angeblich als Journalist und bewarb sich beim hessischen Landesamt für Verfassungsschutz. Spätestens Mitte 1952 bekam der „Der Spiegel“ die Aussagen, die Schmeißer bei der Kriminalpolizei gemacht hatte. Sie wurden die Grundlage des bereits genannten Artikels vom 9. 7. 1952.

Zieht man eine Bilanz von Hans Konrad Schmeißers Leben bis zu diesem Augenblick, so liegt die Feststellung nahe, dass er eine verkrachte Existenz war: 32 Jahre alt, das Jurastudium nicht abgeschlossen, ohne Anstellung und mit sehr unsicherer beruflicher Zukunft.

Noch im Juli 1952 eröffnete die Staatsanwaltschaft Bonn gegen ihn, die Journalisten Mans und Jaene sowie gegen den Herausgeber des „Spiegel“, Rudolf Augstein, ein Ermittlungsverfahren, das einen Monat später an die Staatsanwaltschaft in Hannover, dem damaligen Sitz der Spiegel-Redaktion, abgegeben wurde. Am 18. April 1953 wurde gegen die genannten Personen Anklage erhoben und die Hauptverhandlung auf den 23. Oktober 1953 anberaumt. Dieser Termin platzte, weil die Angeklagten auf einer gerichtlichen Voruntersuchung bestanden, in der auch ihre Entlastungszeugen gehört werden sollten. Bei den vorangegangenen Ermittlungen der Staatsanwaltschaft waren nur Belastungszeugen vernommen worden. In der Folgezeit mahlten die Mühlen der Justiz so langsam, dass es erst am 26. September 1955, mehr als drei Jahre nach dem Erscheinen des strittigen Spiegel-Artikels, zur Hauptverhandlung kam.

Angeklagt waren jetzt nicht vier, sondern fünf Personen. Hinzugekommen war ein Mann namens Jürgen Ziebell, in dem die Anklage den Hintermann von Schmeißer und eigentlichen Inspirator des Spiegel-Artikels sah. Gegen ihn konnte aber nicht verhandelt werden, weil sein Verteidiger gleich zu Beginn der Sitzung darauf aufmerksam machte, dass seinem Mandanten die Anklageschrift nicht formgerecht zugestellt worden war. Diesem Einspruch musste stattgegeben und das Verfahren gegen Ziebell abgetrennt werden. Nach dem Geplänkel blieb nur noch Zeit, den Angeklagten Schmeißer zur Person zu vernehmen. Mehrere Stunden wurde sein stürmischer Lebenslauf erörtert. Dann vertagte sich das Gericht auf den nächsten Morgen.

Am 27. September 1955 begann die Verhandlung zur angesetzten Zeit überhaupt nicht, weil die Anwälte aller Prozessbeteiligten zu einer gemeinsamen Beratung zusammengetreten waren. Als das Gericht um 12.25 Uhr endlich die Verhandlung fortsetzte, gab es eine Sensation. Der Verteidiger des Angeklagten Schmeißer erhob sich und verlas eine Erklärung seines Mandanten:

„Ich habe bei meinen Aussagen über Bundeskanzler Dr. Adenauer und die Nebenkläger Botschafter Blankenhorn und Generalkonsul Dr. Reifferscheidt, die ihren Niederschlag in dem Artikel im SPIEGEL vom 9. Juli 1952 gefunden haben, nicht in beleidigender Absicht gehandelt. Soweit in meinen Aussagen ein Vorwurf ehrenrührigen oder pflichtwidrigen Verhaltens gegen die Genannten enthalten ist, halte ich diesen nicht aufrecht."

Anschließend verlas der Verteidiger der Angeklagten Augstein, Jaene und Mans folgendes:

„Wir, Herausgeber und Redakteure des SPIEGEL, geben die Erklärung ab, dass wir gegen Herrn Bundeskanzler Dr. Adenauer, Herrn Botschafter Blankenhorn und Herrn Generalkonsul Dr. Reifferscheidt den Vorwurf pflichtwidrigen oder ehrenrührigen Verhaltens nicht erheben."

Schmeißers Anwalt erklärte abschließend, dass sein Mandant bereit sei, die Kosten des Verfahrens, einschließlich der notwendigen Auslagen der Angeklagten Jaene, Mans und Augstein, zu übernehmen.

Nun erhielt der Prozessvertreter des Bundeskanzlers und der Nebenkläger das Wort:

„Ich gebe als Vertreter der Nebenkläger Generalkonsul Reifferscheidt und Botschafter Blankenhorn aufgrund dieser Erklärungen meinerseits die Erklärung ab, dass die gestellten Strafanträge gegen die hier heute Anwesenden zurückgenommen werden.

Ich habe weiter die Erklärung abzugeben für den Bundeskanzler Dr. Adenauer ... der diesem Verfahren nicht als Nebenkläger beigetreten ist, aber Strafantrag gestellt hat. Ich bin bevollmächtigt von dem Herrn Bundeskanzler, die Erklärung abzugeben, dass aufgrund der abgegebenen Erklärungen der Angeklagten der Strafantrag auch namens des Bundeskanzlers zurückgenommen wird. Die Vollmacht zur Abgabe dieser Erklärung wurde mir fernmündlich erteilt."[2]

Nach diesen Erklärungen wurde nur noch über die Kostenfrage verhandelt, denn ausgerechnet der Staatsanwalt hielt es nicht für recht und billig, dem schwächsten Angeklagten, Hans Konrad Schmeißer, die erheblichen Gerichtskosten aufzuerlegen, die in ihrem Umfang noch gar nicht zu überblicken waren. Der Prozessvertreter des Bundeskanzlers und der Nebenkläger erklärte für seine Mandanten, sie nähmen die Klagen nur zurück, wenn ihnen keine Kosten entstünden. Der Verteidiger Augsteins und der Spiegel-Redakteure betonte für seine Schützlinge, dass auch sie keinerlei Kosten akzeptieren würden. Üblicherweise hätten bei einer Einstellung des Verfahrens durch Vergleich Kläger und Beklagte ihre jeweiligen Kosten tragen müssen. Schließlich verkündete der Gerichtsvorsitzende das Urteil:

„Im Namen des Volkes: Das Verfahren wird eingestellt. Der Angeklagte Schmeißer hat die Kosten einschließlich der ihm selbst und der den Mitangeklagten Mans, Jaene und Augstein erwachsenen notwendigen Auslagen zu tragen."[3]

Die veröffentlichte Meinung reagierte verständnislos und empört auf diesen Prozessausgang. Bundeskanzler Adenauer und seine beiden Vertrauten wurden in den Zeitungen aller politischen Richtungen für ihre Zustimmung zum Vergleich kritisiert. Am harmlosesten war noch der Kommentar der „Welt":

„Unter Korporationsstudenten gab es früher einen Scherz. Da behauptete der eine vom anderen eine Reihe recht haarsträubender Dinge, die eine schwere Kontrahage darstellt. Der andere fragte darauf: ‚Wollen Sie mich etwa beleidigen?' – ‚Nein', antwortete der erste kühn. – ‚Nun, dann ist der Fall für mich erledigt!' entschied der zweite. Und so war es denn auch. An diesen Scherz denkt man beim Ausgang des Schmeißer-Prozesses in Hannover."[4]

Entscheidende Fragen harrten nach wie vor einer Antwort:

Wer oder was hatte Schmeisser veranlasst, vor der Kriminalpolizei in Wiesbaden und Freiburg im Breisgau Erklärungen zu Protokoll zu geben, die Grundlage des Spiegel-Artikels geworden sind? Wer hat die Protokolle dem „Spiegel" zugänglich gemacht?

Wollte oder sollte Hans Konrad Schmeißer im hessischen Landesamt für Verfassungsschutz arbeiten oder für dieses Amt tätig werden? Im ersten Fall wäre er als Beamter oder Angestellter in einer besonders sensiblen Behörde eingestellt worden, im zweiten Fall hätte er als Vertrauensmann oder, genauer, als Spitzel des Amtes agiert.

Wem nützte die Veröffentlichung im „Spiegel"? Der französischen Regierung bestimmt nicht, Konrad Adenauer schon gar nicht. Die politische Zielrichtung gegen ihn war überdeutlich. Bereits in der Zeit nach dem Ersten Weltkrieg beschuldigten ihn nationalistische Kreise, dass er separatistische Ambitionen habe. Diesen Vorwurf griffen nach dem Zweiten Weltkrieg Nationalisten, Kommunisten, aber auch namhafte Sozialdemokraten wieder auf.

Vielfach wurde Adenauers Eingehen auf Wünsche der Westalliierten kritisiert. Kurt Schumachers Zwischenruf „Kanzler der Alliierten!" während einer Bundestagsdebatte hallte lange in der Öffentlichkeit nach. Adenauers Pläne für eine Aussöhnung und dauernde Zusammenarbeit mit Frankreich waren bekannt. Hätte nicht die gerichtliche Klärung der Anschuldigungen im „Spiegel" gerade in seinem Interesse liegen müssen?

Immer dringender stellte sich auch die Frage nach Schmeißers Hintermännern. Wer war Jürgen Ziebell, der für einige Stunden auf der Anklagebank Platz genommen hatte, um gleich wieder zu verschwinden?

Fragen über Fragen, auf die eine Antwort aus dem Gerichtssaal nicht mehr zu erwarten war. Schmeißer und Ziebell schwiegen sich vor der Öffentlichkeit aus, Blankenhorn und Reifferscheidt hatten in den zurückliegenden Jahren mehrfach Erklärungen abgegeben, in denen sie alle Vorwürfe Schmeißers und des „Spiegel" bestritten. Rudolf Augstein äußerte sich zwar in seinem Blatt, aber nur zu Details. So schrieb er in seiner wöchentlichen Kolumne „Lieber Spiegelleser" nach Abschluss des Prozesses:

„Warum hatte man Schmeißer zu uns auf die Anklagebank gesetzt? Es ging um die Verbreitung eines SPIEGEL-Artikels. Schmeißer hatte den Artikel nicht angeboten und nicht gewollt, das stand fest. Er war ein Hauptgewährsmann, das stand auch fest. Wegen seiner Protokolle war er nicht angeklagt worden. Warum also saß er bei uns auf der Anklagebank und nicht auf der Zeugenbank?"[5]

Dass Schmeißer nur „ein armes Würstchen" war, hatte schon Reifferscheidt mehrfach der Presse versichert. Augstein wiederholte es in seinem Artikel nur etwas vornehmer. Interessanter war eine andere Bemerkung:

„Dem früheren Ministerialrat Ziebell, der uns seinerzeit über Schmeißers Zuverlässigkeit Auskunft gegeben hatte, warf die Anklage vor, uns Schmeißers Protokolle aus dem hessischen Verfassungsschutz zugänglich gemacht zu haben."[6]

Außerdem behauptete Augstein, dass der sozialdemokratische hessische Innenminister dem Chef des Landesamtes für Verfassungsschutz die gerichtliche Aussagegenehmigung verweigert hatte. Wieder eine neue Frage: Steckte die hessische sozialdemokratische Landesregierung hinter der Schmeißer-Affäre?

Nun blieb nur noch ein Gremium übrig, das Licht ins Dunkel bringen konnte: der Deutsche Bundestag. Die SPD-Opposition brachte am 3. Oktober 1955 eine große Anfrage „Zum Verhalten des Bundeskanzlers im Falle Schmeißer" ein, die am 7. Dezember 1955 vom Abgeordneten Heinz Kühn, dem späteren langjährigen Ministerpräsidenten von Nordrhein-Westfalen, vorgetragen und begründet wurde. In einer ehrerbietigen Diktion und ohne große Angriffslust führte er unter anderem aus:

„Herr Präsident! Meine Damen und Herren!

Bevor ich die Große Anfrage meiner Fraktion begründe, möchte ich ausdrücklich anerkennen, dass sich der Herr Bundeskanzler sofort nach Einbringung unserer Anfrage zu Beantwortung bereit erklärt hat und lediglich seine Krankheit daran schuld ist, dass wir erst heute, zehn Wochen nach der von uns beanstandeten Beendigung des Prozesses, hier darüber reden können.

Ich möchte zugleich bedauern, dass die erste direkte Auseinandersetzung mit dem Herrn Bundeskanzler nach seiner Wiedergenesung einen solchen Gegenstand zum Thema haben muss; denn niemand, der heute zu diesem Punkt der Tagesordnung zu sprechen hat, wird das mit dem wohlgemuten Gefühl, mit dem man in einen Streit der Meinungen und der Gesinnungen hineingeht, tun.

Der Gegenstand unserer Großen Anfrage ist nicht der Stoff zu einer Sternstunde des Parlaments. Ich bitte Sie sehr, mir zu glauben, dass die sozialdemokratische Fraktion keinerlei propagandistische Absichten gegen die Bundesregierung mit dieser Anfrage verbindet.

Die sozialdemokratische Fraktion macht sich das Material der Beschuldigungen und Behauptungen des ehemaligen Agenten Schmeißer nicht zu eigen. Das Geschmeiß aller Agentenfiguren, die als Giftblüten auf dem Sumpf von Krieg und Niederlage gediehen sind, ist für uns nicht Kronzeuge der innenpolitischen Auseinandersetzung.

Noch nie sind Sie, Herr Bundeskanzler, so sehr Gegenstand allgemeiner Kritik auch bei ihren beifallsbereitesten Anhängern gewesen wie angesichts dieses, wie eine sehr bekannte Zeitung geschrieben hat, ‚peinlichen Eindrucks eines ungewöhnlichen Verhaltens'.

Und so fragen wir in unserer Frage Nr. 3: Warum haben Bundeskanzler Adenauer, Botschafter Blankenhorn und Generalkonsul Reifferscheidt ihre Strafanträge zurückgenommen, obwohl die von den Angeklagten abgegebenen Erklärungen die Wahrheitsfrage offenließen und mit dem Gegenstand der Anklage nicht übereinstimmten?

Gefahren, die ... auf uns zukommen werden, werden wir nur bestehen, wenn unser Staatswesen unantastbar ist und Vertrauen einflößt. Schon das Vermuten von Skandalen verpestet die politische Atmosphäre. Denken wir an das Wort von Hebbel: ‚Leicht ist ein Sumpf zu verhüten, doch ist er einmal entstanden, so verhütet kein Gott Schlangen und Molche in ihm.' Sorgen wir gemeinsam dafür, unseren Staat vor diesen Gefahren zu bewahren!

Meine Damen und Herren! Nehmen Sie die Versicherung an: Aus diesem Geiste haben wir unsere Fragen gestellt, und aus diesem Geiste erwarten wir die Antwort des Herrn Bundeskanzlers."[7]

Konrad Adenauer dankte seinem Vorredner die bewiesene Fairness und Ehrpusseligkeit nicht. Der alte Herr, vier Wochen vor seinem 80. Geburtstag in rhetorischer Hochform, glänzend vorbereitet und schlagfertig wie immer, bediente das Auditorium zunächst mit launigen Bemerkungen. Schon seine Eingangssätze verblüfften:

„Herr Präsident! Meine Damen und Herren!

Ehe ich zu der Beantwortung dieser Großen Anfrage übergehe, möchte ich einige Bemerkungen im Anschluss an die Ausführungen des Herrn Kollegen Kühn machen. Wenn die SPD-Fraktion Wert auf eine Klärung der ganzen Sache gelegt hätte, hätte sie mir nur einen Brief zu schreiben brauchen, und sie hätte diese ganzen Ausführungen bekommen, die jetzt leider nach Monaten hier im Parlament vor einer großen Öffentlichkeit verhandelt werden.

(*Unruhe bei der SPD. – Abg. Dr. Mommer: Den Brief hätten Sie schreiben können!*)

Ja nun, ich kann doch nicht schreiben, ohne dass Sie fragen!

(*Heiterkeit.– Abg. Dr. Mommer: Die ganze Welt hat gefragt! – Weiterer Zuruf von der SPD: Die ganze Öffentlichkeit hat gefragt!*)“[8]

Es folgten weitere leicht hingeworfene Anmerkungen zu Kühns Rede, bei denen Adenauer ständig die Lacher auf seiner Seite hatte, bevor er auf eine recht verquere Weise zum eigentlichen Thema kam:

„Die interessanteste Persönlichkeit in der ganzen Sache ist der Herr Ziebell. Der Verteidiger des Herrn Ziebell hat bei Beginn der Hauptverhandlung Einspruch dagegen erhoben, dass gegen seinen Mandanten verhandelt werde, weil bei der Zustellung der Anklageschrift an Ziebell ein Versehen unterlaufen sei. Das Gericht hat diesem Antrag stattgeben müssen, so dass das Verfahren gegen Ziebell, der mich wenigstens am meisten interessierte und auch in Zukunft noch interessieren wird, abgetrennt werden musste.

Ich darf hier folgendes sagen. Ich will niemandem im Justizwesen zu nahe treten. Aber wenn ich Ihnen die Termine hier vortrage, dann erinnere ich mich lebhaft an eine Unterhaltung, die ich mit dem verstorbenen Minister Severing [sozialdemokratischer preußischer Innenminister in der Weimarer Republik – d. Verf.] einmal gehabt habe, der mir gesagt hat, er könne aus seiner langen Erfahrung sagen, man solle niemals Strafantrag wegen Beleidigung stellen, weil eine solche Sache erst nach Jahr und Tag überhaupt zur Hauptverhandlung komme. …

Ich war seit 1946 Vorsitzender der Christlich-Demokratischen Union der britischen Zone und 1948 Vorsitzender des Parlamentarischen Rates. Blankenhorn war Generalsekretär des Zonenausschusses der CDU und Dr. Reifferscheidt eine Zeitlang nebenamtlich Wirtschaftsreferent im Zonenausschuss der CDU, später Syndikus der deutsch-belgisch-luxemburgischen Handelskammer. In dieser Zeit wurden wir ebenso wie die Vertreter der anderen politischen Parteien von Beauftragten der Militärregierung und der Besatzungsmächte laufend aufgesucht. Die Herren unter uns, die damals in Hannover gewohnt haben, werden sicher wissen, wie häufig dort Vertreter der britischen Besatzungsmacht bei der sozialdemokratischen Parteileitung vorgesprochen haben.

Ich mache daraus keinen Vorwurf, meine Herren. Die Vertreter der politischen Parteien und die Behörden waren gemäß Kontrollratsproklamation Nr. 2 verpflichtet, diesen Beauftragten die von ihnen gewünschten Auskünfte zu erteilen. So hat auch Schmeißer, und zwar unter dem Decknamen Levacher, als Beauftragter des französischen Nachrichtendienstes das Büro des Zonenausschusses der CDU der britischen Zone aufgesucht und mit deren Generalsekretär Blankenhorn gesprochen. Her Blankenhorn hat mir davon Mitteilung gemacht und hat mich gebeten, ich möchte Levacher auch einmal empfangen. Daraufhin habe ich Levacher im Generalsekretariat der CDU in Köln-Marienburg kurz empfangen. Dabei wurden nur unwichtige Dinge behandelt. Sonst habe ich mit dem Manne nie gesprochen. Weder ich noch Blankenhorn noch Reifferscheidt sind – ich wiederhole das – Mitarbeiter eines fremden Agentennetzes gewesen."[9]

Bekanntlich unterschied Adenauer, wie er selbst einmal gesagt hatte, zwischen der einfachen Wahrheit, der reinen Wahrheit und der Wahrheit. Seine Rede zur Schmeißer-Affäre setzte er mit der einfachen Wahrheit fort, indem er nur Dinge ansprach, die sowieso schon jeder wusste und niemand bestritten hatte. In präzisen Sätzen wiederholte er alle Anschuldigungen aus dem Spiegel-Artikel, um nach jedem einzelnen Vorwurf feierlich zu vermerken, dass er unwahr sei. Danach schlug er wieder eine überraschende Volte, indem er sich mit Genuss den Lebensläufen von Schmeißer und Ziebell zuwandte, um deutlich zu demonstrieren, auf was für fragwürdige Figuren sich „Der Spiegel" verlassen hatte. Beruflich Gescheiterte waren dem soliden Konrad Adenauer stets ein Gräuel, und bei der überwiegenden Mehrheit seiner Zuhörer innerhalb und außerhalb des Bundestages konnte er sich sicher sein, dass sie genauso empfanden. Obwohl er über Schmeißer nichts Neues erzählte, erzeugte er wieder Heiterkeit bei seinen Anhängern und betretene Gesichter bei der Opposition.

Neuigkeitswert hatten nur seine Ausführungen über Ziebell. Er und Schmeißer kannten sich demnach bereits aus dem bayerischen „Entnazifizierungsministerium", wie es Adenauer süffisant nannte. Wörtlich fuhr er dann fort:

„Obwohl er [Schmeißer] während seiner Münchner Zeit Ziebell bespitzelt hatte, kam er Anfang 1947 durch Hilfe Ziebells in das hessische Landwirtschaftsministerium *(erneute Heiterkeit und Rufe: Hört! Hört! In der Mitte und rechts.)*, wo er jedoch auch nur einige Monate blieb. …

[Schmeißer bewarb sich 1951] über Ziebell um eine Beschäftigung beim hessischen Verfassungsschutzamt. Dabei glaubte er offenbar, durch sensationell aufgebauschte oder frei erfundene Behauptungen die Eignung für seine neue Stellung beweisen zu können. Die Fassung seiner in einem Bericht – der bei den Gerichtsakten ist – vom 22. November 1951 schriftlich niedergelegten Angaben wurde von Ziebell – ich drücke mich sehr vorsichtig aus – stark beeinflusst. Unter Missbrauch der Dienstbeziehungen zwischen dem Verfassungsschutzamt und dem Polizeipräsidium gab Ziebell überdies diesem Bericht den Anschein eines amtlichen Protokolls. Ich darf davon absehen, im einzelnen auf die Entstehung dieses Protokolls und seine weitere Behandlung durch das hessische Verfassungsschutzamt einzugehen, weil diese Frage noch in dem Strafverfahren gegen Ziebell, das ja noch aussteht und das durchgeführt werden wird, eine Rolle spielen wird. Der Beweggrund dafür, dass Ziebell die Angaben Schmeißers ohne sachliche Nachprüfung übernahm, dürfte seine Hoffnung gewesen sein, durch Auswertung des Schmeißer-Berichts seine eigene Position festigen und ausbauen zu können.

Ziebell war nämlich ebenso wie Schmeißer in seiner beruflichen Laufbahn gescheitert. Nach kurzer Tätigkeit als Gerichtsassessor und Rechtsberater der Deutschen Arbeitsfront hat er sich im Oktober 1936 als Rechtsanwalt beim Kammergericht niedergelassen. Im Jahre 1940 war Ziebell aus der Anwaltschaft ausgeschieden, weil er auf Anzeige einiger deutscher Juden, die er als Rechtsanwalt vertreten hatte, zu einer Gefängnisstrafe von einem Jahr und drei Monaten verurteilt und gegen ihn ein ehrengerichtliches Verfahren auf Ausschluss aus der Anwaltschaft eingeleitet worden war. Mit der unwahren Behauptung, Verfolgter des Faschismus zu sein, war es trotzdem Ziebell gelungen, im Januar 1946 Abteilungsleiter im bayerischen Entnazifizierungsministerium zu werden. (*Lachen rechts.*)

Er war jedoch nur Angestellter, der sich lediglich für die Dauer seines Angestelltenverhältnisses Ministerialrat nennen durfte. Nachdem er im Dezember 1946 aufgrund gegen ihn erhobener Vorwürfe aus dem Dienst des Entnazifizierungsministeriums ausgeschieden war, beschäftigte er sich im Saargebiet und in Frankreich als französischer Nachrichtenagent. Ein Strafverfahren wegen Konkursverbrechens veranlasste ihn im Jahre 1950, das Saargebiet zu verlassen, und von diesem Zeitpunkt ab arbeitete er für das hessische Verfassungsschutzamt.

(*Erneutes Lachen in der Mitte und rechts.*)“[10]

Die Rücknahme seines Strafantrages begründete Adenauer damit, dass Schmeißer und die Vertreter des „Spiegel“ für ihn völlig uninteressant seien und eine Fortführung des Gerichtsverfahrens gegen sie zur Sachaufklärung nichts mehr beigetragen hätte. Die einzig interessante Figur sei für ihn Ziebell, gegen den das Verfahren bekanntlich weiter laufe. Adenauer schloß seine Rede mit den Worten:

„Ich darf wiederholen, meine Damen und Herren, dass diejenigen, die eine gerichtliche Feststellung und Aufklärung noch wünschen, eine solche in dem Verfahren gegen Ziebell erhalten werden."[11]

Nach der Rede Adenauers gab es wieder eine Überraschung. Die Opposition verzichtete auf jede weitere Aussprache. Kein Abgeordneter meldete sich zu Wort. Der Bundestagspräsident schloss daraufhin den Tagesordnungspunkt ab und das Parlament wandte sich anderen Problemen zu. Über die Gründe für das merkwürdige Verhalten der Opposition kann man nur spekulieren. Am wahrscheinlichsten ist, dass sie kein Interesse an einer Debatte haben konnte, in der offensichtlich fragwürdige Praktiken des hessischen Landesamtes für Verfassungsschutz ans Licht gekommen wären. Dadurch hätte die sozialdemokratische Landesregierung in Hessen beschädigt werden können.

So, nun hat er seine Ruh´ ... Ratsch, man zieht den Vorhang zu.
Karikatur im „Hamburger Anzeiger", nachgedruckt in: Der Spiegel 1955/51/16

Der Rest ist schnell erzählt. Ein Prozess gegen Jürgen Ziebell hat in dieser Sache nie stattgefunden. Er wird uns in diesem Buch allerdings noch einmal flüchtig als kriminelle Randfigur in der Felfe-Affäre begegnen.

Die Revision der Staatsanwaltschaft gegen das Urteil im Schmeißer-Prozess von 1955, die sich nur auf die Kostenfrage bezog, hatte Erfolg. Am 26. November 1957 wurden die Verfahrenskosten nicht mehr Schmeißer alleine, sondern allen vier Angeklagten gemeinsam auferlegt. Ziebell zahlte folglich nichts.

Hans Konrad Schmeißer ging in sich. Er beendete sein Jurastudium, promovierte 1959 in Erlangen über rechtliche Probleme im Zusammenhang mit Werbefunk und Werbefernsehen und ließ sich als Rechtsanwalt nieder. Am 31. Januar 1966 ist er in Pinneberg gestorben. Warum er einmal so viel Aufmerksamkeit auf sich gelenkt hat, ist nie geklärt worden.

1 Der Spiegel 1955/51/14
2 Alle Zitate: Der Spiegel 1955/48/15
3 Ebd., 17
4 Ebd., 8
5 Ebd., 11
6 Ebd.
7 2. Deutscher Bundestag, Protokolle, 116. Sitzung am 7. Dezember 1955, S. 6201 ff.
8 Ebd., S. 6204 f.
9 Ebd., S. 6205 f.
10 Ebd., S. 6207
11 Ebd., S. 6208

Hinweise

Flemming: Der Fall Schmeißer, S. 13 / Munzinger-Archiv – Internationales biographisches Archiv – Anfrage (Gb 006852) / Protokoll der 116. Sitzung des 2. Deutschen Bundestages am 7. 12. 1955, S. 6201 – 6208 /
Der Spiegel 1952/28/5 ff.; 1954/1/5 f.; 1955/48/8 f.; 1955/48/11 ff.; 1955/48/15 ff.; 1955/51/11 ff.; 1956/14/11; 1957/48/66; 1966/7/126 /
Abendpost, 9. 7. 1952 / Die Welt, 8. 12. 1955 / Süddeutsche Zeitung, 9. 12. 1955 / Bremer Nachrichten, 1. 2. und 26. 11. 1957 / Rhein-Zeitung, 26. 11. 1957

Hermann Moritz Kastner – Minister und Spion

In ihrer Geschichte des Bundesnachrichtendienstes „Pullach intern“ berichten Hermann Zolling und Heinz Höhne über eine Sitzung des DDR-Ministerrates im Sommer 1950. Gesundheitsminster Luitpold Steidle von der Ost-CDU, ehemaliger Oberst der deutschen Wehrmacht, hielt gerade einen Vortrag über die verhängnisvolle Rolle der Spionage:

Herrmann Kastner, um 1949

„Er erinnere sich, so erzählte Steidle, noch sehr genau an die Vorbereitungen der deutschen Abwehr für den Überfall auf Polen im Sommer 1939. Er sei selbst dabeigewesen, als deutsche Agenten Jahre zuvor jede Brücke, jede Straße und jede Eisenbahnlinie in Polen vermessen hätten. Als der Krieg ausgebrochen sei, habe sich auch der kleinste Unteroffizier an Karten orientieren können, die auf den Millimeter gestimmt hätten. Da beugte sich Ulbricht vor und unterbrach den Minister: ‚Sehen Sie‘, sagte er, ‚so bereiten die Imperialisten den Krieg vor – auch bei uns, auch bei uns. Wir müssen vor Spionen sehr auf der Hut sein.‘ Die Minister nickten und stimmten dem SED-Sekretär zu.

Auch der stellvertretende Ministerpräsident Professor Hermann Kastner, Vorsitzender der Liberal-Demokratischen Partei (LDPD), entrüstete sich über das Treiben westlicher Spione. Kastner: ‚Sind ja schrecklich, diese Voyeure.‘ Er blickte zornig in die Runde. Die um Ulbricht versammelten Minister ahnten nicht, dass der pfiffigste unter allen ‚Voyeuren‘ in der Deutschen Demokratischen Republik an ihrem Tisch saß: Agent Kastner meldete alles, was er aus dem intimsten Zirkel der DDR-Elite erfuhr.“[1]

Lassen wir dahingestellt, ob die beiden Spiegel-Redakteure so gut über die Sitzung informiert waren, dass sie die Protagonisten im Wortlaut zitieren konnten. Der Kern der Aussage stimmt. Hermann Moritz Kastner war Agent der amerikanischen CIA und der Organisation Gehlen, des späteren Bundesnachrichtendienstes (BND). Sein Lebenslauf war leicht zu recherchieren.

Hermann Moritz Kastner
Geboren am 25. Oktober 1886 in Berlin als Sohn eines Lehrers.
Gestorben am 4. September 1957 in München.
Besuch des Gymnasiums ‚Zum grauen Kloster' in Berlin. Studium der Rechtswissenschaften und Volkswirtschaft an der Universität Berlin. 1908 Referendar und Dr. jur. 1912 Zweites juristisches Staatsexamen. Juristischer Hilfsarbeiter in der Stadtverwaltung Berlin-Lichtenberg und Magistratsassessor in Berlin-Neukölln. 1917 Professor an der Leopold-Verwaltungsakademie in Lippe Detmold. 1919 Übersiedlung nach Dresden. Dort als Anwalt sowie als Syndikus in Firmen und Wirtschaftsverbänden tätig. 1919 Mitglied der Deutschen Demokratischen Partei (DDP), Vorsitzender von Ostsachsen. 1922-1933 Abgeordneter des Sächsischen Landtages. Während der NS-Zeit Anwalt in Dresden. Juni 1945 Präsident der Anwalts- und Notarkammer in Sachsen. Gleichzeitig Gründer und Vorsitzender (bis 1947) der LDPD in Sachsen. 1946-1948 sächsischer Justizminister und stellvertretender Ministerpräsident. 1948 Vizepräsident der Deutschen Wirtschaftskommission und zuständig für Finanzen, Post- und Fernmeldewesen. Im Oktober 1949 stellvertretender Ministerpräsident der DDR, aber ohne direkte Ressortzuständigkeit. Ab Februar 1950 Mitvorsitzender der LDPD (zusammen mit Karl Hamann). Im Juli 1950 Enthebung von sämtlichen Ämtern und Ausschluss aus der LDPD. Gleichzeitig Absetzung als stellvertretender Ministerpräsident. Zwischen 1951 und 1956 Vor sitzender des Förderungsausschusses für die Intelligenz beim Ministerrat der DDR. Im September 1956 Flucht in den Westen Deutschlands.

Kastner charakterlich einzuschätzen, ist schon schwieriger. Doch der „Spiegel" konnte bereits 1949 mit delikaten Ergänzungen zum Lebenslauf aufwarten: „Während er in Berlin die Rechte studierte, erwärmte er sich für konservative Bismarcksche Gedanken und trat dem Verein Deutscher Studenten (VDSt) bei. Die waren stark antisemitisch, aber sie schlugen nicht und trugen auch keine Farben. Weltkrieg Nr. 1 überraschte den 28jährigen Dr. Kastner als Magistratsassessor in Neukölln. Er wurde vom Kriegsdienst reklamiert. Das Kriegsverdienstkreuz wurde gleich mitgeliefert. …

Als die sächsischen Einzelhändler meinten, es müsste einer von ihnen im Landtag sitzen, dachten sie an ihren Syndikus. Ihre Mehrzahl gehörte zu den Demokraten, also stieß auch Kastner vereinbarungsgemäß zu dieser Partei. Als sächsisches MdL stieg nicht nur sein Einfluss, auch die Einnahmen stiegen. Bei Bergmann, Greiling und Krenter drückte er die Aufsichtsratssessel der Tabakindustrie. ...

Manfred von Killinger wollte ihn für den Nationalsozialismus erwärmen. Er sollte Minister werden, als sich die Braunhemden erste Hoffnungen machten. Aber Kastners 40.000 RM-Gehaltsforderung war selbst Killinger zu viel."[2]

Doch die fleißigen Leute vom „Spiegel" recherchierten noch mehr. 1933 wurde Kastner von der SA ganze zehn Stunden verhaftet, um die reibungslose Gleichstellung des sächsischen Einzelhändlerverbandes im Sinne des Nationalsozialismus zu erzwingen. Während dieser zehn Stunden hatten die Verhörer auch festgestellt, dass in der Verbandskasse 40.000 RM fehlten, die der Herr Syndikus auf sein eigenes Konto eingezahlt hatte. Kastner wurde nicht in Haft behalten, aber fristlos entlassen. Einen Arbeitsgerichtsprozess, den er anstrengte, verlor er.

Die Affäre stellte Kastner nach 1945 als politische Verfolgung dar, und obwohl er nicht mehr anzubieten hatte, wurde er unangefochten Mitglied der Vereinigung der Verfolgten des Naziregimes (VVN), einer Organisation, die den ehemals politisch und rassisch Verfolgten, vor allem den Häftlingen in Zuchthäusern und Konzentrationslagern sowie ihren Familienangehörigen, vorbehalten war. Der rote KZ-Winkel wurde ihr Abzeichen, das auch Kastner stolz bei Empfängen trug. Anfang 1949 war er zweiter Vorsitzender des Verbandes in der künftigen DDR.

1935 hatte das ehemalige Herrscherhaus der Wettiner den Posten des Vermögensverwalters neu zu vergeben, aber nur an einen Katholiken. Hermann Kastner, der sich auch bewarb, trat flugs zur Katholischen Kirche über. Den Posten bekam er trotzdem nicht, durfte aber später die Kurie in einigen Prozessen vertreten. Seine Anwaltspraxis in Dresden behielt er unangefochten bis zum Zusammenbruch des Dritten Reiches 1945. In der Kriegszeit wurde er außerdem Sozius in der Praxis eines Berliner Kollegen und liquidierte von dort aus im Regierungsauftrag eine jüdische Firma im damaligen Litzmannstadt (Lodz).

Spätestens seit 1941 war seine Sekretärin Gertrud Mirtschink auch seine Geliebte. Seine Ehefrau Alima reichte daraufhin im März 1942 die Scheidung ein. Wie meist in solchen Fällen ging es um privaten Schmutz, aber auch um beachtliche Vermögenswerte, die der Ehemann nicht herausrücken wollte. Anfang 1944 schied das Dresdner Landgericht die Ehe. Drei Viertel der Schuld wurden Kastner zugemessen, ein Viertel seiner ehemaligen Ehefrau. Entsprechend war die Vermögensaufteilung. Kastner ging in die Berufung. Die zweite Instanz bestätigte das Urteil, konnte es aber am 13. Februar 1945 nicht mehr verkünden, weil Dresden an diesem Tag durch britische und amerikanische Bomben vernichtet wurde. Damit waren auch alle Akten verloren. Am 7. Mai 1945 sollte das Urteil „aus der Erinnerung der Richter" verkündet werden. Doch auch dieser Termin entfiel, weil die Rote Armee in die Stadt einrückte.

Herr Kastner verstand sich mit den neuen Machthabern ausgezeichnet, die ihn im Juni 1945 zum Präsidenten der Dresdner Anwalts- und Notarkammer ernannten. Kein Anwalt konnte es mehr wagen, gegen ihn aufzutreten. So fällte das sächsische Oberlandesgericht im Februar 1946 das endgültige Scheidungsurteil. Drei Viertel der Schuld bekam Frau Kastner und nur noch ein Viertel ihr Ehemann. Zwei Wochen später wurde Kastner, wieder auf sowjetischen Wunsch, sächsischer Justizminister und heiratete Gertrud Mirtschink. Trauzeugen waren der sächsische Ministerpräsident Friedrich und der gefürchtete kommunistische Innenminister Dr. Fischer.

Möbel und Hausrat aus der ersten Ehe hatten angeblich „die Russen" beschlagnahmt. So konnte Kastner Ansprüche seiner geschiedenen Frau Alima abwehren. Nach der erneuten Verheiratung schenkten „die Russen" eben diesen Hausstand Frau Gertrud zur Hochzeit. Kastner organisierte nicht nur diesen Coup, sondern ließ auch Haftbefehle gegen seine erste Frau und die gemeinsame Tochter Gitta ausstellen. Doch der damals noch amtierende Generalstaatsanwalt Schröder warnte die beiden Frauen so rechtzeitig, dass sie illegal über die erst im Ansatz vorhandene innerdeutsche Grenze nach München entkommen konnten.

Auch hier ließ Kastner noch nicht locker. Er strengte 1949, wohlwollend unterstützt vom bayerischen Justizminister Josef Müller sowie mit Hilfe von Anwälten und Gerichtsvollziehern, einen Zivilprozess gegen Alima und Gitta Kastner an, um die Herausgabe von Juwelen zu erzwingen, die er sich „als Rücklage für sein Alter" gedacht hatte. Ehefrau Gertrud war selbst im eigenen Auto nach München gekommen, um im bayerischen Justizministerium Fäden zu ziehen und den Prozess zu beobachten. Doch Kastner verlor ihn und musste alleine 6.000 DM Gerichtskosten zahlen. Die Rekapitulation dieser Affäre war nur deshalb notwendig, weil sich aus ihr Fragen ergeben:

– Warum konnte es sich Hermann Kastner erlauben, so aufzutreten und im Westen einen Zivilprozess um Juwelen zu führen?

– Wer erlaubte in der damaligen politischen Situation seiner Ehefrau Gertrud eine Westreise mit dem eigenen Auto und einen Plausch mit dem bayerischen Justizminister?

– Woher hatte Kastner die hohen Westgeldsummen für die Gerichts- und Anwaltskosten?

Die Antwort ist einfach: Kastner konnte sich das alles und in Zukunft noch viel mehr leisten, weil er sich des fast unbegrenzten Wohlwollens und des Schutzes der Sowjetischen Militäradministration in Deutschland (SMAD) sicher war.

Zeitzeugen, die Kastner persönlich gekannt haben, ihm auf Parteitagen und Sitzungen begegnet sind, erinnern sich an sein übersteigertes Selbstbewusstsein, seine Eitelkeit und seine glänzende Rednergabe. Fragt und forscht man jedoch nach seinem persönlichen politischen Standort, so sind keine konkreten Aussagen möglich, weil er sich nie festlegte. Um seine Ämter auszufüllen, benötigte er lediglich intellektuelle Begabung und taktisches Geschick, nicht unbedingt eine Gesinnung.

Zum taktischen Kalkül Kastners gehörte es auch, sich eine geheime Verbindung nach dem Westen zu schaffen. Nachdem er 1948 Vizepräsident der Deutschen Wirtschaftskommission geworden war, aus der die erste DDR-Regierung hervorging, amtierte und wohnte er in Ost-Berlin. Die Sektorengrenze war damals noch für jeden offen, auch für ihn und seine Frau. In dieser Zeit machte ihn jemand mit Dr. Carol Tarnay bekannt, einem Slowaken, der an internen Informationen aus der Ostzone und späteren DDR stark interessiert war, weil er in West-Berlin für die amerikanische CIA arbeitete.

Kastner, Deckname Helwig, berichtete über alles, was ihm möglich war und was die Regierung der USA nach seiner Meinung wissen musste: den Vorstand der LDPD, die Deutsche Wirtschaftskommission, das Präsidium des Deutschen Volkskongresses, den Nationalrat der Nationalen Front und den DDR-Ministerrat. Er informierte über seine Gespräche mit sowjetischen Politikern und Generälen und kolportierte Klatschgeschichten über die DDR-Prominenz, vorwiegend über deren Habsucht, Ehe- und Alkoholprobleme.

Seiner Frau diktierte er zu Hause Gedächtnisprotokolle. Diese und andere wichtige Papiere, die er mitbrachte, versteckte Gertrud Kastner wöchentlich einmal unter ihrer Kleidung, bestieg den Dienstwagen ihres Mannes und ließ sich von dessen Chauffeur „zur ärztlichen Untersuchung" ins katholische Franziskus-Krankenhaus in der Burgstraße bringen, das im damaligen West-Berlin lag. Falls das Auto an der Sektorengrenze von der Volkspolizei angehalten wurde, zeigte sie einen Sonderausweis vor und durfte weiterfahren. Im Nonnenhaus des Krankenhauses wartete bereits Dr. Tarnay und übernahm das Material. Merkwürdigerweise sind diese Zusammentreffen den sonst allgegenwärtigen Agenten des KGB und SSD nie aufgefallen.

Aber dann gab es doch einen unvorhergesehenen Zwischenfall. Am 20. Juli 1950 beschloss der Führungsausschuss der LDPD mit 22 gegen eine Stimme, Professor Kastner seines Amtes als Parteivorsitzender zu entheben und aus der Partei auszuschließen. Zur Begründung hieß es, dass seine „persönlichen Ansprüche jedes Maß an Verantwortlichkeit gegenüber der Allgemeinheit überschritten haben". Der Beschluss überraschte die Mitglieder der LDPD, die schon lange wussten, dass Kastner auf ungewöhnlich großem Fuß lebte, denen aber andererseits auch das große Wohlwollen bekannt war, das ihm die führenden Persönlichkeiten der SMAD entgegenbrachten. Der Ministerrat der DDR kam anschließend nicht umhin, ihn als stellvertretenden Ministerpräsidenten abzusetzen und aus der Regierung auszuschließen.

Doch schon 1951 bekam der nun parteilose Kastner auf sowjetische Intervention wieder einen wichtigen Posten als Vorsitzender des Förderungsausschusses für die Intelligenz beim Ministerrat der DDR. Die Sympathie der Sowjets für ihn hatte einen handfesten Grund. Man benötigte den politisch begabten und wegen seiner Charakterlosigkeit fügsamen Kastner als potenziellen Ministerpräsidenten der DDR, falls es zu einem Ausgleich mit dem Westen kommen sollte und Figuren wie Pieck, Grotewohl und vor allem Ulbricht dann als Repräsentanten der DDR nicht mehr tragbar waren. Vor allem der sowjetische Hochkommissar Wladimir Semjonow ventilierte derartige Pläne.

Anfangs der fünfziger Jahre war auch bei Herrn Dr. Tarnay in West-Berlin eine Veränderung eingetreten. Er hatte mit Billigung der CIA den Arbeitgeber gewechselt und war nun für die Organisation Gehlen, den späteren Bundesnachrichtendienst, tätig. Das Ehepaar Kastner wurde gefragt, ob es unter diesen Umständen weiterarbeiten wolle und war einverstanden. Ehefrau Gertrud, Deckname Hilde, hielt weiter die Verbindung, wahrscheinlich jetzt ohne Dienstwagen, aber auch ohne Schwierigkeiten und ohne aufzufallen, obwohl sie in Berlin vielen Leuten bekannt war und hin und wieder als „die Pompadour der DDR" bezeichnet wurde.

Anfang Juni 1953 bemerkten vor allem die Sowjets die zunehmende Unzufriedenheit der DDR-Bevölkerung mit ihren Lebensbedingungen, und Semjonow verordnete der DDR-Regierung daraufhin im Auftrag Moskaus den „Neuen Kurs". Der Aufbau des Sozialismus wurde verlangsamt, Handwerker und selbstständige Gewerbetreibende erhielten wieder Lebensmittelkarten, Relegierungen von Oberschülern und Studenten wegen ihres christlichen Glaubens wurden rückgängig gemacht, der Druck auf die Bauern zur Zwangskollektivierung ließ nach und die Werbungen für die Kasernierte Volkspolizei, die Vorläuferin der

DDR-Armee, wurden vorübergehend reduziert. Weitere Verordnungen sollten folgen. Nur die Arbeitsnormen in den Betrieben und auf den Baustellen wurden nicht gesenkt, so dass gerade die Arbeiterschaft unruhig blieb.

In dieser Situation sondierte Semjonow bei vielen Deutschen in der DDR, die nicht der SED angehörten, bat sie um Meinungsäußerungen und fragte nach ihrer Bereitschaft, Regierungsverantwortung zu übernehmen. Auch Kastner wurde in dieser Zeit mehrfach zu Unterredungen empfangen und zu Vorschlägen aufgefordert, die zu Veränderungen in der DDR beitragen sollten. Sofort erarbeitete der ehemalige stellvertretende Ministerpräsident ein Memorandum mit folgenden Kernpunkten:

- Wiederherstellung der Unabhängigkeit der Richter;
- Beseitigung des Einflusses von Parteien und Organisationen auf die Gerichte, volle Freiheit der Verteidiger und freie Verteidigerwahl im Strafverfahren;
- Besetzung der wichtigsten Verwaltungsstellen ausschließlich mit Fachleuten ohne Rücksicht auf das Parteibuch;
- Ausbau der Konsumgüterindustrie, um die Versorgung der Bevölkerung zu verbessern.[3]

Am 13. Juni 1953 hatte ihn Semjonow in einer mehrstündigen Unterredung zu einer bindenden Zusage aufgefordert, die Leitung der DDR-Regierung zu übernehmen. Doch Kastner zögerte, wahrscheinlich deshalb, weil er nicht übersehen konnte, welche Rückendeckung Semjonow in Moskau hatte und ob eine Regierung Adenauer im Westen ausgerechnet ihn, der über keinen erkennbaren Rückhalt in der DDR-Bevölkerung verfügte, als Partner bei innerdeutschen Verhandlungen akzeptieren würde.

Durch die Ereignisse des 17. Juni 1953 wurden alle weiteren Überlegungen in dieser Richtung obsolet. Nach der Niederschlagung des Aufstandes erforderte die politische Räson von der Sowjetregierung, Ulbricht, Pieck und Grotewohl weiter wie bisher amtieren zu lassen, wenn die DDR für den sowjetischen Machtbereich nicht verlorengehen sollte. Das sowjetische Interesse an Kastner sank mehr und mehr und umgekehrt Kastners Einfluss auf die Sowjets ebenso. Aber gerade deshalb suchte der außerordentlich ehrgeizige und geltungsbedürftige Mann im September 1956, inzwischen 70 Jahre alt, nach einer neuen Rolle. Reinhard Gehlen berichtet in seinen Erinnerungen:

„Kastner hatte sich dem Dienst und vorher schon den Amerikanern zur Verfügung gestellt, nachdem er sich in persönlichen Auseinandersetzungen mit Ulbricht und anderen SED-Funktionären aufgerieben und das Ende seiner politischen Ambitionen erkannt hatte. Auch seine hervorragenden Beziehungen zur SMAD, die ihn für den Dienst zu einem wertvollen Wissensträger machten, vermochten ihn nicht an der Regierungsspitze zu halten. Aus all dem erwuchs bei Professor Kastner die Bereitschaft, sich dem Westen nicht nur durch Lieferung von Material, sondern auch als Antipode gegen Ulbricht vor der Öffentlichkeit zur Verfügung zu stellen. Nachdem Bundeskanzler Dr. Adenauer auf meinen Vortrag hin zunächst sein Interesse an einer Herausstellung Kastners als prominentestem Zonenflüchtling erklärt hatte, wurde das Ehepaar in einer aufregenden Absetzoperation von Ost- nach West-Berlin übergeführt. Hermann Kastners Eintreffen in der BRD fand starke publizistische Beachtung, die sich jedoch bald zwiespältig entwickelte. Während Teile der Presse den Übertritt Kastners als einen schweren Schlag für Pankow werteten, bezeichneten andere Zeitungen Kastner als langjährigen Nutznießer des Ulbricht-Regimes, dem ein öffentlicher Auftritt in der Bundesrepublik versagt bleiben sollte. ... Als sich die kritischen Pressestimmen mehrten, entschloss sich die Bundesregierung, auf Kastners öffentliche Erklärungen gegen Ulbricht zu verzichten und seine Kenntnisse und Erfahrungen auf andere Weise zu nutzen."[4]

Bei allem Respekt vor Gehlens Einschätzung ist anzunehmen, dass vor allem Konrad Adenauer, dem Zyniker und guten Menschenkenner, der Plan nicht mehr behagte, ausgerechnet Kastner als Chef einer Art Exilregierung der DDR herauszustellen. Ganz abgesehen von seinem schlechten Ruf, wollten die Fragen nicht verstummen, ob er von sich aus Geheimagent für westliche Nachrichtendienste geworden war oder im Auftrag der Sowjets das übermittelt hatte, was Reinhard Gehlen und Bundeskanzler Adenauer lesen sollten. Von Kastner wäre keine klare Antwort zu erwarten gewesen, auch wenn er noch länger gelebt hätte und nicht bereits ein Jahr nach seinem Übertritt in München gestorben wäre. Vielleicht bekommen die Historiker eines Tages eine Antwort aus Moskau, denn dort liegen mit Sicherheit die Akten unter Verschluss, die Hermann Moritz Kastner und seine Frau Gertrud betreffen.

1 Zolling/Höhne: Pullach intern. Der Spiegel 1971/17/156
2 Der Spiegel 1949/33/9
3 Der Spiegel 1953/29/5 f.
4 Gehlen: Der Dienst, S. 202 f.

Hinweise

Gehlen: Der Dienst, S. 202 f. / Henkel: Im Dienste der Staatspartei, S. 163-165/ Der Spiegel 1949/33/9 f.; 1953/29/5 f.; 1971/17/156 sowie162-166

Ein Meisterspion, eine große Niete und ein Bruchpilot

Am 21. Juni 1957, morgens um sieben Uhr, betraten drei FBI-Männer die Halle des drittklassigen Hotels Latham in New Yorks 29. Straße, fuhren mit dem Aufzug in den achten Stock und verhafteten im Zimmer 839 einen Dauermieter, der sich im Hotel als Martin Collins angemeldet hatte. Der Mann war Mitte fünfzig, schlank, hochgewachsen und vermittelte den Eindruck eines Asketen. Bei der Hoteldirektion galt er als angenehmer Mieter, der seine Rechnungen pünktlich bezahlte, nie Besucher empfing und das Personal kaum in Anspruch nahm.

Die gut instruierten FBI-Leute wussten, dass der Verhaftete unter dem Namen Emil Robert Goldfus ein Atelier im weit entfernten Stadtteil Brooklyn gemietet hatte und dort als Kunstmaler arbeitete. Die Auskünfte, die der dortige Hausmeister über Mr. Goldfus erteilte, waren ebenfalls sehr positiv. Der ruhige Mieter mit den guten Manieren hatte immer ein freundliches Wort übrig gehabt und einmal mit großer Sachkenntnis und eigenem Werkzeug den defekten Fahrstuhl repariert. Die Nachbarn, ebenfalls Kunstmaler und zum Teil Freunde von ihm, waren über Mr. Goldfus des Lobes voll. Er war nach ihrer Ansicht nicht nur ein talentierter Künstler, sondern ein auf allen Wissensgebieten beschlagener Mann, der außer Englisch auch Deutsch und Russisch sprach, sich frivole Redensarten und zweideutige Witze verbat, aber durchaus gesellig war, exzellent für seine Gäste kochte und einen guten Wein zu schätzen wusste.

Eine halbe Stunde nach der Verhaftung von Mr. Collins alias Goldfus drängelte sich noch ein Vertreter der US-Einwanderungsbehörde in das kleine Hotelzimmer und eröffnete den Anwesenden, dass der Festgenommene unter dem Namen und mit dem Pass eines Andrew Kayotis widerrechtlich von Kanada aus eingereist sei und sich seitdem illegal in den USA aufhalte. Der Mann mit den vielen Namen widersprach den Beamten nicht. Nachdem er mit ihrer Hilfe und unter ihrer Aufsicht gepackt hatte, wurde er vom Hotel aus in das Büro der Einwanderungsbehörde gebracht, einem kurzen Verhör unterzogen und noch am Nachmittag desselben Tages nach Mc Allen in Texas geflogen. Dort wurde er unter guten Bedingungen, jedoch isoliert und streng bewacht, in einem Lager für illegale Einwanderer festgehalten und pausenlosen Verhören unterzogen, in denen es nur noch am Rande um die illegale Einwanderung, in der Hauptsache jedoch um Spionage ging.

Die Verhörspezialisten waren im Vorteil, denn der sowjetische Assistent des Häftlings war zum FBI übergelaufen und hatte belastende Angaben gemacht. Die Untersuchungsbehörde verfügte außerdem über einen weiteren Kronzeugen, einen Staatsbürger der USA, der für den Häftling als bezahlter Spion arbeiten sollte. Man wusste darüber hinaus, dass der Festgenommene im sowjetischen Geheimdienst unter dem Decknamen Mark geführt wurde und den Rang eines Obersten bekleidete.

Inzwischen lagen auch die Ergebnisse von den Durchsuchungen der Wohn- und Arbeitsräume sowie des Gepäcks vor. Im Ärmel seiner Tweedjacke war ein Zahlencode gefunden worden. Im Papierkorb lag ein mit Sandpapier umwickeltes Stück Holz. Es ließ sich auseinandernehmen und enthielt ein 250 Seiten starkes broschiertes Buch mit einer Anzahl von Ziffern auf jeder Seite, alle in Fünfergruppen angeordnet. Es war ein Codebuch, ein Hilfsmittel zum Abfassen von verschlüsselten Nachrichten. Gefunden wurde auch ein stumpfer Bleistift mit angesetztem Radiergummi, der innen hohl war. Darin steckten achtzehn Mikrofilme, darunter Briefe von Frau und Tochter, sowie ein Stundenplan für Funksendungen.

Für Mr. Collins alias Goldfus alias Kayotis, genannt Mark, wurde es allmählich eng. Er entschloss sich zuzugeben, dass er Oberst Rudolf Iwanowitsch Abel sei. Unter diesem Namen ist er in die Geschichte der Spionage eingegangen. Als Abel kam er vor ein amerikanisches Gericht und so wurde er später ausgetauscht. Er behielt diesen Namen in den zahlreichen Publikationen, die später über ihn in Ost und West erschienen sind, und auch auf einer sowjetischen Briefmarke mit seinem Bild, die 1990 in der Ära Gorbatschow in großer Auflage herausgegeben wurde.

Doch auch der Name „Rudolf Abel" war falsch. So hieß ein Freund und früherer KGB-Kollege des Festgenommenen, der längst verstorben war. Agent Mark hatte ihn nur aufgrund der Überlegung angegeben, dass die Zentrale des KGB sofort wissen würde, was mit ihm passiert war, sobald sie diesen Namen in den amerikanischen Zeitungen las.

Spätestens seit 1992 wissen die westlichen Geheimdienste und spätestens seit 1999 weiß auch die interessierte Öffentlichkeit genau, dass es sich um **Wilhelm August Fischer** handelte, einen sowjetischen Staatsbürger deutscher Nationalität, der 1903 in der britischen Stadt Newcastle-on-Tyne geboren worden war. Sein Vater stammte aus einer deutschen Familie, die schon seit Generationen in Russland ansässig war. Beide Elternteile waren russische Revolutionäre, die von 1901 bis 1921 in Großbritannien lebten.

Dieser Sachverhalt ist durch Wassili Mitrochin aufgedeckt worden, einen KGB-Offizier, der 1992 nach Großbritannien flüchtete. Sein umfangreiches Archiv, das Abschriften von aufschlussreichen KGB-Akten enthält, gelangte mit massiver Unterstützung des britschen Secret Service ebenfalls dorthin. 1999 haben Christopher Andrew und Wassili Mitrochin in ihrem Werk „Das Schwarzbuch des KGB" den Lebenslauf von Fischer/Abel nach diesen Unterlagen erstmals authentisch beschrieben.

Rudolf Abel in Handschellen, nach seiner Festnahme im Juni 1957

1921 kehrte Wiljam Fischer (so die Russifizierung seines Vornamens) mit seinen Eltern nach Moskau zurück und arbeitete als Dolmetscher im Büro der Kommunistischen Internationale (Komintern). Während seines Militärdienstes, den er 1925/26 ableistete, wurde er zum Funker ausgebildet und trat 1927 als hauptamtlicher Mitarbeiter in den sowjetischen Geheimdienst ein. Wegen seiner Sprachbegabung, seines technischen Verständnisses und seiner enormen Anpassungsfähigkeit an die jeweilige Umgebung arbeitete Fischer bis 1936 in Norwegen, der Türkei, Großbritannien und Frankreich als Funker an illegalen Residenturen.

Legale und illegale Residenturen

In der Welt der Geheimdienste unterscheidet man zwischen legalen und illegalen Residenturen. **Legale Residenturen** sind Botschaften, Konsulate und Handelsmissionen, in denen unter diplomatischer oder konsularischer Tarnung auch Angehörige der Geheimdienste stationiert sind, die Spionageaufträge ausführen. Es ist bekannt, dass bis 1991 zwischen einem Drittel und der Hälfte des Personals in den sowjetischen Botschaften sich nur als Diplomaten tarnten, in Wirklichkeit aber geheimdienstlich arbeiteten. Falls einer dieser „Diplomaten" bei Spionageaktivitäten erwischt wurde, konnte er nur ausgewiesen, nicht aber vor Gericht gestellt werden. In reduzierter Form hat Russland heute diese Praxis beibehalten. Auch in den Botschaften der USA, Großbritanniens und Frankreichs sitzen

Geheimdienstmitarbeiter, allerdings längst nicht so viele wie in den Vertretungen der ehemaligen Sowjetunion.
Unter einer **illegalen Residentur** versteht man einen verdeckten geheimdienstlichen Stützpunkt mit legaler Tarnung. Das kann eine Gemüsehandlung, ein Fotolabor, eine Textilfirma oder ein anderer seriöser Betrieb sein. Chef und Personal müssen über solide Fachkenntnisse auf dem jeweiligen Gebiet verfügen, und je größer der geschäftliche Erfolg ist, umso besser. Das Personal wird vom Geheimdienst ausgewählt, der auch das Startkapital stellt und etwaige Verluste trägt. Von diesen Betrieben aus werden die nachrichtendienstlichen Aktivitäten organisiert und durchgeführt, die die Geheimdienstzentrale vorgibt. Damit sie ihre Tarnung nicht gefährden, ist es den Angehörigen illegaler Residenturen streng verboten, Verbindung zu den legalen Residenturen des eigenen Staates aufzunehmen. Kontakt zur Zentrale im Heimatland wird nur über Funk und genau verabredete Kurierlinien gehalten.
Der Vorteil der illegalen Residentur ist, dass sie auch dann weiter arbeiten kann, wenn das diplomatische und konsularische Personal in seiner Bewegungsfreiheit eingeschränkt, interniert oder ausgewiesen wird, zum Beispiel im Spannungs- oder Kriegsfall. Hauptnachteil ist, dass Angehörige illegaler Residenturen keinerlei Schutz vor Strafverfolgung haben, wenn sie als Spione entlarvt werden. Auch der Staat, für den sie tätig waren, wird im Fall der Entdeckung so lange wie möglich jede Verbindung zu ihnen ableugnen.
Alle Staaten sind bestrebt, zumindest in den Ländern oder Gebieten, die sie am stärksten interessieren, legale und illegale Residenturen ihrer Geheimdienste zu unterhalten.

Wiljam Fischer wurde 1936 in die Sowjetunion zurückbeordert und zum Leiter der Schule für Funker an illegalen Residenturen ernannt. Andrew und Mitrochin schreiben:

„Er konnte von Glück sagen, dass er während des Großen Terrors nicht hingerichtet wurde, denn zum einen war er wegen seiner englischen Herkunft automatisch verdächtig, zum anderen hatte sich, seiner Akte zufolge, eine Reihe so genannter Volksfeinde positiv über ihn geäußert. Hinzu kam, dass sein Schwager als Trotzkist galt. Trotzdem wurde er Ende 1938 nur aus dem NKWD [Vorläuferorganisation des KGB] entlassen, überlebte aber und wurde während des Großen Vaterländischen Krieges in eine Einheit übernommen, die Funker für Partisanen- und Nachrichtendienstoperationen hinter den deutschen Linien ausbildete."[1]

Ob Fischer während des Zweiten Weltkrieges selbst als Spion hinter den deutschen Linien im Einsatz war, steht nicht eindeutig fest. Die Angaben in der Literatur sind in diesem Punkt unterschiedlich.

Mit dem Beginn des Kalten Krieges wurden auch in den westlichen Ländern die Überwachungsmethoden gegen das Botschaftspersonal der Sowjetunion und ihrer Verbündeten perfektioniert. Besonders in den USA wurde den sowjetischen Diplomaten die Kontaktaufnahme zu Einheimischen erschwert. Das FBI überwachte die Eingänge der legalen Residenturen, zapfte deren Telefonleitungen an und verfolgte das Botschaftspersonal auf allen Wegen. Im Gegenzug zu sowjetischen Maßnahmen wurden den legalen Vertretern der Sowjetunion Reisen außerhalb von Washington und New York nur mit besonderer Genehmigung gestattet.

Der sowjetische Geheimdienst brauchte aber wieder Agenten, die sich in allen Teilen der USA frei bewegen konnten, um Nachrichten zu beschaffen und Amerikaner als Spione anzuwerben. Die Hilfe amerikanischer Kommunisten und ihrer Sympathisanten war im Gensatz zur Zeit bis 1945 nicht mehr zu erwarten. Ihre Zahl war stark zurückgegangen, ihr Einfluss in Schlüsselstellungen tendierte gegen Null und die kleine Kommunistische Partei war von FBI-Agenten durchsetzt. Wichtige amerikanische Spione, die aus Überzeugung für die Sowjetunion gearbeitet hatten, sagten sich aus Enttäuschung über die kommunistische Politik von ihr los, unterstützten das FBI und machten Aussagen vor Untersuchungsausschüssen und Gerichten

Vor allem aber konnte der Kalte Krieg unversehens in einen bewaffneten Konflikt umschlagen. Deshalb hielt es der sowjetische Geheimdienst für geboten, in den USA wieder Sowjetbürger als illegale Residenten zu etablieren, wobei zu berücksichtigen war, dass deren Arbeitsbedingungen jetzt viel schwerer waren als vor dem Zweiten Weltkrieg. Damals besaßen die USA noch gar keine Spionageabwehr. Nun wurde Wiljam Fischer einer der ersten Illegalen der Nachkriegszeit. Begabung und Eignung hatte er in seiner bisherigen Dienstzeit bewiesen. Jetzt kam es darauf an, ihn unauffällig einzuschleusen. Es ist erstaunlich, mit welchem Aufwand das geschah.

Im Juli 1947 reiste der 1895 geborene Litauer Andrej Kayotis zurück in seine Heimat. Er war 1916 in die USA ausgewandert, 1930 amerikanischer Staatbürger geworden und hatte in Detroit gelebt. In seinem US-Reisepass war nur der Vorname Andrej in Andrew amerikanisiert worden. Nach der Ankunft schrieb er an Freunde in den USA, dass er sich in einem litauischen Krankenhaus befinde. Dann hörte man nichts mehr von ihm. Es hieß, sein Gesundheitszustand sei schon vor der Reise schlecht gewesen, so dass er im Krankenhaus gestorben sei. Fest steht, dass sein Reisepass dem KGB übergeben worden ist und beamtete Fälscher das Passbild von Wiljam Fischer hineinpraktiziert haben.

„Dieser fuhr im Oktober 1948 mit einem sowjetischen Pass nach Warschau und reiste von dort, jetzt mit Kayotis´ Pass, über die Tschechoslowakei und die Schweiz nach Paris weiter, wo er ein Ticket für die Atlantikpassage auf der ‚Scythia' kaufte, die am 6. November mit Ziel Quebec in Le Havre ablegte. In Kanada eingetroffen, begab sich Fischer nach Montreal und überschritt schließlich am 17. November – immer noch als Andrew Kayotis – die US-amerikanische Grenze."[2]

Am 26. November 1948 traf sich Fischer in New York mit dem schon länger in den USA tätigen Illegalen Jossif Griguljewitsch und erhielt von ihm zunächst einmal 1.000 Dollar sowie drei Dokumente auf den Namen Emil Robert Goldfus, darunter eine echte Geburtsurkunde sowie einen gefälschten Wehrpass und eine ebenso gefälschte Steuerkarte. Einen Emil Robert Goldfus hatte es tatsächlich einmal gegeben. Er wurde am 2. August 1902 in New York geboren, starb aber bereits am 9. Oktober 1903. Fischer gab den Pass von Kayotis zurück und war von nun an Goldfus. Man erteilte ihm die Weisung, sich nicht um eine Festanstellung zu bemühen, weil ein Arbeitgeber bei intensiven Nachforschungen eventuell die Tarnung gelüftet hätte. Stattdessen sollte er sich ein Atelier einrichten und sich als freischaffender Künstler ausgeben. So geschah es.

Mr. Goldfus führte in der Folgezeit ein streng geregeltes Leben. Tagsüber ging er seinen Spionageaktivitäten nach. Abends und nachts malte er in seinem Atelier. Schlafen ging er als Mr. Collins ins weit entfernte Hotel Latham. Auf alle Fragen seiner Freunde und Bekannten hatte er eine plausible Antwort: Von Beruf sei er Fotolaborant und verdiene seinen Lebensunterhalt durch das Entwickeln und Kopieren von Filmen und Bildern. Damit brauchte er keine weiteren Erklärungen für seine Präzisionskameras, Vergrößerungsgeräte, Chemikalien und fast die gesamte Spionageausrüstung.

Warum malte er nur abends und nachts? Am Tage habe er zu viel zu tun. Warum malte er überhaupt, obwohl er sich gar nicht bemühte, ein Bild zu verkaufen? Er habe sich im Berufsleben Geld gespart und wolle sich nun einen Traum erfüllen. Das „gesparte" Geld in Höhe von 15.000 Dollar hatte er einem seiner Freunde anvertraut, der es in seinem Banksafe verwahrte. Für die laufenden Ausgaben besaß Mr. Goldfus ein Sparbuch mit ungefähr 1.300 Dollar. (Die Geldsummen, die er für alle Aktivitäten wirklich brauchte, ließ ihm der KGB diskret zukommen.) Wo hielt er sich in den Zeiten wochenlanger Abwesenheit auf? Er leide an einem Stirnhöhlenkatarrh und müsse sich deswegen in Gegenden mit trockener Luft erholen. Das Leiden hatte er wirklich und alle Menschen in seiner Umgebung erlebten hin und wieder, dass er mit einem kleinen Inhalationsapparat seine Schmerzen zu lindern versuchte.

Atelier und Hotelzimmer lagen wesentlich höher als die Gebäude in der Umgebung. Das war außerordentlich wichtig für den Kurzwellenempfang. In beiden Räumlichkeiten standen leistungsstarke Radios, für die er lange Antennen auf den Gebäudedächern gelegt hatte. Warum Mr. Goldfus fremdsprachige Sender abhörte? Nun, er war eben ein kenntnisreicher und gebildeter Mann, der im Gegensatz zu den meisten Amerikanern mehrere Fremdsprachen beherrschte.

Die Einzelheiten seiner Spionagetätigkeit sind weder im Prozess gegen ihn noch später durch Überläufer oder offizielle Verlautbarungen des KGB aufgeklärt worden. Er selbst hat bis an sein Lebensende auf alle diesbezüglichen Fragen eisern geschwiegen. Aus den KGB-Akten, die Mitrochin in den Westen geschmuggelt hat, geht hervor, dass einige amerikanische Eliteagenten, die schon vor Beendigung des Zweiten Weltkrieges für die Sowjetunion spioniert hatten, ab 1949 von Wiljam Fischer geführt worden sind, so Morris und Lona Cohen, der Atomphysiker Ted Hall und die 1953 zum Tode verurteilten Atomspione Ethel und Julius Rosenberg.

Das Leben als Mr. Goldfus war anstrengend. Man bedenke nur, wie zeitaufwendig es ist, Tote Briefkästen anzulegen, sie zu leeren und zu füllen.

Tote Briefkästen
Darunter versteht man Verstecke, die nur dem Spion selbst und den Personen bekannt sind, mit denen er zusammenarbeitet. Es kann sich beispielsweise um Baumhöhlen, nicht mehr benutzte Nistkästen oder verdeckte Mauerlücken handeln. Diejenigen, die über einen Toten Briefkasten miteinander in Verbindung stehen, brauchen sich nicht persönlich zu treffen und müssen einander nicht einmal kennen.

Hinzu kamen weite Reisen, um andere Agenten zu treffen, Nachrichten der Zentrale zu enschlüsseln, Dokumente bis zur Punktgröße der Schreibmaschinenschrift zu verkleinern und in die Heimat zu senden, daneben ein normales Leben als Kunstmaler zu führen... Es wurde zu viel und Wiljam Fischer wurde mit den Jahren nicht jünger. Er bat die Zentrale dringend um Unterstützung durch einen guten Assistenten. 1952 wurde sein Wunsch erfüllt. Man schickte ihm **Reino Hayhanen**.

Wer war das? Die verschiedenen Darstellungen seines Lebenslaufs stimmen in den Grunddaten überein, variieren aber in Details. Mit einiger Sicherheit ist anzunehmen, dass Reino Hayhanen sein wirklicher Name war. Er wurde am 24. Mai 1920 als Bauernsohn in Karelien geboren und arbeitete bereits mit neunzehn Jahren kurzfristig als Grundschullehrer im Leningrader Gebiet. Neben Russisch sprach er perfekt Finnisch und wurde deshalb im russisch-finnischen Krieg 1940 als Dolmetscher beschäftigt. Danach wurde er in die KP aufgenommen und als hauptamtlicher Mitarbeiter des sowjetischen Geheimdienstes in den eroberten finnischen Gebieten eingesetzt. 1948 berief man ihn nach Moskau, um ihn ebenfalls für ein Leben als Illegaler in den USA vorzubereiten. Die neue Aufgabe erforderte die Trennung von der Ehefrau und den beiden Kindern sowie die Aneignung der englischen Sprache.

Reino Hayhanen

Außerdem erhielt er die Geburtsurkunde von Eugen Nikolai Maki, geboren am 30. Mai 1919 in Enaville im US-Bundesstaat Idaho. Diesen Mann gab es wirklich. Seine Mutter war Amerikanerin und sein Vater Finne, der 1905 nach Amerika ausgewandert war. 1927 kam die Familie in die finnischsprachige Karelische Autonome Sowjetrepublik, wo der Sohn ab 1938 für den sowjetischen Geheimdienst arbeitete, dem er auch seine Geburtsurkunde überließ. 1949 ging Hayhanen als Eugen Nikolai Maki nach Finnland und ließ sich in der Stadt Turku nieder.

Dort gab er sich als gewöhnlicher, arbeitsamer Bürger, der im Besitz einer amerikanischen Geburtsurkunde war. Nach einiger Zeit heiratete er die junge, blonde Finnin Hanna Kurikka. Die Tatsache, dass er in Russland bereits verheiratet war, störte dabei weder ihn noch den sowjetischen Geheimdienst. Die finnische Ehefrau gehörte eben mit zur Tarnung.

Am 3. Juli 1951 erschien Hayhanen bei der US-Botschaft in Helsinki, legte die Geburtsurkunde aus Idaho vor und erklärte, dass er in die USA zurückkehren wolle. Nachdem auch noch bestätigt worden war, dass er in Finnland niemals gewählt oder Militärdienst geleistet hatte, erhielt er einen echten US-Pass auf den Namen Maki. Im August 1952 ging er heimlich für drei Wochen nach Moskau und absolvierte dort ein Spezialtraining, bei dem ihm angeblich Mikrofilmtechnik und Chiffrierarbeit beigebracht worden ist. Dann kehrte er nach Finnland zurück und bereitete seinen Umzug in die USA vor. Am 20. Oktober 1952 traf er an Bord der ‚Queen Mary' in New York ein. Hanna folgte wenige Wochen später.

Fischer/Abel blieb trotz aller Arbeitsbelastung ein vorsichtiger Mann. Volle zwei Jahre vermied er jede persönliche Begegnung mit Hayhanen/Maki. Vielmehr bestimmte er den Ersten Sekretär der sowjetischen Delegation bei den Vereinten Nationen in New York, Michail Swirin, als Kontaktmann zu Hayhanen. Die beiden trafen sich unter Beachtung aller geheimdienstlichen Sicherheitsregeln an allen möglichen Orten in New York. Das waren oft nur zeitraubende Indianerspiele. So musste Hayhanen Pfeife rauchen, obwohl er Nichtraucher war, und eine blaue Krawatte mit roten Streifen tragen. Welche Aufträge er in dieser Zeit ausführte, blieb unbekannt.

Im April 1954 verließ Swirin fluchtartig die USA, weil die Spionageabwehr sich lebhaft für ihn zu interessieren begann. Fischer musste Hayhanen von nun an selbst führen, traf sich aber erst im August des Jahres persönlich mit ihm. Als Treffpunkt wurde die Herrentoilette eines Kinos in Long Island festgelegt. Hayhanen hatte wieder mit Tabakspfeife und rot-blauer Krawatte zu erscheinen. Auch ein Losungswort war vereinbart worden. Als Fischer erschien, sagte er zu Hayhanen nur: „Das Losungswort können wir uns sparen. Ich weiß, Sie sind der richtige Mann. Wollen wir gehen ?"[3]

Was nun folgt, spottet jeder Beschreibung, und noch heute rätseln Experten darüber, was den sowjetischen Geheimdienst bewogen haben mag, zwei derartig unterschiedliche Männer zur gemeinsamen Arbeit einzuteilen. Wahrscheinlich hat sich niemand dabei etwas gedacht – wie immer, wenn Verantwortliche unverantwortlich handeln.

Der asketische und stets hellwache Fischer empfand eine instinktive Abneigung gegen den dicken und untersetzten Mann, der langsam und träge war und offensichtlich ein zu inniges Verhältnis zum Alkohol unterhielt. Verwunderung und Abneigung stiegen, als sich herausstellte, dass Hayhanen nichts konnte und auch nichts lernen wollte:

– Fischer wollte einen Kurzwellensender betreiben, um direkte Verbindung mit Moskau aufnehmen zu können. Hayhanen fand einfach keinen passenden Standort.

– Fischer hatte einen Kurzwellenempfänger im Auto installiert, der in Tätigkeit trat, als er mit Hayhanen durch die Gegend fuhr. Er forderte seinen Beifahrer auf, die Nachricht zu notieren. Hayhanen konnte es nicht, weil er das Morsealphabet und den Code nicht beherrschte.

– Fischer schickte Hayhanen nach Colorado, um mit Sergeant Roy Rhodes Verbindung aufzunehmen, der bereits während seiner Dienstzeit an der amerikanischen Botschaft in Moskau für den sowjetischen Nachrichtendienst spioniert hatte. Hayhanen fand den Mann nicht. Weitere genau beschriebene Agenten konnte er ebenfalls nicht ausfindig machen.

– Fischer beauftragte Hayhanen, aus einem Versteck im Bear Mountain State Park im Norden des Bundesstaats New York 5.000 Dollar zu holen und dieses Geld Helen Sobel zu geben. Sie war die Ehefrau von Martin Sobel, der wegen Atomspionage für die Sowjetunion im Gefängnis saß. Hayhanen fand das Geld, steckte es in die eigene Tasche und erklärte Fischer, es ordnungsgemäß übergeben zu haben.

– Fischer brauchte Hilfe bei der Erledigung von Fotoarbeiten. Nachdem er Hayhanen das Entwickeln von Filmen und die Herstellung von Verkleinerungen mühsam beigebracht hatte, gab er ihm Geld für die Einrichtung eines Fotogeschäftes, in dem auch normale Kunden bedient werden sollten. Hayhanen mietete einen Laden in Newark, New Jersey, strich das Schaufenster mit undurchsichtiger weißer Farbe an und benutzte den Raum ausschließlich für lautstarke Zechgelage mit seinen Kumpanen.

Hayhanen hatte keine Lust mehr. Die tägliche Runde zu den Toten Briefkästen, das Anbringen von Markierungen, die ganze Geheimdienstroutine wurde ihm zu viel. Dazu kamen Fischers sarkastische Rüffel wegen seiner Unfähigkeit und Faulheit. Hayhanen trank immer mehr, weil er ein Versager war, und je mehr er trank, desto unfähiger wurde er als Spion. Die Ereignisse eskalierten:

„Bald standen im Gang [des Ladens] ganze Batterien leerer Flaschen. Die Nachbarn protestierten. Zwischen dem Ehepaar Hayhanen kam es immer häufiger zu ausfälligen Streitigkeiten, so dass von Nachbarn wiederholt die Polizei herbeigerufen wurde. Eines Tages betraten die Hayhanens gemeinsam einen Bäckerladen. Er war betrunken und begann in seiner Unzurechnungsfähigkeit mit Broten um sich zu werfen; Hanna klaubte sie vom Boden auf. Ein anderes Mal wies Hayhanen Stichwunden am Bein auf, und sein ganzer ‚Fotoladen' schwamm in Blut.

Polizei und Krankenwagen kreuzten auf. Es war ein ordentlicher Skandal. Hanna gab dieser Vorfall den Rest: Sie verschwand auf Nimmerwiedersehen."[4]

Fischer musste seinen Assistenten loswerden und schrieb deshalb im Januar 1957 einen umfassenden Bericht nach Moskau. Doch Hayhanen, Major des KGB, musste mit Vorsicht behandelt werden. Fischer verkündete ihm, dass er wegen guter Arbeit zum Oberstleutnant befördert worden sei. Außerdem sei ihm – mit dem Umweg über Paris – ein Heimaturlaub zugestanden worden. Hayhanen empfing von Fischer einen Pass auf den Namen Lauri Arnold Ermas, 200 Dollar Reisegeld und ein Schiffsticket für die ‚Queen Elizabeth', das er ungenutzt ließ. Fischer zwang ihn schließlich, sogar mit körperlicher Gewalt, auf das zweite erreichbare Schiff, die ‚Liberté'. In Paris angekommen, setzte sich Hayhanen weisungsgemäß mit dem sowjetischen Agenten in Verbindung, der ihn nach Hause lotsen sollte. Doch nachdem er weitere 200 Dollar und einiges französisches Geld kassiert hatte, meldete er sich in der Pariser Botschaft der USA als Überläufer.

Dort wollte ihm zunächst niemand glauben, denn das Botschaftspersonal hielt es für unmöglich, dass der KGB eine derartige Person als Spion ausgewählt hatte. Doch Hayhanen zeigte ihnen eine amerikanische Münze, die in zwei Teile zerlegt werden konnte und innen hohl war. Jetzt dämmerte es den Geheimdienstexperten in der Botschaft. Ein ähnliches Exemplar hatte ein Zeitungsjunge bereits im Juni 1953 erhalten, als er im New-Yorker Stadtteil Brooklyn Abonnentengelder kassierte. Er stürzte auf der Treppe eines Hauses, wobei ihm die Münze aus der Tasche fiel. Sie hatte sich geöffnet und enthielt ein dünnes Papier, das mit Zahlen bedeckt war. Der Zeitungsjunge hatte seinen Fund bei der Polizei abgeliefert, die ihn an das FBI weitergab. Dort hatte man Münze und Papier nach allen Regeln der Kunst untersucht und festgestellt, dass es sich um einen Zahlencode handelte, der aber nicht zu entziffern war. Der Fund blieb bei den Asservaten.

Hayhanen wurde nach New York rücküberstellt und – o Wunder – er konnte den vier Jahre vorher gefundenen Code tatsächlich entschlüsseln, denn es war zufällig sein eigener, den ihm der KGB zugeteilt hatte. Erst jetzt wurde er ernst genommen, denn er hatte bisher keinen anderen Agenten identifizieren und nur einige tote Briefkästen verraten können. Wie kam man aber an Fischer heran? Hayhanen kannte ihn nur unter dem Decknamen Mark. Wo er wohnte und sich gewöhnlich aufhielt, wusste er nicht. Schließlich fiel ihm ein, dass ihn Mark ein einziges Mal mit in das Atelier in Brooklyn genommen hatte, um ihm eine Kamera für das „Fotogeschäft" in Newark zu übergeben. Das war ein schwerer Verstoß gegen die vorgeschriebenen Regeln der Konspiration gewesen, doch Fischer war in dieser Zeit völlig überarbeitet und hatte sich bestimmt nicht vorstellen können, dass Hayhanen, der zugegebenermaßen dumm und faul war, einmal überlaufen würde. Doch Spione, die die Nerven verloren haben, sind eben unberechenbar.

Nachdem Hayhanen dem FBI die Adresse des Ateliers in Brooklyn genannt und eine Beschreibung von Mark gegeben hatte, war alles, was nun folgte, Routine. Sieben Wochen lang beobachteten FBI-Agenten das große Haus, befragten die Mieter und erfuhren von der Existenz eines Emil Goldfus, der gerade verreist war. Am 28. Mai 1957 beobachteten sie erstmals auf einer Parkbank in der Nähe einen Mann, auf den die Beschreibung passte, aber er betrat das Haus nicht, sondern beobachtete es nur. Am 13. Juni sahen sie abends um 22 Uhr Licht im Atelier von Mr. Goldfus. Es wurde um 23.52 Uhr gelöscht und ein Mann mit Strohhut verließ das Haus, nahm die Untergrundbahn nach Manhattan und ging ins Hotel Latham. Zwei Tage später schossen die FBI-Agenten ein Foto, das sie Hayhanen zeigten, der spontan erklärte: „Ihr habt ihn!" Am 21. Juni 1957 griff das Verhaftungskommando zu.

Der Prozess gegen „Rudolf Abel" begann am 14. Oktober 1957 in New York. Den Namen Wiljam Fischer kannte weder das Gericht noch sein Verteidiger, und es gab keine rechtsstaatlich zulässige Möglichkeit, den Angeklagten zu einer Aussage zur Person oder zur Sache zu zwingen. Die Beweise für Fischers Spionagetätigkeit waren trotzdem eindeutig. Die Umstände der Einreise, die lange illegale Aufenthaltsdauer sowie die aufschlussreichen Funde im Atelier und im Hotelzimmer ließen gar keinen anderen Schluss zu. Außerdem stand der Anklagebehörde der Kronzeuge Hayhanen zur Verfügung.

Fischer stand völlig alleine. Die Verbindung zu Frau und Tochter in der Sowjetunion war seit der Verhaftung abgerissen. Die sowjetische Botschaft in Washington kannte ihn nicht und weigerte sich, ihn zu betreuen. Ein Anwalt, der zur KP der USA gehörte, lehnte seine Verteidigung „wegen Arbeitsüberlastung" ab. Obwohl Fischer die Todesstrafe drohte, schlug er ein Angebot zur Kooperation mit dem FBI aus, das ihm Straffreiheit gebracht hätte. Er weigerte sich auch, ein Geständnis abzulegen, um ein milderes Urteil zu erwirken.

Nach der Rechtsordnung der USA brauchte er jedoch unbedingt einen Verteidiger, und die Anwaltskammer von New York bestimmte dazu einen der besten Männer, den sie hatte. James B. Donovan war nicht nur ein glänzender Anwalt, sondern auch ein weitsichtiger amerikanischer Patriot. Vor Gericht zog er alle Register, um Fischer beizustehen, hob dessen untadeligen Charakter hervor und verlas rührende Briefe von Frau und Tochter seines Mandanten. Der Anklagevertreter stellte jedoch trocken fest, dass es nicht um Abels Charakter und seine Treue als Ehemann und Familienvater ging, sondern um Spionage.

Danach nahm sich Donovan den Kronzeugen Hayhanen vor, verhörte ihn und entlarvte ihn in seiner ganzen Miesigkeit. Trotzdem war an dessen Kernaussagen gegen Abel nicht zu rütteln. Schließlich wies Donovan darauf hin, dass man dem Angeklagten sein Schweigen vor Gericht und seine Weigerung, sich korrumpieren zu lassen, nicht nachteilig auslegen dürfe. Damit spielte der Verteidiger auf den Versuch an, Fischer zum Überlaufen zu veranlassen. Doch es half alles nichts. Obwohl die öffentliche Meinung in den USA zunehmend Sympathie für den Angeklagten entwickelte, erklärten ihn die Geschworenen für schuldig. Dem Richter blieb nur noch übrig, das Strafmaß festzusetzen.

Jetzt zog Donovan das letzte Register. Er bat den Richter in einem Brief, gegen den Angeklagten auf keinen Fall die Todesstrafe zu verhängen und führte neben vielen anderen Argumenten auch an, dass man ihn sicher eines Tages noch brauchen werde, um ihn gegen einen amerikanischen Spion gleichen Ranges auszutauschen, der sich in sowjetischer Hand befand. Der Appell hatte Erfolg. Am 15. November 1957 wurde das Urteil verkündet. „Rudolf Abel" erhielt eine dreißigjährige Haftstrafe. In der Urteilsbegründung sagte der Richter:

„Das Gericht weiß so gut wie nichts über das Privatleben dieses Mannes und seinen wirklichen Charakter. Da wir ohne jeden Einblick in die Seele des Mannes sind, der unter dem Namen Abel bekannt ist, müssen wir ihn aufgrund der vorhandenen Beweise als einen Menschen behandeln und beurteilen, der seinen Weg im vollen Bewusstsein der Gefahren und der Strafe wählte, die er im Fall einer Entdeckung und gerichtlichen Verfolgung zu gewärtigen hatte."[5]

Fischer wurde zur Strafverbüßung in die Bundesstrafanstalt von Atlanta verbracht und verhielt sich dort musterhaft. In der Gefängniswerkstatt unterrichtete er die künstlerisch interessierten Mithäftlinge, darunter Falschmünzer und Scheckbetrüger, und half mit, ihre schöpferischen Fähigkeiten in normale Bahnen zu lenken. Er entwickelte ein Siebdruckverfahren für die Herstellung von Weihnachtskarten, die die Häftlinge an ihre Verwandten und Freunde schicken durften. Drei Jahre hintereinander entwarf er die Karten selbst: ein russisches Wintermärchen, Schneeflocken in einer Steppenlandschaft und das Motiv der Hirten in Bethlehem. Als anspruchsvoller Leser hatte er die „New York Times" und die Zeitschrift „Scientific America" abonniert. Das Büro von Rechtsanwalt Donovan versorgte ihn regelmäßig mit Neuerscheinungen auf dem Gebiet der Kunstgeschichte.

Von Reino Hayhanen hörte man 1961 zum letzten Mal. Er soll entweder durch einen Autounfall ums Leben gekommen oder an Leberzirrhose gestorben sein. Das FBI, das ihn nach dem Prozess gegen „Abel" getarnt und versteckt hat, sagte dazu nur: „Kein Kommentar." Die in der Sowjetunion lebende Ehefrau hatte sich nach seinem Frontwechsel offiziell scheiden lassen und erhielt seitdem eine Rente vom KGB. Die finnische Ehefrau Hanna Kurikka blieb verschwunden.

Während Wiljam Fischer als „Abel" im Gefängnis saß, änderte sich draußen die Welt – auch die Welt der Geheimdienste. Besonders die Amerikaner begriffen, dass die Etablierung von Spitzenagenten, die sich mit Fischer vergleichen ließen, in der Sowjetunion nicht möglich war. Vierzig Prozent des Landes, darunter große Städte, waren für Ausländer gesperrt. Selbst Sowjetbürger konnten nicht frei durch das ganze Staatsgebiet reisen. Für bestimmte Routen brauchten sie Sondergenehmigungen. Um Spionage zu erschweren, gab es keine allgemein zugänglichen Eisenbahnfahrpläne, keine maßstabgerechten Wanderkarten und nur ungenaue Stadtpläne. Hotels waren an vielen Orten nicht vorhanden oder für Privatpersonen nicht zugänglich. Das Telefonnetz war äußerst unzulänglich. Unbeobachtete Zusammenkünfte zwischen Sowjetbürgern und Ausländern waren wegen der allgegenwärtigen KGB-Spitzel so gut wie unmöglich. Die meisten zivilen und militärischen Informationen, die in den demokratisch regierten Staaten frei zugänglich waren, galten in der Sowjetunion als geheim. In dieser Situation nutzten die USA ihre technische Überlegenheit, um sich die Informationen zu beschaffen, die sie durch konventionell arbeitende Spione nicht erhalten konnten. Sie starteten das U-2-Programm.

U-2

Unter Utility 2 oder kurz U-2 versteht man ein Gleitflugzeug mit einem einzigen Turbotriebwerk, das seit 1954 in den kalifornischen Lockheed-Werken gebaut und getestet wurde. Die langen Tragflächen mit einer Spannweite von 24,4 Metern, die leichte Bauweise und ein besonderer Treibstoff ermöglichten eine maximale Flughöhe von 30.000 Metern.

In einer Höhe von 21.000 Metern konnte die Maschine mehrere Stunden mit einer Geschwindigkeit von 800 km/h fliegen. In dieser Höhe war sie noch 1960 für sowjetische Kampfflugzeuge und Flakgeschütze unerreichbar und wegen ihrer Bauweise aus Sperrholz und Kunststoff durch Radar nur schwer zu orten. Nachteil der U-2 war, dass in einer Höhe von 27.000 Metern die Flamme des Triebwerkes wegen Sauerstoffmangel verlöschen konnte. Der Pilot musste dann im Gleitflug auf eine Höhe von 9.000 bis 12.000 Meter sinken, um sie wieder zu zünden.

Im Mai 1956 begann der Einsatz der U-2 für Spionageflüge über der Sowjetunion. Eingerichtet wurden vier Stützpunkten für je drei Maschinen in Lakenheath (Großbritannien), Wiesbaden (Deutschland), Incirlik (Türkei) und Atsugi (nahe der japanischen Hauptstadt Tokio).

In der Unterseite der U-2 Flugzeuge befanden sich sieben Kamerafenster, durch die mit Weitwinkelobjektiven permanent Bilder aufgenommen werden konnten. Die Kameras arbeiteten vollautomatisch und die Transportgeschwindigkeit der Filme war mit der jeweiligen Geschwindigkeit des Flugzeuges synchronisiert worden, so dass ständig scharfe Aufnahmen entstanden. Aus der Höhe von 15.000 Metern konnte man schon damals einen Golfplatz so genau fotografieren, dass die Golfbälle klar erkennbar waren.

Mit jeder der zwölf eingesetzten Maschinen sind in den vier Einsatzjahren bis zum 1. Mai 1960 insgesamt 150 Flüge absolviert worden. Das waren monatlich drei bis vier Einsätze pro Flugzeug. In dieser Zeit sind Flugplätze, Flugzeuge, Raketentests, die Lagerung von Spezialwaffen, Rüstungswerke und überhaupt alle wichtigen Produktionsstätten der Sowjetunion fotografiert worden. Außerdem bekam die CIA eine lückenlose Übersicht über Städte, Siedlungen und Militärstützpunkte, die bisher auf keiner Karte verzeichnet waren.

Bei Gefahr konnte der Pilot die Maschine durch eine Sprengladung vollständig zerstören, wobei bis heute unklar ist, ob er danach eine vernünftige Chance hatte, sich selbst zu retten.

Als Pilot für eine U-2 Maschine, die im türkischen Incirlik stationiert war, wurde **Francis Gary Powers** eingesetzt, ein Mann, der im Gegensatz zu Wiljam Fischer nur einen einzigen Namen und einen glasklaren Lebenslauf hatte, aber intellektuell und charakterlich ganz anders strukturiert war. Er wurde am 17. August 1927 im Kohlenrevier von Kentucky als Sohn eines Bergmannes geboren, der bei einem Grubenunglück verletzt wurde und danach seine Familie als Flickschuster ernährte. Francis war der einzige Junge unter vier Schwestern und sollte nach dem Willen des Vaters einmal Arzt werden. Die Schule schloss er mit Durchschnittsnoten ab. Am Milligan College in Tennessee besuchte er vorbereitende medizinische Vorlesungen. Seine Kameraden charakterisierten ihn als nett, schüchtern und unauffällig. Das College beendete er ebenfalls mit Durchschnittsnoten und erklärte seinem Vater, dass er einem Medizinstudium nicht gewachsen sei, „weil es zu lange dauert und man sich zu sehr plagen muss." Stattdessen wurde er Badewärter in einem Schwimmbad und meldete sich am Ende der Saison zur Luftwaffe.

Fliegen war das einzige, was den introvertierten und etwas antriebslahmen jungen Mann tatsächlich interessierte und begeisterte, seitdem er als Vierzehnjähriger einmal an einem Rundflug über seine Heimatstadt teilnehmen durfte. Powers brachte es 1954 bis zum Oberleutnant und Piloten für Düsenflugzeuge. Er heiratete im selben Jahr die hübsche achtzehnjährige Barbara Brown und blieb bis 1956 auf einem Stützpunkt bei Albany in Georgia. Weil sein Sold nur 700 Dollar pro Monat betrug, hielt er Ausschau nach einer Stelle als Zivilpilot. Private Fluggesellschaften lehnten ihn aber wegen seines vorgeschrittenen Alters von 27 Jahren ab. Doch ein Wetterdienst mit U-2 Flugzeugen, hinter dem natürlich die CIA stand, interessierte sich für ihn. Er quittierte seinen Dienst bei der Luftwaffe und nahm das Angebot an, für 2.500 Dollar pro Monat eine U-2 zu fliegen. So kam er 1956 nach Incirlik.

„Er war nichts weiter als ein guter Pilot, den die CIA eben wegen seiner Bravheit für diese Aufgabe ausgesucht hatte. Die CIA suchte keine überdurchschnittlichen Männer für dieses ‚Aufklärungsprogramm', sondern solche, denen soldatische Disziplin selbstverständlich war und die ein Flugzeug steuern konnten, nüchterne, verlässliche Leute mit solidem Lebenswandel, die bisher weder durch Fehler noch durch besondere Vorzüge aufgefallen waren."[6]

Für das, was ihm bevorstand, reichte das jedoch keineswegs aus. Er hatte keine Ahnung von der kommunistischen Ideologie. Die Theorien des Marxismus-Leninismus, das politische System der Sowjetunion und die dortige Herrschaftspraxis waren ihm nie erklärt worden. Nüchterne Vergleiche mit der politischen Ordnung in den USA und anderen Demokratien konnte er nicht ziehen. Kurz, er hatte gar keine Vorstellung von dem Gegner, gegen den er im Auftrag der CIA antreten sollte.

Hinzu kam, dass er nicht einmal in Spionagetechniken geschult worden war. Außerdem hatte er kein Überlebenstraining absolviert und verstand kein Wort Russisch. Für den Notfall hatte man ihm 7.500 Rubel, damals eine ungeheure Summe, Goldmünzen, goldene Ringe und zwei

Uhren mitgegeben. Zu seiner Ausrüstung gehörte ein Seidentuch mit lächerlichen Sprüchen in vierzehn Sprachen, darunter auch in Russisch der Satz: „Wenn ihr mir helft, werdet ihr belohnt werden." Für den Ernstfall hatte er einen Dolch und eine Pistole bei sich, aber auch eine mit Curare gefüllte Injektionsnadel, um Selbstmord zu begehen, falls er sich vor Folterungen fürchtete. Angesichts dieser Sachverhalte liegt die Frage nahe, welche Vorstellungen die Verantwortlichen in der CIA von der Bevölkerung der Sowjetunion hatten. Der Zynismus, mit dem Powers und seine Kameraden behandelt wurden, ist außerdem ein Kapitel für sich.

Es kam, wie es nach vier Jahren unentdeckter Erkundungsflüge eines Tages kommen musste. Am 1. Mai 1960, ausgerechnet am zweithöchsten Feiertag der Sowjetunion, startete Powers im pakistanischen Peschawar, flog in die Sowjetunion ein und hatte die Aufgabe, zunächst die Raketenbasis Tjura Tam östlich des Aralsees anzusteuern, dann die Kasachensteppe und den Ural bis Swerdlowsk zu überfliegen, Archangelsk und Murmansk anzusteuern und schließlich im norwegischen Bodö zu landen.

Schon beim Einflug war er von sowjetischen Radargeräten erfasst worden, blieb jedoch in seiner üblichen Flughöhe für alle Abwehrwaffen unerreichbar. Doch als er sich Swerdlowsk näherte, setzte das Triebwerk der Maschine aus. In der Hoffnung, es in dichteren atmosphärischen Schichten wieder zünden zu können, ging er auf 9.000 Meter herunter. Es gelang nicht. Da begannen um ihn herum Flakgeschosser zu krepieren und eine Rakete traf das Flugzeug. Powers sank weiter und stieg bei 4.000 Metern aus, ohne die Maschine vorher zu zerstören. Spätere sowjetische Untersuchungen ergaben, dass er sich andernfalls selbst getötet hätte, da im Flugzeugwrack kein Zeitzünder gefunden wurde, ohne den er keine Möglichkeit hatte, sich selbst vor der Explosion zu retten.

Powers absolvierte den ersten Fallschirmabsprung seines Lebens in einem Ernstfall. Dementsprechend war die Landung. Der benommene Pilot wurde von Kolchosbauern entdeckt und noch am gleichen Tag per Flugzeug nach Moskau gebracht.

Seit dem Nachmittag des 1. Mai 1960 wusste die Regierung in Washington, dass eine U-2 über der Sowjetunion verloren gegangen und das Schicksal des Piloten unbekannt war. Man schwieg sich erst einmal aus. Am 3. Mai erklärte der „Wetterdienst", für den Powers gearbeitet hatte, dass ein Wetterflugzeug vermisst werde. Der Pilot habe gefunkt, er leide an Sauerstoffmangel und es sei möglich, dass das Flugzeug irrtümlich den sowjetischen Luftraum verletzt habe.

Am 5. Mai verkündete Parteichef Nikita Chruschtschow, dass ein US-

Flugzeug über sowjetischem Gebiet abgeschossen worden war, schimpfte wie üblich über die imperialistischen amerikanischen Kriegstreiber, verschwieg jedoch den Ort des Abschusses und vor allem die Tatsache, dass der Pilot unversehrt gefasst worden war. Daraufhin wiederholte das amerkanische Außenministerium die Geschichte vom Wetterflugzeug.

Powers, der seit dem 1. Mai pausenlos verhört worden war, hatte jedoch bereits entscheidende Geständnisse abgelegt und unter anderem erklärt:

„Ich bekenne mich der Tatsache schuldig, sowjetisches Territorium überflogen und an Punkten, die auf meiner Karte angeben waren, die Spezialapparatur an meinem Flugzeug ein- und ausgeschaltet zu haben. Dies wurde mir, glaube ich, zum Zweck aufgetragen, Nachrichtenmaterial über die Sowjetunion zu sammeln.“[7]

Francis Gary Powers, Aufnahme in Moskau 1960

Deshalb fiel es Chruschtschow leicht, am 7. Mai während einer Sitzung des Obersten Sowjets (des Scheinparlaments der Sowjetunion) seinen Trumpf auszuspielen:

„Genossen, ich möchte euch ein Geheimnis erzählen. Als ich meinen Bericht abfasste, verschwieg ich absichtlich, dass der Pilot lebendig und sicher in unserer Hand ist und wir das Wrack des Flugzeuges haben. Dies geschah bewusst, denn wenn wir alles ausgeplaudert hätten, würden die Amerikaner sich wieder eine andere Version ausgedacht haben.“[8]

Dann erzählte Chruschtschow die Geschichte in allen Einzelheiten, wobei er sich auf die Angaben von Powers stützte, vermied es aber, den amerikanischen Präsidenten Eisenhower direkt anzugreifen, um ihm die Möglichkeit zu lassen, sich von seinem Geheimdienst zu distanzieren.

Doch in dieser Situation bewies Präsident Eisenhower eine in der Politik selten gewordene Charakterstärke. Er bekannte sich uneingeschränkt zu seiner Verantwortung für das U-2 Programm und ließ am 9. Mai seinen Außenminister Herter erklären:

„In Verbindung mit dem National Security Act von 1949 hat der Präsident seit Beginn seiner Amtszeit Direktiven wirksam gemacht, um mit allen erdenklichen Mitteln Informationen zu erhalten, die die Vereinigten Staaten und die ganze freie Welt gegen Überraschungsangriffe schützen und wirksame Verteidigungsmaßnahmen durchführbar machen sollen. Im Rahmen dieser Direktiven werden Programme aufgestellt und verwirklicht, zu denen ausgedehnte Luftüberwachung durch unbewaffnete Zivilflieger gehört, die gewöhnlich peripheren Charakter hat, gelegentlich jedoch auch tiefer eindringt.“[9]

Zwei Tage später bestätigte Eisenhower diese Erklärung noch einmal persönlich, indem er sie wörtlich wiederholte. Das hatte zunächst einmal negative Folgen für die Weltpolitik, aber positive Auswirkungen für die Lage von Francis Gary Powers.

Für den 16. Mai 1960 hatten sich die obersten Repräsentanten der vier Großmächte zu einem Gipfeltreffen in Paris verabredet. Es erschienen Nikita Chruschtschow für die Sowjetunion, Präsident Eisenhower für die USA, Ministerpräsident Macmillan für Großbritannien und Präsident de Gaulle für das gastgebende Frankreich. Chruschtschow kam ohne Umschweife auf die U-2 Affäre zu sprechen, verlangte von Eisenhower die Verurteilung der „unentschuldbaren Provokationen“, die Garantie, auf derartige Handlungen künftig zu verzichten und die strenge Bestrafung der Verantwortlichen durch die amerikanische Regierung. Eisenhower weigerte sich selbstverständlich, eine derartige Erklärung abzugeben. Daraufhin reiste Chruschtschow ab und die Gipfelkonferenz war geplatzt, ehe die eigentliche Arbeit begonnen hatte.

Mit Powers inszenierte die sowjetische Führung nun einen Schauprozess, aber in einer anderen Form, als man derartige Veranstaltungen bisher aus den kommunistischen Staaten kannte. Er brauchte durch die Darstellung seines Falles nur noch zu bestätigen, was durch die Erklärungen des amerikanischen Präsidenten offenkundig war. Außerdem kam es den Machthabern im Kreml darauf an, zu demonstrieren, dass man in Moskau zu einem „rechtsstaatlichen Gerichtsverfahren“ in der Lage war, in dem deutlich wurde, dass man nicht Powers, sondern Eisenhower für den eigentlich Schuldigen hielt.

Im Moskauer Gorki-Park wurde die fast unbeschädigte U-2 ausgestellt. Powers durfte sich das Flugzeug auch noch einmal ansehen. In Briefen an seine Frau schrieb er, dass er viel besser behandelt werde, als er erwartet hatte. Am 17. August 1960, Powers´ 31. Geburtstag, begann der Prozess im riesigen Säulensaal des Gewerkschaftshauses, einem ehemaligen Adelspalais. Die Vertreter der Weltpresse waren gekommen und wurden in ihrer Berichterstattung wirksam unterstützt. Gekommen waren auch die Ehefrau Barbara mit ihrer Mutter sowie die Eltern des Angeklagten. Ihnen wurde eine Loge eingeräumt. An jedem der drei Prozesstage waren 2.200 Zuhörer anwesend.

Powers beantwortete die Fragen des Anklagevertreters, die ihm synchron übersetzt wurden, gleichmütig und möglichst unpräzise. Er bestand darauf, nicht gewusst zu haben, welche Apparaturen sich in seiner Maschine befanden. Er habe niemals etwas über die Resultate seiner Flüge erfahren und nur Befehlen gehorcht. Dann legte er ein Reuebekenntnis ab, in dem er unter anderem sagte:

„Ich sehe ein, dass die Gipfelkonferenz als direktes Resultat meines Überfluges nicht stattfand. Auch ist die allgemeine Lage der Welt bedeutend gespannter geworden. Es tut mir wirklich leid, dass ich damit etwas zu tun habe."[10]

Der Staatsanwalt beantragte nicht die Todesstrafe, sondern beschränkte sich wegen der Reue des Angeklagten auf die Forderung nach fünfzehn Jahren Haft. Der Verteidiger schleuderte giftige und hasserfüllte Verbalattacken gegen den US-Imperialismus, den eigentlich Schuldigen, in den Saal und bat um ein mildes Urteil für seinen Mandanten, der nur ein Werkzeug gewesen sei. Das Gericht verurteilte Powers schließlich zu zehn Jahren Haft, wovon drei Jahre im Gefängnis und sieben Jahre in einem Arbeitslager zu verbüßen waren.

Nach der Verurteilung durfte Barbara Powers ihren Mann mehrfach im Gefängnis von Wladimir besuchen. Er wurde im Postzimmer der Haftanstalt beschäftigt und durfte pro Monat ein fast neun Kilogramm schweres Paket empfangen. Warme Kleidung und festes Schuhwerk bekam er auch. Es ging ihm, den Umständen entsprechend, erträglich, auf jeden Fall wesentlich besser als den meisten anderen sowjetischen Häftlingen.

In den USA tobte indessen eine wilde Diskussion über Powers. Immer wieder erklärten alle möglichen Leute, dass er kein Held gewesen sei, weil er sich nicht mit dem Flugzeug in die Luft gesprengt, später die Giftnadel nicht benutzt und schließlich beim Prozess keine gute Figur gemacht habe. Dem ist eine Menge entgegenzusetzen:

– Powers war sich nie bewusst, ein Spion zu sein, sondern höchstens ein Soldat mit einem besonderen Auftrag.

– In einem Land mit abendländischer Tradition darf man von einem Menschen höchstens verlangen, Gesundheit und Leben bei der Erfül-

lung seines Auftrags einzusetzen, nicht jedoch den Selbstmord fordern.
– Und schließlich: Wer hatte im sinkenden Flugzeug gesessen? Wer wurde nach dem Absturz verhört? Wer stand in der Sowjetunion vor Gericht, wo es keine amerikanischen Rechtsgarantien gab? Das war jeweils Powers und nicht einer von den vollmundigen Kommentatoren oder Leserbriefschreibern in amerikanischen Provinzblättern.

In den verantwortlichen Kreisen der USA dachte man zum Glück nüchterner und menschlicher. Jeder amerikanische Präsident nach dem Zweiten Weltkrieg hat sich seiner Landsleute angenommen, die im Ausland in Bedrängnis geraten waren. Die Bevölkerungsmehrheit erwartete das sogar von ihnen. Auch Eisenhower und sein Nachfolger Kennedy waren sich ihrer Verpflichtungen gegenüber Powers bewusst. Weil das auch der sowjetischen Führung bekannt war, begannen nach einiger Zeit ganz leise und vorsichtig allergeheimste Sondierungen, ob man nicht eventuell „Abel" gegen Powers austauschen könne.

Die Verhandlungen durften auf keinen Fall bekannt werden, denn das politische Klima zwischen den beiden Großmächten verschlechterte sich rapide weiter, und nach dem Bau der Berliner Mauer im August 1961 mussten besonders die Amerikaner gegenüber ihren Verbündeten jeden Anschein der Kungelei mit den Sowjets vermeiden.

Die sowjetische Seite musste dazu gebracht werden, sich zu „Abel" als ihrem Spion zu bekennen. Das wurde sehr schwer, weil die Sowjets versuchten, den ganzen Handel zur Aufwertung der DDR zu nutzen. Sie ließen durchblicken, dass „Abel" ein Deutscher aus der DDR sei und auch dort ein Staatsbürger der USA inhaftiert wäre. Sie spielten damit auf Frederic Pryor an, der wegen Spionage vor Gericht gestellt werden sollte und unter Umständen mit der Todesstrafe zu rechnen hatte. Hinzu kam, dass die Sowjetunion außer Powers den amerikanischen Studenten Marvin Makinen in Haft hielt, der zu acht Jahren Zuchthaus verurteilt worden war, weil er angeblich oder tatsächlich während einer Touristenreise Militäranlagen fotografiert hatte.

In dieser komplizierten Situation bat die amerikanische Regierung „Abels" Anwalt James Donovan um seine Hilfe. Er versagte sich nicht und tat das, was ein guter Anwalt und Patriot tut, wenn ihm sein Mandant am Herzen liegt, die Landsleute in der Haft nicht gleichgültig sind und die eigene Regierung um etwas bittet. Donovan schrieb Frau „Abel" einen Brief, deutete ihr an, dass er die Freilassung ihres Mannes erwirken könne und bat sie um ein Treffen in der sowjetischen Botschaft in Ost-Berlin. Sie war einverstanden. Donovan fuhr unter konspirativen Umständen am 27. Januar 1962 nach Berlin und traf am folgenden Tag in der sowjetischen Botschaft mit Iwan Schischkin zusammen, der angeblich dort Diplomat, in Wirklichkeit aber der Verantwortliche des KGB für Westeuropa war.

Schischkin stellte Donovan dort Frau „Abel,“ deren Tochter und deren Vetter, einen Herrn Drews, vor. Alle drei waren Bürger der DDR. Donovan sollte so verdeutlicht werden, dass das auch auf „Abel“ zuträfe und man deshalb mit der DDR verhandeln müsse. Den ganzen Humbug konnte der Anwalt schnell durchschauen. Nach einigen Fangfragen merkte er, dass die Vornamen der beiden Damen nicht stimmten und „Abels“ angebliche Tochter aus der DDR ledig war. Die richtige Tochter war verheiratet. Das stand in Briefen an seinen Mandanten.

Schischkin bestätigte schließlich die Zuständigkeit der Sowjetunion für „Abel“, willigte in den Austausch gegen Powers und Pryor ein und machte außerdem deutlich, dass Makinen in einem absehbaren zeitlichen Zusammenhang begnadigt werden würde. Wegen der Austauschmodalitäten für Pryor wurde Donovan allerdings an den Rechtsanwalt Wolfgang Vogel verwiesen, der formal Pryor vor Gericht vertrat. In erster Linie war Vogel jedoch schon damals der wichtigste Unterhändler der DDR-Regierung, wenn es um den Freikauf von politischen Häftlingen und den Austausch von Spionen ging. Vogel bestand darauf, dass Pryor an einer anderen Stelle als „Abel“ von den DDR-Behörden an die Amerikaner übergeben werden sollte, um die Eigenständigkeit der DDR sichtbar zu machen. Man einigte sich schließlich darauf, dass Pryor von Vogel zum Ausländerübergang in der Friedrichstraße gebracht und dort formlos freigelassen werden sollte. Am gegenüberliegenden „Checkpoint Charlie“ sollte er sich dann umgehend melden.

Am 10. Februar 1962, einem Sonnabend, war es soweit. Auf der Mitte der Glienicker Brücke, die die Havel überspannt und Potsdam mit Berlin verbindet, fand der erste Agentenaustausch zwischen Ost und West statt, dem viele weitere folgen sollten. Geschlagene 25 Minuten standen sich Powers mit seinen sowjetischen Bewachern auf der Ostseite und „Abel“ mit seinen amerikanischen Bewachern auf der Westseite gegenüber. Die Identifizierung war längst abgeschlossen. Ein ehemaliger Kamerad von Powers hatte die Identität des Fliegers mit der Person auf der Ostseite bestätigt. Auch die sowjetische Seite hatte sich vergewissert, wirklich ihren Mann auf der Westseite vor sich zu haben. Doch erst nachdem Donovan durch Zuruf erfahren hatte, dass sich Pryor in einem amerikanischen Auto am Checkpoint Charlie befand, wo ihn seine Eltern identifiziert hatten, gab er seine Einwilligung zum Austausch. „Abel“ und Powers hatten die vorletzte Nervenprobe hinter sich, die letzte erwartete sie zu Hause.

Donovan lernte Powers erst auf dem gemeinsamen Rückflug näher kennen. Der Pilot war erleichtert über seine Freilassung, bekundete dem Anwalt seine Dankbarkeit, sah aber der unmittelbaren Zukunft wegen seines Verhaltens in der Sowjetunion mit Sorge entgegen. Donovan erinnerte sich später so:

„Ich setzte mich Powers gegenüber an den Tisch und sah ihn lächelnd an. Er bestürmte mich mit Fragen. ‚Sie sind doch Rechtsanwalt', sagte er. ‚Ich werde vielleicht drüben einen Rechtsanwalt brauchen.'

‚Schön, Frank', sagte ich. ‚Sie können mich als Ihren Rechtsbeistand betrachten. Als Jahreshonorar fordere ich einen virginischen Räucherschinken, zahlbar jedesmal zu Weihnachten.' Er nickte eifrig und lachte. Ein merkwürdiger Mensch, dachte ich. Ein ausgezeichneter Pilot und hervorragender Fotograf – und nur unfreiwillig ein Spion. In Amerika hatte man ihn scharf kritisiert. Aber die Menschen sind ja nun einmal verschieden, man kann nicht von jedem alles erwarten.

Wir sollten Powers, bevor man mich nach Washington brachte, auf einem abgelegenen Militärflughafen in den Südstaaten absetzen. Ich habe ihn seitdem nicht wiedergesehen. Am 20. Dezember 1963 aber bekam ich eine Weihnachtskarte mit den Zeilen ‚Dank für alles – Francis Gary Powers'. Die Karte steckte in einem zwölfpfündigen virginischem Räucherschinken."[11]

Powers wurde sofort nach seiner Rückkehr vor einen Untersuchungsausschuss der CIA geladen, um festzustellen, ob er Verrat geübt oder seine Pflicht nach besten Kräften erfüllt hatte. Der ehemalige U-2 Pilot konnte bei der Anhörung darauf verweisen, dass er vor seinem Einsatz einen Vorgesetzten nach Verhaltensmaßregeln bei einer eventuellen Gefangennahme gefragt hatte. Die Anwort war: „Sie können ruhig alles sagen, denn die Russen bekommen es ohnehin aus Ihnen heraus."[12] Im übrigen wusste inzwischen jeder Amerikaner, dass Präsident Eisenhower selbst die Spionageaktion vor der Weltöffentlichkeit zugegeben hatte.

Man erklärte Powers für nicht schuldig und zahlte ihm sein ausstehendes Gehalt nach. Der menschliche Anstand hatte einen Sieg errungen. Ganz davon abgesehen, benötigten die USA inzwischen Leute wie ihn nicht mehr. Unbemannte Militärsatelliten hatten die U-2 Flugzeuge abgelöst, umkreisten die Erde und fotografierten jeden Winkel der Sowjetunion mit perfekten Kameras. Keine Rakete konnte sie treffen.

Powers' Ehe wurde nach seiner Rückkehr geschieden. Er nahm zunächst ein Angebot als Testflieger bei den Lockheed-Werken an, kündigte aber sofort, als er herausbekam, dass die CIA sein Gehalt zahlte. Im Auftrag eines kleinen kalifornischen Rundfunksenders arbeitete er anschließend als fliegender Verkehrslotse, um über Staus und Unfälle auf den Autobahnen zu berichten. Seine Arbeit machte ihm Spaß und die Hörer waren mit seinen Leistungen sehr zufrieden. Am 1. August 1977 starb Francis Gary Powers beim Absturz seines Hubschraubers über Los Angeles.

Die Umstände von „Abels" Rückkehr lösten Unmut bei Walter Ulbricht aus. Der SED-Chef beschwerte sich am 15. Februar 1962 bei Sowjetbotschafter Perwuchin darüber, dass die Regierung der DDR über den Austausch nicht ausreichend informiert worden sei. Außerdem rügte Ulbricht, dass in „Abels" Eskorte auf der Glienicker Brücke keine Soldaten der Nationalen Volksarmee vertreten waren und deutete dies als mangelnden Respekt vor der Souveränität der DDR. Dem mündlichen Protest ließ er eine diplomatische Note folgen.

„ ‚Abel' wurde in Moskau als Held begrüßt, wenn auch in aller Stille, und nacheinander vom KGB-Vorsitzenden Wladimir Semitschastny, vom Leiter der Ersten Hauptverwaltung, Alexander Sacharowski, und vom GRU-Vorsitzenden General Pjotr Iwaschutin empfangen. Auf Semitschastnys Anregung schrieb ‚Abel' einen Brief an Chruschtschow, um dem Parteichef für dessen vermeintlichen Einsatz bei seiner Freilassung zu danken: ‚Besonders berührt hat mich die Tasache, dass Sie neben der Vielzahl von Partei- und Regierungspflichten die Zeit gefunden haben, auch an mich zu denken.' "[13]

„Abel" wusste aber auch sehr gut, wem er wirklich viel zu verdanken hatte. Im August 1962 ließ er seinem Anwalt James Donovan ein Paket und einen Brief zukommen. Er lautete:

„Lieber Jim! Zwar bin ich kein Büchersammler und kein Rechtsgelehrter, doch hoffe ich, dass diese beiden alten Bücher, auf die ich durch einen glücklichen Zufall gestoßen bin, einen Seltenheitsgrad haben, der sie zu einer willkommenen Bereicherung Ihrer Sammlung macht. Nehmen Sie es bitte als Zeichen meiner Dankbarkeit für alles, was Sie für mich getan haben. Bitte überabeiten Sie sich nicht, schonen Sie Ihre Gesundheit! Ergebenst Ihr Rudolf"[14]

Im Paket lagen zwei seltene Ausgaben der Kommentare zum Codex Justinianus aus dem 16. Jahrhundert in lateinischer Sprache, in Pergament eingebunden.

1968 trat „Rudolf Abel" in dem sowjetischen Spionagefilm „Tote Saison" als Kommentator auf. Als der Film vom Fernsehen der DDR übernommen wurde, gewährte er dem SED-Zentralorgan „Neues Deutschland" am 21. März 1969 ein Interview, in dem er auch auf seine bisherige Tätigkeit einging:

„Die Arbeit eines Aufklärers ist reich an Augenblicken, da er Findigkeit, Initiative und Einfallsreichtum beweisen muss. Unter Wachsamkeit verstehen wir einen recht großen Komplex. Er umfasst das ständige Studium der Situation, in der man arbeitet, Beobachtungsgabe, Selbstkritik gegenüber seinen Handlungen und Worten, das Durchdenken aller seiner Handlungen, nicht nur im Zusammenhang mit seiner Arbeit, sondern auch mit allem, was mit der Umwelt, den Gewohnheiten und Sitten der Menschen zusammenhängt. ...

Meist ist unsere Arbeit einförmig, setzt sich aus einer ganzen Kette kleiner, wenig interessanter, jedoch häufig eine mühselige Kleinarbeit erfordernder Elemente zusammen, die nur in ihrer Gesamtheit das notwendige Ergebnis bringen."

Andrew und Mitrochin zeichnen, gestützt auf ihre KGB-Unterlagen, ein trübes Bild vom Lebensabend des Meisterspions:

„Der wirkliche Wiljam Fischer wurde zunehmend verbitterter. Nach seiner Rückkehr nach Moskau gab man ihm eine Stuhl in einem entlegenen Winkel der Illegalen-Direktion, verweigerte ihm aber sogar einen eigenen Schreibtisch. Als ein Freund ihn fragte, was er mache, antwortete er trostlos: ‚Ich bin ein Museumsstück.'"[15]

Am 15. November 1971 starb William Fischer in einem Moskauer Krankenhaus an Lungenkrebs. Erst auf seinem Grabstein durfte sein richtiger Name stehen.

1 Andrew/Mitrochin: Schwarzbuch des KGB, S. 212
2 Ebd., S. 212 f.
3 Die lautlose Macht. Bd. 2., S. 120
4 Ebd., S. 122
5 Gramont: Der geheime Krieg. TB-Ausgabe, S. 171
6 Ebd., S. 192
7 Ebd., S. 210
8 Ebd., S. 211 f.
9 Ebd., S. 212
10 Ebd., S. 218
11 Die lautlose Macht. Bd. 2, S. 159
12 Der Spiegel 1970/19/143
13 Andrew/Mitrochin: Schwarzbuch des KGB, S. 250
14 Die lautlose Macht. Bd. 2, S. 159
15 Andrew/Mitrochin: Schwarzbuch des KGB, S. 251

Hinweise

Zu William Fischer (meist als „Rudolf Abel")

Andrew/Mitrochin: Schwarzbuch des KGB, S. 212 f., 225, 229, 234, 236, 244-251, 253, 271, 278, 385, 461 f., 507 / Gramont: Der geheime Krieg. TB-Ausgabe, S. 30, 67, 109, 114, 122, 154-190, 219 f., 245, 248, 265, 273, 303 f., 371-375 / Joesten: CIA, S. 160-180 / Die lautlose Macht. Bd. 2, S. 106, 107, 109-115, 118-127, 142-149, 151-159 / Piekalkiewicz: Weltgeschichte der Spionage, S. 12, 416, 440 f., 452, 460 / Polmar/Allen: Spy Book, S. 3 f. / Pötzl: Basar der Spione, S. 12, 63, 81 f., 84-87, 90, 93, 102, 104 ff., 107, 109-121, 123 ff., 127 f., 131 f., 134, 220, 302, 310, 337, 418 ff. /

Neues Deutschland, 21. 3. 1969 / Westdeutsche Allgemeine Zeitung, 20. 12. 1990 / Der Spiegel 1957/37/46 f.; 1964/20/66-90; 1968/49/224; 1971/48/204 / Briefmarke mit dem Bild von „Rudolf Abel", Sowjetunion, 20. November 1990. Michel-Katalog Nr. 6134

Zu Reino Hayhanen

Andrew/Mitrochin: Schwarzbuch des KGB, S. 225, 245-248, 250, 278 f., 385, 461 f. /Gramont: Der geheime Krieg. TB-Ausgabe, S. 164-169, 174-185 / Joesten: CIA, S. 169-178 / Die lautlose Macht. Bd. 2, S. 118-125, 127

Zu Francis Gary Powers

Andrew/Mitrochin: Schwarzbuch des KGB, S. 249 f. / Gramont: Der geheime Krieg. TB-Ausgabe, S. 10, 127, 170, 191 ff., 201-210, 212, 214-220, 371-375 / Die lautlose Macht. Bd. 2, S. 127, 128, 129 f., 132-141, 139, 142 f., 145 f., 148-151, 153-155, 157-159 / Piekalkiewicz: Weltgeschichte der Spionage, S. 448 f., 451 f., 467, 525 / Polmar/Allen: Spy Book, S. 448 / Pötzl: Basar der Spione, S. 12, 63, 87-94, 99, 102, 104, 111-116, 118-121, 123 f., 127 f., 130, 132, 134, 175, 337, 419 f /

Der Spiegel 1960/21/55 f.; 1960/35/26-28; 1962/8/59 f.; 1970/19/143-156; 1971/33/108

Die lebenslange Fahndung nach Siegfried Dombrowski

Am Mittwoch, dem 6. August 1958 um 7.55 Uhr machte die Leiterin der Finanzabteilung der Verwaltung für Koordinierung im Ost-Berliner Stadtteil Grünau eine beunruhigende Entdeckung. Das Siegel an der Tür ihres Arbeitszimmers war erbrochen worden, ebenso das Siegel an der Tür des Panzerschranks, der im Zimmer stand. Als sie im Beisein von Vorgesetzten und Mitarbeitern den Schrank mit ihrem Schlüssel öffnete, stellte sie fest, dass das gesamte Westgeld des Amtes in Höhe von 71.700 DM fehlte. Um 8.30 Uhr meldete ein Chauffeur, dass Oberstleutnant Siegfried Dombrowski, den er wie immer morgens zur Dienststelle zu fahren hatte, nicht am Auto erschienen sei und sich offensichtlich auch nicht in seiner Wohnung aufhielt.

Die Aufregung war groß, denn die Verwaltung für Koordinierung war nicht irgendeine DDR-Behörde, sondern der Militärische Nachrichtendienst der Nationalen Volksarmee, der zweite, wenn auch wesentlich kleinere operative Geheimdienst des Staates neben dem SSD. Oberstleutnant Dombrowski hatte nicht nur den zweiten Schlüssel für den Panzerschrank. Er war vor allem der stellvertretende Leiter des Amtes. Nur er konnte das Geld an sich genommen haben, und als im Laufe des Tages festgestellt wurde, dass er mit seiner Familie am Vorabend offensichtlich nach dem Westen geflüchtet war, begann eine hochnotpeinliche Untersuchung, die sich in umfangreichen Akten niederschlug. Sie haben sich bis heute erhalten.

Siegfried Dombrowski vor der Presse in Bonn, Januar 1959

Der dem Amt bekannte Lebenslauf des am 13. Oktober 1916 geborenen Siegfried Dombrowski bot keinen Anhaltspunkt für die Fahnenflucht und gleichzeitige „Republikflucht" des Offiziers. Er war im brandenburgischen Selchow aufgewachsen, hatte die Volks- und die Berufsschule besucht und als Mechaniker gearbeitet. Bereits 1928 war er Mitglied der kommunistischen Kinderorganisation „Rote Pioniere" geworden und 1933 in den Kommunistischen Jugendverband (KJVD) eingetreten. Nach Hitlers Machtübernahme gehörte er weiterhin einer illegalen Gruppe des KJVD in Kolberg an, wurde deshalb 1937 aus politischen Gründen verhaftet und verbüßte drei Gefängnisjahre in Berlin-Plötzensee. Nach dem offiziellen Haftende wurde er 1940 in das KZ Buchenwald verbracht und kam von dort aus 1943 in das KZ Maidanek, wo er Ende 1944 von der Roten Armee befreit wurde.

Nach einer kurzen Erholungspause besuchte er eine KPD-Parteischule in der Sowjetunion und wurde sofort nach Kriegsende hauptamtlicher Funktionär der KPD im Land Brandenburg. Von 1946 bis 1950 amtierte er als 1. Kreissekretär der SED im Oberbarnim sowie in Ruppin und trat dann als Politoffizier in die Kasernierte Volkspolizei und spätere Nationale Volksarmee ein. Einen Infanterielehrgang im Jahre 1955 musste er wegen Krankheit abbrechen. Er hatte zwei Kinder aus erster Ehe, die im April 1953 geschieden wurde. Mit seiner zweiten Ehefrau Gerda hatte er ebenfalls zwei Kinder. Mit ihr und den beiden noch nicht schulpflichtigen Jungen war er nach West-Berlin gegangen. Die Flucht in Zivil war vor dem Mauerbau problemlos, da man in der Regel die Sektorengrenzen unbeanstandet passieren durfte.

Einen Tag nach dem Verschwinden Siegfried Dombrowskis wurde sein Bruder Kurt, der in Selchow eine Gärtnerei betrieb, zu einer ersten Zeugenvernehmung beim SSD vorgeladen, die dreieinhalb Stunden dauerte. Zur Überraschung der Vernehmer trug er Details zum Lebenslauf seines Bruders vor, die mit dessen makellosem politischen Werdegang überhaupt nicht im Einklang standen. Im Vernehmungsprotokoll steht:

„Siegfried wurde im Jahre 1917 in Selchow geboren [offensichtlicher Irrrtum beim Geburtsjahr – d. Verf.] und besuchte auch dort die Volksschule. Etwa im Jahre 1931 begann er die Lehre als Schlosser, die er jedoch aus Abenteuerlust abbrach und anschließend mit Zigeunern in Richtung Hamburg wanderte, um sich als Schiffsjunge anheuern zu lassen. Meinem Vater gelang es damals, ihn in der Nähe von Hamburg aufzugreifen und nach Selchow zurückzuholen. Auf Veranlassung meines Vaters begann er dann die Lehre als Schmied in der Nähe von Teltow, die er jedoch ebenfalls aus mangelndem Interesse nicht beendete.

Im Jahre 1933 oder 1934 wurde er aus mir nicht mehr genau bekannten Gründen Angehöriger des Reichsarbeitsdienstes. Soweit ich mich erinnern kann, meldete er sich freiwillig zu diesem Dienst. Von dort desertierte er jedoch unter Mitnahme eines Fahrrades und hielt sich in der Folgezeit drei Tage in meiner damaligen Wohnung in Sagan auf. Anschließend verließ er diese wieder und wurde in einer mir nicht mehr bekannten Stadt durch eine Militärstreife aufgegriffen und zu einer zwei- bis dreijährigen Gefängnishaft verurteilt. Nach der Entlassung aus dem Gefängnis erhielt er durch mir nicht mehr genau bekannte Umstände Beschäftigung in einer mir nicht näher bekannten Seifenfabrik in Berlin."

In dieser und einer weiteren Zeugenvernehmung schloss Kurt Dombrowski aus, dass sein Bruder jemals einer kommunistischen Kinderorganisation oder später dem KJVD angehört haben könnte. Der Vater hätte aufgrund seiner eigenen politischen Einstellung derartige Aktivitäten sofort unterbunden. Die 1940 erfolgte Einweisung Siegfried Dombrowskis in das KZ Buchenwald habe keine politischen Gründe gehabt. Nach dem, was der Vater erzählt habe, hätte Siegfried nach den im Dritten Reich geltenden Maßstäben in asozialen oder homosexuellen Kreisen verkehrt, sei deshalb von der Gestapo festgenommen worden und ohne Gerichtsbeschluss ins KZ gekommen.

Am 8. August 1958 wurde schriftlich vermerkt, welche Aufgaben Siegfried Dombrowski als stellvertretender Leiter des Militärischen Nachrichtendienstes gehabt hatte:

„Ihm unterstanden in seiner Eigenschaft als Stellvertreter des Genossen Oberst SÄGEBRECHT die Kfz.-techn. Dienste, die Versorgungsabteilung, die Kaderabteilung und die Objektkommandantur. Darüberhinaus wurde er vom Chef der Verwaltung mit Aufgaben außerhalb seines Dienstbereiches betraut, wie Finanzkontrolle, Aussuchen von Objekten für die Funkabteilung u. ä.

DOMBROWSKI hat einen genauen Überblick über alle Belange der Verwaltung für Koordinierung, insbesondere über Struktur und Aufbau, Fernsprechanlage des Ministers für Nationale Verteidigung, Kaderpolitik [Personalplanung – d. Verf.], Nachrichtenverbindungen, Finanzwirtschaft, Alarmplanung usw.“

Besonders hervorgehoben wurde in den ab 8. August 1958 angefertigten Schadensfeststellungen, dass Dombrowski zwangsläufig das gesamte Personal der Dienststelle gekannt hatte und über Lebensgewohnheiten sowie persönliche Schwächen der einzelnen Mitarbeiter orientiert war. Bei Finanzkontrollen, an denen er teilgenommen hatte, bestand die Möglichkeit, die Personalien von im Westen eingesetzten Agenten festzustellen. Er war im Besitz aller Zweitschlüssel für die Panzerschränke der Verwaltung sowie der Zimmerschlüssel gewesen.

Am 20. August 1958 wurde der Bruder Kurt noch einmal vernommen. Dabei ergab sich, dass Siegfried Dombrowski erst seit Sonntag, dem 3. August 1958 konkrete Fluchtvorbereitungen getroffen hatte, in die er seinen Bruder einbezog. In zwei Koffern mit Wertgegenständen, die er bei Kurt Dombrowski abstellte, befanden sich auch drei Sparbücher mit Eintragungen über ungefähr 5.000 Mark der DDR sowie alle Vollmachten für die Empfänger, Verwandte seiner Frau in Radegast. Einen Versuch, Einrichtungsgegenstände seiner Wohnung oder seinen Pkw zu verkaufen, hatte der Flüchtling nicht gemacht.

Am 4. August 1958 unterrichtete er Bruder Kurt und dessen Ehefrau persönlich davon, dass er mit seiner Familie flüchten wolle. Als Fluchtgrund gab er an, dass sich eine Kommission im Verteidigungsministerium der DDR mit seiner Person beschäftige. Das habe ihm ein guter Freund mitgeteilt, der dort arbeitete. Wörtlich äußerte Siegfried Dombrowski: „Entweder werde ich degradiert oder ich kann auch bis zu fünfzehn Jahren Zuchthaus bekommen." Seine Ehefreau schloss sich dieser Einschätzung an.

Warum hatte Dombrowski Angst? Im Verteidigungsministerium war tatsächlich eine hochrangige Kommission zusammengetreten, die Vorschläge für die Verleihung einer Medaille an ehemalige Widerstandskämpfer gegen das NS-Regime zu unterbreiten hatte. Auch Dombrowski sollte zu den Auszuzeichnenden gehören. Er fürchtete aber, dass bei den notwendigen Überprüfungen sein wahrer Lebenslauf bis zum Kriegsende entdeckt würde, der eben nicht so antifaschistisch war, wie die Personalabteilung bisher angenommen hatte. Objektiv gesehen war seine Befürchtung jedoch unbegründet. Die Kommission hatte nichts Nachteiliges über ihn festgestellt und den ihn betreffenden Verleihungsvorschlag bereits an das Büro des Ministerrates weitergeleitet. Erst nach seiner Flucht wurden die Differenzen zwischen seinen amtlichen Angaben und der tatsächlichen Vita aufgedeckt.

Die Untersuchungsbehörden in der DDR zogen aus allen Indizien den Schluss, dass Dombrowski seinen Fluchtentschluss sehr spontan gefasst haben musste. In seiner Privatwohnung waren keinerlei nachrichtendienstliche Hilfsmittel gefunden worden, die man als Hinweise für die Zusammenarbeit mit einem westlichen Geheimdienst deuten konnte. Er hatte keine Akten oder Karteien mitgenommen, obwohl sie ihm genau so zugänglich waren wie das Westgeld.

Dombrowski floh in einer Zeit, in der die westlichen Geheimdienste, vor allem die der USA, eine neue Strategie entwickelten. Durch die immer schärferen Überwachungsmaßnahmen im gesamten Ostblock sowie die exorbitant hohen Strafen wegen vermeintlicher oder tatsächlicher Spionage war die Entsendung von Agenten aus dem Westen nahezu unmöglich geworden. Auch die Anwerbung von ständig im Ostblock lebenden Personen war nur noch sporadisch möglich und meist unergiebig. An wirkliche Geheimnisträger kam man nur sehr selten heran, weil sie strenge Kontaktverbote einhalten mussten, die Zusammenkünfte mit Bürgern aus nichtkommunistischen Staaten ausschlossen. So entschlossen sich die westlichen Geheimdienste mehr und mehr dazu, sich auf Überläufer aus dem Ostblock zu konzentrieren, das heißt auch, nicht nur auf sie zu warten, sondern gezielt hochkarätige Geheimnisträger zur Flucht zu veranlassen.

Deshalb kam Dombrowski der CIA und dem BND gerade zur rechten Zeit. Er hatte zwar bisher nicht mit ihnen zusammengearbeitet, was sie jedoch nicht hinderte, später der Presse das Gegenteil zu suggerieren. Kein Ostagent ist durch ihn entlarvt oder verurteilt worden, wie die Untersuchungsorgane der DDR später feststellten. Die Fakten, die er im Kopf hatte, wurden rasch unaktuell und damit wertlos. Allein mit seiner ungefährdeten weiteren Existenz im Westen konnte man jedoch anderen potentiellen Überläufern ein Signal geben, dass sich die Flucht auch für sie lohnen könnte.

Zunächst einmal half er der CIA bei Versuchen, bisherige Kameraden in den Westen zu locken, um sie zur Zusammenarbeit oder ebenfalls zur Flucht zu überreden. Die Akten aus der DDR lassen allerdings den Schluss zu, dass bei diesen Bemühungen nicht gerade Könner am Werke gewesen sind.

Kapitänleutnant Hofmann vom Militärischen Nachrichtendienst erhielt ab 21. August 1958 insgesamt vier Briefe an seine Privatanschrift, in denen der Empfänger nach West-Berlin eingeladen wurde. Der erste Brief stammte von Dombrowski selbst, alle anderen beruhten auf Angaben von ihm. Ungeschickterweise wurde dem Empfänger in den Briefen auch gedroht, über ihn Angaben beim Ministerium für Staatssicherheit zu machen, falls er nicht kooperieren würde.

Am 12. September 1958 erhielt Oberleutnant Pobbig einen Brief, in dem er oder seine Frau zu einem Besuch nach West-Berlin eingeladen wurden. Das Schreiben stammte von einem Vertreter der CIA, enthielt jedoch Angaben über Pobbig und seine Familie, die nur von Dombrowski stammen konnten. Am 28. Januar 1959 erhielt Oberstleutnant Schicht ebenfalls einen Abwerbebrief der CIA. Kein Brief war mit der Post gekommen, sondern von Unbekannten jeweils vor der Tür der Privatwohnung abgelegt worden. Alle Briefe sind unverzüglich von den Empfängern beim SSD abgegeben worden. Sicherheitshalber wurde Kapitänleutnant Hofmann nach Rostock versetzt. Oberleutnant Pobbig wurde, ebenfalls aus Sicherheitsgründen, aus der Armee entlassen, zog nach Leipzig um und erhielt dort eine Stellung in seinem Zivilberuf. Oberstleutnant Schicht wurde drei Tage nach dem Empfang des Briefes pensioniert.

Die materiellen Sicherheitsmaßnahmen spotteten jeder Beschreibung. Nicht nur sämtliche Schlösser und Schlüssel wurden ausgewechselt, sondern die Verlegung des Dienstsitzes in andere Gebäude wurde energisch betrieben. Der SSD warb eine weitere Reihe von Mitabeitern des Militärischen Nachrichtendienstes als Informanten an, die über ihre Kameraden sowie alle dienstlichen Vorkommnisse zu berichten hatten.

Am 21. Januar 1959 trat Dombrowski auf einer Pressekonferenz des Volksbundes für Frieden und Freiheit in Bonn auf. Die Geheimdienste konnten mit dem Effekt zufrieden sein, denn die Boulevardpresse titelte: „ÜBERGELAUFEN! Roter Spionage-Chef brachte Kreml-Geheimplan nach Bonn". Auch das, was die seriösen Medien anschließend berichteten, war entweder irreführend oder falsch. So schrieb z. B. „Der Spiegel" noch 1971 über Dombrowski:

„Einer dieser Spitzen-Agenten bot dem BND sogar die Gelegenheit, den militärischen Geheimdienst der DDR auf Jahre hinaus auszuschalten – der S.-Agent Siegfried Dombrowski, Oberstleutnant der Nationalen Volksarmee.

Der Fernfahrer-Sohn Dombrowski, Jahrgang 1916, gelernter Autoschlosser und Mitglied der kommunistischen Jugendorganisation, Widerstandskämpfer gegen den Nationalsozialismus, auf einer Agentenschule in Moskau ausgebildet, dann Politoffizier der Kasernierten Volkspolizei, war im September 1955 in eine mysteriöse Dienststelle in Ost-Berlin berufen worden. Sie trug den harmlosen Namen ‚Verwaltung für Koordinierung' (VfK) …

Doch der Oberstleutnant Dombrowski hatte eine Schwäche: Er liebte das gute Leben, er fuhr gerne nach Westdeutschland. Bei einem seiner Abstecher in den Taunus lernte ihn Ostern 1956 ein Geheimdienst-Profi kennen, der als Forscher für das Bundesamt für Verfassungsschutz und die CIA arbeitete. Der Vermittler bot Dombrowski ein Monatsgehalt von 800 Mark für den Fall, dass er sich entschließe, für die ‚bundesdeutsche Abwehr' zu arbeiten. Dombrowski akzeptierte. Später kamen CIA und Verfassungsschutz überein, den Agenten an Gehlens BND abzutreten; fortan lieferte Dombrowski sein Material nur noch an Pullach."[1]

Was nun noch alles im Bericht des Blattes folgt, ist im wahrsten Sinne des Wortes schwindelerregend. So habe Dombrowski postwendend über eine Konferenz führender Mitarbeiter der Militärgeheimdienste am 18. März 1958 in Moskau berichtet, an der aus der DDR auch General Linke teilgenommen hatte. Auszüge aus Linkes Tagebuch, die in Wirklichkeit auf einem anderen Weg in den Besitz der CIA gelangt waren, werden als Beweis präsentiert. Als beim KGB der Verdacht aufgekommen sei, dass Dombrowski ein Westagent sein müsse, sei es dem BND mit Hilfe von gefälschten Schriftstücken gelungen, den Verdacht von ihm abzulenken und stattdessen auf einen KGB-Oberst zu projizieren. Vorsichtshalber habe Dombrowski jedoch im August 1958 Order erhalten, noch möglichst viel Geheimmaterial zu fotokopieren und sich auf einen schnellen Abruf vorzubereiten. In der Weihnachtszeit 1958 sei er dann gekommen, weil die Sowjets das Ablenkungsmanöver durchschaut hatten.

Wieviel von diesem Unsinn bewusste Desinformation des BND war und was sich die Reporter des Blattes selbst aus den Fingern gesogen haben, wird wohl nie mehr zu klären sein. Viel schwerer wiegt die Tatsache, dass das Ministerium für Staatssicherheit seit Dombrowkis Flucht alle erdenklichen Anstrengungen unternahm, um seinen Aufenthaltsort im Westen festzustellen. Falls es nur darum gegangen wäre, ihn wegen des Gelddiebstahls zur Rechenschaft zu ziehen und dadurch seine Reputation zu vernichten, hätte zunächst eine Strafanzeige bei den zuständigen Behörden in der Bundesrepublik Deutschland oder in West-Berlin genügt. Einen Präzedenzfall gab es. Der ehemalige stellvertretende Vorsitzende der FDJ, Heinz Lippmann, war 1953 unter Mitnahme eines hohen Betrages aus der Westkasse der Organisation in die Bundesrepublik Deutschland geflüchtet und 1956 deswegen von einem westdeutschen Gericht zu einer Gefängnisstrafe verurteilt, aber natürlich nicht an die DDR ausgeliefert worden.

Dieser Weg war im Fall Dombrowski nicht gangbar und ist nach der Aktenlage deshalb auch nie erörtert worden. Die DDR hätte sich öffentlich dazu bekennen müssen, dass sie einen Militärischen Nachrichtendienst hatte, der über Operativgelder in westlicher Währung verfügte, die er zur Entlohnung seiner Agenten im Westen verwendete. Zu einem Gerichtsverfahren in der Bundesrepublik Deutschland hätten die Belastungszeugen aus der DDR anreisen müssen. Das alles war für die Staatsführung der DDR und den SSD völlig unannehmbar. Die Zielsetzung musste schon deshalb ganz anders sein. In den Akten steht:

„In der weiteren Bearbeitung des Operativvorganges ‚Nebelkrähe' müssen zwei Gesichtspunkte verfolgt werden:

Die Rückführung des Dombrowski auf das Territorium der DDR mit dem Ziel seiner Aburteilung.

oder

Die Liquidierung des Dombrowski an seinem Aufenthaltsort unter der Bedingung, dass ein solches Ereignis von der Presse aufgefangen und publiziert werden kann."

Auch BND und CIA machten sich im Hinblick auf diese Zielsetzung keine Illusionen. Sie gaben sich alle erdenkliche Mühe, die Familie Dombrowski zu schützen. Gleich nach der Pressekonferenz vom 21. Januar 1959 wurde sie in die USA verbracht, wo sie bis zum November des Jahres verblieb. Der Familienvater stand dort der CIA für Befragungen zur Verfügung und schrieb an einem Buch über seine Zeit in der Nationalen Volksarmee, das ihm 10.000 Dollar einbrachte. Zu Weihnachten 1959 bezog eine Familie Hirsch, die der Familie Dombrowski ungeheuer ähnlich sah, eine Wohnung in Dürnbach am Tegernsee. Dort wurde 1960 der älteste Sohn eingeschult. Hirschs lebten in auskömmlichen Verhältnissen. Der Vater arbeitete zunächst viel zu Hause, war aber auch häufig als Vertreter für einen bekannten Schulbuchverlag auf Reisen. Die Mutter war Hausfrau. Man bemühte sich um nachbarschaftliche Kontakte und unterhielt freundschaftliche Beziehungen zu ähnlich situierten Familien in der näheren Umgebung. An diesem Lebensstil änderte sich nichts, als die Familie im Laufe des Jahres 1962 in eine größere Wohnung in Bad Aibling verzog. In der Nachbarschaft wurde im Laufe der Jahre lediglich vermerkt, wann Herr Hirsch seinen Pkw wechselte.

Doch dem SSD entging nicht das geringste Detail. Gleich nach der Flucht der Dombrowkis begann er mit einer systematischen Postkontrolle bei der gesamten Verwandtschaft der Eheleute im Bereich der DDR, um so an die Privatanschrift der Familie zu gelangen. Außerdem wurde ein Neffe Dombrowskis, der in Westdeutschland wohnte, in die DDR eingeladen, um ihn zu befragen, ob er bereit sei, Dombrowskis Adresse festzustellen und mitzuteilen. Darüber hinaus sollte getestet werden, ob er dabei helfen könne, die „Rückführung oder Vernichtung des D. durchzuführen“. Eine Person aus dem Verwandtenkreis der Dombrowskis sollte den Auftrag erhalten, ständig alle Verwandten in der DDR zu besuchen oder anderweitig mit ihnen Kontakt zu halten, um etwas über den Verbleib der Flüchtlinge zu erfahren. Ob die ausersehenen Personen mit dem SSD kooperiert haben, ist nicht bekannt.

Natürlich waren die Eheleute Dombrowski von den Geheimdiensten, die sie schützten, eindringlich vor Unvorsichtigkeiten, besonders beim Postverkehr, gewarnt worden. An diese Warnungen hat sich der Ehemann offenbar strikt gehalten, die Ehefrau jedoch nicht immer. So schrieb sie am 30. August und am 29. November 1959 an die Adresse eines mit ihnen seit 1953 befreundeten Ehepaares nach West-Berlin. Im ersten Brief aus Washington berichtete sie über ihre Lebensverhältnisse in den USA und im zweiten Brief teilte sie ihre Adresse in Dürnbach am Tegernsee mit. Frau Dombrowski hat sicher nicht geahnt, dass zumindest einer der befreundeten Eheleute als ‚Geheimer Mitarbeiter Lenz‘ vom Westen aus für den SSD arbeitete. Er oder sie legte die Schreiben erstmalig im Februar 1960 vor und gab auch alle weiteren Postsendungen bis Juni 1960 dem SSD zur Kenntnis. In den Akten steht:

„Sofort nach Bekanntwerden der Anschrift … wurde ein zuverlässiger IM mit der Aufklärung derselben beauftragt. Erste Ermittlungen vom März 1960 haben ergeben, dass unter der angegebenen Anschrift tatsächlich eine Familie Hirsch wohnt und dass es sich hierbei ohne Zweifel um Dombrowski und seine Familie handelt, der dort unter dem Namen

Hirsch lebt. Vom IM wurden Fotoaufnahmen sowie ein Schmalfilm von der Familie Hirsch angefertigt, auf denen Dombrowski und Frau einwandfrei identifiziert werden konnten."

Es folgen Angaben über Kennzeichen und Marke seines Autos, die Namen der Söhne und Beschreibungen von Besuchern. Weiter heißt es in den Akten:

„Im Laufe des Jahres 1962 ist Familie ‚Hirsch' nach Bad Aibling verzogen, wo sie noch jetzt [folgt genaue Adresse und Lage der Wohnung] eine Neubauwohnung bewohnen, mit 4 Zimmern, 1 Küche, 2 Korridoren und 2 Toiletten. Die Wohnung ist modern und geschmackvoll eingerichtet. Schlüsselabdrücke der Wohnungstür liegen uns vor. Ab November 1962 wurde eine periodische Beobachtung der Wohnung der Familie ‚Hirsch' durch mehrere zuverlässige IM eingeleitet."

Nach der Aktenlage wurden im Februar 1963 Besucher der Familie Hirsch beobachtet und beschrieben. Im Januar 1964 wurde festgestellt, dass die Familie urlaubsbedingt abwesend war. Am 12. März 1964 wurde ein Besucher von Herrn Hirsch näher beschrieben. Selbstverständlich wird Hirschs Telefonnummer gemeldet. Dann eine weitere Steigerung der Überwachung:

„Ab Mai 1965 gelang es einem zuverlässigen GM [Geheimer Mitarbeiter] unserer Diensteinheit, persönlichen Kontakt zum Ehepaar ‚Hirsch' herzustellen. Dieser Kontakt wurde in der Folgezeit weiter ausgebaut, so dass es möglich war, ein konkreteres Bild über die Verhältnisse der Familie ‚Hirsch' zu erarbeiten."

Es folgen detaillierte Angaben über den Kaufpreis der Wohnung, die berufliche Situation von Herrn Hirsch und seine gesundheitliche Verfassung, die Namen, Anschriften und näheren Beschreibungen von Freunden der Familie, die Atmosphäre bei Geselligkeiten und andere Familieninterna. Frau Hirsch sei sehr aufgebracht gewesen, als der GM sie im November 1966 bei einem gemeinsamen Spaziergang fotografierte und habe die Herausgabe des Filmes verlangt.

Am 7. August 1977, neunzehn Jahre nach Dombrowskis Flucht, fiel der Postkontrolle des SSD ein Brief in die Hände, in dem Verwandte von Frau Dombrowki ihr zum Tode ihres Mannes kondolierten. Die für den Flüchtling zuständige Diensteinheit meldete den Tatbestand eine Woche später an die Vorgesetzten und machte in ihrem Schriftsatz auch Angaben über die Positionen der Söhne, die im Staatsdienst standen.

Am 24. August 1977 berichtete Frau Dombrowski, in einem Brief an Verwandte in der DDR, der selbstverständlich ebenfalls von der Postkontrolle abgefangen und fotokopiert worden ist, dass ihr Ehemann am 20. Juni 1977 beim Versuch eines Reifenwechsels auf der Autobahn zwischen Ingolstadt und Nürnberg einen tödlichen Herzinfarkt erlitten habe. Nicht nur dieser Tatbestand wurde wiederum in den SSD-Akten festgehalten, sondern auch alles, was sie ihren Verwandten über den weiteren beruflichen Werdegang ihrer Söhne mitgeteilt hatte.

Am 19. Juli 1978 raffte sich die Abteilung XXI des SSD schließlich zu einem ausführlichen Abschlussbericht und endlich zu einem Vorschlag auf:

„Es wird vorgeschlagen, den Operativvorgang … einzustellen und im Archiv der Abteilung XII unter Sperrvermerk abzulegen, da der Hauptverdächtige Dombrowski, Siegfried verstorben ist und zu seiner mitregistrierten Ehefrau keine ausreichenden Verdachtsgründe einer feindlichen Tätigkeit erarbeitet werden konnten."

Diesem Vorschlag eines Majors Mühlberg schloss sich der Vorgesetzte, ein Oberstleutnant Brehmer, an. Die lebenslange Fahndung nach Siegfried Dombrowski war nach zwanzig Jahren zu Ende.

1 Der Spiegel 1971/23/102

Hinweise
Die Fakten ergeben sich aus den Akten beim Bundesbeauftragten für die Unterlagen des Staatssicherheitsdienstes der ehemaligen Deutschen Demokratischen Republik (Aktenzeichen BStU, ZA, 265/2, Band 18).
Zeitungsartikel vor 1990 zur Thematik sind irreführend oder falsch. Ein Beleg dafür ist der angeführte Artikel in: Der Spiegel 1971/23/102-105.

Carl Wittig – ein Diener vieler Herren

Was den unscheinbaren Carl Wittig bewogen hat, fast sein ganzes Leben als Spion, genauer als Desinformant verschiedener Nachrichtendienste zu verbringen, anstatt sich journalistisch zu betätigen oder sich als Generalvertreter dem Vertrieb von Seife, Staubsaugern, vielleicht auch Bonbons zu widmen, wird wohl nicht mehr zu klären sein. Ganz bestimmt wollte er mit Spionage Geld verdienen – viel Geld, und ganz sicher war er kein Gesinnungstäter, denn eine Gesinnung hat er nie gehabt. Irgendwie muss ihn aber die mit der Spionagetätigkeit verbundene Illusion fasziniert haben, eigenständig an verborgenen Drähten ziehen zu können, um in der Öffentlichkeit stehende Personen zu vernichten. Vielleicht hat ihn trotz persönlicher Feigheit die ständige Gefahr gereizt, die mit dem Verkauf geheimer Nachrichten an miteinander auf Kriegsfuß stehende Kunden verbunden ist. Wir wissen es nicht, und vielleicht wusste er es selbst nicht, denn er hat seine Motive niemandem anvertraut. Freunde hat er am Ende seines Lebens nicht gehabt und Aufzeichnungen hat er nicht hinterlassen. Aber der Reiz des Geheimnisvollen und Gefährlichen muss es gewesen sein, der ihn antrieb, denn Geld verdienen kann man auch anders.

Carl Wittig als Zeuge in einem von Otto John angestrengten Berufungsprozess, Juni 1971

Fest steht, dass sich Wittig als Werkzeug benutzen ließ, um 1937 das Leben des Marschalls der Roten Armee und Konkurrenten Stalins, Michail Tuchatschewski, auszulöschen; und 1956 hat er die bürgerliche Reputation des ehemaligen Präsidenten des Bundesamtes für Verfassungsschutz, Otto John, nachhaltig vernichtet.

Wer war dieser Mann, den niemand genau kannte und zu dem sich seine Auftraggeber nie bekennen wollten? Rudolf Ströbinger macht in seinem Buch „Stalin enthauptet die Rote Armee“ die exaktesten Angaben über ihn.

Danach wurde **Carl Richard Albert Wittig** am 11. Juli 1900 in Berlin geboren. Es ist anzunehmen, dass er ein Gymnasium besucht und eine Zeit lang studiert hat. In einem wichtigen Brief wird er auch als Dr. Wittig angeredet, aber der Titel muss nicht stimmen. 1924 trat er als Referent bei der American Association of Commerce and Trade in Deutschland ein. Drei Jahre lang, von 1930 bis 1933, war Wittig politischer Berater von zwei Vorstandsmitgliedern des Elektrokonzerns AEG. In dieser Position lernte er General von Ludendorff kennen.

Seine Kontakte zu Ludendorff, der nach der nationalsozialistischen Machtübernahme ein Kritiker Hitlers geworden war, hatten für Wittig schlimme Folgen. Mitte 1933 wurde er von der Gestapo verhaftet und in das Konzentrationslager Oranienburg eingeliefert. Da er jedoch seit

1924 mit dem späteren nationalsozialistischen Reichsinnenminister Wilhelm Frick befreundet war, der sich sofort für ihn einsetzte, dauerte seine Haftzeit nur sechs Monate. Doch Frick tat noch mehr für seinen alten Freund – 1934 setzte er ihn auf die Gehaltsliste seines Ministeriums, und damit trat Carl Wittig in die Dienste der nationalsozialistischen deutschen Regierung.

Bald meldete sich bei ihm der eigentliche Interessent, der seine Kenntnisse und Fähigkeiten nutzen wollte – der Sicherheitsdienst des SS-Gruppenführers Reinhard Heydrich. Der innen- und außenpolitisch tätige nationalsozialistische Nachrichtendienst bat nachdrücklich um seine Mitarbeit und wurde nicht enttäuscht. Wittig wurde ein sehr zuverlässiger Agent, der Nachrichten aus seinem weitgefächerten Bekanntenkreis lieferte. Außerdem streute er auftragsgemäß unter Diplomaten, Künstlern und Journalisten richtige und falsche Informationen, die der Sicherheitsdienst gerne unter die Leute gebracht haben wollte. Gleichzeitig ebnete man Wittig den Weg zu vielen nationalsozialistischen Prominenten. „Gute Bekannte" wurden für ihn der SA-Adjutant Hitlers, Wilhelm Brückner, und Wilhelm Kube, der Fraktionsführer der NSDAP im Preußischen Landtag. Auch zu den Ministern Hjalmar Schacht und Joseph Goebbels fand er so viel Zugang, dass ihn ausländische Beobachter mit Diplomatenstatus bemerken mussten.

Einen Mann wie Wittig, der über so hochkarätige Verbindungen verfügte, begann man zu Empfängen und Vernissagen einzuladen. Vor allem aber hörte man ihm aufmerksam zu, und Diplomaten begannen ihren Regierungen zu berichten, was er zu erzählen hatte. Unter denen, die ihm aufmerksam lauschten, befand sich auch der Presseattaché der tschechoslowakischen Botschaft in Berlin, Camill Hoffmann, der Wittig seit der Jahresmitte 1934 kannte.

Man wusste in Berlin allgemein, dass Hoffmann, vor seiner Diplomatentätigkeit Feuilletonist bei bedeutenden Zeitungen im deutschen Sprachraum und Herausgeber lyrischer Werke, wesentlich größeren Einfluss auf die Prager Regierung hatte, als es seine offizielle Stellung in der Berliner Botschaft vermuten ließ. Er war ein wichtiger Experte für alle Vorgänge in den deutschsprachigen Staaten und hatte bei seinen Heimataufenthalten stets Zugang zu Präsident Masaryk, Außenminister Benes und dessen Nachfolger Krofta.

Ende Januar 1935 brachte Wittig die Aufzeichnung eines Gespräches zu Hoffmann, das er mit Hitler geführt haben wollte. Dabei habe Hitler seine grundsätzliche Russlandkonzeption vertreten, die darin bestand, die Sowjetunion zu vernichten, um für die deutsche Bevölkerung Lebensraum im Osten zu schaffen. Gleichzeitg habe er feindselige Ausfälle gegen die Tschechoslowakei gemacht, die „ein Geschwür im mitteleuropäischen Raum" sei. Natürlich hat sich Hitler nie mit Wittig unterhalten, aber die Absichtserklärung war echt. Reinhard Heydrich war auf die Idee gekommen, Wittig mit dieser angeblichen Gesprächsaufzeichnung zu Hoffmann zu schicken und erzielte damit einen durchschlagenden Erfolg.

Camill Hoffmann, der Wittig voll vertraute, unterrichtete zunächst den Botschafter Mastny über den Sachverhalt, danach Außenminister Benes, der wiederum die Regierungen Frankreichs, Großbritanniens und der Sowjetunion informierte. Benes wusste auch über den Informanten Bescheid und François-Poncet, der französische Botschafter in Berlin, erkundigte sich im Auftrag seiner Regierung bei Hoffmann ebenfalls über Wittig und erhielt selbstverständlich positive Auskünfte. Heydrich hatte erreicht, was er wollte. Seinem Agenten würde man in Zukunft alles glauben.

Doch wenden wir unsere Aufmerksamkeit nun einer anderen politischen Bühne zu. 1936 trieben in der Sowjetunion die Auseinandersetzungen Stalins mit seinen zahlreichen Gegnern in der Partei- und Staatsführung einem ersten Höhepunkt zu. Unter anderem trat der selbstbewusste und charismatische Marschall Michail Tuchatschewski für eine gut ausgerüstete professionelle Armee ein, die ausschließlich unter dem Kommando ihrer Offiziere stehen sollte. Politkommissare, die jeden Befehl der Kommandeure gegenzeichnen mussten, sollte es aus Effizienzgründen nie mehr geben.

Michail Tuchatschewski
1893 im Gouvernement Smolensk geboren. Berufssoldat. Absolvierte das 1. Moskauer Kadettenkorps und die Alexandrowski-Militärschule in Moskau. Ab 1914 Unterleutnant im Semjonowski-Leibregiment. 1914/15 sechs Auszeichnungen. 1915 deutsche Kriegsgefangenschaft. August 1917 Flucht aus der Festung Ingolstadt über die Schweiz nach Russland. Im Dezember 1917 gewählter Kompaniechef. April 1918 Eintritt in die Kommunistische Partei Russlands. Am 26. Juni 1918 im Alter von 25 Jahren Armeebefehlshaber. Schlug 1921 den antibolschewistischen Aufstand der Matrosen von Kronstadt nieder. Am Ende des Bürgerkrieges 1921 Befehlshaber der Westfront. Förderte die Entwicklung moderner Waffensysteme für eine offensiv ausgerichtete Armee mit einem großen Anteil an Berufssoldaten. Seine Deutschlandreise im Sep-

tember 1932 war die Krönung einer engen militärischen Zusammenarbeit mit der Reichswehr seit 1923. Der höchste Rang Marschall Tuchatschewskis bis kurz vor seiner Verhaftung war Erster Stellvertreter des Volkskommissars für die Verteidigung. Festnahme durch die sowjetische Geheimpolizei am 25. Mai 1937. Hinrichtung durch Erschießen am 12. Juni 1937.

Stalin, der jeder eigenständigen Armeeführung misstraute, wollte unbedingt die Wiedereinsetzung der Politkommissare als ständige Aufpasser der Kommunistischen Partei über die Offiziere. Besonders dem Marschall Tuchatschewski, der über ein hohes militärisches Fachwissen verfügte und mit vielen deutschen Generälen gut bekannt war, traute Stalin einen Militärputsch zu, um ihn von der Macht zu verdrängen.

In dieser Situation kam Michail Schpigelglas, stellvertretender Leiter der Auslandsabteilung im sowjetischen Geheimdienst, auf eine bizarre Idee, um Stalin behilflich zu sein. Schpigelglas fuhr im Spätherbst 1936 nach Paris, um den ehemaligen weißgardistischen General und Divisionskommandeur Nikolai Skoblin zu kontaktieren, der seit 1928 gegen hohes Honorar für den sowjetischen Geheimdienst arbeitete und ihn über alle Absichten und Aktionen der russischen Opposition im westeuropäischen Exil ins Bild setzte. Über Skoblins Charakter hatte Schpigelglas keinerlei Illusionen, denn er wusste, dass der ehemalige General auch als Agent für Heydrich arbeitete und bei dem SS-Führer in gutem Ansehen stand. Folglich machte Schpigelglas dem erschrockenen Skoblin zunächst klar, dass der sowjetische Geheimdienst zwar informiert war, aber gegen den Kontakt zu den Nazis nichts einzuwenden hatte. Skoblin wurde sogar eine generöse Erhöhung der sowjetischen Zahlungen versprochen, wenn er Heydrich über ein angebliches Komplott unterrichtet, das Tuchatschewski und andere Generale der Roten Armee gegen Stalin planten.

Der Doppelagent war einverstanden und erhielt nun von Schpigelglas genaue Instruktionen. Am Sonnabend, dem 5. Dezember 1936 traf Skoblin mit dem Nachtschnellzug aus Paris in Berlin ein und wurde sofort von Reinhard Heydrich empfangen. Auftragsgemäß berichtete er seinem Gastgeber folgenden „Sachverhalt“:

Eine Gruppe von Marschällen und Generälen der Roten Armee unter Führung des Ersten Stellvertreters des Volkskommissars für die Verteidigung, Marschall Michail Tuchatschewski, plant einen Militärputsch gegen Josef Stalin. Ihm angeschlossen haben sich der höchste Politoffizier der Roten Armee, General Jan Gamarnik, ferner einige Wehrkreiskommandeure, darunter Iona Jakir sowie ein Dutzend weiterer Generäle. Die Verschwörer stehen in enger Verbindung mit führenden Generälen der deutschen Wehrmacht. Es ist nicht auszuschließen, dass maßgebliche deutsche Befehlshaber seit Wochen die Putschpläne kennen. Skoblins Informationsquellen seien weißrussische Sympathisanten in höchsten Kreisen der Roten Armee. Einige Verschwörer hatten in der Armee des Zaren gedient, bevor sie zu den Bolschewiken überliefen.

Der misstrauische Heydrich machte sich Notizen, stellte Dutzende Fragen nach Namen und Einzelheiten, die der gut präparierte Skoblin alle zu seiner Zufriedenheit beantworten konnte. Für Heydrich stellte sich jetzt die Frage, was mit diesen Informationen anzufangen sei. Nach eingehenden Beratungen mit seinen Mitarbeitern unterrichtete er Himmler, der die Angelegenheit am 24. Dezember 1936 Hitler vortrug. Der Führer entschied im Sinne Heydrichs. Stalin sollten gefälschte Dokumente zugespielt werden, aus denen eine Beteiligung deutscher Generäle an den Plänen Tuchatschewskis zur Errichtung einer Militärdiktatur in der Sowjetunion hervorging. Hitler erwartete, dass Stalin aufgrund dieser „Beweise“ zuerst zuschlagen, die Führung der Roten Armee entscheidend dezimieren und dadurch ungewollt im deutschen Interesse handeln würde.

Natürlich verfügten die Fälschungsspezialisten des Sicherheitsdienstes über genügend Quellen, zum Beispiel die Kriegsgefangenenakte Tuchatschewskis, nach der man seine Unterschrift fälschen konnte. Es gab Manöverberichte der Reichswehr, in denen die Kooperation mit der Roten Armee geschildert wurde, Dokumente, Briefe, Verträge, die von sowjetischen Kommandeuren geschrieben oder mit Anmerkungen versehen worden waren sowie Schecks und Quittungen mit Unterschriften der sowjetischen Teilnehmer. Um nach diesen Vorlagen möglichst glaubhafte Falsifikate produzieren zu können, deren Widerspruch zu den Tatsachen nicht sofort erkennbar war, hatte Heydrichs Vertreter, Walter Schellenberg, den Auftrag erhalten, eine umfassende Studie über die Zusammenarbeit der Reichswehr mit der Roten Armee auszuarbeiten. Anfang Februar 1937 waren die „Beweise“ fertig.

Heydrich erhielt den Auftrag, der tschechoslowakischen Regierung das Tuchatschewski-Material zuzuspielen, in der sicheren Gewissheit, dass der nunmehrige Staatspräsident Benes es an Stalin weitergeben würde. Nachdem durch gesprächsweise Andeutungen Görings gegenüber dem tschechoslowakischen Botschafter Mastny das Terrain vorbereitet worden war, wurde Carl Wittig, der unredliche, aber glaubwürdige Vertrauensmann der Tschechen, zu Camill Hoffmann in Marsch gesetzt, um das Material zu übergeben, was er im Februar oder März 1937 auch brav getan hat. Auf die Kette Hoffmann-Benes-Stalin war Verlass.

Ob die Papiere bei der Liquidierung Tuchatschewskis und der vielen anderen sowjetischen Armeeführer wirklich noch eine entscheidende Rolle gespielt haben oder ob Stalins Wahnideen von einem bevorstehenden Militärputsch für das Endergebnis ausreichten, ist umstritten. Der Wunsch Hitlers, die Rote Armee durch die physische Vernichtung ihrer Heerführer entscheidend zu schwächen, ist jedoch erfüllt worden. Tuchatschewski wurde am 12. Juni 1937 erschossen. Andere sind ihm auf dem dunklen Weg vorangegangen und viele Kameraden sind ihm noch während der „Großen Säuberung" gefolgt.

Carl Wittig, der seinen bescheidenen Beitrag als Bote des brisanten Materials geleistet hatte, ist in der Folgezeit entweder nicht ausreichend beschäftigt worden oder er brauchte mehr Geld, als der Sicherheitsdienst ihm zahlen wollte. Auf jeden Fall hat ihn das Amtsgericht Berlin-Moabit laut erhalten gebliebener Akten aus dem Jahr 1939 wegen fortgesetzten Betruges zu zehn Monaten Gefängnis verurteilt. Er soll seine engen Kontakte zu Reichsinnenminister Wilhelm Frick, zum Stellvertreter des Führers Rudolf Heß, zu Reichsärzteführer Leonardo Conti und anderen führenden Nationalsozialisten dazu benutzt haben, illegale Geschäfte mit Arzneimitteln zu machen. Während oder nach der Gefängnishaft wurde Wittig in das KZ Sachsenhausen eingeliefert, von dort aus 1942 in das KZ Flossenbürg überführt und in den letzten Kriegsmonaten in das KZ Mauthausen verbracht. Die lange Strafe war vollkommen überzogen und lag, wie oftmals im Dritten Reich, jenseits aller rechtsstaatlichen Normen. Auf jeden Fall war der nationalsozialistische Sicherheitdienst einen Mitwisser eigener Untaten auf diese Weise erst einmal los geworden.

Über den Beginn von Wittigs Nachkriegskarriere schreibt Ströbinger:

„Nach der Befreiung des Lagers durch amerikanische Truppen begann wieder sein Aufstieg. Wittig wurde beauftragt, eine Untersuchung über die von der SS in Mauthausen verübten Greueltaten einzuleiten und damit belastendes Material für den späteren Mauthausen-Prozess zu sammeln. Lange blieb Wittig in Mauthausen nicht: Als die Amerikaner am 31. Juli 1945 das Lager den Sowjets übergaben, setzte er sich schnell nach Frankfurt ab. Hier nahm er sofort Verbindung mit der amerikanischen Besatzungsmacht auf. Ihr diente er, nach seinen Angaben, bis 1955 als Berater in allen Deutschlandangelegenheiten. Schwerpunkte seiner

Tätigkeit waren die Aufklärung nationalsozialistischer Verbrechen, die Suche nach untergetauchten hohen Funktionären der NSDAP, aber auch die Überwachung kommunistischer Untergrundorganisationen."[1]

Ob auf Drängen oder mit Billigung seiner amerikanischen Vorgesetzten, ob aus eigener Initiative – auf jeden Fall bringt sich Carl Wittig gleich nach Kriegsende wieder bei der tschechoslowakischen Regierung in Erinnerung und bittet, wie damals üblich, um einen Persilschein. Schließlich weiß Dr. Edvard Benes, der Präsident der Republik, doch genau, dass Wittig niemals Nazi gewesen ist und der Tschechoslowakei wertvolle Dienste geleistet hat. Und – o Nachkriegswunder – diesen Persilschein bekommt er auch. Ein amtliches Schreiben aus Prag lässt keinen Zweifel an Wittigs Lauterkeit und Rechtschaffenheit.

KANCELAR PRESIDENTA REPUBLIKY

Cis. R 15.086/46 Prag, den 24. Dezember 1946

Sehr geehrter Herr Dr. Wittig!
Der Präsident der Republik hat durch das tschechoslowakische Außenministerium vor ein paar Tagen Ihren werten Brief erhalten, in dem Sie ihm den Namen unseres gemeinsamen Freundes Legationsrates Camill Hoffmann und seine der Tschechoslowakischen Republik geleisteten Dienste in Erinnerung gebracht haben. Ihr Brief hat den Herrn Präsidenten schon aus diesem Grunde erfreut, denn auch er ist sich des ausgezeichneten Wirkens Camill Hoffmanns in Berlin bewusst. Aber in erster Reihe erfreut sich der Herr Präsident Ihres Briefes, weil dieser ein Beweis ist, dass Sie nach den vielen Jahren Ihres persönlichen Leidens während der Kriegszeit mit derselben Entschlossenheit, die Sie auch früher immer gekennzeichnet hat, bereit sind, die Augen vor keiner Realität zu verschließen, selbst wenn es sich um eine nicht gerade erwünschte Tatsache handelt. Ich denke dabei an Ihre Konstatierung der neuen Entwicklung in Deutschland.

Der Herr Präsident hat mich beauftragt, Ihnen, sehr geehrter Herr Wittig, seinen Dank für Ihren Brief auszusprechen. Er erinnert sich sehr gut an Ihre ihm durch Camill Hoffmann übermittelten vorzüglichen Informationen aus der Zeit des wachsenden Hitlerismus. Besonders stark eingeprägt bleibt in seinem Gedächtnis der Bericht vom März 1935 über ihre seinerzeitige Unterredung mit Hitler, in welcher Ihnen Hitler seine Absichten, die er hinsichtlich der Tschechoslowakischen Republik hatte, mitteilte. Die lebhafte und gleichzeitig ernste Wiedergabe des Gespräches mit dem nazistischen Führer konnte das Staatsoberhaupt eines bedrohten Volkes nicht ohne tiefen Eindruck lassen.

Sie wollten, wie Sie schreiben, sich von Camill Hoffmann die Bestätigung Ihrer gemeinsamen illegalen Zusammenarbeit erbitten. Nachdem leider unser Freund, ebenso wie auch seine Frau, in der Auschwitzer Gaskammer ihren Tod gefunden haben, ist dies unmöglich geworden. Nehmen Sie bitte diesen meinen Brief als Bestätigung dieser Tatsache an. Ich schreibe im Auftrage des Herrn Präsidenten der Republik, Dr. Edvard Benes, in meiner amtlichen Funktion und – wenn Sie wollen auch als Ihr Genosse aus K.L. Flossenbürg, wo ich in meiner Eigenschaft eines politischen Häftlings der Prager Gestapo das letzte Jahr meiner fünfjährigen Haft verbracht habe.

Indem ich Ihnen, sehr geehrter Herr Dr. Wittig, für Ihr weiteres Leben das Beste wünsche, zeichne ich als Ihr ergebener

Dr. Jan Jina
Chef der politischen Sektion
in der Präsidentenkanzlei

Herrn
Dr. Karl R. A. Wittig
Frankfurt a. M.
Wehrheimer Str. 9[2]

Carl Wittig blieb auch nach dem Zweiten Weltkrieg ein Mann, der jede alte Verbindung pflegte, neue Verbindungen knüpfte und alle Kontakte, die er hatte, gleichzeitig nutzte, wie unsinnig und gefährlich das auch immer sein mochte. Nachweislich arbeitete er für die CIA und andere amerikanische Nachrichtendienste mit speziellen Aufgaben. Ebenso nachweislich arbeitete er für das Bundesamt für Verfassungsschutz. In einer Strafanzeige gegen Wittig vom 16. März 1959 führte der ehemalige Präsident des Amtes, Otto John, aus:

„Ich werde als Zeuge aussagen und beeiden,

a) dass Herr Wittig mir bei seinem ersten Besuch bei mir im Amt (das Datum kann eventuell noch im Bundesamt für Verfassungsschutz in Köln festgestellt werden) gesagt hat, er sei zuvor in Marburg (Lahn) für einen amerikanischen Nachrichtendienst tätig gewesen, wolle weiterhin aber nicht mehr für einen ausländischen Dienst arbeiten und möchte gerne für das Bundesamt für Verfassungsschutz tätig werden,

b) dass Herr Wittig mich bei seinem ersten Besuch im Amt unter ausdrücklicher Berufung auf die Tatsache, dass er als politisch Verfolgter im KZ gewesen sei, gebeten hat, ihn bei der geheimen Nachrichtenbeschaffung des Bundesamtes für Verfassungsschutz zu verwenden.

Herr Regierungsdirektor Merz und Herr Oberregierungsrat vom Berge und Herrendorf vom Bundesamt für Verfassungsschutz in Köln können als Zeugen bestätigen, dass Herr Wittig auf seinen mir vorgetragenen Wunsch hin bei der geheimen Nachrichtenbeschaffung des Bundesamtes für Verfassungsschutz tätig war und dafür auch Geld erhalten hat.

Auch Oberst Lunding wird bekunden, dass Wittig sich nach dem Kriege bei ihm um eine Tätigkeit für den dänischen Nachrichtendienst beworben habe, allerdings vergeblich."[3]

Carl Wittig hat aber auch nachweislich für den Staatssicherheitsdienst der DDR und den tschechoslowakischen Nachrichtendienst gearbeitet und ist von beiden Organisationen dafür bezahlt worden. Wann er diese Arbei begonnen hat, kann nur geschätzt werden. Für die DDR arbeitete er vermutlich ab 1955 oder 1956, für die Tschechoslowakei wahrscheinlich ab 1958. Ob diese Zusammenarbeit im Auftrag oder in Übereinstimmung mit westlichen Geheimdiensten oder unabhängig von ihnen erfolgte, lässt sich bis jetzt nicht genau feststellen.

Eine offizielle Beschäftigung brauchte der Mann natürlich auch. Schließlich konnte er in seiner unmittelbaren Umgebung oder bei der Steuererklärung nicht angeben, dass er seinen Lebensunterhalt als Spion verdiente. Er gab den Pressedienst „Frankfurter Informationen" heraus, schrieb hin und wieder Zeitungsartikel und gab auf Befragen an, dass er für eine Frankfurter Großbank tätig sei. Im Blickpunkt der Öffentlichkeit hat er eigentlich nur ein einziges Mal gestanden, als er im Dezember 1956 vor dem Bundesgerichtshof in Karlsruhe als Belastungszeuge im Prozess gegen Otto John auftrat und wesentlich zur Verurteilung des Angeklagten beigetragen hat.

Otto John
Geboren am 19. März 1909 in Marburg. 1929 Abitur in Wiesbaden, danach Jurastudium in Frankfurt a. Main und Promotion. 1934-1937 Referendarzeit. 1937-1944 Syndikus bei der Deutschen Lufthansa.

Gehörte als aktiver Hitlergegner zu den Verschwörern des 20. Juli 1944. Nach dem Scheitern des Attentats auf Hitler gelang ihm am 24. Juli 1944 die Flucht nach Spanien und von dort aus über Portugal nach Großbritannien.

Arbeitete ab November 1944 bis zum Kriegsende unter Leitung von Sefton Delmer für den Soldatensender Calais. Wurde nach Kriegsende in Großbritannien als Rechtsanwalt zugelassen. Half 1946 bis 1948 bei der Betreuung und Rückführung deutscher Kriegsgefangener. Unterstützte die britische Anklagebehörde bei den Nürnberger Kriegsverbrecherprozessen, assistierte ihr 1949 gegen den deutschen Generalfeldmarschall Erich von Lewinski, genannt von Manstein, in Hamburg und trug wesentlich zu dessen Verurteilung bei. 1950 auf Wunsch der Briten und mit besonderer Befürwortung von Bundespräsident Theodor Heuß zum Präsidenten des Bundesamtes für Verfassungsschutz ernannt.

Am Abend des 20. Juli 1954 nach einer Gedenkfeier für die Opfer des Aufstandsversuches gegen Hitler aus West-Berlin verschwunden und in der DDR wieder aufgetaucht. Am 11. Dezember 1955 Rückkehr aus Ost-Berlin nach West-Berlin mit Hilfe des dänischen Journalisten Henrik Bonde-Henriksen. Am 22. Dezember 1956 Verurteilung zu vier Jahren Zuchthaus durch den Bundesgerichtshof in Karlruhe „wegen landesverräterischer Fälschung in Tateinheit mit landesverräterischer Konspiration im besonders schweren Fall". Vorzeitige Haftentlassung im Juli 1958. Mehrere spätere Versuche Johns, das Urteil gegen ihn aufzuheben, schlugen fehl, obwohl er bis zu seinem Tod aus dem politischen und publizistischen Raum immer stärkere Unterstützung erhielt. Starb am 26. März 1997 in Innsbruck.

Als Präsident des Bundesamtes für Verfassungsschutz ist **Otto John** eine problematische Figur gewesen. Er galt als Protektionskind der britischen Besatzungsmacht ohne Erfahrung in einer führenden nachrichtendienstlichen Position. In der täglichen Arbeit bewies er weder Fleiß noch Ehrgeiz. Offensichtlich hatte er keine Konzeption, wie er das Amt zu führen gedachte, denn sein Führungsstil war fahrig und unstet. Außerdem war er stark alkoholabhängig. Bundeskanzler Adenauer mochte ihn nicht und hielt ihn für unfähig. Der Präsident des Bundesnachrichtendienstes, Reinhard Gehlen, befehdete ihn wirkungsvoll. Ehemaligen Parteigängern des Nationalsozialismus, aber auch anderen Personen in führenden Positionen war er wegen seiner engen Zusammenarbeit mit den Briten während der Kriegs- und unmittelbaren Nachkriegszeit suspekt.

Als Otto John in der Nacht vom 20. zum 21. Juli 1954 aus West-Berlin verschwand und zwei Tage später eine Erklärung von ihm im DDR-Rundfunk ausgestrahlt wurde, in der er sich von der Regierung Adenauer distanzierte, die Übermacht ehemaliger Nazis in der Bundesrepublik Deutschland beklagte und die DDR-Regierung um Asyl bat, da glaubte man zunächst an eine Entführung und Erpressung des hohen Sicherheitsbeamten durch den KGB oder SSD. Unrühmliche Vorgänge dieser Art hatte es vor allem in West-Berlin zur Genüge gegeben.

Die Entführungsthese war jedoch nicht mehr glaubhaft, als John am 11. August 1954 bei einer Pressekonferenz der DDR-Regierung in Ost-Berlin auftrat, zu der auch westliche Journalisten zugelassen waren und unzensierte Fragen stellen durften. Er wiederholte und bekräftigte dort seine Abwendung von der Bundesregierung und seinen freiwilligen Übertritt in die DDR. Von dort aus wolle er den wieder erstarkenden Nazismus im Westen bekämpfen und seinen Beitrag zur friedlichen Wiedervereinigung Deutschlands leisten. Auch in der Folgezeit war für Beobachter aus dem Westen ersichtlich, dass sich John in der DDR relativ frei bewegte, ungezwungen auftrat und seine politischen Attacken wiederholte.

Am 12. Dezember 1955 unterrichtete Bundeskanzler Adenauer die überraschten Abgeordneten des Deutschen Bundestages und die ebenso überraschte Öffentlichkeit von der Rückkehr Otto Johns in den Westen. Der dänische Journalist Henrik Bonde-Henriksen hatte es auf Bitten des Prinzen Louis Ferdinand von Preußen und mit Kenntnis des Staatssekretärs im Bundesministerium für Justiz, Walter Strauß, geschafft, den ehemaligen Präsidenten des Bundesamtes für Verfassungsschutz in seinem Auto durch das Brandenburger Tor wieder in den Westen zurückzubringen. Der britische Geheimdienst soll in der Nähe des Überganges sogar Scharfschützen in Zivil postiert haben, um Johns Flucht auf jeden Fall gegen die kontrollierenden Volkspolizisten durchzusetzen.

Im Westen angekommen, behauptete Otto John unablässig bis zu seinem Tode, dass er von seinem damaligen Freund, dem Frauenarzt Wolfgang Wohlgemuth, in willenlosem Zustand nach Ost-Berlin entführt und dort von den Sowjets zum Bleiben gezwungen worden sei. Diese Version vertrat John auch als Angeklagter vor dem Bundesgerichtshof, als er sich dort im Dezember 1956 wegen seines Übertritts in die DDR zu verantworten hatte. Das Gericht glaubte ihm nicht, weil eine Menge

Indizien – und eine Zeugenaussage von Carl Wittig gegen die Behauptungen des Angeklagten sprachen.

Wittig erklärte dem Gericht, dass er John gleich nach dessen Pressekonferenz vom 11. August 1954 einen Brief geschrieben hätte. In diesem Schreiben habe er zum Ausdruck gebracht, dass er den Übertritt begrüße und die Erklärungen Johns in der DDR billige. Seine Haltung habe Wittig im Brief damit begründet, dass er die gleiche politische Einstellung wie John habe und sich als ehemaliger Widerstandskämpfer kameradschaftlich mit ihm verbunden fühle. In einem weiteren Brief habe Wittig John dann um eine Unterredung in der DDR gebeten und ihn schließlich am 13. Mai 1955 anlässlich der Schillerfeiern in Weimar im dortigen Hotel „Elefant" getroffen. John bestellte ihn für den nächsten Tag in einen größeren Raum neben der Empfanghalle des Hotels. Als Wittig dort erschien, zogen sich zwei Aufpasser oder Beschützer etwa acht Meter vom Tisch Johns zurück und nahmen hinter einem Mauervorsprung Aufstellung.

John habe Wittig bei dieser Zusammenkunft sein Herz ausgeschüttet, ihm volles Vertrauen geschenkt und sich nicht an die übliche Propagandasprache der SED gehalten. Er habe sich sogar über das Verhalten der deutschen Kommunisten ihm gegenüber beschwert und sich nur über die Vertreter der Sowjetunion positiv geäußert. Vor allem habe John bei dieser Gelegenheit erklärt, dass er nicht verschleppt worden sei, sondern sich nach einer Unterredung mit Vertretern der Sowjetunion entschlossen hätte, in der DDR zu bleiben und nicht wieder nach West-Berlin zurückzukehren. Er sei frei und könne sich frei bewegen.

So weit Wittigs Darstellung der Unterredung in Weimar, deren Kernaussagen er nicht zuerst dem Gericht vorgetragen, sondern bereits in der Pfingstausgabe der Frankfurter „Abendpost/Nachtausgabe" vom 28./29. Mai 1955 niedergelegt hatte. Als der Zeitungsartikel erschien, befand sich John noch in der DDR, und dieser Artikel war es, der Anklagebehörde und Gericht später auf die Idee gebracht hat, Wittig als Zeugen vorzuladen. Nach Angabe der Zeitung sei das Gespräch am Anfang nicht auf eine Publikation angelegt gewesen. Wittig und John hätten sich schon vor dem Zusammentreffen in der DDR gekannt.

Nach den Aktenfunden, die ab 1991 in der DDR gemacht worden sind, stimmt Wittigs Kernaussage. Besonders die ausgezeichnete Arbeit von Bernd Stöver „Der Fall Otto John" in den „Vierteljahrsheften für Zeitgeschichte" vom Januar 1999 lässt mit an Sicherheit grenzender Wahrscheinlichkeit die Feststellung zu, dass Otto John in der Nacht vom 20. zum 21. Juli 1954 von West- nach Ost-Berlin gewechselt ist, um mit Vertretern der Sowjetunion politische Gespräche zu führen und sich von ihnen unter mehr oder weniger großem Druck dazu bestimmen ließ, in der DDR zu bleiben.

In einer Mischung von Selbstüberschätzung, politischer Naivität und charakterlicher Labilität muss er sich zu diesem Schritt entschlossen haben. Als er merkte, dass die sowjetischen und deutschen Kommunisten ihn in der DDR nur mit belanglosen Propagandaarbeiten betrauten und ihm keinerlei politischen Einfluss einräumten, ist er aus Enttäuschung wieder in den Westen zurückgekommen. Hier tischte er dann die Lüge von seiner Verschleppung auf, an der er hartnäckig bis zu seinem Tode festhielt. Die Bundesrichter in Karlsruhe glaubten ihm die Verschleppung nicht. Dafür war nicht nur Wittigs Zeugenaussage maßgebend, sondern eine Überfülle von Indizien, auf die an dieser Stelle nicht näher eingegangen werden kann, weil es hier in erster Linie um Carl Wittig und nicht um Otto John geht.

Den Schuldspruch gegen John, für den sein freiwilliger Übertritt von West nach Ost eine wesentliche Bedeutung hatte, konnten die Richter 1956 nicht auf harte Beweise stützen, sondern vor allem auf die Unglaubwürdigkeit des Angeklagten, besonders seine wackligen Erklärungen dafür, dass er sich als angebliches Entführungsopfer frei bewegen, Gespräche und umfangreiche Korrespondenzen führen und nach vorangegangenen geheimen Verabredungen wieder in den Westen gelangen konnte.

Es stimmt durchaus, dass das Zuchthausurteil gegen ihn (siehe Kasten) damals auf recht unsicheren juristischen Beinen gestanden hat, und es ist sehr wahrscheinlich, dass einige Richter gegenüber dem Angeklagten voreingenommen waren, weil sie als frühere Nationalsozialisten Ressentiments gegen den ehemaligen Widerstandskämpfer hatten. Ungerecht oder falsch war das Urteil in der Sache jedoch nicht und ist bei späteren Überprüfungen durch andere Richter auch nicht wieder aufgehoben worden. Heute ist sogar erwiesen, dass John in der Sowjetunion und in der DDR während seines eineinhalbjährigen Aufenthaltes massiven Geheimnisverrat beging, was er ebenfalls bis zu seinem Tod abgeleugnet hat. Die Bundesrichter von 1956 verfügten damals über keinerlei Beweismittel für diese Tatsache und haben ihn deswegen auch nicht verurteilt.

Gegen die Aussagen Wittigs hat sich John 1956 zuerst nur mit dem Satz verteidigt: „Wittig spinnt!“ Als er jedoch begriff, welche Brisanz die Darlegungen des Belastungszeugen für ihn hatten, verwickelte er Wittig in einen Disput, indem er ihn fragte, ob er wirklich nie für einen in- oder ausländischen Geheimdienst tätig gewesen sei. Wittig bestritt das auch unter Eid vehement und leugnete außerdem, jemals bei John in

Köln vorstellig geworden zu sein, um vom Verfassungsschutz beschäftigt zu werden, weil er für die Amerikaner nicht mehr arbeiten wollte. Als John im Juli 1958 aus der Haft entlassen wurde, strengte er ein Strafverfahren gegen seinen Belastungszeugen an und stellte dabei darauf ab, nicht die eigentliche Zeugenaussage anzugreifen, sondern Wittigs Glaubwürdigkeit generell in Frage zu stellen. John konnte im März 1959 der Staatsanwaltschaft in Frankfurt a. Main genügend Beweismaterial und Zeugen dafür präsentieren, dass Wittig wegen fortgesetzten Betruges vorbestraft war und hinsichtlich seiner Behauptung, nie nachrichtendienstlich tätig gewesen zu sein, einen Meineid geleistet hatte. Als 1962 ein Strafverfahren eröffnet werden sollte, war der Beschuldigte bereits im Osten verschwunden und sollte erst 1970 wieder auftauchen.

Spätestens jetzt muss man sich fragen, wer oder was Wittig veranlasst hat, sich mit derart perfiden Methoden John im Osten zu nähern, einen Aufsehen erregenden Zeitungsartikel über die Begegnung zu schreiben und schließlich als Belastungszeuge gegen ihn aufzutreten. Fest steht, dass Wittig für Verfassungsschutz und CIA gearbeitet hat. Fest steht auch, dass er für den tschechoslowakischen und den DDR-Geheimdienst tätig geworden ist. Dafür wird später noch ein wichtiger Zeuge präsentiert werden. Außerdem arbeitete Wittig offziell als Journalist und gab einen Pressedienst heraus. Aus diesen Konstellationen ergeben sich drei Möglichkeiten:

1. Maßgeblichen Personen in den deutschen Sicherheitsbehörden war der Gedanke unerträglich, dass John als Entführungsopfer betrachtet werden könnte und deshalb trotz seiner von ihnen vermuteten Konspiration mit sowjetischen und deutschen Kommunisten weder moralisch gebrandmarkt noch juristisch verurteilt werden kann. Diese Personen oder Personengruppen haben Wittig auf Johns Spur gesetzt, als die ersten Nachrichten über dessen Rückkehrabsichten in den Westen gedrungen waren, und den Zeitungsartikel und schließlich die Zeugenaussage veranlasst.

2. KGB und SSD hatten großes Interesse daran, in der westlichen Propaganda nicht als Menschenräuber zu erscheinen, die sie im Falle John, im Gegensatz zu vielen anderen Fällen, auch nicht gewesen sind. Deshalb haben diese Nachrichtendienste Wittig zu seiner Annäherung an John und allen weiteren Handlungen bestimmt.

3. Wittig hat von sich aus gehandelt. Die Veröffentlichung des Aufsehen erregenden Zeitungsartikels, der ausnahmsweise der Wahrheit entsprach, konnte ihm dreifach nützen:

– Er verdient Geld und wertete sich als Journalist für brisante Nachrichten auf.

– Er bestätigte die Annahmen und Vorurteile gegen John bei vielen Angehörigen der bundesdeutschen Sicherheitsdienste.

– Er tat den Geheimdiensten und Propagandisten im Osten einen Gefallen, indem er den Artikel in einer westlichen Zeitung veröffentlichte.

Beweisbar ist bis jetzt keine der drei Möglichkeiten, jedoch ist die dritte, das Handeln auf eigene Faust, am wahrscheinlichsten. Geht man von ihr aus, so war die Vorladung als Zeuge vor dem Bundesgerichtshof nur eine zwangsläufige Folge für den Journalisten, nachdem John aus der DDR zurückgekehrt war. Auf jden Fall hat Carl Wittig mit seinem Artikel und seinem Auftritt vor Gericht das Geschäftsklima für sich nach allen Seiten wesentlich verbessert. Doch um die Jahreswende 1961/62 verschwand er in Ost-Berlin. Hatte er Angst vor dem bevorstehenden Meineidsverfahren?

Ladislav Bittman, ein tschechischer Geheimdienstoffizier, der 1968, nach dem sowjetischen Einmarsch in seine Heimat, in die USA geflüchtet ist, hat in seinem Buch „Zum Tode verurteilt. Memoiren eines Spions“ 1984 beschrieben, wie es wirklich gewesen ist.

> Ladislav Bittman
> 1931 geboren. 1950-1954 Jurastudium an der Prager Karls-Universität. Ab 1954 Geheimdienstoffizier. 1964-1966 stellvertretender Chef der Abteilung für Desinformation. Er und seine Mitarbeiter stellten unter anderem gefälschte Sensationsberichte her, durch die demokratische Politiker des Westens geschädigt oder Vorhaben demokratischer Staaten vereitelt werden sollten. Derartige „Berichte“ und „Analysen“ wurden westlichen Presseorganen zugespielt, die sie meist gutgläubig veröffentlichten. Beteiligte sich an der Demokratisierungsbewegung in der CSSR und versuchte, den Reformern zu nützen. Nach der sowjetischen Invasion in die CSSR im August 1968 floh er von Wien aus in die USA, wo er seitdem lebt und (zumindest bis 1998) als Direktor des Center für Desinformation an der Boston University in Massachussetts wissenschaftlich arbeitete. In deutscher Sprache liegen von ihm die Bücher „Geheimwaffe D“ und „Zum Tode verurteilt. Memoiren eines Spions“ vor.

Carl Wittig war nach Bittmans Darstellung eines Tages, noch vor dem Bau der Berliner Mauer, an der Pforte der tschechoslowakischen Botschaft in Ost-Berlin erschienen und hatte ein Gespräch mit jemandem vom Geheimdienst verlangt. Der Pförtner holte einen recht unbedarften Geheimdienstoffizier mit dem Vornamen Antos, der Wittig in das Sprechzimmer der Botschaft mitnahm und ihn noch am gleichen Tage als Agenten verpflichtete. Bittman schreibt, dass dieses Verfahren selbstverständlich gegen jede Geheimdienstregel verstieß, weil Betrüger, verkrachte Existenzen und Doppelagenten auf diese Weise immer wieder versuchen, ihre Dienste anzubieten. Antos, der ein Protektionskind bedeutender Parteigrößen in Prag war, hatte man dieses Fehlverhalten nachgesehen und als er abberufen worden war, musste Bittman den noch immer unüberprüften Agenten Wittig übernehmen, dem man den Decknamen „Witz" gegeben hatte.

Antos hatte Wittig bisher immer in der Botschaft empfangen, ihn in ein leeres Büro im zweiten Stock eingesperrt und ihn dort seine Berichte tippen lassen. Auch diese Verfahrensweise lag jenseits aller Geheimdienstvorschriften und war für alle Beteiligten viel zu riskant. Wittig konnte von Unberufenen erkannt und identifiziert werden. Falls er aber ein Doppelagent war, konnte er unerwünschte Einblicke in Botschaftsinterna nehmen. Bittman änderte diese Praxis, traf sich künftig mit Wittig in Ost-Berlin auf der Straße und fuhr ihn dann in eine konspirative Wohnung in Berlin-Karlshorst. Der Geheimdienstoffizier scheint nicht viel von ihm gehalten zu haben, denn er schreibt:

„Wie viele andere tschechoslowakische Agenten in der Bundesrepublik Deutschland auch, lebte der Doktor der Rechte Witz vom Journalismus. Er gab ein mehrseitiges, lichtkopiertes Bulletin heraus, das seine Abonnenten mit einer Handvoll Tratsch und Insider-Informationen aus Bonn und Frankfurt versorgte. Die gleichen Informationen verkaufte er, etwas mehr ausgeschmückt und gepfeffert, gegen einen Aufpreis auch an uns."[4]

Die neue Umgebung in der Karlshorster Wohnung gefiel dem Agenten nicht. Beim ersten Treffen bot Bittman ihm Kaffee an, stellte zwei volle Tassen auf den Tisch und ging in die Küche zurück, um Zucker zu holen. Von dort aus konnte er beobachten, dass Wittig, offenbar aus Angst vor einer Betäubung oder Vergiftung, schnell die Tassen austauschte. Bittman, der sich das Verhalten nicht erklären konnte, war der misstrauische und nervöse ältliche Mann unsympathisch, der offensichtlich Angst hatte und das auch im Gespräch zum Ausdruck brachte.

„Dann setzte er sich an die Schreibmaschine und begann die monatliche Ration an Bonner Tratschgeschichten zu tippen, für die er von uns 500 bis 700 DM bekam."[5]

Am wichtigsten ist jedoch, was Bittman über das Verschwinden seines Agenten zu berichten weiß:

„Dr. Carl Wittig war in der Tat … in Ost-Berlin verschwunden … doch war er in seiner Eigenschaft als nachrichtendienstlicher Betrüger und Agent des Westens … hinter den Mauern einer Untersuchungshaft gelandet. … Eine offizielle Anfrage beim Ministerium für Staatssicherheit hatte bestätigt, dass Wittig auch als DDR-Agent tätig war. … Aus der tschechoslowakisch-deutschen Analyse der Vergangenheit Wittigs und aufgrund von Hinweisen anderer Agenten, die zuvor niemand beachtet hatte, kam man zu einem eindeutigen Ergebnis: Wittig arbeitet auch für die Amerikaner.“[6]

Den Termin für die Verhaftung Wittigs nennt Bittman nicht genau, sondern legt ihn zwischen Dezember 1961 und Januar 1962. Das Nachrichtenmagazin „Der Spiegel“ gab, offensichtlich nach der Befragung der Ehefrau Thea Wittig in Frankfurt a. Main, Ende Februar 1962 an[7], denn am 19. Januar 1962 ist der später Verschwundene noch in der Praxis von Wolfgang Wohlgemuth in West-Berlin gewesen, der seit geraumer Zeit dort wieder lebte und arbeitete. Mit dem Arzt und angeblichen Entführer Johns hatte er über das bevorstehende Meineidsverfahren gesprochen. Ende Februar 1962 sei Wittig von einer erneuten Berlinreise nicht mehr nach Hause zurückgekommen. Im September 1963 erhielt Thea Wittig einen Brief ihres Mannes mit Absenderadresse aus Ost-Berlin, indem es heißt:

„Ich bin … hier im Februar [1962] in Untersuchungshaft genommen worden und inzwischen wegen Spionage zu einer Zuchthausstrafe verurteilt worden, die ich jetzt verbüße. Es kann sehr lange dauern, bis wir uns wiedersehen.“[8]

Nachdem die Untersuchungen der DDR-Behörden gegen Wittig abgeschlossen waren, aber noch bevor der Agent offiziell vor Gericht gestellt wurde, fand eine Auswertung im Ministerium für Staatssicherheit statt, an der Bittman als Vertreter des tschechoslowakischen Geheimdienstes teilnahm. Bei der Besprechung wurde er zum ersten Mal und in offizieller Form von folgenden Tatbeständen in Kenntnis gesetzt:

– Wittig hatte nicht nur für die DDR und die CSSR, sondern auch für die Amerikaner und den Verfassungsschutz gearbeitet.

– Die nachrichtendienstliche Zusammenarbeit zwischen Wittig und Camill Hoffmann vor dem Zweiten Weltkrieg erfolgte im Auftrag des nationalsozialistischen Sicherheitsdienstes.

– Wittig war der Bote für gefälschte Unterlagen, die Marschall Tuchatschewskis Hinrichtung bezwecken sollten.

Die Offiziere der Staatssicherheit kannten das Strafmaß für den Beschuldigten schon: 15 Jahre Haft. Kurz nach dieser Besprechung wurde Wittig tatsächlich zu dieser Strafe verurteilt, allerdings nur wegen Zusammenarbeit mit dem Verfassungsschutz und der CIA. Mit seiner Rolle in der Tuchatschewski-Affäre hat sich weder der SSD noch der tschechoslowakische Geheimdienst und schon gar nicht das Gericht weiter befasst. Bittman schreibt:

„Das war eine politisch allzu heikle Angelegenheit. Kein Richter hätte sich, ohne Moskaus ausdrückliche vorherige Genehmigung, eine derartige Unachtsamkeit erlauben können. Wittigs Rolle im Fall Tuchatschewski hatte mich überrascht, ich glaubte auch anfangs nicht daran. Eine Untersuchungshaft im kommunistischen Teil Deutschlands war kein Erholungsurlaub. Der sechzigjährige Wittig hätte leicht dem psychischen und physischen Druck erliegen und alles Mögliche erklären oder unterschreiben können. Doch die Entwicklung der nachfolgenden Ereignisse, vor allem aber die sowjetische Reaktion überzeugten mich allmählich, dass Wittig im hohen Spiel der Nazi-Geheimdienste gegen die Sowjetunion höchstwahrscheinlich eine wichtige Rolle gespielt hatte. Die Sowjets wurden über den Stand der Untersuchung und über Wittigs Aussagen informiert, zeigten jedoch keinerlei Interesse. Die Aufdeckung der historischen Wahrheit im Fall Tuchatschewski hätte den sowjetischen Geheimdienst in einem äußerst ungünstigen Licht erscheinen lassen können."[9]

Carl Wittig, dem Agenten für sechs Nachrichtendienste, hat dieses Desinteresse möglicherweise das Leben gerettet. 1969 oder 1970 wurde er von der Bundesregierung aus der DDR-Haft freigekauft. Ströbinger schreibt:

„Nach seinem Freikauf aus dem Gefängnis in Bautzen, wo er sieben Jahre verbrachte, trat der zwielichtige Wittig in Revisions- und Berufungsprozessen Dr. Otto Johns wiederum als Belastungszeuge auf. Im Jahr 1982 starb Carl Richard Albert Wittig in einem Altersheim im Taunus. Er war 82 Jahre alt geworden. Aufzeichnungen oder Tagebücher wurden in seinem Nachlass nicht gefunden."[10]

Damit endet auch meine Geschichte vom Agenten Wittig, obwohl sie nicht zu Ende ist und noch viele Fragen offen bleiben. Sein Charakter und seine eigentlichen Motive werden wohl für immer unergründbar bleiben. Doch auch das, was man noch aufklären könnte, ist aus den zur Zeit verfügbaren Unterlagen nicht zu klären, zum Beispiel,

– ob er im Auftrag westlicher Nachrichtendienste die Zusammenarbeit mit den östlichen Geheimdiensten gesucht hat;

– ob er im Auftrag von SSD und tschechoslowakischem Nachrichtendienst die Beziehungen zu Verfassungsschutz und CIA nicht abreißen ließ oder

– ob er nach dem Zweiten Weltkrieg auf eigene Kappe gleichzeitig für und gegen alle vier Dienste tätig gewesen ist. Die CIA und das Bundesamt für Verfassungsschutz schweigen sich aus. Die Behörde des Bundesbeauftragten für die Unterlagen des Staatssicherheitsdienstes der ehemaligen DDR darf Akten über Personen nicht mehr herausgeben, die für westliche Geheimdienste gearbeitet haben. Wenn die Materiallage besser wird, bleibt künftigen Historikern noch viel Arbeit übrig.

Ein Treppenwitz besonderer Art ist das steigende Ansehen von Otto John nach seiner Haftentlassung. Die Zahl derjenigen, die ihn lediglich für ein unschuldiges Opfer kommunistischer Verfolgung und von Intrigen ehemaliger Nazis hielt, vergrößerte sich von Jahr zu Jahr. Auch Carl Wittigs Persönlichkeit und sein zeitweiliges Verschwinden haben dazu beigetragen, Johns Behauptung von seiner Entführung immer glaubhafter erscheinen zu lassen. Obwohl er für die Justiz bei jeder Revisionsanstrengung von Mal zu Mal unglaubwürdiger geworden ist, haben sich immer mehr Politiker und Publizisten für ihn engagiert. Am 12. Dezember 1980 schrieb die Zeitung „Die Welt“:

„Obwohl Otto John 1956 vom Bundesgerichtshof wegen Landesverrats zu vier Jahren Zuchthaus verurteilt wurde, zweifeln in Bonn prominente Politiker heute zunehmend an seiner Schuld. Zu ihnen gehören der ehemalige Bundespräsident Walter Scheel und sein Amtsnachfolger Carl Carstens. Auch Willy Brandt, Franz Josef Strauß, Herbert Wehner, Wolfgang Mischnick, Ewald Bucher und Hans Katzer schließen eine gerichtliche Fehlentscheidung nicht mehr aus. Allen voran erklärt Johns einstiger Dienstherr, der frühere Bundesinnenminister Gerhard Schröder: ‚Ich bin überzeugt, dass Dr. John zu Unrecht verurteilt worden ist‘.“

Am 23. Februar 1986 lief in der ARD der Dokumentarfilm des Journalisten Christoph Maria Fröhder „Der Mann, der aus dem Westen kam“ , in dem erneut die Unschuld des Titelhelden Otto John betont wurde. Ladislav Bittman und Wittigs Frau Thea traten im Film auf und bekundeten ein weiteres Mal, dass der Belastungszeuge Carl Wittig für östliche Geheimdienste gearbeitet habe.

Ebenfalls 1986 begnadigte Bundespräsident von Weizsäcker Otto John und setzte ihm einen Gnadenunterhaltsbeitrag aus. In einem Brief vom 21. August 1986 schrieb ihm das damalige Staatsoberhaupt:

„In der Berichterstattung herrschten Sensationsneigung und Vorurteile vor, wie ich sie auch jetzt wieder anhand der Medien und der Korrespondenz beobachten muss. Um so mehr war es nach meiner Überzeugung notwendig, mit den bescheidenen Mitteln, die meinem Amt zur Verfügung stehen, einen Schlussstrich zu ziehen.“[11]

Am 14. Januar 1996 scheiterte Otto John trotzdem vor dem Kammergericht Berlin mit dem fünften Antrag auf Wiederaufnahme seines

Verfahrens. Das Gericht glaubte ihm nicht, besonders deshalb, weil immer mehr Unterlagen auftauchten, die gegen ihn sprachen.

Auch das hinderte den Journalisten und Drehbuchautor Wolfgang Brenner nicht, 1998, ein Jahr nach Johns Tod, den Roman „Der Patriot" vorzulegen, dessen nur wenig verfremdeter Titelheld der ehemalige Präsident des Bundesamtes für Verfassungsschutz ist. Kern der Handlung ist wieder das angebliche Intrigenspiel von ehemaligen Nazis und regierenden Kommunisten.

Ob die im Januar 1999 von Bernd Stöver in den „Vierteljahrsheften für Zeitgeschichte" vorgelegten Beweise für Otto Johns unrühmliche Rolle nach dem 20. Juli 1954 die Sympathisanten dieses Mannes noch eines Besseren belehren können, bleibt abzuwarten.

1 Ströbinger: Stalin enthauptet die Rote Armee, S. 192
2 Nach dem Faksimile in: ebd., S. 198
3 Nachrichtendienst aktuell, 6. 1. 1962, S. 14
4 Bittman: Zum Tode verurteilt. Memoiren eines Spions, S. 94 f.
5 Ebd., S. 96
6 Ebd., S. 106
7 Der Spiegel 1964/17/33
8 Ebd., 34
9 Bittman: Zum Tode verurteilt. Memoiren eines Spions, S. 109
10 Ströbinger: Stalin enthauptet die Rote Armee, S. 195 f.
11 Erwin Leiser: Der Fall Otto John. In: Frankfurter Allgemeine Zeitung/Magazin, 21. 4. 1995

Hinweise

Zu Carl Wittig

Bittman: Zum Tode verurteilt. Memoiren eines Spions, S. 90, 94-96, 99 f., 106-110 / John: Zweimal kam ich heim, S. 345 f. / Die lautlose Macht. Bd. 1, S. 77-91 / Morozow: Die Falken des Kreml (zu Michail Tuchatschewski) / Schellenberg: Aufzeichnungen, S. 43-50 (zum Fall Tuchatschewski)/ Ströbinger: Stalin enthauptet die Rote Armee, S. 37-53, 142 f., 180-199, 285 f./ Nachrichtendienst aktuell, 6. 1. 1962 / Der Spiegel 1964/17/28-34

Zu Otto John

Bailey/Kondraschow/Murphy: Die unsichtbare Front, S. 233-255, 338, 343, 541 f. / Koch: Die feindlichen Brüder, S. 65 ff., 71 ff., 168, 175, 269, 271, 362 / Peet: Der Spion, der keiner war, S. 197 f. / Stöver: Der Fall Otto John. In: Vierteljahrshefte für Zeitgeschichte, Januar 1999, S.103-136 /

Die Welt, 12. 12. 1980 und 3. 1. 1985 / Frankfurter Neue Presse, 20. 1.1986 / Hör zu, 14. 2. 1986 / Frankfurter Allgemeine Zeitung/Magazin, 21. 4. 1995 (Erwin Leiser: Der Fall Otto John) / Frankfurter Allgemeine Zeitung, 15. 1. 1996 und 25. 3. 1999 / Morgenpost, Berlin, 5. 3. 1998 / Welt am Sonntag, 14. 2. 1999

Zu Ladislav Bittman

Autobiographische Angaben in seinen Büchern: Geheimwaffe D. und: Zum Tode verurteilt. Memoiren eines Spions./ Boris: Die sich lossagten. Stichwort: Bittman, Ladislav /

Bild am Sonntag, 14. 10. 1984 / Die Welt, 10. 8. 1998

Der Maulwurf Heinz Felfe

Am 8. Juli 1963 nahmen auf der gepolsterten Anklagebank drei Herren Platz, die sich der besonderen Aufmerksamkeit der Öffentlichkeit sicher sein durften. Angeklagt wegen Spionage für den sowjetischen Geheimdienst (KGB) waren der 1902 geborene Angestellte Hans Clemens aus Köln, der 1903 geborene Düsseldorfer Geschäftsführer und Rechtsanwalt Erwin Tiebel und der 1918 geborene Heinz Felfe, Regierungsrat auf Probe im Bundesnachrichtendienst (BND). Gemeinsam war den drei Männern der Geburtsort Dresden, die Verachtung für die demokratische Staatsordnung, der Hass auf die Westmächte, besonders die USA, und vor allem ihre luftdicht konservierte nazistische Gesinnung.

Vom Spionagehandwerk verstanden die drei Angeklagten etwas. Schließlich hatten sie es als SS-Offiziere im Reichssicherheitshauptamt (RSHA), genauer im politischen Auslandsnachrichtendienst, gründlich gelernt. Das RSHA war als Behörde eine nationalsozialistische Neuschöpfung im Dritten Reich, die Heinrich Himmler unterstand. Den ihr zugeordneten politischen Auslandsnachrichtendienst leitete zuerst Reinhard Heydrich, ab 1941 Walter Schellenberg. Führungsoffizier in diesem Geheimdienst wurde man freiwillig und die Zahl der Anwärter war stets größer als der Bedarf des Amtes. Hauptgrund für die drei Ewiggestrigen, ihre Dienste nach dem Zweiten Weltkrieg dem KGB zu offerieren, war der schnöde Mammon. Sie brauchten Geld und erhielten es, sehr viel Geld sogar. In ihrer Mentalität unterschieden sie sich.

Hans Clemens, zu Prozessbeginn bereits schwer zuckerkrank, war eine Landsknechtsnatur, liebte das gute Leben und verkaufte sich an den, der ihm am meisten bot. Schon in der Voruntersuchung hatte er willig Fragen beantwortet, die andere Agenten belasteten, und gab die eigene Spionagetätigkeit unumwunden in dem Bewusstsein zu, dass er sowieso nicht mehr lange zu leben hatte. Noch vor Gericht war er stolz darauf, dass er bereits in den frühen dreißiger Jahren „die Kommune bekämpfte, wie sich's gehörte". Büroarbeit im RSHA habe ihm nicht gelegen. In der Endphase des Zweiten Weltkrieges schickte ihn seine Dienststelle nach Rom, gab ihm einen Zentner Dynamit mit und den Auftrag: „Arbeite wieder in Sabotage". In seiner sächsischen Heimat sei er als „der Schrecken von Pieschen" und in Italien als „der Tiger von Como" bekannt gewesen. Er war bis Anfang September 1949 in Italien festgehalten worden, weil er im Verdacht stand, während des Zweiten Weltkrieges an Kriegsverbrechen beteiligt gewesen zu sein. In Köln ließ er sich nach seiner Entlassung aus der Gefangenschaft nieder, und seine weiterhin in Dresden lebende Ehefrau wurde Ende Januar 1950 vom sowjetischen Geheimdienst beauftragt, ihn einmal zu besuchen und ihm ein Angebot zur nachrichtendienstlichen Zusammenarbeit zu machen, das er während eines Gegenbesuches in seiner Heimatstadt sofort annahm.

Hans Clemens. Der Mitangeklagte im Felfe-Prozess beim Betreten des Gerichtsgebäudes, Juli 1963

Dabei ließ er sich nicht nur von materiellen Motiven leiten, sondern auch von seinem Hass auf die Amerikaner, die ihn im Kriegsgefangenenlager schlecht behandelt hatten. Als ihm ein alter Bekannter aus der SS, Oberführer (Oberst) Wilhelm Krichbaum, Mitte 1951 eine Anstellung bei der Organisation Gehlen, der Vorläuferin des Bundesnachrichtendienstes, anbot, griff Clemens sofort zu. Zur Freude des KGB arbeitete er dann bis zu seiner Verhaftung in der Kölner Außenstelle des BND.

Erwin Tiebel entpuppte sich vor Gericht als ängstlicher Kleinbürger, der seine lukrative Nachkriegsposition nur ungern aufs Spiel gesetzt hatte, um seinen beiden alten Kameraden hin und wieder als Kurier zum

KGB zu dienen. Sein Tatbeitrag wurde schon von der Anklagevertretung als relativ gering eingeschätzt.

Die interessanteste Figur war der Hauptangeklagte **Heinz Felfe**. Seinem Leben und Treiben wollen wir uns ausführlicher widmen. Dabei sind wir auf Pressemeldungen und seine eigenen Angaben in der Autobiographie „Im Dienst des Gegners“ angewiesen, die er, lange nach dem Prozess, unter Aufsicht des KGB geschrieben hat. Die Prozessakten von 1963 sind aufgrund von Interventionen des BND auch jetzt noch nicht zugänglich.

Heinz Felfe

Heinz Felfe wurde am 18. März 1918 als Sohn eines Kriminalkommissars in Dresden geboren. Er besuchte ein Reformgymnasium bis zur Mittleren Reife und begann 1934 eine Lehre als Feinmechaniker. Bereits 1931 war er Mitglied des NS-Schülerbundes geworden und trat an seinem achtzehnten Geburtstag, am 18. März 1936, in einen Motor-Sturm der allgemeinen SS ein. 1938 wurde er zum Reichsarbeitsdienst (RAD) eingezogen und dort für das Langemarck-Stipendium ausgewählt, mit dem hochbegabten jungen Männern, die auf dem Boden der nationalsozialistischen Weltanschauung standen, ermöglicht wurde, in einem achtzehn Monate dauernden Lehrgang das Abitur nachzuholen.

Mit Kriegsbeginn im September 1939 wurde Felfe kurzfristig Soldat in einer SS-Verfügungstruppe und zog sich eine schwere Lungenentzündung zu. Da er deswegen langfristig nicht frontdiensttauglich war, wurde er im Oktober 1939 für den Abiturlehrgang beurlaubt und legte im März 1941 die Reifeprüfung ab. Als zum Studium abkommandierter Anwärter des leitenden Dienstes der Sicherheitspolizei blieb er weiterhin vom Kriegsdienst freigestellt, um an der damaligen Friedrich-Wilhelm-Universität (heute Humboldt-Universität) in Berlin Jura zu studieren. Die Bedingungen waren komfortabel. Neben einem für den Lebensunterhalt ausreichendem Stipendium erhielt er Büchergeld und Gebührenerlass. Im Juli 1942 unterbrach er das Studium, um bis März 1943 an einem Anwärterlehrgang für Kriminalkommissare teilzunehmen, den er als Lehrgangsbester abschloss.

Nach kurzfristiger Wiederaufnahme des Studiums trat Felfe im August 1943 in den politischen Auslandsnachrichtendienst des Reichssicherheitshauptamtes (RSHA) ein. Dort erhielt er ohne Fronteinsatz den Rang eines SS-Obersturmführers (Oberleutnant) und wurde nach kurzer Einarbeitung Leiter des Referats Schweiz/Liechtenstein, für einen fünfundzwanzig Jahre alten Mann eine beachtliche Karriere. In seiner Autobiographie offenbart er zwangsläufig, dass er für eine führende Tätigkeit im Nachrichtendienst beste Voraussetzungen mitbrachte. Er war hochintelligent, anpassungsfähig, verfügte über ein ausgezeichnetes Gedächtnis und hatte beachtliches Talent für die zu bewältigenden Aufgaben.

Seine kindliche Freude über chiffrierte Texte ist unübersehbar. So wurden Telegramme von ihm an seinen Agenten Daufeldt in der Schweiz nicht nur verschlüsselt. Auch der Klartext war ein Kauderwelsch, das kein Uneingeweihter verstehen konnte. In seiner Autobiographie schreibt er dazu :

„Ein Telegramm in dieser Art von mir an Daufeldt lautete ‚Dreikreuz hat Rot ab Geburtstag Onkel enterbt stop Felicitas Einkreuz, Doppelstrich, Nil'.

Im Klartext hieß es dann: ‚Reichsführer SS (Dreikreuz) hat Daufeldt (Rot) zum 20. April (Geburtstag Onkel = Hitlers Geburtstag) befördert (enterbt). Glückwünsche (Felicitas) vom Amtschef (Einkreuz) Gruppenleiter Westeuropa (Doppelstrich) und Referat VI B 3 (Nil)'.

Wenn Daufeldt telegrafierte: ‚Händler kündigt Verschärfung Eiereinfuhr und Handel ab sofort pro familia an', so bedeutete das, dass der Chef der Schweizer Fremdenpolizei, Rothmund, verschärfte Ausländerkontrollen und Einreisebestimmungen angeordnet hatte und dass diese noch geheim (pro familia) waren.“[1]

Es spricht für sich, dass Felfe im Jahr 1986, als die Autobiographie erstmalig erschien und er selbst achtundsechzig Jahre alt war, sich noch an diesen Unsinn erinnerte. Wir werden nämlich noch sehen, wie wichtig sein kryptologisches Talent für ihn war.

Dem Reichsführer SS, Heinrich Himmler, unterbreitete Felfe den Vorschlag, die Forschungen eines dänischen Arztes zu unterstützen, der an der Entwicklung eines Hormonpräparates zur Steigerung der männlichen Potenz arbeitete. Das Präparat sollte sobald wie möglich in großen Mengen hergestellt und im neutralen Ausland von Vertrauensleuten des Geheimdienstes verkauft werden. Die dadurch erzielten Devisen sollten dem Nachrichtendienst zufließen. Himmler war mit dem Vorschlag einverstanden, Schellenberg lobte Felfe für seine Idee und nur das Kriegsende verhinderte die Realisierung.

Ende 1944 war nicht nur für Felfe abzusehen, dass der Krieg für das nationalsozialistische Deutschland verloren war. Um nicht von den Siegern in der Berliner Zentrale des RSHA festgenommen zu werden, meldete er sich zu Weihnachten 1944 für ein Frontkommando in den Niederlanden. Er sollte dort aus flämischen SS-Verbänden Freiwillige aussuchen, die hinter den alliierten Linien Spionage betreiben und Sabotageakte ausführen sollten. Daraus wurde jedoch nichts mehr, wobei unklar bleibt, ob nur das schnelle Vorrücken der Front im letzten Kriegsjahr oder auch Felfes Desinteresse an einem gefährlichen Einsatz jeden Erfolg verhinderte.

Im allgemeinen Durcheinander nach der Kapitulation ließ sich Felfe zum Kompaniechef in einem Regiment von Marineschützen ernennen, die er geordnet nach Deutschland zurückführen sollte. Das gelang ihm zwar nicht, weil er vorher in britische Gefangenschaft geriet. Viel wichtiger war, dass er nun als Oberleutnant in einer Wehrmachtsuniform steckte und seine Zugehörigkeit zur SS nicht mehr sofort erkennbar war.

Felfe schreibt in seiner Autobiographie über Menschen, die ihm eigentlich nahe stehen müssten, äußerst wenig oder gar nichts. Lediglich von seinem Vater, dem er mehrere Seiten widmet, kann man sich ein Bild machen. Doch den stärksten Eindruck von sich selbst erzeugt er durch das, was er nur in Nebensätzen oder überhaupt nicht abhandelt. So erwähnt er seine Mutter nur dahingehend, dass sie zwanzig Jahre jünger als der Vater, sehr energisch und manchmal impulsiv war. Für die Zeit nach 1945 berichtet er lediglich, dass er sie hin und wieder in Dresden besucht hat und ihr später aus dem Gefängnis schreiben durfte.

Wie die Mutter hieß, wie sie aussah, wie sie in Dresden lebte – nichts. Ob er ein Einzelkind war oder Geschwister hatte – kein Wort. Wer seine Schulfreunde waren – wieder nichts. Über seine beiden langjährigen Freunde oder Kameraden, mit denen er auf der Anklagebank saß – drei Sätze. Aus einem Nebensatz ist zu entnehmen, dass Felfe vermutlich 1943 zum ersten Mal geheiratet hat. Wer seine Frau war – kein Wort. Ob aus dieser Ehe Kinder hervorgegangen sind, erwähnt er nicht. Nur aus Pressemeldungen im Zusammenhang mit seiner späteren Verurteilung kann man schlussfolgern, dass er eine in München lebende Tochter hatte und seine erste Ehe 1963 noch bestand. In der DDR hat Felfe nach 1969 offensichtlich zum zweiten Mal geheiratet. Aus dieser Ehe sind zwei Kinder hervorgegangen. Einige Bilder beweisen das. Im Text steht auch über diese Angehörigen nichts.

Das Buch umfasst 454 Seiten, von denen gut die Hälfte Tatbeständen gewidmet ist, die er aus eigenem Erleben gar nicht kennen kann. Reine

Propagandabehauptungen kommen hinzu. Platz genug hätte er für Schilderungen seines Privatlebens gehabt, ohne Intimitäten oder Geheimnisse preizugeben. Ganz sicher: Heinz Felfe ist ein eiskalter, egozentrischer Mensch. Verlogen ist er auch. Über die unbestreitbaren Verbrechen der Nationalsozialisten hat er natürlich bis zum Kriegsende nichts gewusst oder nur Gerüchte gehört, die sein Arbeitsgebiet nicht betrafen. Dank der Reformpädagogen in seiner Schulzeit hatte er die Rassentheorie der Nazis weder verstanden noch verinnerlicht.

Am 1. November 1946 wird der „Wehrmachtsoffizier" Heinz Felfe aus britischer Kriegsgefangenschaft entlassen und zieht nach Bad Honnef. In der Tasche hat er den Empfehlungsbrief eines britischen Offiziers für die Aufnahme in die neue deutsche Polizei. Die Spruchkammer, vor der er sich als ehemaliger Nationalsozialist im Rahmen der Entnazifizierung zu verantworten hat, stuft ihn als „Unbelasteten" ein.

Wenn man festzustellen versucht, womit sich Heinz Felfe in den fünf Jahren zwischen der Entlassung aus der Kriegsgefangenschaft und seiner Einstellung in die Organistion Gehlen, den späteren Bundesnachrichtendienst (BND), die Zeit vertrieben hat, so stößt man auf erhebliche Schwierigkeiten. Die meisten davon verursacht er selbst durch ziemlich wolkige Angaben in seiner Autobiographie:

„Aber ich konnte ein Studium an der Friedrich-Wilhelms-Universität in Bonn aufnehmen. Hier war ich an der Fakultät für Rechts- und Staatswissenschaften als Gasthörer immatrikuliert. Zwar hatte ich eine solche Ausbildung bereits absolviert, aber es mussten bestimmte Prüfungen nachgeholt oder neu gemacht werden, denn das NS-Recht fiel ja unter den Tisch."[2]

Mit welchem Erfolg er studiert hat, erfährt man von ihm selbst nicht, aber ausnahmsweise erzählt er Kleinigkeiten aus seinem damaligen Studentenleben:

„Wie die Studenten überall, so stritten auch wir uns leidenschaftlich über Politik und bildeten entsprechend unseren Ansichten veschiedene Interessengruppen. Ich fühlte mich jenen zugehörig, die ehrlich gewillt waren, Lehren aus der bitteren Vergangenheit zu ziehen. Zum Freundeskreis, in dem ich verkehrte, gehörten beispielsweise der Jurist Heinz Engelbert, heute Professor an der Humboldt-Universität Berlin, oder Karl-Günter Bönninger, heute Professor für Staatsrecht an der Karl-Marx-Universität Leipzig.

Wir schlugen uns damals durch, so gut es ging, ich zum Beispiel mit Briefmarkenhandel und kleinen Geschäften.

Ich verfolgte darüber hinaus noch ganz bewusst einen anderen Zweck, nämlich so viele Leute wie möglich kennen zu lernen, die mir später eventuell in irgendeiner Form würden helfen können. Nicht zuletzt deshalb wandte ich mich der Journalistik zu, was auch materiell gesehen sicherer war, denn ich verdiente eben so gut, wie ich arbeitete."[3]

Felfe arbeitete auch für den sowjetisch kontrollierten „Berliner Rundfunk" und reiste deshalb oft durch die sowjetische Besatzungszone (SBZ), aus der sich die DDR entwickelte. In Jena und Leipzig nahm er an Feriensemestern der dortigen Universitäten teil.

Leo Bauer, der spätere Berater Willy Brandts, der damals noch Kommunist war, bot ihm an, nach Berlin zu kommen und dort unter seiner Leitung am Rundfunk zu arbeiten. Felfe lehnte jedoch ab, weil inzwischen seine Frau bei ihm in Rhöndorf wohnte, wo „wir uns eine erträgliche Existenz aufgebaut hatten".

1949 nahm er in Weimar im Rahmen der Feierlichkeiten zum 200. Geburtstag Goethes an einem Bankett teil. Obwohl man in der damaligen Zeit für Reisen in die SBZ und spätere DDR einen Interzonenpass benötigte, war das für Felfe nie ein Problem:

„... ich fuhr übrigens immer mit dem Interzonenpass des Allgemeinen Studentenausschusses der Universität Bonn."[4]

1947 lernte er sowjetische Hochschuloffiziere kennen, mit denen er politische Diskussionen führte. Und nun kommt eine wichtige Aussage:

„Bei diesen Diskussionen lernten mich die sowjetischen Offiziere allmählich kennen und ich sie. Aber erst zwei Jahre später kam es zu einem offenen Gespräch mit Offizieren der Sicherheitsorgane. Sie hatten Kontakte zu einem Bekannten aus der Kriegszeit, der mir ihre Einladung zu einem Gespräch in Berlin überbrachte. Dieser Kriegsbekannte, Hans Clemens, später ebenfalls Mitarbeiter der Organisation Gehlen in einer Außenstelle, übernahm es dann auch, meine Materialien nach Berlin zu befördern und die Verbindung zu halten, da er sich unauffälliger als ich in die ehemalige deutsche Reichshauptstadt begeben konnte. Er setzte dann Jahre später einen gemeinsamen Bekannten, Erwin Tiebel, zur Materialbeförderung ein, der aber selbst keinerlei Aufklärungsarbeit leistete und auch nicht wusste, was er beförderte. Hans Clemens ist verstorben, über das Schicksal von Erwin Tiebel weiß ich nichts."[5]

Nach dieser Einlassung muss man den Beginn von Felfes aktiver Spionagetätigkeit für den KGB auf das Jahr 1949 datieren. Nach den gerichtlichen Feststellungen, die in der Presse wiedergegeben worden sind, hat Clemens jedoch erst im Frühjahr 1950 selbst Kontakt zu den Sowjets aufgenommen. Wie dem auch sei, wichtiger als das genaue Datum sind Felfes Motive. In seiner Autobiographie begründet er diesen Schritt wortreich damit, dass er die „imperialistische" Politik Konrad Adenauers und der westlichen Besatzungsmächte ablehnte, die „Friedenspolitik" der Sowjetunion unterstützen und die Zerstörung seiner Heimatstadt Dresden durch anglo-amerikanische Bomber im Februar 1945 rächen wollte. Übrigens ist das oben wiedergegebene Zitat der einzige Abschnitt seiner Lebenserinnerungen, in dem er auf seine ehemaligen Kameraden Clemens und Tiebel eingeht. Doch wie geht es beruflich weiter? Hat er das erste juristische Staatsexamen in Bonn bestanden? Nichts spricht dafür, denn er beginnt offensichtlich keine Referendarausbildung. Hören wir ihn noch einmal selbst:

„Nachdem ich mein Studium an der Bonner Universität beendet hatte, arbeitete ich bei einem Rechtsanwalt ..., der im Auftrag des Bundesministeriums für gesamtdeutsche Fragen tätig war ... Später erhielt ich dort eine Anstellung und hatte erst einmal bis Ende 1951 einen sicheren Posten in der Flüchtlingsstelle des Ministeriums. Meine Aufgabe bestand darin, alle in Flüchtlingslagern eintreffenden ehemaligen Angehörigen der Deutschen Volkspolizei der Deutschen Demokratischen Republik eingehend zu befragen."[6]

Befragungstechniken hatte er bestimmt schon in der Nazizeit gelernt. Wir erinnern uns, dass er den Lehrgang für angehende Kommissare als Bester abgeschlossen hatte. Noch heute erkennt man den Stolz des Profis:

„Die Resultate meiner eingehenden Befragungen waren sehr ertragreich und für die damalige Zeit nahezu perfekt. Sie wurden von mir zusammengefasst und als ‚Bericht über den Aufbau der Volkspolizei in der sowjetischen Besatzungszone (Stand Frühjahr 1951)' vom Bundesministerium für gesamtdeutsche Fragen in Form einer Broschüre herausgegeben. Hier war alles enthalten, was man damals an Informationen über die Volkspolizei erhalten konnte: Struktur, Bewaffnung, Stationierung, Stellen- und Ausbildungspläne, die Namen der Kommandeure und der anderen leitenden Offiziere."[7]

Die Broschüre ist auch in der Organisation Gehlen aufmerksam gelesen und ausgewertet worden und man begann dort, sich für den Verfasser zu interessieren. Der ehemalige SS-Oberführer (Oberst) Wilhelm Krichbaum kannte Felfe, genauso wie Clemens, noch aus der Kriegszeit und empfahl ihn seinem Chef, General Reinhard Gehlen, zur Einstellung. Es klappte. Nachdem Heinz Felfe mit Unterstützung seines SS-Kameraden Clemens schon für den KGB tätig war, durfte er sich nun bei SS-Kamerad Krichbaum dafür bedanken, dass er zum 15. November 1951 einen offiziellen Anstellungsvertrag bei der Organisation Gehlen erhielt. Die Maulwurfstätigkeit für den KGB konnte beginnen.

Wir wissen nicht erst heute, dass die Übernahme ehemaliger SS-Leute in den im Aufbau begriffenen bundesdeutschen Auslandsnachrichtendienst wahrscheinlich der schwerste Fehler Gehlens gewesen ist. Er glaubte, auf das handwerkliche Können dieser Männer nicht verzichten zu können, hielt sie für felsenfeste Antikommunisten und ignorierte, dass sie durch ihre SS-Vergangenheit keine glaubwürdigen Verteidiger des demokratischen Rechtsstaates waren und eventuell durch begangene Verbrechen erpresst werden konnten.

Felfe ist vor seiner Einstellung von der Organisation Gehlen mit Sicherheit nicht genau überprüft worden. Sonst hätten seine Reisen in die SBZ und spätere DDR Grund zum Nachdenken sein müssen. Im Gerichtsverfahren wurde außerdem bekannt, dass er nach der Entlassung aus der Kriegsgefangenschaft kurzzeitig für den britischen Geheimdienst tätig gewesen war, der jedoch die Beziehungen zu ihm abbrach, weil er auch für mehrere andere Dienste arbeitete.[8] Seine Bewerbungen bei Polizei und Verfassungsschutz waren abschlägig beschieden worden.

Die Arbeit für die Organisation Gehlen begann Felfe in der Außenstelle Karlsruhe, und am 1. Oktober 1953 wurde er in die Zentrale in München-Pullach versetzt. 1956 oder 1957 übertrug man ihm dort die Leitung des Referates „Gegenspionage Sowjetunion und sowjetische Missionen in der Bundesrepublik Deutschland“. Als Beamter auf Probe hatte er den Rang eines Regierungsrates, bezog aber ein höheres Gehalt, als ihm nach der allgemein geltenden Besoldungsordnung zustand.

Was hat er bis zum Prozessbeginn verraten? Eine vollständige und detaillierte Antwort auf diese Frage ist bis heute nicht möglich, weil die Akten des KGB über ihn der wissenschaftlichen Forschung noch nicht zur Verfügung stehen. Das gleiche gilt für die Gerichtsakten von 1963, die überdies nicht die volle Wahrheit enthielten, weil Felfe nachweislich nicht alles offenbart hat, was ihn belasten konnte. Vor allem hatten der BND und sein Chef Gehlen schon aus Prestigegründen gar kein Interesse daran, den Verratsumfang vollständig offenzulegen.

Die autobiographischen Aufzeichungen tragen zur Wahrheitsfindung ebenfalls nichts bei, weil sie unter der Regie des KGB verfasst worden sind. Jeder Geheimdiest, der seine enttarnten Spione nach der Heimkehr Memoiren schreiben lässt, die zur Veröffentlichung bestimmt sind, gibt nur Texte frei, die den Gegner und die Öffentlichkeit verwirren und auf falsche Fährten locken sollen. („Die Aussage“ von Günter Guillaume enthält Passagen, die der Staatssicherheitsdienst der DDR manipuliert hat, und das Buch „Im Zentrum der Spionage“ des 1979 übergelaufenen Stasi-Offiziers Werner Stiller enthält ebenfalls eine Fülle falscher Fakten und irreführender Angaben, die zur Abwechslung vom BND stammen.)

In seiner Eitelkeit hat Felfe in seine nachträglichen „Geständnisse“ auch Dinge einbezogen, die er selbst nicht erlebt und folglich nicht verraten haben kann. Es bleiben Pressemeldungen, die zumindest eine quantitative Vorstellung von seinem Verratsumfang vermitteln. So zitiert die in Frankfurt a. Main erscheinende „Abendpost“ vom 24. Juli 1963 aus der öffentlich verlesenen Urteilbegründung des Karlsruher Gerichts, dass Clemens vierzig- und Felfe zwanzigmal mit Vertretern des KGB zusammengetroffen sei. Wörtlich gibt das Blatt außerdem folgende Verratskomplexe wieder:

1. Position und Charakter des Personals der Organisation Gehlen und des Bundesnachrichtendienstes. Felfe und Clemens haben ausgesagt, dass sie insgesamt 95 Personen an die Sowjets verraten haben.

2. Organisation und Aufbau der Organisation Gehlen und des späteren BND.

3. Die Personalkartei der Organisation Gehlen und des Bundesnachrichtendienstes. Einzelheiten können öffentlich nicht erörtert werden.

4. Die Indexaktion. Einzelheiten können öffentlich nicht erörtert werden. (*Es handelte sich um die Modalitäten der Zusammenarbeit zwischen dem Bundesamt für Verfassungsschutz und dem BND – d. Verf.*)

5. Die Mitteilung über Bewachung von Personen, die verdächtigt wurden, Ostagenten zu sein.

6. Karlshorst-Studien des Bundesnachrichtendienstes. (*Im Berliner Stadtteil Karlshorst befand sich das Hauptquartier der sowjetischen Streitkräfte in Deutschland – d. Verf.*)

7. Wochenberichte des Bundesnachrichtendienstes.

8. Informationen und Lageberichte des Bundesamtes für Verfassungsschutz.

9. Agentenfunkberichte des Bundesamtes für Verfassungsschutz. Sie seien „besonders wichtige Staatsgeheimnisse“ gewesen. Einzelheiten können öffentlich nicht erörtert werden.

10. Monatsberichte über die Spionagebekämpfung des Bundesamtes für Verfassungsschutz.

„Der Spiegel“ berichtete: „In zehn Jahren verbrachte Felfe auf 300 Minoxfilmen mit 15.661 Aufnahmen und auf zwanzig Tonbändern sowie in nicht gezählten Funkbotschaften sein Wissen aus dem Westen nach dem Osten.”[9]

Eine genauere Vorstellung davon, wie verheerend Felfes Wirken im Auftrag des KGB war, gewinnt man erst dann, wenn man von den Aufgaben ausgeht, die er beim BND eigentlich wahrnehmen sollte. „Gegenspionage Sowjetunion“ bedeutete beispielsweise folgendes: Der BND hatte einen Sowjetagenten enttarnt. Jetzt musste Felfe versuchen, ihn „umzudrehen", das heißt versuchen, ihn durch Geldzahlungen, Angebote für ein neues Leben im Westen, Erpressung und anderes dazu zu bestimmen, von nun an für den BND zu arbeiten.

Felfe verhinderte stattdessen bewusst jeden Erfolg, indem er den KGB über den Auftrag informierte. Die Sowjets hatten dann mehrere Wahlmöglichkeiten: Sie konnten den Agenten zurückziehen und eventuell bestrafen, falls er durch sein eigenes Verhalten dem BND Ansatzmöglichkeiten geboten hatte, ihn erfolgreich „umzudrehen". Die Sowjets konnten aber auch den Agenten dazu bewegen, zum Schein auf das Angebot des BND einzugehen und ihn mit „Spielmaterial" ausstatten. Das ist eine Mischung aus falschen und richtigen Nachrichten zur Irreführung des Gegners.

Ein anderes fiktives Beispiel: Der BND bekommt Kenntnis von einer geplanten Geheimdienstoperation, nehmen wir an, vom Versuch des KGB, einen Physiker in einem Forschungsinstitut anzuwerben. Felfe holt auftragsgemäß das Einverständnis des Physikers ein, sich zum Schein anwerben zu lassen. Übergibt der Physiker nun „Spielmaterial" an die Sowjets, teilt Felfe ihnen mit, dass es wertlos ist.

Felfe hat eine Reihe von Personen im damaligen Ostblock verraten, die, aus welchen Gründen auch immer, für den BND arbeiteten oder arbeiten wollten. Diese Agenten oder Agentenanwärter des Westens waren nach seiner Mitteilung an den KGB Todeskandidaten, denn in allen Ostblockstaaten konnte damals wegen Spionage die Todesstrafe verhängt werden. Wie viele Menschen durch Felfe zu Tode gekommen sind, ist nicht bekannt.

Nicht ganz so schwerwiegend, aber trotzdem schädlich war es, dass Felfe den KGB über alle von BND und Verfassungsschutz gemeinsam durchzuführenden Überwachungsmaßnahmen gegen sowjetische Missionen und Diplomaten in der Bundesrepublik Deutschland ins Bild setzte.

Falls ein sowjetischer Agent entdeckt wurde und ihm die Verhaftung drohte, warnte Felfe den KGB rechtzeitig. Konnte man ihn zurückziehen, ohne einen Verdacht auf Felfe zu lenken, so geschah das.

Natürlich musste der KGB dafür sorgen, dass ihr Spitzenagent in den Auswertungen des BND erfolgreich abschnitt, um seine dortige Position zu stärken. Deshalb wurde er mit hochwertigem Nachrichtenmaterial versorgt, das er angeblich oder tatsächlich von eigenen Agenten erhalten hatte. Vermutlich musste auch hin und wieder ein sowjetischer Agent geopfert werden, damit ihn Felfe zur Strecke bringen oder „umdrehen" konnte.

Wie man ihm auf die Spur kam, so dass man ihn unter Beachtung rechtsstaatlicher Grundsätze verhaften konnte, ist bis heute nicht bekannt. Vor Gericht schwieg sich der BND darüber aus, Felfe in seiner Biographie ebenfalls. Auch die Presse erfuhr nachträglich keine genauen Einzelheiten. Hat die Tatsache im BND Verdacht erregt, dass er sich 1958 in Oberaudorf (Oberbayern) ein Haus mit zehn Zimmern bauen ließ, das 100.000 DM gekostet hatte – damals eine enorme Summe? Waren die Materialien, die er von den Sowjets für den BND bekam, zu perfekt? Er soll oft nicht nur einzelne Mosaiksteine für bestimmte Erkenntnisse geliefert, sondern hin und wieder komplexe Zusammenhänge präsentiert haben, an die andere Agenten nicht herankamen. Hat ihn der sowjetische Überläufer Anatol Golizin oder ein anderer Deserteur des KGB verraten? Die Spekulationen sind müßig, weil ein Mann wie Felfe, der sich derart in das Gestrüpp von Spionage, Gegenspionage und Konterspionage begeben hatte, sich irgendwann verheddern und an Dornen hängenbleiben musste. Jede Tätigkeit in einem Geheimdienst ist nämlich letzten Endes Teamarbeit. Felfe musste, wie jeder andere führende Mitarbeiter des BND, an Lagebesprechungen teilnehmen, gemeinsam mit anderen Meldungen auswerten sowie an Berichten und Analysen mitarbeiten. Geht jemand ständig Sonderwege, fällt er immer wieder aus dem Rahmen, so muss das Kollegen und Vorgesetzten auffallen. Der eigentliche Skandal war nur, dass der BND zehn Jahre gebraucht hat, um ihm auf die Schliche zu kommen.

Es bleibt die Frage: Warum machte Felfe das alles? Die Antworten sind, nach dem was wir jetzt wissen, ziemlich einfach:

1. Er bekam viel Geld vom KGB, nach der Anklage mindestens 150.000 DM bis zu seiner Verhaftung. In Wirklichkeit sind es schon damals mehr als 300.000 DM gewesen. Dazu hatte er das gute Gehalt des BND, Spesen nicht zu vergessen.
2. Er ist völlig gefühlskalt. Schicksale anderer Menschen berühren ihn nicht.
3. Er ist stolz bis zur Eitelkeit auf seine Professionalität.

Nach seiner Verhaftung bekamen die Untersuchungsbehörden und das Gericht plastische Eindrücke von seinem fachlichen Können. Weil er genau wusste, dass ihm die Höchststrafe von fünfzehn Jahren Haft für seine Taten drohte, gab er alles zu, was sich sowieso nicht mehr leugnen oder vertuschen ließ und erweckte dadurch den Eindruck des reuigen Sünders. Außerdem lieferte er Beweise für die Verurteilung eines weiteren Sowjetagenten, des Oberregierungsrates Peter Fuhrmann aus dem Verteidigungsministerium.

Wie war das möglich? Felfes Kontaktmann beim KGB hatte den Decknamen Alfred, sprach ausgezeichnet Deutsch und führte noch weitere

Agenten. Eines Tages gab Alfred ein Tonband zur nochmaligen Benutzung zurück, das durch ein Versehen nicht vollständig gelöscht worden war. Felfe hörte es ab, bekam dadurch Hinweise auf Fuhrmann, den er persönlich nicht kannte, nutzte seine Möglichkeiten beim BND für eine Personenabklärung, stellte dadurch vermutlich auch die Stimmlage fest und wusste nun für alle Fälle, dass es sich ebenfalls um einen Sowjetagenten handelte. Felfe verriet den Tatbestand in der Untersuchungshaft, um sich selbst Prozessvorteile zu verschaffen und trat gegen Fuhrmann als Belastungszeuge auf, der daraufhin zu zehn Jahren Haft verurteilt wurde.

Wegen seiner Geständnisfreude bekam er in der Untersuchungshaft viele Vergünstigungen, die er angesichts der gegen ihn erhobenen Anklagen nicht erwartet hatte. Auch seine kriminellen Mithäftlinge wunderten sich. So bekam er vom Untersuchungsrichter des Bundesgerichtshofes, Oberlandesgerichtsrat von Engelbrechten, die Erlaubnis, sich sonnabends und sonntags in der Gefängnisbibliothek mit drei anderen Häftlingen zum Schachspiel zu treffen.

Einer seiner Schachpartner war der bayerische Ministerialrat a. D. Jürgen Ziebell, der aus der Schmeißer-Affäre (siehe dort) noch in bester Erinnerung war. Ziebell, inzwischen Aufsichtsratsvorsitzender einer Feinkost AG, die in Ettlingen Mayonnaisen und Fleischsalate herstellte, war wieder einmal wegen eines Konkursvergehens angeklagt. Die beiden Herren verstanden sich bestens. Als im August 1962 ein Bibliothekar aus der Haft entlassen wurde, durfte Felfe nachrücken. Er und Ziebell hatten große Bewegungsfreiheit in der Haftanstalt und nutzten sie, um mit der Außenwelt in Verbindung zu treten. So wurden im Gefängnis von Häftlingen Zeitschriften in einem Firmenauftrag versandfertig gemacht. Ziebell sorgte dafür, dass chiffrierte Briefe von Felfe in bestimmte Zeitschriften eingelegt und an bundesdeutsche Deckadressen des KGB geschickt wurden.

Alleine öffnete sich Felfe noch einen zweiten Kanal in die Außenwelt. Der Untersuchungsrichter hatte ihm erlaubt, an die in Dresden lebende Mutter zu schreiben und ließ alle Briefe passieren, weil die darin enthaltenen Mitteilungen völlig harmlos waren. Der arglose Zensor hatte aber nicht erkannt, dass zwischen den sichtbaren Briefzeilen weitere Nachrichten standen. Felfe hatte sie mit einer unsichtbaren Tinte geschrieben, die er aus Alaunstein und Wasser im Gefängnis selbst herstellte. Erst wenn man das Briefpapier vorsichtig erwärmte, wurden die zusätzlichen Schriftzüge sichtbar.

So konnte er auf den ihm zur Verfügung stehenden Nachrichtenwegen seinen KGB-Kontaktmann Alfred bis zum Februar 1963 über den

Stand des Ermittlungsverfahrens unterrichten. Seine Bitten um Engelshaar (zum Zersägen der Gitterstäbe am Zellenfenster), um eine gewaltsame Befreiungsaktion und schließlich um Zyankali zum Selbstmord erfüllte Alfred zwar nicht, schickte ihm jedoch aufmunternde Antworten in die Gefängniszelle. Zu diesem Zweck besuchte Alfred Felfes Mutter in Dresden und ließ sich nicht nur die Briefe des Sohnes aushändigen, sondern diktierte ihr auch die Antworten. In sie baute er unverfänglich erscheinende Codewörter oder Zeichen ein, die der ungeschulte Untersuchungsrichter übersah, die Felfe jedoch deuten konnte.

Doch fast nichts ist so perfekt, dass es unentdeckt bleibt. Felfes Mithäftlinge waren nicht lediglich kriminell. Sie hatten auch politische Ansichten über den Umgang mit einem Sowjetspion, ein gewisses Geltungsbedürfnis oder sie brauchten Geld. Jedenfalls unterrichteten sie noch vor Prozessbeginn Kriminalpolizei und Presse von seinen Aktivitäten. Oberstaatsanwalt Fischer musste daraufhin eine öffentliche Erklärung abgeben, die in dem Satz gipfelte: „Das menschliche Wohlwollen hat er in schändlicher Weise missbraucht." Ein anderer Bundesanwalt beschwichtigte mit den Worten: „Solche menschlichen Risiken gehen wir ja immer ein."[10] Das Gericht entschied am 22. Juli 1963 salomonisch. Eigentlich hatte Felfe für seine landesverräterischen Taten die Höchststrafe von fünfzehn Jahren zu erwarten. Wegen seiner angeblichen Geständnisfreude und der Preisgabe von Peter Fuhrmann erhielt er ein Jahr weniger. Auf die vierzehnjährige Haftstrafe wurden ihm aber nur acht der zwanzig Monate Untersuchungshaft angerechnet, weil er noch aus dem Gefängnis die nachrichtendienstliche Tätigkeit fortgesetzt hatte. Am härtesten wird ihn getroffen haben, dass er 140.000 DM vom Agentenlohn des KGB zurückzahlen musste und gewaltige Prozesskosten zu tragen hatte.

Hans Clemens musste für zehn Jahre ins Gefängnis, wobei ihm die Untersuchungshaft voll angerechnet wurde. Auch er musste 140.000 DM Agentenlohn zurückzahlen. Dieser Beschluss blieb allerdings theoretisch, weil er das Geld bis auf einen geringfügigen Rest verlebt hatte. Nach fünf Jahren Strafverbüßung wurde er krankheitshalber entlassen, blieb im Westen und ist nach kurzer Zeit gestorben.

Erwin Tiebel bekam drei Jahre Haft und musste 4.000 DM Kurierlohn zurückzahlen. Nach Prozessende wurde er aus dem Gefängnis entlassen und die Reststrafe zur Bewährung ausgesetzt.

Nur Felfes Geschichte ist mit der Verurteilung noch nicht zu Ende. Gegen schärfste Bedenken der Sicherheitsbehörden, die in ihm „einen noch nicht erloschenen Krater" sahen, wurde er, vor allem auf Betreiben des damaligen Ministers für gesamtdeutsche Fragen, Herbert Wehner, nach mehr als sieben Jahren Haft am 14. Februar 1969 gegen einundzwanzig Personen ausgetauscht, die in der Sowjetunion oder in der DDR wegen Spionage inhaftiert worden waren. Am DDR-Kontrollpunkt Wartha begrüßte ihn KGB-Kontaktmann Alfred herzlich.

Heinz Felfe erholte sich zunächst auf der Krim, wohnte dann nach eigenen Angaben vierzehn Monate im sowjetischen Hauptquartier in Berlin-Karlshorst[11], um restlos abgeschöpft zu werden, wie es im Jargon der Nachrichtendienste heißt. Nach seiner autobiographischen Schilderung ging es danach so weiter:

„Ich wollte nicht das Leben eines Frührentners führen, sondern nun in Ruhe das nachholen, was mir vorher versagt geblieben war. Zum Beispiel hatte ich mich vor dem Krieg besonders mit dem Problem der Jugendkriminalität befasst und hätte gern darüber promoviert.

Nun, dreißig Jahre später, gab es für mich ein anderes Thema. Ich promovierte am 19. Januar 1972 mit dem Thema ‚Über die Kontinuität der Politik des deutschen Imperialismus' zum Doktor der Rechtswissenschaften. Zuvor hatte ich schon die Facultas docendi erworben und wurde Hochschullehrer an meiner alten Universität, der heutigen Humboldt-Universität zu Berlin, Sektion Kriminalistik. …

Inzwischen arbeiten viele Studenten, die auch bei mir Vorlesungen hörten, mit denen ich in Seminaren diskutierte, in verantwortlichen Funktionen zum Schutz unserer Republik."[12]

Aus dieser Passage ist erkennbar, dass seine Eitelkeit inzwischen größer war als seine Intelligenz. Wann und wie intensiv kann er sich angesichts seines Lebenslaufes vor dem Krieg mit Jugendkriminalität befasst haben? Wie kann man als abgebrochener Jurist, inzwischen dreiundfünfzig Jahre alt, zwischen Juni 1971 und Januar 1972 sowohl eine Doktorarbeit schreiben als auch die Lehrqualifikation an der Universität erwerben? Das war nicht durch Fleiß und Können, sondern nur durch massive Protektion des KGB möglich, in dessen Dienst er weiterhin stand. Schon die Andeutung über die vielen Studenten, die in verantwortlichen Funktionen zum Schutz der Republik arbeiten, ist vielsagend.

Auch Felfes Autobiographie selbst ist, wie bereits erwähnt, im Auftrag des KGB geschrieben worden. Das beweist nicht nur ihr Inhalt, sondern vor allem die Aussage der ehemaligen Stasi-Offiziere Bohnsack und Brehmer in ihrem 1992 erschienenen Buch „Auftrag: Irreführung":

„Außerdem wurde unter dem Stichwort ‚Kundschafterliteratur' ein weiteres Projekt begonnen. ‚Ehemalige' sollten ihre Memoiren schreiben beziehungsweise geeignete DDR-Schriftsteller wurden gerufen, deren Schicksale aufzuzeichnen. Guillaumes *Die Aussage,* protokolliert von Günter Karau, Hans Voelkners *Salto mortale,* Ruth Werners *Sonjas*

Rapport oder Heinz Felfes *Im Dienst des Gegners* mögen dafür stehen."[13]

Felfes Buch erschien 1986 in einem Hamburger Verlag, zunächst nur für die Bundesrepublik Deutschland, und erst ab 1988 in der DDR. Die Präsentation des Werkes fand am 12. März 1986 im Bankettsaal des Palasthotels in Ost-Berlin statt. Geladen waren nur Journalisten aus dem „nichtsozialistischen Ausland". Der stolzgeschwellte Autor gab bei dieser Gelegenheit dem „Spiegel" ein recht offenherziges Exklusivinterview. Hier zwei Auszüge:

„Der Spiegel: Nach dem Krieg ging es ihnen dreckig. Sie fanden keinen rechten Job. Der englische Geheimdienst feuerte Sie bald, die Polizei und der westdeutsche Vefassungsschutz stellten Sie erst gar nicht ein. Da kam Ihnen die SS-Seilschaft gerade recht, die Sie 1951 in die Organisation Gehlen einschleuste; die gleiche Seilschaft übrigens, die Sie in Ihrem Buch dem Bundesnachrichtendienst ankreiden.

Felfe: Ich wollte in den westdeutschen Geheimdienst, und da konnte es mir in der Tat egal sein, wer mich da reinbrachte.

Der Spiegel: SS-Kumpane hatten Sie vorher schon, 1949, bei den Sowjets untergebracht.

Felfe: Ich wollte für die andere Seite arbeiten, das habe ich geschafft.

Der Spiegel: Als Doppelagent haben Sie doppelt verdient. Beim BND bekamen Sie zuletzt 1.700 Mark.

Felfe: 1.703 Mark.

Der Spiegel: Vom KGB monatlich 2.500, 3.000?

Felfe: Richtig, in der Höhe etwa.

Der Spiegel: Rund 300.000 Mark insgesamt. Gab es auch mal eine Prämie?

Felfe: Zu Weihnachten und so, das 13. und 14. Monatsgehalt.

Der Spiegel: Des schnöden Mammons wegen sind Sie 1961 aufgeflogen.

[...]

Der Spiegel: Doppelverdiener sind Sie auch in der DDR geblieben.

Felfe: Das ist nicht verboten. Ist alles ordentlich versteuert, diesmal.

Der Spiegel: Rente vom KGB und ein Professorengehalt.

Felfe: Dazu noch meine Intelligenzrente.

Der Spiegel: Ist die KGB-Rente höher, als Ihr Agentensold damals war?

Felfe: Ja.

Der Spiegel: Rollt der Rubel?

Felfe: Meine Bezüge aus Moskau bekomme ich in DDR-Mark und DM-West. Und jedesmal, wenn ich in die Sowjetunion fahre, kostet mich das keinen Pfennig. Ich bin da Staatsgast."[14]

Nach der Wende im November 1989 in der DDR wendete sich auch

Felfe noch einmal so gut er konnte. Am 27. Dezember 1990 erklärte er der „Bonner Rundschau“: „Ich habe mich getäuscht.“ Und: „Der Sozialismus hat keine Chance mehr.“ Auch das noch: „Heute würde ich mein Buch ganz anders schreiben.“

Am 3. Februar 1991 meldete die „Berliner Morgenpost“ aus der Humboldt-Universität: „Seit 1971 ist er [Felfe] außerordentlicher Professor für Kriminalistik. Er wird gehaltsmäßig als Oberassistent ohne Lehrauftrag geführt und darf sich ganz der Forschung widmen. Jetzt will man sich noch im Laufe des Februar von ihm trennen, teilte Andreas Kreßler, Referent von Uni-Rektor Heinrich Fink, mit.“

Finanziell braucht sich Felfe auch jetzt keine großen Sorgen zu machen. Die Rente des KGB gibt es zwar nicht mehr, weil es den KGB nicht mehr gibt. Die niedrige Rente für ehemalige Mitarbeiter der Stasi, die andere ausgetauschte und heimgekehrte Spione jetzt bekommen, erhält er auch nicht, weil er schließlich nicht für die Stasi gearbeitet hat. Dafür bekommt er seine Rente als ehemaliger wissenschaftlicher Mitarbeiter der Humboldt-Universität, die gewiss höher ist als die eines früheren Stasi-Offiziers. Doch mit diesen Kleinigkeiten brauchen wir uns nicht aufzuhalten. Am 23. Februar 1991 gewann Heinz Felfe nämlich im Zahlenlotto 709.611,70 DM.

1 Felfe: Im Dienst des Gegners, S. 82
2 Ebd., S. 148 f.
3 Ebd., S. 149
4 Ebd., S. 158
5 Ebd., S. 172
6 Ebd., S. 173
7 Ebd., S. 173 f.
8 Der Spiegel 1971/24/116
9 Ebd., 1969/9/76
10 Ebd., 1963/23/51
11 Ebd., 1986/13/78
12 Felfe: Im Dienst des Gegners, S. 405 f.
13 Bohnsack/Brehmer : Auftrag: Irreführung, S. 204
14 Der Spiegel 1986/13/71 u. 78

Hinweise

Felfe: Im Dienst des Gegners. Autobiographie / Bayley/Kondraschow/Murphy: Die unsichtbare Front, S. 327, 336-349, 385, 432, 443, 446 f., 552 ff. (die deutsche Ausgabe von 1997 enthält auf S. 579 auch einen Dank an Felfe, „der in

beispielhafter Weise auf eine ganze Reihe komplexer Fragen einging") / Bohnsack/Brehmer: Auftrag: Irreführung, S. 204 / Polmar/Allen: Spy Book, S. 208 / Schlomann: Die Maulwürfe, S. 86, 147 /
Der Spiegel 1963/23/48-52; 1963/30/20-23; 1969/8/20; 1969/9/74-78; 1969/24/29; 1971/24/116-124; 1986/13/68-87 /
Hannoversche Allgemeine, 6. 7. und 19. 7. 1963 / Mannheimer Morgen, 8. 7. 1963 / Westdeutsche Zeitung, 10. 7. 1963 / Kölnische Rundschau, 11. 7. 1963 / Rheinische Post, 11. 7. 1963 / Kölner Stadt-Anzeiger, 19. 7. 1963 / Stuttgarter Nachrichten, 24. 7. 1963 / Abendpost, Frankfurt a. Main, 24. 7. 1963 / Neue Zürcher Zeitung, 25. 7. 1963 / General-Anzeiger, Bonn, 10.2.1986 / Frankfurter Rundschau, 13. 3. 1986 / Die Welt, 11. 3. und 14. 3. 1986, 12. 10. 1987 / Die Zeit, 13. 3. 1986 / International Herald Tribune, 14. 3. 1986 / Bonner Rundschau, 27. 12. 1990 / Berliner Morgenpost, 3. 2. 1991 / Bildzeitung, 1. 8. 1991 / Berliner Zeitung, 3. 11. 1993

Ein hoher Preis für Wolfgang Lotz

Wolfgang Lotz hat über seine Einsatz in Äypten Erinnerungen geschrieben. Darin erzählt er einiges über seine Arbeit, verschleiert manches und lässt viel weg, wie immer, wenn ein Geheimdienst, in diesem Fall der israelische Mossad, seinem ehemaligen Agenten die Feder führt. Man kann bei Lotz nicht einmal sicher sein, dass alle Fakten stimmen, die man liest. Doch wie alle anderen Autoren, die sich biographisch äußerten, konnte auch er besonders auffällige Charaktereigenschaften nicht verbergen. Lotz war abenteuerlustig, bedenkenlos und besaß den Leichtsinn eines passionierten Spielers, der nicht alles, aber fast alles setzte, um zu gewinnen. Natürlich ist er hervorragend für seine Aufgabe ausgewählt und ausgebildet worden und ganz gewiss brauchte er eine geballte Ladung Patriotismus, um vor sich selbst zu rechtfertigen, dass er in Äypten auch seine wahren Freunde hinterging.

Wolfgang Lotz wurde am 6. Januar 1921 in Mannheim als Sohn einer Schauspielerin und eines Regisseurs geboren. Beide Eltern waren Deutsche, nur seine Mutter bekannte sich zur jüdischen Religion. Weil die Eltern sich jedoch in religiösen Fragen indifferent verhielten, wurde der Sohn nicht beschnitten, ein Umstand, der für seine spätere Agententätigkeit sehr bedeutsam werden sollte. Wolfgang verbrachte seine Kindheit in Berlin und wurde 1931 in das dortige Mommsengymnasium eingeschult. Im selben Jahr ließen sich seine Eltern scheiden. Um den absehbaren antisemitischen Verfolgungen in Deutschland zu entkommen, emigrierte die Mutter schon 1933 rechtzeitig mit ihm nach Palästina. Wolfgang galt, weil es auf die mütterliche Abstammung ankam, sofort ebenfalls als Jude, lernte recht schnell Hebräisch und besuchte eine Landwirtschaftsschule in der jüdischen Siedlung Ben-Shemen, die inmitten arabischer Dörfer lag. Er lernte dort alles kennen und lieben, was mit der Pferdehaltung und Pferdezucht zusammenhing. Auch das sollte ihm später sehr zustatten kommen.

Wolfgang und Waltraud Lotz vor Gericht in Kairo, Juli 1965

Im Jahr 1937, als Wolfgang Lotz 16 Jahre alt war, verschärften sich die Feindseligkeiten zwischen Juden und Arabern. Er schloss sich deshalb der jüdischen Untergrundarmee Haganah an, schützte, gemeinsam mit anderen jungen Leuten, den Autobus, der Ben-Shemen mit der Außenwelt verband und bewachte dessen illegale Ladung, die meist aus Waffen und Munition bestand. Als der Zweite Weltkrieg ausbrach, fälschte er sein Geburtsdatum und trat als Freiwilliger in die britische Armee ein. Er sprach jetzt Hebräisch, Arabisch, Deutsch und Englisch, wurde in Ägypten und Nordafrika eingesetzt und war bei Kriegsende Feldzeugmeister. Dieser Rang entsprach in der deutschen Wehrmacht einem Waffenmeister im Feldwebelrang. Was danach kam, schilderte er so:

„Nach und nach entwickelte ich Fähigkeiten auf einigen Spezialgebieten, die eigentlich nach einem anderen Betätigungsfeld verlangten, als der Verwaltungsposten bei den Ölraffinerien in Haifa, den ich nach dem Krieg erhielt. Daher beteiligte ich mich am Waffenschmuggel, den die Haganah organisierte. So begann mein Doppelleben.“[1]

Als 1948 der erste israelisch-arabische Krieg ausbrach, meldete sich Lotz zur neuen israelischen Armee, wurde zum Leutnant befördert und befehligte eine nur unzureichend ausgebildete Einheit aus Einwanderern. Bei Kriegsende war Israel ein unabhängiger Staat. Lotz, der nicht recht wusste, was er im Zivilleben anfangen sollte, blieb Berufsoffizier, befehligte abwechselnd Kampf- und Ausbildungseinheiten, wurde schließlich Major und nahm am Suez-Feldzug von 1956 als Kommandeur einer Infanterie-Brigade teil. Warum ihn bald darauf der Geheimdienst auswählte, lassen wir ihn am besten wieder selbst erzählen:

„Mit der Zeit wurden meine militärischen Aufgaben immer mehr Routine, vor allem Verwaltungsarbeit. Im Laufe von zwanzig Jahren war ich zweimal verheiratet und zweimal geschieden. An diesem Punkt, als das Leben langsam langweilig wurde, trat der israelische Geheimdienst an mich heran. ... Wenn ich jetzt zurückblicke, wird mir klar, dass es wirklich kein Zufall war, dass der israelische Geheimdienst gerade auf mich kam, sondern vielmehr zeigte, wie schlau man dort war. Obwohl ich nur Halbjude war, galt ich als Nationalist und war bereit, meinem Lande zu dienen. Durch meine deutsche Vergangenheit konnte ich mich leicht als Deutscher ausgeben. Ich war blond, kräftig gebaut und von der ganzen Erscheinung her typisch teutonisch in Gesten, Aussehen und Benehmen. Ich war trinkfest und entsprach ganz den Vorstellungen, die man gemeinhin von einem deutschen Offizier hat. Diese Eigenschaften, die noch durch mein ererbtes Schauspielertalent ergänzt wurden, ließen mich tatsächlich äußerst geeignet für diese Aufgabe erscheinen. Ich war gewohnt, Befehlen zu gehorchen, und nicht so leicht einzuschüchtern."[2]

Lotz schweigt sich in seinen Erinnerungen darüber aus, wann genau seine Ausbildung als Spion begonnen hat, wie lange sie dauerte und was er alles zu lernen hatte. Wurde er auch darin unterrichtet, wie man Briefe mit Sprengladungen so präpariert, dass sie erst beim Öffnen der Sendung explodieren? Wie war die Zusammenarbeit mit dem deutschen Bundesnachrichtendienst (BND), die es bestimmt gegeben haben muss? Dagegen beschreibt Lotz freimütig das Ausbildungsziel: Einsatz in Äypten.

Im landeskundlichen Unterricht scheint nichts versäumt worden zu sein. Besonders über die Mentalität der Ägypter, die Art ihres Denkens, ihren geringen Sinn für Genauigkeit und Präzision, die Sitten in einflussreichen Gesellschaftskreisen, vor allem aber über das unvorstellbare Ausmaß der landesüblichen Korruption wurde er instruiert. Viel Mühe hat man sich auch mit der Legende gegeben, unter der er auftreten sollte.

Seinen deutschen Namen Wolfgang Lotz, sein Geburtsdatum sowie seine Kindheit in Mannheim und Berlin behielt er bei. Allerdings blieb er laut Legende auch nach 1933 am Berliner Mommsen-Gymnasium, legte dort sein Abitur ab und wurde zur deutschen Wehrmacht eingezogen. Er wurde schließlich Offizier in einer Einheit des Afrikakorps, ging nach dem Zweiten Weltkrieg für elf Jahre nach Australien, brachte es dort als Rennstallbesitzer und Pferdezüchter zu beträchtlichem Wohlstand, der es ihm erlaubte, ohne ständige Arbeit seinen Neigungen zu leben. Schließlich bekam er Heimweh nach Deutschland, wo er das ganze Jahr 1960 verbrachte, es ihm jedoch auf Dauer auch nicht gefiel, so dass er sich jetzt für absehbare Zeit in Ägypten niederlassen wollte.

Diese Legende musste natürlich abgesichert werden, so dass Lotz sich tatsächlich während des gesamten Jahres 1960 in der Bundesrepublik Deutschland und in West-Berlin aufhielt, dort seine Wiedereinbürgerung als deutscher Staatsbürger betrieb und legale deutsche Ausweise auf seinen Namen erhielt. Er musste sich über die Verhältnisse am Mommsengymnasium im Dritten Reich orientieren und sich notwendige Einzelheiten über die Wehrmacht einprägen. Über das Afrikakorps wusste er bereits einiges, weil er im Auftrag der Engländer während des Zweiten Weltkrieges viele deutsche Kriegsgefangene verhört hatte. Es liegt nahe, dass der BND bei der Absicherung der Legende geholfen hat, zu beweisen ist das natürlich nicht. Wenn jemand von Ägypten nach Deutschland fahren sollte, um alle verfügbaren Akten gründlich zu überprüfen, würde die Tarnung natürlich platzen, aber das Risiko war verhältnismäßig gering. Die Benutzung falscher Ausweise war dagegen viel gefährlicher. Der Inhaber konnte sich bei polizeilichen Befragungen eventuell nicht mehr an die dort eingetragenen Daten erinnern oder die Fälschungen fielen wegen ihrer mangelhaften Qualität auf. Um seine Spuren während des Deutschlandaufenthaltes möglichst zu verwischen und sich andererseits umfangreiche Landeskenntnisse zu erwerben, wechselte Lotz befehlsgemäß jeden Monat den Aufenthaltsort.

Ende Dezember 1960 fuhr der reiche Pferdezüchter Wolfgang Lotz nach Genua, schiffte sich mit seinem Auto auf einem italienischen Liniendampfer ein und kam sechs Tage später in Ägypten an. In Kairo ließ er sich umgehend als ausländischer Gast in den Kavallerie-Club in Gezirah, den vornehmsten Reitclub der Stadt, einführen und lernte den Ehrenpräsidenten und General der Polizei, Youssef Ali Ghorab, kennen, mit dem er sich bald anfreundete. Ghorab stellte ihm innerhalb kürzester Frist viele einflussreiche Leute vor, darunter hohe Offiziere der Armee sowie der Geheimpolizei, und bald wurde Lotz zu vielen Cocktailparties und anderen Geselligkeiten eingeladen. Ghorab erhielt von Lotz im Laufe der Jahre viele Geschenke, angefangen von elektrischen Geräten bis zu einer Nasenoperation für die Generalstochter bei einem Schönheitschirurgen, aber trotzdem ist nicht daran zu zweifeln, dass er Lotz für seinen aufrichtigen Freund hielt. Lotz dagegen benutzte ihn nur und wird möglicherweise einige Mühe mit sich selbst gehabt haben, diesen Vertrauensbruch im Interesse seiner Aufgabe zu rechtfertigen. Sie bestand darin, alle Mittel zu nutzen, um sich möglichst umfassend über die ägyptischen Streitkräfte und die militärische Aufrüstung zu informieren, denn das Ägypten Nassers war damals, 1961, die arabische Hauptmacht, die Israel auslöschen und seine jüdische Bevölkerung ins Meer treiben wollte. Lotz sollte vor allem die ägyptischen Befestigungen lokalisieren, ihren militärischen Wert untersuchen sowie die bevorstehende Ankunft deutscher und österreichischer Flugzeug- und Raketenkonstrukteure überwachen.

Nachdem er fünf Monate in Ägypten verbracht und viele nützliche Bekanntschaften gemacht hatte, fuhr er nach Paris, um seine Vorgesetzten zu treffen, erstattete Bericht und erhielt detaillierte Instruktionen sowie ein Funkgerät, das im Absatz eines Reitstiefels verborgen war. Danach fuhr Lotz weiter nach Deutschland, und im Eisenbahnzug kam es zu einer außerplanmäßigen Begegnung, die er später, entgegen seiner sonstigen Gewohnheit, sogar exakt datierte:

„Am Morgen des 3. Juni 1961, wenige Minuten vor acht Uhr, bestieg ich den Orientexpress und suchte mir einen Platz in einem Abteil, in dem sich bereits eine großgewachsene gutaussehende blauäugige Blondine befand, die überdies noch eine kurvenreiche Figur von jener üppigen Art hatte, für die ich seither eine Schwäche hatte.“[3]

Die junge Dame hieß Waltraud Neumann, hatte eine Hotelfachschule in der Schweiz absolviert, war Direktionsassistentin eines großen Hotels in Los Angeles und wollte jetzt im Urlaub ihre Eltern in Heilbronn besuchen. Aus der ursprünglichen Urlaubsplanung scheint nicht viel geworden zu sein, denn sie verbrachte die folgenden drei Wochen vorwiegend mit Lotz. Am Ende der Urlaubszeit kannte Waltraud nicht nur seine wahre Identität und seine eigentliche Aufgabe in Äypten, sondern hatte ihre Urlaubsbekanntschaft bereits geheiratet. Sie war elf Jahre jünger als ihr Mann und „freute sich auf ein bißchen Spionage”. Es versteht sich fast von selbst, dass Lotz seine Vorgesetzten von seinem Schritt nicht einmal verständigt und schon gar nicht um Erlaubnis gefragt hat. Er hoffte nur, sie würden im Laufe der Zeit einsehen, dass ein verheirateter Mann in Ägypten solider und vertrauenserweckender wirkte als ein vierzigjähriger Junggeselle.

Lotz fuhr nach Ägypten zurück und seine Ehefrau sollte ihm drei Wochen später folgen. Als er mit 17 (!) Koffern und einem Auto im Hafen von Alexandria ankam, holte ihn General Ghorab mit seinen Polizeisoldaten vom Schiff ab und ersparte ihm alle Sorgen um den Gepäcktransport, vor allem aber jegliche Zollkontrolle. Als Waltraud nachgekommen war, wurde sie von der guten Gesellschaft Kairos überschwänglich empfangen.

Nun begann die eigentliche Arbeit. Sie war außerordentlich anstrengend, den sie bestand vor allem darin, Einladungen zu Cocktailparties, Abendgesellschaften und Jagdausflügen zu folgen, Besichtigungstouren, Angelreisen und Badeurlaube zu arrangieren, vor allem aber die Pferde zu bewegen, die Lotz gehörten, von denen er zwei im Kavallerieclub und drei auf einer kleinen Farm untergestellt hatte. Selbstverständlich musste das Paar auch zu Gesellschaften einladen, ein großes Haus führen und Dienerschaft beschäftigen. Lotz hatte deshalb zuerst eine große Wohnung, später ein mit englischen Möbeln volleingerichtetes Haus angemietet. Es verstand sich von selbst, dass die Gäste sorgfältig nach ihrem Informationswert ausgewählt wurden, die Ausflugsziele möglichst neben Militärflugplätzen lagen und sich die Pferdefarm in der Nähe einer Panzerkaserne befand. Weil man angeblich an den in einem militärischen Sperrgebiet liegenden Bitterseen am besten angeln konnte, stellte ein militärischer Gönner aus purer Freundschaft die entsprechenden Passierscheine aus. Lotz konnte schon angesichts solcher Gefälligkeiten nicht umhin, an Herrenabenden hoher Offiziere teilzunehmen, wo es alles gab, was man sich vorstellen konnte: gutes Essen in nicht zu bewältigender Fülle, teuerste Alkoholika, Rauschgift und vom Gastgeber im voraus bezahlte Prostituierte. Der Gastgeber finanzierte einen derartigen Aufwand übrigens nicht von seinem Offiziersgehalt, sondern vom Rauschgifthandel, Zollschmuggel und anderen illegalen Geschäften.

Dieses Leben war schon deshalb kein Vergnügen, weil Lotz alles, was er erfuhr, in Berichten zusammenfassen, verschlüsseln und funken musste. Zuerst benutzte er den im Reitstiefel versteckten Sender, dann einen anderen, der in der Badezimmerwaage untergebracht worden war. Gefunkt wurde pünktlich morgens um sechs und mittags um zwei Uhr. Trinkfestigkeit, eine eiserne Gesundheit und gute Nerven waren Grundvoraussetzungen, um das alles durchzuhalten. Lotz konnte es offenbar ohne Schwierigkeiten. Eine weitere wichtige Voraussetzung für ein derartiges Leben war Geld, viel Geld, und in dieser Hinsicht war der israelische Geheimdienst äußerst großzügig. Genaue Summen sind nirgends genannt worden, doch in Lotz und seine Arbeit müssen mehrere Millionen Dollar investiert worden sein, denkt man nur an den Ankauf der arabischen Pferde, die kostspielige Haushaltsführung, Bestechungsgelder sowie an die Ausgaben für Reisen und Geschenke.

Ein besonderes Problem war die ständige Überwachung aller Verdächtigen durch die ägyptische Geheimpolizei, und Ausländer waren grundsätzlich verdächtig. Penetranz und Trägheit hielten sich dabei die Waage. Einer der Diener musste mit Bestimmtheit einmal die Woche

Bericht erstatten, und tat er es nicht freiwillig, wurde er dazu gezwungen. Jeder andere Dienstleistende, ob Schuhputzer, Lieferant, Verkäufer oder Handwerker wurde ebenfalls dazu angehalten, seine Beobachtungen mitzuteilen. Außerdem wurden in den Wohnungen Abhörgeräte angebracht. Entdeckte sie der Mieter und entfernte er sie unter lauten Flüchen, so kam am nächsten Tag ein „Handwerker" unter dem Vorwand, das Telefon reparieren zu müssen, und installierte die „Wanzen" in aller Seelenruhe neu. Es war deshalb am gescheitesten, sie an ihrem Ort zu belassen und vertrauliche Gespräche nur im Freien oder in Anwesenheit vieler Menschen zu führen, die sich lebhaft unterhielten. Dann funktionierten die Abhörgeräte nicht.

Zu einem Höhepunkt im Partyleben des Ehepaars Lotz gehörte eine Abendeinladung in das Haus von Johannes von Leers, einem ehemaligen Mitarbeiter des nationalsozialistischen Propagandaministers Joseph Goebbels. Leers war nach dem Zweiten Weltkrieg nach Ägypten ausgewandert und hielt ein gastfreies Haus für schwerbelastete Straftäter aus der NS-Zeit, zum Beispiel den ehemaligen KZ-Arzt Eisele, dessen grausame medizinische Experimente an lebenden Menschen Eugen Kogon nach dem Zweiten Weltkrieg in seinem Buch „Der SS-Staat" beschrieben hat. Lotz machte bei dieser Gelegenheit auch die Bekanntschaft von deutschen und österreichischen Technikern, die Ägyptens Präsident Nasser angeheuert hatte, um eine eigenständige Raketen- und Flugzeugindustrie aufzubauen. Bei den Technikern handelte es sich entweder um ehemalige Nationalsozialisten oder um politisch völlig indifferente wissenschaftliche Landsknechte, die für den Meistbietenden arbeiteten.

Glaubt man Lotz, so hielt ihn Leers an diesem Abend für einen ehemaligen Obersturmbannführer (Oberstleutnant) der SS, der ihm bei Kriegsende schon einmal in Berlin begegnet sei. Lotz dementierte nur schwach und bat Leers, seine Erkenntnis für sich zu behalten. Trotzdem oder gerade deswegen trat der von Lotz erhoffte Effekt ein. Leers war eine große Klatschbase und verbreitete seine Entdeckung in der Kairoer Gesellschaft. Lotz tat ein übriges, indem er sich gefälschte Papiere besorgte, die ihn als ehemaligen SS-Offizier auswiesen und die er auffällig vor seinen Dienern herumliegen ließ. Nach einiger Zeit konnte er sicher sein, dass der ägyptische Geheimdienst ebenfalls vorübergehend Einsicht in die Unterlagen genommen hatte. Wenn diese Geschichte stimmt, so ist auch sie ein Indiz für die Zusammenarbeit mit dem BND, denn nur dessen Fälschungsspezialisten waren 18 Jahre nach Kriegsende in der Lage, Falsifikate anzufertigen, die Nachprüfungen in deutschen Archiven standhielten.

Das Gerücht vom deutschen SS-Offizier Lotz hatte zwei Auswirkungen. Die deutschen Industrievertreter in Ägypten, die sich der demokratischen Bundesrepublik Deutschland verpflichtet fühlten, begannen das Ehepaar Lotz zu meiden, während die deutschen Techniker und die hohen ägyptischen Offiziere sich immer mehr um Kontakte zu den beiden bemühten. Letzteres wirkte sich auf den Erkenntnisdrang des israelischen Geheimdienstes positiv aus. Lotz lieferte im Laufe der Zeit: die Lage von Raketenstellungen einschließlich der Versuchsgelände, genaue Berichte über den Fortgang der Flugzeugproduktion, exakte Personalangeben zu allen deutschen Spezialisten in der Rüstungsindustrie, Einzelheiten über die Kriegsschiffe im Roten Meer, Details über alle Truppen- und Materialtransporte auf Sinai sowie umfassende wirtschaftliche und politische Nachrichten.

Einmal befahlen ihm seine Vorgesetzten über Funk, die zwischen Suez und Ismailia liegende Raketenbasis Shaloufa in Augenschein zu nehmen und so schnell wie möglich über seine Beobachtungen zu berichten. Lotz belud sein Auto mit Angelgeräten und Badeutensilien, setzte seine Frau ans Steuer und tat, als ob er schliefe. Waltraud Lotz fuhr bis zu einer für den öffentlichen Verkehr gesperrten Straße in der Wüste. Beide bemerkten, dass der Posten, der den Eingang zum Sperrgebiet bewachte, gerade seine Waffe und das Koppel im Schilderhaus abgelegt hatte und 30 Meter entfernt mit heruntergelassenen Hosen in der Wüste saß, um einem menschlichen Bedürfnis zu folgen. Frau Lotz fuhr daraufhin auf Geheiß ihres Mannes am leeren Schilderhaus vorbei, ignorierte den schreienden und winkenden Posten und erhöhte das Tempo. Als sie in Richtung Raketenbasis ein gutes Stück vorangekommen war, bemerkte sie Soldaten auf einem Lastwagen. Geistesgegenwärtig fuhr sie das Auto abseits der Piste in den Sand, bis es sich völlig festsetzte. Das Paar stieg aus und Herr Lotz beschimpfte seine Frau mit wilden Gesten wegen ihrer angeblich miserablen Fahrkünste. Die Soldaten kamen heran, nahmen die beiden fest und brachten sie trotz ihres Protestes auf die Raketenbasis, wo sie ja eigentlich auch hinwollten. Zunächst gab es ein hochnotpeinliches Verhör, aber nachdem Lotz darum gebeten hatte, sich bei General Ghorab und anderen hochgestellten Freunden in Militär und Polizei telefonisch nach ihm zu erkundigen, löste sich der Zwischenfall in Wohlgefallen auf und der Kommandant bat das Ehepaar unter vielen Entschuldigungen zu einem gemeinsamen Mittagessen. Anschließend durfte Lotz sehen, was er wollte.

In jedem Frühjahr unternahm das Ehepaar Lotz eine Europareise, angeblich, weil Frau Lotz wegen eines gutartigen Gehirntumors regelmäßig ärztliche Spezialisten konsultieren musste, Herr Lotz sich um den An- und Verkauf von Pferden zu kümmern hatte, vor allem aber, um den

Führungsleuten des israelischen Geheimdienstes Gelegenheit zu geben, sich ungestört mit ihrem Meisteragenten in Ägypten zu unterhalten und ihm detaillierte Aufträge zu erteilen. Mit Lotz´ Eheschließung wird sich der Mossad sicher bald abgefunden haben. In welche Details der Spionagetätigkeit Waltraud Lotz eingeweiht war, ist jedoch noch heute unklar. Auch wenn ihr Mann in seinem Erinnerungsbuch das Gegenteil behauptet, ist nicht einmal sicher, ob sie schon in Ägypten von seiner israelischen Staatsbürgerschaft und der Offizierskarriere in der israelischen Armee gewusst hat. Völlig unklar ist ebenfalls bis heute, wie weit Wolfgang Lotz an Sprengstoffanschlägen des israelischen Geheimdienstes in Ägypten beteiligt gewesen ist. Zwischen 1962 und 1964 erhielten deutsche Flugzeug- und Raketenspezialisten, die in Ägypten arbeiteten, per Post Päckchen oder Briefe, die beim Öffnen explodieren und den Empfänger töten oder zumindest schwer verletzen sollten. Hierbei handelte es sich nicht nur um eine der übelsten Terrorpraktiken, die Geheimdienste anwenden, sondern auch um eine nutzlose Maßnahme, die ihren eigentlichen Zweck gar nicht erfüllen kann. Der Absender eines Sprengstoffbriefes geht von der naiven Vorstellung aus, dass der hochgestellte Empfänger, dem der Anschlag gilt, seine Post selbst öffnet. Er tut es natürlich nicht, sondern lässt das schon aus arbeitstechnischen Gründen von seinem Büropersonal erledigen. So geschah es auch in Ägypten. Hannelore Wende, die Sekretärin des Raketentechnikers Professor Pilz, erblindete nach dem Öffnen eines Sprengstoffbriefes, der an ihren Chef gerichtet war. Nach diesem Anschlag waren die übrigen Opfer der Explosivsendungen ausnahmslos Ägypter, von denen fünf ihr Leben verloren und einer schwer verletzt wurde.

Lotz gab später vor den ägyptischen Untersuchungsbehörden und in seinen Erinnerungen lediglich zu, dass er in seinem Hause Zeitzünder aufbewahrte, die von der ägyptischen Polizei auch gefunden worden sind. Außerdem räumte er ein, im September 1964 zwei Briefe abgesandt zu haben, von denen er nicht gewusst habe, dass sie Sprengstoff enthielten. Sehr glaubwürdig ist dieses Teilgeständnis nicht. Unsinnig war der Briefbombenterrorismus auch deshalb, weil die deutschen Fachkräfte von ihrer Arbeit in Ägypten enttäuscht waren und das Land bis zum Sommer 1965 verlassen wollten. Nach ihren Erfahrungen interessierten sich die Ägypter nicht für naturwissenschaftliche und technische Probleme, waren lernunwillig und zeigten keinerlei Arbeitseifer. Nie wurden Termine eingehalten und ständig fehlten bestimmte Geräte oder Materialien. Auf den vielen Parties, die Lotz besuchte oder selber gab, unterhielten sich die deutschen Spezialisten freimütig und immer wieder in seiner Gegenwart über ihre berufliche Misere. Lotz wusste folglich, dass an eine eigenständige ägyptische Flugzeug- und Raketenproduktion in absehbarer Zeit nicht zu denken war und berichtete auch entsprechend an seine Auftraggeber. Den besten Beweis für die Stichhaltigkeit seiner Berichte erhielt der israelische Geheimdienst dadurch, dass die ägyptische Regierung die Verträge der deutschen Spezialisten nicht verlängerte, Flugzeuge und Raketen in der Sowjetunion kaufte und die Bedienungsmannschaften sowie die Piloten von sowjetischen Instrukteuren schulen ließ.

Am 18. Februar 1965 beging, so kann man schon sagen, Waltraud Lotz ihren Geburtstag, denn die Feierlichkeiten dauerten wegen der „beruflichen" Verpflichtungen ihres Mannes drei volle Tage. Bei dieser Gelegenheit zeigte sie allen Gästen ihr Geburtstagsgeschenk, einen Platinring mit einem Brillantsolitär von viereinhalb Karat. Nach den Festtagen fuhr das Ehepaar Lotz mit Waltrauds Eltern und dem Ehepaar Knüpfer nach Mersah Matrouh. Man folgte einer Einladung von General Youssef Ghorab, der dort inzwischen Gouverneur geworden war. Außerdem wollte sich Lotz aus dienstlichen Gründen ein wenig die Gegend ansehen und Herrn Knüpfer aushorchen, der zur Equipe der deutschen Techniker gehörte. Nachdem alle Besuchsziele erreicht worden waren und man die orientalische Gastfreundschaft des Herrn Gouverneurs genossen hatte, erfolgte die Rückfahrt nach Kairo. Knüpfers bedankten sich überschwenglich für den wunderschönen Ausflug und verabschiedeten sich. Lotz, seine Frau und die Schwiegereltern fuhren weiter und wurden vor dem Eingang ihres Hauses verhaftet.

Die Festnahme am 22. Februar 1965 traf das Agentenehepaar überraschend, sicher auch die Personen, die mit ihnen inhaftiert worden sind, darunter der entmachtete Gouverneur Ghorab und weitere hohe ägyptische Offiziere, Franz Kiesow, Vertreter der Firma Mannesmann in Kairo, und seine Ehefrau Nadja, Gerhard Bauch, angeblich Repräsentant der deutschen Industriegruppe Quandt, aber in Wirklichkeit der mehr oder weniger offizielle Vertreter des BND in Kairo sowie Otto und Klara Neumann, die Schwiegereltern von Lotz. Der ägyptische Geheimdienst, der sich gut auf seinen Schlag vorbereitet hatte, war zunächst davon ausgegangen, dass Lotz einen großen Agentenring aufgezogen hatte. Das erwies sich jedoch als Irrtum. Kiesow wurde zwar noch wegen Geheimnisverrat angeklagt, konnte aber in der Gerichtsverhandlung nachweisen, dass die Berichte über die mangelhaft funktionierende ägyptische Wirtschaft, die er seiner Firma geschickt hatte, nur eine Bestätigung dessen waren, was man schon seit Jahren in der Presse der demokratischen Staaten lesen konnte. Seine Frau war schon nach einigen Wochen freigelassen worden. Man hatte sie zwar gefoltert, aber einfach deshalb nichts aus ihr herausbringen können, weil sie von Lotz´ Spionagetätigkeit keine Ahnung hatte. Um Gerhard Bauchs Freilassung nach vier Wochen Haft und seine Abreise aus Ägypten kümmerte sich der BND. Auch Bauch war im Hinblick auf Lotz völlig ahnungslos gewesen. Das Ehepaar Neumann durfte nach drei Wochen Gefängnisaufenthalt ebenfalls Ägypten verlassen. Allen ursprünglich Festgenommenen war lediglich die gute Bekanntschaft oder Freundschaft mit dem Ehepaar Lotz zum Verhängnis geworden. Ihre relativ rasche Freilassung hatten sie jedoch vor allem der Tatsache zu verdanken, dass die Verhörspezialisten der Geheimpolizei mit Lotz und seiner Frau gut vorangekommen waren.

Die Untersuchungsbeamten konnten Lotz nicht nur die Badezimmerwaage mit dem darin versteckten Funkgerät präsentieren, sondern auch Kopien aller Funksprüche, die er im Laufe der Jahre abgesandt und empfangen hatte. Da man in seinem Hause auch den Codeschlüssel gefunden hatte, war die Dechiffrierung nur noch eine Kleinigkeit. In Anbetracht dieser Beweismittel entschloss sich Lotz nach Androhung der Folter zur sofortigen Kooperation, während Waltraud tatsächlich gefoltert wurde. Man hatte sie völlig entkleidet, geschlagen und immer wieder in eiskaltes Wasser gelegt, bis sie ohnmächtig wurde. Als ihr Mann bei einer Gegenüberstellung davon erfuhr, bat er sie, ihr Schweigen aufzugeben und das einzugestehen, was sie wusste.

Lotz selbst gab zu, für den israelischen Geheimdienst als Spion gearbeitet zu haben, räumte seine schon beschriebene begrenzte Teilnahme an den Sprengstoffanschlägen ein, bestritt jedoch weiterhin, israelischer Staatsbürger und israelischer Offizier zu sein. Dabei machte er die Erfahrung, dass die ägyptischen Untersuchungsbeamten ihm einige Lügen durchaus glaubten, aber Schwierigkeiten machten, wenn er die Wahrheit sagte. Sie hielten Waltraud ebenfalls für eine Agentin der Israelis und waren, als mit europäischen Mentalitäten und Sitten unvertraute Araber, nur mühsam davon zu überzeugen, dass er sie tatsächlich in der Eisenbahn kennengelernt und nach drei Wochen geheiratet hatte.

Am kompliziertesten war die Frage von Lotz´ Staatsangehörigkeit. Schon vor Beginn der Gerichtsverhandlung muss den Untersuchungsbeamten klar gewesen sein, dass sie einen Israeli vor sich hatten. Die gute Ausbildung, die hochwertigen Funkgeräte und die bedeutenden Geldsummen erhielt vom israelischen Geheimdienst nur ein Bürger des eigenen Staates und nicht ausgerechnet ein ehemaliger deutscher Offizier aus dem Zweiten Weltkrieg. Vor allem aber haben die Ägypter gewusst, dass Lotz‘ Tarnung in Deutschland inzwischen geplatzt war. Der Münchner Anwalt Alfred Seidl, Rechtsvertreter von Professor Pilz und einigen anderen deutschen Technikern, hatte dem ägyptischen Generalstaatsanwalt einen Brief geschrieben:

„Vor einigen Wochen sprachen wir mit Professor Pilz über den Fall Lotz und ich bin jetzt davon in Kenntnis gesetzt worden, dass Lotz zusätzlich zu seiner deutschen Staatsbürgerschaft auch die israelische besitzt. Nach meinen Informationen ist Lotz 1921 in Mannheim geboren. 1933 emigrierte er mit seiner Mutter nach Palästina, wo er 1948 nach der Errichtung des Staates Israel die israelische Staatsbürgerschaft erwarb. Wie ich erfahren habe, diente er als Offizier in der israelischen Armee. Diese Dinge sind auch den deutschen Behörden bekannt. Nach meinen Informationen ist vor einigen Tagen ein hoher israelischer Beamter in Hamburg eingetroffen, um die Veröffentlichung dieser Tatsachen durch eine deutsche Illustrierte zu verhindern.

Das Ziel besteht darin, die Vergangenheit Lotz´ zu verschleiern, und was noch wichtiger ist, seine israelische Staatsanghörigkeit. Es ist möglich, dass Ihnen diese Tatsachen bereits bekannt sind, ich sehe es jedoch als meine Pflicht an, Sie darauf hinzuweisen, dass Lotz dazu gebracht werden kann, die Identität jener Leute zu enthüllen, die Sprengstoffbriefe von Deutschland aus an die Sekretärin von Dr. Pilz und eine Reihe von Ägyptern geschickt haben.“[4]

Der Stern-Reporter Wolfgang Löhde hatte tatsächlich die wahre Vergangenheit von Lotz entdeckt, doch der Chefredakteur war damit einverstanden gewesen, den Artikel zurückzuhalten, um Lotz´ Leben nicht zu gefährden. Trotzdem nützte das alles nichts, denn während der Gerichtsverhandlung griff auch eine in Ägypten erhältliche Zeitung den Sachverhalt auf und berichtete entsprechend.

Lotz selbst wollte zumindest bis zum Ende des Gerichtsverfahrens die Fiktion aufrecht erhalten, ein Deutscher zu sein, der aus Geldgier für Israel spioniert hatte. Nur so hoffte er zu erreichen, zu einer zeitlichen oder lebenslangen Haftstrafe verurteilt zu werden. Hingegen fürchtete er, dass man ihn als israelischen Spion hinrichten würde, weil zwischen Israel und Ägypten formell Kriegszustand herrschte. Auch die Untersuchungsbeamten und später das Gericht hielten an der Fiktion vom geldgierigen Deutschen fest, wahrscheinlich weil es zu blamabel gewesen wäre, vor der Weltöffentlichkeit zuzugeben, dass ein Israeli vier Jahre äußerst erfolgreich in Ägypten spioniert hatte.

Der Prozess gegen das Ehepaar Lotz und den Mannesmannvertreter Franz Kiesow fand vom 27. Juli bis zum 21. August 1965 vor dem Obersten Staatssicherheitsgerichtshof in Kairo statt, wurde häufig unterbrochen und gelegentlich unter Ausschluss der Öffentlichkeit geführt. Er hatte, wie immer in Diktaturen, mit einem rechtsstaatlichen Verfahren nicht viel zu tun. Folgt man den Schilderungen von Lotz und prozessbegleitenden Presseberichten, so hob sich das Verfahren jedoch durch ein gewisses Maß an Menschlichkeit und Höflichkeit gegenüber den Angeklagten von vergleichbaren Veranstaltungen im nationalsozialistischen Deutschland oder in kommunistischen Staaten ab. Sonst war alles wie immer in einem Schauprozess. Der Gerichtsvorsitzende stellte vorbereitete Fragen, der Angeklagte gab die zu erwartenden Antworten, und verhedderte er sich einmal, wies ihn der Gerichtsvorsitzende darauf hin, dass er sich laut Protokoll im Untersuchungsverfahren doch anders eingelassen habe. Dann bestätigte der Angeklagte beflissen, dass natürlich die erste Aussage vor dem Untersuchungsrichter die richtige gewesen sei.

Bestimmte Punkte kamen verabredungsgemäß nicht zur Sprache. So nannte der Angeklagte Lotz keine Namen von ägyptischen Offizieren aus Armee und Polizei, die er gekannt hatte. Das Gericht wiederum verzichtete auf eingehende Erörterungen der Sprengstoffanschläge, und der Vorsitzende nahm die Erörterung von Lotz´ israelischer Staatsangehörigkeit in einer Zeitung zum Anlass, die anwesenden Pressevertreter vor einer unwahren und vorgreifenden Berichterstattung zu warnen.

Die menschlichen Züge des Verfahrens bestanden darin, dass Waltraud Lotz nur eine Nebenrolle bei der Spionagetätigkeit ihres Mannes zugebilligt und Franz Kiesow freigesprochen wurde. Der offizielle ägyptische Anwalt des Ehepaars Lotz war, wie nicht anders zu erwarten, eine diensteifrige Kreatur des Staatanwaltes und versuchte meist nur, seine Mandanten in Vieraugengesprächen zu zusätzlichen Aussagen zu ermuntern. Aber dieser Anwalt durfte zu seiner Unterstützung den deutschen Rechtsanwalt Hans Krahl-Urban mitbringen, der sich hackenklappend wie ein Offizier der alten Schule benahm. Und als Frau Lotz während einer Verhandlungspause den offiziellen Anwalt ablenkte, bestellte Herr Krahl-Urban Herrn Lotz schöne Grüße von einem „ehemaligen Wehrmachtskameraden", den er namentlich nannte, versicherte, dass die übrigen Kameraden für die kommende Zeit Geld gesammelt hätten und sich im übrigen große Mühe geben würden, seine Lage zu verbessern. Lotz hatte auf diese Weise einen Gruß seines direkten Vorgesetzten erhalten und wusste jetzt, dass der israelische Geheimdienst ihn nicht vergessen hatte.

Die Urteile waren dann nur noch eine Formsache. Lotz wurde wegen Spionage und Sabotage zu lebenslänglicher Zwangsarbeit sowie einer Geldstrafe in Höhe von 330.000 DM verurteilt. Waltraud Lotz erhielt wegen Beihilfe zu den Taten ihres Mannes drei Jahre Zwangsarbeit sowie eine Geldstrafe in Höhe von 10.000 DM. Doch gerade in Ägypten wurde längst nicht alles so heiß gegessen, wie es gekocht wurde. Zwangsarbeit haben die beiden keinen einzigen Tag verrichtet, und folgt man den Ausführungen in den Erinnerungen von Wolfgang Lotz, so fehlte ihm im Gefängnis eigentlich nur die Freiheit und die ständige Gesellschaft seiner Frau. In der Haftanstalt von Tura war er zusammen mit den israelischen Spionen Victor Levy, Robert Dassa und Philip Nathanson inhaftiert, die zum Zeitpunkt seiner Einlieferung bereits eine Strafzeit von elf Jahren hinter sich hatten und für Taten büßen mussten, die weder die Israelis noch die Araber je genau aufgedeckt haben. Von ihnen lernte Lotz, wie man die Haftzeit in einem ägyptischen Gefängnis übersteht, wenn man Ausländer ist und über genügend Geld verfügt. Lotz bewohnte eine Einzelzelle, arbeitete nicht und hatte einen persönlichen Diener, der die Zelle säuberte, Wäsche wusch, kochte und kleine Schmuggelaufträge erledigte. Ein Schneider fertigte ihm Häftlingsuniformen nach Maß aus besseren als den üblichen Stoffen an. In seiner Zelle schlief Lotz auf einer guten Matratze, die mit einem Laken bedeckt war. Kissen, Decken, Klapptisch, Stuhl, Schrank, Bücherregal – nichts Wesentliches fehlte. Abends konnte er bei elektrischem Licht lesen und schreiben und sich Kaffee kochen. Versteht sich, dass er genügend zu essen hatte. Die Zigaretten reichten nicht nur für ihn, sondern auch für die Bestechung von Mitgefangenen und Wärtern. Lotz traf sich am Tage im Gefängnis mit jedem, den er sprechen wollte, besuchte seine israelischen Kameraden in ihren Zellen, nahm aber auch Kontakt zu den ägyptischen politischen Gefangenen auf, die meist an Verschwörungen gegen Nasser beteiligt gewesen waren. Genauso wie vorher ein kostspieliger Spion, war er jetzt ein für Israel kostspieliger Gefangener, denn dieser Haftluxus war relativ teuer.

Doch seine Arbeit und die hohen Geldausgaben hatten sich gelohnt. Nach monatelangen Kriegsdrohungen aus der arabischen Welt gegen Israel, nach der Sperrung der Straße von Tiran und Militäraufmärschen an den Grenzen des kleinen Staates, begann am Morgen des 4. Juni 1967 der inzwischen legendär gewordene Sechstagekrieg mit einem Präventivschlag der israelischen Streitkräfte. In fabelhaft koordinierten Aktionen zu Lande, zu Wasser und aus der Luft wurde das gesamte arabische Militärpotenzial einschließlich der Hilfslieferungen aus der Sowjetunion zerstört. Die härtesten Schläge trafen Ägypten. Rund um das Gefängnis von Tura explodierten die Bomben und Raketen der israelischen Luftwaffe auf den umliegenden Militärbasen. Lotz hörte es mit Wohlgefallen, denn seine Aufklärungsergebnisse hatten ganz wesentlich zur Zielgenauigkeit der israelischen Piloten beigetragen. Auf der Halbinsel Sinai kapitulierte die ägyptische Armee. Die Israelis nahmen mehr ägptische Soldaten gefangen, als sie verpflegen und unterbringen konnten und kamen auf eine höchst einfache Lösung. Nachdem sie nicht nur ihre Waffen abgegeben, sondern auch ihre Schnürstiefel ausgezogen hatten, durften die einfachen Soldaten über den Suezkanal zurückkehren. Ohne festes Schuhwerk kann man in der Wüste nicht kämpfen, und neue Stiefel konnte der ägyptische Staat seinen Soldaten nicht mehr zur Verfügung stellen. Auch der ägyptischen Bevölkerung, die nur Propagandasendungen hören konnte und keine objektiven Nachrichten erhielt, wurde beim Anblick der vielen barfüßigen Heimkehrer klar, dass ihre Armee geschlagen worden war. Genau 4.811 ägyptische Offiziere, darunter neun Generäle, blieben dagegen in israelischer Hand. Man brauchte sie für den Austausch gegen zehn israelische Spione, unter ihnen vor allem Major Zeev Gur-Arich. Das war der israelische Name von Wolfgang Lotz, den er im Gefängnis auch seinen Landsleuten offenbart hatte, als sie merkten, dass er die hebräische Sprache beherrschte.

Während des Sechstagekrieges und noch mehrere Wochen danach verschärfte sich die Situation der politischen Häftlinge in Tura. Sie wurden in Strafzellen ohne elektrische Beleuchtung gesperrt und hatten weniger Möglichkeiten, miteinander zu kommunizieren. Doch Anfang November 1967 wurde Lotz in ein Gefängnisbüro gerufen. Vor ihm stand Rechtsanwalt Krahl-Urban und kündigte ihm seine baldige Freilassung an. Am 14. Januar 1968 musste Lotz im Gefängnis vor einer ärztlichen Kommission erscheinen, die ihn lediglich nach seinem Namen fragte und dann in seiner Gegenwart sofort ein ärztliches Gutachten erstellte, aus dem hervorging, dass der Häftling schwer herzkrank war und an Krebs im letzten Stadium litt. Seine Lebenserwartung wurde nur noch auf drei Monate geschätzt.

Am 3. Februar 1968 wurden Wolfgang und Waltraud Lotz freigelassen. Der Konsul der Bundesrepublik Deutschland begleitete sie, wie es der fromme Schein erforderte, zum Kairoer Flughafen. Dort passierte dann noch etwas Unglaubliches, was wohl nur in Ägypten möglich ist. Ein Agent der Geheimpolizei bestellte schöne Grüße vom ägyptischen Generalstaatsanwalt, übergab Lotz seine Brieftasche und seinen Füllfederhalter, Frau Lotz ihre Kamera und beiden – neun unentwickelte Filme mit Aufnahmen, die Lotz vor seiner Verhaftung von ägyptischen Militärbasen gemacht hatte. Selbst die Spezialisten vom israelischen Geheimdienst waren später fassungslos, dass die ägyptischen Kollegen offensichtlich zu faul gewesen waren, die Filme zu entwickeln und die Bilder auszuwerten. Nach dem Ehepaar Lotz ließen die Ägypter die anderen israelische Häftlinge frei und bekamen ratenweise ihre Offiziere zurück.

Bis heute gibt es trotzdem noch einige ungelöste Fragen, zum Beispiel:

Wer hat dem ägyptischen Geheimdienst, der selbst noch keine funktionierenden Abhöreinrichtungen hatte, die chiffrierten Funkmeldungen von Lotz und die Antworten seiner israelischen Vorgesetzten zugespielt? Kannten die Ägypter die wahren Auftraggeber von Rechtsanwalt Krahl-Urban? Warum kümmerte sich der israelische Geheimdienst in erster Linie um die Freilassung von Lotz und nicht um die anderen Häftlinge, die schon viel länger eingesperrt waren? Wie weit haben Mossad und BND im Fall Lotz zusammengearbeitet? Fragen ohne Antwort.

Doch wie ging es weiter mit dem Helden unserer Geschichte? Das Ehepaar Lotz verließ die Lufthansamaschine nach Frankfurt am Main schon in Athen und flog von dort aus weiter nach Israel. Erst im Dezember 1971 sah man ein neues Bild von Wolfgang Lotz in den Zeitungen. Der inzwischen fast 51 Jahre alte Exspion trug den Brautbaldachin für die 39 Jahre alte Marcelle Ninio, die einen israelischen Oberstleutnant heiratete. Die Braut war eine israelische Exterroristin, die 1956 Sprengstoffanschläge auf US-Institute in Kairo mitverübt hatte, um die ägyptisch-amerikanischen Beziehungen zu stören. Den letzten Teil ihrer langen Gefängnishaft hatte sie zusammen mit Waltraud Lotz abgesessen und war kurz nach deren Freilassung ebenfalls ausgetauscht worden. Brautführerin bei der „Hochzeit des Jahres“ (so die „Jerusalem Post“) war die israelische Ministerpräsidentin Golda Meir, die bei dieser Gelegenheit zur Braut sagte: „Sie sind zu lebenslänglich verurteilt, und ich hoffe, dass sie diesmal die Strafe absitzen.”[5]

Lotz war zu dieser Zeit Angestellter einer privaten Detektivagentur, die sich mit den Sicherheitsproblemen von Banken und Industrieunternehmen beschäftigte. Mit seiner Frau Waltraud lebte er in einem Dorf bei Tel Aviv, bis sie an den Spätfolgen der Folterungen in ägyptischer Haft starb. Danach hielt sich der „Champagnerspion“, wie ihn die Presse häufig nannte, meist in Deutschland auf, arbeitete zeitweise in der Fachabteilung für Anglerbedarf eines Münchner Kaufhauses, schrieb seine für Fachleute nicht sehr ergiebigen Lebenserinnerungen sowie ein „Handbuch für Spione”, heiratete noch zweimal und starb am 13. Mai 1993 in einer Münchener Klinik an einem Herzleiden.

1 Lotz: Fünftausend für Lotz, S. 9
2 Ebd., S. 9 f.
3 Ebd., S. 21
4 Siehe ebd., S. 139 f.
5 Der Spiegel 1971/50/194

Hinweise

Lotz: Fünftausend für Lotz / Die lautlose Macht. Bd. 2, S. 313-332 / Polmar/Allen: Spy Book, S. 342 /
Der Spiegel 1965/11/27-28, 1965/25/120, 1965/33/62-63, 1971/24/126-129, 1971/50/194 / Süddeutsche Zeitung, 18. 6. 1981 / Quick, 15. 5. 1986 / dpa-Meldung, 15. 5. 1993

Der verantwortungsbewusste Spion Adolf-Henning Frucht

Als Adolf-Henning Frucht, zu lebenslänglicher Haft verurteilt, nach zehnjährigem Strafvollzug aus dem Zuchthaus Bautzen II entlassen und nach dem Westen abgeschoben worden war, benachrichtigte er seine Angehörigen sowie Freunde und Bekannte mit einem Zitat aus Goethes „Faust II“ von seiner Freilassung:

„In der Erstarrung sucht ich nicht mein Heil.
Das Schaudern ist des Menschen bester Teil.
So sehr die Welt mir das Gefühl verteure,
Ergriffen fühl‘ ich tief das Ungeheure.“

In den Interviews, die er in späteren Lebensjahren gegeben hat, leugnete er nie, einmal Spion der amerikanischen CIA gewesen zu sein. Ihm sei nichts Besseres eingefallen, um das zu bewirken, was er als Wissenschaftler und überzeugter Christ für notwendig gehalten habe, betonte er mehrfach. Das alles klang ungewöhnlich, begann die seriöse Presse zu interessieren, später auch das Fernsehen sowie britische und deutsche Buchautoren, und langsam aber sicher erstand vor der erstaunten Öffentlichkeit das Bild eines stillen und beharrlichen Deutschen, der aus Verantwortungsbewusstsein ein Held geworden war. Adolf-Henning Frucht wurde am 2. September 1913 in Tor-

Adolf-Henning Frucht, 1977

gau als zweites Kind des Hauptmanns Ernst Emil Frucht geboren, der bereits in den ersten Tagen des Ersten Weltkrieges an der Westfront fiel. Während die väterlichen Vorfahren meist Berufssoldaten waren, stammte die Mutter Anni, die Adolf-Henning und die ältere Schwester Gisela alleine aufzog, aus einer berühmten Gelehrtenfamilie.

Adolf-Hennings Ururgroßvater war Justus von Liebig, sein Großvater der Theologe Adolf von Harnack, Begründer der Kaiser-Wilhelm-Gesellschaft (heute: Max-Planck-Gesellschaft) sowie Kanzler der Friedensklasse des Ordens Pour le Mérite. Der Bruder der Mutter, Ernst von Harnack, Sozialdemokrat und Regierungspräsident in der Weimarer Republik, wurde als Widerstandskämpfer nach dem 20. Juli 1944 hingerichtet. Dessen Sohn Arvid Harnack, Kommunist, Widerstandskämpfer und Spion für die Sowjetunion, führte zusammen mit Harro Schulze-Boysen während des Zweiten Weltkrieges eine weit verzweigte Berliner Widerstandsgruppe, die gleichzeitig der deutsche Zweig der internationalen Untergrundorganisation „Rote Kapelle“ war. Er ist ebenfalls, noch vor seinem Vater, vom NS-Regime zum Tode verurteilt und hingerichtet worden. Ein anderer älterer Vetter von Adolf-Henning war Max Delbrück, Begründer der Molekularbiologie und späterer Nobelpreisträger.

Adolf-Henning Frucht kam 1927 in das Joachimsthalsche Gymnasium, eine Internatsschule in der Uckermark. Er war ein schlechter Schüler, blieb zweimal sitzen und bestand erst 1934 im Alter von 21 Jahren sein Abitur. Auf der Abschlussfeier verbrannte er seine Logarithmentafel. Freude machte ihm nur die Musik. Er spielte ausgezeichnet Flöte. Beeinflusst von Max Delbrück lehnte er jede vormilitärische Ausbildung unter Hinweis auf die Verbotsbestimmungen im Friedensvertrag von Versailles ab. Auch die Hitler-Jugend ignorierte er vollkommen.

Im Anschluss an das Abitur wurde Frucht für sechs Monate zum Reichsarbeitsdienst (RAD) eingezogen und verbrachte die Zeit ausschließlich als Flötist in dessen Gauorchester Schlesien. Zum Wintersemester 1934/35 immatrikulierte er sich an der Medizinischen Fakultät der Universität Jena und legte bereits nach vier Semestern seine Promotionsarbeit „Zur Physiologie des Blasinstrumentenspiels“ vor, die so begeisterten Anklang fand, dass er die Ergebnisse noch im selben Jahr dem Deutschen Physiologischen Kongress vortragen durfte. Für das Jahr 1937 erhielt Frucht ein Stipendium für ein Studienjahr an der Universität Cincinatti in den USA. Ein Dreimonatskurs für Tropenmedizin in Puerto Rico schloss sich an. Er hätte in den USA bleiben können, aber gerade weil er kein Nationalsozialist war, kehrte er 1938 nach Deutschland zurück.

Zum ersten Mal zeigte er den für ihn typischen Beharrungswillen, gespeist aus Patriotismus und Verantwortungsbewusstsein gegenüber dem eigenen Volk. Sein Vetter Arvid Harnack versuchte, ihn für die „Rote Kapelle" zu gewinnen. Eine Mitarbeit unterblieb dann jedoch aus organisatorischen Gründen. Sein Onkel, Ernst von Harnack, setzte ihn als Kurier ein, um Sympathisanten der Widerstandsbewegung Botschaften zu überbringen und um ihre Mitarbeit zu bitten. Wegen der schwankenden Haltung der Militärs in den Jahren 1938 und 1939 führten diese Bemühungen jedoch zu nichts. Auch weil die Anhänger des Widerstandes es an jeder konspirativen Vorsicht fehlen ließen, zog sich Frucht von dieser Tätigkeit wieder zurück. Mit Kriegsbeginn im September 1939 wurde er notapprobiert, zum Arzt ernannt und als Unterfeldarzt eingezogen, obwohl ihm noch klinische Ausbildungssemester fehlten.

Am 18. Juni 1940, dem Tag der französischen Kapitulation, befand er sich gerade, zusammen mit einem Unteroffizier, auf einer Erkundungsfahrt im Niemandsland an der Westfront, um ein Auto für seine ärztliche Tätigkeit zu requirieren. Als Beifahrer auf einem Motorrad kam er bis Straßburg, wo man ihn für die Spitze des deutschen Truppenkontingents hielt und ihm feierlich die Stadt übergab. Eine Straßburgerin, die von diesem Zufallsereignis in einer Rundfunkreportage berichtete, machte seinen Namen vorübergehend in ganz Deutschland bekannt.

1940, nach dem Frankreichfeldzug, bestand Frucht sein Staatsexamen mit der Note „sehr gut". 1941, noch vor dem Kriegsbeginn mit der Sowjetunion, heiratete er Gisela Gräfin zu Bentheim. Danach kam er an die Ostfront. Als Frucht gegen die hohe Todesrate in den Lagern für sowjetische Kriegsgefangene protestierte, stellten ihn seine Vorgesetzten nicht vor ein Kriegsgericht, sondern fanden einen salomonischen Ausweg. Sie beurlaubten ihn, weil er tatsächlich krank war, zur Erholung aus Gesundheitsgründen mit der Maßgabe, über den Termin selbst zu entscheiden, an dem er den Dienst wieder aufnehmen könne. Nach der Niederlage von Stalingrad hielt Frucht den Zeitpunkt für gekommen, seinen seltsamen Urlaub zu beenden, weil er meinte, sich jetzt als Arzt nicht mehr verweigern zu dürfen. Er überstand den Krieg unverwundet, zeichnete sich durch Umsicht bei der Lazarettorganisation aus und wurde bereits am 9. September 1945 aus sowjetischer Kriegsgefangenschaft entlassen.

Danach hielt Frucht es wegen des eklatanten Ärztemangels und der Not in den Krankenhäusern für seine Pflicht, in der sowjetischen Besatzungszone zu bleiben. Der 33 Jahre alte Arzt wurde 1946 von den Sowjets mit der Beaufsichtigung aller Krankenhäuser in Sachsen beauftragt, obwohl er nicht der SED angehörte. Seine Verbindungen aus der Studienzeit in den USA nutzte er, um illegal Penicillinstämme zur Weiterzüchtung zu besorgen, so dass auch in der Ostzone die sich ausbreitenden Geschlechtskrankheiten wirkungsvoll bekämpft werden konnten.

Nachdem er, schon aufgrund seines christlichen Glaubens, allen Werbungsversuchen der SED widerstanden hatte, wurde Frucht zum Jahresende 1948 aus seiner administrativen Funktion in Sachsen entlassen, erhielt aber zum 1. Januar 1949 eine Dozentenstelle am Institut für Physiologie der Universität Leipzig. Er hielt Vorlesungen und habilitierte sich 1953.

Fruchts Ehe, aus der im Laufe der Jahre vier Kinder hervorgegangen waren, verlief unglücklich. Die Ehepartner, die sich vor der Heirat zu wenig gekannt hatten, waren im Wesen sehr verschieden. Ehefrau und Kinder fühlten sich von dem Familienvater unverstanden und vernachlässigt, weil er Tag und Nacht bis zum gesundheitlichen Zusammenbruch arbeitete, trotzdem aber über alle Familienangelegenheiten in letzter Instanz entschied, ohne den Familienmitgliedern in ausreichendem Maße zuzuhören und sich mit ihnen zu beraten.

1956 ließ sich Frucht scheiden, um im gleichen Jahr die Zahnärztin Maria Böhme zu heiraten. Auch aus dieser Ehe gingen zwei Kinder hervor, die 1957 geborene Karin und die 1961 geborene Uta. Die Beziehungen zu seinen Kindern aus erster Ehe, zwei Jungen und zwei Mädchen, die zwischen 1942 und 1949 geboren waren, hielt er aufrecht, um Einfluss auf ihre Erziehung und vor allem ihre Ausbildung zu behalten. 1957 zog Frucht mit seiner zweiten Ehefrau nach Ost-Berlin, wohnte für eine geringe Miete in einem geräumigen Haus im Vorort Grünau, besaß ein Wassergrundstück in Mecklenburg und arbeitete als Direktor des von ihm gegründeten Instituts für Arbeitsphysiologie am Nöldnerplatz in Berlin-Lichtenberg. Die physiologische Forschung wurde der Lebenssinn des gut situierten Mannes, der in seiner schmal bemessenen Freizeit auch noch im Ärzteorchester Fagott spielte.

Physiologie ist ein Querschnittsfach. Ein Physiologe entnimmt der Mathematik, Physik und Technik Mess- und Auswertungsverfahren, um sie in der Medizin und Biologie anzuwenden. Von der Physiologie her gibt es viele Verbindungen zur Wissenschaftsplanung überhaupt. Viele Forscher setzen sich mit einem Physiologen in Verbindung, um das für ihre Forschungsarbeiten geeignete Messverfahren zu erhalten. Auch die Industrie sucht den Rat des Physiologen, um optimale Verfahrenstechniken zu erarbeiten.

Frucht beschäftigte sich speziell mit der Gerontologie, der Sportmedizin und der Wirkung von Giftgasen. Seine Forschungsergebnisse waren für die DDR von hohem Wert. In der Gerontologie ging es ihm um menschliche Ausdauerleistungen im Alter, in der Sportmedizin um Möglichkeiten der Leistungssteigerung bei Ruderern und Langstreckenläufern, bei den Giftgasen um die Wirkungen unterschiedlicher Dosierungen auf verschiedene Stämme von Leuchtbakterien und auf den menschlichen Körper. Sein Institut führte er als offene Einrichtung, zu der Wissenschaftler aus allen Ostblockstaaten und aus dem Westen stets freien Zugang hatten.

Der selbstbewusste und in seiner Arbeit aufgehende Mann hätte zwar lieber in einer Demokratie gelebt, bezog heimlich den „Spiegel", den „New Yorker" und belletristische Literatur aus dem Westen, sah aber für sich keinerlei Grund, seinen Wohnsitz nach dorthin zu verlegen. Er verstand durchaus, dass andere das anders sahen, schaffte sogar Habseligkeiten von geflüchteten Freunden und Bekannten nach West-Berlin, empörte sich jedoch über die Pflichtvergessenheit von Ärzten, die ihre Patienten manchmal sogar vor Operationen im Stich ließen, sich im Westen als politische Flüchtlinge bezeichneten, in Wahrheit aber nur ihre Karriere und ihre persönliche Bequemlichkeit im Sinn hatten.

Und genau aus diesem Grund nahm Frucht über einen Kollegen im Februar 1958 Verbindung zum amerikanischen Geheimdienst in West-Berlin auf. Er meinte, auf diesem Wege die amerikanische Regierung darüber informieren zu müssen, wie verhängnisvoll gerade die Flucht der Intelligenz für die Bevölkerung der DDR war, und bat darum, jede Propaganda zu unterlassen, die diese Absetzbewegung fördern und begünstigen könnte.

Dieses Verhalten bewies zwar Fruchts moralische Qualität, aber zugleich auch sein damaliges Unverständnis für politische Dimensionen. Gezielte Propaganda zur „Republikflucht" hat es von westlicher Seite nachweislich nie gegeben, sondern eher Durchhaltereden westdeutscher Politiker an die Brüder und Schwestern in der Ostzone, nur bei persönlicher Bedrohung zu fliehen und ansonsten den Tag der Wiedervereinigung abzuwarten. Der höhere Lebensstandard im Westen und die politischen Unterdrückungsmaßnahmen in der DDR genügten vollkommen, um bis zum Mauerbau 1961 fast drei Millionen Menschen zur Flucht zu veranlassen. Unfreiwillige Fluchtwerbung betrieben natürlich diejenigen, die im Westen gut aufgenommen worden waren und Erfolg hatten.

Der amerikanische Geheimdienst, dem an einem ständigen Einblick in alle Lebensbereiche der DDR gelegen war, brauchte die Informationen der Flüchtlinge. Ihr andauernder Zustrom konnte ihm deshalb nur recht sein. Der amerikanischen Regierung dagegen waren die Auswirkungen der Massenflucht auf das deutsche Volk und besonders auf die Lage der Menschen in der DDR herzlich gleichgültig. So waren die ersten Kontakte zwischen Frucht und amerikanischen Geheimdienstlern eigentlich ein gegenseitiges Missverständnis.

Der Gelehrte, der fließend englisch sprach, traf nicht einmal auf Einfühlungsvermögen. Man erkundigte sich bei ihm nach Personen, die bereits geflüchtet waren, um deren Angaben zu überprüfen, oder nach Prominenten in der DDR, die er aus dienstlichen Gründen kannte. Da in seinem Institut auch Kampfstoffexperten aus dem Ostblock verkehrten, versuchte man Frucht zu animieren, diesen Leuten militärische Geheimnisse zu entlocken. Er lehnte aus Sicherheitsgründen ab. Als ein besonders tölpelhafter amerikanischer Kontaktmann ihn immer wieder in diese Richtung zu drängen versuchte, wurde Frucht wütend und machte der CIA klar, dass er mit diesem Herrn nicht mehr in West-Berlin zusammentreffen wollte.

Die Amerikaner begriffen nur mühsam, dass sie keinen gewöhnlichen Agenten vor sich hatten, der Aufträge entgegennahm, sondern einen Mann, der darauf Wert legte, in Gesprächen auf hohem Niveau Informationen auszutauschen. Sie schickten einen anderen Kontaktpartner zu den Treffs, dem eine Verbesserung der Atmosphäre gelang. Frucht besorgte jetzt aus der DDR einen neu entwickelten Impfstoff gegen Kinderlähmung, der wesentlich wirksamer war als die bisher im Westen verwendeten Produkte. Für diese Tat aus eigenem Antrieb, die er für seine ärztliche Pflicht hielt, waren ihm die Amerikaner dankbar. Als ein Kollege, der Frucht bei dieser Beschaffungsaktion geholfen hatte, später in den Westen flüchtete, bewiesen sie das durch massive Unterstützung des Mannes nach seiner Ankunft.

1959 traf Frucht ein schwerer Schlag, als seine erste Ehefrau mit drei der vier Kinder nach dem Westen flüchtete. Nur den ältesten Sohn Ulrich, damals 17 Jahre alt, hatte sie zurückgelassen. Frucht flog von West-Berlin aus heimlich nach Westdeutschland, um sie vergeblich zu überreden, wieder zurückzukehren. Das Geld für den Flug hatten ihm die Amerikaner gegeben. Gisela Frucht zog lediglich nach West-Berlin, damit der Vater seine Kinder sehen konnte. Den Sohn Ulrich konnte Frucht davon überzeugen, vorläufig in der DDR zu bleiben. Doch als er sein Abitur bestanden hatte, folgte er seiner Mutter und seinen Geschwistern nach West-Berlin.

1960 wurde Frucht von den Amerikanern gewarnt. Sie schlugen ihm vor, sich nach West-Berlin abzusetzen, denn sie wussten inzwischen, dass die CIA und andere westliche Nachrichtendienste von Maulwürfen des KGB unterwandert waren, und konnten nicht ausschließen, dass aus ihrem Apparat Hinweise auf ihn an den KGB oder SSD gelangt waren. Frucht lehnte es ab zu fliehen, wollte aber auch nicht mehr mit den Amerikanern zusammenkommen. Seinem Wunsch wurde in höflicher Form entsprochen. Man gab ihm lediglich eine Telefonnummer in West-Berlin, mit der Bitte, dort anzurufen, falls er aus irgend einem Grund den Kontakt wieder aufnehmen wolle. Außerdem versprach man, ihm und seiner Familie zu helfen, falls er eines Tages doch noch den Wunsch zur Flucht haben sollte.

Für diesen Abbruch der Beziehungen gab es komplexe Gründe, die sowohl bei Frucht als auch bei den amerikanischen Kontaktleuten lagen. Ein parteiloser Wissenschaftler wie er, inzwischen 47 Jahre alt, der seine hohe Position in der DDR nur aufgrund seiner fachlichen Qualifikation und seines Organisationstalents erreicht hatte, musste zwangsläufig auch autoritäre Züge entwickeln, um sich im Alltagsleben durchsetzen zu können. Er war sicherlich geneigt, von kompetenten Personen in Gesprächen sachliche Informationen entgegenzunehmen und zu durchdenken, nicht jedoch, sich Aufträge erteilen zu lassen. So muteten ihm die Geheimdienstler zu, einen Brief mitzunehmen, um ihn in Ost-Berlin auf der Post aufzugeben. Der Empfänger in Leipzig sollte ihn an einen Verwandten weitergeben, der dort für die CIA arbeitete. Allein die Wahl dieses Nachrichtenweges, der bei möglichen Kontrollen drei Personen extrem gefährdet hätte, zeugte von bemerkenswerter Sorglosigkeit.

Im übrigen war Frucht gewohnt, die Themen zu bestimmen, über die er sprechen wollte, nicht aber, sich von fachlich inkompetenten Personen Themen aufdrängen zu lassen, zumal die Informationen, die er dann gab, erst von ihm unbekannten Stellen geprüft und bewertet werden mussten. Persönliche Ratschläge wiederum, die er begründete und mit warmherziger Fürsorge verband, gab er vielleicht seinen Mitarbeitern im Institut oder seinen Kindern. Das funktionierte jedoch nicht in umgekehrter Richtung und schon gar nicht bei den Geheimdienstlern, von denen Frucht ständig das Gefühl hatte, dass er als Person für sie uninteressant war.

So kam es, dass er kein eigentliches Verständnis für geheimdienstliche Arbeit entwickelte, auch nicht dafür, dass seine Gesprächspartner ihn eben deshalb warnen konnten, weil sie einen besseren Überblick über gefährliche Situationen hatten als er. Seine Kontaktpersonen wiederum, mit schütterer Allgemeinbildung und wenig Einfühlungsvermögen ausgestattet und gewohnt, in militärischen Kategorien zu denken, konnten mit dem hoch gebildeten, vielseitig interessierten, aber in ihren Augen undisziplinierten Mann einfach nicht umgehen. Vielleicht wäre er mit mehr Verständnis behandelt worden, wenn er sich an den deutschen

BND oder an den britischen Secret Service gewandt hätte. Doch das bleibt eine Vermutung.

Kurz nach dem Mauerbau am 13. August 1961 durfte Frucht mit offizieller Erlaubnis der DDR-Behörden aus dienstlichen Gründen noch einmal nach West-Berlin fahren. Er benutzte die Gelegenheit auch, um Fluchtmöglichkeiten zu sondieren, aber die Amerikaner durften ihr Versprechen nicht mehr einlösen. Sie hatten strikte Order aus Washington, vorerst jede Fluchthilfe für Deutsche zu unterlassen. Bis in das Jahr 1962 versuchte Frucht mit Hilfe seiner Verwandten und einflussreicher Freunde, andere Fluchtmöglichkeiten für die ganze Familie zu finden, betrieb die Dinge aber nur halbherzig und unentschlossen. Manchmal war ihm der Fluchtweg zu risikoreich, besonders für seine 1961 geborene Tochter Uta, dann wieder gefielen ihm die Fluchthelfer nicht oder er meinte, mit seiner Familie auch in der DDR in jeder Hinsicht auskömmlich leben zu können.

Seine Frau hatte es für selbstverständlich gehalten, nach der Geburt des ersten Kindes ihre Berufstätigkeit aufzugeben. Sie widmete sich dem Haushalt, ihren Kindern sowie ihren Laienämtern in der evangelischen Kirchengemeinde von Berlin-Grünau. Das Ehepaar war durch die gemeinsame protestantische Glaubensüberzeugung und viele geistige Interessen, vor allem aber durch tiefes gegenseitiges Verständnis und Vertrauen miteinander verbunden. Maria Frucht hielt es für normal, dass ihr Mann das Geld verwaltete, endgültige Entscheidungen für die ganze Familie traf und sie nicht durch Berichte mit jedem dienstlichen Vorgang belastete. Es war eine „altmodische" Ehe, in der der Mann die Verantwortung für die Lebenssicherung der Familie trug und die Frau die Seele des Hauses war. Doch diese Ehe funktionierte, sollte großen Belastungen standhalten und dazu beitragen, Adolf-Henning Frucht auch unter schwierigsten Umständen das Leben zu erhalten.

Ende 1962 erhielt er in seinem Institut hohen Besuch. General Hans Rudolf Gestewitz – Obermedizinalrat, Hals-, Nasen- und Ohrenspezialist, Verdienter Arzt des Volkes, ranghöchster Sanitätsoffizier der Nationalen Volksarmee und Leiter ihres Zentrallazaretts in Bad Saarow – wollte sich mit ihm unterhalten. Beide hatten hohe fachliche Achtung voreinander und Gestewitz glaubte, dass Frucht sicherheitsüberprüft und mit geheimen Forschungen befasst sei, weil er Experimente mit Giftgasen durchführte, wenn auch in ganz geringer Dosierung und für nichtmilitärische Zwecke.

Im Gespräch erfuhr Frucht nahezu beiläufig, dass die Nationale Volksarmee über ein Nervengas verfügte, das auch bei minus 40° Celsius seine toxische (giftige) Wirkung behielt. Es war auf geheimdienstlichen

Wegen in den USA beschafft und im Hinblick auf den Einsatz in großer Kälte modifiziert worden. Bisher entfalteten Nervengase ihre Giftwirkung nur bei Temperaturen über 0° Celsius. Frucht hörte weiter, dass man nur eine kleine Menge des Nervengases als Kampfstoff brauchte, um einige tausend Quadratmeter zu belegen. Konkret ging es darum, über der amerikanischen Station Clear in der Arktis dieses Gas abzuwerfen, das dann in die Radar-Beobachtungszentren eindringen und auch auf den Verbindungswegen zwischen ihnen und den Wohnquartieren seine Wirkung entfalten sollte. Kleinste Partikel des Stoffes auf der menschlichen Haut, der Kleidung oder sogar auf einer Gasmaske genügten, um in das Nervensystem einzudringen, es zu lähmen und den Tod des Getroffenen herbeizuführen.

Die Beobachtungsstation Clear lag rund 100 Kilometer südwestlich von Fairbanks in Alaska und beherbergte zwei Frühwarnsysteme. Das eine konnte feindliche Interkontinentalraketen 15 bis 25 Minuten vor dem Einschlag entdecken und auch den Weg feindlicher Atomsprengköpfe verfolgen, die von Unterseebooten vor der Küste aufstiegen. Das andere Frühwarnsystem hielt Ausschau nach sowjetischen Flugzeugen, die über Alaska nach Nordamerika eindringen wollten. Gestewitz deutete an, dass geplant war, Clear durch den Einsatz des Gases für sechs bis zwölf Stunden lahmzulegen, um einen anschließenden Angriff auf die USA und Kanada ohne Vorwarnung zu ermöglichen.

Frucht hatte bisher mit Giftgasen experimentiert, um Gasmasken und Schutzkleidungen zu verbessern, die Arbeiter in bestimmten Produktionsbereichen schützen sollten, falls gefährliche Gase freigesetzt wurden. Außerdem interessierte ihn die Wirkung bestimmter Gase auf Leuchtbakterien. Er stellte bei seinen Versuchen fest, dass durch Zugabe von bestimmten Giftgasen der Stoffwechsel der Bakterien intensiviert wurde und sich dadurch ihre Leuchtkraft erhöhte.

Deshalb war zu untersuchen, ob man die Bakterien als Frühwarner gegen Giftgas einsetzen konnte, ähnlich wie früher die Bergleute einen Kanarienvogel in den Schacht mitnahmen, weil er auf Giftgase früher reagierte als Menschen. Flatterte der Vogel aufgeregt und lag plötzlich leblos im Käfig, so wurde es für die Menschen höchste Zeit, Gasmasken aufzusetzen und sich aus dem gefährlichen Schacht zurückzuziehen. Außerdem prüfte Frucht, ob bestimmte Bakterien nach Zugabe von Giftgas eventuell so stark leuchteten, dass sie als Lichtquellen verwendet werden konnten, und ob dieses durch einen biologischen Zersetzungsprozess gewonnene Licht eines Tages billiger sein würde als die übliche elektrische Beleuchtung.

Nach dem Gespräch mit Gestewitz blieb Frucht in großer Gewissensnot zurück. Er stand vor der Frage, ob es ihm seine Christenpflicht und seine Verpflichtung als Arzt gebot, die Amerikaner vor den Planungen des östlichen Militärbündnisses zu warnen. Gestewitz hatte sich sehr bestimmt ausgedrückt und war kein Schwätzer. Andererseits kannte Frucht die Unzulänglichkeit der Leute von der CIA. Fluchthilfe konnten sie nicht mehr leisten, und ihr Respekt vor dem persönlichen Wert eines Agenten, der für sie arbeitete, war stark unterentwickelt. Durfte er unter diesen Umständen das Wohl seiner Familie gefährden oder war er trotzdem zu einer Warnung verpflichtet?

Er entschied sich für das Handeln und bat seinen in Köln lebenden Neffen Martin Rückert, einen 23 Jahre alten Musikstudenten, ihn zu besuchen. Beide verband das große Interesse an der Musik, besonders an Kompositionen und Partituren. Vor allem aber vertraute Frucht dem jungen Mann vollkommen. Martin kam, sagte seine Hilfe zu, wurde von Frucht instruiert, ging zu den Amerikanern in West-Berlin und stieß auf eine Mauer aus Ignoranz und Unglauben. Die CIA-Leute bezweifelten, dass Frucht überhaupt an derartige Informationen gelangen konnte, und hielten ihn für einen Wichtigtuer. Andererseits waren sie bei ihrem Mangel an Agenten hinter der Mauer froh, dass sie nun wieder Verbindung zu ihm hatten.

Sie testeten Martin Rückert mit einem Lügendetektor auf seine Stabilität und bildeten ihn dann für seine Agententätigkeit wochenlang aus. Er lernte, wie man eine Observation entdeckt und sich ihr entzieht, außerdem Geheimschriftverfahren, Verschlüsselungstechniken, die Anlage und Leerung toter Briefkästen sowie die Herstellung, das Verstecken und Sichtbarmachen von Mikropunkten. Diesen ganzen Hokuspokus sollte er nicht nur selbst beherrschen, sondern ausgerechnet seinem Onkel ebenfalls beibringen.

Rückert erwies sich als gelehriger Schüler, aber dann kam es, wie es kommen musste. Sein Onkel hielt die Verfahren mit Ausnahme der Mikropunkte für komplizierten Blödsinn, den zu lernen nicht der Mühe wert war. Er war, gewiss zu Recht, der Meinung, dass man bei Kontrollen mit verschlüsselten Mitteilungen eher auffiel als mit ganz gewöhnlichen Briefen, in denen es vordergründig um musikalische Probleme und Familienangelegenheiten ging, in Wirklichkeit aber um Mitteilungen, die Martin und er gleichermaßen deuten konnten.

Im Laufe der Jahre 1963/64 kamen immer mehr Kampfstoffexperten in Fruchts Institut und teilten ihm Einzelheiten über Herstellungsmethoden, Lagerung und Wirkung der Giftgase mit. Gleichzeitig verharrten die Amerikaner in ihrer Skepsis gegenüber Mitteilungen, die ihnen Rückert nach Besuchen bei seinem Onkel machte. Frucht entschloss sich deshalb, der CIA seine eigenen Forschungsergebnisse mitzuteilen, damit die dort Verantwortlichen merkten, dass er wirklich etwas von Giftgasen verstand.

Zuerst versuchte er, seinem Neffen die Zusammenhänge mündlich zu erklären, merkte aber, dass er den Musikstudenten damit überforderte. Schließlich gab Frucht ihm im Winter 1964 ein grünfarbiges Blatt Papier mit, auf dem wesentliche Versuchsanordnungen und Forschungsergebnisse unter dem Titel „Über den Einfluss toxischer Substanzen auf die Biolumineszenz von Bakterien" zusammengefasst waren. In die Laiensprache grob übersetzt hieß das: „Über den Einfluss von Giftgasen auf die Leuchtkraft von Bakterien". Gleichzeitig schickte Frucht diesen Text, der auf seinen eigenen, nicht geheimen Versuchen beruhte, der westdeutschen Zeitschrift „Die Naturwissenschaften" zu, die ihn 1965 veröffentlichte.

Europäische Fachleute merkten sofort, was dort publiziert worden war, denn Kampfstoffexperten aus der Schweiz und Großbritannien baten ihn um die Zusendung von Sonderdrucken seines Artikels. In der Zwischenzeit hatten amerikanische Forscher aufgrund seiner Mitteilung an die CIA seine Experimente nachvollzogen und sogar zum Patent angemeldet. Nachdem man das Vorhandensein von Kampfgasen durch das Leuchten von Bakterien nachweisen konnte, war die Entwicklung moderner Gasspürgeräte nur noch ein technisches Problem.

Jetzt erst begannen die Vertreter der CIA, Frucht und seinem Kurier Rückert wirklich zu vertrauen. Umgekehrt wurde jedoch das Verständnis der beiden für die Verhaltensweisen der Geheimdienstler auf harte Proben gestellt. Diese meldeten sich oft monatelang nicht bei Rückert und reagierten auf dessen Fragen, die er in Fruchts Auftrag an sie stellte, nur ausweichend oder hinhaltend. Dann wieder forderten sie Rückert zu einem sofortigen Besuch bei seinem Onkel auf, um irgendeine Einzelheit zu eruieren. Berufsagenten, die die Mentalität von Soldaten oder Beamten entwickeln, sind es gewohnt, dass sich die Führungsstellen über lange Zeit überhaupt nicht rühren und sich gleich darauf mit ihren Anforderungen überschlagen. Denn ein Geheimdienst ist ein staatlicher Dienstleistungsbetrieb, der sich nach wechselnden Interessen und Entschlüssen der Politiker zu richten hat. Den Geheimdienstamateuren Frucht und Rückert erschlossen sich derartige Zusammenhänge jedoch nicht ohne weiteres.

Im Frühjahr 1966 führte Frucht ein Gespräch mit einem Leutnant, der am Forschungsinstitut der Nationalen Volksarmee in Greifswald arbeitete. Es ging wieder einmal um das Nervengas, das von den Amerikanern entwickelt und in der DDR für den Einsatz bei großer Kälte modifiziert worden war. Frucht konnte seinem Gesprächspartner zunächst nicht folgen, weil ihm die Kenntnis von bestimmten chemischen Zusammenhängen fehlte. Daraufhin schrieb ihm der Leutnant die vollständige chemische Formel des kälteresistenten Kampfgases auf. Frucht gab sie über Rückert an die Amerikaner weiter, und diese Mitteilung schien nun endlich sofort auf fruchtbaren Boden zu fallen.

Anfang Mai 1967 hatte er eine letzte Begegnung mit General Gestewitz. Dieser fragte Frucht zunächst, ob er sich noch an das Gespräch von Ende 1962 über die Kaltwetter-Kampfstoffe erinnerte. Als Frucht ja sagte, fuhr Gestewitz fort, es sei eigenartig, dass an den Stationen der NATO und SEATO in den Polargebieten inzwischen Schutzvorkehrungen gegen Gasangriffe getroffen worden seien. Zu überlegen wäre nur noch, ob die Amerikaner selbst darauf gekommen seien oder ob es im eigenen Bereich eine undichte Stelle gegeben habe.

Für Frucht war dieses Gespräch das letzte von vielen Vorzeichen, die er seit 1966 erhalten hatte und aus denen er entnehmen konnte, dass der SSD in Zusammenarbeit mit den übrigen Geheimdiensten des Ostblocks Spionageverdacht gegen ihn hegte und versuchte, ihm auf die Spur zu kommen. Er wurde zu Dienstbesprechungen nicht mehr eingeladen oder erst zu einem späteren Zeitpunkt bestellt, an dem die Tagesordnungspunkte bereits abgehandelt worden waren, bei denen er nicht zuhören sollte. Fest vereinbarte Termine für Fachgespräche platzten, weil die Partner aus fadenscheinigen Gründen absagten. Zu internationalen Tagungen innerhalb des Ostblocks durfte er entweder nicht ausreisen oder die ausländischen Kollegen gingen ihm aus dem Wege. 1967 bemerkte er immer häufiger, dass Autos seinem Wagen folgten und man ihn beobachtete.

Für Frucht wurde es schwierig. Von den Amerikanern hatte er keine Hilfe zu erwarten, und seine Frau durfte er nicht einweihen, weil die DDR-Behörden im Entdeckungsfall ihre Mitwisserschaft als Mittäterschaft bewertet und sie strafrechtlich zur Verantwortung gezogen hätten. Falls man sie auch einsperrte, würden die beiden gemeinsamen Kinder in ein Waisenhaus kommen. Frucht machte seine Gesamtsituation so nervös, dass sich sowohl seine Mitarbeiter als auch Familie und Freunde über sein verändertes Verhalten wunderten. Der im allgemeinen beherrschte und geduldige Mann reagierte jetzt bei geringfügigen Anlässen gereizt oder bekam sogar Wutanfälle.

Am 11. Mai 1967 bat ihn Professor Ludwig Mecklinger, damals stellvertretender Gesundheitsminister der DDR, nach Prag zu fahren, um an einer wissenschaftlichen Konferenz der Warschauer-Pakt-Staaten teilzunehmen. Es ging um die Abstimmung der Planungen auf dem Gebiet der medizinischen Grundlagenforschung. Eigenartigerweise erlaubte ihm Mecklinger nicht, mit dem eigenen Auto zu fahren, sondern man reservierte ihm für den 17. Mai 1967 einen Platz im Vindobona-Express, der über die Grenzstation Bad Schandau nach Prag fuhr, und händigte ihm einen Diplomatenpass mit Visum aus. Im übrigen bestand Mecklinger darauf, dass er alleine fuhr und keinen seiner Assistenten mitnahm.

Frucht musste den Weisungen folgen. Als der Zug in Bad Schandau eintraf, erklärte ihm der kontrollierende Zollbeamte, dass das Visum ungültig sei und Frucht mit ihm aussteigen müsse. Tatsächlich war in den Pass ein Visum eingestempelt worden, auf dem der Monat im Datum fehlte. Im Bahnhofsgebäude wurde Frucht verhaftet. Ein Haftbefehl war nach DDR-Recht dann nicht erforderlich, wenn ein Täter im Begriff war, die Staatsgrenze zu überschreiten. Natürlich war das ganze Arrangement eine Farce, in der sogar ein stellvertretender Minister mitwirken musste, um Frucht möglichst unbemerkt festnehmen zu können. Trotzdem lohnte sich die Mühe nicht, denn ein Agent des BND meldete die Verhaftung wenige Stunden später seiner Führungsstelle, die ihrerseits sofort die Amerikaner informierte.

Für Frucht folgte nun das, was viele Beschuldigte vor und nach ihm in den Staaten des Ostblocks erleben mussten und was oft geschildert worden ist. In der Untersuchungshaftanstalt Berlin-Hohenschönhausen des SSD hatte er keinerlei Rechte. Seine Frau durfte er nicht benachrichtigen, ein Verteidiger wurde ihm vor Abschluss der Untersuchungen nicht gestellt, Schreibzeug und eine Strafprozessordnung bekam er nicht. Er war seinen Vernehmern vollkommen ausgeliefert und konnte sich vorerst nur auf sein Gedächtnis, seinen analytischen Verstand und seine vielseitigen Kenntnisse verlassen. Wie sich bald zeigen sollte, war das immer noch weit mehr, als anderen Angeschuldigten in gleicher Situation zur Verfügung stand.

Weil Frucht wusste, dass es unter den obwaltenden Umständen nur eine Frage der Zeit war, bis er auch ohne körperliche Torturen psychisch zusammenbrechen musste, entschloss er sich zu einer begrenzten Kooperation, zumal ihm schon am zweiten Tag nach der Festnahme klar war, dass die Vernehmer über unwiderlegliches Beweismaterial gegen ihn verfügten. So wussten sie von dem grünfarbigen Papier, auf dem sein Bericht über den Einfluss von Giftgasen auf die Leuchtkraft von Bakterien stand. Martin Rückert hatte es den Amerikanern übergeben und von dort musste Maulwürfen des KGB oder SSD eine Rückmeldung oder sogar eine Rücksendung des Papiers möglich gewesen sein.

Frucht gab deshalb Spionage für den amerikanischen Geheimdienst zu, erwähnte jedoch mit keinem Wort das, was ihm General Gestewitz über die Wirkung des kälteresistenten Kampfgases bei einem möglichen Einsatz in der Polarregion anvertraut hatte. Merkwürdigerweise klammerten auch die Vernehmer diesen Komplex völlig aus ihren Untersuchungen aus. Gestewitz wurde später nicht einmal vom Gericht als Zeuge gehört. Wäre Fruchts Warnung vor einem Giftangriff auf die arktischen Stationen erörtert worden, wäre ihm die Todesstrafe sicher gewesen.

Auch eine andere Strategie des Spions war erfolgreich gewesen. Der SSD hatte sofort nach seiner Verhaftung auch Maria Frucht vorläufig festgenommen und ebenfalls nach Hohenschönhausen gebracht. Doch die Vernehmer mussten sich nach zweitägigen strengen Verhören davon überzeugen, dass sie wirklich nichts über die Verbindungen ihres Mannes zu den Amerikanern wusste. Es war sinnlos, sie weiter festzuhalten. Sie durfte ihren Mann bis zum Urteilsspruch zwar nicht sehen, aber zu ihren Kindern zurückkehren und die Familienwohnung in Berlin-Grünau behalten.

Am 27. Februar 1968 begann vor dem Militärstrafsenat beim Obersten Gericht der DDR der Prozess gegen Frucht. Dass ein Spionageprozess auch dann vor einem Militärgericht geführt wurde, wenn der Angeklagte Zivilist war, galt in der DDR als normal. Schwere Fälle wurden sogar vor Militärobergerichten verhandelt. Doch dass zum ersten Mal in der Geschichte der DDR der Militärstrafsenat als höchstes Gremium der Militärgerichtsbarkeit zusammentrat, zeugte von der Bedeutung des Falles.

Trotzdem hatte das Verfahren teilweise kabarettistische Züge. Das begann mit den Namen der Richter, zwei Majoren und einem Oberst als Vorsitzenden. Sie hießen tatsächlich Hammer, Nagel und Sarge. Erst kurz vor der Verhandlung hatte Frucht seine Anklageschrift lesen dürfen, die ihm anschließend wieder weggenommen wurde. Notizen durfte er sich selbstverständlich nicht machen. Gleichfalls kurz vor Verhandlungsbeginn lernte er seinen Verteidiger, Rechtsanwalt Dr. Wolfgang Vogel, kennen. Maria Frucht hatte ihn mit der Vertretung ihres Mannes beauftragt. Das erste und einzige Sachgespräch der beiden litt darunter, dass Vogel seinem Mandanten kaum zuhörte, weil er damit beschäftigt war, auch selbst zum ersten Mal die Anklageschrift zu lesen. Danach, wohlgemerkt ebenfalls noch vor Verhandlungsbeginn, konnte ihm der Anwalt nach Rücksprache mit den Richtern verbindlich erklären: „Sie bekommen lebenslänglich".

Die Richter behandelten die Anklagepunkte, Frucht bestätigte die Richtigkeit der Vorwürfe. Der Staatsanwalt hielt sein Plädoyer mit dem üblichen Propagandapathos, obwohl die Öffentlichkeit, ebenfalls wie üblich, ausgeschlossen war. Und dann plädierte Vogel, höflich und verbindlich nach allen Seiten und oberflächlich wie immer, wenn ihm alle Hintergrundkenntnisse fehlten. Zuletzt kam der von ihm vorausgesagte Urteilsspruch.

Heute weiß man natürlich, dass Vogel hier, genau wie in ähnlich gelagerten Fällen, als Vertrauensmann von Stasi-Chef Mielke und Geschäftspartner mehrerer westlicher Regierungen eine andere Aufgabe hatte, als überzeugend zu verteidigen. Er sollte und wollte Frucht kennenlernen, um ihn der Bundesregierung in Bonn bei passender Gelegenheit als wertvolles Austauschobjekt auf dem internationalen Basar der Spione anbieten zu können. In dieser potenziellen Möglichkeit Vogels lag Fruchts einzige Zukunftshoffnung, an die er aber vorläufig nicht denken durfte, wenn er die Haftzeit psychisch gesund überleben wollte.

Der Gefängnisalltag begann für Frucht am 17. Mai 1968 mit der Einlieferung in die Strafvollzugsanstalt Bautzen II. Dort saß er volle vier Jahre, bis Mai 1972, in Einzelhaft. Täglich musste er 4.316 Maschinenschrauben mit einem Federring und einer Unterlegscheibe versehen. Niemand sprach mit ihm. Auch seinen täglichen Freigang im Gefängnishof verbrachte er alleine. Doch vom ersten Tag an nahm er den Kampf um die eigene Selbstbehauptung auf und tat alles, was ihm möglich war, um sich die Liebe und Achtung seiner Frau und seiner Kinder zu erhalten. So schrieb er seiner jüngsten Tochter Uta:

„Es waren einmal ein Bruder und eine Schwester, die lebten in einem sehr strengen Waisenhaus. Es war ihnen erlaubt, in der Nähe in den Wäldern spazierenzugehen, aber sie durften nicht im Fluss schwimmen. Als sie eines Tages Hand in Hand am Wasser spazierengingen, sahen sie ein kleines Kind, das von der Strömung weggerissen wurde und um sein Leben kämpfte. Ohne erst lange nachzudenken, sprang der Waisenjunge in den Fluss, schwamm hinüber zu dem ertrinkenden Kind und brachte es ans sichere Ufer. Durchnässt bis auf die Haut kehrte er mit seiner Schwester in das Waisenhaus zurück. Dort wurde er gescholten und in sein Zimmer eingesperrt. ‚Es war dumm von dir, das zu tun', sagte seine Schwester später. ‚Du musstest ja nicht in das Wasser springen.' Ihr Bruder wurde sehr traurig. ‚Meine Bestrafung ist nicht wichtig', sagte er. ‚Aber wenn du, meine Schwester, glaubst, dass es dumm war, jemandem das Leben zu retten, dann ist mir zum Heulen zumute'."[1]

Uta hatte ihren Vater kritisiert, weil er sich strafbar gemacht hatte. Doch Frucht konnte gewiss sein, dass seine Frau ihr das Gleichnis erklären würde, falls die Kleine es noch nicht verstand.

In seiner Zelle entwickelte er ein minutiöses Tagesprogramm. Er versuchte nie, die tägliche Arbeitsnorm zu überbieten, denn er brauchte möglichst viel Freizeit, um sich sinnvoll zu betätigen. Er las die Klassiker der Weltliteratur aus der Gefängnisbibliothek, die SED-Zeitung „Neues Deutschland" sowie eine ärztliche Fachzeitschrift, der er auch mathematische Aufgaben entnahm, und beschäftigte sich mit Orchesterpartituren. Seinen Arbeitslohn verwandte er nicht für Tabak und Süßigkeiten, sondern für den Kauf von Magerquark und Zwiebeln. So verordnete er sich selbst eine Diät zum Ausgleich gegen die fettreiche Gefängniskost.

Am meisten Mühe gab er sich mit den Briefen, die er monatlich an seine Frau schreiben durfte und auf die sie im gleichen Zeitraum antwortete. Um auf Vorder- und Rückseite des erlaubten DIN A4-Bogens möglichst viel Text unterbringen zu können, schrieben beide in apodiktischer Form und mit möglichst vielen Abkürzungen. Sogar vertrauliche Botschaften, die nur sie verstanden, konnten sie hin und wieder trotz der Zensur austauschen.

Am 28. Dezember 1968 erschien im „Neuen Deutschland" auf der Titelseite ein Artikel mit der Überschrift „Ich konnte nicht länger schweigen". Darin erklärte der Chemiker Dr. Ehrenfried Petras, dass er aus Gewissensgründen in die DDR geflüchtet sei, weil an seinem Forschungsinstitut im Sauerland kriegswichtige Experimente mit Giftgasen gemacht wurden, an denen er beteiligt war. Heute weiß man zwar immer noch nicht genau, welche Zielrichtung die Forschungen in Grafschaft (Sauerland) hatten, aber mit Sicherheit weiß man, dass Petras ein Agent war, der in die DDR zurückbeordert worden war. Der SSD hat dies selbst noch vor der Wende in einem Buch über die „Kundschafter des Friedens" zugegeben.

Frucht machte seine Frau auf diesen Artikel aufmerksam, indem er von einer Rezension im Innern des Blattes über Prokofjews Oper „Die Liebe zu den drei Orangen" schrieb und beiläufig darauf hinwies, dass auch auf der Rückseite ein interessanter Artikel stehe. Auf diese Weise erfuhr Maria Frucht erst den Grund für die Inhaftierung ihres Mannes, denn sie konnte sich jetzt allerlei zusammenreimen. Sie erinnerte sich daran, dass er auch mit ihr manchmal über die Gefährlichkeit von Gifgasen und ihre mögliche Anwendung in künftigen Kriegen gesprochen hatte. Die Besuche von Martin Rückert fielen ihr ein und seine langen Gespräche mit ihrem Mann unter vier Augen. In mehreren Antwortbriefen ins Zuchthaus nahm sie Bezug auf „Die Liebe zu den drei Orangen" und signalisierte damit, dass sie verstanden hatte.

Ansonsten tauschten sich die Eheleute über Haushaltsangelegenheiten und Kindererziehung aus, wobei Maria Frucht stets darauf achtete, ihren Mann auch über Einzelheiten mitentscheiden zu lassen. So gab er genaue Hinweise auf anzuschaffende Möbel und Kinderbücher. Sie schrieb ihm nicht nur über die eigenen Töchter, sondern auch darüber, wie es seinen Kindern aus erster Ehe in West-Berlin erging und welchen Eindruck sie machten, wenn sie zu gelegentlichen Besuchen zu ihr nach Ost-Berlin kamen.

Maria Frucht hatte ihre Berufstätigkeit als Zahnärztin wieder aufgenommen, denn schon aus finanziellen Gründen war ihr gar nichts anderes übrig geblieben. Die Arbeit gab ihrem Leben aber auch einen zusätzlichen Sinn. Dreh- und Angelpunkt ihres Denkens blieb jedoch ihr Mann. Einmal im Vierteljahr durfte sie ihn für eine halbe Stunde in Bautzen besuchen. Jeden Termin hielt sie trotz des langen Weges und ihrer vielfältigen Belastungen ein und beide gaben sich erfolgreich Mühe, jeden Besuch zu einem fröhlichen Höhepunkt in ihrem schweren Leben werden zu lassen. Dabei befolgten sie eine genaue Einteilung. Je drei Minuten sprachen sie über jedes der sechs Kinder, dann je fünf Minuten über ihr beiderseitiges Ergehen. Alle Ratschläge, sich scheiden zu lassen, lehnte Maria Frucht ab. Selbst massiven Pressionen widerstand sie. So lernte sie während eines Urlaubs „zufällig" eine Frau kennen, die ihr erzählte, dass sie nach dem Krieg von entsetzlichen Verbrechen ihres Ehemannes erfahren und sich daraufhin selbstverständlich sofort habe scheiden lassen. Frau Frucht erklärte ihr dagegen, dass ihre Ehe durch die Inhaftierung ihres Mannes erst einen ganz neuen Sinn bekommen habe. Die „Bekannte" verschwand wieder.

Trotz guter schulischer Leistungen wurde die Tochter Karin nicht zur Erweiterten Oberschule zugelassen, um das Abitur abzulegen. Erst solle Frau Frucht sich von ihrem Mann scheiden lassen. Man könne nicht verantworten, die Tochter eines Staatsverbrechers durch einen gehobenen Bildungsgang zu begünstigen. Frau Frucht beschwerte sich. Karin erhielt später eine Ausbildung als Facharbeiterin für Tiefbau mit Abitur.

Als Karin konfirmiert wurde, schrieb der Vater ihr einen Brief, in dem er Zeugnis von seinem ungebrochenen christlichen Glauben ablegte. Hier einige Auszüge:

„Unser Leben wird von den Wissenschaften geprägt. Manche sehen zwischen Glauben und Wissen einen unüberbrückbaren Gegensatz. Dein genialer Vorfahr, Liebig, hat das nicht so betrachtet. Obwohl er ein Forscher von der kühlen Sachlichkeit gegenüber dem Lebendigen war, hat er sich als Werkzeug eines göttlichen Willens empfunden und dies auch zur Überraschung seiner Zeitgenossen laut ausgesprochen. …

Ich wünsche Dir Begegnungen mit Gottes Größe in der Natur und meine, dass das in jedem Beruf und jedem Bereich möglich ist. Mach nur die Augen auf und nutze Deinen Verstand. …

Niemand kann (oder soll) alles glauben, was die Kirche in Jahrtausenden aufgehäuft hat. Andererseits habe ich noch niemanden getroffen, der nichts glaubt (das heißt für gewisslich wahr hält, was er nicht beweisen kann). … Man sagt, die Materie sei ewig (ohne Anfang und Ende). Das ist eine unbewiesene Behauptung, also ein Glaubenssatz. Alle Zeitbestimmungen weisen auf einen Anfang, doch mag das auch nichts endgültig beweisen. Man kann von den Naturwissenschaften überhaupt keine Auskunft über Gott erwarten, so wie man ‚das Leben' nicht finden wird, wenn man einen Leichnam aufschneidet. Aber deshalb zu sagen, es gäbe kein Leben oder es gäbe keinen Gott, erscheint mir als glatter Unsinn, korrekter: als unzulässige Folgerung."[2]

Nach Ablauf der Einzelhaftzeit kam Frucht in Kontakt mit anderen Häftlingen. Er bekam einen Zellengenossen und wurde einer Arbeitsbrigade zugeteilt. Die Maßnahmen waren von der Anstaltsleitung vorher genau durchdacht worden, denn die Haft sollte ihm nicht erleichtert werden, sondern ihn möglichst bald psychisch vernichten. Doch die Rechnung ging nicht auf.

Als Zellengenosse wurde ihm für zwei Jahre Dr. Otto Hebold zugeteilt, ein Mediziner, der in der NS-Zeit als Schreibtischtäter an Euthanasieverfahren mitgewirkt hatte, indem er, ohne sich die Patienten vorstellen zu lassen, nach Aktenlage darüber entschied, welche Geisteskranken getötet werden sollten. Das war mit Berechnung geschehen, denn der ehemalige Nationalsozialist Hebold und der Antinazi Frucht sollten sich aneinander aufreiben. Aber das geschah nicht. Hebold, der zwanzig Jahre älter war als Frucht, hatte noch das Kaiserreich erlebt, in der Weimarer Republik, im Dritten Reich und in der DDR als Arzt gearbeitet, war erst nach dem Mauerbau inhaftiert worden und schien inzwischen sein Wirken in der NS-Zeit mit einem gewissen selbstkritischen Abstand zu sehen. Frucht seinerseits vermochte auch in diesem Täter einen Menschen zu erkennen. Obwohl Hebold längst nicht Fruchts umfassende Allgemeinbildung hatte, verband beide bald ihr gemeinsames Interesse an medizinischen Problemen, über die sie tiefgründige Gespräche führten.

Wesentlich schwieriger wurde es für Frucht, mit seinen Haftkameraden in der Arbeitsbrigade auszukommen. Nach der langen Einzelhaft neigte er zunächst dazu, anderen Menschen mehr mitzuteilen, als sie wissen wollten. Außerdem war er aus seinem bisherigen Leben gewohnt, dass man dem Herrn Professor zuhörte und interessant fand, was er zu sagen hatte. Die Mithäftlinge waren dagegen, wenn es hoch kam, praxisorientierte Leute oder sogar ausgesprochen primitiv. Mit einem Mann wie Frucht konnten sie nichts anfangen, zumal er durch seine schwache Arbeitsleistung beim Zusammenstecken der Schrauben und Federn die Normerfüllung der Brigade gefährdete, wodurch wiederum Geldprämien verlorengehen konnten. Deshalb hatte er besonders unter dem brutalen Verhalten des Häftlingsbrigadiers zu leiden, wurde mehrfach von jüngeren und körperlich überlegenen Häftlingen tätlich angegriffen oder das Opfer übler Scherze, wobei man ihm einmal sogar heimlich Kot ins Essen mischte und seine Reaktion beobachtete.

Frucht war zunächst zu naiv, um zu begreifen, dass gegenseitiges Misstrauen im Gefängnis die wichtigste Verhaltensregel ist und derjenige Argwohn erregt, der Vertrauen schenkt und das Vertrauen anderer erwartet. Gerade zu denjenigen, die wie er wegen Spionage einsaßen, fand er deshalb nur schwer Zugang. Erst langsam vermochte er zu erkennen, dass diese Leute, die auch für Geld, wegen einer Liebesbeziehung oder aus Abenteuerlust gearbeitet hatten, lebensklüger waren als er.

Doch insgesamt blieb Frucht seinen Mithäftlingen und der Gefängnisleitung weit überlegen. Während die anderen in der Erfüllung und Übererfüllung der Arbeitsnormen den einzigen Lebenszweck sahen und mit ihrer Freizeit schon wegen völliger Erschöpfung nichts mehr anfangen konnten, behielt er sein vielseitiges geistiges Beschäftigungsprogramm und den brieflichen Gedankenaustausch mit seiner Frau bei. Im Gegensatz zu ihm waren viele Langstrafler während der Haftzeit geschieden worden und hatten draußen keine Bezugspersonen mehr.

Als Arzt und besonders als Physiologe kannte er die Wechselwirkungen zwischen psychischer und körperlicher Befindlichkeit und konnte auch sich selbst streng und objektiv beobachten, um sich so vor bleibenden geistigen Haftschäden zu bewahren. Vielen psychischen Bedrängnissen im Haftalltag konnte er deshalb widerstehen, weil er wusste, was durch sie erreicht werden sollte. Andererseits war ihm klar, dass seine Magengeschwüre, die er sich schon in der Untersuchungshaft zugezogen hatte, unter den Zuchthausbedingungen nicht ausheilen würden. Er ließ sich deshalb operieren und zwei Drittel seines Magens entfernen. Zusammenfassend ist festzustellen, dass ihn die Beschäftigung mit wissenschaftlichen Problemen, sein christlicher Glaube sowie die Treue und der Zuspruch seiner Frau am Leben erhielten.

Dagegen blieben die Bemühungen in der Außenwelt für seine Freilassung zunächst kümmerlich. Die deutsche Bundesregierung, die in vergleichbaren Fällen ganz besondere Anstrengungen unternahm, um Häftlinge freizubekommen, konnte für Frucht schon deshalb nichts tun, weil sie nichts von ihm wusste. Die USA-Behörden informierten sie weder über die Person noch über die Tatumstände. Im Gegenteil vergatterten die CIA-Kontaktleute Martin Rückert sogar streng, niemanden über Fruchts geheimdienstliche Tätigkeit zu informieren. Auch Rechtsanwalt Wolfgang Vogel benötigte ein Eingeständnis der Amerikaner, dass Frucht für sie gearbeitet hatte. Sonst konnte er ihn der Bundesregierung nicht als Austauschpartner anbieten. Maria Frucht teilte den Verwandten aus dem Westen, die sie gelegentlich besuchten, alles mit, was sie über die Urteilsgründe gegen ihren Mann wusste, konnte hin und wieder Vogel aufsuchen, aber sonst in keiner Weise aktiv werden. Alle Bemühungen, Frucht zu helfen, mussten deshalb von der Westverwandtschaft ausgehen, die sich dabei aber nicht gerade mit Ruhm bedeckte.

Vetter Edward von Zahn versuchte alle Hilfsanstrengungen der Angehörigen zu koordinieren und konsultierte den in West-Berlin arbeitenden Anwalt Reymar von Wedel, von dem allgemein bekannt war, dass er im Auftrag der Evangelischen Kirche Kontakte zu DDR-Regierungsstellen und auch zu seinem Kollegen Wolfgang Vogel in Ost-Berlin unterhielt. Wedels Verhalten blieb undurchsichtig. Seine Fragen an die Verwandten ließen eher vermuten, dass er im Interesse der Untersuchungsorgane weitere Informationen über Frucht einholen wollte, anstatt sich wirksam um ihn zu bemühen. Der Anwalt signalisierte jedoch, dass Martin Rückert mehr über die Aktivitäten seines Onkels wisse. Doch alle Bitten der Verwandten an Rückert, sein Schweigen zu brechen, blieben vergeblich.

Vetter Friedrich von Zahn, ehemaliger Ministerialdirektor im Bundesministerium für Gesamtdeutsche Fragen, riet dazu, an die Öffentlichkeit zu gehen und dabei auf die Widerstandstätigkeit mehrerer Familienmitglieder gegen die Nationalsozialisten besonders aufmerksam zu machen. Weil die Verwandten jedoch unterschiedlicher Meinung blieben, ob Öffentlichkeitsarbeit nutzen oder schaden könne und bei einigen auch die Überlegung eine Rolle spielte, dass Frucht nicht völlig unschuldig war, sondern tatsächlich Spionage betrieben hatte, passierte am Ende gar nichts. Eine weitläufige Verwandte, Emmi Bonhoeffer, raffte sich zwar, nachdem Frucht schon neun Jahre in Haft saß, zum Entwurf einer Pressemitteilung auf, in der auf seine Tat und sein Schicksal hingewiesen wurde. Sie bestimmte aber ausdrücklich, dass die Springer-Presse nicht informiert werden sollte.

Dies alles geschah, obwohl damals schon klar war, dass Publizität Frucht in seiner Lage nur helfen konnte und lediglich die DDR-Behörden sowie die CIA ein Interesse daran haben konnten, den Fall totzuschweigen. Am vernünftigsten reagierte Fruchts geschiedene Frau Gisela, die bereits in einem sehr frühen Stadium einen Brief an Herbert

Wehner schrieb und ihn bat, sich für ihren geschiedenen Mann einzusetzen. Ein alter Freund des Häftlings schrieb im gleichen Sinne an US-Außenminister Dean Rusk. Schließlich kam es trotz aller Unzulänglichkeiten zu ernsthaften Bemühungen um Fruchts Freilassung, und am 18. Juni 1977 war es dann so weit. Er wurde nach weltweiten diplomatischen Vorarbeiten aus Bautzen II entlassen und am Grenzübergang Wartha/Herleshausen gegen den Chilenen Jorge Montes, einen kommunistischen Senator der gestürzten Regierung Allende, ausgetauscht.

Als Frucht am DDR-Kontrollpunkt Wartha, neu eingekleidet, auf seine Übergabe an die Vertreter der Bundesregierung wartete, gesellte sich Rechtsanwalt Vogel zu ihm, um ihn auf bundesdeutschen Boden zu begleiten. Frucht wusste zu diesem Zeitpunkt, dass seine Frau mit den beiden Töchtern bald nachkommen durfte. Hinter dem bundesdeutschen Kontrollpunkt fand in einer Gaststätte ein Empfang für ihn und andere gleichzeitig entlassene Häftlinge statt. Dort näherten sich ihm sofort zwei US-Beamte, ein Vertreter der CIA und ein Anwalt des US-Außenministeriums. Sie wollten ihn zu seinen Verwandten nach West-Berlin begleiten, gaben ihm Geld für seine ersten Ausgaben und versicherten ihm, dass er künftig keine Sorgen mehr haben würde. Dann zog ihn Vogel beiseite und übergab ihm einen Brief seiner Frau Maria, in dem sie ihm mitteilte, dass ihre Versuche gescheitert waren, die inzwischen zwanzig Jahre alte Tochter Karin für die Übersiedlung in den Westen zu gewinnen. Karin wollte in der DDR bleiben. Das war eine ernste Nachricht. Frucht bekam eine Vorahnung davon, dass er für seine Tat noch einen Preis zahlen musste, mit dem er nicht gerechnet hatte.

Obwohl seine Frau und er in den vergangenen zehn Jahren alles getan hatten, um ihm einen Platz in den Herzen aller Kinder zu sichern, waren sie damit nur teilweise erfolgreich gewesen. Karin, die sich nach seiner Verhaftung von ihm verlassen fühlte, reagierte auf die Erziehungsbemühungen ihrer Mutter mit zunehmendem Trotz, Frechheit und Bestrebungen nach frühestmöglicher Selbstständigkeit. Obwohl sie sich zur überzeugten Sozialistin entwickelte, hatte das sehr hübsche Mädchen, das auch stolz und hochfahrend sein konnte, ständige Schwierigkeiten im Alltag, denn sie benahm sich oft so, wie sich subalterne Staatsfunktionäre ein Kind aus einer Intellektuellenfamilie vorstellten. Als sie 16 Jahre alt war, hatte sie ihren Vater einmal in Bautzen besuchen dürfen. Schon damals war sie dem Aufsichtspersonal dadurch aufgefallen, dass sie sich nicht an die Anordnung für Besucher hielt, mit ihrem Vater über alles so sprechen wollte, wie es ihr passte und ihm keinerlei Vorwürfe machte, wie es die Aufpasser des SSD insgeheim erwartet hatten. Schon durch dieses Verhalten blieb sie, ob sie es wollte oder nicht, die Tochter ihres Vaters, und das musste ihr in der DDR auf längere Sicht immer mehr Schwierigkeiten bringen. Frucht, dem das alles auch an seinem Entlassungstag bewusst war, hoffte, dass er Karin doch noch umstimmen konnte. Zunächst zog er jedoch Vogel weiter aus der Menschenmenge heraus und ging mit ihm auf einen Balkon. Dort sagte er:

„Ich habe auch eine Überraschung für Sie. Wissen Sie eigentlich, dass der wahre Grund meines Handelns im Prozess gar nicht zur Sprache gekommen ist und Ihr Plädoyer völlig irreführend war?"

„Nein", antwortete Vogel, „und bitte erzählen Sie mir auch nichts davon."[3]

Frucht flog am nächsten Tag nach West-Berlin. Den obligatorischen Registrierungsaufenthalt im Flüchtlingslager Gießen hatte man ihm erspart. Die Begleitung durch die Amerikaner hatte er abgelehnt. Sie gaben ihm eine Adresse, an die er sich bei irgendwelchen künftigen Schwierigkeiten wenden sollte. In West-Berlin bekam er wieder Kontakt zu seinen Kindern aus erster Ehe. An ihnen konnte er erkennen, wieviel Zeit inzwischen vergangen war. Schon den natürlichen Ablösungsprozess aller Kinder von ihren Eltern hatte er nicht nach und nach erlebt, sondern erst jetzt als plötzlichen Schock. Besonders an ihre Wertvorstellungen konnte er sich nicht ohne weiteres gewöhnen, weil er im Gefängnis von den Gedankengängen der Studentenbewegung und der Außerparlamentarischen Opposition nie etwas erfahren hatte. Außerdem gaben ihm die recht laxen Vorstellungen seines Sohnes Hubertus und seiner Tochter Kordula über Ausbildung und Beruf Anlass zur Sorge.

Mit seiner Tochter Karin in Ost-Berlin konnte er nur telefonieren. Er sagte ihr:

„Wenn du meinst, du gingest nur mit der übrigen Familie, weil deine Mutter das wünscht, dann solltest du bleiben. Ich kann dir sagen, was dann passiert. In zwei Jahren bist du im Gefängnis und nach weiteren drei bis fünf Jahren landest du ganz handzahm und um eine einzigartige Erfahrung reicher dort, wo du jetzt nicht hinwillst."[4]

Offenbar hatte er die richtigen Worte gefunden. Karin willigte schließlich ein, mit in den Westen zu kommen, aber aufgrund ihrer zögerlichen Haltung dauerte es dann noch bis zum 30. November 1977, bis Maria Frucht mit ihren beiden Töchtern ausreisen und ihren Mann in West-Berlin wiedersehen konnte. Das Unverständnis Karins für ihren Vater änderte sich allerdings auch später nicht.

Im Hinblick auf Fruchts Status und seine künftige Versorgung mahlten die Mühlen der Bürokratie ebenfalls langsam. Es dauerte viel länger, als er vorhergesehen hatte, bis er seine Anerkennung als politischer Häftling, Haftentschädigung und eine Rente erhielt. Als er mit den Schwierigkeiten nicht mehr recht fertig wurde, wandte er sich an die amerikanische Adresse, die man ihm am Entlassungstag gegeben hatte. Daraufhin wurde ein Zusammentreffen mit zwei CIA-Beamten in einer Villa in Berlin-Dahlem arrangiert. Dort kam es zu folgendem Dialog:

„CIA: Warum sind Sie eingesperrt worden?

Frucht: Das müssten Sie doch am besten wissen.

CIA: Wir wissen überhaupt nichts. Bitte erzählen sie es uns.“[5]

Frucht rekapitulierte daraufhin seine Tätigkeit als Spion, und die beiden Agenten nahmen alles auf Tonband auf. Dann hörte er längere Zeit nichts, erhielt aber schließlich von der CIA eine Haftentschädigung in Höhe von 350.000 DM.

Nachdem er endlich seine Familie bei sich hatte, begann er auch auf Fragen der Presse zu antworten. Einer breiten Öffentlichkeit wurde er 1978 durch eine Serie im „Spiegel“ bekannt, die im wesentlichen auf seinen Angaben beruhte. In einem anschließenden „Spiegel-Gespräch“ äußerte er sich auch zu seinen Motiven:

„Frucht: Die Kampfstoffentwicklung allein hätte mich nicht veranlassen können, den Westen zu informieren. Es war eine ganz bestimmte Konstellation, die das bewirkte: die Sorge, dass eine wissenschaftliche Entwicklung in Verbindung mit einem militärischen Kalkül für den Westen Gefahr heraufbeschwor.

Der Spiegel: Hat Sie jemand veranlasst, die Informationen in den Westen zu geben?

Frucht: Nein.

Der Spiegel: Sind Sie erpresst worden?

Frucht: Hören Sie auf. Ehe Sie mit der ganzen üblichen Motivskala kommen: Erpressung – keine, Bestechung – keine, Abenteuerlust – keine. Der Auftraggeber, den auch die Stasi suchte, war ich selber.

Der Spiegel: Dann müssten Sie zu den Stützen der Branche zählen, über die der ehemalige CIA-Chef Allan Dulles sagte: Männer, die sich aus ideellen Gründen freiwillig anböten, seien Agenten von besonders großer Zuverlässigkeit.

Frucht: ... Ich habe versucht, eine für mich ungewohnte Sache, die nach meiner Überzeugung dringend erledigt werden musste, so gut wie möglich zu machen. ... Ich habe die Verhaftung nie durchgespielt. ...

Der Spiegel: Hatten Sie nicht anfangs, als Sie sich auf diese Sache einließen, mal kalkuliert: Wenn es denn so kommt, dass man mich einkreist, wie ziehe ich mich dann aus der Affäre? Oder hatten Sie geglaubt, Sie würden nicht entdeckt?

Frucht: Wissen Sie, aus der Affäre ziehen, dazu war die Sache zu groß angefangen. Da kann man sich nicht herausziehen. Ich habe gewünscht, dass der Erfolg im Verhältnis zum Einsatz stehen würde. Und als ich dann gemerkt habe, was ich erreicht habe, wäre ich auch über eine Todesstrafe nicht so sehr verwundert gewesen.“[6]

Am 5. August 1981 wurde im 1.Fernsehprogramm der ARD das Dokumentarspiel „Warnung aus dem Käfig“ gesendet, in dem Frucht durch den Schauspieler Günter Mack verkörpert wurde. Anschließend interviewte Peter von Zahn den echten ehemaligen Spion. 1982 erschien dann das Buch der britischen Journalisten Clive Freeman und Gwynne Roberts „Der kälteste Krieg. Professor Frucht und das Kampfstoff-Geheimnis", eine der glänzendsten Spionagedokumentationen der letzten Jahrzehnte. Schließlich kam 1992 ein Buch mit ausgewählten Briefen des Ehepaars Frucht unter dem Titel „Briefe aus Bautzen II“ heraus, denn Maria Frucht hatte alle Briefe aus der Haftzeit bewahren können. Doch obwohl Frucht von vielen Seiten Lob und Anerkennung zuteil geworden ist, musste er am Ende seines Lebens feststellen:

„Die Einsicht, dass keine Gesellschaft überleben kann, wenn nicht einzelne bereit sind, ihr Leben für andere zu opfern, scheint verlorengegangen zu sein, obgleich es weite Bereiche gibt, wo dieser Grundsatz noch gilt, beispielsweise für werdende Mütter, Feuerwehrleute, Arbeiter in vielen Industriezweigen und doch wohl auch für den Widerstand gegen Massenmörder wie Hitler und gegen Angriffsstrategen für Giftgaseinsatz in Alaska. Für mich ist es eine schmerzliche und kaum zu bewältigende Erfahrung, dass ich diese Einsicht nicht allen meinen Kindern zu vermitteln vermochte.“[7]

Adolf-Henning Frucht starb am 22. Oktober 1993 in Berlin.

1 Freeman/Roberts: Der kälteste Krieg, S. 255
2 Frucht: Briefe aus Bautzen II, S. 275-277
3 Freeman/Roberts: Der kälteste Krieg, S. 289
4 Ebd., S. 295
5 Ebd., S. 297
6 Der Spiegel 1978/28/121
7 Frucht: Briefe aus Bautzen II, S. 48

Hinweise

Anonym: Kundschafter des Friedens, S. 100-152 / Boris: Die sich lossagten. Abschnitt über Frucht / Freeman/Roberts: Der kälteste Krieg / Frucht: Briefe aus Bautzen II / Die lautlose Macht. Bd. 1, S. 195-233 / Pötzl: Basar der Spione,

S. 200 f. /
Der Spiegel, Serie „Giftwolken – dort wäre die Hölle los“: 1978/24/189 ff., 25/142 ff., 26/134 ff., 27/118 ff., 28/120 ff. (die Berichte sind größtenteils von Frucht selbst verfasst worden) /
Neues Deutschland, 5. 3. und 28. 12. 1968 / Frankfurter Allgemeine Zeitung, 7. 8. 1981 /Funkuhr, Hamburg, 1.-7. 8. 1981 / Die Zeit, 14. 8. 1981 / Welt am Sonntag, 2. 5. 1982 / Die Welt , 3. 7. 1982 /
Fernsehspiel „Warnung aus dem Käfig“, ARD, 5. 8. 1981

Die Raketendiebe von Neuburg an der Donau

Wenn man sich eine Übersicht über 2.100 Personen verschafft hat, die sich in den letzten 300 Jahren als Spione betätigt haben, so können der Architekt Manfred Ramminger, der Starfighterpilot Wolf-Diethard Knoppe und der Schlossermeister Josef Linowski keineswegs als herausragenden Spitzenagenten gelten. Sehr ungewöhnlich in der aus ungewöhnlichen Ereignissen bestehenden Welt der Geheimdienste ist jedoch ihre gemeinsame Tat. Dem Trio gelang nämlich im Oktober 1967 der Diebstahl einer drei Meter langen und 75 Kilo schweren gefechtsklaren Sidewinder-Rakete aus einem Arsenal der Bundeslufwaffe sowie deren Luftfracht-Versendung nach Moskau, wo sie der auftraggebende KGB unversehrt und wohlbehalten in Empfang nahm. Die Waffe hatte damals eine erhebliche Bedeutung, denn es handelte sich um eine amerikanische Luft-Luft-Rakete, die nach dem Abschuss aus einem Starfighter bis zu sechs Kilometer entfernte künstliche Wärmequellen aufspüren und sich dann selbst ins Ziel steuern konnte.

Obwohl nicht nur die Beschaffung und Übermittlung geheim zu haltender Nachrichten und die Verbreitung von Falschmeldungen, sondern auch der Diebstahl von Gebrauchsmustern zum Repertoire geheimdienstlich tätiger Agenten gehört, erregte die Tat nach der Aufdeckung im Oktober 1968 nicht nur wegen der ungewöhnlichen Größe des gestohlenen Objekts Aufsehen, sondern vor allem wegen der eklatanten Sicherheitsmängel, die jetzt offenbar wurden. Die Öffent-

Raketendiebe vor Gericht, September 1970: v. l. Wolf-Diethardt Knoppe, dessen Verteidiger, Manfred Ramminger und Josef Linowski

lichkeit fragte natürlich auch, wer die drei Diebe waren.

Da ist zunächst **Josef Linowski,** 1921 als Sohn eines polnischen Offiziers in Krakau geboren, in Lemberg aufgewachsen, der 1935, als Vierzehnjähriger, die Kadettenanstalt in Modlin bezog. Aus ihr wurde er im September 1939, kurz vor der Kapitulation der polnischen Armee, zu seinen Eltern nach Krakau entlassen. Noch Ende September 1939 verhaftete ihn dort die Gestapo, und bis zum Kriegsende im Mai 1945 wurde er in deutschen Konzentrationslagern festgehalten. Dort zog er sich eine chronische Magenerkrankung zu, an der er ständig litt. Wenn man bedenkt, dass Linowski die Blütezeit seines Lebens vom 19. bis zum 25. Lebensjahr als unschuldig Inhaftierter unter menschenunwürdigen Bedingungen verbringen musste, so wird verständlich, dass er auch zur Bundesrepublik Deutschland keine Loyalität entwickelte und ihn mit den Deutschen, unter denen er lebte, wenig verband.

Nach dem Krieg wohnte er zunächst in einem Lager für verschleppte Personen in Hamburg. Später hielt er sich in Düsseldorf und Krefeld auf, lebte anfangs vom Schwarzhandel und danach vom Ertrag aus wechselnden Arbeitsverhältnissen. Im Jahr 1963 gelang es ihm, zur Meisterprüfung im Schlosserhandwerk zugelassen zu werden. Er bestand sie und machte sich daraufhin selbstständig. Auf die Reparatur von Baumaschinen spezialisiert, kam Linowski in immer engere Geschäftsbeziehungen zu Manfred Ramminger und zog 1964 in eine Baracke auf dessen Bauhof. Ab 1965 arbeitete er nur noch für Ramminger als Schlosser und Kraftfahrer und erhielt dafür ein monatliches Festgehalt in Höhe von 1.500 DM. Linowski und Ramminger verkehrten nicht als Arbeitnehmer und Arbeitgeber miteinander, sondern freundschaftlich und auf der Basis von Gleichgestellten. Es ist anzunehmen, dass der sehr hartschalige und zielklare Linowski seinen charakterlich weichen Partner zumindest zeitweise stark beherrscht hat.

Manfred Ramminger, 1930 in Ostpreußen geboren und damit neun Jahre jünger als Linowski, floh im Januar 1945 mit seiner Mutter nach Dresden und von dort aus bei Kriegsende nach Krefeld. Das Gymnasium verließ er mit der mittleren Reife und legte nach einer Maurerlehre die Gesellenprüfung ab. Im Wintersemester 1950/51 begann er seine Ausbildung an der staatlichen Ingenieurschule in Wuppertal und bestand im Juli 1954 die Prüfung als Bauingenieur. Nach einer zweijährigen Tätigkeit als Angestellter in einer Baufirma wurde er deren Geschäftsführer. Mit der 1958 auf ihn übertragenen Firma geriet er 1966 in erhebliche finanzielle Schwierigkeiten. Ramminger musste mehrmals den Offenbarungseid leisten. Die Eröffnung eines Konkursverfahrens wurde mangels Masse abgelehnt.

In der Folgezeit war Ramminger als freischaffender Architekt tätig. Seine Einkünfte entzog er dem Zugriff der Gläubiger. Seinen Zahlungsverkehr wickelte er über ein für seine Mutter eingerichtetes Konto ab, über das er verfügungsberechtigt war. Auf den Namen der Mutter wurde nicht nur der vorhandene Grundbesitz eingetragen, auch die von ihm erworbenen kostspieligen Sportwagen wurden jeweils auf ihren Namen zugelassen. Anfang 1966 bekam Ramminger von einen ihm bekannten holländischen Futtermittelproduzenten den Auftrag, in Burgheim bei Neuburg an der Donau die Gebäude für ein Zweigwerk zu planen und zu errichten. Das Werk, in dem ein Kraftfuttermittel hergestellt wurde, nahm im Dezember 1966 die Produktion auf.

Während seines Aufenthaltes in Neuburg lernte Ramminger etwa im Juni 1966 den Hauptfeldwebel **Wolf-Diethardt Knoppe** kennen. Knoppe wurde 1935 in Wittenberge geboren, stammte aus einer Beamtenfamilie und besuchte eine Realschule in Bad Harzburg, die er 1950 ohne Abschluss eigenmächtig verließ. Einen Beruf erlernte er nicht, sondern war zwischen 1950 und 1956 in verschiedenen Orten als landwirtschaftlicher Arbeiter, Autoschlosser, Hilfsarbeiter und Fernfahrer tätig. 1956 bewarb er sich bei der gerade in der Aufstellung begriffenen Bundeswehr, um Flugzeugführer zu werden.

Knoppe zählte in der Folgezeit zu den erfahrensten Piloten der Bundesluftwaffe. Er war unter den ersten 40 Fliegern, die in Uetersen ihre

Ausbildung begannen. Später kam er über Zwischenstationen in Fürstenfeldbruck und Oldenburg zum Jagdgeschwader 72 nach Lech, dem ersten Geschwader, das mit Sidewinder-Raketen ausgerüstet worden war. Im Jahr 1972 fiel Knoppe beim Offizierstest in Köln wegen unzureichender Leistungen durch. Danach wurde er zum Jagdgeschwader 74 nach Neuburg an der Donau versetzt, wo er nach wie vor durch großes fliegerisches Können, aber auch durch sein extravagantes und kostspieliges Privatleben auffiel.

Als Hauptfeldwebel und Flugzeugführer, der sich auf eine Dienstzeit von 15 Jahren verpflichtet hatte, bezog er 1968 ein Nettogehalt in Höhe von 1.517 DM pro Monat. Davon hatte er Unterhalt für zwei Kinder aus einer im Januar 1967 geschiedenen Ehe zu zahlen. Nach Pressemeldungen von 1968 bewohnte Knoppe gleichzeitig drei exklusive Appartements, hielt sich zwei Reitpferde, fuhr abwechselnd zwei Luxusautomobile, trug Maßanzüge, trank gerne und viel Alkohol in teuren Bars, rauchte seine Zigaretten, die er in einem Krokodillederetui verwahrte, nur in einer mit Diamanten besetzten Zigarettenspitze und hatte pausenlos Liebesaffären. Es lag auf der Hand, dass dieser Lebenswandel zu Schulden führen musste, und auch mit seiner Abfindung in Höhe von 50.000 DM, die ihm nach dem regulären Dienstende 1971 zustand, hätte er die ständig steigenden Verbindlichkeiten nicht ausgleichen können.

Ramminger und Knoppe glichen sich in ihrer Neigung, nach dem Motto zu leben: Geld spielt keine Rolle, weil nicht vorhanden. Knoppes Leidenschaft, an Reitturnieren teilzunehmen, entsprach Rammingers Wunsch, bei Amateurrennen mit teuren Sportwagen auf dem Siegertreppchen zu stehen. In der Vorliebe für Alkohol und wechselnde Damenbekanntschaften glichen sich die beiden Herren. Weil Ramminger wenigstens manchmal bei Kasse war, half er Knoppe hin und wieder mit Geld aus, aber auf die Dauer mussten beide etwas unternehmen, um ihrer finanziellen Misere zu entrinnen.

Am schnellsten begriff offenbar Josef Linowski die Situation. Bereits im Sommer 1966 brachte er Ramminger mit dem sowjetischen Geheimdienst KGB in Verbindung. Die Gespräche wurden zunächst in Krefeld mit Angehörigen der sowjetischen Handelsmission geführt und ab Januar 1967 in Moskau fortgesetzt. Dort traf Ramminger mit einem Mann zusammen, der sich ihm nur als „Michail“ vorstellte, weil sein Nachname für Ausländer viel zu schwer auszusprechen sei. Michail teilte Ramminger mit, dass die Sowjetunion die Absicht habe, eine Mastfutterfabrik zu bauen, und Ramminger solle für ein Honorar in Höhe von 200.000 DM die Baupläne entwerfen. Bevor die entsprechenden Verträge unterschrieben werden könnten, bitte er Ramminger jedoch um eine Gefälligkeit, die selbstverständlich extra honoriert würde. Die Sowjetunion benötige unbedingt Navigationsgeräte für den Starfighter, die auf dem freien Markt leider nicht verkauft würden. Ramminger könne sie mit Hilfe seiner Freunde, über die Michail erstaunlich gut orientiert war, sicher beschaffen.

Was nun folgt, führte in der späteren Gerichtsverhandlung zu pausenlosen Heiterkeitsausbrüchen. Knoppe fertigte für Ramminger eine Skizze des Fliegerhorsts Neuburg an und bezeichnete darin das Gebäude genau, in dem die Navigationsgeräte verwahrt wurden. Daraufhin heuerte Ramminger zwei Einbrecher an, gab ihnen den Auftrag, zwei Geräte zu stehlen und zahlte ihnen je 100 DM Vorschuss. Das erwies sich als kapitaler Fehler. Die beiden Ganoven, denen die Sache viel zu heiß war, verschwanden mit dem Vorschuss und ließen Ramminger vergeblich in der Nähe des Fliegerhorsts warten. Als sie später einmal betrunken in einer Kneipe saßen und mit ihrer Tat prahlten, erhielt die Polizei die erste Spur, die zum Raketentrio führte.

Die Bereitschaft Knoppes, beim Diebstahl der Geräte zu helfen, hatte sich Ramminger durch einen fingierten Vertrag erkauft, in dem Knoppe vorgegespiegelt wurde, dass er von einem Unternehmer für ein Monatsgehalt in Höhe von 5.000 DM als Privatpilot engagiert werden würde. Im Hinblick auf diesen Vertrag war Knoppe an die Bundeswehr bereits mit der Bitte herangetreten, seinen Dienstvertrag vorzeitig aufzuheben.

Nach der Pleite mit den beiden Einbrechern drängte nun vor allem Linowski darauf, endlich selbst tätig zu werden. Knoppe schmuggelte ihn in der Nacht zum 26. April 1967 im Kofferraum seines Privatwagens auf den Militärflugplatz. Dort begab sich Linowski zu dem Gebäude, in dem die Navigationsgeräte lagerten, besorgte sich eine Brechstange und brach das Tor auf, wobei er ungefähr eine halbe Stunde Lärm machte, ohne von einer Wache bemerkt zu werden. Die schweren Geräte brachte er zu einer vereinbarten Stelle am Zaun des Geländes, wo Ramminger auf ihn wartete, die Beute in ein Auto verlud und eine Woche später als Fluggepäck nach Moskau brachte. Michail war höchst zufrieden, zahlte 90.000 DM und bat um eine weitere Gefälligkeit. Das Trio sollte nun je ein Exemplar der Raketen Sidewinder, Hercules und Hawk stehlen und nach Moskau schaffen.

Zuerst versuchten es die Drei mit der Hawk. Nach der eingehenden Besichtigung von Raketenstellungen in Bayern gaben sie das Vorhaben jedoch auf, denn diese Rakete war 5,80 Meter lang und wog 500 Kilo. Ramminger machte einige Fotos, damit Michail vom KGB sehen konnte, dass sie sich wenigstens bemüht hatten. Danach konzentrierten sie sich wieder auf Neuburg an der Donau und den Diebstahl einer Sidewinder-Rakete, die dort lagerte. In der Nacht zum 21. Oktober 1967 war es dann soweit.

Linowski brach in das Gebäude ein, in dem die Waffe verwahrt wurde, verursachte dabei weniger Lärm als beim ersten Mal und hatte sich vorsorglich eine Sackkarre mitgebracht, mit der er die 75 Kilo schwere Rakete an den Zaun transportierte, wo wiederum Ramminger mit seinem Mercedes wartete. Als sie die Rakete mit vereinten Kräften über den Zaun gewuchtet hatten, ergab sich eine weitere Schwierigkeit. Sie passte nicht ins Auto. Kurz entschlossen zerschlug Linowski die Heckscheibe des Wagens, so dass er die Raketenspitze vom Innenraum her durchstecken konnte. Die über den Kofferraum des Autos weit hinaus ragende Raketenspitze umwickelten Linowski und Ramminger mit einem Teppich, der sich zufällig im Auto befand. Zum Schluss verluden sie die Sackkarre und begaben sich dann mit ihrer Fracht quer durch die Bundesrepublik Deutschland nach Krefeld. Auf der 500 Kilometer langen Fahrt hat offensichtlich niemand an dem seltsamen Gefährt Anstoß genommen.

In Krefeld nahm Linowski die Rakete auseinander und verpackte sie als Luftfracht. Den Zünder steckte Ramminger ins Handgepäck und flog damit nach Moskau. Vorsorglich hatte er sich erkundigt, welche Zollvorschriften beim Luftfrachtversand in die Sowjetunion zu beachten waren. Er soll die Auskunft erhalten haben, dass den Zoll Sendungen an dortige Zielorte nicht interessierten.

Als Ramminger in Moskau mit dem Raketenzünder eintraf und erklärte, dass alles übrige per Luftfracht nachkäme, glaubte ihm Michail die ganze Geschichte nicht und ließ ihn erst einmal festnehmen. Nach neun Tagen traf die Rakete tatsächlich ein. Durch eine fehlerhafte Adressierung war die Fracht irrtümlich in Kopenhagen ausgeladen, dann aber doch weiter nach Moskau geschickt worden. Ramminger wurde bewundert, gelobt und wieder mit 90.000 DM entlohnt. Der ernste Hintergrund dieser witzigen Angelegenheit war, dass Linowski und Ramminger mit der Zerlegung und Verfrachtung der Rakete und mit dem Transport des Zünders im Handgepäck grob fahrlässig Menschenleben gefährdet hatten, was das Gericht später besonders hervorhob.

Doch auch nach dem Raketendiebstahl war das Trio noch nicht saniert. Am 5. Mai 1968 stahlen Ramminger und Linowski während der Luftfahrtschau in Hannover aus einer Halle ein neu entwickeltes Flugnavigationsgerät, von dem es bisher nur zwei Exemplare gab. Linowski zertrümmerte die Glasvitrine, in der sich das Gerät befand, und Ramminger schaffte es kurz darauf wieder auf dem Luftweg nach Moskau.

Um sich weitere Einnahmen zu verschaffen, setzten sich Linowski und Ramminger im Dezember 1967 auch mit dem polnischen Nachrichtendienst und im März 1968 mit dem Ministerium für Staatssicherheit (MfS) in Ost-Berlin in Verbindung. Den Polen wollten sie ebenfalls eine Sidewinder-Rakete und den Steuerkopf einer Hawk-Rakete liefern. Außerdem bemühten sie sich auftragsgemäß um die Beschaffung der NATO-Gewehre vom Typ M 3 und M 16. Dem MfS übermittelten sie Erkenntnisse über Flugnavigationsgeräte und erklärten sich bereit, die Entführung eines Starfighters F 104 in den kommunistischen Machtbereich vorzubereiten. Dieses Vorhaben erörterten sie ernsthaft mit Knoppe. Zur Ausführung kam es nur deshalb nicht, weil das Trio Ende Oktober 1968 verhaftet wurde.

In der Voruntersuchung und später vor Gericht waren alle drei geständig und belasteten sich auch gegenseitig. Oft hatten sie während ihrer Ausführungen die Lacher auf ihrer Seite. Erfolgreich gaben sie sich den Anschein, dass sie die Tragweite ihrer Handlungen zur Tatzeit hätten gar nicht ermessen können.

Nach acht Haupverhandlungstagen verurteilte das Oberlandesgericht Düsseldorf am 9. Oktober 1970 Manfred Ramminger und Josef Linowski wegen Diebstahls in drei Fällen, jeweils in Tateinheit mit geheimdienstlicher Tätigkeit, in zwei dieser Fälle außerdem in Tateinheit mit landesverräterischer Agententätigkeit, zu Freiheitsstrafen von je vier Jahren. Wolf-Diethard Knoppe erhielt wegen Diebstahls in zwei Fällen, jeweils in Tateinheit mit geheimdienstlicher Agententätigkeit, in einem dieser Fälle außerdem in Tateinheit mit landesverräterischer Agententätigkeit, eine Freiheitsstrafe von drei Jahren und drei Monaten. Wegen der langen Untersuchunghaft von fast zwei Jahren wurde der Haftbefehl gegen ihn aufgehoben und die verleibende Reststrafe zur Bewährung ausgesetzt.

Wer diese Urteile im Vergleich zu Richtersprüchen in den USA, Großbritannien und Frankreich für zu milde hält, darf sich damit trösten, dass das Oberlandesgericht Düsseldorf auch die zum Diebstahl der Sidewinder-Rakete benutzte Sackkarre als Tatwerkzeug eingezogen hat.

Hinweise

Aachener Nachrichten, 16. 9. 1970 / Bildzeitung, 30. und 31. 10.1968 / dpa Meldungen Nr. 68, 163 und 165 id, 21. 9. 1970 / Düsseldorfer Nachrichten, 22., 26. und 28. 9. 1970 / Frankfurter Neue Presse, 31. 12. 1968 / Frankfurter Rundschau , 22. und 29. 9.1970 / General-Anzeiger, Bonn, 16. 9. 1970 / Kölner Stadt-Anzeiger, 22. und 23. 9. 1970 / Kölnische Rundschau, 30. 8. und 5.

10. 1970 / Neue Rhein-Zeitung, 22. 9. 1970 / Rhein-Zeitung, 22. 9. 1970 / Süddeutsche Zeitung, 10. 10. 1970 / Die Welt, 31. 10., 1. 11. und 6. 11. 1968/ Stern, 5. 9. 1968 /
Urteil des Oberlandesgerichts Düsseldorf vom 9. 10. 1970

Das „Bonner Dreigestirn" – Spione als Geldverleiher

Vor dem Bonner Landgerichtsdirektor Dierks stand am Morgen des 27. Februar 1970 ein 80 Jahre alter Herr, der wie ein seriöser Großvater aus dem Bilderbuch aussah. Es war der Landgerichtsdirektor a. D. und derzeitige Rechtsanwalt Dr. Heinrich Wilhelm Wiedemann, den die gleichfalls anwesenden Ermittlungsbeamten beschuldigten, als Spion für die Hauptverwaltung Aufklärung des Markus Wolf in Ost-Berlin zu arbeiten. Herrn Dierks erschien der Vorwurf so grotesk, dass er seine Unterschrift unter den bereits ausgefertigten Haftbefehl verweigerte und den Opa wieder auf freien Fuß setzte – ein Irrtum, den der Richter nach vier Tagen korrigieren musste, nachdem er sich genauer mit der Sachlage befasst hatte.

Heinrich Wiedemann, 1969 von der Spionageabwehr in Bonn fotografiert

Heinrich Wilhelm Wiedemann wurde am 14. November 1889 im niedersächsischen Ort Neukloster geboren, besuchte das Gymnasium in Stade und studierte nach dem Abitur in Marburg Jura. Am 11. Mai 1923, inzwischen Landgerichtsrat, heiratete Wiedemann die Norwegerin Magda Robertson. 1933 amtierte er in Berlin als Direktor des Landgerichts II. Ob und wie lange er der NSDAP angehörte, ist umstritten. Laut „Der Spiegel" (1970/11/33) ist er am 1. Mai 1933 in die Partei eingetreten und hat die Mitgliedsnummer 2.674.388 erhalten.

1934 wurde der damals 44 Jahre alte Wiedemann aus dem Justizdienst entlassen oder auf seinen Antrag vorzeitig pensioniert. Danach widmete er sich als hauptamtlicher Vorsitzender dem Deutschen Berufsbeamten-Genossenschaftsverband und übernahm 1944 eigenverantwortlich die „Beamtengenossenschaftshilfe", die zinsgünstige Kredite an festbesoldete Staatsdiener ausreichte. Den Firmensitz verlegte er nach dem Krieg zunächst nach Bielefeld, begann aber sofort nach der deutschen Kapitulation erst einmal seine zweite Justizkarriere.

Bereits 1945 wurde er Rechtsberater der britischen Besatzungsmacht und als Landgerichtspräsident in Bielefeld eingesetzt. 1947 beauftragten ihn die Briten mit dem Aufbau des Justizministeriums in Nordrhein-Westfalen. Dort wurde er Ministerialdirektor und (weil es keinen Staatssekretär gab) Stellvertreter des Justizministers Gustav Heinemann (dem späteren Bundespräsidenten zwischen 1969 und 1974), der damals noch der CDU angehörte.

Heinemann entließ seinen Stellvertreter im Frühjahr 1948 nach einem Disziplinarverfahren, in dem Wiedemann einiges zur Last gelegt worden war:

– Versuchter Eingriff in ein schwebendes Strafverfahren.
– Unwahre Angaben über seine Mitgliedschaft in der NSDAP.
– Benutzung seines Dienstwagens für Privatfahrten im Zusammenhang mit Schwarzmarktgeschäften.

Wiedemanns Pension wurde gekürzt. Statt der Versorgungsbezüge eines Ministerialdirektors oder Landgerichtspräsidenten erhielt er nur die eines Landgerichtsdirektors. Von nun an erzählte er überall, dass er Opfer einer politischen Intrige geworden sei. Offensichtlich glaubte er das auch nach und nach selbst und öffnete sich den Werbungen der Kommunisten. Bereits im Oktober 1949 soll er Ehrengast bei der Gründung der DDR gewesen sein, und ungefähr in dieser Zeit begannen auch seine geheimdienstlichen Kontakte mit dem zweiten deutschen Staat.

Gleichzeitig aktivierte der Frührentner seine Beamtengenossenschaftshilfe und eröffnete ein Büro in Düsseldorf. 1952 verlegte er den Firmensitz in sein Hamburger Rechtanwaltsbüro und 1956 auf Anregung und mit finanzieller Hilfe des Staatssicherheitsdienstes der DDR nach Bonn. Die Firma verlieh Geld an Beamte, die als Sicherheit eine Lebensversicherung in doppelter Höhe des genehmigten Kredits abschließen und außerdem hohe Zinsen zahlen mussten. Markus Wolf erinnert sich so:

„Dr. Heinrich Wiedemann ... war nicht nur ein engagierter Befürworter der Wiedervereinigung und Gegner der Anbindung Bonns an-

Washington, sondern ließ mich auch bald diskret merken, dass er nicht abgeneigt war, ein konkretes Angebot unterbreitet zu bekommen. Wir setzten einen Vertrag auf. Wiedemann sollte in Bonn mit finanzieller Starthilfe unsererseits ein ‚Büro Wirtschaftshilfe für Festbesoldete' eröffnen, das ihm – und damit uns – den Zugang zu sämtlichen Ministerien und deren Mitarbeitern ermöglichte. Sobald Gewinne erwirtschaftet würden, wäre mein Dienst entsprechend der Höhe unserer Einlage in bester kapitalistischer Manier daran beteiligt gewesen. Doch dazu sollte es leider nie kommen; stattdessen mussten wir im Lauf der Zeit die Kosten allein aufbringen, weil Wiedemanns Büro nichts abwarf."[1]

Der finanzielle Ertrag war für den Staatsicherheitsdienst der DDR auch nicht so wichtig. Viel interessanter waren die Personalunterlagen der Beamten, die in einem sehr detaillierten Fragebogen umfassende Auskünfte über ihre persönlichen Verhältnisse geben mussten, bevor über ihren Kreditantrag entschieden werden konnte. Eine Kopie jeder Antragsunterlage ließ Wiedemann zum SSD schaffen, der auf diese Weise ausgezeichnetes Basismaterial bekam, das sich für weitere Agentenwerbungen nutzen ließ.

Auch seine persönlichen Freundschaften nutzte Wiedemann hemmunglos im Sinne des DDR-Geheimdienstes aus. Markus Wolf schreibt dazu:

„Vor allem Wiedemanns Freundschaft mit Dr. Rudolf Kriele, als Abteilungsleiter im Bundeskanzleramt für Verteidigungspolitik und Militärbündnisse zuständig, machte sich bezahlt. Der hochkarätige Geheimnisträger verkehrte ahnungslos in unserem Büro, trank mit unserem Mann beste Rheinweine und erzählte ihm so manche Interna. Das stachelte unseren Ehrgeiz an. Im Geiste sahen wir das Büro bereits als Dach einer illegalen Residentur, als Drehscheibe in Krisensituationen, wenn andere Verbindungskanäle zu riskant gewesen wären."[2]

Nun brauchte Wiedemann noch eine zuverlässige Mitarbeiterin. Er fand sie in **Irene Schultz**, einer in jeder Hinsicht armen Frau, die er zwei Jahrzehnte lang vollständig von sich abhängig machte. Sie wurde am 4. April 1918 in Wiesbaden geboren, war die Tochter eines Arztes und verbrachte ihre Schulzeit in einem privaten Lyzeum. Ihr Vater galt nach 1933 als Jude und beging Selbstmord. Irene galt, wie ihre beiden Geschwister, als Halbjüdin und hatte während der Nazizeit nicht die Ausbildungsmöglichkeiten, die ihrer Allgemeinbildung und ihren Begabungen entsprachen. Am Anfang des Zweiten Weltkrieges wurde sie als Luftwaffenhelferin eingezogen, aber nach drei Monaten wegen ihrer Abstammung wieder entlassen. Aus dem gleichen Grund konnte sie erst im Mai 1945 den 1891 geborenen August Schultz heiraten, mit dem sie seit Oktober 1942 eine gemeinsame Tochter hatte. Am 9. April 1947 starb der Ehemann und hinterließ ihr keinerlei Renten- oder Versicherungsansprüche. Eine materielle Wiedergutmachung als Opfer der nationalsozialistischen Rassengesetze hat sie nie beantragt.

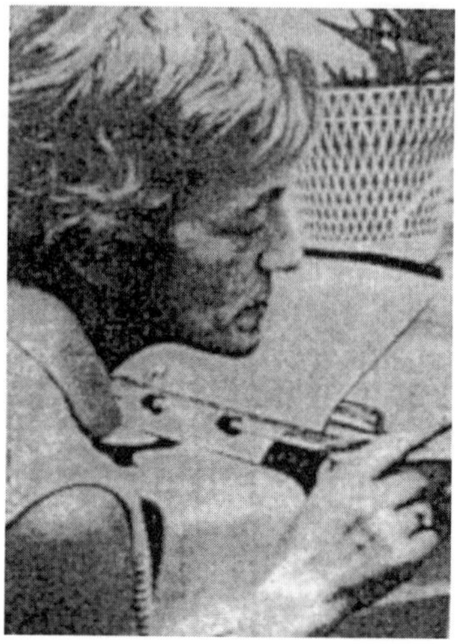

Irene Schultz

Im Januar 1948 eröffnete Irene Schultz im Düsseldorfer Hauptbahnhof eine Schreibstube. Sie arbeitete Tag und Nacht, aber der Verdienst blieb gering. Obwohl sie sich selbst und ihre Tochter durchzubringen hatte, unterstützte sie noch ihre Mutter finanziell. In dieser Situation lernte die damals 32 Jahre alte Witwe Heinrich Wiedemann kennen, der einer ihrer besten Kunden wurde und sich bald auch privat um sie und ihre kleine Tochter kümmerte.

Im März 1952 gab sie die Schreibstube auf, zog zu Wiedemann nach Hamburg, der dort eine Rechtsanwaltspraxis eröffnet hatte, führte ihm den Haushalt und arbeitete als Bürokraft in seiner Kanzlei. Doch Ende Februar 1952 kehrte sie zu ihrer Mutter nach Düsseldorf zurück, weil sich Wiedemann nicht scheiden lassen wollte und seine Frau in die Hamburger Wohnung nachgezogen war. Die bisherigen engen Beziehungen zwischen Wiedemann und Frau Schultz blieben jedoch erhalten. Sie besuchten sich gegenseitig, führten einen regen Briefwechsel und verbrachten gemeinsame Urlaubswochen.

Dabei blieb Irene Schultz nicht verborgen, dass ihr Freund geheimnisvolle Ostkontakte unterhielt. Schon in Hamburg hatte sie erlebt, dass er mehrfach sein aus der Zeit vor dem Zusammenbruch noch bestehendes Büro in Ost-Berlin aufsuchte und es ihm im Mai 1952 aufgrund seiner guten Beziehungen zu höchsten Kreisen in der DDR gelang, eine Genehmigung zur Überführung der Büromöbel nach dem Westen zu erhalten. Das war in der damaligen Hochzeit des Kalten Krieges ein höchst ungewöhnlicher Vorgang.

Ab November 1954 hatte Frau Schultz Kenntnis davon, dass Wiedemann aus Ost-Berlin Geld erhielt. Im Spätsommer 1955 verbrachten beide einen vierzehntägigen Urlaub auf der Insel Norderney, bei dem er ihr einen „Studenten Harry Blum“ vorstellte, den sie unschwer als

Verbindungsmann ihres Freundes zum SSD einordnen konnte. Am 7. Juli 1956 mietete Wiedemann, der inzwischen verwitwet war, in Bonn für die Beamtengenossenschaftshilfe eine Wohnung in der Wilhelmstraße, in der neben dem Büro auch Wohnräume für ihn und Frau Schultz eingerichtet wurden. Schriftlich sicherte er ihr ein steuerfreies Gehalt von monatlich 450 DM sowie kostenlose Unterkunft und Verpflegung zu.

Im August 1956 fuhren beide gemeinsam nach Ost-Berlin. In einer Gaststätte in Berlin-Treptow trafen sie zwei Herren, die sich als „Werner" und „Rudi" vorstellten. Einer von ihnen erklärte während des Gespräches, dass Wiedemann, dem er jovial den Arm um die Schultern legte, der Justizminister eines vereinigten Deutschlands sein werde. Es spricht viel dafür, dass Irene Schultz bereits bei diesem Treffen als Spionin angeworben worden ist.

Markus Wolf sorgte außerdem dafür, dass Wiedemann in seinem Bonner Büro einen aus der DDR stammenden und dort ausgebildeten Agenten einstellte, der als illegaler Resident des SSD vor allem für die Nachrichtenübermittlung zu sorgen hatte. Jetzt war das Bonner Dreigestirn komplett. Doch es lief nicht alles so, wie es die Hauptverwaltung Aufklärung geplant hatte. Markus Wolf berichtet:

„Die Einschleusung unseres Residenten dauerte mehrere Monate. Unterdessen warben wir mit Wiedemanns Hilfe seine Lebensgefährtin an, die wir unter dem Decknamen Iris auf die Gehaltsliste des Büros setzten. Inzwischen stellten wir besorgt fest, dass das Missverhältnis zwischen Kosten und Ertrag des Büros immer krasser wurde, und wir befürchteten, dass es nur noch eine Frage der Zeit sein konnte, bis die Finanzbehörden misstrauisch werden und am Ende gar die Spionageabwehr informieren würden."[3]

Doch es kam schlimmer. Ein Mitarbeiter aus der Ost-Berliner Zentrale des SSD flüchtete nach dem Westen. Er kannte den illegalen Residenten aus dem Bonner Kreditbüro, der daraufhin sofort abgezogen werden musste. Das ganze Projekt wurde auf Sparflamme gesetzt. Wiedemann behielt jedoch entscheidenden Einfluss auf Irene Schultz, die er im Einvernehmen mit dem SSD nun dazu veranlasste, ab Juli 1957 als Schreibkraft in das Bundesministerium des Innern einzutreten.

Später bat er seinen einflussreichen, aber weiterhin ahnungslosen Freund Rudolf Kriele erfolgreich darum, sie zu protegieren, was sich in jeder Hinsicht lohnte. Irene Schultz wechselte im März 1962 in das Bundesministerium für Atomenergie und Wasserwirtschaft, aus dem später das Bundesministerium für Bildung und Wissenschaft wurde. Sie arbeitete dort zunächst im Vorzimmer eines Abteilungsleiters, der kein anderer als Rudolf Kriele war, und ging nach dessen Pensionierung im Februar 1964 als Chefsekretärin ins Ministerbüro. Dort überstand sie alle politischen Wechselfälle und amtierte zur vollsten Zufriedenheit des FDP-Ministers Hans Lenz, des CDU-Ministers Gerhard Stoltenberg sowie des parteilosen Ministers Hans Leussink, der dem ersten SPD/FDP-Kabinett unter Willy Brandt angehörte. Als allseits beliebte Kollegin wurde sie außerdem Mitglied des Personalrates sowie Organisatorin von Karnevalsfesten und Betriebsausflügen. Ihre Spionageaufgaben vergaß sie dabei nicht. Dazu noch einmal Markus Wolf, der es schließlich am besten wissen musste:

„Wir verdanken ihr detaillierte Informationen über Kabinettssitzungen und Forschungsprojekte, die unsere Arbeit auf dem Gebiet der wissenschaftlich-technischen Aufklärung beträchtlich erleichterten."[4]

Bis 1961 sprach Wiedemann das immer umfangreichere Material, das seine Lebensgefährtin heranschleppte, auf Miniphonbänder, die er selbst nach dem Osten schaffte. Angesichts der steigenden qualitativen Bedeutung der Berichte und Wiedemanns fortschreitendem Alter entschlossen sich die Führungsleute in Ost-Berlin jedoch, das „Dreigestirn" wieder zu vervollständigen, indem sie den beiden jetzt eine illegale Residentin zuordneten, die in Köln wohnte. Sie hatte, wie ihr kurzfristiger Vorgänger, für die reibungslose Nachrichtenübermittlung zu sorgen, nannte sich Liane Lindner und passte vom Typ her recht gut als Freundin oder gute Bekannte zu Irene Schultz.

In Wirklichkeit hieß sie **Ingeborg Weber,** wurde am 27. Juli 1927 in Berlin geboren und war das einzige Kind ihrer Eltern. Bereits 1936 starb ihre Mutter. Sie blieb weiterhin bei ihrem Vater und dessen späterer Lebensgefährtin. Von 1934 bis 1942 besuchte das Mädchen die Volksschule, leistete anschließend in einem Landdienstlager in Mecklenburg das damals übliche Pflichtjahr ab und besuchte zwischen 1943 und 1944 eine private Lehranstalt in Berlin, in der sie den Mittelschulabschluss erwarb. Die Weiterbildung bis zum Abitur war ihr in der Endzeit des Krieges sowie in der unmittelbaren Nachkriegszeit nicht möglich. Sie musste sich stattdessen mit Hilfstätigkeiten als Hausangestellte, Trümmerfrau und Landarbeiterin durchschlagen.

Unter dem Einfluss eines Wohnungsnachbarn ihres Vaters trat sie im Februar 1946 der KPD bei und wurde nach dem Vereinigungsparteitag im April des gleichen Jahres in die SED übernommen. Auf Empfehlung der Partei konnte sie ab Oktober 1946 die Vorstudienanstalt der Humboldt-Universität in Ost-Berlin besuchen und erwarb nach drei Semestern das Reifezeugnis für ein naturwissenschaftliches Studium. Anschließend studierte sie Physik, bestand aber eine Zwischenprüfung nicht und wechselte deshalb zum Studienfach Psychologie.

Ingeborg Weber

Am 7. November 1953 bestand Ingeborg Weber das Staatsexamen als Diplompsychologin. Ihre für damalige Verhältnisse lange Studiendauer erklärt sich nicht nur aus dem Fachwechsel, sondern vor allem daraus, dass sie während der gesamten Studienzeit nebenamtliche Funktionen in der SED-Grundorganisation der Universität sowie in der FDJ bekleidete und ein Jahr lang im Parteiauftrag hauptamtliche Vorsitzende des Studentenrates der Universität war.

Nach ihrer Diplomprüfung arbeitete Ingeborg Weber bis August 1956 als Referentin im Prorektorat für Studentenangelegenheiten. Ihre Hauptaufgabe bestand darin, bei der Zulassung der Studienanfänger mitzuwirken und dabei auf deren politische Gesinnung zu achten. Anschließend war sie wissenschaftliche Assistentin und ab April 1959 Oberassistentin am Institut für Marxismus-Leninismus. Sie ging in der Parteiarbeit auf und war an ihr stärker interessiert als an ihrem Studienfach. Nach ihrer Meinung konnten alle menschlichen Probleme nur im Sozialismus befriedigend gelöst werden, so dass sie alles für die Errichtung einer sozialistischen Weltordnung tun wollte.

So viel politischer Eifer sowie die Tatsache, dass sie nicht verheiratet war und Männer generell privat von sich fernhielt, blieb auch dem SSD nicht verborgen. Spätestens 1960 trat der Geheimdienst an sie heran, um sie systematisch für eine Agententätigkeit im Westen aufzubauen. 1961 war es dann soweit. Mit falschen oder verfälschten Papieren wurde Ingeborg Weber als Liane Lindner über das westliche Ausland in die Bundesrepublik Deutschland eingeschleust. (Wie so etwas vor sich ging, wird in dem Kapitel „Das linientreue Leben der Agentin Anna" detailliert beschrieben.) Über die Zwischenstationen Darmstadt und Freiburg im Breisgau traf sie in Köln ein, fand Arbeit als Buchhalterin in einem Fachverlag und traf zum ersten Mal mit Heinrich Wiedemann zusammen. Das „Dreigestirn" war aktionsfähig und sollte es neuneinhalb Jahre bleiben.

Doch auch das Bundesamt für Verfassungsschutz blieb nicht untätig. Die Einschleusungsmethoden wurden bekannt, und eines Tages konnte Ingeborg Weber entdeckt werden. Der Rest war aufwendige Routine. Man beobachtete über Wochen genau ihr Verhalten und ihre Kontakte, so dass man Irene Schultz und Heinrich Wiedemann ins Visier bekam. Jetzt ging es nur noch darum, genügend Beweise zu erbringen, die für eine Verurteilung wegen Spionage ausreichten.

Für die lückenlose Beobachtung einer Einzelperson braucht man mindestens acht Observanten, wenn die Überwachung nicht auffallen soll. Folglich bildeten Beamte des Verfassungsschutzes und des Bundeskriminalamtes drei gemeinsame Observationsteams, eins für jede Zielperson. Die Zusammenarbeit war unerlässlich, weil der Verfassungsschutz lediglich Tatbestände ermitteln darf, aber keine Exekutivfunktionen hat. Für notwendige Festnahmen waren die Kriminalbeamten erforderlich. Die Observanten mussten mit Fahrzeugen, Sprechfunkgeräten und Fotoapparaten ausgerüstet werden. Ein Meldekopf war zu installieren, der Entscheidungen traf und die Bewegungen der Überwacher aufeinander abstimmte. Die Zielpersonen und die Observationsteams erhielten Decknamen, um Unbefugten die Entschlüsselung von Meldungen zu erschweren. Ingeborg Weber war Lanze, auf die das Team Rot angesetzt wurde. Irene Schultz hieß Tulpe. Ihr wurde das Team Blau zugeordnet. Dem Flusspferd Heinrich Wiedemann folgte das Team Gelb auf all seinen Wegen.

Am 14. Februar 1970 meldete Team Rot, dass Lanze (Ingeborg Weber) auf dem Kölner Hauptbahnhof eine Fahrkarte nach Wuppertal-Elberfeld gelöst und den Interzonenzug nach Ost-Berlin bestiegen hatte. Aus dem Zug meldete ein Teammitglied, dass Lanze ihr Abteil verlassen, 3 Minuten und 45 Sekunden im WC verbracht hatte und ohne Brille wieder herausgekommen war. Anfrage an den Meldekopf: „Soll Container sichergestellt werden?"

Der aufmerksame Beamte hatte sofort bemerkt, dass im Brillengestell der Agentin Nachrichtenmaterial untergebracht war und nun in einem Versteck nach Ost-Berlin rollte. Der Meldekopf entschied: „Weiter observieren!" Eine sofortige Durchsuchung der Zugtoilette und die Sicherstellung des Materials hätten zu diesem Zeitpunkt nur geschadet und die ganze Aktion gefährden können. In Wuppertal-Elberfeld verließ Lanze den Zug, kaufte sich eine Fahrkarte nach Köln und fuhr sofort wieder zurück. Anschließend ging sie zum Friseur. Auf diese Weise wurden auch die anderen Zielpersonen überwacht.

Am Abend des 26. Februar 1970, einem Donnerstag, wurde es im Äther besonders lebendig. Rot meldete um 18 Uhr, dass Lanze ihre Kölner Wohnung verlassen hatte und in den Zug nach Bonn gestiegen war. Der Meldekopf hörte: „Lanze fährt nach Bonn. Kleidung festlich. Handtasche kann Theaterbesuch bedeuten. Ende!" Sofort bekamen die Bonner Teams Blau und Gelb ihre Befehle: „Dunkle Anzüge für Blau 1 bis 3, Abendkleid für Blau 4. Barbesuch oder Theaterbesuch höchstwahrscheinlich. Vorsorglich 10 Karten für Stadttheater Bonn beschaffen!"

Gegen 19 Uhr hörte der Meldekopf, dass Lanze in der Bonner Wilhelmstraße angekommen war, und unmittelbar darauf: „Tulpe fährt mit Lanze und Flusspferd im Auto ab. Blau 1 bis 4, Gelb 2 und 3, Rot 3 und 6 folgen. Ende!" Tatsächlich fuhren Wiedemann, Irene Schultz und Ingeborg Weber ins Bonner Theater, um sich Strawinskys Ballett „Feuervogel" anzusehen. Im Theater überwachten schließlich sogar acht Beamte des Verfassungsschutzes und vier Beamte aus dem Bundeskriminalamt das „Bonner Dreigestirn".

Nach dem Ende der Vorstellung passierte ein grober Kunstfehler, der im Spionagegeschäft einfach nicht vorkommen darf. Das Trio stand abseits vom Publikum, das sich an der Garderobe drängelte. Ingeborg Weber übergab ihren beiden Begleitern vor aller Öffentlichkeit je einen Umschlag. Wie sich später herausstellte, waren darin 400 DM für Irene Schultz und 1.000 DM für Wiedemann, seit Jahren der übliche Monatslohn für beide Agenten. Im Gegenzug überreichte Frau Schultz ebenfalls gut sichtbar einen Umschlag, der Fotokopien von Geheimdokumenten enthielt.

Die Freude der Observanten muss unermesslich gewesen sein. Trotzdem behielten sie die Nerven. Als Frau Weber sich verabschieden wollte, lud Frau Schultz noch zu einem kleinen Imbiss in der Wilhelmstraße ein. Das „Dreigestirn" fuhr zur Wohnung. Rot, Gelb und Blau folgten unauffällig, aber sofort. Nach kurzer Zeit kamen die beiden Damen wieder aus der Wohnung, bestiegen das Auto von Frau Schultz und fuhren zum Bonner Bahnhof. Als Frau Weber alleine auf den Zug nach Köln wartete, befahl der Meldekopf: „Zugriff jetzt!"

Ingeborg Weber zeigte sich nach ihrer Verhaftung gefasst. Sie nannte gleich bei der ersten Vernehmung ihren richtigen Namen und setzte hinzu:

„Ich bin Bürgerin der DDR. Ich räume ein, dass ich Ihrer Auffassung nach etwas Unrichtiges getan habe. Aus meiner Sicht kann ich Ihnen versichern, dass ich eher zu wenig als zu viel getan habe. Weitere Aussagen verweigere ich."[5]

In ihrer Handtasche fand sich eine Kopie des Protokolls der Kabinettssitzung vom 18. Februar 1970 sowie die Kopie einer Einladung zur nächsten Sitzung des Bundeskabinetts mit Tagesordnung. Beide Papiere waren als „Geheim" eingestuft. Noch in der Nacht wurde Ingeborg Webers Kölner Wohnung durchsucht. Man fand:

– Eine Aktentasche mit Geheimfach. Inhalt: 1.800 DM in bar und zwei gültige westdeutsche Reisepässe auf die Namen Liane Lindner und Irene Schultz.

– Einen Briefumschlag aus einem Baseler Hotel mit Schlüsselunterlagen für den Funkverkehr.

– Eine Spezialkamera zur Herstellung von Mikraten – winzig kleinen Filmscheibchen in der Größe eines Punktes auf der Schreibmaschine, die man in einem Brief oder unter der aufgeklebten Briefmarke verstecken konnte.

– Eine Kassette mit 20 Filmscheibchen für die Mikratkamera.

– Einen Kurzwellenempfänger, eingestellt auf das 49-Meter-Band.

Die Bonner Wohnung von Wiedemann und Frau Schultz stand die ganze Nacht weiter unter Beobachtung. Am frühen Morgen des 27. Februar 1970 war es dann auch dort so weit. Auf das Klingeln der Beamten öffnete Wiedemann noch im Nachthemd. Er und die weinende Irene Schultz wurden festgenommen. Bei der Durchsuchung der Wohnung wurden folgende Gegenstände beschlagnahmt:

– Eine Fotoausrüstung mit Filmen.

– Ein Kurzwellenempfänger, eingestellt auf das 49-Meter-Band.

– Teile einer Vorrichtung zur Herstellung von Mikraten.

– Ein Tonbandgerät, Marke Miniphon, Baujahr 1954, mit Tonbändern.

– Die Schuldnerkartei der Beamtengenossenschaftshilfe.

Bei seiner Vernehmung versuchte Wiedemann einen letzten schäbigen Trick. Er erklärte, nie Spion gewesen zu sein. Offenbar sei seine Lebensgefährtin von Frau Weber ohne sein Wissen zur Spionage verführt worden. Wahrscheinlich war auch diese Erklärung ein Grund für Landgerichtsdirektor Dierks, Wiedemann noch vier Tage Freiheit zu gönnen, in denen er ungestört telefonieren, Briefe schreiben und seine Besorgungen machen konnte. Dann blieb aufgrund der Beweislast nichts anderes übrig, als ihn ebenfalls vorläufig in Untersuchungshaft zu nehmen.

Wie ist die Geschichte ausgegangen? In jeder Hinsicht unbefriedigend. Das Untersuchungsverfahren gegen den 80 Jahre alten Heinrich Wiedemann wurde aus Alters- und Gesundheitsgründen sofort abgetrennt und bald darauf wegen Verhandlungsunfähigkeit des Angeschuldigten ohne Urteil eingestellt. Ingeborg Weber gab in den weiteren Verhören Auskünfte zu ihrer Person, jedoch nicht zur Sache. Irene Schultz war dagegen voll geständig. Beide Frauen blieben ohne Unterbrechung zweieinhalb Jahre in Untersuchungshaft, wurden jedoch nie gerichtlich verurteilt.

Am 29. September 1972 teilte der Generalbundesanwalt mit, dass wegen der Gefahr eines schweren Nachteils für die Bundesrepublik Deutschland und wegen des Entgegenstehens sonstiger überwiegender öffentlicher Interessen das Verfahren gegen beide eingestellt worden sei. Im Klartext hieß das: Die beiden Spioninnen waren bereits sechs Tage vorher, am 23. September 1972, an der innerdeutschen Grenze gegen westliche Agenten ausgetauscht worden.

Ingeborg Weber hat sich sicherlich über ihre Rückkehr gefreut, denn sie durfte noch 17 Jahre in der DDR verbringen, bis es den Staat nicht mehr gab. Irene Schultz wurde in der DDR ebenfalls herzlich empfangen, bekam Urlaubsreisen in die Tschechoslowakei und in die Sowjetunion geschenkt, konnte sich jedoch in den tristen DDR-Alltag nicht einleben. Man erlaubte ihr bald die Wiederausreise. In Düsseldorf, wo sie noch in den achtziger Jahren in ärmlichen Verhältnissen lebte, erklärte sie im Hinblick auf ihre Spionagetätigkeit: „Ich habe finanziell und menschlich nur draufgezahlt."

1 Wolf: Spionagechef im geheimen Krieg, S. 91
2 Ebd., S. 91
3 Ebd., S. 92
4 Ebd.
5 Die Zeit, 13. 3. 1970

Hinweise

Schlomann: Operationsgebiet Bundesrepublik, S.176, 242, 251, 311 / Wolf: Spionagechef im geheimen Krieg, S. 91f. / Anklageschrift gegen das „Bonner Dreigestirn" vom 28. 2. 1972 /
Kölner Stadt-Anzeiger, 7./8. 3. 1970 / Stuttgarter Nachrichten, 6. 3. 1970 / Die Zeit, 13. 3. 1970 / Quick, 18. 3. 1970 / Der Spiegel 1970/11/32-34 und 1970/17/117 / Stern, 15. 3. 1970

Dieter Haase – Spion mit Verhaltensstörungen

Als der im März 1970 enttarnte Spion Dieter Joachim Haase im Mai 1976 endlich vor Gericht stand, schrieb der für seine subtile Prozessberichterstattung bekannte „Spiegel"-Reporter Gerhard Mauz eine, gemessen an seiner üblichen Ausdrucksweise, ganz ungewöhnliche Charakteristik des Angeklagten:

„Wenn die Mitglieder des 3. Strafsenats des Bayerischen Obersten Landesgerichts plötzlich die Roben schürzen und kreischend über den Angeklagten Dieter Haase, 38, herfallen würden, um ihn zu zerreißen und aufzufressen – man täte ohne Zögern mit. Der Angeklagte Dieter Haase hätte sogar in Gandhi eine unwiderstehliche Mordlust geweckt.

Vor Gericht in München gibt Dieter Haase den Stier von Uri, zugleich aber auch das Wiesel auf einem Kiesel mitten im Bachgeriesel. Er ist so machtvoll grob wie die 20-Zentner-Birne, mit der Abbruchfirmen Häuser zertrümmern, zugleich aber auch so empfindlich wie eine ganze Mimosenfarm. Im übrigen ist ihm in der U-Haft in Stadelheim Christus erschienen. …

Sein Geltungsbedürfnis ist genau so gigantisch wie sein Leiden daran, vor sich selbst weniger als nichts zu gelten. Er ist auf das Unerträglichste großmäulig und aggressiv und zugleich auf das Peinlichste zur Wahrheit unfähig und feige. Er versucht vor Gericht, sich an den eigenen Haaren aus dem Sumpf zu ziehen, während er sich gleichzeitig in den Hintern tritt. Taucht etwas zu seiner Entlastung auf, so zertrümmert er es unverzüglich. Belastet ihn etwas, so schreit er ob einer Schändung der Menschenrechte auf. Es geschieht ihm Unrecht, ob man ihn nun für einen großen oder einen kleinen Spion hält. Er liebt sich abgöttisch, und er hasst sich zugleich erbarmungslos."[1]

Natürlich drängt sich zunächst die Frage auf, ob dieser abnorm auftretende Mann überhaupt ein Spion gewesen sein kann. Und so unglaublich es klingt: Er war tatsächlich einer. Doch verfolgen wir zunächst seinen Lebensweg.

Dieter Haase wurde am 26. August 1937 als ältester Sohn eines selbstständigen Holzkaufmanns in Berlin geboren. Wegen der Bombenangriffe im Zweiten Weltkrieg evakuierte man ihn 1943 mit seiner Mutter und seinen zwei jüngeren Geschwistern nach Würzburg und schulte ihn dort ein. Ab 1947 besuchte er das Gymnasium. 1949 ließen sich seine Eltern scheiden, und 1950 heiratete seine Mutter in Hannover den Rechtsanwalt und Notar Hermann Helferich. Im selben Jahr wechselte Dieter auf ein Gymnasium in Hannover, bestand Ostern 1958 sein Abitur und leistete von April 1958 bis September 1959 seinen Wehrdienst ab, aus dem er als Reserveleutnant entlassen wurde. Bis dahin gibt es im Lebenslauf des jungen Mannes keine Besonderheiten, die auf außergewöhnliche Entwicklungen in den kommenden Lebensjahren hinweisen könnten. Sein leiblicher Vater war im September 1956 in München gestorben, aber ob dieser Todesfall den Sohn besonders berührt hat, ist nicht bekannt. In den letzten Gymnasialjahren hatte Dieter mehrfach seinen in Ost-Berlin lebenden Onkel Walter Ferber besucht, der dort in der Textilbranche tätig war und als Filou der Familie galt. Ob und wie der Onkel zu dieser Zeit politisch-ideologischen Einfluss auf seinen Neffen ausgeübt hat, ist nicht bekannt.

Dieter Haase

Ab November 1959 studierte Dieter Haase in Würzburg, und von nun an fiel er auf, denn er war äußerst umtriebig, großmäulig und im eigentlichen Wortsinn maßlos, weil er keine Maßstäbe hatte oder wenigstens gelten ließ. Nach seinen Angaben studierte er schon im ersten Semester gleichzeitig Jura, Philosophie, Medizin und Volkswirtschaft, besuchte einen Schnelllesekurs, nach dessen Absolvierung er 2.000 Bücher las, die das gesamte gegenwärtige Wissen enthielten, trat in die CSU ein, weil er schließlich in Bayern etwas werden wollte, gründete zusammen mit anderen studierenden Reserveoffizieren eine Wehrpolitische Hochschulgruppe, suchte und fand Kontakt zu dem konservativen Völkerrechtler Professor August Friedrich von der Heydte, der ihn mit Reinhard Gehlen und Franz Josef Strauß bekannt machte, und bereitete sich auf die nächste Wehrübung bei der Bundeswehr vor. Außerdem führte er während seiner gesamten Studienzeit bis zu seiner Festnahme 1970 ein ausschweifendes Liebesleben, das er in seinen Erinnerungen auf Verhältnisse mit 500 verschiedenen Frauen, 1.000 Kontakte mit Prostituierten, eine mehrjährige Lebensgemeinschaft und eine Ehe bezifferte. Allerdings wirken die von ihm geschilderten Einzelheiten nicht gerade selbst erlebt, sondern mehr aus Boccaccios „Decamerone" entlehnt.

Reduziert man diese Angebereien auf ihren glaubhaften Kern, so hatte er die vielen Kontakte zu einflussreichen Persönlichkeiten tatsächlich, denn ein umtriebiger Student, der sich in einer großen Volkspartei engagierte, konnte bei dem damaligen politischen Desinteresse der meisten Studenten in der Bundesrepublik Deutschland damit rechnen, dass prominente Politiker ihn beachteten und förderten. Haases Kontaktsucht, die von vielen Leuten aus seiner damaligen Umgebung bestätigt wurde, zeugt im übrigen davon, dass er in seinem Egoismus Menschen nur benutzte und keine dauerhaften Beziehungen aufbauen konnte.

Zwischen September 1960 und August 1961 studierte Dieter Haase in West-Berlin, hielt auf Anregung von Heinrich Lummer in einer Veranstaltung des Ringes Christlich Demokratischer Studenten (RCDS) an der Freien Universität einen wehrpolitischen Vortrag und wurde daraufhin von der SED-Zeitung „Neues Deutschland" attackiert, weil die Beschäftigung mit dieser Thematik angeblich gegen den entmilitarisierten Status von West-Berlin verstieß. Haase, der zunächst Angst hatte, nun nicht mehr nach Ost-Berlin fahren zu dürfen, wurde von seinem dort lebenden Onkel beruhigt. Walter Ferber versicherte, dass er einige einflussreiche Leute kenne, die die ganze Angelegenheit in Ordnung bringen und sich gerne einmal mit dem Neffen unterhalten würden. Zu diesen Unterhaltungen kam es auch. Sie fanden im Frühjahr und Sommer 1961 zuerst in West-, dann in Ost-Berlin statt, und gar nicht so langsam, aber sehr sicher geriet Dieter Haase in die Fänge des Militärischen Nachrichtendienstes (Mil.ND), des kleinen aber feinen Geheimdienstes der Nationalen Volksarmee (NVA) der DDR.

Nach dem Mauerbau im August 1961 ging Haase zurück nach Würzburg, und im Sommer 1962 erhielt er dort plötzlich Besuch von seinem Onkel Walter Ferber. Der Herr aus der Textilbranche war zu einer Zeit, in der noch nicht einmal DDR-Rentner die Erlaubnis zu einer Besuchsreise in die Bundesrepublik Deutschland erhielten, extra angereist, um seinem Neffen auszurichten, dass er von Führungsoffizier „Heinz" dringend an der gewohnten Treffstelle am Ost-Berliner Bahnhof Friedrichstraße erwartet werde. Haase flog nach West-Berlin und beherrschte bereits alle Treffrituale, die vom Mil.ND aus Sicherheitsgründen vorgeschrieben worden waren. Er quartierte sich in einem West-Berliner Hotel ein, nahm eine Taxe zum U-Bahnhof Hallesches Tor und fuhr dann mit der U-Bahn bis zum Bahnhof Friedrichstraße.

Heinz war pünktlich und brachte ihn im Auto zu einer konspirativen Wohnung, einer altmodischen Villa an einem See zwischen Berlin und Strausberg. Nachdem noch zwei weitere Offiziere gekommen waren, eröffnete Heinz die Besprechung und erklärte, dass in Westeuropa unter dem Namen „Fallex 62" eine Stabsrahmenübung der NATO ablaufen werde. Dabei solle unter kriegsmäßigen Bedingungen das Zusammenwirken der Nato-Verbände und der zivilen Behörden – vor allem auf dem Gebiet des Fernmelde- und Transportwesens – geprobt werden. Da Haase Fernmeldeoffizier sei und sicher zu dieser Übung eingezogen werde, erwarte man von ihm einen umfassenden Manöverbericht.

Doch das war noch längst nicht alles. Von den drei Gastgebern wurde eine langfristige Zusammenarbeit auf politisch-ideologischer Basis angestrebt, das heißt, man versuchte, den Studenten aus dem Westen davon zu überzeugen, dass das Weltfriedenslager gerade seine Unterstützung brauche, um der Bedrohung durch die atomar bewaffneten NATO-Streitkräfte begegnen zu können. Benötigt wurde ein kenntnisreicher „Posten auf Friedenswacht" im Lager des Gegners. Seine Beobachtungen und Berichte sollten es den im Warschauer Pakt zusammengeschlossenen Staaten ermöglichen, die gleiche militärische Stärke wie die NATO zu entwickeln. Nur durch das Gleichgewicht der Kräfte sei der Weltfrieden zu erhalten. Diese Argumentationskette, in der von Spionage nicht ein einziges Mal die Rede war, schmeichelte Haases Geltungsdrang. „Posten auf Friedenswacht" im Lager des Gegners – das war doch etwas!

Heinz bewies seinem Besucher dann, dass man schon einiges wusste und zeigte ihm mehrere Papiere, darunter einen Fernmeldeleitplan der Fallex-Übung für den süddeutschen Raum und eine Codeliste für Verschlüsselungsmaschinen. Glanzstück der Sammlung war eine Zielliste für Atomwaffen, die aus einem Panzerschrank des NATO-Stabes Europa-Mitte stammen musste. Nach Haases späterer Erinnerung handelte es sich um ein Dokument von etwa 20 Schreibmaschinenseiten, das zwei tabellarische Aufstellungen mit Atomzielen, Angaben von Sprengpunkten, Sprengzeiten und Sprengwirkungen enthielt. Alle Dokumente waren offensichtlich durch Geheimnisverrat in den Besitz der NVA gelangt. Doch Heinz erklärte eindringlich: „Das genügt nicht. Wir müssen mehr wissen."

Haase begriff. Man erwartete von ihm mehr als einen Manöverbericht. Als er gerade nach Würzburg zurückgekehrt war, erschien auch schon wieder sein Onkel und hatte eine Aktentasche mitgebracht. Sie enthielt einen Container mit einer Minox und einem Dokumentenstativ. Nun brauchte ihm der Onkel nur noch beizubringen, wie man Papiere fotografiert, Filme versteckt und Meldungen mit unsichtbarer Tinte schreibt. Nachdem Haase tatsächlich den Einberufungsbefehl für das Manöver Fallex 62 erhalten hatte und dem in Würzburg stationierten Stab der Territorialverteidigung als Fernmeldeoffizier zugeteilt worden war, konnte die Agententätigkeit beginnen.

Die Territorialverteidigung war damals eine neue Einrichtung, die im Kriegsfall das Hinterland der operierenden NATO-Verbände sichern sowie gegnerische Agenten und Saboteure aufspüren sollte. Haase erhielt tiefe Einblicke in die Arbeitsweise seines Verbandes und konnte nach Abschluss des Manövers eine Fülle von Einzelheiten berichten, beziehungsweise die entsprechenden Unterlagen präsentieren.

> Haase lieferte 1962 dem Mil.ND:
> Manöververlauf aus seiner Sicht, Wortlaut der Übungsbefehle, Lagekarten, Leitungsskizzen der Fernmeldeverbindungen, Erfahrungsberichte über den Fernmeldebetrieb, Karten mit eingetragenen Fernmeldeköpfen und Richtverbindungsstellen, Tarntafeln und Decknamenlisten für die Fernsprech- und Fernschreibstellen der Bundeswehr, Sammelfernschreiben des NATO-Oberbefehlshabers in Europa an den Bundesminister der Verteidigung, Listen schutzwürdiger Objekte, Stellenbesetzungspläne, Stärke- und Ausrüstungsnachweise, Führungsgrundsätze der Artillerie für einen atomaren Einsatz.

Als das Manöver Fallex am 25. September 1962 beendet war, lagen in Haases Studentenbude elf belichtete Minoxfilme bereit, die Onkel Walter im Oktober abholte. Ende November 1962 wurde Haase wieder einmal persönlich zum Vortrag nach Ost-Berlin eingeladen und referierte dort zwei Stunden über seine Manövererfahrungen, vor allem über die Fehler und Schwächen der übenden Verbände. Als Belohnung erhielt er eine Prämie in Höhe von 2.000 DM und bei einer weiteren Zusammenkunft im Februar 1963 den Vaterländischen Verdienstorden in Bronze. Allerdings wurde ihm die Auszeichnung, wie immer in solchen Fällen, nur gezeigt. Mitnehmen durfte er sie aus Sicherheitsgründen nicht. Gleichzeitig wurde er ehrenhalber zum Oberleutnant der Nationalen Volksarmee ernannt.

Haases Agentenkarriere, soweit sie rekonstruierbar ist, dauerte vom Sommer 1961 bis Ende 1969. Wieviel Geld er in dieser Zeit vom Mil.ND wirklich bekommen hat, bleibt unklar. Folgt man seinen eigenen Angaben, so wurden ihm bis Ende 1963 gelegentliche Prämien und danach monatliche Festbeträge gezahlt. Es handelte sich 1964 um 600 DM, 1965 und 1966 um 800 DM und 1967 bis 1969 um 1.000 DM monatlich. Die Festbeträge insgesamt ergeben eine Gesamtsumme von 62.400 DM. Hinzuzurechnen sind Erfolgsprämien sowie finanzielle Zuwendungen bei Ordensverleihungen, so dass er Mindesteinnahmen von 100.000 DM aus der Spionagetätigkeit erzielt haben muss.

Jeweils dann, wenn Haase nach Wehrübungen in der Bundeswehr befördert worden war, erhielt er auch einen höheren Offiziersrang in der Nationalen Volksarmee. So wurde er 1963 Oberleutnant der Bundeswehr und kurz darauf, während eines Treffs in Ost-Berlin, Hauptmann der NVA. 1967 erfolgte nach der Beförderung zum Reservehauptmann der Bundeswehr die Beförderung zum Major der NVA.

Haases Agentenausbildung ist während längerer Aufenthalte in Ost-Berlin und der DDR ständig vervollkommnet worden. Er lernte, wie man Meldungen chiffriert und dechiffriert, wie man beobachtet und sich der Beobachtung durch andere entzieht, wie man Verstecke (Tote Briefkästen) anlegt und sie kennzeichnet – kurz, den gesamten geheimdienstlichen Hokuspokus. Weil er Sinn für Details entwickelte, betraute ihn der Mil.ND 1963 mit der Aufklärung der 12. Panzerdivision der Bundeswehr, die im Aufbau begriffen war und spätestens 1965 der NATO unterstellt werden sollte. Haase erhielt den Auftrag, alles über die Divison zu ermitteln: Kampfauftrag, Gliederung, Ausrüstung der Artillerie, Funktionen der Brigaden und des Lehrbataillons sowie die Stärken und Schwächen des Verbandes. Während einer Wehrübung bei dieser Division im Jahr 1963 stahl er keinerlei Papiere, sondern fotografierte zu Hause nur das, was er dienstlich sowieso erhielt. Kontrollen durch die Wachen beim Heraus- und Hereinschmuggeln der Originalunterlagen hatte er nie zu befürchten.

Ab Herbst 1963 hatte sich Haase sowohl im Auftrag der Bundeswehr als auch im Interesse des Mil.ND um die Psychologische Kampfführung (PSK) der Bundeswehr zu kümmern. Er durfte am ersten Lehrgang teilnehmen, der in Alfter bei Bonn für Reservisten eingerichtet worden war. 1964 tauchte er erneut dort auf, um sich am Planspiel „Fuchsjagd" zu beteiligen, in dem es um den verdeckten Kampf von Partisanen und Saboteuren im Krieg ging. Das gesamte Informationsmaterial, die Vortragstexte, aber auch die Teilnehmerlisten lagen bald nach Lehrgangsende auf den Tischen der Führungsoffiziere in Ost-Berlin.

Der Mil.ND hat Haases Tätigkeit offenbar für so wichtig gehalten, dass er ihn zeitweise von in der Bundesrepublik Deutschland stationierten Agenten, sogenannten illegalen Residenten, führen ließ. Unter ihnen war eine Frau, die sich Renate Müller nannte und deren Adresse Haase nicht kannte. Sorgen bereiteten den Führungsoffizieren allerdings seine nicht zu bremsende Schwatzhaftigkeit, seine unkontrollierten Geldausgaben und sein völlig chaotisches Liebesleben.

Seine Freundin Josefine Hitzigrath, mit der er bis 1965 zeitweilig zusammenlebte, hatte Haase zumindest oberflächlich in seine geheimdienstliche Arbeit eingeweiht. Hoffnungen der Führungsoffiziere, dass er sich unter ihrem Einfluss psychisch stabilisieren würde, erfüllten sich nicht. Josefines Mahnungen, seinen Geltungsdrang zu zügeln und ernsthaft zu studieren, beachtete er nicht. Kurz bevor sie sich endgültig von ihm trennte, schrieb sie ihm einen Brief, in dem es heißt:

„Dieter, ich möchte Dich noch einmal bitten, unser beider Leben nicht zu zerstören, indem Du zu weit gehst. Der Einsatz lohnt in diesem Falle nicht. Sieh doch ein, dass man nur durch Arbeiten, hartes ehrliches Arbeiten, Ruhe und Leben und Frieden bekommt. Schone uns und unser Leben. Es gibt Schlimmeres, als immer ein mittelmäßiger Mann zu werden. Es lohnt nicht, für die Idee des großen Mannes und deren Durchführung ein Leben ohne Sonne, ohne Licht und ohne Blüten, ohne Vögel, ohne Frauen führen zu wollen. Ich bin krank und kann nicht mehr schreiben, doch ich werde mich erholen, wenn Du es willst. Blas' alles ab und sag, Du willst arbeiten und Ruhe haben. Wenn Du mal sehr hoch kommst, also den unhaltbaren Weg gewählt hast, ist es zu spät. Denk an mich und an Dich."[2]

Doch Haase benahm sich gegenüber Josefine weiterhin völlig unkontrolliert und schlug sie sogar. Nachdem sich die junge Dame endgültig von ihm getrennt hatte, heiratete sie bald. Ob sie Mittäterin und nicht nur Mitwisserin seiner Taten gewesen ist, wurde nach seiner Verhaftung 1970 nicht weiter verfolgt.

Seine zeitweilige Ehefrau Carola hat Haase im Frühjahr 1967 kennengelernt und spätestens im September desselben Jahres mit Einverständnis des Mil.ND als Mittäterin angeworben. Sie erhielt bald ebenfalls ein Fixum von monatlich 1.000 DM, erledigte für ihren Mann Kurierfahrten nach Ost-Berlin und half ihm beim Fotografieren von Geheimdokumenten, die er während der Wehrübungen nach Hause mitbrachte. Möglicherweise hat sie auch selbstständig nachrichtendienstlich gearbeitet und dafür gesonderte Prämien erhalten. Psychischen Halt vermochte sie Haase jedoch auch nicht zu geben. Sie hatte selbst chaotische und unberechenbare Wesenszüge und bereits eine Ehe hinter sich.

Haases Onkel Walter konnte aus gesundheitlichen Gründen nicht mehr nach dem Westen fahren, um regulierend auf seinen Neffen einzuwirken, und eine andere Kontaktperson, die ein wirkliches Vertrauensverhältnis zu dem immer schwieriger werdenden Agenten aufbauen konnte, stand dem Mil.ND nicht zur Verfügung. Wie die Führungsoffiziere in Ost-Berlin Haases Persönlichkeit und Arbeit im Laufe der Jahre insgesamt bewertet haben, lässt sich nicht mehr feststellen. Alle

Unterlagen des Mil.ND sind im Wendejahr 1990 vernichtet worden, teilweise mit Kenntnis und Billigung von Pfarrer Rainer Eppelmann, dem letzten Verteidigungsminister der DDR.

Parallel zu Haases Agentenlaufbahn verlief seine bürgerliche Karriere zwischen 1961 und 1969 so: Das Studium unterbrach er immer wieder durch Wehrübungen, so dass er, wie schon erwähnt, 1963 zum Oberleutnant und 1967 zum Hauptmann befördert wurde. Seine militärischen Vorgesetzten beurteilten ihn so, dass sie seine Routinebeförderungen nicht behinderten, aber auch nicht gerade enthusiastisch befürworteten. So hieß es in einer Beurteilung vom April 1962: „Ein noch unfertiger, unentschlossener Mensch, dessen Verantwortungsfreude zu wünschen übrig lässt." Ein anderer Vorgesetzter schrieb: „Er überlegt zu wenig und wagt nichts."[3]

Ab 1964 wurde Haase Doktorand und Hilfsassistent bei Professor Friedrich August von der Heydte, Ordinarius für Völkerrecht, Allgemeine Staatslehre, deutsches und bayerisches Staatsrecht sowie Politische Wissenschaften. Der Professor war außerdem zeitweilig Landtagsabgeordneter der CSU und der einzige Reserveoffizier im Generalsrang, den die Bundeswehr damals hatte. Einer breiten Öffentlichkeit war von der Heydte im Oktober 1962 durch seine Anzeige wegen Landesverrats gegen den Herausgeber und verantwortliche Redakteure des „Spiegel" bekannt geworden. Das Nachrichtenmagazin hatte unter dem Titel „Bedingt abwehrbereit" eine Analyse der aufgetretenen Mängel beim Manöver „Fallex 62" gedruckt und dabei objektiv Staatsgeheimnisse preisgegeben. Ein von der Bundesanwaltschaft ausgelöstes Ermittlungsverfahren führte schließlich zu den Ereignissen, die als „Spiegel-Affäre" in die deutsche Geschichte eingegangen sind und an dieser Stelle nicht weiter erörtert werden sollen.

Der für militärische Themen sehr aufgeschlossene Professor von der Heydte konnte nicht wissen, dass ausgerechnet sein Doktorand Haase, den er zwar persönlich nicht besonders mochte und für einen argen Schwätzer hielt, Details des Manövers „Fallex 62" in die DDR geliefert hatte, die ohne jeden Zweifel geheim waren. Er gab dem jungen Mann zunächst das Dissertationsthema: „Die NATO als Subjekt im Kriegsvölkerrecht". Doch als Haase vom Mil.ND neue Aufträge erhalten hatte, interessierte er sich plötzlich mehr für den verdeckten Kampf der Partisanen und bat seinen Doktorvater um das Thema: „Der verdeckte Kampf – seine staats- und völkerrechtlichen Probleme unter besonderer Berücksichtigung der Teilung Deutschlands". Auch mit diesem Thema war von der Heydte einverstanden.

Von dem damaligen Oberst und späteren General Dr. Johannes Gerber aus dem Bonner Verteidigungsministerium hatte Haase angeblich gehört, dass man als sicherheitüberprüfter Reserveoffizier durchaus auch die Erlaubnis bekommen konnte, geheimes Material für eine Doktorarbeit zu verwenden. Haase spekulierte deshalb nicht ohne Grund darauf, dass der einflussreiche Doktorvater und der wohlwollende Offizier ihm mit ihren Empfehlungen den Zugang zu dem Geheimmaterial ermöglichen würden, das den Mil.ND in der DDR interessieren könnte.

Im Dezember 1966 bestand Haase nach sieben Studienjahren endlich sein erstes juristisches Staatexamen. In seinen Lebenserinnerungen bleibt unklar, wann er das anschließende Referendariat begann und wieder abbrach, wann er als Versicherungsangestellter arbeitete und wovon er seinen Lebensunterhalt bestritt, wenn man von seinem Agentenlohn aus der DDR und den Einkünften seiner Frau Carola, die als Modistin arbeitete, einmal absieht. Haase äußert sich auch nicht darüber, ob er eigenes Vermögen von seinem Vater besaß oder ob ihn sein Stiefvater über das Studienende hinaus weiter unterstützt hat.

Ab 1967 ist Haase für den Mil.ND mit Sicherheit uninteressanter geworden. Die Zahl der Wehrübungen verringerte sich, und bei der PSK gab es auch nichts Neues mehr für ihn. Hinzu kam, dass der Agent für den Mil.ND immer schwieriger zu führen war. Zu den negativen Charaktereigenschaften kam möglicherweise ein politischer Sinneswandel. Haase war mit dem Vorgehen der Warschauer-Pakt-Truppen 1968 in der Tschechoslowakei nicht einverstanden und erzählte das auch überall. Außerdem dürfte Haase, besonders nach den PSK-Seminaren, allmählich aufgegangen sein, dass die politischen Grundvoraussetzungen für die Aufnahme seiner Agententätigkeit nie gestimmt hatten.

Weil die konventionell ausgerüsteten Streitkräfte des Warschauer Paktes den in gleicher Weise augerüsteten NATO-Truppen zahlen- und ausrüstungsmäßig erdrückend überlegen waren, hatte die politische und militärische Führung des westlichen Bündnisses bis 1990 nie einen Hehl daraus gemacht, dass Westeuropa nur bei einem Ersteinsatz von Atomwaffen durch die NATO erfolgreich gegen einen Angriff aus dem Osten verteidigt werden könnte. Verzichtete man dagegen im Westen auf den atomaren Erstschlag, war die Eroberung Westeuropas bis zum Atlantik innerhalb von drei Wochen nicht aufzuhalten. Folgte man diesen Überlegungen, so hatte ein „Wachtposten des Weltfriedenslagers im Lager des Gegners“ überhaupt keinen Einfluss auf das Gleichgewicht der militärischen Kräfte. Haases Agententätigkeit stärkte deshalb nur einseitig die Position der kommunistisch regierten Staaten Europas. Es ist deshalb glaubhaft, dass Haase aus allen genannten Gründen spätestens ab 1969 mit dem Gedanken gespielt hat, seine Arbeit für den Mil.ND aufzugeben und sich den Sicherheitsbehörden in der Bundesrepublik Deutschland zu stellen. Möglich ist, dass er mit seiner Frau darüber gesprochen hat, aber zu einem Entschluss ist er nicht gekommen.

Im Widerspruch zu seinem denkbaren Sinneswandel, den er in seinen Memoiren behauptet, steht allerdings die Tatsache, dass er noch im Oktober 1968, folglich nach dem Einmarsch der sowjetischen Truppen in die Tschechoslowakei, am Manöver „Fallex 68“ teilgenommen und brühwarm alle erreichbaren Unterlagen in die DDR geliefert hat. Seine Frau, die gerade mit einer Nierenbeckenentzündung im Krankenhaus lag, veranlasste er, die Behandlung abzubrechen und zu ihm zu kommen, weil er ihre Hilfe beim Fotografieren der Schriftstücke brauchte. Am 19. Oktober 1968 brachte Carola im Hüfthalter 24 belichtete Filme nach Ost-Berlin und kassierte eine Prämie in Höhe von 4.000 DM.

Juristisch verbindlich heirateten Dieter und Carola Haase am 20. April 1967. Die Ehe muss von Anfang bis Ende eine Katastrophe gewesen sein. Haase hatte sich vorgestellt, dass seine Frau durch hohe Einnahmen als selbstständige Modistin auch für seinen Lebensunterhalt sorgen würde. Doch diese Annahme erwies sich als Trugschluss, weil das Einkommen zu spärlich blieb. Folgt man Haases weiteren Einlassungen, so konnten beide nicht mit Geld umgehen, unterhielten 25 verschiedene Konten, zwei Wohnungen, eine in Hannover und eine in Würzburg, reisten in der Welt umher, ohne dass der eine wusste, wo der andere sich gerade aufhielt, hatten wechselnde Intimverhältnisse, prügelten sich, wenn sie sich trafen oder bewarfen sich mit Gegenständen. Am 13. März 1970 wurde die Ehe geschieden, und am 26. März desselben Jahres wurde Dieter Haase nach einer Anzeige seiner geschiedenen Frau in Würzburg unter dem Verdacht des fortgesetzten Landesverrats verhaftet und in Untersuchungshaft genommen. Hätte sich Haase vor seiner Entdeckung und Verhaftung als reumütiger Agent dem Verfassungsschutz gestellt und ein volles Geständnis abgelegt, wäre ihm eine erhebliche Strafmilderung sicher gewesen. Als Doppelagent wäre er dagegen schon wegen seiner Schwatzhaftigkeit kaum in Frage gekommen. Da er nun aber bereits entdeckt worden war und mit einer Anklage rechnen musste, verblieben ihm noch folgende Möglichkeiten:

– Er schweigt konsequent in der Voruntersuchung und vor Gericht zu allen Anschuldigungen. Dazu hatten ihm mehrere seiner Anwälte geraten. Das Gericht hätte dann nur die Beweise für seine Agententätigkeit bewerten können, die ohne seine Mitarbeit von den Untersuchungsbehörden erbracht worden waren. Außerdem hatte er nur so eine Chance, gegen in der DDR gefasste Westagenten ausgetauscht zu werden.

– Er legt ein volles Geständnis ab. Dann hätte er den Untersuchungsbehörden und dem Gericht viel Arbeit erspart, was ebenfalls zu einer Verringerung des Strafmaßes geführt hätte.

– Er nimmt die Schutzmöglichkeiten der §§ 20 und 21 des Strafgesetzbuches für sich in Anspruch und lässt seinen Verteidiger entsprechend plädieren.

> §20 Die Schuldunfähigkeit wegen seelischer Störungen. Ohne Schuld handelt, wer bei Begehung der Tat wegen einer krankhaften seelischen Störung, wegen einer tiefgreifenden Bewusstseinsstörung oder wegen Schwachsinns oder einer schweren anderen seelischen Abartigkeit unfähig ist, das Unrecht der Tat einzusehen oder nach dieser Einsicht zu handeln.
>
> §21 Verminderte Schuldfähigkeit. Ist die Fähigkeit des Täters, das Unrecht der Tat einzusehen oder nach dieser Einsicht zu handeln, aus einem der in § 20 bezeichneten Gründe bei Begehung der Tat erheblich vermindert, so kann die Strafe nach § Abs. 1 gemildert werden.

Haase legte sich auf keine der ihm verbleibenden Möglichkeiten fest, sondern probierte alle gleichzeitig, nacheinander und durcheinander, auch die, die er gar nicht mehr hatte. Zunächst versuchte er, sich als Doppelagent anzudienen. Das hatte schon deshalb keinen Zweck, weil auch der Mil.ND inzwischen von seiner Verhaftung erfahren haben musste. Dann versuchte er vergeblich, sein Wissen über den Mil.ND anzubieten. Darauf gingen die Untersuchungsbehörden schon deshalb nicht ein, weil Haase über diese Organisation gar nichts Substanzielles wissen konnte. Als sich Haase schließlich auf Schweigsamkeit verlegte, konnte und wollte er, seinem Naturell gemäß, dem geringsten Vernehmungsdruck nicht standhalten. Als er sich aus Geltungsdrang zu einem umfassenden Geständnis entschlossen hatte, vermochte er zu dem inzwischen ohne ihn erreichten Ermittlungsstand nicht mehr viel beizutragen, sondern konnte ihn höchstens bestätigen. Schuldunfähigkeit während der Tatzeit geltend zu machen, war nach der Rechtslage hoffnungslos.

Die Prozessvorbereitungen zogen sich auch aufgrund der Verzögerungtaktiken des Angeklagten hin. Haase kam zunächst vom 26. März 1970 bis zum 22. November 1971 in Untersuchungshaft, danach noch einmal für fünf Wochen im August 1972 und schließlich von Ende September 1975 bis zur Urteilsverkündung im Mai 1976. Die wiederholten Inhaftierungen hatte er sich selbst zuzuschreiben, weil er grob gegen die Auflagen verstoßen hatte, die mit den Haftverschonungen verbunden waren. So ließ er 1972 seine zeitweilige Verlobte Marianne Krüger beim Mil.ND in Ost-Berlin sondieren, ob er in die DDR übersiedeln könne. Dort hatte man aber keinerlei Interesse mehr an ihm gezeigt.

Sowohl in der letzten Untersuchungshaft als auch vor Gericht bemühte sich Haase nach Kräften, den Unzurechnungsfähigen zu spielen. Das gelang ihm zumindest so gut, dass er den Psychiater, Professor Mende, verwirren konnte, der ihn nach entsprechenden Untersuchungen in seinem schriftlichen Gutachten für zurechnungsfähig erklärt hatte, in der mündlichen Einlassung vor Gericht dem Angeklagten jedoch verminderte Zurechnungsfähigkeit zur Prozesszeit zubilligen wollte, nachdem er dessen Eskapaden im Verhandlungssaal beobachtet hatte. So erschien Haase mit zwei umgehängten Kreuzen und einer Trillerpfeife, auf der er pfiff, bevor er eine ihm besonders wichtige Erklärung abgab. Allerdings spielte er sich auch mit seinem Geltungsdrang immer wieder Streiche, so dass ihm die Richter eine verminderte Zurechnungsfähigkeit nicht zubilligen konnten. Wann immer ein Prozessbeteiligter etwas zu seiner Entlastung vortrug, korrigierte Haase ihn und legte dar, wieviel gravierender doch alles gewesen sei.

Seine Verteidiger, ob Pflicht- oder Wahlverteiger, hatten bei ihm überhaupt nichts zu melden. Immer wieder wies er die Richter auf die angebliche Unfähigkeit seiner Anwälte hin, so dass ihm gar nichts anderes übrig bleibe, als sich ausschließlich selbst zu verteidigen. Im Lauf von neun Jahren – von der Verhaftung bis zur Entlassung aus dem Gefängnis – engagierte und entließ er 30 Anwälte, darunter seinen Stiefvater, der ihm kostenlos behilflich sein wollte, aber auch Kapazitäten wie Josef Augstein, den Bruder des „Spiegel"-Herausgebers, sowie den damaligen Junganwalt Gerhard Schröder, heute Bundeskanzler. Geld genug für derartige Spielchen hatte Haase zunächst einmal, weil er noch vor der Verurteilung seine Story für 50.000 DM dem „Spiegel" verkauft hatte, der sie allerdings erst nach dem Richterspruch veröffentlichte.

Um sich überhaupt auf die Prozessmaterie konzentrieren zu können, blieb den Richtern des Bayerischen Obersten Landesgerichts nichts weiter übrig, als den Angeklagten wegen dauernder Störungen wiederholt von den Verhandlungen auszuschließen. Als Beweismaterial für Haases Spionagetätigkeit lagen dem Gericht Verschlüsselungsunterlagen, die Minoxkamera und mehrere Container vor, darunter ein hohles Fünfmarkstück. Ein militärischer Gutachter erläuterte, welche Zugänge der Angeklagte zu Geheimmaterialien hatte und was er aufgrund seiner militärischen Kenntnisse daraus entnehmen konnte. Die geschiedene Ehefrau Carola trat als Kronzeugin auf. Wenn man es recht bedenkt, war ihr nach der Scheidung gar nichts anderes übrig geblieben, als ihren Exmann anzuzeigen. Bei dessen Unberechenbarkeit und Labilität war gar nicht auszuschließen, dass er sich dem Verfassungsschutz offenbart hätte, ohne sie vorher zu informieren, oder dass er durch seine Schwatzhaftigkeit und Exzentrik entlarvt worden wäre. Hätte er dann ein Geständnis abgelegt, wäre sie wegen geheimdienstlicher Tätigkeit zur Rechenschaft gezogen worden und hätte keine Milderungsgründe oder jetzt sogar Straflosigkeit für sich geltend machen können.

Nachdem alle belastenden Aussagen vom Angeklagten größtenteils schon in der Voruntersuchung aus purer Geltungssucht bestätigt oder sogar noch verschärft worden waren, wurde Dieter Haase nach 38 Verhandlungstagen am 19. Mai 1976 „wegen fortgesetzten Landesverrats in einem besonders schweren Fall, rechtlich zusammentreffend mit fortgesetzter Verletzung des Dienstgeheimnisses und mit fortgesetzter Bestechlichkeit“ zu einer Freiheitsstrafe von elf Jahren verurteilt. Auf die Dauer von fünf Jahren wurde ihm das aktive und passive Wahlrecht aberkannt. Außerdem wurden ihm die Kosten des Verfahrens auferlegt.

Im Juli 1979 wurde der ehemalige Spion vorzeitig aus dem Gefängnis entlassen und am 24. Oktober desselben Jahres von Bundespräsident Carstens begnadigt. In der Zeit zwischen seiner Verhaftung 1970 und seiner Haftentlassung sind Haase gerichtliche und außergerichtliche Kosten entstanden, die er zwischen 250.000 und 300.000 DM beziffert. Ob er dieses Geld jemals bezahlt hat, steht dahin, weil er bereits 1975 Frührente wegen einer Erwerbsunfähigkeit von 70% bezog. 1980 gehörte Haase zu den Gründungsmitgliedern der Grünen in Niedersachsen. Er betrieb seine Aufstellung als Bundestagskandidat für diese Partei, scheiterte aber, nachdem seine Bemühungen öffentliche Aufmerksamkeit erregt hatten. Immer wieder suchte er Kontakte zu Agenten von Geheimdiensten. Zwischen 1982 und 1987 reiste er mehrmals in Ostblockstaaten. Zweimal hat er zwischen 1980 und 1992 geheiratet und sich wieder scheiden lassen. 1993 erschien sein Buch „Mein Name ist Haase. Ich weiß zuviel“. Der Inhalt ist so verworren, dass man nur mit großer Mühe wichtige Fakten findet und sich nur wundern kann, dass ein derartiger Erguss für druckreif befunden worden ist.

1 Der Spiegel 1976/18/52

2 Ebd., 1976/24/90

3 Ebd., 1976/24/78

Hinweise

Haase: Mein Name ist Haase / Der Spiegel 1970/15/102-103, 1970/16/24, 1976/18/52-55, 1976/23/90-114, 1976/24/78-97

Abgeordnete auf Abwegen – Spione im Deutschen Bundestag

Ob und wann die von Bonn aus regierte Bundesrepublik Deutschland in der Zeit zwischen 1949 und 1989 eine von kommunistischen Geheimdiensten unterwanderte Republik war, soll der künftigen Bewertung durch die Historiker überlassen bleiben. Mit Bestimmtheit steht jedoch fest, dass ihre wichtigste Institution, der Deutsche Bundestag, von Ostagenten unterwandert war. Acht Abgeordneten des Hohen Hauses konnte bis jetzt nachgewiesen werden, dass sie Spione gewesen sind:

1954 Karlfranz Schmidt-Wittmack (CDU), 1959 Anton Donhauser (CSU), 1960 Alfred Frenzel (SPD), 1973 Julius Steiner (CDU), nach 1990 William Borm (FDP), Karl Wienand (SPD), Dirk Schneider (Grüne/Alternative Liste) und Gerhard Flämig (SPD).

Ihre Motive waren genauso vielfältig wie die anderer Spione. Ein Unrechtsbewusstsein war nach der Enttarnung nur bei Frenzel in Spurenelementen zu erkennen – bei den anderen Herren überhaupt nicht. Es ist sehr wahrscheinlich, dass durch künftige Nachforschungen noch weitere ehemalige Abgeordnete als Agenten entlarvt werden. Doch halten wir uns zunächst einmal an die schon genannten Personen.

Karlfranz Schmidt-Wittmack wurde am 27. Juli 1914 in Berlin geboren und legte dort das Abitur ab. Während des Zweiten Weltkrieges diente er in der deutschen Wehrmacht und brachte es bis zum Oberleutnant. Nach Kriegsende hat er erst kurz studiert, dann eine kaufmännische Lehre absolviert und sich 1949 in Hamburg als Kohlenhändler selbstständig gemacht. Das Geschäft entwickelte sich zu einer gut gehenden soliden Firma.

Karlfranz Schmidt-Wittmack bei einem Auftritt in Ost-Berlin, April 1956

Ab 1946 führte Schmidt-Wittmack den Hamburger Landesverband der CDU-Jugendorganisation „Junge Union". 1947 wurde er stellvertretender Landesvorsitzender der Hamburger CDU und 1949 Mitglied der Hamburger Bürgerschaft (Landesparlament). Nachdem die CDU bei den Bundestagswahlen am 6. Dezember 1953 einen großen Wahlsieg errungen hatte, rückte auch Schmidt-Wittmack über die Hamburger Landesliste seiner Partei in den Bonner Bundestag ein. Dort wurde er Miglied des Ausschusses für die damals geplante Europäische Verteidigungsgemeinschaft (EVG) und des Ausschusses für gesamtdeutsche Fragen. Außerdem betätigte er sich in den Arbeitskreisen seiner Fraktion für Außenpolitik sowie für europäische Sicherheit. Überall war er jedoch nur stiller Zuhörer und meldete sich nicht einmal mit Fragen zu Wort.

In internen Zirkeln seiner Hamburger Parteifreunde galt Schmidt-Wittmack als deutsch-national und ausgesprochen militaristisch. Manchmal habe er auch reaktionäre Ansichten vertreten. Franz Josef Strauß bezeichnete ihn als Mann mit offiziershaftem Auftreten, der ihm jedoch nicht unsympathisch gewesen sei. Den beiden maßgebenden Politikern der damaligen CDU-Fraktion, Heinrich von Brentano und Heinrich Krone, war er überhaupt noch nicht aufgefallen. Kurz, Schmidt-Wittmack war ein in der Öffentlichkeit unbekannter politischer Anfänger.

Deshalb war die Verblüffung in Bonn und Hamburg allgemein, als das Innenministerium der DDR am 21. August 1954, einem Sonnabend, in einer offiziellen Presseverlautbarung mitteilte, dass der Bundestagsabgeordnete Karlfranz Schmidt-Wittmack nach Besprechungen mit verantwortlichen Persönlichkeiten für sich, seine Frau und seine Tochter um Asyl in der DDR nachgesucht habe. Das sei ihm, verbunden mit dem selbstverständlichen Recht der politischen Betätigung in der DDR, auch gewährt worden.

Danach folgte das, was man in solchen Fällen erwarten konnte. Die Hamburger CDU schloss den Überläufer schon einen Tag später, am 22. August 1954, aus der Partei aus, die Bundestagsfraktion der CDU beantragte die unverzügliche Aufhebung seiner Immunität als Abgeordneter, die bald darauf erfolgte, und die Sicherheitsbehörden nahmen ihre Ermittlungen auf, die kein Ergebnis bringen konnten. Ein plötzlicher Gesinnungswandel war niemand aufgefallen und wäre auch nicht strafbar gewesen.. Kriminelle Delikte oder Schulden waren dem Überläufer nicht vorzuwerfen und für eine Agententätigkeit vor dem Übertritt gab es keine Anhaltspunkte. In der DDR absolvierte Schmidt-Wittmack einige Presseauftritte, in denen er die „Bonner Kriegstreiber" angriff. Danach wurde er zum Vizepräsidenten der DDR-Außenhandelskammer ernannt, einer völlig einflusslosen Institution, und dann hörte man nicht mehr viel von ihm, sieht man von einer amüsanten Meldung im „Spiegel" vom Dezember 1954 ab:

„Karlfranz Schmidt-Wittmack, 40, CDU-Überläufer aus Hamburg, hielt sich kürzlich mit Frau und Tochter zur Erholung im sowjetzonalen Luftkurort Schierke (Harz) auf. Aus den damit verbundenen Begleitumständen ließ sich die Wertschätzung ableiten, die der Bundestagsabgeordnete in der Sowjetzone genießt. Er und seine Familie, die durch ihre noch westlich geschnittene Kleidung auffielen, waren von einem robusten und zonenüblich-proletarisch aufgemachtem Schwergewichtler begleitet, der bei Tisch die Rechnungen bezahlte und mit Schmidt-Wittmack im Schierker Prominentenhotel ein Zimmer teilte, während Frau und Tochter ein anderes Zimmer bewohnten. Die BMW-Limousine, die von dem Begleiter gefahren wurde, hatte eine besondere Zündeinreichtung. Sie musste vor den täglichen Spazierfahrten von beiden Herren gemeinsam angeschoben werden, wodurch es dem Schmidt-Wittmack unmöglich gemacht worden war, allein auszufahren."[1]

Was steckte nun wirklich hinter der merkwürdigen Flucht in die DDR? Genaueres war erst 1997 von Markus Wolf persönlich zu erfahren.

Nachdem in der Nacht vom 20. zum 21. Juli 1954 Otto John, der erste Präsident des Bundesamtes für Verfassungsschutz, in die DDR übergelaufen war und dessen dort abgegebene Presseerklärungen ein europaweites Echo hervorgerufen hatten (siehe auch den Fall Wittig in diesem Buch), wollten die Spitzenpolitiker der DDR möglichst oft weitere Überläufer mediengerecht präsentieren, um die Bundesregierung in Bonn und überhaupt die politische Klasse in der Bundesrepublik Deutschland in Misskredit zu bringen. Deshalb gab der damalige SSD-Chef Wollweber im Sommer 1954 den Befehl, die Karteien der Hauptverwaltung Aufklärung (HVA) nach einem geeigneten Überläufer durchzusehen. Dabei stieß man auf die Quelle „Timm", hinter der sich niemand anderes als Karlfranz Schmidt-Wittmack verbarg.

Er hatte schon in der ersten Nachkriegszeit, als es noch keinen SSD gab, für die Parteiaufklärung der KPD/SED gearbeitet und sich dabei als Konservativer getarnt. Nachdem dieser Dienst seine Arbeit eingestellt hatte, war Schmidt-Wittmack von der HVA übernommen und spätestens 1952 reaktiviert worden. Seine nachrichtendienstliche Bewährung hatte er jedoch noch vor sich, weil seine eigentliche politische Karriere erst im September 1953 mit dem Einzug in den Deutschen Bundestag begonnen hatte. Einen Mann mit den Möglichkeiten eines Schmidt-Wittmack aus dem Operationsgebiet abzuziehen, um ihn für eine nur kurzfristig wirksame Propagandakampagne zu verschleißen, war vom Standpunkt eines professionellen Geheimdienstes aus natürlich eine

Schnapsidee, aber die maßgebenden Mitglieder des Politbüros der SED mit Walter Ulbricht an der Spitze hielten in diesem Fall propagandistische Kategorien für wichtiger.

Markus Wolf, der sich zur Zeit der Entscheidungsfindung gerade auf Urlaub in der Sowjetunion aufgehalten hatte, blieb nur noch übrig, Schmidt-Wittmack zu veranlassen, sich in die DDR abzusetzen. Als Wolf merkte, dass sein Agent mit politischen Argumenten nicht zu überzeugen war, log er ihm vor, „das Bundesamt für Verfassungsschutz sei auf Schmidt-Wittmack aufmerksam geworden und beabsichtige, ihn zu verhaften."[2] Lassen wir einmal auf sich beruhen, dass das Bundesamt für Verfassungsschutz niemanden verhaften, sondern höchstens einen Verdächtigen durch eigene Mitarbeiter beobachten lassen kann, so ist es schon bemerkenswert, dass ein Geheimdienstchef auf höheren politischen Befehl einen Agenten mit einer Lüge von weiterer Spionagetätigkeit abhalten muss. Wie auch immer, die Lüge hatte Erfolg. Schmidt-Wittmack erklärte sich bereit, in der DDR zu bleiben, falls auch seine Frau mit der Übersiedlung einverstanden sei. Sie kam zu einer Aussprache nach Ost-Berlin, und Markus Wolf beschreibt, wie es weiterging:

„Die Verhandlungen mit ihr gestalteten sich auf andere Weise schwierig als die mit ihrem Mann. Sie wusste zwar um seine geheimdienstliche Tätigkeit, konnte sich ein Leben in der DDR aber ebensowenig vorstellen wie ein Leben auf dem Mond. Zu guter Letzt siegte ihr weiblicher Pragmatismus; vor der Alternative Gefängnis für ihren Mann im Westen oder Haus am See in der DDR entschied sie sich für das geringere Übel."[3]

Karlfranz Schmidt-Wittmack blieb bis zu seiner Pensionierung Vizepräsident der Kammer für Außenhandel. Danach wurde er Ehrenmitglied des Präsidiums der Kammer. Veranlassen durfte er sein Leben lang nichts mehr. Ende der achtziger Jahre, aber noch vor der politischen Wende von 1989, ist er in Woltersdorf bei Berlin gestorben.

Anton Donhauser ist nachrichtendienstlich gesehen nur ein kleiner Fisch. Allerdings ist das keine Entschuldigung für einen Bundestagsabgeordneten, der auf Spionageabwege geraten ist, sondern lediglich eine Erklärung dafür, dass sein Fall hier nur kurz erwähnt wird. Er wurde am 19. September 1913 geboren, war Bautechniker und arbeitete bis 1946 als technischer Oberinspektor bei der Reichsbahn. Danach wurde er Geschäftsführer des Roten Kreuzes in Bayern und begann seine politische Karriere 1947 bei der Bayernpartei. Zwischen 1949 und 1955 saß er als Abgeordneter im Deutschen Bundestag, bis 1950 noch für die Bayernpartei und danach für die CSU. Unliebsam aufgefallen ist er durch dubiose Finanzmanipulationen, so dass am 12. Oktober 1955 seine Immunität als Abgeordneter aufgehoben werden musste, um gegen ihn vor dem Landgericht München ein Strafverfahren wegen einiger Delikte im Zusammenhang mit massiver Wirtschaftskriminalität einleiten zu können. Die Einzelheiten sind 1955 in den Heften 48 und 53 des „Spiegel" ausführlich dargestellt worden und brauchen uns hier nicht weiter zu berühren. Bemerkenswert bleibt jedoch, dass Donhauser während seiner Zeit als Abgeordneter ständig in Geldschwierigkeiten war und hohe Schulden hatte.

Anton Donhauser vor Gericht, September 1960

Nun wollte es der Zufall, dass SSD-Hauptmann Max Heim, Leiter des für die Infiltration von CDU und CSU zuständigen Referats, im Juni 1959 in die Bundesrepublik Deutschland überlief. Als Geschenk hatte er den Sicherheitsbehörden Beschreibungen von zwölf Personen mitgebracht, die innerhalb der beiden Parteien für den Geheimdienst der DDR arbeiteten. Unter ihnen befand sich auch Anton Donhauser. Er hatte unter anderem eine Charakteristik von Franz Josef Strauß nach Ost-Berlin geliefert und einen Agentenlohn in Höhe von 800 DM kassiert. Der Bundesgerichtshof verurteilte ihn daraufhin im September 1960 zu einer neunmonatigen Haftstrafe wegen geheimdienstlicher Agententätigkeit, die zur Bewährung ausgesetzt worden ist.

Alfred Frenzel war im Gegensatz zu seinen beiden Vorgängern ein bedeutender Spion, der großen Schaden angerichtet hat. Um sich eine ungefähre Vorstellung von seinen Motiven machen zu können, ist ein Blick auf sein Leben unerlässlich.

Er wurde am 18. September 1899 in Josefsthal im Sudetenland geboren. Seine Mutter war kurz nach seiner Geburt gestorben. Sein Vater, ein Glasschleifer, starb einige Jahre später. Der kleine Junge kam deshalb zunächst ins Waisenhaus und wurde dann als Pflegekind in die Familie eines Glaswarenfabrikanten aufgenommen. Nach dem Besuch der Volksschule absolvierte er eine Bäckerlehre in Reichenberg und arbeitete danach als Gehilfe in verschiedenen Betrieben. Wegen eines chronischen Ohrenleidens wurde er im Ersten Weltkrieg nicht zur österreichischen Armee eingezogen, musste aber 1920 in der Armee des neugegründeten tschechoslowakischen Staates ein Jahr als Sanitätssoldat nachdienen.

Alfred Frenzel auf dem Weg ins Karlsruher Gerichtsgebäude, April 1961

Nach Beendigung seines Wehrdienstes trat Frenzel zunächst in eine kommunistische Jugendgruppe in Josefsthal und 1922 in die Kommunistische Partei ein. Am 1. Juli 1922 heiratete er Selma Zenkner, die ihre Tochter Elsa mit in die Ehe brachte. Weil er als Bäckergehilfe keine Verdienstmöglichkeiten fand, arbeitete Frenzel zwischen 1921 und 1930 als Schürer und Schmelzer in der Glashütte Josefsthal. Diese Tätigkeit musste er 1925 wegen eines Streiks in der Glashütte für ein Jahr unterbrechen und sich als Vertreter auf Provisionsbasis für ein Sanitätshaus durchschlagen. Der Geschäftsinhaber benutzte ihn aber auch als Boten zur Überbringung von Kokain an einen Kunden. Dabei wurde Frenzel von der Polizei festgenommen und zu zwei Wochen Arrest wegen eines Verstoßes gegen das Rauschmittelgesetz verurteilt.

Im Frühjahr 1930 übernahm Frenzel die Verkaufsstelle des kommunistisch beeinflussten „Konsum- und Sparvereins Vorwärts" in Karlsberg und erhielt später die Filiale in Wiesenthal dazu. Bei einer Revision des Karlsberger Geschäfts im Jahr 1932 wurde ein Fehlbetrag entdeckt, der zwischen 1.600 und 2.000 tschechischen Kronen (200 und 250 Mark nach deutschem Geld) lag. Um dieses Manko zu verschleiern, fälschte Frenzel in Wiesenthal Buchungsunterlagen, so dass im dortigen Laden ein angeblicher Überschuss in gleicher Höhe ausgewiesen wurde. Ende 1933 wurden die Verfehlungen aufgedeckt, führten aber nicht zu Rechtsfolgen. Frenzel hatte, um seiner fristlosen Entlassung zuvorzukommen, sein Arbeitsverhältnis bei „Vorwärts" gekündigt und war gleichzeitig aus der KP ausgetreten, die seinen Ausschluss vorbereitet hatte.

Nach diesem beruflichen und politischen Debakel trat er in die Deutsche Sozialistische Arbeiterpartei (DSAP) der Tschechoslowakei ein, die eine sozialdemokratische politische Linie vertrat. Frenzel wurde Inseratenwerber für Zeitungen der Partei und ein fleißiger politischer Funktionär. 1935 wurde er zum Bezirksvorsitzenden der DSAP in Reichenberg gewählt und übernahm nach und nach weitere ehrenamtliche Funktionen. Als das Sudetenland im September 1938 in das Deutsche Reich einverleibt wurde, floh Frenzel wie viele andere Funktionäre seiner Partei über Polen nach Großbritannien, während seine Familie zurückblieb.

Schon am Tag seiner Ankunft in Südengland wurde Frenzel aufgrund seiner Betriebsamkeit Leiter eines Flüchtlingslagers, und im März 1940 meldete er sich als Freiwilliger zur Tschechischen Legion, die gegen Deutschland kämpfte. Im Oktober desselben Jahres wurde er einer tschechischen Einheit der Royal Air Force als Sergeant zugeteilt, blieb dort aber während des gesamten Zweiten Weltkrieges nur im Küchendienst beschäftigt. Seine Freiwilligenmeldung will er in der Hoffnung abgegeben haben, nach dem Krieg auf jeden Fall in der Tschechoslowakei bleiben zu dürfen. Im Auftrag des tschechischen Nachrichtendienstes, der seinen Sitz nach London verlegt hatte, soll er weiter Kontakte zu seinen politischen Freunden aus der DSAP unterhalten haben, die an eine politische Zukunft der Deutschen in der Tschechoslowakei nach dem Krieg glaubten, aber seinen Eintritt in die tschechische Exilarmee missbilligt hatten.

Im August 1945 traf Frenzel wieder in Reichenberg bei seiner Familie ein, und nachdem die Zwangsaussiedlung aller Deutschen aus der Tschechoslowakei niemand mehr verhindern konnte oder wollte, wurde er von seinen alten Parteifreunden gebeten, in Zusammenarbeit mit den tschechischen Behörden eine bevorzugte Aussiedlung der antifaschistischen Deutschen zu organisieren. Sie lief darauf hinaus, dass diese Personen nicht nur Handgepäck mitnehmen, sondern ihre bewegliche Habe in Güterwagen verladen und ausführen durften. Frenzel soll in diese Aktion auch Personen einbezogen haben, die keineswegs Antifaschisten gewesen waren, aber Geld zahlen konnten. Doch denjenigen, die später in der Bundesrepublik Deutschland entsprechende Behauptungen aufstellten, fehlten die Beweise.

Dass Alfred Frenzel und seine Familie nach dem Krieg in der Tschechoslowakei besonders bevorzugt worden sind, kann man nicht behaupten. Seine Stieftochter Elsa durfte bleiben, weil sie einen tschechischen Postbeamten in Prag geheiratet hatte. Seine Frau musste schon vor ihm die Tschechoslowakei verlassen. Er folgte ihr im Dezember 1946 nach Schwabmünchen bei Augsburg. Später zog das Ehepaar ins benachbarte Klosterlechfeld um.

In Bayern entfaltete Frenzel sofort wieder die für ihn charakteristische Betriebsamkeit. Er trat in die SPD ein und betätigte sich in der Kommunalpolitik. Durch Verhandlungen mit den amerikanischen Besatzungstruppen erreichte er die Freigabe eines Barackenlagers auf dem Gebiet des Fliegerhorstes Lechfeld. Dort siedelte er Flüchtlinge an und übernahm die Lagerleitung. Gleichzeitig betrieb er die Gründung von Genossenschaften, um den aus dem Sudetenland Vertriebenen Arbeit zu verschaffen. Als allseits bekannte Persönlichkeit wurde er 1948 als SPD-Abgeordneter in den Kreistag gewählt. 1950 wurde er Mitglied des Bayerischen Landtages und im September 1953 Mitglied des Deutschen Bundestages. Er ist dort bis 1960 nicht ein einziges Mal als Debattenredner im Plenum in Erscheinung getreten, arbeitete jedoch mit seinem bekannten Bienenfleiß im Ausschuss für die Wiedergutmachung nationalsozialistischen Unrechts sowie im Verteidigungsausschuss. Auch die politischen Gegner schätzten ihn bald wegen seines Arbeitseifers und verließen sich auf seine Sachkunde. Alfred Frenzel stand auf dem Höhepunkt seiner Laufbahn, aber die Vergangenheit begann ihn einzuholen.

Bereits am Sonnabend, dem 5. September 1953, einen Tag vor der Bundestagswahl, hatte Georg Spandel, ein Politiker des damals einflussreichen Blocks der Heimatvertriebenen und Entrechteten (BHE), ein Flugblatt verteilen lassen, das mit der Frage begann, ob Alfred Frenzel tatsächlich in den Bundestag einziehen solle. Dann folgten die aus den bisherigen Schilderungen bekannten dunklen Punkte des Frenzelschen Lebenslaufes, die nach dem Zweiten Weltkrieg verschwiegene einstige Mitgliedschaft in der KP, vor allem die Affäre aus dem Konsumverein „Vorwärts", aber auch Hinweise darauf, dass sich Frenzel gerühmt hatte, Flieger bei der Royal Air Force gewesen zu sein. Der ehrenwerte Abgeordnete musste befürchten, dass der Autor des Flugblattes noch weitere Anschuldigungen auf Vorrat hatte. Für Verzögerungstaktiken, wie Erlass einer Einstweiligen Verfügung, war es einen Tag vor den Wahlen zu spät. Die Behauptungen waren in der Welt und Frenzel musste sich ihnen stellen. Er verklagte Georg Spandel deshalb wegen übler Nachrede, behauptete 1954 vor dem Amtsgericht Schwabmünchen, dass alle im Flugblatt aufgestellten Behauptungen unwahr seien und bekräftigte seine Aussage mit einem Meineid. Daraufhin wurde der damals 78 Jahre alte Spandel wegen übler Nachrede zu drei Monaten Gefängnis mit Bewährung und zur Zahlung aller Verfahrenskosten verurteilt. Strafverschärfend hatte sich ausgewirkt, dass Spandel in Frenzel eine Person beleidigt hatte, die im politischen Leben des Volkes stand. Die Tat sei deshalb geeignet gewesen, das öffentliche Wirken des Verleumdeten erheblich zu erschweren. Mit der durch seinen Meineid bewirkten Verurteilung eines Unschuldigen hatte Frenzel zum ersten Mal ein wirkliches Verbrechen begangen, das von einer Institution ganz bestimmt bemerkt worden ist – dem tschechoslowakischen Geheimdienst. Die dort tätigen Führungsoffiziere warteten aber noch auf eine günstige Gelegenheit für eine Kontaktaufnahme.

Sie bot sich erst 1956. Nachdem Frau Frenzel zunächst vergeblich versucht hatte, ein tschechoslowakisches Visum zum Besuch bei ihrer in Prag lebenden Tochter Elsa Nova zu erhalten, schrieb ihr Mann einen Beschwerdebrief an die zuständige Militärmission der CSSR in West-Berlin. Dazu benutzte er den offiziellen Kopfbogen, der ihn als Abgeordneten des Deutschen Bundestages auswies. Nun bekam Frau Frenzel ihr Visum sofort und reiste nach Prag ab. Am 9. April 1956, zehn Tage nach der Abreise seiner Frau, klingelte es an Frenzels Haustür in Klosterlechfeld. Als der Abgeordnete öffnete, stand ein alter Bekannter aus dem Sudetenland vor ihm. Der ehemalige Tischler und jetzige Rentner Alfred Hoffmann hatte nach dem Krieg in der einst gemeinsamen Heimatstadt Reichenberg bleiben dürfen und war nun auf einer Besuchsreise zu Verwandten in der Bundesrepublik Deutschland. Bald kam das Gespräch auf alte Zeiten, auch auf die unangenehmen Vorkommnisse in Frenzels Vergangenheit. Der Besucher wusste sogar, dass sich Frau Frenzel gerade in Prag aufhielt, ohne dass sein Gastgeber das vorher erwähnt hatte. Schließlich sagte Hoffmann, dass er beauftragt sei, Frenzel zum 22. April 1956 zu einem Besuch nach Wien in das Hotel „Münchener Hof" einzuladen. Dort erwarte den Abgeordneten ein Vertreter der tschechoslowakischen Regierung, um sich mit ihm über politische Tagesfragen zu unterhalten. Hoffmann verabschiedete sich mit dem Rat, dieser Einladung zu folgen, wenn Frenzel seine politische Karriere nicht gefährden wolle. Der Abgeordnete folgte dem Rat.

Der ehemalige tschechoslowakische Geheimdienstoffizier Ladislav Bittman berichtete später, wie sorgfältig der für das Projekt Frenzel verantwortliche Offizier Michl dieses Treffen vorbereitet hatte:

„Der tschechoslowakische Geheimdienst war ein sehr junger Apparat, Michl selbst war zu dieser Zeit 29 Jahre alt, und der Großteil seiner Untergebenen war nicht um vieles älter. Michl legte Wert darauf, dass das anwerbende Organ dem 57jährigen Frenzel altersmäßig entsprach, und so entschied er sich für Josef Hotek, seinen Stellvertreter, einen späten Vierziger, der als Oberstleutnant der Grenzwacht zum Geheimdienst gekommen war. Hotek verfügte zwar nicht über die rücksichtslose Aggressivität der anderen Anwerbeorgane, hatte aber ein ausgeglichenes und selbstsicheres Naturell und die nötige Lebenserfahrung. Es sollte sich zeigen, dass Michl eine richtige Entscheidung getroffen hatte. Hotek kam aus Östereich zurück mit Frenzels Zusage, in drei Monaten zu einer neuen Begegnung in Rorschach (Schweiz) zu erscheinen. Die Garantie dafür waren 3.000 Mark, die Frenzel ohne Zögern von Hotek angenommen hatte. Aus Rorschach brachte Hotek schon einen schriftlichen Vertrag mit, in dem sich Frenzel verpflichtete, als Geheimagent für Frieden und Sozialismus zu arbeiten."[4]

Frenzel hat sich später auch selbst an diese Treffen erinnert. Hotek soll schon in Wien zu ihm gesagt haben: „Erinnern Sie sich noch an die Flugblätter bei den Wahlen? Es können noch schwerere Sachen gebracht werden. Denken Sie auch an Ihre Angehörigen in Prag."[5]

Auf jeden Fall hatte sich Frenzel als erpressbar und bestechlich erwiesen, und weil ihn die tschechischen Führungsoffiziere in der Folgezeit sehr geschickt behandelten, wirkte sich auch für sie sein Fleiß sehr positiv aus. Immer mehr gewöhnten sie ihn an Geld, gaben ihm ein Gefühl der persönlichen Sicherheit und hatten es bald nicht mehr nötig, mit erpresserischen Drohungen zu arbeiten. Trotzdem kam Frenzel im Februar 1958 in eine psychische Krise. Er wollte aus Angst nicht weiter als Agent arbeiten und bat Hotek um ein schnellwirkendes Gift, das er im Fall unmittelbarer Gefahr nehmen könne. Hotek erkannte daraufhin, dass jetzt ein Führungswechsel angezeigt war, um Frenzels Selbstsicherheit wieder zu festigen. Ab April 1958 übernahm deshalb Bohumil Molnar, Erster Sekretär an der Botschaft der CSSR in Wien, die Führung des Abgeordneten. Frenzel überwand sein seelisches Tief und lieferte weiter.

Den Tschechen kam es vor allem auf die Erkenntnisse an, die er im Verteidigungsausschuss des Bundestages gewann. Die Sitzungen dieses Gremiums waren in der Regel geheim. Zwar stimmten alle Abgeordneten des Parlaments über die Gesamtsumme für die Landesverteidigung ab, erhielten jedoch keine Detailinformationen. Die Debatte und Beschlussfassung über Einzelheiten war aus Sicherheitsgründen den im Verteidigungsausschuss tätigen Abgeordneten vorbehalten. Nur sie wussten, wann, wo und mit welchen Kosten bestimmte Waffensysteme beschafft sowie Kasernen, Flugplätze und Nachschubdepots gebaut wurden. Sie wurden über den Ausbildungsstand der einzelnen Einheiten, die Einrichtung der Truppenunterkünfte, die Verpflegung und besondere Vorkommnisse unterrichtet. Jede Einzelheit, die sie wissen wollten, wurde ihnen erklärt oder gezeigt. Frenzel wollte alles wissen und besaß ein vorzügliches Zahlengedächtnis. Pausenlos war er auf Inspektionsreisen in die Standorte. Als er mit dem Schreiben von Berichten für den Geheimdienst nicht mehr nachkam, lieh er sich einfach die geheimen Akten aus und gab sie seinerseits leihweise an seinen Führungsoffizier weiter, der sie ihm beim nächsten Treff zurückgab. Frenzel verriet unter anderem das gesamte Luftverteidigungsprogramm, machte detaillierte Angaben über die Umgliederung von Heer und Luftwaffe, gab Marineplanungen preis und verriet den geheimen Verteidigungshaushalt mit allen Einzelposten auf Mark und Pfennig

Mit der Zeit und auf Umwegen fiel Frenzel jedoch den Leuten vom Bundesamt für Verfassungsschutz auf. Natürlich sahen sie keinen Anlass, sofort direkt gegen ihn zu ermitteln. Sie hätten sich das gerade wegen seiner Abgeordnetenimmunität ohne politische Rückendeckung auch gar nicht getraut, aber eins kam zum anderen. In München war im September 1959 ein Angestellter im Entschädigungsamt, Emil Peuker, wegen Spionageverdacht verhaftet worden. Verschiedene Akten und Briefköpfe, die ihm zugänglich gewesen waren, hatte der tschechische Geheimdienst für Desinformationsaktionen missbraucht. Peuker musste jedoch nach neunmonatiger Untersuchungshaft im Mai 1960 wieder freigelassen werden, weil die bis dahin zusammengetragenen Indizien für eine Anklageerhebung zunächst nicht ausreichten. Im Spätsommer 1960 floh der Verdächtige in die CSSR.

Den Sicherheitsbehörden war aber aufgefallen, dass sich die Wege der Herren Frenzel und Peuker mehrfach gekreuzt hatten. Beide kannten sich schon aus der alten Heimat, wo Peuker vor 1938 als Agent des tschechischen Geheimdienstes die Vorhaben der Anhänger Konrad Henleins ausgekundschaftet hatte. Nach Kriegsende hatten Frenzel und Peuker im Reichenberger Aussiedlerbüro zusammengearbeitet. 1956 verhalf Frenzel seinem alten Bekannten zu seiner Stellung im Münchener Entschädigungsamt, und 1959 hatte Frenzel den Präsidenten des Entschädigungsamtes gebeten, Peukers Entlassung wegen des Spionageverdachts wieder rückgängig zu machen.

Außerdem bemerkten die Sicherheitbehörden, dass man in der CSSR immer genauer über die Verteidigungsmaßnahmen in der Bundesrepublik Deutschland Bescheid wusste. Den beiden Vorsitzenden des Verteidigungsausschusses im Bundestag, Richard Jaeger (CDU) und Hans Merten (SPD), wurde zu verstehen gegeben, dass es im Ausschuss ein Leck geben müsse. Spätestens 1959 begann die Suche.

Ebenfalls 1959 beschloss der Geheimdienst der CSSR wieder einmal, die Führung Alfred Frenzels neu zu organisieren. Auf die Dauer war es zu auffällig, dass der Abgeordnete so häufig in die Schweiz und nach Österreich fuhr. Deshalb sollte er künftig von zwei illegalen Residenten betreut werden, die in die Bundesrepublik Deutschland eingeschleust worden waren und inzwischen in Köln wohnten. (Wie so etwas gemacht wurde, wird im Kapitel „Das linientreue Leben der Agentin Anna" genau beschrieben.)

Franz Altmann, der in Wirklichkeit Jindrich Augustin hieß, arbeitete seit 1957 in Köln als Staubsaugervertreter und wurde Mitglied der SPD.

Den Meldebehörden hatte er Papiere vorgelegt, aus denen sie schließen mussten, dass er als deutscher Flüchtling aus der DDR gekommen war. Im Dezember 1957 wurde Augustin in Köln mit Ernst Langer bekannt gemacht, der in Wirklichkeit Vlastimir Flegl hieß, als ambulanter Händler Elektroartikel vertrieb und ebenfalls Offizier des CSSR-Geheimdienstes war. Augustin und Flegl hatten den Befehl, Verbindung mit der Zentrale zu halten und sich in Köln einzuleben. Flegl tat das so gründlich, dass er in Köln unter seiner deutschen Identität heiratete, obwohl er in der CSSR bereits verheiratet war und seine Frau mit den zwei Kindern dort auf ihn wartete.

Ab September 1959 wurde Augustin die Führung von Alfred Frenzel übertragen. Jetzt wurde alles furchtbar einfach. Augustin besuchte den Abgeordneten in seinem Büro im Bonner Bundestag oder traf ihn irgendwo in Bonn oder Köln, übernahm Berichte und Originalakten, zahlte gegebenenfalls an Frenzel das gewohnte Honorar aus, traf anschließend Langer, der die Akten fotografierte und die Mikrofilme an einen Zugschaffner auf vorher bestimmten Bahnhöfen übergab, der sie in Prag ablieferte. Die Originalakten wurden von Langer wieder an Augustin übergeben, der sie schnellstmöglich Frenzel zurückbrachte. Doch nichts dauert ewig.

Schon damals befand sich in Köln der Hauptsitz des Bundesamtes für Verfassungsschutz. Wie und seit wann den dort tätigen Leuten Augustin und Flegl aufgefallen sind, ist nicht bekannt. Genau bekannt ist jedoch, dass die beiden am 28. Oktober 1960 auf dem Flughafen Köln/Bonn verhaftet worden sind, und obwohl sie zunächst keine Aussagen machten, wurde die Festnahme ein Volltreffer. Die bei ihnen entdeckten Filme waren sofort entwickelt worden und brachten den Nachweis, dass Akten fotografiert worden waren, die aus dem Bundestag stammten. Aus bestimmten Aktenzeichen war erkennbar, dass sie nur Alfred Frenzel gehören konnten oder von ihm ausgeliehen worden waren. Die beiden Geheimdienstler waren so nachlässig gewesen, dass sie die Nummern beim Fotografieren nicht abgedeckt hatten.

Darauf kam es zu einem in der Geschichte der Bundesrepublik Deutschland einmaligen Vorgang. Im Büro des gerade amtierenden Vizepräsidenten des Deutschen Bundestages, Thomas Dehler (FDP), erschien Generalbundesanwalt Max Güde in Begleitung des Präsidenten des Bundesamtes für Verfassungsschutz Hubert Schrübbers und eröffnete dem schockierten Dehler, dass er gezwungen sei, den Abgeordneten Alfred Frenzel zu verhaften. Auf irgendwelche Verzögerungen, wie Aufhebung der Abgeordnetenimmunität, könne er sich nicht einlassen, da Frenzel auf frischer Tat oder 24 Stunden danach trotz Immunität sofort festgenommen werden dürfe. Er habe gemeinschaftlich mit zwei tschechischen Agenten gehandelt, die am Morgen auf frischer Tat gestellt worden seien, als sie das von ihm zur Verfügung gestellte Geheimmaterial aus der Bundesrepublik Deutschland verbringen wollten.

Dehler beugte sich dieser etwas mühsamen juristischen Konstruktion, weil er angesichts der überzeugenden Fakten keine Verantwortung für eine eventuelle Flucht des Abgeordneten tragen wollte.

Alfred Frenzel hielt zu diesem Zeitpunkt im Bundeshaus vor dem Kongress ehemaliger Widerstandskämpfer gerade eine Rede über Probleme der Wiedergutmachung nationalsozialistischen Unrechts, der auch Konrad Adenauer lauschte. In der dann folgenden Tagungspause ging der Bundeskanzler auf Frenzel zu, schüttelte ihm die Hand und sagte: „Herr Frenzel, Sie haben eine wirklich gute Rede gehalten und sich große Verdienste erworben." Kurz darauf trat ein Beamter des Bundestages auf den durch dieses ungewöhnliche Lob beeindruckten Abgeordneten zu und bat ihn dringend, in das Büro des amtierenden Präsidenten zu kommen. Frenzel folgte der Aufforderung sofort. Im Zimmer stand Generalbundesanwalt Güde und stellte nur eine Frage an den Eintretenden: „Haben Sie dem tschechoslowakischen Nachrichtendienst Geheimunterlagen geliefert?" Frenzel bejahte und wurde sofort abgeführt. Die Aufhebung seiner Immunität als Abgeordneter und der Ausschluss aus der SPD erfolgten unverzüglich. Sein Bundestagsmandat legte er einige Tage später freiwillig nieder.

Am 24. April 1961 begann vor dem Dritten Strafsenat des Bundesgerichtshofes in Karlsruhe unter Vorsitz von Senatspräsident Jagusch der Prozess gegen Frenzel. Soweit es in der Verhandlung um den Charakter und die Motivation des Angeklagten ging, waren eigentlich nur drei Aussagen bemerkenswert. Auf die Frage von Jagusch, warum er sich mit dem Geheimdienst der CSSR eingelassen habe, antwortete Frenzel: „Herr Präsident, es war die reine Feigheit." Diese Antwort wurde durch eine weitere Aussage bestätigt. Für seine jahrelange Spionagearbeit hatte er lediglich 27.000 DM erhalten, gemessen an seinen Lieferungen eine sehr geringe Summe. Als Frenzel im Zusammenhang mit der Flugblattaffäre gefragt wurde: „Schämten Sie sich nicht, einen so alten Herrn [den damals 78jährigen Georg Spandel – d. Verf.] durch einen Meineid der Gefahr einer Gefängnisstrafe auszusetzen?", antwortete er: „Ich bin eben kein Jurist. Im Wahlkampf passieren manchmal Dinge, die im normalen Leben nicht passieren."[6]

Im Prozess bedauerte Frenzel auch, dass er seine Wähler und die SPD sehr enttäuscht sowie der Bundesrepublik Deutschland, seiner zweiten Heimat, Schaden zugefügt hatte.

Alfred Frenzel wurde am 28. April 1961 wegen Landesverrats zu 15 Jahren Zuchthaus verurteilt. Seine Mittäter Augustin und Flegl erhielten sechs beziehungsweise fünf Jahren Zuchthaus. Frenzels Agentenlohn wurde eingezogen. Außerdem musste er die Prozesskosten tragen. Weil er dadurch völlig mittellos geworden war, führte er aus der Haft Verhandlungen mit anatomischen Instituten, denen er seinen Leichnam verkaufen wollte. Das Angebot war nicht ohne Reiz, weil Frenzel eine anatomische Rarität war. Er trug das Herz auf der rechten Brustseite.

Doch soweit kam es nicht. Der Geheimdienst der CSSR half. Bereits zu Weihnachten 1961 wurden Augustin und Flegl an der Grenze der CSSR zu Bayern gegen drei ehemalige deutsche Offiziere ausgetauscht, die 1945 zum Tode verurteilt und dann zu lebenslänglicher Haft begnadigt worden waren. Ab 1962 bemühten sich offizielle Stellen der CSSR um Frenzels Freilassung und boten 30 Häftlinge im Tausch gegen ihn an, aber in der Bundesrepublik Deutschland ließ niemand mit sich reden. Vor allem die SPD verlangte Frenzels Strafverbüßung bis zum letzten Tag. Nicht einmal zur Beerdigung seiner Frau im Jahr 1964 erhielt der Häftling einen Freigang. Erst zu Weihnachten 1966 wurde der schwerkranke Frenzel Beauftragten der CSSR übergeben. Im Gegenzug gelangten drei wegen Spionage zu lebenslänglicher Haft verurteilte Personen aus der DDR in die Bundesrepublik Deutschland, außerdem die Journalistin Martina Kischke von der „Frankfurter Rundschau“, die in der Sowjetunion als Geisel festgehalten worden war.

Frenzel erhielt ein Häuschen in Reichenberg und eine kleine Rente. Als er im Juli 1968 starb, würdigte ihn die Nachrichtenagentur CTK als „Vorkriegskämpfer der deutschen Arbeiter- und Antifaschistenbewegung“. Als Mitglied des Verteidigungsausschusses des Deutschen Bundestages habe er „einen großen Beitrag zur Festigung des Verteidigungspotentials der CSSR und der gesamten sozialistischen Gemeinschaft geleistet.”

Julius Steiner ist einer der beiden Bundestagsabgeordneten aus den Reihen der Opposition gewesen, die am 27. April 1972 das konstruktive Misstrauensvotum scheitern ließen, durch das Willy Brandt gestürzt und gleichzeitig Rainer Barzel zum Bundeskanzler gewählt werden sollte. Damit hatte sich Steiner nicht nur gegen seinen eigenen Partei- und Fraktionsvorsitzenden gestellt, sondern auch völlig überraschend Einfluss auf den Gang der deutschen Geschichte genommen. Was hat den Mann zu seinem Verhalten veranlasst? Die kürzeste Antwort ist: Geld. Doch gerade deswegen muss man etwas genauer auf Steiners Leben eingehen und die damaligen Auseinandersetzungen um die Ostverträge wenigstens streifen.

Julius Steiner wurde am 18. September 1924 in Stuttgart geboren. Seine Schulausbildung schloss er 1942 mit dem Abitur ab. Danach wurde er zur Wehrmacht eingezogen und blieb bis zum Kriegsende Soldat. Nach dem Krieg trat er für kurze Zeit als Novize in das Franziskaner-Kloster Gorheim bei Sigmaringen ein, legte jedoch keine ewig bindenden Gelübde ab und studierte anschließend Philosophie, Theologie und Geschichte, ohne einen qualifizierenden Abschluss zu erreichen. Eine abgeschlossene Berufsausbildung hatte er auch nicht.

Julius Steiner, September 1973, vor Beginn der Befragung vor dem Parlamentarischen Untersuchungsausschuss zur Aufklärung der Vorgänge um das konstruktive Misstrauensvotum gegen Bundeskanzler Willy Brandt vom April 1972

Ein Mann mit seinen Voraussetzungen und gleichzeitigen Qualifikationsdefiziten war der ideale Kandidat für den Geschäftsführerposten einer politischen Partei auf niedriger Organisationsebene. Er brauchte die Partei, für die er hauptberuflich tätig war, um seinen Lebensunterhalt zu bestreiten, und der jeweilige Parteivorstand konnte sich darauf verlassen, dass er sich keiner Weisung widersetzen würde. Die Belohnung für diese Art Treue war nach angemessener Zeit entweder ein sicheres Parlamentsmandat, ein Sitz in einem Aufsichtsrat oder ein nomineller Verwaltungsposten, zum Beispiel bei der staatlichen Lottogesellschaft.

Mit einer derartigen Karriere konnte Julius Steiner rechnen, als er 1952 zum hauptamtlichen Geschäftsführer der CDU in Württemberg-Hohenzollern bestellt worden war. 1956 wurde er außerdem zum Landesvorsitzenden der Jungen Union und 1963 zum stellvertretenden CDU-Landesvorsitzenden in Württemberg-Hohenzollern gewählt. 1967 trat Steiner als Landesbeauftragter für Südwürttemberg in die Dienste des CDU-Wirtschaftsrates, wo er Kontakte zur Großindustrie fand.

Weil er trotz aller Ämter von einem durchschnittlichen Monatsgehalt in Höhe von 800 DM nur recht bescheiden leben konnte, verschaffte er sich einige Nebeneinnahmen. So war er für das „Büro Bonner Berichte", eine von der Bundesregierung finanzierte halbamtliche Informationsstelle, als Redner über Probleme der DDR und der Wiedervereinigung Deutschlands tätig. Im Auftrag des Büros hielt er bezahlte Vorträge vor Lehrern, Offizieren, Gewerkschaftsfunktionären oder Wirtschaftsverbänden.

Spätestens seit 1954 arbeitete Steiner aber auch für Nachrichtendienste. Davor liegende Kontakte zum französischen Geheimdienst ließen sich bis jetzt zeitlich nicht genau eingrenzen. Ab 1954 war er nach bestätigten Angaben festbesoldeter Agent des baden-württembergischen Landesamtes für Verfassungsschutz, daneben ab 1957 Agent des BND und von Januar bis Mai 1973 hat er sogar als vermeintlicher oder tatsächlicher Doppelagent im Auftrag des Verfassungsschutzes mit dem SSD zusammengearbeitet. Doch dieser letzte Tätigkeitsabschnitt ist so verworren, dass er im weiteren Verlauf noch erklärt werden muss.

1969 zog Steiner über die baden-württembergische Landesliste in den Deutschen Bundestag ein, dem er bis 1972 angehörte. Dort war er auf eigenen Wunsch Mitglied des Innerdeutschen Ausschusses geworden, weil er sich für dessen Thematik, aus welchen Gründen auch immer, besonders interessierte. Auf jeden Fall lebte er als Abgeordneter zum ersten Mal in soliden wirtschaftlichen Verhältnissen, deren Fortbestand durch seine zunehmende Alkoholabhängigkeit jedoch stark gefährdet war. Vor allem aus den Untergliederungen der CDU kamen Beschwerden, dass Steiner zu Veranstaltungen nicht nüchtern erschienen wäre. Folglich hatte der Abgeordnete allen Grund, sich spätestens für die nächste Legislaturperiode ab 1973 erhebliche Sorgen um seine berufliche Zukunft zu machen.

Auf diese persönliche traf im April 1972 eine politische Konstellation, die so aussah: Die seit dem Herbst 1969 amtierende Regierung unter Bundeskanzler Willy Brandt konnte sich aufgrund ihrer neuen Ostpolitik nur noch auf eine jeden Tag unsicherer werdende Parlamentsmehrheit von SPD und FDP stützen. Mehrere Abgeordnete aus beiden Parteien waren zur CDU/CSU-Opposition übergetreten, so Herbert Hupka und Günther Müller von der SPD sowie die Abgeordneten Mende, Zoglmann und andere von der FDP. Die Genannten hatten sicherlich subjektiv ehrliche Motive, während bei anderen Fraktionswechslern auch Bestechung im Spiel gewesen sein kann. So wurde zum Beispiel, wie Herbert Wehner aufgedeckt hat, dem FDP-Abgeordneten Geldner, von Beruf Bäckermeister, von einer Wirtschaftsvereinigung vergeblich ein hochdotierter Beratervertrag angeboten, falls er sich ebenfalls zum Fraktionswechsel entscheiden sollte. Geldner hätte gar nicht die fachliche Qualifikation gehabt, um die vertraglich vorgesehenen Gegenleistungen erbringen zu können.

Inhaltlich ging es darum, dass die Anhänger der Regierungskoalition die mit der Sowjetunion und Polen ausgehandelten Ostverträge ratifizieren und die mit der DDR noch abzuschließenden Verträge gewährleisten wollten. Dabei sollte der Zustand der deutschen Teilung zwar nicht auf ewig hingenommen, jedoch als bestehend akzeptiert werden, um für die Zeit der Teilung ein geregeltes Miteinander der beiden Staaten auf deutschem Boden zu ermöglichen. Die Verträge schlossen die Anerkennung der deutschen Ostgrenze an Oder und Neiße sowie die staatsrechtliche Anerkennung der DDR ein. Diese Zugeständnisse gingen der Opposition zu weit. Sie sah in ihnen einen Ausverkauf der deutschen Interessen und eine Zementierung der Spaltung Deutschlands.

Die Regierung und die sie tragenden Parteien wollten, falls sich die Ablehnung der Ostverträge deutlich abzeichnen sollte, vorher einen Vorwand zur Auflösung des Bundestages und zur Ausschreibung von Neuwahlen finden, aus denen nach ihrer Einschätzung die Regierungskoalition gestärkt hervorgehen musste. Die Opposition wollte dagegen sofortige Neuwahlen vermeiden, aber mit einem konstruktiven Misstrauensvotum Regierungschef Brandt stürzen und gleichzeitig Rainer Barzel zum Bundeskanzler wählen. Die Chancen für Barzel standen gut. Während eines letzten Befragungs- und Zählappells am Vortag der Abstimmung konnte er feststellen, dass sich 249 von 496 stimmberechtigten Abgeordneten, das waren fünfzig Prozent plus eine Stimme, für ihn entscheiden würden.

Am 27. April 1972 eröffnete Bundestagspräsident Kai Uwe von Hassel um 13 Uhr die Abstimmung. Die Abgeordneten der SPD blieben mit Ausnahme von Günther Müller auf ihren Plätzen sitzen und beteiligten sich überhaupt nicht. Eine Reihe von FDP-Abgeordneten verhielt sich genauso. 260 Abgeordnete aber nahmen ihre Stimmkarte entgegen und entschieden sich in geheimer Wahl. Von ihnen stimmten 10 Volksvertreter erwartungsgemäß mit Nein, 3 enthielten sich der Stimme und nur 247 stimmten für Rainer Barzel. Die Überraschung war perfekt. Das konstruktive Misstrauensvotum war gescheitert. Willy Brandt blieb Bundeskanzler. Als der von ihm vorgelegte Haushaltsplan keine Mehrheit fand, wurde der Bundestag aufgelöst. Aus den Neuwahlen am 19. November 1972 ging die Regierungskoalition beachtlich gestärkt hervor. Die SPD wurde mit 45,8% erstmalig nach dem Zweiten Weltkrieg stärkste Partei. Die Ostpolitik Willy Brandts war nicht mehr gefährdet.

In der Fraktion der CDU/CSU begann die ergebnislose Suche nach den beiden Abtrünnigen. Es war lediglich festzustellen, dass zwei der drei Abgeordneten, die sich der Stimme enthalten und damit Barzel um den Sieg gebracht hatten, ihre Stimmkarte in gleicher Weise mit einem waagerechten Strich versehen hatten. Das sollte offensichtlich das vereinbarte Zeichen für Außenstehende sein, sich verabredungsgemäß verhalten zu haben.

Am 29. Mai 1973 wurde Julius Steiner, der erwartungsgemäß nicht mehr in den Deutschen Bundestag gewählt worden war, aber offiziell noch für den CDU-Wirtschaftsrat arbeitete, in das Bonner Redaktionsbüro des „Spiegel“ regelrecht vorgeladen. Die Redakteure Koch und Freudenhammer hatten offensichtlich Anhaltspunkte dafür, dass Steiner einer der Abweichler gewesen sein musste. Vermutlich mit einer Mischung aus Tatsachenbehauptungen und Bluff gelang es den beiden Journalisten, dem gesundheitlich angeschlagenen Steiner ein sensationelles Geständnis zu entlocken. Der ehemalige Abgeordnete gab seine Stimmenthaltung beim konstruktiven Misstrauensvotum zu. Außerdem offenbarte er seine Tätigkeit als Doppelagent, bei der er im Auftrag des Landesamtes für Verfassungsschutz in Baden-Württemberg Kontakt zum SSD aufgenommen hatte.

Eine weitere Zusammenarbeit mit dem Nachrichtenmagazin lehnte Steiner jedoch ab, weil ihm einen Tag später die Illustrierte „Quick“ ein lukratives Angebot machte. Für 20.000 DM Honorar druckte nunmehr dieses Blatt im Juni 1973 seine persönliche Erklärung sowie ein ausführliches Interview mit Steiner, worin er erkärte, dass er sich deshalb gegen Barzel entschieden habe, weil er dafür vom parlamentarischen Geschäftsführer der SPD-Fraktion, Karl Wienand, 50.000 DM bekommen habe, die ihm, Steiner, nach der Abstimmung am Nachmittag des 27. April 1972 ausgezahlt worden sein sollten.

Nach diesen Veröffentlichungen wurde auf Antrag der CDU/CSU-Fraktion im Juli 1973 ein Parlamentarischer Untersuchungsausschuss eingesetzt, der erwartungsgemäß keine neuen sachlichen Erkenntnisse erbringen konnte. Wienand stritt jeden Bestechungsvorwurf rundweg ab. Das Gegenteil konnte ihm nicht bewiesen werden.

Ein seltsamer Vorgang blieb bis jetzt ungeklärt. Horst Ehmke, Minister im Bundeskanzleramt, hatte noch am Vortag des Misstrauensvotums aus dem Geheimfonds des Amtes einen Betrag von genau 50.000 DM in bar von der Bundeskasse abheben und sich auszahlen lassen. Die Summe war nach Ehmkes Aussage für eine Person bestimmt gewesen, die noch vor dem voraussehbaren Sturz der Regierung Brandt honoriert werden musste. Wer diese Person war, konnte nie ermittelt werden. Steiner hat nachweislich einen Tag nach dem gescheiterten Misstrauensvotum auf sein Bonner Konto 50.000 DM in bar eingezahlt.

Auf Befragen bestritt der ehemalige Abgeordnete entschieden, im

Auftrag des SSD gegen Barzel votiert zu haben, gab jedoch zu, von diesem Geheimdienst während seiner Tätigkeit als Doppelagent von Januar bis Mai 1973 mit mindestens 15.000 DM honoriert worden zu sein. Die ganze Arbeit des Untersuchungsausschusses brachte, wenn man die Protokolle überprüft, nur ein gesichertes Ergebnis: Der devote und beflissene Steiner, der den Ausschussmitgliedern seine Kontoauszüge sowie seine privaten Terminkalender zu Verfügung stellte, sich hemmungslos selbst bezichtigte und auf jede Frage eine unglaubwürdige Antwort geben konnte, hatte weder einen guten noch einen schlechten Charakter, sondern überhaupt keinen.

Nach Abschluss der parlamentarischen Untersuchungen eröffnete der Generalbundesanwalt ein Ermittlungsverfahren gegen Julius Steiner wegen des Verdachts geheimdienstlicher Tätigkeit für eine fremde Macht. Es musste aber im Februar 1975 eingestellt werden, weil sich der Tatverdacht nicht erhärten ließ.

Nun wäre noch in Frage gekommen, Steiner dafür zu belangen, dass er sich bestechen ließ. Doch einerseits war nicht auszuschließen, dass er sich aus purem Geltungsdrang selbst bezichtigt und Karl Wienand beschuldigt hatte, und andererseits machte sich ein Abgeordneter zumindest damals noch nicht strafbar, wenn er Bestechungsgelder annahm.

So gingen Jahre ins Land, in denen Julius Steiner gesundheitlich angeschlagen, aber ansonsten in Ruhe und Frieden in heimatlichen Gefilden lebte. Die Idylle wurde nur am 5. Januar 1980 kurz unterbrochen, als Herbert Wehner im Norddeutschen Rundfunk eine seiner rätselhaften Erklärungen abgab. Auf die mit dem konstruktiven Misstrauensvotum zusammenhängenden merkwürdigen Vorgänge angesprochen, erklärte er in seiner knurrigen Art: „Ich kenne zwei Leute, die das wirklich bewerkstelligt haben. Der eine bin ich, der andere ist nicht mehr im Parlament." Obwohl sich ganze Journalistenpulks nun noch einmal auf Karl Wienand stürzten und an Steiner erinnerten, gab es keine weiteren Neuigkeiten mehr.

Wieder vergingen Jahre, bis zum 2. März 1991. Da enthüllte der Reporter Manfred Schell in einem außerordentlich gut recherchierten Artikel in der Zeitung „Die Welt", dass Julius Steiner bereits vor dem 27. April 1972, dem Tag des gescheiterten Misstrauensvotums, 50.000 DM vom SSD erhalten hatte, verbunden mit dem Auftrag, gegen Barzel zu stimmen. Schell war es auch gelungen, die Zeugen für diesen Tatbestand aufzutreiben. Es waren Steiners Führungsoffiziere beim SSD, Ingolf Freyer und Frieder Kilian. Beide stellten sich in der Folgezeit auch anderen Zeitungen, Freyer sogar mit Bild.

Nun stellte sich heraus, dass Steiner sich 1971 selbst dem SSD angedient hatte, indem er am Grenzübergang Bahnhof Friedrichstraße seinen Ausweis als Bundestagsabgeordneter vorgelegt und um ein Gespräch mit einem Beauftragten des Geheimdienstes gebeten hatte. Ungefähr 15 Treffen hatte er, nach Darstellung der Zeugen, in Ost-Berlin wahrgenommen, dabei stets 1.000 bis 2.000 DM Honorar sowie die Fahrt- und Hotelkosten erhalten und einen Vertrag unterzeichnet, in dem er sich zur Zusammenarbeit verpflichtete. Für die 50.000 DM hatte er sogar mit seinem richtigen Namen quittiert. Steiners Trunksucht sowie seine alkoholbedingte Hinfälligkeit war seinen ehemaligen Führungsoffizieren noch lebhaft im Gedächtnis geblieben, während er als Agent nichts Weltbewegendes mitzuteilen hatte. Er musste für eine gute Gelegenheit „aufgespart" werden, die sich mit dem konstruktiven Misstrauensvotum ergab. Die 50.000 DM seien ihm auf ausdrückliche Weisung von Erich Mielke und Markus Wolf ausgezahlt worden, denn auch für den SSD sei das eine enorme Summe gewesen, die sich aus der Sicht der DDR-Führung jedoch gelohnt hätte. Die Zusammenkünfte mit Steiner hätten stets in einem Gästehaus in der Ost-Berliner Liebermannstraße stattgefunden. Spätestens 1973 sei die Zusammenarbeit mit Steiner beendet worden, als sich herausgestellt hatte, dass er auch für westliche Geheimdienste arbeitete. Soweit die Aussagen der ehemaligen Führungsoffiziere.

Somit ist klar, dass Willy Brandt die entscheidende Stimme für seinen Verbleib im Amt im Frühjahr 1972 dem SSD verdankte, der Steiner bestochen hatte. Schon bei Stimmengleichheit (248:248) wäre nämlich das Misstrauensvotum gescheitert. Die Ironie der Geschichte wollte es, dass derselbe Bundeskanzler nur zwei Jahre später ebenfalls durch den SSD, in Gestalt des Agenten Günter Guillaume, gestürzt worden ist.

Doch es bleiben offene Fragen. Julius Steiner, der notorische Lügner, wird sie kaum noch wahrheitsgemäß beantworten. Er erklärte schon 1991, als ihn Schell nach Einzelheiten fragte, lapidar: „Das Ereignis ist so veraltet, ich möchte mit der Geschichte nicht an die Öffentlichkeit treten." Auch von Karl Wienand, der inzwischen wegen anderer Dinge rechtskräftig als Agent des SSD verurteilt worden ist (siehe weiter unten), wird man wohl kein klärendes Wort mehr erwarten dürfen, ob er ebenfalls Julius Steiner mit 50.000 DM bestochen oder möglicherweise diese Summe dem zweiten Bundestagsabgeordneten zugewendet hat, der sich ebenfalls mit einem gekennzeichneten Stimmzettel gegen Rainer Barzel entschieden hatte. Wer dieser Mann gewesen sein kann, berichtete die für ihre solide Berichterstattung bekannte „Frankfurter Allgemeine Zeitung" am 28. 11. und 4. 12. 2000. Das Blatt nannte in zwei ausführlichen Artikeln den Namen des damaligen parlamentarischen Geschäftsführers der Unionsfraktion Leo Wagner (CSU), der nach Erscheinen der ersten Meldung alle Parteiämter niedergelegt hat. Doch das ist eine andere Geschichte.

William Borm galt besonders für viele engagierte junge Leute seit den sechziger Jahren als politischer Feuerkopf und wurde gerade wegen seiner geistigen Beweglichkeit und Wandlungsfähigkeit trotz hohen Alters von ihnen verehrt. Vielen Freunden und Gegnern innerhalb und außerhalb der FDP ist es allerdings stets schwergefallen, Borms Wandlung vom „Kalten Krieger" zum radikalen Verfechter einer Koexistenz zweier deutscher Gesellschaftsordnungen mit unterschiedlichen Wertordnungen zu begreifen. Persönlich hatte der hochgewachsene schlanke Mann das Auftreten eines vornehmen, stets elegant gekleideten Herrn alter Schule. Niemand zweifelte bis zu seinem Tod und einige Jahre darüber hinaus an der Untadeligkeit seines Charakters. Um so größer war die Verwunderung, als sich 1991 herausstellte, dass Borm ein wichtiger Einflussagent des SSD war und von Markus Wolf persönlich geführt worden ist. Warum er es war, erklärt seine Lebensgeschichte – zumindest teilweise.

William Borm,
Aufnahme von 1984

William Borm wurde am 7. Juli 1895 als Sohn eines Hamburger Möbelkaufmanns geboren, legte 1914 in Bautzen das Abitur ab, war Kriegsfreiwilliger im Ersten Weltkrieg und studierte zwischen 1919 und 1924 in Berlin Volkswirtschaft. Danach arbeitete er als Handelsvertreter und gründete 1929 in Berlin eine Firma, die elektro-akkustische Apparate baute. Zwischen 1924 und 1933 war Borm Mitglied der liberal orientierten Deutschen Volkspartei. Im Dritten Reich wurde er als Betriebsleiter zwar zum Wehrwirtschaftsführer ernannt, trat jedoch nicht in die NSDAP ein. Wie Markus Wolf berichtet, sagten die in seinem Werk beschäftigten Zwangsarbeiter nach Kriegsende nur Gutes über ihn aus, so dass die sowjetische Besatzungsmacht ihn nicht verhaften ließ.

1945 war Borm Mitbegründer der Berliner LDPD und trat 1948 in West-Berlin zur FDP über, in der er bis zum stellvertretenden Landesvorsitzenden aufstieg. Am 23. September 1950 verhaftete ihn die Volkspolizei auf der Autobahn zwischen Berlin und dem Bundesgebiet. Nach zweijähriger Untersuchungshaft verurteilte man ihn wegen „Kriegs- und Boykotthetze" – ein unbegrenzt dehnbarer Tatbestand, den jeder erfüllte, der sich kritisch über die kommunistische Politik äußerte – zu zehn Jahren Haft. Es handelte sich um ein reines Willkürurteil, das rechtsstaatlichen Kriterien nicht genügte. Borm wurde in den Haftanstalten Bützow-Dreibergen, Luckau und Cottbus festgehalten. Die eigentlichen Gründe für die Verhaftung bleiben unklar. Während Peter Ferdinand Koch in seinem Buch „Die feindlichen Brüder" behauptet, dass es sich um einen Vergeltungsakt des sowjetischen Geheimdienstes gehandelt hat, den Borm hinterging, obwohl er schon seit 1945 in dessen Diensten stand, vermutet Markus Wolf in seinen Erinnerungen „Spionagechef im geheimen Krieg", dass Borm für den britischen Geheimdienst gearbeitet haben könnte.

1957 bemühte sich der Bundestagsabgeordnete Ewald Bucher bei den DDR-Behörden offiziell um Borms Freilassung. Von nun an hat sich der SSD ganz bestimmt mit dem Häftling befasst. Die Führungsoffiziere Fricke und Freyer suchten Borm mehrfach in der Haft auf und führten mit ihm Gespräche über bekannte FDP-Politiker, darunter Walter Scheel, Thomas Dehler und Ewald Bucher. Nachdem sich der Häftling zur nachrichtendienstlichen Zusammenarbeit mit dem SSD bereit erklärt hatte, wurde er am 29. August 1959, ein Jahr vor dem offiziellen Ende der Strafzeit, entlassen. Vor seiner Rückkehr nach West-Berlin nahm Borm eine Einladung seiner Gesprächspartner vom SSD zu einem Verabschiedungstreff in einem Ost-Berliner Lokal an. Dabei erhielt er noch keinen konkreten nachrichtendienstlichen Auftrag. Vielmehr wurde ihm anheimgestellt, von sich aus wieder Verbindung aufzunehmen, sobald er sich im Westen eingelebt habe.

In West-Berlin wurde William Borm 1960 zum Landesvorsitzenden der FDP gewählt. Die Partei war stolz darauf, gerade in dieser Stadt von einem Märtyrer repräsentiert zu werden, der neun Jahr politischer Haft ungebrochen überstanden hatte und auch jetzt grundsätzlich den Landweg zwischen Berlin und dem Bundesgebiet benutzte, weil er, wie er selbst mehrfach verkündete, dadurch am besten demonstrieren konnte, dass er unschuldig verurteilt worden war.

Zwischen 1965 und 1972 war William Borm als Mitglied des Abgeordnetenhauses von Berlin gleichzeitig Mitglied des Bundestages, dessen 6. Legislaturperiode er im Herbst 1969 als Alterspräsident mit einer Rede eröffnete. Von 1969 bis 1972 gehörte er den Bundestagsausschüssen für Auswärtige Angelegenheiten sowie für Innerdeutsche Beziehungen an. Außerdem war er Mitglied des nur aus acht Abgeordneten bestehenden Gremiums, das von der Bundesregierung fortlaufend vertraulich über die Vertragsverhandlungen mit der Sowjetunion, Polen und der DDR unterrichtet wurde. Dem Europäischen Parlament gehörte Borm ebenfalls an. Seit 1969 war er Ehrenvorsitzender der Berliner FDP und seit 1970 hatte er Sitz und Stimme im Bundesvorstand seiner Partei. Außerhalb der FDP verband ihn besonders mit Willy Brandt seit dessen Zeit als Regierender Bürgermeister von Berlin ein vertrauensvolles Verhältnis. Brandt suchte schon 1966 Borms Rat, als es darum ging, nach dem Sturz Ludwig Erhards eine Regierungskoalition aus SPD und FDP zu etablieren und die CDU in die Opposition zu verdrängen. Borm riet damals von einem derartigen Versuch ab, weil die FDP zu heterogen war, um einen Erfolg des Bündnisses zu diesem Zeitpunkt garantieren zu können.

Politisch vertrat Borm schon lange vor Brandt Positionen, die auf eine neue Ostpolitik und auf eine staatliche Anerkennung der DDR hinausliefen. Als sich aus Protest gegen die in Bonn regierende Große Koalition aus CDU/CSU und SPD im November 1966 in West-Berlin die „November-Gesellschaft" bildete, trat Borm ihr sofort bei. Er war der einzige namhafte Liberale neben vielen unzufriedenen Sozialisten innerhalb und außerhalb der SPD. Die in der Gesellschaft vereinigten Linken unterstützten ab 1967 Borms erneute Kandidatur für den Deutschen Bundestag, weil er der einzige sei, der für eine Politik der Verständigung eintreten würde und zur Aufweichung der starren Position gegenüber der DDR beitragen könnte. Ein entsprechender Aufruf wurde auch von Günther Grass und dem Politologen Ossip K.Flechtheim unterzeichnet, und im März 1967 strömten im Studentenhaus am Steinplatz 1.500 Personen zusammen, um Borm ihre Unterstützung zuzusichern. Der so Umworbene enttäuschte seine Anhänger nicht. Er behielt die damals bekundete Grundhaltung bis zu seinem Tode bei.

Wann und aus welchem konkreten Anlass William Borm wieder Kontakt zum SSD aufgenommen hat, ist nicht genau bekannt. Es müsste, wenn man Markus Wolfs Angaben und die Gepflogenheiten seines Geheimdienstes in Rechnung stellt, spätestens 1964 gewesen sein. Nach einigen Treffen auf den Transitwegen zwischen Berlin und dem Bundesgebiet mit dem Führungsoffizier Fricke, den Borm schon aus seiner Haftzeit kannte, traf sich Markus Wolf alle drei bis vier Monate persönlich mit dem FDP-Politiker und übernahm zumindest zwischen 1969 und 1982 selbst die Führung des prominenten Agenten. Das vorrangige Interesse Wolfs galt der Situation in der FDP und deren Bundesvorstand, besonders der Verhandlungsposition der FDP im Hinblick auf den Abschluss der Ostverträge. In den Gesprächen gelang es Wolf oft, Borm zur Preisgabe interner Informationen über die Standpunkte einzelner Abgeordneter zu den Ostverträgen sowie zum deutsch-deutschen Verhältnis zu veranlassen. Außerdem instruierte Wolf seinen Gesprächspartner stets genau darüber, an welchen Themen er beim nächsten Zusammentreffen interessiert sei.

Die Gesprächsatmosphäre wird von denen, die dabei waren, unterschiedlich geschildert. Während Markus Wolf in seinen Erinnerungen darlegt, dass es ein politischer Meinungsaustausch zwischen gleichrangigen Partnern gewesen sei, attestierten die ebenfalls anwesenden SSD-Offiziere Borm eine gewisse Unterwürfigkeit. So soll er niemals versäumt haben, Wolf mit den Worten zu begrüßen: „Herr General, ich freue mich aufrichtig über unsere Begegnung." Ingolf Freyer hat im Prozess gegen Wolf 1993 vor dem Düsseldorfer Oberlandesgericht sogar ausgesagt, dass Borm „in entsprechender Form" für seine Informationen bezahlt worden sei.[7] Übereinstimmend berichten die Gesprächszeugen, dass Wolf auf eine gepflegte Umgebung bei den Zusammenkünften geachtet hat. Sie fanden entweder im Gästehaus des SSD in der Ost-Berliner Liebermannstraße oder in einer großzügigen Gründerzeitvilla statt, die im Stadtteil Karolinenhof lag.

Die Angaben darüber, ob Borm vom SSD Bargeld zur Unterstützung seiner politischen Bestrebungen erhalten hat, sind ungenau und sollen deshalb hier nicht weiter erörtert werden. Für seine persönliche Lebensführung hat er es als vermögender Mann bestimmt nicht gebraucht. Andererseits steht fest, dass ihn der SSD sowohl personell als auch sachlich massiv unterstützt hat. So erhielt die Agentin Johanna Olbrich, die als Sonja Lüneburg in die Bundesrepublik Deutschland eingeschleust worden war, den Auftrag, sich bei Borm in Bonn um eine Stellung als Sekretärin zu bewerben. Er stellte sie zum 1. Juli 1969 ein und war mit ihren Leistungen sehr zufrieden, so dass er sie 1972, als er aus dem Bundestag ausgeschieden war, innerhalb der FDP-Führung erfolgreich weiterempfohlen hat (siehe auch: „Das linientreue Leben der Agentin Anna"). Allerdings sollen weder Borm noch Johanna Olbrich gegenseitig von der Anbindung des anderen an den SSD gewusst haben.

Anders verhielt es sich dagegen mit dem Diplompolitologen Jürgen Bernd Runge, den Borm in Absprache mit dem SSD und in Kenntnis der Tatsache, dass es sich um einen Agenten handelte, am 1. Juli 1978 als wissenschaftlichen Mitarbeiter einstellte. Als Student und FDP-Mitglied in West-Berlin, hatte sich Runge 1973 an den in Ost-Berlin stattfindenden Weltjugendfestspielen beteiligt und sich danach aus politischer Überzeugung zur nachrichtendienstlichen Arbeit für den SSD bereiterklärt. Runge, der seinerseits von Borms Anbindung an den SSD nichts wusste, fertigte vor allem Redenentwürfe für seinen Chef an, die selbstverständlich vom SSD redigiert wurden. Als Runge 1979/1980 seine politische Überzeugung allmählich änderte und wegen seiner nachrichtendienstlichen Verstrickung so starke Depressionen bekam, dass ein Selbsmord nicht auszuschließen war, versuchte ihn der Psychologe Lips vom Zentralen Medizinischen Dienst des MfS in Ost-Berlin seelisch zu stabilisieren. Das gelang jedoch nur vorübergehend, so dass Runge nach fortdauernden politischen Kontroversen mit seinen Führungsoffizieren 1982 oder 1983 vom SSD entpflichtet wurde. Da Borm zur gleichen Zeit seine aktive politische Tätigkeit beendete, verschwand auch der Mitarbeiter, für Außenstehende völlig logisch, aus seiner Umgebung.

Ab Mitte der siebziger Jahre gab Borm zusammen mit anderen linksliberalen Politikern einen Pressedienst heraus, in dem er zu aktuellen politischen Geschehnissen Stellung bezog. Für diese Publikation fertigten zuständige SSD-Offiziere Manuskripte an, die Borm zum Abdruck zur Verfügung gestellt wurden, nachdem sie Markus Wolf persönlich redigiert hatte. Außerdem erhielt Borm vielfach Manuskripte und Argumentationshilfen für seine Reden im Parlament oder vor anderen Gremien.

Als die meisten Bundestagsabgeordneten der FDP im Herbst 1982 zusammen mit denen der CDU und CSU Helmut Schmidt durch ein konstruktives Misstrauensvotum stürzten, so dass Helmut Kohl Bundeskanzler werden konnte, kam es zu Abspaltungen von der FDP, besonders in West-Berlin. Dazu schreibt Markus Wolf:

„Der Bruch mit der FDP war von Borm nicht so geplant und kam für uns völlig überraschend. Die Geister, die er gerufen hatte, warfen nach dem Eintritt der FDP in die Regierungskoalition mit der CDU jedes politische Kalkül über den Haufen. Unter Protest verließ die Parteiopposition im November 1982 die Tagungsstätte des Berliner FDP-Parteitages. ‚Hätte ich da sitzenbleiben sollen?' fragte er mich später.

Das war sein Ende als Parteipolitiker. Er wurde zwar noch von seinen Anhängern zum Ehrenvorsitzenden der neugegründeten Liberalen Demokraten ernannt, schätzte aber selbst nüchtern ein, dass dieser Partei keine Zukunft beschieden sein konnte."[8]

Direkte politische Machtausübung scheint Borm nicht fasziniert zu haben, jedoch die ständige politische Einflussnahme sowie die Bekundung dessen, was er für richtig hielt. So wandte er sich gegen den NATO-Doppelbeschluss, der die Stationierung von Atomraketen in der Bundesrepublik Deutschland für den Fall vorsah, dass die Sowjetunion ihre entsprechenden Raketen nicht zurückzog. Auf einer großen Protestkundgebung gegen die westliche Nachrüstung am 10. Oktober 1981 war Borm einer der Hauptredner. 1982 intiierte er mit vielen Gleichgesinnten ein „Friedensmanifest", das auf einseitige Abrüstungsmaßnahmen des Westens hinauslief, und 1983 nahm er an mehreren Großdemonstrationen in Bonn und Mutlangen gegen die Stationierung von US-Raketen teil.

Im Juli 1985 gab die DDR-Vertretung in Bonn anlässlich seines 90. Geburtstages einen Empfang für ihn, und im September desselben Jahres verlieh ihm die rechtswissenschaftliche Fakultät der Universität Leipzig die Ehrendoktorwürde. Borm sah in dieser Auszeichnung „eine ausgestreckte Hand der DDR", die er gerade nach den Erfahrungen seiner Haftzeit ergreifen wollte.

William Borm, Träger des Großen Bundesverdienstkreuzes (seit 1970), der Ernst-Reuter-Plakette (seit 1975) und der Ossietzkymedaille (seit 1982), starb am 2. September 1987 in Bonn. Bundespräsident von Weizsäcker widmete ihm einen ehrenden Nachruf, in dem es heißt: „Sein Leben war bestimmt von der Überzeugungskraft eines liberalen Demokraten, der unbeirrbar und ungebrochen für Freiheit und Demokratie eingetreten ist, auch um den Preis der eigenen Freiheit. Er hat stets Opfer gebracht, wo es ihm geboten schien, seine grundlegenden Werte zu verteidigen ... im Grunde war er beseelt von dem Drang, Trennendes zu überwinden nicht nur zwischen den Generationen, sondern auch zwischen den Deutschen im geteilten Vaterland." Im gleichen Sinne äußerten sich die Freunde von den Liberalen Demokraten. Markus Wolf schloss sich diesen Kondolenzen, die er in seinen Erinnerungen wörtlich zitiert, noch 1997 uneingeschränkt an.

Wenn man in Kenntnis der hier dargestellten Fakten die Reden und Artikel von William Borm noch einmal kritisch liest, so bleibt ein unaufgeklärter Rest. Man findet bis jetzt keine überzeugende Antwort auf die Frage, warum es ausgerechnet dieser Mann für richtig befunden hat, für den SSD geheimdienstlich tätig zu werden. Was er formuliert hat, kann man für richtig oder falsch halten, aber er hätte es auch ohne Hilfe eines Geheimdienstes sagen und schreiben können. War die Zusammenarbeit mit Markus Wolf ein Ausdruck seiner innersten Überzeugung oder nur eine politische Rückversicherung für den Fall einer kommunistischen Machtübernahme? War Borm wirklich nach seiner Haftentlassung erpressbar geblieben, war er nur naiv oder war sein Geltungsdrang so groß, dass ihm die Zustimmung seiner ehrlichen Anhänger sowie der Respekt seiner politischen Gegner zur Selbstbestätigung nicht ausreichte?

Karl Wienand gehörte als Parlamentarischer Geschäftsführer der SPD-Fraktion zu den maßgeblichen Politikern seiner Partei im Deutschen Bundestag und war Herbert Wehners engster Vertrauter bei dessen Bemühungen um Kontakte und Übereinkommen mit der DDR.

Wienand wurde am 15. Dezember 1926 als Sohn eines Bauarbeiters in Lindenpütz bei Windeck geboren und verlebte dort seine Kindheit sowie die Volksschulzeit. Danach besuchte er von 1941 bis 1943 Lehrerbildungsanstalten in Bad Godesberg und Xanten. Zwischen 1944 und 1945 war er Soldat der deutschen Wehrmacht, wurde mehrfach verwundet und ist zu 70% kriegsbeschädigt, unter anderem wegen einer Unterschenkelamputation. Nach Kriegsende holte Wienand das Abitur nach, studierte anschließend in Bonn einige Semester Rechtswissenschaften und Volkswirtschaft und war in dieser Zeit zugleich als Arbeiter in einem Metallbetrieb sowie beim Deutschen Gewerkschaftsbund tätig.

Karl Wienand,
Aufnahme von 1973

Ab 1952 engagierte sich Wienand in unterschiedlichen politischen Funktionen für die SPD. Zunächst wurde er Mitglied des Gemeinderates und Bürgermeister in Rosbach (Sieg). Gleichzeitig gehörte er dem Kreistag des Siegkreises an. In den Jahren 1955 bis 1967 war er Gemeindedirektor der Gemeinde Rosbach.

Von 1953 bis 1974 war Wienand Abgeordneter des Deutschen Bundestages. Er gehörte unter anderem dem Ältestenrat und dem Vertrauensmännergremium an, das damals die Funktionen der heutigen Parlamentarischen Kontrollkommission wahrnahm. Sein Wirken als Parlamentarischer Geschäftsführer der SPD-Fraktion umfasst die Zeitspanne vom März 1967 bis zu seinem Ausscheiden aus dem Bundestag am 3. Dezember 1974. Damit verbunden war, dass er auch seine Mandate als Mitglied der Beratenden Versammlung des Europarates, der Versammlung der Westeuropäischen Union sowie der NATO-Parlamentarier-Konferenz niederlegen musste. Diesen Gremien hatte er seit 1958 beziehungsweise 1960 angehört.

Wienand war während seines politischen Lebens zweimal in beachtliche Skandale verwickelt worden. So geriet er 1973 im Zusammenhang mit Untersuchungen gegen die Firma Pan-International in den Verdacht der Steuerhinterziehung. Außerdem wurde er beschuldigt, im Zusammenhang mit dem versuchten konstruktiven Misstrauensvotum gegen Bundeskanzler Brandt den CDU-Abgeordneten Steiner (siehe oben) bestochen zu haben. Wienands Schuld oder Unschuld in diesen Affären ist nie eindeutig geklärt worden, doch der durch sie auch innerhalb der SPD entstandene Vertrauensverlust sowie Gesundheitsrücksichten ließen es ihm geraten erscheinen, sich ab 1975 völlig aus dem politischen Leben zurückzuziehen.

Er baute sich in der Folgezeit eine Existenz als selbstständiger Unternehmensberater auf, wodurch er zu einem vermögenden Mann wurde. Durch Fleiß, Willenskraft und Verhandlungsgeschick hat er trotz seiner Kriegsverletzungen und beruflichen Rückschläge einen beachtlichen Lebenserfolg erzielt. Was veranlasste ihn trotzdem zur Spionage?

Herbert Wehner führte während seiner Amtszeit als Bundesminister für Gesamtdeutsche Fragen (1. Dezember 1966 bis 20. Oktober 1969) mehrfach vertrauliche Gespräche mit Rechtsanwalt Vogel aus der DDR. Davon wurde der damalige Außenminister und SPD-Vorsitzende Willy Brandt unterrichtet. Daneben beauftragte Wehner auch Karl Wienand, einen informellen Kontakt zur DDR-Führung aufzubauen. Er sollte eventuell genutzt werden, wenn man auf der ab 1970 installierten offiziellen Gesprächsebene, auf der Egon Bahr für die Bundesregierung agierte, nicht mehr weiterkommen sollte. Wienand nahm deshalb Verbindung zu Karl Völkel auf, den er schon seit Jahren als Mitarbeiter der DDR-Handelsvertretung in Düsseldorf kannte. Völkel war aber, was Wienand anfangs sicher nicht wusste, bereits seit 1956 Inoffizieller Mitarbeiter des MfS. Von den Kontakten und eventuellen Gesprächsmöglichkeiten auf der Ebene Wienand-Völkel unterrichtete Herbert Wehner niemand, auch nicht den nunmehrigen Bundeskanzler Brandt und seinen Verhandlungsführer Bahr. Wienand seinerseits informierte Wehner wahrscheinlich letztmalig im Oktober 1970 über ein bevorstehendes Zusammentreffen mit Alfred Völkel.

Was dann vom 21. Oktober 1970 an zwischen Wienand und Völkel wirklich geschah, hat auch Wehner vermutlich nie erfahren, und Klarheit besteht darüber eigentlich erst seit Mai 1994, als der Generalbundesanwalt eine Anklageschrift vorlegte. Aus ihr kann man auch entnehmen, wer Wienands Partner wirklich war.

Alfred Völkel wurde als Sohn eines Polizeibeamten in Dresden geboren, besuchte in den Jahren 1937 bis 1945 die Volksschule und war anschließend bis 1947 in verschiedenen Betrieben als Arbeiter tätig. Von 1947 bis 1949 absolvierte er eine Buchhändlerlehre. Nach dem Besuch der Arbeiter- und Bauernfakultät an der Technischen Hochschule Dresden legte er 1951 das Abitur ab. Von 1951 bis 1955 studierte er an der Hochschule für Planökonomie in Berlin-Karlshorst und schloss mit dem Diplom (Staatsexamen) ab. Da er sich auf Außenhandelsökonomie spezialisiert hatte, arbeitete er von einem nicht bekannten Zeitpunkt an in der Düsseldorfer Handelsvertretung der DDR, wo er wiederum zu einem unbekannten Zeitpunkt Wienands Bekanntschaft gemacht hat, der sich seinerseits neben seinen politischen Aufgaben stets für die Geschäftsinteressen verschiedener Firmen engagierte. Ab Herbst 1970 baute Völkel die Verbindung zu Wienand auftragsgemäß zu einer stabilen nachrichtendienstlichen Beziehung aus. Völkel wurde von 1970 bis 1989 als Offizier im besonderen Einsatz (OibE) vom SSD ausschließlich mit der nachrichtendienstlichen Führung von Karl Wienand betraut und hatte daneben keine sonstigen politischen oder geschäftlichen Funktionen. Nach Typ und Bildungsgang war Völkel Wienand sehr ähnlich und deshalb eine gute Wahl für die vorgesehene Aufgabe.

Am 21. Oktober 1970 um 15.30 Uhr traf Wienand, aus Bonn kommend, auf dem Flughafen Berlin-Tempelhof ein, wo ihn Völkel abholte. Unbemerkt von Bekannten, die Wienand zufällig am Flughafen traf, begrüßten sich die beiden Männer und fuhren anschließend zum Hotel Kempinski am Kurfürstendamm. In einer West-Berliner Kneipe führten sie dann ein erstes Gespräch. Wienand erklärte sich mit dem organisatorischen Ablauf des Treffens einverstanden. Danach war beabsichtigt, ihn und Völkel von einem Wagen aus der DDR in der Nähe des Hotels aufnehmen zu lassen und in ein Objekt der HVA in Ost-Berlin zu bringen. Zur Wahrung der Konspiration sollten in Anwesenheit des Fahrers keine Namen genannt werden. Außerdem war sichergestellt, dass auf der DDR-Seite keine Grenzkontrollen stattfanden. Wienand machte seinerseits zur Bedingung, dass die geplante Begegnung unbedingt vertraulich bleiben müsse. Das sicherte Völkel zu. Bei der anschließenden Fahrt nach Ost-Berlin zeigte der Fahrer lediglich seinen Ausweis und erhielt sofort freie Fahrt. Gegen 17.45 Uhr traf der Wagen in einem von der HVA zu Verfügung gestellten Gästehaus im Zentrum Ost-Berlins ein.

Während des Treffens erläuterte Völkel seinem Gast aus der Bundesrepublk Deutschland den Charakter ihrer Beziehungen aus der Sicht der DDR. Danach sollte zwischen beiden Männern ein persönlicher und vertraulicher Kontakt aufgebaut werden, in dem Wienand Genosse und Verbündeter der DDR sein werde. Die DDR wolle über die Vorstellungen der Bundesregierung unterrichtet werden. Dabei gehe es nicht um einen allgemeinen Erfahrungsaustausch, sondern es komme darauf an, die DDR durch gründliche und ins Detail gehende Informationen in die Lage zu versetzen, die Bundesregierung im Kampf gegen die rechten Kräfte zu unterstützen. Wienand sagte zu, sich über die von Völkel gestellten Einzelfragen zu unterrichten und ihm bei späteren Gesprächen zu berichten. Völkel stellte klar, dass die folgenden Treffen nicht als Lancierungskontakt oder als inoffizielle Vorgespräche für die Verhandlungen zwischen den Regierungsvertretern beider deutscher Staaten gedacht seien.

Weil die HVA schon bei der Anbahnung des nachrichtendienstlichen Kontakts Wienands materielle Motivation ins Kalkül gezogen hatte, erhielt er bereits während des Treffens am 21. Oktober 1970 Gelegenheit, dem stellvertretenden Minister für Außenhandel der DDR, Behrendt, seine geschäftlichen Interessen vorzutragen. Dazu war zwischen 18.30 Uhr und 20 Uhr ein Essen arrangiert worden, in dessen Verlauf Wienand auf seine Freundschaft zu den Inhabern verschiedener Firmen hinwies, die gerne Abschlüsse mit DDR-Partnern tätigen würden. Wienand machte, nachdem Behrendt sich verabschiedet hatte, Völkel noch darauf aufmerksam, dass er eine besondere Förderung der Firma erwarte, an der seine Ehefrau beteiligt sei. Außerdem erkundigte er sich nach Jagdmöglichkeiten für sich in der DDR und verwies auf das Interesse seiner Ehefrau an Antiquitäten. Völkel nahm die Wünsche zur Kenntnis, überreichte ein vorbereitetes Geschenk und begleitete seinen Gast um 23.30 Uhr wieder zurück zum Hotel Kempinski in West-Berlin.

Allein bis Januar 1971 fanden fünf weitere Treffen zwischen Völkel und Wienand statt. Das geht aus Gesprächsvermerken, die nach der Wende von 1989 aufgefunden worden sind, klar hervor. Bei diesen Treffen, die im Privathaus des Abgeordneten sowie in dessen Bonner Dienstwohnung stattfanden, verwies Wienand immer wieder auf seine geschäftlichen Interessen, während Völkel immer nachdrücklicher detaillierte Informationen einforderte und auch erhielt. Für die ab 1971 geführten Gespräche gibt es keine inhaltlichen Aufzeichnungen mehr. Sie sind offensichtlich von der HVA kurz nach der Wende vernichtet worden. Doch es gibt Beweise anderer Art.

Aus Unterlagen der Finanzabteilung des MfS geht hervor, dass die nachrichtendienstliche Verbindung zwischen Wienand (Deckname Streit) und Völkel (Deckname Krüger) bis zum Herbst 1989 bestanden haben muss. Es gibt Anträge auf die Bereitstellung von Reisezahlungsmitteln in ausländischer Währung und Auszahlungsanordnungen, die sich eindeutig auf die beiden Gesprächspartner beziehen. Die Untersuchungen gegen Wienand und Völkel bis zur Anklageerhebung gegen beide im Mai 1994 ergaben außerdem, dass die Verbindung zwischen ihnen ab 1975 vor politischen Freunden, Geschäftspartnern und selbst vor Wienands Familie verborgen worden ist. Zumindest von diesem Zeitpunkt an, der mit Wienands Ausscheiden aus dem politischen Leben zusammenfiel, waren von der DDR geförderte Geschäfte als Gegenleistungen für Informationen nicht mehr möglich. Stattdessen erhielt Wienand vom SSD nun direkte Zuwendungen. Ab 1986 bis zum Herbst 1989 sind Zahlungen von monatlich 10.000 DM belegt.

Um die Sicherheit der Gesprächspartner bestmöglichst zu gewährleisten, fanden die Treffen ab 1975 vorwiegend in westlichen Drittstaaten statt, und obwohl Wienand nicht mehr politisch aktiv war, hielt die HVA Wienands Lageeinschätzungen und Analysen nach wie vor für wichtig. Er kannte immer noch die Meinungen und Haltungen einzelner Politiker zu aktuellen Themen. Von 1976 bis 1980 konnte er Informationen zur bundesdeutschen Entspannungspolitik im Anschluss an den KSZE-Vertrag von Helsinki geben. Ende der 80er Jahre informierte er Völkel über Positionen innerhalb der SPD-Führung gegenüber der Entspannungspolitik Gorbatschows. Wienands Informationen wurden von der HVA als überdurchschnittlich eingeschätzt. Sie fanden Eingang in die politischen Lagebeurteilungen zur Vorlage an Mielke und Honecker.

Das Oberlandesgericht Düsseldorf bestätigte die Vorwürfe gegen Wienand und stellte fest, dass er einen Spionagelohn von mindestens 1.280.000 DM erhalten haben muss. Es verurteilte ihn deshalb am 26. Juni 1996 wegen geheimdienstlicher Agententätigkeit zu einer Freiheitsstrafe von zwei Jahren und sechs Monaten sowie zur Einziehung von einer Million DM. Dieses Urteil wurde im Revisionsverfahren vor dem Bundesgerichtshof in Karlsruhe am 28. November 1997 bestätigt. Ende April 1999 begnadigte Bundespräsident Herzog den schwerkranken Karl Wienand, der daraufhin seine Freiheitsstrafe nicht mehr antreten musste. Es blieb jedoch bei der Beschlagnahme seines Agentenlohnes. Außerdem gingen die hohen Prozesskosten weiterhin zu seinen Lasten.

Dirk Schneider war „der Mann Moskaus“ oder „die Ständige Vertretung der SED bei den Grünen“, wie es seine damaligen Parteifreunde in der Bundestagsfraktion der Grünen schon 1983 formuliert haben. Das heißt, dass seine prokommunistische Gesinnung allgemein bekannt war. Gerade deshalb bleibt es trotz aller Erklärungsversuche ihrer Parteiprominenz erstaunlich, dass sich die Grünen am meisten wunderten, nachdem er im Oktober 1991 als Agent des SSD entlarvt worden war.

Dirk Schneider wurde am 21. April 1939 in Rostock geboren, wo er 1957 das Abitur bestand. Danach ging er in die Bundesrepublik Deutschland, bestand in Göttingen 1958 die damals für Flüchtlinge aus der DDR vorgeschriebene Abiturergänzungsprüfung, studierte zwischen 1958 und 1961 in Braunschweig Architektur sowie zwischen 1963 und 1967 an der Freien Universität Berlin Geschichte, Publizistik und Philosophie und arbeitete danach als Journalist. Schneider war Mitbegründer der APO-Zeitung „Agit 883“ und des Alternativblattes „radikal”. Von 1975 bis 1983 arbeitete er in der Regionalsendung „Berliner Abendschau“ des Senders Freies Berlin (SFB).

Dirk Schneider,
Aufnahme von 1983

Schneider gehörte 1978 zu den Gründungsmitgliedern der Alternativen Liste (AL) in West-Berlin und betätigte sich bis 1982 in deren Geschäftsführendem Ausschuss. Von März 1983 bis März 1985 war Schneider vom Berliner Abgeordnetenhaus entsandter Berliner AL-Abgeordneter im Deutschen Bundestag und gehörte dort für die Fraktion der Grünen dem Ausschuss für Innerdeutsche Beziehungen an. Sein Nachfolger wurde der Abgeordnete Christian Ströbele. Von 1987 bis 1989 war Schneider Pressesprecher der AL/Grüne in West-Berlin und galt als Vordenker und Wortführer seiner Partei in der Berlin- und Deutschlandpolitik. Im Juli 1990 überwarf er sich mit seiner Partei, wechselte zur PDS und saß bis zur Rückgabe seines Mandats im Oktober 1991 als deren Verteter im Berliner Abgeordnetenhaus.

Der Mandatsverzicht wurde durch Aktenhinweise und das eigene Geständnis Schneiders ausgelöst, in dem er darlegte, dass er aus Gesinnungsgründen, aber auch für ein „marginales Entgelt von einigen hundert Mark“ mindestens zehn Jahre konspirativ mit dem SSD zusammengearbeitet hat, um die Führung in Ost-Berlin über die deutschlandpolitischen Ziele der Grünen zu unterrichten. Darüber hinaus äußerten seine ehemaligen Parteifreunde ab Oktober 1991 den schweren Verdacht, dass er gemeinschaftliche Aktionen mit DDR-Bürgerrechtlern schon im Planungsstadium verraten und dadurch besonders die Angehörigen der Oppositionsbewegung in der DDR gefährdet hat.

Schneiders deutschlandpolitische Linie war vor der Wende von 1989 stets eindeutig und lässt sich so zusammenfassen:

‚Eine Voraussetzung für die Erhaltung des Friedens ist die Anerkennung der deutschen Zweistaatlichkeit auf Dauer. Deshalb ist auch anzuerkennen, dass es eine gesonderte DDR-Staatsbürgerschaft gibt. Bürgerrechtsbewegungen in der DDR und Osteuropa sind antikommunistische reaktionäre Gruppierungen, die von der amerikanischen CIA gelenkt werden. Ihre Unterstützung ist deshalb friedensgefährdend und eine Einmischung in die inneren Angelegenheiten der sozialistischen Staaten.‘

Diese Ansichten vertraten Schneider und seine Freunde aus Berlin-Kreuzberg völlig offen und waren damit, zumindest in der Berliner Parteiorganisation, mehrheitsfähig. Auch die Bundestagsfraktion der Grünen hatte zwischen 1983 und 1985 offensichtlich keinen besseren Repräsentanten als ihn für den Innerdeutschen Ausschuss, in dessen Sitzungen er Ausreisewillige aus der DDR als „Luxusflüchtlinge“ beschimpfte und Annäherungen an die DDR-Bürgerrechtler „zum Kotzen“ fand. Schneiders deutschlandpolitische Gegner innerhalb der Grünen resignierten oder traten aus der Partei aus.

Nachdem Schneiders konspirative Zusammenarbeit mit dem SSD entdeckt worden war, schrieb Wolfgang Schenk, einer seiner ehemaligen innerparteilichen Gegner, am 10. Oktober 1991 in der „Tageszeitung“ (taz):

„Der eigentliche politische und moralische Skandal besteht darin, dass Leute wie Schneider bei den Grünen und insbesondere in der AL-Berlin einen Resonanzboden vorfanden, der es ihnen erlaubte, unverhüllt für ihre undemokratischen Ziele einzutreten und auch noch wichtige Parteifunktionen zu besetzen. Er und seine politischen Freunde/innen traten ganz unverblümt als ‚ständige Vertretung der DDR‘ auf. Kein AL-Mitglied und kein AL-Wähler kann behaupten, er habe ja nicht gewusst, für welche Ziele diese Nachlassverwalter des Stalinismus eingetreten seien. In zahllosen Papieren, Artikeln, Presseerklärungen und Stellungnahmen haben Schneider und seine ideologischen Mitstreiter erklärt, dass für sie die Verhältnisse in der DDR zwar nicht ideal, aber immerhin sozialistisch und damit allemal besser als im Westen seien. Ihre verabsolutierte Gegnerschaft gegenüber den bundesrepublikanischen Verhältnissen hat ihnen den Blick auf die realsozialistische Diktatur vollkommen getrübt.“

Renate Künast (1991 Fraktionsvorsitzende der Grünen im Berliner Abgeordnetenhaus, 2001 Bundesminister für Verbraucherschutz und Landwirtschaft) bezeichnete Schneider ebenfalls am 10. Oktober 1991 gegenüber der „taz“ als Einflussagenten, der in der Deutschlandpolitik der Partei immer steuernd tätig gewesen sei. Ihr schärfster Vorwurf war:

„Er traf sich auch mit Mitgliedern der Bürgerbewegung in Ost-Berlin und erstattete seinen Stasi-Kontaktmännern darüber Bericht." Die beiden Mitglieder der DDR-Bürgerrechtsbewegung Bärbel Bohley und Ralf Hirsch bestätigten das am 11. Oktober 1991 in der „Frankfurter Allgemeinen Zeitung": „Der Grünen-Bundestagsabgeordnete Dirk Schneider kam 1984/85 in den Osten zu uns nach Hause und predigte uns, wie sich die Opposition in der DDR zu verhalten habe." Seine Losung „Ruhe im Land dient der Entspannung" zeige ihnen heute seine Herkunft. „Jetzt wissen wir, draußen stand die Stasi und schickte uns ihren Abgesandten des Deutschen Bundestages in die Küche."

Schneider verteidigte sich nach seiner Entlarvung in Versammlungen der Grünen wegen seiner Zusammenarbeit mit dem SSD und rechtfertigte sie besonders in einer Podiumsdiskussion mit Petra Kelly am 2. März 1992 im Berliner Haus am Checkpoint Charlie als logische Konsequenz seiner bekannten politischen Gesinnung. Er empfand es als einen Bruch der Spielregeln, dass Petra Kelly ein offizielles Gespräch bei Honecker genutzt hatte, um unkontrolliert westliche Bücher mitzunehmen, die sie anschließend DDR-Bürgerrechtlern schenkte. Wenn sie so etwas tat, so Schneiders indirekt ausgesprochene Schlussfolgerung, könne es nicht verwerflich sein, offizielle DDR-Vertreter auf Pläne der Grünen hinzuweisen.

Dirk Schneider, der zur Zeit seiner Entlarvung bereits PDS-Mitglied war und für sie im Berliner Abgeordnetenhaus saß, legte im Oktober 1991 nach Aufforderung der PDS-Fraktion sein Mandat nieder. Dadurch verlor er seine Immunität, so dass der Generalbundesanwalt gegen ihn wegen des Verdachts geheimdienstlicher Agententätigkeit ermitteln konnte. Dabei wurde festgestellt, dass Schneider unter dem Decknamen „Ludwig" von 1975 bis 1989 vom SSD als Agent geführt worden ist und seine Agententätigkeit, wenn auch in unpräziser Form, selbst zugegeben hat.

Trotzdem musste das Ermittlungsverfahren ohne Anklagerhebung am 29. Juni 1994 eingestellt werden, denn Treffberichte der SSD-Führungsoffiziere über die Zusammenkünfte mit Schneider waren nicht mehr vorhanden, weil sie nach der Wende von 1989 vernichtet worden sind. Noch vorhandene Berichte über die geplante Zusammenarbeit von Grünen und DDR-Bürgerrechtlern konnten dem Verdächtigen nicht eindeutig zugeordnet werden. Im übrigen steht im Einstellungsbeschluss folgende Passage:

„Die Vorsitzende der Fraktion der AL, Künast, hat mitgeteilt, dass weder sie noch andere Mitglieder der Fraktion als Zeugen zur Verfügung stehen. Sie beruft sich auf das Zeugnisverweigerungsrecht [für Parlamentsabgeordnete – d. Verf.] nach § 53 Abs.1 Nr.4 Strafprozessordnung."

Gerhard Fläming: der Angeklagte vor Verhandlungsbeginn in Frankfurt/Main 1997

Dass auch **Gerhard Flämig** ein langjähriger Spion des SSD gewesen ist, erfuhr die Öffentlichkeit erstmalig am 23. Januar 1993 aus einer Pressemitteilung des Generalbundesanwalts beim Bundesgerichtshof in Karlsruhe, in der es hieß, dass gegen den 73jährigen ehemaligen Bundestagsabgeordneten Haftbefehl wegen des dringenden Verdachts geheimdienstlicher Agententätigkeit erlassen worden war, weil folgender Sachverhalt vorliege:

„Der Beschuldigte, der von 1963 bis 1980 Mitglied der SPD-Fraktion des Deutschen Bundestages und in dieser Eigenschaft auch Mitglied des Bundestagsausschusses für Forschung und Technologie war, hat mindestens von 1973 bis Herbst 1988 eine geheimdienstliche Agententätigkeit für die Hauptverwaltung Aufklärung (HVA) des Ministeriums für Staatssicherheit (MfS) der ehemaligen DDR ausgeübt.

Es ist davon auszugehen, dass der Beschuldigte, der seit 1968 u. a. auch Mitglied des Präsidiums des Deutschen Atomforums war, dem MfS bei nachrichtendienstlichen Treffs hochwertige Informationen aus seiner Partei und den Gremien, in denen er tätig war, geliefert hat. Diese Treffs fanden etwa zweimal jährlich in der DDR statt. Treffpartner des Beschuldigten waren häufig hochrangige Mitarbeiter der HVA, darunter deren Leiter Markus Wolf und dessen Nachfolger Werner Großmann. Der am 22. Januar 1993 vorläufig festgenommene Beschuldigte wurde durch Beschluss des Ermittlungsrichters des Bundesgerichtshofes vom gleichen Tage unter Auflagen – u. a. eine Kaution in Höhe von 500.000 DM – vom Vollzug der Untersuchungshaft verschont."

Nach obiger Verlautbarung begann sich die Öffentlichkeit zu fragen, wer dieser Mann eigentlich war, dessen Namen auch die meisten politisch Interessierten noch nie gehört hatten.

Gerhard Flämig wurde am 19. Dezember im sächsischen Glauchau geboren und besuchte ab 1930 die Oberrealschule sowie ab 1934 die Gewerbeschule in Plauen. 1935 begann er eine Lehre als Schriftsetzer, die er 1939 mit der Gehilfenprüfung abschloss. Ab 1939 nahm er als Angehöriger der Luftwaffe am Zweiten Weltkrieg teil und geriet am 12. August 1944 in amerikanische Kriegsgefangenschaft, aus der er im Januar 1946 entlassen wurde. Weil ihm als ehemaligem Radarleitoffizier die Rückkehr in seine sächsische Heimat von den amerikanischen Behörden untersagt worden war, ließ er sich 1946 im Raum Hanau/Offenbach nieder, wo er zunächst als Dolmetscher bei der US-Armee und in der Stadtverwaltung Seligenstadt (Hessen) arbeitete.

Am 1. Dezember 1946 trat Flämig in die SPD sowie in die Gewerkschaft ÖTV ein. 1947 nahm er eine journalistische Tätigkeit auf. Nach einem zweijährigen Volontariat arbeitete er von 1949 bis 1952 als Lokalredakteur in Hanau und Offenbach und zwischen 1952 und 1957 als politischer Redakteur in Offenbach. Von 1957 bis 1964 war er hauptamtlicher Bürgermeister der Stadt Großauheim am Main. Daneben und danach bekleidete er vielfältige politische Ämter für die SPD.

Gerhard Flämigs poltische Ämter

1948 Stadtverordneter von Seligenstadt in Hessen. Von 1952 bis 1957 Stadtverordnetenvorsteher von Seligenstadt und Kreistagsabgeordneter in Offenbach sowie Vorsitzender des Haupt- und Finanzausschusses. Ab 1950 Mitglied des Hauptausschusses des Hessischen Gemeindetages. 1960 bis 1964 Abgeordneter im Hanauer Kreistag und Vorsitzender des Haupt-und Finanzausschusses. Seit Dezember 1966 Vertreter der SPD im Deutschen Atomforum. 1956 bis 1976 Mitglied des Hauptausschusses der Deutschen Sektion des Rates der Gemeinden Europas.

Im Februar 1963 erstmalig Mitglied des Deutschen Bundestages als Nachrücker im Wahlkreis Hanau. In der Folgezeit wurde er noch viermal direkt in den Bundestag gewählt, dem er bis November 1980 angehörte.

1970 bis 1979 Abgeordneter des Europäischen Parlaments. Von 1965 bis 1969 sowie von 1979 bis 1981 Mitglied der Beratenden Versammlung des Europarates und der Versammlung der Westeuropäischen Union.

Besonders wegen seiner fließenden englischen und französischen Sprachkenntnisse war er Delegierter der SPD in der Sozialistischen Internationale, der Europäischen Sozialistischen Bewegung, der Europaunion und anderen Gremien.

1980 bis 1990 Schatzmeister des SPD-Unterbezirks Main-Kinzig. Freier Mitarbeiter im Verbindungsbüro Brüssel der Vereinigung Deutscher Elektrizitätswerke zur Pflege der Kontakte mit den Abgeordneten des Europäischen Parlaments.

Was veranlasste diesen Mann, der sich in seiner Hanauer Wahlheimat zu einem Volkstribun entwickelte und – wie seine vielen Ämter deutlich zeigen – das unbeschränkte Vertrauen seiner politischen Freunde besaß, zur Spionage für eine fremde Macht, die zeitlich und sachlich weit umfangreicher war, als der Generalbundesanwalt in seiner eingangs zitierten Pressemitteilung angedeutet hatte? Es begann, wie immer, ganz einfach.

Im Mai 1966 reiste Gerhard Flämig zur Goldenen Hochzeit von Verwandten in die DDR, und während des einwöchigen Aufenthaltes stellte sich ihm ein Mann vor, der sich Walter Schenk nannte und wusste, dass Flämig Bundestagsabgeordneter war. Beide Männer trafen sich in der Folgezeit mehrfach im Raum Glauchau, doch Ende 1968 oder Anfang 1969 organisierte Schenk ein Treffen mit Flämig, das in einem Chemnitzer Gästehaus des SSD stattfand. Zu dieser Zusammenkunft erschien auch Markus Wolf mit drei engen Mitarbeitern und Flämig konnte spätestens jetzt erkennen, dass eine nachrichtendienstliche Tätigkeit von ihm erwartet wurde.

Nun war eigentlich der Zeitpunkt gekommen, an dem Flämig die Beziehungen abbrechen und sich den Sicherheitsbehörden in der Bundesrepublik Deutschland offenbaren musste. Doch das geschah nicht. Auf die spätere Frage der Ermittlungsbeamten nach den Gründen für diese Unterlassung machte Flämig geltend, dass ihn der 1990 verstorbene Herbert Wehner, sein Fraktionsvorsitzender im Deutschen Bundestag, aufgefordert habe, diese Gespräche zu führen beziehungsweise forzusetzen, um seinerseits Informationen zu erhalten. Aber diese Einlassung ist völlig unglaubwürdig, wenn man Flämigs politische Tätigkeit (siehe Kasten) genauer betrachtet. Danach gab es zwar viele Dinge, die Flämig wusste und die Markus Wolf interessieren mussten. Umgekehrt war jedoch kaum denkbar, dass der Geheimdienstchef über Erkenntnisse verfügte, die für die politische Arbeit Flämigs nützlich sein konnten.

Flämigs Motivitation für eine geheimdienstliche Zusammenarbeit lag auf einer ganz anderen Ebene, die der SSD sehr klar erkannt hatte, denn außer Markus Wolf und seinen engen Mitarbeitern nahmen schon am ersten Treffen mit dem damaligen Abgeordneten drei Inoffizielle Mitarbeiterinnen des MfS teil, deren Namen bekannt sind, hier aber nur mit

C, D und R bezeichnet werden sollen. Die Damen hatten die Aufgabe, den Treffteilnehmern nach Beendigung der nachrichtendienstlichen Arbeit den Aufenthalt durch ihre entgegenkommende Gesellschaft so angenehm wie möglich zu gestalten. C war für Markus Wolf bestimmt und wurde später dessen zweite Ehefrau, D für Wolfs persönlichen Referenten und R hatte sich Flämig zu widmen.

Der Treff begann mit einem Abendessen. Er wurde am zweiten Tag mit einer Schlittenfahrt und einer Übernachtung in einer Hütte im Erzgebirge fortgesetzt. Den dritten Tag verbrachten alle wieder im Chemnitzer Gästehaus. Im Laufe dieser Tage führten die Herren unter sich eingehende Gespräche, während die Damen nur zum geselligen Teil der Veranstaltung zugelassen wurden. Alle Kosten – auch für das aufwendige Rahmenprogramm – übernahm selbstverständlich das MfS.

In der Folgezeit traf sich Flämig unter ähnlichen Rahmenbedingungen mindestens zweimal im Jahr mit seinen nachrichtendienstlichen Gesprächspartnern und den Damen auf dem Gebiet der DDR oder in einem anderen Ostblockstaat. Die Treffs fanden fast immer zur Zeit der Leipziger Frühjahrs- und Herbstmessen Ende Februar/Anfang März beziehungsweise Anfang September statt und dauerten jeweils vier bis fünf Tage. Sie wurden in konspirativen Anwesen des SSD in Karl-Marx-Stadt (Chemnitz), Ost-Berlin, Friedrichsroda und Warnemünde abgehalten. 1970 oder 1971 wurde für Flämig sogar eine dreitägige Rundfahrt mit der Yacht des Staatsratsvorsitzenden auf der Ostsee arrangiert und im Juli 1974 verbrachten die Gesprächspartner und ihre Betreuerinnen einen zehntägigen Urlaub am Strand von Nessebar in Bulgarien. Ab 1979 traf man sich meistens in einem neu errichteten Gästehaus des MfS in Oberwiesenthal, das für SSD-Offiziere im Generalsrang reserviert war. Im September 1985 und im August 1986 kamen alle in Ungarn zusammen. Die letzte Zusammenkunft in der DDR fand wahrscheinlich im Frühsommer 1989 statt.

Bei den Treffen sprachen sich die Teilnehmer, wie bei Nachrichtendiensten üblich, stets nur mit den Vornamen oder den Decknamen an. Das Personal kannte nur die Vornamen der Gäste. Markus Wolf nahm nicht immer, aber meistens teil. Das galt ab 1986 auch für dessen Nachfolger Werner Großmann. Flämig reiste zu den Treffs in der Regel über Ost-Berlin an und wurde dann von einem Fahrer des MfS in das Treffobjekt gefahren. Wenn er ankam, waren dort außer den ihm bekannten Teilnehmern keine anderen Gäste. Das Personal wusste vorher nur, dass ein „Treffen mit einem Kundschafter“ stattfinden sollte.

Nachdem Flämigs Betreuerin R infolge ihrer Heirat Mitte 1971 vorübergehend ausschied, wurde die Inoffizielle Mitarbeiterin E für den

„Kundschafter" verpflichtet. Auf Wunsch Flämigs und auf Drängen von Markus Wolf nahm R jedoch Mitte 1974 ihren Dienst wieder auf und betreute Flämig bis zu ihrem Ausscheiden aus dem MfS im Jahr 1987. Danach übernahm eine bisher unbekannte Frau die Betreuung des Agenten bis zum Ende seiner nachrichtendienstlichen Tätigkeit im Jahr 1989. Die Gesellschaftsdamen, wie sie offiziell hießen, wurden für ihre Dienste vom MfS entlohnt. Sie erhielten DDR-Geld, aber auch DM beziehungsweise die bevorzugte Zuweisung einer Wohnung.

Flämig war ein sehr wichtiger HVA-Agent, weil er gute Einblicke in die Nuklearwirtschaft der Bundesrepublik Deutschland und Westeuropas sowie eine schier unerschöpfliche Personenkenntnis im Bereich der deutschen und internationalen Sozialdemokratie hatte. Er berichtete nicht nur mündlich, sondern überreichte auch schriftliches Material. Mehrfach sind ihm bei den Treffen hohe Orden verliehen, aber aus Sicherheitsgründen nicht mitgegeben worden. Über seine nachrichtendienstlich bedingten Reisen hat Flämig weder seine Familie noch seine Büromitarbeiter informiert und die Treffen auch nie in Terminkalender eingetragen. Trotzdem standen nach der Wende genügend Zeugen gegen ihn aus der ehemaligen DDR zur Verfügung, so die Gesellschaftsdamen und die Angestellten aus den Gästehäusern des MfS, die sich gut an ihn erinnern konnten. Der Rest ergab sich aus den aufgefundenen Akten und den Erfahrungen der Sicherheitsbehörden.

Nachdem der Generalbundesanwalt am 19. April 1994 eine Anklageschrift vorgelegt und die Eröffnung der Hauptverhandlung gegen Flämig beantragt hatte, erkrankte der gesundheitlich vorgeschädigte Angeklagte schwer. Deshalb musste ein für 1995 angesetzter Prozesstermin wieder annuliert werden. Im Prozess, der dann am 16. September 1997 endlich vor dem Oberlandesgericht Frankfurt am Main begann, sagten viele Zeugen aus, die das bestätigten, was bereits geschildert worden ist. Auch Markus Wolf musste erscheinen, verweigerte jedoch die Aussage und kam kurzfristig in Beugehaft, durfte dann aber bei der Aussageverweigerung bleiben, um sich nicht selbst zu belasten. Nachdem die Verhandlungen mit Unterbrechungen insgeamt zehn Monate gedauert hatten, mussten sie Ende Juli 1998 wegen anhaltender Verhandlungsunfähigkeit des inzwischen 79 Jahre alten Angeklagten abgebrochen werden. Bundesanwaltschaft und Verteidigung kamen anschließend gemeinsam zu der Auffassung, dass angesichts der erheblichen Gesundheitsgefährdung Flämigs eine weitere Strafverfolgung nicht zu verantworten wäre. Daraufhin stellte das Oberlandesgericht Frankfurt am Main das Verfahren gegen den langjährigen Spion Gerhard Flämig ohne Urteil ein.

1 Der Spiegel 1954/51/38
2 Wolf: Spionagechef im geheimen Krieg, S. 99
3 Ebd., S. 100
4 Bittman: Zum Tode verurteilt, S. 60 f.
5 Die lautlose Macht. Bd. 1, S. 98
6 Ebd., S. 120
7 Süddeutsche Zeitung, 6. 6. 1993
8 Wolf: Spionagechef im geheimen Krieg, S. 465

Hinweise

Zu Karlfranz Schmidt-Wittmack

Knabe: Die unterwanderte Republik, S. 56, 62 / Schlomann: Operationsgebiet Bunderepublik. TB-Ausgabe 1989, S. 307 / Wolf: Spionagechef im geheimen Krieg, S. 98-101 /
Der Spiegel 1954/36/6 sowie 1954/51/38 / Frankfurter Allgemeine Zeitung, 23. 8. 1954 (2 Artikel) / Kölnische Rundschau, 23. 8. 1954 /

Zu Anton Donhauser

Buchheit: Im Würgegriff der Politik, S. 146 / Knabe: Die unterwanderte Republik, S. 56 / Müller-Enbergs: Inoffizielle Mitarbeiter des Ministeriums für Staatssicherheit, S. 246 / Wolf: Spionagechef im geheimen Krieg, S. 299 /
Der Spiegel 1955/48/21-26 sowie 1955/53/11-13 / Stern, 25. 6. 1973 / dpa-Meldung, 5. 9. 1990

Zu Alfred Frenzel

Bittman: Zum Tode verurteilt, S. 59-71 / Die lautlose Macht. Bd. 1, S. 93-121/ Pötzl: Basar der Spione, S. 166-179 / Munzinger-Archiv – Personen aktuell 35/68 /
Der Spiegel 1960/46/23-30, 1961/19/25-28, 1962/32/10, 1967/1-2/16-17, 1968/31/96 / dpa-Meldung, 6. 2. 1986

Zu Julius Steiner

Schell/Kalinka: Stasi und kein Ende, S. 193-203 / Munzinger-Archiv – Personen aktuell 14/76 /
Stern, 14. 6. 1973 / Quick, 19. 7. 1973 / Der Spiegel 1973/23/24-29, 1973/24/24, 1991/11/28 / Süddeutsche Zeitung, 9. 6. 1993 / Die Welt, 2. und 4. 3.1991 sowie 19. 6. 1993 / Frankfurter Allgemeine Zeitung, 28. 11. und 4. 12. 2000

Zu William Borm

Bohnsack: Die Legende stirbt, S. 105 / Knabe: Die unterwanderte Republik, S. 16, 66f., 69f., 99f., 109, 117, 208f., 224, 226, 250, 339, 386, 388 / Koch: Die feindlichen Brüder, S. 206-210 / Schlomann: Maulwürfe, S. 89, 113 / Wolf: Spionagechef im geheimen Krieg, S. 461-467 / Anklageschrift des Generalbundesanwalts gegen Markus Wolf vom 16. 9. 1992, S. 230-236 / Urteil des Oberlandesgerichts Düsseldorf gegen Markus Wolf vom 6. 12. 1993, S. 105-108 /

Die Welt, 20. 9. 1985 / Berliner Morgenpost, 24. 9. 1985 / Bildzeitung, 29. 4. 1991 / Süddeutsche Zeitung, 30. 4. 1991 sowie 9. 6. 1993 / Welt am Sonntag, 25. 4. 1993 / Frankfurter Allgemeine Zeitung, 9.und 15. 1. 1999 (Leserbriefe)

Zu Karl Wienand

Der Spiegel 1973/51/30-31 / Focus 1993/48/86 / Anklageschrift des Generalbundesanwalts gegen Karl Wienand und Alfred Völkel vom 4. 5. 1994 / Frankfurter Rundschau, 10. 5. 1994 / Frankfurter Allgemeine Zeitung, 16. 2. 1996 und 27. 11. 1997 sowie 20. 1.und 27. 4. 1999 / General-Anzeiger, Bonn, 29. 11. 1997 / Die Welt, 29. 11. 1997 / Pressemitteilung des Generalbundesanwalts vom 13. 1. 1998

Zu Dirk Schneider

dpa-Meldung, 8. 10. 1991 / Frankfurter Allgemeine Zeitung, 10. und 11. 10. 1991 / Tageszeitung (taz), 10., 11., 14., 15. und 22. 10. 1991 sowie 4. und 31. 3. 1992 / Rheinische Post, 11. 10. 1991 / Junge Welt, 11. 10. 1991 / General-Anzeiger, Bonn, 15. 10. 1991 / Der Spiegel 1991/46/84-85 / Neue Zeit, 28. 2. 1992 / Berliner Zeitung, 29. 2. 1992 / Die Zeit, 6. 3. 1992 / Süddeutsche Zeitung, 6. 3. 1992 sowie 19. 12. 1997 / Einstellung des Ermittlungsverfahrens durch die Staatsanwaltschaft beim Kammergericht Berlin vom 29. 6. 1994

Zu Gerhard Flämig

Pressemitteilung des Generalbundesanwalts beim Bundesgerichtshof vom 23. 1. 1993 und 13. 2. 1998 / Der Spiegel 1993/4/32 / Focus 1993/4/28 / Frankfurter Rundschau, 23. 1. 1993 sowie 26. 2., 4. 3., 11. 3., 19. 5.und 24. 7. 1998 / dpa-Meldungen vom 27. 1. 1993, 14. 9. 1997, 10. 2. 1998, 25. 2. 1998 und 9. 3. 1998 / Bildzeitung, 17. 9. 1997 / Süddeutsche Zeitung, 24. 1. 1998 / Tagesspiegel, Berlin, 11. 2. 1998 / Anklageschrift des Generalbundesanwalts beim Bundesgerichtshof vom 19. 4. 1994

Der Meister und seine Schüler – Paul Laufer und das Ehepaar Guillaume

Am Anfang stand ein unscheinbarer Mann, von dem bis heute nur einige Eingeweihte gehört haben. Er hieß **Paul Laufer** und wurde am 1. Januar 1904 im schlesischen Striegau geboren. Als ältestes Kind einer armen Arbeiterfamilie – er hatte neun Geschwister und einen alkoholabhängigen Stiefvater – konnte er sich nur eine geringe Formalbildung aneignen, arbeitete schon als Zehnjähriger auf einem Landgut, begann eine Formerlehre und schlug sich nach deren Abbruch als ungelernter Arbeiter durch. Nach 1918 wurde er Mitglied und bald Funktionär der Sozialistischen Arbeiterjugend (SAJ) und 1921 SPD-Mitglied. Er fand hier Förderer für seine intellektuelle Wissbegier. So stellte der sozialdemokratische Landrat Taubenthaler ihm seine Bibliothek zur uneingeschränkten Nutzung zur Verfügung.

Paul Laufer

1927 siedelte Laufer nach Berlin über, ohne seine schlesischen Parteifreunde davon in Kenntnis zu setzen. Dort kam er in Kontakt mit dem Mitarbeiter des Zentralkomitees der KPD, Fritz Burde, der sich ihm gegenüber nur Adolf nannte und Paul Laufer den Decknamen „Stabil" zuteilte. „Adolf" forderte „Stabil" auf, in der SPD zu bleiben, sich dort aber nur vorsichtig zu äußern und heimlich für die KPD zu arbeiten, die stets über Geheimmitglieder in anderen Parteien verfügte. Als Laufers kommunistische Gesinnung trotzdem in der Berliner SPD bekannt wurde, sollte er ausgeschlossen werden. Man hielt ihn jedoch für einen jugendlichen Feuerkopf, der sich schon noch ändern würde, und lehnte mit Mehrheit seinen Ausschluss ab.

Laufer änderte sich. Er wurde vorsichtiger, zog innerhalb Berlins von Mariendorf zum Prenzlauer Berg um und ließ sich in der dortigen SPD-Gruppe zum Schriftführer wählen. Von nun an machte er alle Protokolle von Versammlungen und Funktionärsberatungen dem Geheimapparat der KPD zugänglich. Außerdem berichtete er aus dem Metallarbeiterverband und dem Reichsbanner (einer vorwiegend sozialdemokratisch orientierten paramilitärischen Vereinigung).

Seiner damaligen Verlobten, Frieda Schulz, vermittelte er eine Anstellung als Fremdsprachenkorrespondentin im Sekretariat des antikommunistisch orientierten Internationalen Gewerkschaftsbundes, damit sie von dort aus alles mitteilte, was für die KPD von Interesse war. Das tat sie bis 1940, zuletzt von Paris aus. Erst nach dem Krieg wurde sie dort offiziell Kommunistin und ging 1951 in die DDR. Das Verlöbnis war längst zerbrochen.

Laufer selbst arbeitete auch nach Hitlers Machtergreifung weiter in der

Berliner SPD mit und gelangte schließlich in deren illegalen Parteivorstand, allerdings nach wie vor im Auftrag der KPD. Als es 1935 auf Berliner Ebene zu Beratungen beider Parteivorstände über einen gemeinsamen Kampf gegen die Nationalsozialisten kam, saß Laufer mit am Verhandlungstisch, offiziell im Auftrag der SPD, in Wirklichkeit für die KPD.

Am 24. Januar 1936 wurde Laufer wegen illegaler Arbeit für die SPD von der Gestapo verhaftet und am 4. März 1937 zu drei Jahren Zuchthaus verurteilt. Seine Tätigkeit für die KPD war dem Volksgerichtshof verborgen geblieben. Nach der Haftentlassung arbeitete er als Dreher, vermied jedoch eine weitere illegale Zusammenarbeit mit der SPD, weil er keine Gelegenheit mehr hatte, sich darüber mit maßgeblichen Vertretern der KPD zu beraten. Im Februar 1944 wurde Laufer zur Wehrmacht eingezogen. Am 23. Juni 1944 desertierte er zu den jugoslawischen Partisanen und ließ sich im Dezember des gleichen Jahres zur jugoslawischen Volksarmee einziehen. Am 19. Oktober 1945 war er wieder in Berlin und stellte sich den Kommunisten zur Verfügung.

Die entschieden, dass er sich erneut der Berliner SPD anschließen sollte, um dort im kommunistischen Sinne für den geplanten Zusammenschluss beider Parteien zur SED zu wirken. Beruflich nahm er Arbeit in der Pressestelle des Berliner Polizeipräsidiums auf, wo er dafür sorgte, dass die meisten über Berlin verstreuten Akten aus der NS-Zeit dem Zugriff der Westalliierten entzogen wurden. Wichtig für seine Auftraggeber war vor allem, aus dem Material Erkenntnise über das Verhalten von SPD- und KPD-Mitgliedern zwischen 1933 und 1945 zu gewinnen, zum Beispiel bei Gestapoverhören und in den Haftanstalten.

Nach Gründung der SED im April 1946 wurde Laufer hauptamtlicher Mitarbeiter in einem Referat des Parteivorstandes, das sich dem aktiven Kampf gegen das Ostbüro der SPD zu widmen hatte, denn jede illegale Weiterarbeit einer eigenständigen SPD sollte im Keim erstickt werden. Ab 1949 war er in der Parteikontrollkommission tätig, die praktisch als partei-interne Geheimpolizei wirkte. 1954 erhielt Laufer als Fünfzigjähriger die erste umfassende theoretisch-politische Ausbildung auf einem Jahreslehrgang der SED-Parteihochschule „Karl Marx".

Am 28. Februar 1955 wurde Laufer mit dem Dienstgrad Major in das Ministerium für Staatssicherheit eingestellt. Aufgrund seiner Erfahrungen und Kenntnisse wurde ihm die Diensteinheit zugeteilt, die die deutschlandpolitischen Aktivitäten von SPD und DGB bekämpfte. Das sollte nicht nur auf dem Gebiet der DDR, sondern vor allem durch den Einsatz von Agenten im Westen geschehen. Der trotz schütterer Allgemeinbildung intelligente, einfühlsame und anpassungsfähige Paul Laufer, der gelernt hatte, sich in unterschiedlichen gesellschaftlichen Kreisen angemessen zu bewegen, wurde der Entdecker und Lehrmeister von Günter Guillaume.

Nach einigen Testaufträgen in West-Berlin und Bayern erkannte Laufer die nachrichtendienstliche Begabung des jungen Mannes, der schnell und flexibel auf unvorhersehbare Situationen reagierte und mit der Zeit eine chamäleonhafte Anpassungsfähigkeit entwickelte. Es machte ihm Freude, mehrere Rollen zu spielen und später ein perfektes Doppelleben zu führen. Hinzu kamen eine rasche Auffassungsgabe, Fleiß, Zuverlässigkeit sowie die Bereitschaft, Führungspersonen hingebungsvoll zu dienen, ohne zielstrebig eigene Ambitionen im öffentlichen Leben zu verfolgen. Soweit das überhaupt nötig war, brachte Laufer ihm bei, Menschen genau zu beobachten, sich auf deren Schwächen und Eigenarten einzustellen und sie gegebenenfalls zu nutzen.

Günter Guillaume, geboren am 1. Februar 1927, hatte die Volksschule in Berlin-Friedrichshain besucht, den Beruf eines Fotografen erlernt und musste noch im Januar 1945 Soldat werden. Sein Vater, Musiker von Beruf, als kleines Mitglied der NSDAP zuletzt Registrator in der Ordenskanzlei des „Führers", beging 1948 Selbstmord, als er entdeckte, dass sich seine Frau einem anderen Mann zugewandt hatte. Der Sohn Günter schlug sich in der ersten Nachkriegszeit mit vielfältigen Geschäften durch, arbeitete dann im DDR-Schulbuchverlag „Volk und Wissen" und hatte nur noch ein loses Verhältnis zu seiner Mutter.

Laufer störte die schmale Formalbildung seines Schützlings nicht. Kenntnisse konnte man schließlich erwerben. Gut gefiel ihm dagegen Günters Ehefrau **Christel** – die beiden hatten bereits 1951 geheiratet – und die Schwiegermutter Erna Boom. Auch den beiden Damen gefiel Laufer auf Anhieb. Er erinnerte sie an den verstorbenen Ehemann und Vater. Christel hatte eine gute Formalbildung mit soliden Grundlagen in Englisch und Französisch, spielte Klavier, hatte Sinn für bildende Kunst und eine Ausbildung als perfekte Sekretärin. Günter Guillaume bekannte später ebenfalls, dass Laufer für ihn eine Vaterfigur geworden war.

Laufer veranlasste zunächst Erna Boom, die holländische Staatsbürgerin war, zur legalen Übersiedlung nach Frankfurt am Main. Im Mai 1956 folgten Christel und Günter Guillaume als Flüchtlinge, die mit den politischen Verhältnissen in der DDR angeblich nicht einverstanden waren und dort keine beruflichen Zukunftschancen mehr sahen. Erst nach ihrer Verhaftung 1974 wurde entdeckt, dass sie nie ein Notaufnahmelager für Flüchtlinge aus der DDR durchlaufen hatten. Sie sollten und wollten jedes Risiko vermeiden, frühzeitig als Spione entdeckt zu werden.

Erna Boom eröffnete eine Kaffeestube in Frankfurt am Main, in der auch Tabak und Süßigkeiten verkauft wurden. Es war ein idealer Agententreffpunkt. Tochter und Schwiegersohn zogen zu ihr und halfen ihr zeitweise im Geschäft. Die Eheleute wurden Mitglieder der SPD und betätigten sich aktiv in einem Frankfurter Ortsverein der Partei.

Günter und Christel Guiillaume auf der Anklagebank, 1975

Über einige berufliche Zwischenstufen schaffte es Christel Guillaume, Sekretärin von Willi Birkelbach zu werden, dem damaligen Vorsitzenden des SPD-Bezirks Hessen-Süd und späteren Staatssekretär beim hessischen Ministerpräsidenten Zinn. Günter Guillaume etablierte sich im März 1964 als hauptamtlicher Geschäftsführer des Unterbezirks Frankfurt der SPD. Wenn man ihm damals in seinem Büro zuhörte, gewann man den Eindruck, dass er täglich zum Frühstück mindestens einen Kommunisten fraß. Anscheinend stand er am rechten Rand des rechten Flügels der SPD. Paul Laufer hatte mit der Platzierung des Ehepaars Guillaume sein Ziel erreicht und konnte zufrieden sein. Schon seit 1964 schwer krank, starb er am 10. Juni 1969 in Ost-Berlin. Er hatte übrigens noch andere Zöglinge hinterlassen, die im Westen in verhängnisvoller Weise tätig waren, unter ihnen den im Vorwort genannten Wilhelm Gronau, der mit erstaunlichem Geschick als hauptamtlicher Mitarbeiter in den Bundesvorstand des Deutschen Gewerkschaftsbundes (DGB) eingeschleust worden war und dort als Referent für innerdeutsche Beziehungen arbeitete.

Was nach Laufers Tod im Hinblick auf die beiden Guillaumes folgte, war Glück und Zufall, und mit den speziellen Fähigkeiten von Günter Guillaume nur zum geringsten Teil zu erklären. Mitte der sechziger Jahre bekam er die Geheimdienstorder, sich auf eine denkbare SPD-Regierung oder zumindest die Mitregierung der Partei in einer Koalition einzustellen. Guillaume gelang es 1968, Wahlkampfmanager von Georg Leber in dessen Frankfurter Wahlkreis zu werden, und er erwies sich als guter Organisator. Leber zeigte sich Ende 1969 erkenntlich, denn er empfahl ihn für eine Referentenstelle im Bundeskanzleramt, wo ein Verbindungsmann des nunmehrigen Kanzlers Willy Brandt zu Parteien und Verbänden gesucht wurde.

Doch die Einstellung verzögerte sich, weil der Personalrat des Kanzleramts Guillaumes völlig unzureichende fachliche Qualifikation für den höheren Verwaltungsdienst bemängelte und außerdem erste Verdachtsmomente auftauchten, dass er ein Sicherheitsrisiko sein könnte. Aber nach einer grob fahrlässigen „Überprüfung“ aller Einwände ordnete der damalige Kanzleramtsminister Horst Ehmke im Januar 1970 die Einstellung Guillaumes wie vorgesehen an. Der Neuling lernte schnell, machte sich vielseitig nützlich und hielt Augen und Ohren für seine Auftraggeber in Ost-Berlin offen. 1972 wurde er einer der persönlichen Referenten des Kanzlers – unentbehrlich als Reisemarschall, Kammerdiener und Sekretär. Bereits 1971 war die Familie nach Bonn gefolgt. Ehefrau Christel arbeitete in der hessischen Landesvertretung, Sohn Pierre ging ins Gymnasium und die Schwiegermutter versorgte den Haushalt.

Trotz zunehmender Erkenntnisse der Sicherheitsbehörden wurde Brandt nur ganz oberflächlich vor dem Agenten gewarnt, und Guillaume blieb sogar in der Begleitmannschaft des Kanzlers für dessen Norwegenurlaub im Juli 1973. Dort gelang es dem Spion, NATO-Dokumente von höchster Brisanz mitzulesen und nach Ost-Berlin zu übermitteln. Am 24. April 1974 wurde das Ehepaar Guillaume in Bonn verhaftet. Am 6. Mai übernahm Willy Brandt „die politische Verantwortung für Fahrlässigkeiten im Zusammenhang mit der Agentenaffäre Guillaume“ und trat als Bundeskanzler zurück.

Genützt hat die Affäre niemandem. Markus Wolf bezeichnete sie später als die größte Niederlage seines Geheimdienstes und als Eigentor für die DDR. Nach einem Prozess 1975 verbrachte Christel Guillaume ihr Leben bis März 1981 im Kölner Gefängnis und ihr Mann bis Oktober 1981 in der Rheinbacher Haftanstalt. Nach der Begnadigung und Rückkehr in die DDR ließen sie sich scheiden. Der gemeinsame Sohn Pierre ging im Frühjahr 1988 mit seiner Frau und zwei Kindern zurück in den Westen. Seinen Namen hat er geändert. Er lebt von journalistischen Gelegenheitsarbeiten. Seine Mutter Christel wohnt, ebenfalls mit geändertem Namen, unerkannt und vereinsamt, irgendwo in Berlin. Ihre DDR-Orden hat sie 1993 für rund 26.000 DM nach Japan verkauft.

Günter Guillaume starb am 10. April 1995 und hat sich unter dem Namen seiner zweiten Ehefrau in Berlin Marzahn beerdigen lassen. Seinen letzten Wohnsitz, eine Villa vor Berlin, bekamen die rechtmäßigen Eigentümer zurück. Zum Namen Guillaume bekennt sich niemand mehr.

Hinweise
Zu Paul Laufer
Die im Auftrag des Ministeriums für Staatssicherheit anonym verfasste Schrift über ihn mit dem Titel „Deckname Stabil“ ist nur schwer zugänglich. Dieser Publikation wurden die meisten Fakten entnommen. Erwähnt wird er auch von Kaufmann u. a. in: Der Nachrichtendienst der KPD, S. 371 f.
Zu Christel und Günter Guillaume
Die Publikationen über den Spionagefall Guillaume sind so zahlreich, dass sie an dieser Stelle auch nicht annähernd vollständig genannt werden können. Aufgeführt sind einige wichtige Veröffentlichungen, die einen guten Einblick in die Handlungsweise und den Charakter der beiden Personen ermöglichen.
Über Günter G.: Quick, 3. und 10. 8. 1988 / Wolf: Spionagechef im geheimen Krieg, S. 263 ff. / Bohnsack: Hauptverwaltung Aufklärung. Die Legende stirbt, S. 24 f.
Über Christel G.: Auskünfte einer Kundschafterin. Armeerundschau, Berlin/Ost, Heft 11/1987 / Berliner Kurier, 30. 7. 1993 / Focus, 18. 10. 1993
Über beide: Birckholtz u. a.: Bericht der Kommission „Vorbeugender Geheimschutz“ / Anonym: Kundschafter des Friedens. Bd. I, S. 28 ff. / Guillaume, Günter: Die Aussage.

Friedrich Cremer – Spion ohne Motiv?

Am 29. Juni 1978 kamen in Stockholm auf getrennten Routen zwei Ehepaare und ein einzelner Herr aus der DDR an. Sie waren noch nicht im Rentenalter und wiesen sich mit Diplomatenpässen aus. Das eine Ehepaar bezog die Wohnung eines Mitarbeiters der DDR-Botschaft, der urlaubsbedingt abwesend war. Die anderen Reisenden wohnten in einem Vorort der schwedischen Hauptstadt. Der schwedische Geheimdienst hielt es für geboten, die Herrschaften genau zu beobachten und bis zum 4. Juli 1978, dem Abreisetag, immer wieder zu fotografieren. Ein Bericht über ihre Aktivitäten, untersetzt mit vielen Fotos, ging an die befreundeten deutschen Dienste, den Bundesnachrichtendienst und das Bundesamt für Verfassungsschutz.

Dort musste man die Unterlagen zunächst resignierend zu den Akten nehmen, weil nicht feststellbar war, um wen es sich bei den Reisenden handelte. Die Namen in den Diplomatenpässen waren mit Sicherheit Decknamen und die Gesichter auf den Fotografien in keiner Kartei zu finden. Doch am 19. Januar 1979 lief Oberleutnant Werner Stiller aus dem Ministerium für Staatssicherheit in Ost-Berlin in die Bundesrepublik Deutschland über. Er erkannte die Personen auf den Fotografien. Zur großen Freude der bundesdeutschen Spionageabwehr hatte man erste aktuelle Bilder des Chefs der DDR-Auslandsspionage, Generalleutnant Markus Wolf und seiner damaligen Ehefrau Christa, sowie seines Stellvertreters, Generalmajor Werner Großmann, vor sich. Beim zweiten Paar handelte es sich um einen Dr. Hans Richter und seine angebliche oder tatsächliche Ehefrau. Sie waren mit Sicherheit Untergebene von Wolf. Wie sie wirklich hießen, ist bis heute nicht bekannt.

Friedrich Cremer auf dem Weg ins Gerichtsgebäude, Februar 1980

Nun lohnte es sich, alle Personen genau zu prüfen, die außerdem auf den Fotografien erkennbar waren. Nachdem man Kellner, Verkäuferinnen und zufällige Straßenpassanten ausgeschieden hatte, blieb ein Mann im Fadenkreuz der Ermittler hängen. Es war der 1920 geborene Arzt **Dr. Friedrich Cremer**, Mitglied des Bayerischen Landtages, Bürgermeister im unterfränkischen Markt Triefenstein und Mitglied des Parteirates der SPD, der am 30. Januar 1979 nach Aufhebung seiner Abgeordnetenimmunität verhaftet wurde. In den anschließenden Vernehmungen gab Cremer zu, seit Oktober 1974 Dr. Richter zu kennen, der ebenfalls in Stockholm gewesen war. Das Zusammentreffen mit Markus Wolf an einem Sonntagmorgen, dem 1. Juli 1978, erwähnte er dagegen von sich aus nicht.

Cremer verblieb drei Wochen in Untersuchungshaft und erhielt dann gegen Stellung einer Kaution in Höhe von 300.000 DM bis zum Prozessbeginn Haftverschonung. Die Ermittlungsbehörden standen von Anfang an unter starkem politischen Druck, den später auch das Gericht zu spüren bekam. Der Tenor in maßgeblichen Presseorganen wie „Süddeutsche Zeitung", „Frankfurter Rundschau", „Die Zeit", „Der

Spiegel" und „Deutsches Allgemeines Sonntagsblatt" war von Anfang an: Cremer sei unschuldig, geheimdienstliche Agententätigkeit sei ihm völlig wesensfremd und deshalb auszuschließen, der einschlägige § 99 des Strafgesetzbuches werde völlig überdehnt, um eine Anklageerhebung zu rechtfertigen. Er könne gar nichts verraten, denn er interessiere sich nur für Sozial- und Gesundheitspolitik und in diesen Bereichen gebe es keine Staatsgeheimnisse. Hunderte von SPD-Mitgliedern versicherten ihm ihre Sympathie. Laut „Spiegel" waren darunter auch Willy Brandt, Herbert Wehner und Hans Koschnick, die ihm im Dezember 1979 Kartengrüße vom Parteitag der SPD in Berlin zukommen ließen.[1] Der ehemalige Bundesinnenminister Hermann Höcherl (CSU) übernahm demonstrativ, zusammen mit dem prominenten Anwalt Hermann Messmer, Cremers Verteidigung. Beide Anwälte, besonders Höcherl, ließen gegenüber der Presse durchblicken, dass sie den anstehenden Prozess für eine blödsinnige Farce hielten.

Als er am 12. Februar 1980 vor dem Bayerischen Obersten Landesgericht eröffnet wurde, hatte die Anklage einen schweren Stand, denn eine lange Reihe von Entlastungszeugen machte geltend, dass man Cremer höchstens Hilfsbereitschaft, Gutmütigkeit, Arglosigkeit, Vertrauensseligkeit und Naivität vorwerfen könne, Charaktereigenschaften, die schließlich nicht strafbar seien. Persönliche und politische Bekannte Cremers berichteten, dass der Angeklagte in privaten Dingen sehr offenherzig sei. Jedermann wusste, dass er in Markt Triefenstein seine Arztpraxis betrieb, seine Ehefrau dort die Bürotätigkeit erledigte und das Ehepaar drei erwachsene Kinder hatte. Jedermann, der es wissen wollte, erfuhr aber auch, dass Cremer wegen seiner Abgeordnetentätigkeit in München eine Wohnung unterhielt, dort eine Freundin hatte, die er als seine politische Privatsekretärin beschäftigte, mit der er ab und an verreiste sowie gemeinsame Bekannte besuchte.

Die Prüfung der Vermögensverhältnisse ergab, dass Cremer sich diesen Lebensstil mit seinen Einkommen als Arzt, Bürgermeister und Landtagsabgeordneter durchaus leisten konnte und keine Schulden hatte. So brachten die Zeugen, unter ihnen die ehemalige Gesundheitsministerin Käthe Strobl (SPD) und der fränkische Bezirksvorsitzende der SPD Bruno Friedrich, immer wieder vor, dass der Angeklagte kein Motiv für Spionagetätigkeit habe. Außerdem sei er als Abgeordneter und Inhaber vieler politischer Ämter verpflichtet, mit jedem zu sprechen, der mit ihm sprechen wolle. Als während des Prozesses am 16. Februar 1980 Cremers 60. Geburtstag gefeiert wurde, erklärte der Bundestagsabgeordnete Lambinus: „Wir glauben unbeirrbar an dich und werden dir die Treue halten."[2]

Das Gericht hielt nach Einholung eines psychiatrischen Gutachtens übersteigerten Geltungsdrang des Angeklagten für ein mögliches Tatmotiv, konzentrierte sich aber vor allem auf die Fakten – und die sprachen für eine geheimdienstliche Agententätigkeit, denn Dr. Hans Richter, oder wie immer er hieß, hatte Cremer zwischen Oktober 1974 und Juli 1978 mindestens elf Besuche an seinem Heimatort oder in München abgestattet. Er stellte sich dem Angeklagten zunächst als Autor des Aufbau-Verlages aus Berlin vor, der Material für ein Buch über Gesundheitspolitik sammele. Spätestens beim dritten Besuch muss Cremer deutlich geworden sein, dass Richter aus Ost-Berlin kam und kein gewöhnlicher Reisender aus der DDR war, denn er stand noch nicht im Rentenalter und durfte offensichtlich frei reisen sowie weitere Zusammentreffen im damaligen Bundesgebiet verabreden. Als Gastgeschenke brachte er nicht nur medizinische Bücher und Gesetzestexte, sondern auch postfrische Briefmarkensätze mit, deren Ausfuhr aus der DDR streng verboten war.

Außerdem bestellte Richter Grüße des einzigen Bekannten Cremers in der DDR, einem Fußballtrainer aus Thüringen, zu dem Cremers Familie lockere Beziehungen unterhielt. Wem dieser eigenartige Zufall noch nicht zu denken gab, musste spätestens darüber stutzig werden, dass sich Richter bei seinen künftigen Besuchen über die ganze Bandbreite politischer Themen unterhielt, dagegen von seinem Buchprojekt nicht mehr sprach, vor allem aber nie eine Adresse oder Telefonnummer hinterließ, unter der er in der DDR zu erreichen war.

Im Frühjahr 1978 erzählte Cremer seinem Besucher, dass er, zusammen mit seiner Freundin, einen Kurzurlaub in Stockholm verbringen wolle. Richter machte ihm nun den Vorschlag, gleichfalls nach Stockholm zu kommen, ihm bei dieser Gelegenheit seine Frau vorzustellen und Cremer mit Richters Vorgesetzten zusammenzubringen, der ihn schon längst einmal kennenlernen wollte. Cremer akzeptierte, fuhr mit seiner Freundin nach Stockholm, logierte mit ihr im Hotel Sheraton, absolvierte das übliche Touristenprogramm und provozierte am Sonntagmorgen des 1. Juli 1978 einen kurzen Streit, in dessen Verlauf er ihr erklärte, sich zunächst einmal alleine die Beine vertreten zu wollen.

Danach traf er verabredungsgemäß und pünktlich das Ehepaar Richter in der Halle seines Hotels und wurde von den beiden zu Markus Wolf gebracht, der sie in der schon beschriebenen Stockholmer Wohnung erwartete. An das Gespräch mit Wolf schloss sich ein Picknick mit dem Ehepaar Richter in einem öffentlichen Park an. Erst in der späten Mittagszeit kehrte Cremer ins Hotel zurück, erklärte seiner empörten Freundin, dass er sich in der Stadt verlaufen hätte und ging mit ihr zum

Mittagessen. Erst während der Ermittlungen gegen Cremer erfuhr sie den Grund für sein langes Ausbleiben.

Es ist sehr wahrscheinlich, dass Cremer während des Stockholmer Treffens nicht gewusst hatte, Markus Wolf gegenüber zu stehen, der sich ihm als Dr. Werner vorstellte. Er muss jedoch gewusst haben, dass es sich um eine hochrangige Persönlichkeit aus dem Nachrichtendienst der DDR handelte. Nach Würdigung dieser Fakten kam das Gericht zu der Überzeugung, dass es Cremer bewusst gewesen sein musste, Kontakte zum Geheimdienst einer fremden Macht zu unterhalten. Das darf niemand, ohne sich zu offenbaren.

Cremer musste nicht unbedingt Staatsgeheimnisse ausplaudern, denn jede Weitergabe einer Information an erkannte Mitarbeiter eines fremden Geheimdienstes ist strafbar, zum Beispiel die Überlassung von Adressen und Telefonverzeichnissen. Außerdem hatte ein Mann wie Cremer mehr Kenntnisse und Einblicke als ein gewöhnlicher Zeitungsleser, vor allem in Personalfragen. Nicht auszuschließen ist jedoch, dass er angesichts der allgemeinen Sorglosigkeit in Geheimdienstangelegenheiten, die in der alten Bundesrepublik Deutschland vorherrschend war, sein Verhalten für harmlos hielt.

Das Gericht verurteilte ihn am 16. Mai 1980 zu einer Freiheitsstrafe von zweieinhalb Jahren, zu den Kosten des Verfahrens sowie auf drei Jahre zum Verlust der Fähigkeit, öffentliche Ämter zu bekleiden oder in sie gewählt zu werden. Cremers politisches Leben war damit ruiniert. Seine Einsprüche gegen das Urteil vor dem Bundesgerichtshof und dem Bundesverfassungsgericht blieben erfolglos. Nach einer Strafverbüßung von vierzehn Monaten, von denen er sechs Monate als Freigänger verbrachte und als Arzt in der eigenen Praxis arbeitete, begnadigte ihn Bundespräsident Carstens.

1 Der Spiegel 1980/7/64

2 Deutsches Allgemeines Sonntagsblatt, 24. 2. 1980

Hinweise

Deutsches Allgemeines Sonntagsblatt, 24. 2. 1980 / Deutschland Magazin 1982/8 / Rheinischer Merkur, 22. 2. 1980 / Der Spiegel 1979/6/108 f., 1980/7/64 ff., 1980/8/78 ff., 1980/16/133 ff., 1980/21/131 f., 1981/6/204, 1982/51/184 / Die Zeit, 22. 2. und 23. 5. 1980

Bild am Sonntag, 26. 4. 1981 / Frankfurter Allgemeine Zeitung, 13. 2. 1980 und 28. 3. 1981 / Frankfurter Rundschau, 12. 2. 1980, 13. 3. 1980, 14. 3. 1980 und 9. 4. 1980 / Kölner Stadt-Anzeiger, 14. 2. 1980, 15. 2. 1980 und 27. 6.

1981 / Münchner Merkur, 28. 2. 1980 und 27. 6. 1981 / Süddeutsche Zeitung, 13. 2. 1980, 14. 2. 1980, 29. 2. 1980, 5. 3. 1980, 6. 3. 1980, 7. 3. 1980, 13. 3. 1980, 14. 3. 1980, 9. 10. 1980, 28. 1. 1981 und 14. 12. 1982 / Die Welt, 21. 2. 1980

Von den Affären der Romeos und Julias

Obwohl Frauen zu allen Zeiten und unter den verschiedensten gesellschaftlichen Bedingungen in der Spionage unverzichtbar waren, ist ihr Gesamtanteil an Spionagedelikten prozentual gering. Andererseits ist das Presseecho, das eine entdeckte weibliche Geheimagentin auslöst, in der Regel wesentlich größer als nach der Entlarvung männlicher Kollegen. Wenn die Spionin aber aufgrund einer Liebesbeziehung zu einem sogenannten Romeo tätig geworden ist, überschreitet die Berichterstattung, besonders in der Boulevardpresse, jedes vernünftige Maß. Die Einzelfälle sind meist höchst trivial. Worum geht es grundsätzlich?

Um Zugang zu Geheiminformationen zu bekommen, bahnt ein attraktiver und gut aussehender Agent eines fremden Nachrichtendienstes – ein Romeo – planmäßig und zielstrebig eine Liebesbeziehung zu einer Sekretärin oder Sachbearbeiterin in einer Behörde oder in einem wichtigen Betrieb an. Aus Zuneigung, Aussicht auf eine dauerhafte Beziehung und aus Angst, den gefundenen Partner sonst wieder zu verlieren, ist die Frau bereit, ihrem angeblichen Freund Geheimmaterial zugänglich zu machen und sich beharrlich um die Informationen zu bemühen, die er haben möchte. Durch die Annahme von Geld und wertvollen Geschenken wird die Abhängigkeit und Erpressbarkeit der Frau systematisch vergrößert, so dass sie in vielen Fällen auch nach dem Abzug des Partners selbstständig weiterarbeitet oder sogar mit einem neuen Agenten, der ihn ablöst, die bisherige Spionagetätigkeit fortsetzt.

Dieser gezielte Einsatz der Sexualität als Waffe im Spionagekampf stößt mit Recht auf großen Abscheu in weiten Bevölkerungskreisen, und deshalb wird jeder Presseartikel über diese Thematik mit besonderer Aufmerksamkeit zur Kenntnis genommen. Dabei wird oft übersehen, dass der Staatssicherheitsdienst der DDR nicht der Erfinder dieser Methode war, sondern sie nur perfektioniert und die Zahl der Anwendungen erheblich vergrößert hat.

Bis zum Ende des Ersten Weltkrieges spielte diese Art der Verführung von Frauen zur Spionage keine Rolle, denn auf den Sekretärsplätzen in Schreibstuben der Militärdienststellen und in den Büros des Kriegsministeriums saßen junge Offiziere mit niedrigen Diensträngen. Aufgrund einer puritanischen Kadettenerziehung völlig unerfahren im Umgang mit dem weiblichen Geschlecht, wurden einige von ihnen, nachdem man sich gründlich über ihre Lebensverhältnisse und Charaktereigenschaften informiert hatte, leichte Opfer reifer Frauen, die man zielgerichtet auf sie angesetzt hatte, um ihnen Geheiminformationen zu entlocken. Diese oft bedauernswertn jungen Männer wurden nach der Entdeckung ihrer Spionagetätigkeit in allen europäischen Staaten auch im Frieden zu langen entehrenden Zuchthausstrafen verurteilt, die ihre gesellschaftliche Reputation auf Dauer zerstörten und ihre Gesundheit ruinierten. Mit Milde oder Mitgefühl hatten sie nicht zu rechnen.

Nach dem Ersten Weltkrieg durfte Deutschland aufgrund der Bestimmungen des Versailler Vertrages nur noch eine Freiwilligenarmee – die Reichswehr – in Höhe von 100.000 Mann unterhalten. Diese Truppe reichte lediglich zum Schutz der deutschen Ostgebiete gegen eine militärische Bedrohung aus Polen. Um junge Offiziere möglichst nur im Truppendienst verwenden zu können, wurden Sekretariatsposten im Reichswehrministerium jetzt mit weiblichen Zivilangestellten besetzt. Es handelte sich meist um junge Damen aus adligen Offiziersfamilien, die man für besonders zuverlässig hielt. Sie nahmen teilweise Posten bis zum Majorsrang ein, wurden aber sehr schlecht besoldet. Folglich mussten sich die geheimdienstlichen Methoden ändern. Der polnische militärische Nachrichtendienst beschloss deshalb, bei diesen Frauen anzusetzen, um Geheimmaterial zu erhalten, und schickte einen perfekten Romeo nach Berlin.

Jerzy Sosnowski wurde am 3. Dezember 1896 als Sohn eines Elektroingenieurs in Lemberg geboren. Als Absolvent eines humanistischen Gymnasiums trat er bei Ausbruch des Ersten Weltkrieges in ein österreichisches Ulanenregiment ein, wurde im Dezember 1914 zum Leutnant, im Oktober 1917 zum Oberleutnant befördert und erhielt eine vielseitige militärische Ausbildung, sogar den Pilotenschein als Militärflieger. Nach der Wiederentstehung des polnischen Staates trat er 1918 in ein polnisches Ulanenregiment ein, wurde 1919 zum Rittmeister befördert, nahm 1920/21 am Krieg zwischen Polen und Sowjetrussland teil und bekam viermal das Tapferkeitskreuz. Der hochintelligente und sportliche Offizier genoss das volle Vertrauen seiner höchsten Vorgesetzten und wurde deshalb mit einer Sondermission beauftragt.

Jerzy Sosnowski,
Aufnahme ca. 1928

Im Alter von 29 Jahren pro forma aus dem Militärdienst entlassen, übersiedelt er im März 1926 mit seiner 18 Jahre älteren Frau sowie sechs Turnierpferden nach Berlin und gibt sich dort als reicher polnischer Adliger aus. Er nennt sich jetzt Baron Georg von Sosnowski, Ritter von Nalecz, und ist angeblich Mitglied einer „Übernationalen Organisation zum Kampf gegen den Bolschewismus". In erster Linie nimmt er jedoch am gesellschaftlichen Leben Berlins teil. Dazu hat er alles, was man braucht: blendendes Aussehen, gute Manieren, Erfolge als Turnierreiter, vor allem aber viel Zeit und unbegrenzte Geldmittel. Während seiner sieben Jahre dauernden Tätigkeit soll er aus polnischen Quellen etwa eine Million Reichsmark bekommen haben. Das war die Hälfte des Budgets, das dem polnischen Geheimdienst für die strategische Aufklärung in Deutschland zur Verfügung stand.

Sosnowski nimmt aber nicht nur Einladungen an, sondern gibt oft selbst große Abendgesellschaften, zu denen bis zu hundert Gäste erscheinen, unter ihnen Diplomaten, Offiziere, SA-Führer, hohe Beamte und bekannte Schauspieler. Selbst Prinz Eitel Friedrich, Sohn des letzten Kaisers, findet sich hin und wieder ein. Sein Ziel, ins Reichswehrministerium zu gelangen, lässt Sosnowski dabei nie aus den Augen und verwendet viel Zeit und seine ganze Energie vor allem darauf, die geeigneten Damenbekanntschaften zu machen.

Bereits im April 1926 trifft er auf der Rennbahn in Berlin-Karlshorst **Benita von Falkenhayn** wieder, die er bereits von Reitturnieren in Zoppot kennt. Sie ist am 18. August 1900 in Berlin geboren und die Ehefrau eines Oberleutnants a. D. und bekannten Turnierreiters. Ihr Mann hat durch Grundstücksspekulationen sein gesamtes Vermögen verloren, so dass sie als äußerst schlecht bezahlte Sekretärin im Reichswehrministerium mit einem Monatsgehalt von ungefähr 100 Reichsmark in bescheidensten Verhältnissen leben muss.

Sosnowski geht systematisch vor. Später schilderte er selbst seine Methoden so:

„Es kam darauf an, die in Aussicht genommene und anzuwerbende Agentin wochenlang, mitunter monatelang, zunächst psychologisch zu bearbeiten und suggestiv zu beeinflussen, damit eines Tages ganz aus ihr selbst heraus der Wunsch entstand, in meiner Spionage mitzuarbeiten."[1]

Benita von Falkenhayn

Sosnowski schenkt Benita von Falkenhayn zuerst kostbare Blumenarrangements und teure Bonbonnieren, später wertvolle Pelze und sogar ein Auto. Es dauert nicht lange, bis sie seine Geliebte wird. Bei passender Gelegenheit eröffnet er ihr, dass er für den polnischen Geheimdienst arbeitet und auf ihre Mithilfe angewiesen ist. Sosnowski wörtlich:

„Zuerst sagte ich Frau von Falkenhayn, was und wer ich bin, was ich hier tue; ich erklärte es sehr mild. Ich spielte zwei Momente aus, und zwar, dass ich gegen eine Regierung tätig sei, die damals mit den Sowjets assoziiert und die außerdem sehr scharf links eingestellt war. Mit allen Mitteln habe ich versucht, ihr die Sache schmackhaft zu machen, um eine Absage zu vermeiden. Ich wusste, dass sie mir im Moment des Erzählens so stark zugeneigt war, dass ihr ein Neinsagen schwer geworden wäre. Es bestand ein gewisses Hörigkeitsgefühl von ihr zu mir.

Ich hatte sie bewusst des öfteren ausgeführt, Lokale und Theater mit ihr besucht, ihren Geschmack entwickelt und dadurch einen Anreiz für schöne Garderobe geschaffen. Sie hatte sich an meine Großzügigkeit gewöhnt. Sie war zuerst sprachlos, denn sie beherrschte das Thema Spionage so wenig, dass sie sich in ihre Rolle gar nicht hineindenken konnte. Fast ein ganzes Jahr dauerte ihre Einführung. In dieser Zeit habe ich gar nichts von ihr verlangt. Nur musste sie erst lernen, Geld auszugeben, sich gut zurechtzumachen, sich schick anzuziehen, zu schminken und sich auf das vorzubereiten, was ich mit ihr vorhatte. Erst wenn sie soweit war, konnte ich etwas von ihr verlangen.

Ich schlug ihr ein Gehalt von 1.000 Mark vor. Sie war erstaunt über die Höhe, da sie solche Summen nicht gewohnt war. Das war meine Absicht, um sie zu berauschen und ihr den Entschluss zu erleichtern. Als Druckmittel sagte ich ihr auch, ich müsse abreisen, wenn sie nicht mit mir zusammenarbeite. Ich kannte aber ihre tiefe Zuneigung zu mir. Nach ihrem Zögern habe ich ihr zugeredet und 2.000 RM in die Hand gedrückt und zur Sicherheit eine Quittung verlangt, welche ich an meine Auftraggeber in Warschau gesandt habe. Zuerst schien mir dies ratsam. Später fielen die Quittungen sogar fort."[2] Frau von Falkenhayn soll den polnischen Geheimdienst im Laufe von sieben Jahren 125.000 RM gekostet haben. Allerdings hat sie Sosnowskis Erwartungen auch voll und ganz gerechtfertigt. Sie macht ihn mit vielen Leuten in Berlin bekannt, so mit Hauptmann Günther Rudloff, einem Pferdenarren und leidenschaftlichen Spieler, der in ständiger Geldnot ist. Sosnowski gibt ihm ein Darlehen von 2.000 RM zur Begleichung seiner Schulden und schlägt ihm einige Zeit später die geheimdienstliche Zusammenarbeit vor. Rudloff geht darauf ein. Er ist in der Abwehrstelle des Wehrkreiskommandos III in Berlin beschäftigt und leitet dort das Polen-Referat, das heißt, er hat den vollen Überblick über die deutsche Spionage in Polen und die Abwehr polnischer Agententätigkeit in Deutschland. Rudloff liefert Sosnowski in der Folgezeit nicht nur laufend Geheimmaterial gegen Bezahlung, sondern verspricht ihm auch, ihn rechtzeitig zu warnen, falls ihn die Abwehr als Spion verdächtigen sollte.

Im Winter 1927 stellt Benita von Falkenhayn Sosnowski ihre Schulfreundin **Irene von Jena** vor, die am 27. Februar 1899 als älteste Tochter eines Generals geboren wurde und im Reichswehrministerium als Landesschutzangestellte im Majorsrang tätig ist. Ihr Nettogehalt beträgt 180 RM im Monat. Davon muss sie nicht nur selbst leben, sondern noch ihre alte Mutter mitversorgen. Im Ministerium bearbeitet sie nur Geheimsachen, hat Einblick in den gesamten Heeresetat und den Ausrüstungsstand der Truppe.

Irene von Jena

Sosnowski beauftragt Benita, Irene von Jena vorzuspiegeln, dass ein britischer Journalist, der sich der Bekämpfung des Kommunismus widmet, an geheimen Materialien aus dem Reichswehrministerium interessiert ist und gut dafür zahlen will. Irene zögert zunächst, weil sie weiß, was Landesverrat bedeutet, willigt aber schließlich trotzdem ein, denn sie möchte sich endlich modische Kleider kaufen. Im März 1928 gelingt es ihr, überzählige Schreibmaschinendurchschläge, die den Reichswehretat betreffen, in eine Zeitung zu wickeln und, vom Wachtposten unbemerkt, aus dem Amt zu schleusen. Drei Tage später erhält sie von Benita den ersten Spionagelohn: 20 Pfund Sterling, was damals etwa 400 RM entsprach.

Im Mai 1928 laden Benita und Sosnowski sie zu einer zweiwöchigen Autotour an die Riviera ein. Irene kennt Sosnowskis wahre Rolle nicht und weiß auch nicht, dass er der „Engländer" ist, an den sie das Geheimmaterial liefert. Noch neunmal übergibt sie an Benita Durchschläge wichtiger Dokumente, natürlich gegen Bezahlung. Nach einem Jahr überwiegen jedoch ihre Bedenken, so dass sie die Lieferungen einstellt, aber die freundschaftlichen Beziehungen zu Benita und Sosnowski weiter aufrechterhält.

Renate von Natzmer

So kommt es, dass sie die beiden im Sommer 1928 „zufällig" mit ihrer Arbeitskollegin **Renate von Natzmer** bekannt macht. Sie wurde am 9. Juni 1898 im pommerschen Borkow geboren und in einem Adelsstift sowie in der Kunstgewerbeschule ausgebildet. Nach zweijähriger Ehe wurde sie geschieden, nachdem ihr Mann die gesamte Mitgift verschwendet hatte. Das elterliche Rittergut, von ihrem Bruder heruntergewirtschaftet, war bereits 1926 zwangsversteigert worden. Durch Vermittlung ihres Onkels, Reichspräsident von Hindenburg, im Reichswehrministerium angestellt, ist sie inzwischen ebenfalls Landesschutzbeauftragte im Majorsrang. Sie ist mit geheimen Kommandosachen bei der Inspektion der Kraftfahrtruppen betraut und erhält ein Monatsgehalt von 190 RM.

Renate von Natzmer wird Sosnowskis erfolgreichste Agentin. Zunächst bekommt sie von Benita ihre Aufträge, die wieder ihr Märchen vom antikommunistischen britischen Journalisten erzählt. Doch als es bei dem gelieferten Material immer häufiger zu Rückfragen aus Warschau kommt, die an Renate weitergeleitet und von ihr beantwortet werden müssen, wird Benitas Zwischenschaltung zu umständlich. Sosnowski übernimmt nach einiger Zeit den Kontakt selbst und macht der Einfachheit halber auch Renate zu seiner Geliebten. Beide Damen wissen vom Verhältnis der jeweils anderen zu ihm, was die geheimdienstliche Arbeit jedoch nicht beeinträchtigt. Im Gegenteil, Benita, von ihrem ersten Ehemann geschieden und danach kurzzeitig mit einem Herrn von Berg verheiratet, wird immer mehr an Geld interessiert und ermuntert Renate, in ihren finanziellen Forderungen ebenfalls nicht kleinlich zu sein.

Im Jahr 1929 wird Renate von Natzmer nach und nach der streng geheime Aufmarschplan gegen Polen diktiert. Das war ein Konvolut von 200 Schreibmaschinenseiten, das die Mobilisierungsdokumente, die geplante Auffüllung des Heeres auf 300.000 Mann, die Gliederung der Wehrkreise und andere wichtige Maßnahmen enthielt, die eklatant gegen den Versailler Friedensvertrag verstießen. Jeden Abend werden die fertigen Seiten des streng geheimen Planes mit allen Durchschlägen in einen Panzerschrank eingeschlossen. Doch Renate verfügt über den Schlüssel.

Im September 1929 gelingt es ihr, den ganzen Originalpacken von 200 Seiten nach Büroschluss aus dem Reichswehrministerium mitzunehmen und ihn über Benita einer Sekretärin des polnischen Geheimdienstes zuzuleiten, die in der Nacht in einer konspirativen Wohnung in Berlin sämtliche Seiten fotografiert. Am nächsten Morgen erhält Renate den Plan zurück und legt ihn wieder an seinen Platz im Panzerschrank. Um ihn aus dem Ministerium heraus- und wieder hineinzubringen, hatte sie das Konvolut nur mit ihrer Strickjacke umhüllt.

Sosnowski schickt die ersten 70 Seiten sofort mit einem Sonderkurier nach Warschau. Dort reagiert man jedoch gar nicht so, wie er sich das vorgestellt hatte:

„Schon wenige Tage nach Absendung der Probelieferungen nach Warschau kam bereits einer meiner Auftraggeber nach Berlin gefahren. Er berichtete mir, in Warschau hätte man sich an den Kopf gefasst, wie es möglich sei, dass eine Frau zu so wichtigen Dokumenten überhaupt Zutritt haben könne. Man sei im polnischen Generalstab der Ansicht, dass absichtlich falsches Material in die Schränke gelegt worden sei. Ich versuchte, seine Zweifel zu entkräften und wies ihn darauf hin, dass das, was Frau von Natzmer bisher geliefert hat, alles echt gewesen ist. Daher müsse der Aufmarschplan doch auch echt sein."[3]

Der Streit zwischen Sosnowski und der Warschauer Zentrale geht noch eine Weile hin und her, aber da Vorgesetzte immer Recht haben, wird der Aufmarschplan als gegnerisches Spielmaterial abgelegt und Renate von Natzmer bekommt keinen Pfennig dafür. Anfang 1930 reduziert Sosnowski sogar ihre monatliche Vergütung von 800 auf 500 RM. Doch Benita und Renate haben sich gemeinsam etwas einfallen lassen. Sie erfinden einfach zwei weitere Agentinnen im Reichswehrministerium, für die sie selbstverständlich ebenfalls Geld brauchen, und Sosnowski zahlt monatlich 400 RM extra. Renate bleibt auch sonst sehr emsig. Sie besorgt Akten, aus denen die geheime Zusammenarbeit zwischen der Roten Armee und der Reichswehr detailliert hervorgeht. Damit liefert sie den ersten Beweis für einen Tatbestand, von dem die fremden Geheimdienste bisher nur gerüchteweise erfahren hatten.

Spätestens seit 1926 existierte ein Geheimvertrag zwischen der Sowjetunion und dem Deutschen Reich. Danach durfte die Reichswehr eine Flieger- und Kampfwagenschule in Lipezk an der Kama, 800 Kilometer östlich von Moskau, unterhalten, wo bis Ende 1933 deutsche Soldaten als Militärpiloten und Panzerfahrer ausgebildet wurden und deutsche Offiziere, unter ihnen der spätere Generaloberst Heinz Guderian, den gefechtsmäßigen Einsatz dieser Waffen im Manöver übten. Alles Dinge, die nach den Bestimmungen des Versailler Vertrages nicht erlaubt waren. Die Deutschen erprobten dort außerdem Flugzeug- und Panzertypen, die die eigene Industrie, ebenfalls geheim, inzwischen entwickelt hatte. Im Gegenzug kamen Hunderte sowjetische Stabsoffiziere, unter ihnen der spätere Marschall Schukow, zur Ausbildung an Lehranstalten der Reichswehr nach Deutschland.

Die Berichte und Vermerke über diese Zusammenarbeit waren im Reichswehrministerium als „Kama-Akte”, benannt nach dem gleichnamigen Fluss, zusammengefasst worden. Nicht mehr benötigte Schriftstücke wurden regelmäßig aussortiert und dem Verbrennungsofen zugeführt.

Letzteres obliegt Renate von Natzmer, der es gelingt, 50 Dokumente vor der Verbrennung zu bewahren, aus dem Ministerium zu schmuggeln und an Sosnowski weiterzugeben, allerdings nur noch ratenweise und gegen sofortige Bezahlung. Außerdem liefert sie zahlreiche weitere Schriftstücke, die sie eigentlich verbrennen lassen sollte. Von ihr bekommt der polnische Geheimdienst alles, was er braucht, um sich ein vollständiges Bild von der Aufrüstung der deutschen motorisierten Verbände, besonders der Panzerabteilungen, machen zu können. Zwischen Oktober 1928 und Oktober 1933 soll sie über 200 Geheimdokumente ausgeliefert und dafür 50.000 RM erhalten haben.

Doch auch die längste und erfolgreichste Spionagetätigkeit hat einmal ein Ende. Herbeigeführt wurde es nicht durch die systematische Überwachungsarbeit von Abwehr und Politischer Polizei, sondern durch Sosnowskis zunehmende Zügellosigkeit und seinen bodenlosen Leichtsinn. Bereits am 10. Mai 1932 erschien die Boulevardzeitung „Berliner Tribüne“ mit den Schlagzeilen: „Wer ist Rittmeister von Sosnowski? In geheimer Mission? Seine Beziehungen zu Benita von F.“. Lanciert hatte diesen Artikel Anneliese Gräfin Bocholtz, eine Bekannte Sosnowskis.

Als er seine Eltern nach Berlin eingeladen hatte, war ihr aufgefallen, dass es Leute aus einfachen bürgerlichen Verhältnissen waren und keine steinreichen Gutsbesitzer, die dem angeblichen Baron und Ritter von Nalecz sein aufwendiges Leben ermöglichten. Doch der Artikel verpuffte zunächst wirkungslos. Schwerwiegender war schon, dass den militärischen Vorgesetzten der drei adligen Damen im Reichswehrministerium nun endlich deren kostspieliger und verschwenderischer Lebensstil auffällt, der in keinem Verhältnis zu ihren Einkommen und den Lebensumständen in den Elternhäusern steht. Diskrete Nachforschungen werden veranlasst. Unabhängig davon ist Renate von Natzmer am Ende ihrer Nerven und gibt ihre Stellung auf.

Die verhängnisvollsten Fehler macht Sosnowski allerdings selbst. Im Herbst 1933 bestellt ihn eine ehemalige Geliebte ins Berliner St. Franziskus-Krankenhaus. Sie liegt im Sterben und gesteht ihm, dass die deutsche Abwehr sie vor einiger Zeit beauftragt habe, Beweise für seine Spionagetätigkeit zu sammeln. Sie warnt ihn vor Personen, die auf ihn angesetzt sind und nennt ihm deren Namen. Trotzdem flüchtet Sosnowski nicht, sondern macht unbekümmert weiter wie bisher.

Anfang Oktober 1933 lernt er bei einem Kurzaufenthalt in Budapest die Schönheitstänzerin Lea Rosa Kruse kennen, die am 13. April 1908 als Tochter einer Schauspielerin in Hamburg geboren wurde, sich bei ihren Auftritten Niako nennt und bereits als Kind Tänzerin am Hof des Kaisers von Äthiopien war. Sie hat eine attraktive Figur, pechschwarze Haare und einen braunen Teint. Sosnowski verfällt ihr hoffnungslos, scheint an Realitätsverlust zu leiden und kann zwischen Lüge und Wahrheit nicht mehr unterscheiden. Ihr gegenüber gibt er sich als Kunstkenner mit guten Beziehungen zu Filmgesellschaften aus, dem es leicht falle, ihr Engagements zu verschaffen. Am 28. Oktober 1933 sendet er ihr einen Scheck und die Einladung, nach Berlin zu kommen. Als sie mit ihrer Mutter dort eintrifft, bemerkt sie bald, dass er ihr die versprochenen Filmrollen und andere künstlerische Engagements gar nicht besorgen kann, dass er zahlreiche Liebschaften gleichzeitig unterhält und sie vollständig von seinen Zuwendungen abhängig ist.

Bereits Mitte Dezember 1933 eröffnet er ihr, dass sie in Berlin als Spionin tätig werden soll. Er will sie zunächst anlernen und ihr später – einer 25 Jahre alten Tänzerin! – sein ganzes Netz übergeben. Nach dieser Einleitung gibt er ihr Geld für die Anmietung einer eleganten möblierten Vierzimmerwohnung in Berlin-Halensee und für die Ausrichtung von Abendgesellschaften. Sie soll sich trotzdem weiter um ihre künstlerische Karriere kümmern und Bücher über Spionage lesen, die er für sie ausgesucht hat.

Lea Kruse ist von Sosnowski menschlich enttäuscht und hat Angst, denn Spionage ist im Dritten Reich eine äußerst gefährliche Tätigkeit geworden. Deshalb vertraut sie sich einem Bekannten ihrer Mutter an, der seinen Freund, einen Polizeigeneral, informiert. Dieser mobilisiert die Gestapo, die sich wiederum mit der militärischen Abwehr in Verbindung setzt. Dort bekommt Kapitänleutnant Richard Protze den Fall in die Hand, ein Energiebündel und nicht gerade ein Muster an Feinfühligkeit. Lea Kruse erhält von ihm den Auftrag, alle Personen zu melden, die mit Sosnowski verkehren, und über alle wichtigen Aktivitäten zu berichten. Im übrigen habe sie den Mund zu halten.

Gefühlsmäßig hin- und hergerissen und materiell weiter von ihm abhängig, gesteht sie Sosnowski ihre Verbindungen zur Abwehr. Der ist hoch erfreut, lobt ihre Loyalität, und als Protze von Lea persönliche Aufzeichnungen Sosnowskis verlangt, übergibt er ihr Notizen, Kontoauszüge, Fotos und Telegramme, mit denen Protze nichts anfangen kann, zur Weiterleitung. Lea arrangiert sogar mehrmals in ihrer Wohnung Zusammenkünfte zwischen einem Fräulein Minnie Ulrich, in Wirklichkeit Protzes Sekretärin Lena Skrodzki, und Sosnowski. Die Versuche der Abwehragentin, ihn auszuhorchen, führen natürlich zu nichts, weil er genau über ihre Aufgabe im Bilde ist. Als das Verhältnis zwischen Sosnowski und Lea im Januar 1934 wieder inniger geworden ist, vertraut er ihr in einer Instruktionsstunde die Namen der drei adligen Damen an, erläutert ihr deren Arbeit und zeigt ihr sogar einen Tresorschlüssel von einem Panzerschrank im Reichswehrministerium. Er hatte ihn nach einem Wachsabdruck feilen lassen, den Renate von Natzmer angefertigt hatte.

Am 26. Januar 1934 bekommt Sosnowski einen dringenden Anruf aus Warschau, in dem ihm befohlen wird, sofort nach Polen zu kommen. Er ignoriert den Befehl und beauftragt Lea, der Abwehr zu melden, dass er in Kürze verreisen wolle. Sie kommt mit der Nachricht zurück, dass man seine Abreise verhindern und seine Spionagegruppe verhaften werde. Und das ist es, was Sosnowski wissen will. Er ordnet an, dass drei Agenten, die bis heute keiner kennt, sofort nach Polen flüchten.

Am Dienstag, dem 27. Februar 1934 gibt Lea einen Tanzabend im Robert-Schumann-Saal, der ein großer Erfolg wird, und Sosnowski lädt danach zahlreiche Personen in seine Wohnung am Lützowufer zu einer Premierenfeier ein. Auf dem Höhepunkt des Festes erscheint ungebeten die Gestapo. Sosnowski und Lea Kruse werden verhaftet. Gleichzeitig werden die drei adligen Spioninnen in ihren Wohnungen festgenommen. Lea hatte ihre Namen schon vorher an die Abwehr verraten.

Hitler ist außer sich, nachdem er vom ganzen Umfang der Spionageaffäre unterrichtet worden ist. Er lässt das geltende Landesverratsgesetz rückwirkend verschärfen, so dass auch die Verhängung der Todesstrafe möglich ist. Natürlich widersprach das rechtsstaatlichen Prinzipien, aber das Dritte Reich war eben kein Rechtsstaat.

Das weitere Schicksal der handelnden Personen war unterschiedlich. Kapitänleutnant Protze beförderte man wegen seiner Verdienste bei der Aufdeckung des Spionagefalles sofort zum Korvettenkapitän. Den Spionen dagegen wurde nach einjähriger Untersuchungshaft der Prozess gemacht und am 16. Februar 1935 verkündete das Gericht die Urteile gegen die Angeklagten. Über Benita von Falkenhayn und Renate von Natzmer wurde die Todesstrafe verhängt. Renates lückenloses Geständnis, das auch die anderen Angeklagten schwer belastete, war nicht als Milderungsgrund anerkannt worden. Bemühungen Sosnowskis, aus dem Gefängnis heraus die eigene Ehescheidung zu betreiben, um anschließend Benita heiraten zu können, waren erfolglos geblieben. Hitler hatte persönlich jedes Zugeständnis verboten. Durch eine Heirat mit Sosnowski wäre Benita automatisch polnische Staatsbürgerin geworden und damit sicher dem Tod entgangen. Am 17. Februar 1935 schrieb sie an Sosnowski:

„Lieber Jurek! In wenigen Stunden ist alles vorbei. In meinem ganzen Leben habe ich nur Dich geliebt. Ich verzeihe Dir alles, und ich hoffe, dass mir alles verziehen wird. Vielleicht wird die Heilige Jungfrau von Tschenstochau, vor deren Gnadenbild wir zusammen beteten – erinnerst Du Dich? – meine Fürsprecherin. Benita"[4]

Einen Tag später ist sie in Berlin-Plötzensee – ebenso wie Renate von Natzmer – hingerichtet worden.

Irene von Jena erhielt eine lebenslängliche Zuchthausstrafe, die sie bis zum Kriegsende 1945 verbüßte. Danach lebte sie zurückgezogen im damaligen West-Berlin. Als die Apollo-Filmgesellschaft 1954 den Fall Sosnowski verfilmte, beriet sie den Drehbuchautor Graf Soltikow und bekam dafür ein Honorar von 500 DM.

Der Haftbefehl gegen Lea Kruse, die ebenfalls ein Jahr in Untersuchungshaft verbracht hatte, wurde vom Gericht mit sofortiger Wirkung aufgehoben, nachdem sie sich erfolgreich gegen den Vorwurf des Anklagevertreters zur Wehr gesetzt hatte, ein Doppelspiel getrieben zu haben. Die insgesamt 4.700 RM von Sosnowski durfte sie auf Empfehlung der Abwehr behalten, die ihr außerdem noch 25 RM für einen neuen Hut und 50 RM in bar spendierte. Darüber hinaus stellte man ihr künstlerische Förderung in Aussicht. Das alles hinderte die Gestapo nicht, sie noch am gleichen Tag in Schutzhaft zu nehmen. Erst Hitler persönlich ordnete ihre sofortige Freilassung mit der Begründung an, dass die Spione ohne sie immer noch am Werk wären.

Hauptmann Günther Rudloff von der Abwehr, den Sosnowski durch Benita kennengelernt und als Spion angeworben hatte, war nach belastenden Aussagen der Renate von Natzmer zunächst ebenfalls in Untersuchungshaft genommen worden. Es gelang ihm aber, jeden Verdacht zu entkräften. Er konnte eine Quittung vorweisen, aus der hervorging, dass er das Darlehen von 2.000 RM ordnungsgemäß an Sosnowski zurückgezahlt hatte. Er machte außerdem überzeugend geltend, dass er die Beziehungen zu Sosnowski nur genutzt habe, um Aufklärung für die Abwehr zu betreiben. Daraufhin erhielt er vom Chef der Abwehr, Admiral Canaris, eine förmliche Ehrenerklärung. Am 1. März 1935 wurde er zum Major und im Juni 1938 zum Oberstleutnant befördert.

Doch am 2. Oktober 1939, kurz nach dem Einmarsch der Deutschen in Warschau, fand der Nachrichtenoffizier Hauptmann Bulang im nahegelegenen Fort Legionow das Archiv des polnischen militärischen Nachrichtendienstes. Bei der Auswertung der Akten stieß man auf Unterlagen zum Fall Sosnowski, aus denen stichhaltige Beweise für Rudloffs Spionagetätigkeit entnommen werden konnten. Kurz vor Weihnachten 1939 wurde er verhaftet und ins Militärgefängnis Berlin-Tegel eingeliefert. Am 7. Juli 1941 fand man ihn tot in seiner Zelle auf. Mit einer verborgen gehaltenen Rasierklinge hatte er sich die Pulsadern aufgeschnitten.

Ja, und die Hauptperson? Jerzy Sosnowski wurde durch die Polen nach der Verhaftung zum Major und zu Weihnachten 1934 zum Oberstleutnant befördert. Die offiziellen Nachrichten darüber überbrachte ihm sein Pflichtverteidiger. Vor Gericht gab er nur das zu, was ihm sowieso schlüssig bewiesen werden konnte. Am 16. Februar 1935 wurde er ebenfalls verurteilt – zu lebenslänglich Zuchthaus – und in die Haftanstalt Brandenburg überführt. Ein Jahr später begannen erwartungsgemäß die Austauschverhandlungen, denn man hatte gleich nach seiner Verhaftung in Polen sieben deutsche Agenten festgenommen.

Am 23. April 1936 wurde Sosnowski am Grenzübergang Zbaszyn (Neu-Bentschen) den Polen überstellt und von diesen – als angeblicher oder tatsächlicher deutscher Agent – sofort wieder in Gewahrsam genommen. Am 7. Juni 1939 verurteilte ihn ein Militärgericht zu 15 Jahren Zuchthaus. Der Staatsanwalt hatte aufgrund von Beweismaterial, das nach seiner Meinung erdrückend war, sogar die Todesstrafe beantragt. Im Zusammenhang mit dem Prozess wurden zwölf Offiziere des polnischen Nachrichtendienstes entlassen oder versetzt. Sosnowski legte Revision gegen das Urteil ein, aber ehe über deren Zulässigkeit entschieden worden war, brach der Zweite Weltkrieg aus.

Verschiedenen Berichten zufolge holte man ihn kurz vor der Einkreisung Warschaus durch deutsche Truppen aus dem Gefängnis, evakuierte ihn in östlicher Richtung und erschoss ihn an einem Waldrand in der Nähe von Brest-Litowsk. Er ist aber nur schwer verletzt, wird von Flüchtlingen gefunden, gepflegt und in die Nähe von Lemberg gebracht. Hier nimmt ihn Ende September 1939 die nach Ostpolen einmarschierende Rote Armee gefangen. Ein polnischer General, der 1942 nach Großbritannien gelangte, berichtete dort, dass Sosnowski noch im Sommer 1941 sein Zellennachbar im Moskauer Lubjanka-Gefängnis gewesen sei. Nach unüberprüfbaren Angaben ist Jerzy Sosnowski im Frühjahr 1942 im Gefängnis von Saratow an Hunger und Erschöpfung gestorben.

Oscar Reile schreibt in seinem Buch „Frauen im Geheimdienst": „Admiral Wilhelm Canaris kam in seiner Amtszeit als Chef der deutschen militärischen Abwehr bei Besprechungen oft auf den Fall Sosnowski zurück; er verbot seinen Untergebenen derartige unmoralische Arbeitsmethoden auf das strengste."[5]

Auch andere Autoren, die Canaris noch persönlich gekannt haben, wiederholten diese Aussage sinngemäß. Die Praxis war trotzdem anders, denn **Hans Peters**, der zweite Romeo, der in die Geschichte der Spionage eingegangen ist, war ein Abwehragent. Bereits 1929 war der Damenfriseur aus Koblenz in die Schweiz umgesiedelt, wurde 1938 dem aus Köln stammenden Hermann Henseler unterstellt, der erst beim Internationalen Arbeitsamt in Genf und später im dortigen Deutschen Konsulat arbeitete, in erster Linie aber ein Mann der Abwehr unter dem Decknamen „Rhenanus" war. Als Peters ihm 1942 berichtete, dass er ein seltsames Mädchen kennengelernt habe, das wahrscheinlich eine kommunistische Agentin sei, müssen Rhenanus und seine Vorgesetzten die Anweisungen von Canaris vergessen haben, oder sie hatten nie von ihnen gehört. Nicht vergessen hatten sie jedoch, dass es ihnen oblag, in der Schweiz befindliche illegale Sender aufzuspüren, mit denen kommunistische Funker Agentenmeldungen nach

Hans Peters

Moskau übermittelten und von dort Anweisungen entgegennahmen. Folglich erhielt Hans Peters sogar den Decknamen „Romeo“ und die Anweisung, mit dem sehr hübschen Mädchen anzubändeln, das damals Margarete Bolli hieß. Doch der Reihe nach.

In der Schweiz hatte Alexander Rado, ein Kartograph aus Ungarn und sowjetischer Geheimagent, schon vor dem Zweiten Weltkrieg eine äußerst effiziente Spionageorganisation aufgebaut, die vielfältige Informationen aus deutschen Quellen bekam und regelmäßige Funkverbindungen nach Moskau unterhielt. Die Arbeit dieser Gruppe hat wesentlich zu einigen bedeutenden Erfolgen der Roten Armee im Kampf gegen die deutsche Wehrmacht beigetragen.

Nachdem Rado zunächst von der Funkerin Ruth Werner, Deckname Sonja, unterstützt worden war (siehe Kapitel „Die Überzeugungstäterinnen Cynthia und Sonja“), unterhielt er ab Ende 1941 zwei und ab Mitte 1942 drei Funkstationen. Die erste betrieb das Ehepaar Edmond und Olga Hamel aus der französischen Schweiz, die zweite der Brite Alexander Foote und die dritte bediente Margarete Bolli, die am 15. Dezember 1919 in Basel geboren wurde. Alexander Rado schilderte sie in seinen Erinnerungen so:

„Wir fanden ein zuverlässiges junges Mädchen, Margarete Bolli. Ihre Eltern lebten in der Nähe von Basel, der Vater war Angestellter und Antifaschist, seine Vorfahren waren Waldenser, die einst wegen ihrer antiklerikalen Überzeugung aus dem katholischen Italien vertrieben worden waren. Margarete war gleichfalls Antifaschistin und hatte bereits im Auftrage ihres Vaters verschiedene Aufgaben gelöst. …

Anfangs war die brünette, schlanke Margarete als Kurier tätig. Diese Aufgabe löste sie geschickt; sie zeigte sich vorsichtig und bedachtsam, zu den Treffs erschien sie auf die Minute pünktlich. Später boten wir ihr an, sie in die Geheimnisse des Funkens einzuweihen. Ihre Ausbidung übernahm Jim [Alexander Foote – d. Verf.], der darin am geschicktesten war und sich auch in der Technik der Funkgeräte ziemlich gut auskannte. Doch wegen der ständigen Verbindung zur Zentrale konnte Jim nicht nach Basel fahren. Wir beschlossen deshalb, dass seine Schülerin ihn in bestimmten Zeitabständen in Lausanne besuchen sollte. Margaretes Eltern glaubten, sie besuche dort ihre Verwandten. Jims Nachbarn vermuteten sicher ein Liebesverhältnis. Niemand schöpfte Verdacht.“[6]

Nach Rados Darstellung verbrachte Margarete den Winter und das Frühjahr 1942 mit intensivem Lernen. Als sie gut mit dem Gerät umgehen konnte, wurde es mit Einverständnis der Eltern bei ihr zu Hause installiert. Am Ende des Sommers gab sie schon komplizierte chiffrierte Texte an die Moskauer Zentrale durch. Als ihr Vater nervös wurde und verlangte, dass aus seiner Wohnung nicht mehr gefunkt werde, beschloss Margarete, Deckname „Rosa", aus Basel wegzuziehen. In Genf fand sie eine bequeme Einzimmerwohnung, meldete sich als Studentin aus der deutschsprachigen Schweiz an, die Französisch lernen wollte, und bediente nachts das Funkgerät. Am Tage musste sie sich ausruhen. Besuchen durften sie nur drei Personen, die ihre Adresse kannten: Alexander Rado, dessen Ehefrau Helene und der Funker Edmond Hamel. Falls es die Arbeitssituation erforderte, konnte sie von sich aus zwei weitere Männer aufsuchen, die Rados Spionageorganisation angehörten, aber nicht wissen durften, wo sie wohnte.

Sie hatte folglich keinerlei Umgang mit Gleichaltrigen und keine Gelegenheit, an den Abwechslungen und Vergnügungen teilzunehmen, die ihrem Alter und den Möglichkeiten in der neutralen Schweiz entsprachen. Außerdem verschwieg Rado in seinen Memoiren verständlicherweise eine Kleinigkeit. Er war von Margarete so fasziniert, dass er ein amouröses Verhältnis mit ihr begonnen hatte und es ist anzunehmen, dass das junge Mädchen zumindest anfangs von dem 21 Jahre älteren und gebildeten Mann ebenfalls beeindruckt war. Doch diese Vermengung von Dienst und privaten Neigungen, die schon im normalen Berufsleben zu Komplikationen führt, kann im Bereich der Spionage tödlich sein.

Auf der Gegenseite wurde die deutsche Abwehr immer ungeduldiger. Sie konnte den Funkverkehr zwischen der Schweiz und Moskau abhören und die Meldungen notieren, aber nicht entschlüsseln. Die Schweizer Stationen genau zu orten, gelang ihr ebenfalls nicht, weil sie in dem neutralen Land keine deutschen Peiltrupps einsetzen durfte. Die Schweizer Behörden wiederum, die sich um den Neutralitätsstatus ihres Landes Sorgen machten, suchten zwar auch nach den illegalen Sendern, waren aber nicht besonders daran interessiert, den Deutschen behilflich zu sein.

In dieser Situation wurde die Bekanntschaft, die die Kundin Margarete Bolli und der Damenfriseur Hans Peters im Genfer Frisiersalon Paulette schlossen, zu einem Glücksfall für die deutsche Abwehr, verhängnisvoll für Rados Spionageorganisation und eine menschliche Tragödie für das junge Mädchen. Nach allem, was wir heute wissen, glaubte es Peters, dass er Kommunist sei und deshalb nicht nach Deutschland zurückkehren durfte, vertraute ihm voll und ließ ihn in ihre Wohnung ein. Dort fand Peters bald, was er wirklich suchte. Er nannte Henseler und seinem Vorgesetzten, dem Sonderführer Maximilian von Engelbrechten, den Titel des Codebuches, nach dem die Funkmeldungen verschlüsselt wurden. Es war der Roman „Es begann im September" der deutschen Emigrantin Grete von Urbanitzky. Im Papierkorb seiner Freundin fand Peters Spruchfetzen verschiedener Meldungen und am 16. März 1943 konnte er ihr einen Funkspruch im Klartext stehlen, der es den Entschlüsselungsexperten in Berlin ermöglichte, den Code zu knacken und einen Teil der früher notierten Rado-Meldungen zu lesen. Peters wird sicher auch ihre persönlichen Kontakte zu den anderen Mitgliedern der Organisation festgestellt haben.

Margarete, die in ihrer Freizeit bald auch Peters in seiner Wohnung besuchte und seinen Haushalt führte, schöpfte keinen Verdacht, zumal er keinen Versuch machen musste, sie durch Geld und Geschenke zu bestechen. Ihre aufrichtige Liebe genügte vollkommen. Rado erinnerte sich so:

„Rosa [ihr Deckname – d. Verf.] war das jüngste Mitglied unserer Gruppe; im Dezember 1942 war sie 23 Jahre alt geworden. Obwohl von festem Charakter, zurückhaltend und aufopferungsvoll, verfügte sie neben diesen positiven Eigenschaften doch auch über negative: Es mangelte ihr an Vorsicht und Umsicht – Merkmale, die sich bei illegal tätigen Menschen zumeist erst im Laufe langer Jahre herausbilden. …

Die mangelnde Lebenserfahrung und die Unkenntnis der hinterlistigen Methoden des Gegners spielten in diesem Fall eine verhängnisvolle Rolle. Rosa glaubte den Worten ihres neuen Bekannten, sie vergaß, dass sie unaufhörlich auf der Hut sein musste, sie verliebte sich und verlor die Selbstkontrolle. Am schlimmsten war aber, dass Rosa weder mir noch meiner Frau etwas von diesem Verhältnis sagte. Das mag im September 1942 gewesen sein.“[7]

Natürlich war es kein Wunder, dass Margarete sich gerade Rado nicht anvertraute, aber wie sollte er das in seinen Memoiren, die ein Teil der kommunistischen Nachkriegspropaganda waren und die er 1971 zuerst in Ungarn unter der Kontrolle des KGB herausbrachte, zum Ausdruck bringen?

Die deutsche Regierung setzte im Laufe des Jahres 1943 die Schweiz unter immer stärkeren diplomatischen Druck und stellte immer mehr Beweismaterial über die Arbeit der Rado-Organisation für die Sowjetunion zur Verfügung. Der Schweizer Polizei blieb schließlich gar nichts anderes übrig als zu handeln. Am 15. Oktober 1943 wurde das Ehepaar Hamel vor dem eingeschalteten Funkgerät festgenommen und Margarete Bolli in der Wohnung von Peters verhaftet, den man zum Schein ebenfalls mitnahm, aber nach einigen Tagen wieder freiließ. Am 20. November 1943 erwischten die Schweizer Beamten auch Alexander Foote in Lausanne am betriebsbereiten Funkgerät. Die Haussuchungen bei den Funkern erbrachten genügend Anhaltspunkte, um auch die anderen sechzig Mitglieder der Spionageorganisation in der Schweiz nach und nach zu identifizieren. Die meisten wurden verhaftet, einigen von ihnen, wie Alexander Rado und seiner Frau Helene, gelang es, sich unter primitivsten Umständen verborgen zu halten. An Arbeit für Moskau war nicht mehr zu denken.

Während der mehrmonatigen Untersuchungshaft glaubte Margarete noch fest an Peters. Erst als sie, lange vor dem Prozess, entlassen worden war und keine Spur mehr von ihm vorfand, erkannte sie den Betrug. Ihre kommunistischen Genossen hatten sich ebenfalls vollständig von ihr zurückgezogen.

1947 kam sie, zusammen mit einigen ehemaligen Schweizer Gruppenmitgliedern, vor Gericht. Im Prozess konnte sie geltend machen, dass sie eine Überzeugungstäterin gewesen war, die nicht gegen ihr Vaterland gearbeitet hatte. Deswegen wurde sie wegen Spionage für eine fremde Macht und Gefährdung der Schweizer Neutralität auch nur zu zehn Monaten Gefängnis auf Bewährung verurteilt. Außerdem erhielt sie eine Geldstrafe in Höhe von 500 Schweizer Franken und musste ein Zehntel der Gerichtskosten bezahlen. Ende der neunziger Jahre brachten deutsche Fernsehsender unter dem Titel „Rosa-Rot“ eine Dokumentation über ihr damaliges Schicksal, an der die inzwischen alte Dame mitwirkte.

Hans Peters wurde, wie Julius Mader schreibt[8], am 20. April 1944 (Hitlers Geburtstag) mit dem Kriegsverdienstkreuz II. Klasse für seine Leistungen ausgezeichnet. Erst nach dem Krieg ist er, zusammen mit Hermann Henseler, aus der Schweiz ausgewiesen worden. Wenn das alles wirklich stimmt – denn Mader vermischte als prominenter kommunistischer Propagandist oft Wahrheit und Lügen –, dann kommt man in mehrfacher Hinsicht ins Grübeln.

Das Kriegsverdienstkreuz durfte nach den bis 1945 geltenden Bestimmungen nur an Personen verliehen werden, die nicht den kämpfenden Fronttruppen angehörten und deshalb „keine direkte Feindberührung“ hatten. Ob denen, die für die Auszeichnung von Peters verantwortlich waren, wenigstens die unfreiwillige Komik ihrer Entscheidung jemals zum Bewusstsein gekommen ist?

Auch eine andere Frage bleibt offen. Wie verträgt sich ausgerechnet Maders Empörung über Peters und dessen Hintermänner mit den späteren Praktiken von SSD-Agenten, vor allem in Bonn? Es hat leider keine Möglichkeit bestanden, ihn vor seinem Tod am 17. Mai 2000 in Berlin dazu zu befragen.

Der zweifelhafte Ruhm, das Romeo-System perfektioniert zu haben, gebührt nicht in erster Linie dem KGB, sondern den zuständigen Mitarbeitern der Hauptverwaltung Aufklärung unter Markus Wolf im Ministerium für Staatssicherheit der DDR. Während andere Geheimdienste den unmittelbar tätigen Agenten die Wahl ihrer Mittel mehr oder weniger selbst überließen, entwickelte der SSD mit deutscher Gründlichkeit sogar Schulungsmaterial für Romeos. Darin heißt es:

„Die Entwicklung enger Freundschaften und Liebesverhältnisse war und ist eine tragende, stabile und nachgewiesenermaßen erfolgreiche Basis für die Zusammenarbeit mit IM-Sekretärinnen [IM = Inoffizielle Mitarbeiterin]. Es konnte in der operativen Praxis wiederholt festgestellt werden, dass sich weibliche IM zuerst für die von ihnen geachtete oder geliebte Person engagieren und erst in zweiter Linie für die Sache, die diese Person vertritt. Für den Werber kommt es in der Bearbeitung deshalb vorrangig darauf an, dass er behutsam, einfühlsam und auch mit relativ großem Zeitaufwand an die Interessen und Probleme einer Frau anknüpft, ‚für sie da ist', und ihr das sichere Gefühl gibt, als gleichberechtigter Partner anerkannt, geschätzt und auch geliebt zu werden."[9]

Für den SSD war eine Chefsekretärin immer am interessantesten. Sie arbeitet selbstständig, hat ein enges Vertrauensverhältnis zu ihrem Chef, kann sich gut in seine Denkweise hineinversetzen und seine voraussichtlichen Reaktionen auf bestimmte Ereignisse vorhersagen. Sie kann geltende Sicherheitsbestimmungen oft umgehen und deshalb problemlos interne Unterlagen besorgen. Falls der Romeo bei der Kontaktaufnahme dann noch, wie es im SSD-Schulungsmaterial heißt, „typisch weibliche Verhaltensweisen und Empfindungen" beachtete, konnte nach Meinung der führenden Leute in Ost-Berlin eigentlich nicht mehr viel schiefgehen, zumal sie vermuteten, dass etwa 30% der Sekretärinnen, die in der alten Bundesrepublik Deutschland in Regierungsbehörden oder Parteien arbeiteten, ledig oder geschieden waren.

Die Romeos waren angewiesen, sich vor allem den Frauen innerhalb der Zielgruppe zu widmen, die keinen festen Partner hatten. Müller-Enbergs weist darauf hin, dass in der Zeit von 1949 bis 1987 von den Verfassungsschutzämtern in der Bundesrepublik Deutschland 58 IM-Sekretärinnen enttarnt worden sind. Dazu kommen einige weitere Fälle, die erst nach der Wende von 1989 aufgedeckt werden konnten.[10]

Beschäftigt man sich mit den Einzelfällen, so stellt man fest, dass sich das Vorgehen der kommunistischen Romeos nicht wesentlich von dem ihrer Vorgänger Sosnowski und Peters unterschied. Doch gleichzeitig ist zu berücksichtigen, dass für die meisten Frauen nicht nur die Liebe eine Rolle gespielt hat. Nachdem ihnen bewusst geworden war, dass sie für den Partner in erster Linie als Spioninnen interessant waren, ging es ihnen in der Regel auch um Geld, teure Urlaubsreisen, die sie sich vom eigenen Gehalt nicht leisten konnten, und wertvolle Geschenke. Bedenkenlosigkeit, Leichtsinn und politische Indifferenz kamen hinzu. Außerdem wurden die Sicherheitsbestimmungen in Behörden und Großbetrieben meist so lax gehandhabt, dass sich bei den Spioninnen kein Risikobewusstsein entwickelte. Die oft lächerlichen Strafen, die in der Bundesrepublik Deutschland bei Spionagedelikten verhängt wurden, taten ein übriges, um die Hemmschwelle zu senken und das Unrechtsbewusstsein einzuschläfern.

Aus diesen Gründen ist es müßig, hier alle bekannten Fälle, die nach dem Romeo-Muster abliefen, noch einmal zu rekapitulieren. Stattdessen sollen, stellvertretend für die anderen, nur noch zwei Romeos vorgestellt werden, die im Sinne ihrer Auftraggeber besonders erfolgreich gewesen sind.

Als es zu Pfingsten 1957 an ihrer Wohnungstür in Bonn klingelte und die damals 29 Jahre alte Leonore Heinz öffnete, stand vor ihr ein Mann mittleren Alters, dessen Gesicht durch eine Piratennarbe interessant und anziehend wirkte. Er hielt einen Strauß roter Rosen in der Hand, verbeugte sich formvollendet und fragte nach einem Fräulein XY, das auch in dieser Wohnung wohne. Als Leonore Heinz versicherte, diesen Namen noch nie gehört zu haben und darauf hinwies, dass sie die Wohnung alleine bewohne, zeigte sich der Mann enttäuscht und niedergeschlagen, erklärte, dass er wohl das Opfer eines üblen Scherzes geworden sei und fragte, ob sie, als Entschädigung für die Störung, wenigstens den Rosenstrauß annehmen wolle. Er wurde in die Wohnung gebeten und aufgefordert, Platz zu nehmen. Man plauderte immer angeregter und ging dann gemeinsam in ein nettes Lokal zum Abendessen. So begann die Bekanntschaft zwischen Leonore Heinz, Sekretärin eines Unterabteilungsleiters im Auswärtigen Amt, und dem Bildjournalisten **Heinz Sütterlin**, die am 12. Dezember 1960 zur Eheschließung führte. Nach Aussagen gemeinsamer Bekannter war es ein besonders harmonisches Paar, das einander sehr innig zugetan war. Aber der Schein trügt oft im Leben, und hier trog er auch.

Heinz Walter Sütterlin wurde am 5. Januar 1924 in Freiburg im Breisgau geboren. Nach der frühen Scheidung seiner Eltern lebte er bei seiner Mutter, die in Freiburg, Stuttgart und Berlin kaufmännisch tätig war. Heinz durchlebte eine unruhige und wechselvolle Schulzeit an mehreren Gymnasien und absolvierte schließlich eine Handelsschule in Berlin. Nach kurzer Tätigkeit als Volontär bei einem Zeitungsverlag fand er eine Anstellung als Fotoassistent. Anfang 1942 wurde Sütterlin zum

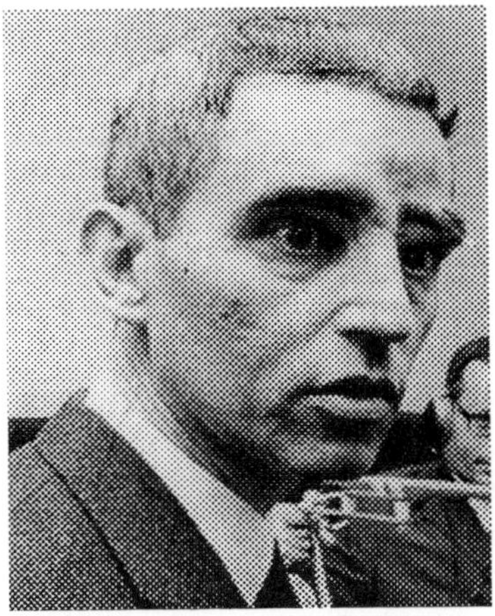

Heinz Sütterlin vor Gericht, November 1969

Leonore Sütterlin

Reichsarbeitsdienst und anschließend zur Wehrmacht eingezogen. 1944 im Fronteinsatz schwer verwundet, lag er lange im Lazarett und entging so der Kriegsgefangenschaft. Zwischen 1945 und 1949 war er wieder in Berlin in einem Fotogeschäft als Fotograf und Verkäufer tätig. Danach machte er sich zuerst als Standfotograf in West-Berlin selbstständig und arbeitete ab 1955 als freier Bildjournalist.

1956 lernte Sütterlin in Berlin einen Mann unter dem Namen „Günther" kennen, der sich ihm gegenüber zunächst als Journalist für DDR-Zeitungen ausgab. Sütterlin lieferte ihm bei mehreren Begegnungen gegen Bezahlung Fotos von verschiedenen Ereignissen in West-Berlin. Noch im selben Jahr gab sich Günther als Mitarbeiter des Ministeriums für Staatssicherheit zu erkennen, und Sütterlin erklärte sich bereit, für den DDR-Geheimdienst tätig zu werden. Günther beauftragte ihn daraufhin, Anfang 1957 mehrmals nach Bonn und Köln zu fahren, um sich dort nach Arbeitsmöglichkeiten umzusehen.

In dieser Phase der Zusammenarbeit muss auf höherer Ebene die Entscheidung gefallen sein, Sütterlin dem KGB zu überlassen. Folglich wurde er mit „Leo" und dessen Vorgesetzten „Orloff" bekannt gemacht. Leo war in Wirklichkeit der 2.Sekretär der sowjetischen Botschaft in Ost-Berlin Leonid Prochorow. Orloff hieß in Wahrheit Jewgenij Michailow und war Oberst des KGB. Die beiden instruierten Sütterlin im Frühjahr 1957 über drei weibliche Angestellte des Auswärtigen Amtes in Bonn, die Gisela Herzog, eine bereits in der dortigen Personalabteilung tätige KGB-Quelle, schon vor längerer Zeit als Werbeobjekte ausgewählt, im Fachjargon „getippt“ hatte. Sütterlin wurde mit den Fotos, Adressen sowie den persönlichen Verhältnissen der drei Frauen bekannt gemacht. Eine von ihnen sollte er heiraten. Die Auswahl blieb ihm überlassen, aber ihm war klar, dass die Verbindung auf jeden Fall dazu dienen sollte, dem KGB Informationen aus dem Auswärtigen Amt zugänglich zu machen.

Schon ein Jahr vor seiner Hochzeit verlegte Sütterlin seinen ständigen Wohnsitz nach Köln, später nach Bonn. Um seine Spionagetätigkeit zu verdecken, war seine Tätigkeit als Bildjournalist gut geeignet. Er war nicht an feste Bürozeiten gebunden und konnte viel reisen. Als freiberuflicher Mitarbeiter des Bundesverbandes für den Selbstschutz lieferte er Bildserien zum Thema „Ziviler Bevölkerungsschutz", arbeitete aber auch für die Deutsche Versuchsanstalt für Luft- und Raumfahrt, das Kuratorium Unteilbares Deutschland und andere seriöse Auftraggeber.

Ab 1961 sprach Sütterlin häufig mit seiner Ehefrau darüber, dass der Kalte Krieg in einen heißen umschlagen könne. Folglich müsse jeder etwas für den Frieden und die Sicherheit in der Welt tun. Vom KGB sagte er ihr zunächst nichts, sondern erzählte nur, dass er Informationen an eine Organisation weitergebe, die einen Atomkrieg verhindern wolle, und erbat ihre Hilfe. Leonore erklärte sich daraufhin bereit, ihm alles anzuvertrauen, was sie über die Ost-West-Beziehungen herausfinden konnte. Ohne ihr Wissen wurde sie bereits 1961 in das KGB-Netz aufgenommen und erhielt den Decknamen „Lola“. Zwei Jahre später berichtete ihr Mann an die KGB-Zentrale:

„Ich habe LOLA erzählt, es gebe in der Welt eine große Organisation, welche die Erhaltung des Friedens als ihre Aufgabe ansieht. Diese Organisation bitte sie um einen großen Gefallen. Sie solle im Auswärtigen Amt weiterarbeiten und mir alles, was sie herausfindet, berichten. ... Sie hat zugestimmt, auf jede nur erdenkliche Weise zu kooperieren und erklärt, dass sie es als Pflicht jedes anständigen Menschen ansehe, den Kriegstreibern das Handwerk zu legen. Sie hat es abgelehnt, für ihre Hilfe Geld zu nehmen. Ich glaube, dass wir in LOLA eine Helferin haben, auf die man sich hundertprozentig verlassen kann.“[11]

Laut späterer Anklageschrift soll Leonore Sütterlin zwischen 1961 und 1967 ihrem Mann 2.900 vertrauliche Schriftstücke des Auswärtigen Amtes zugänglich gemacht haben, die er abfotografierte und an den KGB weiterleitete. Darunter waren 969 geheime und streng geheime Unterlagen sowie 50 Staatsgeheimnisse, die die äußere Sicherheit der Bundesrepublik Deutschland betrafen.

1964 wurde das Ehepaar Sütterlin dem illegalen KGB-Residenten Jewgenij Runge unterstellt, der sich unter dem Namen Willi Gast mit seiner Frau sowie seinem kleinen Sohn im Rheinland angesiedelt hatte und dort zur Tarnung dem ehrenwerten und einträglichen Beruf eines Automatenaufstellers nachging. Runge holte bei Sütterlins das anfallende Material ab und stellte dabei fest, dass Leonore inzwischen erkannt hatte, für wen es wirklich bestimmt war. Sie erklärte, dass sie ihrem Mann vollkommen vertraue und ihre gemeinsame Arbeit für den Frieden einfach getan werden müsse. Runge will nach seinem Bericht an die KGB-Zentrale außerdem festgestellt haben, sie sei auch vom Hass gegen die Kaste der hochnäsigen Beamten des Auswärtigen Amtes motiviert und empfinde Genugtuung, wenn sie soviel Schaden wie möglich anrichte.[12] Heinz Sütterlin bekam im Laufe der Jahre für seine geheimdienstliche Tätigkeit Honorare in der Gesamthöhe von 75.000 DM, während Leonore auch jetzt kein Geld vom KGB annahm.

Doch nun passierte etwas, was niemand vorausberechnet hatte. Der Familie Runge, die gerade dienstlich in das deutsche Hauptquartier des KGB in Berlin-Karlshorst beordert worden war, hatte man eröffnet, dass der siebenjährige Sohn in ein Internat in der Sowjetunion eingeschult würde, während die Eltern eine illegale Residentur in den USA aufzubauen hätten. Runges, die inzwischen die ganze Geheimdienstarbeit satt hatten, aber noch im Besitz ihrer sämtlichen Papiere zur ungehinderten Ein- und Ausreise waren, beschlossen, diesem Befehl nicht zu folgen. Sie meldeten sich am 10. Oktober 1967 im West-Berliner Hauptquartier der CIA, nachdem Frau Runge vorgefühlt hatte, ob die Familie in den USA Asyl erhalten und den Eheleuten dort Straffreiheit zugesichert würde. Beides wurde verbindlich versprochen, und schon am nächsten Tag startete eine amerikanische Militärmaschine mit der Familie an Bord von Berlin-Tempelhof aus in die USA. Der deutsche NATO-Partner bekam vor dem Abflug noch den Tipp, das Ehepaar Sütterlin und zwei weitere Agenten, die Runge geführt hatte, sofort zu verhaften, was auch umgehend geschah.

In der Untersuchungshaft legte Heinz Sütterlin sofort ein Geständnis ab, in dem er einräumte, seine Frau lediglich im Auftrag des KGB geheiratet zu haben. Das entsprechende Protokoll wurde der separat verhörten Leonore zur Kenntnisnahme vorgelegt, die daraufhin in der Nacht zum 15. Oktober 1967 ihren Pyjama in Streifen riss, diese zu einem Strick verknotete und sich erhängte. Nach der Entdeckung ihres Selbstmordes wurde ihr Mann vor den aufgebahrten Leichnam geführt. Er zeigte keinerlei Erschütterung, sondern erklärte den entgeisterten Beamten seelenruhig: „Sie war doch nur ein Werkzeug!"[13]

Der erste Prozess begann zwei Jahre später, am 10. November 1969, vor dem damaligen Oberlandesgericht Köln. Nach einer gründlichen Verhandlung wurde Heinz Sütterlin wegen Landesverrats und geheimdienstlicher Tätigkeit für eine fremde Macht zu einer Haftstrafe von sieben Jahren verurteilt, die das Oberlandesgericht Düsseldorf nach einer Revisionsverhandlung im Frühjahr 1971 auf sechs Jahre reduzierte. Seine Rechtsanwältin Ute-Gisela Rotscheidt, die er in der Haftzeit geheiratet hatte, erreichte es, dass er im Mai 1971 bis zur Rechtskraft des Urteils auf freien Fuß gesetzt wurde und sogar seinen Reisepass zurückerhielt. Fluchtgefahr war angeblich angesichts der Tatsache, dass er in Bonn ein eigenes Haus hatte und in festen Bindungen lebte, nicht gegeben.

Als Sütterlin am 2. November 1971 seine Reststrafe antreten sollte, stellte er sich natürlich nicht. Seine Ehefrau und Anwältin erklärte den Behörden, dass ihr Mann gerade in Jugoslawien auf Urlaub sei. In Wirklichkeit war er bereits in der DDR. Ute-Gisela löste seinen Haushalt auf, regelte in aller Stille die Verbindlichkeiten und reiste ihm nach. Doch nach kurzer Zeit ließ sich Sütterlin wieder von ihr scheiden.

Ein Jahr nach der Wende fand ihn ein Reporter der „Bild-Zeitung" in Dresden und berichtete am 1. Dezember 1990 über den gut situierten Rentner, der in dritter Ehe mit einer 28 Jahre jüngeren Kosmetikerin verheiratet war:

„Bereuen Sie?" fragte der Reporter.

Sütterlins Antwort: „Ich war doch nur ein kleiner Fisch, aber man hat mich zum Meisterspion gemacht. Der Westen brauchte einen vorzeigbaren Erfolg, und die Russen waren zufrieden, weil ich von den eigentlichen Top-Agenten in den Ministerien ablenkte."

„Gewissensbisse?"

„Nein. Gegen die Wende habe ich nichts, sie ging nur viel zu schnell."

Roland Gandt ist der volle Name des Mannes, an den sich Markus Wolf mit behaglicher Anteilnahme erinnert:

„Eine gute Besetzung war auch Roland G., Direktor eines angesehenen Theaters in Sachsen, der auf der Bühne vielleicht eher den Don Giovanni als den jugendlichen Romeo gegeben hätte. Er war ein hochintelligenter, gutaussehender Mann mit dem Naturtalent, in jede Rolle zu schlüpfen, kurzum, der geborene Kandidat für das, was uns vorschwebte. 1961 fuhr er in unserem Auftrag nach Bonn, um dort eine Frau kennenzulernen, die als Dolmetscherin an der NATO-Zentrale in Fontainebleau bei Paris arbeitete. Zu diesem Zweck schlüpfte er in die Rolle eines dänischen Journalisten namens Kai Petersen und sprach Deutsch mit dänischem Akzent. Unser Zielobjekt, passenderweise mit dem Namen Margarete, war hübsch und katholisch, fleißig, sittsam und scheu. Andere Romeo-Agenten hatten sich bereits vergeblich um sie bemüht. Doch Roland G. kannte das Wort Niederlage nicht."[14]

Roland Gandt wurde in einem kleinen Dorf in den ehemaligen deutschen Ostgebieten hinter der Oder/Neiße-Grenze geboren und noch in den letzten Kriegstagen, sehr jung, in den Fronteinsatz geschickt, geriet in britische Kriegsgefangenschaft, wurde aber bereits 1946 entlassen. 1947 begann er in Rostock mit dem Schauspielstudium und wechselte dann nach Ost-Berlin. Nach seinem Studienabschluss erhielt er Engagements an verschiedenen Theatern der DDR. Im Dezember 1956, als er Schauspieler am Hans-Otto-Theater in Potsdam war, trat der SSD an ihn heran, um ihn erfolgreich als Inoffiziellen Mitarbeiter (IM) zu werben. Im Bericht der zuständigen Bezirksverwaltung wird er so beschrieben:

„Seine moderne Garderobe, sein gepflegtes Äußeres und seine ausdrucksstarke hochdeutsche Sprache hinterlassen einen angenehmen Eindruck. Aufgrund seines Aussehens fällt es ihm auch relativ leicht, Kontakt zu weiblichen Personen herzustellen.“[15]

Elisabeth Pfister, die sich gründlich mit seinem Wirken befasst hat, beurteilt ihn weniger wohlwollend als Markus Wolf und dessen ehemalige Mitarbeiter:

„Er hat nicht nur Frauen im kapitalistischen Feindesland, sondern auf Befehl der Stasi auch DDR-Bürgerinnen zwecks Abschöpfung beschlafen. Er hat Berufskollegen bespitzelt, sie als ‚politisch-ideologisch aufgeweicht‘, als Alkoholiker oder als Homosexuelle diffamiert. Für all das nahm er Geld, Autos und Auszeichnungen. Pech für ihn, dass die Wende just zu dem Zeitpunkt kam, als er das Rentenalter erreichte und in Kürze die längst mit dem MfS ausgehandelte Pension von 1.500 Mark hätte kassieren können, eine glänzende Altersversorgung für DDR-Verhältnisse. All das lässt sich in seiner Stasi-Akte nachlesen, die der Gauck-Behörde vorliegt.“[16]

Gandts Glanzstück war die Verführung und Anwerbung von Margarete Lubig zur Spionage. Sie wurde 1936 in Bonn geboren und nach dem Abschluss der Realschule zwei Jahre bei der Bundespost als Fernsprechvermittlerin ausgebildet. Danach ging sie für ein Jahr als Haustochter nach Großbritannien, um ihre Englischkenntnisse zu verbessern. Zwischen 1956 und 1959 arbeitete sie im Bundesministerium der Verteidigung als Telefonistin und Fernschreiberin. Von 1959 bis 1961 hielt sie sich in Paris auf, um an der dortigen Alliance Française perfekt Französisch zu lernen. Am 1. Juni 1961 trat sie als Fremdsprachenassistentin wieder in das Bundesministerium der Verteidigung ein und wurde in der Folgezeit bis zu ihrer Entlassung 1991 meist in ausländischen Dienststellen beschäftigt, so in Verwaltungsstellen der Bundeswehr in Belgien und Frankreich, beim Militärattaché-Stab in Rom sowie bei der NATO in Brüssel.

Aus diesem Lebenslauf muss man eigentlich folgern, dass es sich um eine zielstrebige und selbstsichere Persönlichkeit handelt, die nicht nur über eine solide Ausbildung, sondern auch über Lebenserfahrung und Weltkenntnis verfügt. Deshalb war es kein Leichtsinn, sie zum Umgang mit Verschlusssachen bis zum Geheimhaltungsgrad NATO-TOP-SECRET zu ermächtigen, zumal sie regelmäßig über ihre Verschwiegenheitspflicht und die Anwerbemethoden östlicher Geheimdienste belehrt wurde. Darunter fielen auch die Hinweise über „Anwerbungen unter fremder Flagge". Dabei spiegelt der Agentenwerber der Zielperson vor, dass sie für den Geheimdienst eines befreundeten Staates tätig werden soll. Allerdings weiß jeder, der mit Geheimmaterial umgeht, dass auch unautorisierte Mitteilungen an diese Institutionen strafbar sind.

Roland Gandt erhielt schon 1961 den Auftrag, auf die ihm gemäße Weise, zusammen mit einem anderen Romeo, die damals im Bonner Innenministerium arbeitende Marianne Lenzkow und deren Freundin zu betreuen, die bereits für den SSD arbeiteten, aber weiterhin glauben sollten, dass der dänische Geheimdienst an ihren Informationen interessiert sei. Um die beiden reiselustigen Damen, die gelegentlichen Abenteuern nicht abgeneigt waren, bei Laune zu halten, wurden für sie nicht nur Reisen in die DDR, sondern auch nach Österreich organisiert. Dabei erzählte Marianne Lenzkow eines Tages nicht nur, wo ihre jüngere Schwester Margarete Lubig arbeitete, sondern auch, dass deren eigentlicher Wunsch nach Heirat und Familiengründung bis jetzt nicht in Erfüllung gegangen sei, weil sie einfach nicht den passenden Mann finden könne. Gandt überredete Marianne dazu, ihre Schwester nach Wien mitzubringen, so dass es im Herbst 1962 zum ersten Zusammentreffen zwischen ihm und Margarete Lubig kam, dem weitere folgten. Wie es weiterging, liest sich in der Diktion einer gerichtlichen Urteilsbegründung so:

„Die Angeklagte [Margarete Lubig] hatte sich in ihn verliebt und hoffte auf eine gemeinsame Zukunft mit ihm. In dieser Hoffnung fand sie sich bestärkt dadurch, dass er ihr aus Anlass ihrer in Wien erfolgten ‚heimlichen Verlobung' einen Ring schenkte. Auftragsgemäß brachte Gandt bei diesen gemeinsamen Wochenenden auch das Gespräch auf seine berufliche Tätigkeit. Danach war er angeblich für eine dänische Militärkommission nachrichtendienstlich tätig und dringend an Informationen aus dem Arbeitsbereich der Angeklagten interessiert. ... Gandt rechtfertigte sein Interesse auf Nachfrage damit, dass Dänemark ein kleiner NATO-Staat sei und von den großen Mitgliedsstaaten nicht immer alle notwendigen Informationen erhalte. Der Angeklagten erschien das zunächst nicht unplausibel, zumal sie selbst bereits dienstlich mit Schriftstücken zu tun gehabt hatte, die zum Beispiel den Vermerk trugen ‚for German eyes only'. Sie erklärte sich jedenfalls auf sein Drängen unter Zurückstellung von Skrupeln und Gewissensbissen zur Mitarbeit für seinen Nachrichtendienst bereit. Ihr Beweggrund war, durch diesen Liebesbeweis Gandt an sich zu binden, um ihn nach etwa zwei Jahren – so ihre Vorstellung – heiraten zu können."[17]

Müßig zu erklären, warum sich diese Vorstellung nicht erfüllte. Doch Margarete kam nach einem Jahr in immer größere Gewissenskonflikte. Ihre vorehelichen sexuellen Beziehungen zu Gandt konnte sie nicht mit ihrem katholischen Glauben vereinbaren, und auch ihr kontinuierlicher Geheimnisverrat belastete sie. Als sie 1963 an ihrem Dienstort Fontainebleau mit Gandt darüber sprach, erkannte er sofort die Gefahr, die Nachrichtenlieferantin zu verlieren. In Absprache mit den Führungsleuten der Hauptverwaltung Aufklärung schlug er Margarete deshalb ein Treffen in Kopenhagen vor, wo sie seinen Vorgesetzten, einen dänischen General, und auch seine Mutter kennenlernen sollte. Außerdem würde sie Gelegenheit bekommen, bei einem dänischen Feldkaplan die Beichte abzulegen. Sie war einverstanden und Gandt organisierte ein unglaubliches, aber trotzdem wahres Schmierenstück.

Die Rollen der Mutter und des Generals besetzt er mit älteren Emigranten aus dem nationalsozialistischen Deutschland, die nach dem Krieg in Dänemark geblieben waren und der dortigen KP angehörten. Ein Angehöriger des SSD aus der DDR spielt den Priester.

Fünf Wochen vor dem Treffen mit Margarete fährt Gandt nach Kopenhagen, mietet ein Haus für die „Mutter" und ein weiteres für den „General". Sich selbst verschafft er gründliche Ortskenntnisse und belegt Intensivkurse in Dänisch. Er findet im protestantischen Kopenhagen eine katholische Kirche und stellt fest, wann sie leer oder nur geringfügig von Betenden besetzt ist. Und nun kann Kai Petersen, nur unter diesem Namen kennt ihn Margarete, getrost seine „Verlobte" erwarten.

Die Vorstellung an einem Wochentag im Sommer 1963 wird ein grandioser Erfolg. Der „Priester", der vor seinem Auftritt die wichtigsten Dinge aus der katholischen Glaubenslehre und einige Brocken Dänisch gelernt hat, nimmt Margarete die Beichte ab, erklärt dann, dass die Kirche ihre Verstöße gegen das sechste Gebot und den Geheimnisverrat zwar nicht billigen, aber verzeihen kann. Schließlich liebe sie ihren Verlobten und wolle bald heiraten. Die Weitergabe geheimer Unterlagen diene dem Weltfrieden und er rate ihr ab, darüber die Behörden zu informieren. Schließlich erteilt er ihr die Absolution.

Margarete verlässt erleichtert die Kirche, um sich zu einem harmonischen Kaffeeklatsch mit Kai Petersens „Mutter“ zu begeben. Zum Schluss trifft sie den „General“, der ihre Arbeit lobt und sie zu weiteren Anstrengungen für die Erhaltung des Friedens auffordert. Margarete merkt nichts, fährt nach Paris zurück und spioniert weiter für den „dänischen Geheimdienst“.

1964 verabschiedete sich Kai Petersen „vorübergehend“ von ihr und stellte ihr seinen Nachfolger vor, der sich „Bernd“ nannte. Ihm gelang es ebenfalls, ein emotionales Verhältnis zu Margarete aufzubauen. Er erklärte ihr schonend, dass sein Vorgänger zu einem mehrjährigen Einsatz nach Vietnam aufgebrochen sei und sie ihn in absehbarer Zeit nicht wiedersehen könne. Neben der nachrichtendienstlichen Arbeit verband beide ebenfalls bald ein intimes Verhältnis.

Bis 1974 trafen sie sich regelmäßig. Dann trat eine mehrjährige Pause ein. Offenbar war Margaretes Material für den SSD nicht mehr von besonderem Nutzen. Doch im Sommer 1978 stellte ein Mitarbeiter der Hauptverwaltung Aufklärung wieder die Verbindung zu ihr her und machte sie mit einem „Dr.Peter“ bekannt, der bis zum Januar 1990 mit ihr in nachrichtendienstlicher Verbindung blieb, aber keine privaten Kontakte mehr suchte. Bei jedem Treffen brachte er ihr Briefe von „Bernd“ mit, die sie beantwortete. Bis heute ist unbekannt, wer Bernd und Dr. Peter in Wirklichkeit waren.

Margarete Lubig wurde erst 1991 durch Überläufer enttarnt. Beim Oberlandesgericht Düsseldorf fand sie 1996 sehr milde Richter, die ihr trotz erheblicher Bedenken abnahmen, dass sie bis zum Schluss im Glauben war, für den dänischen Geheimdienst gearbeitet zu haben. Roland Gandt, den sie beim Prozess zum ersten Mal wiedersah, und der falsche Priester schilderten als Zeugen das Kopenhagener Schmierenstück. Sie verließen den Gerichtssal anschließend wieder als freie Männer, weil ihre Spionagetätigkeit gegen die alte Bundesrepublik Deutschland inzwischen verjährt war.

Das Gericht kam außerdem zu der Überzeugung, dass die Angeklagte keine materiellen Vorteile aus ihrer Spionagetätigkeit gezogen hatte und die preisgegebenen Geheimnisse nicht besonders schwerwiegend gewesen seien. So kam sie nach einer Spionagetätigkeit von 28 Jahren mit einer Gefängnisstrafe von eineinhalb Jahren davon, die zur Bewährung ausgesetzt wurde. Allerdings musste sie für die Kosten des Verfahrens aufkommen, auch für die Zeugengelder, die Gandt und der falsche Priester einstrichen.

Margarete Lubig lebt heute, verbittert und vereinsamt, irgendwo und blickt auf ein sinnlos verbrachtes Leben zurück. Die ursprünglich mitangeklagte Marianne Lenzkow kann niemand mehr fragen, warum sie ihre Schwester einmal Gandt und seinen Komplizen zugeführt hat. Sie ist im Februar 1996 verstorben, kurz vor Beginn des Prozesses, in dem sie mitangeklagt war.

Der Hauptdarsteller Roland Gandt ist 1964 natürlich nicht nach Vietnam gegangen, sondern als Theaterintendant ins sächsische Annaberg und blieb, mit einer Unterbrechung, bis 1986 auf diesem Posten. Nach dem erfolgreichen Abschluss seiner Mission in Kopenhagen hat ihm Markus Wolf höchstpersönlich die Verdienstmedaille der Nationalen Volksarmee in Silber verliehen und ihm einen Fotoapparat geschenkt. Der Held erwies sich der Auszeichnung würdig und arbeitete bis zur Wende in widerlichster Form für den SSD. Elisabeth Pfister hat die Einzelheiten nach den Vermerken in seiner Stasi-Akte beschrieben. So lieferte er nicht nur Berichte über Kollegen am Theater, sondern pries sogar intime Freundinnen unter Angabe erotischer Details als erfolgversprechende Inoffizielle Mitarbeiterinnen an, falls man sie geschickt beeinflussen würde. Die ihm von Markus Wolf verliehene Medaille blieb nicht seine einzige Auszeichnung. Er bekam noch die Verdienstmedaille der Nationalen Volksarmee in Gold, die Medaille der Waffenbrüderschaft in Gold und andere Kleinigkeiten. Als er Ende der neunziger Jahre in einem Interview auf sein Verhalten angesprochen wurde, reagierte der Rentner empört mit den Worten:

„Das ist für mich Vergangenheit, und ich habe nach der Wende sehr viel darunter leiden müssen. Ich bin nicht mehr bereit, darüber zu diskutieren.“[18]

Nachdem man das Treiben der Romeos gebührend zur Kenntnis genommen hat, fragt man sich unwillkürlich, ob die aktiven und initiativreichen Julias inzwischen ausgestorben sind. Das ist natürlich nicht der Fall. Deswegen sollen zumindest einige von ihnen hier summarisch erwähnt werden.

Der erste Spionageprozess in der Bundesrepublik Deutschland wurde im Januar 1953 vor dem Oberlandesgericht Köln gegen die ehemalige Schauspielerin **Maria Knuth** geführt, die bis zum Frühjahr 1952 im Auftrag des polnischen Geheimdienstes die Vorbereitungen für eine deutsche militärische Wiederbewaffnung auskundschaftete und sich zu diesem Zweck um geeignete Herrenbekanntschaften bemühte. Sie

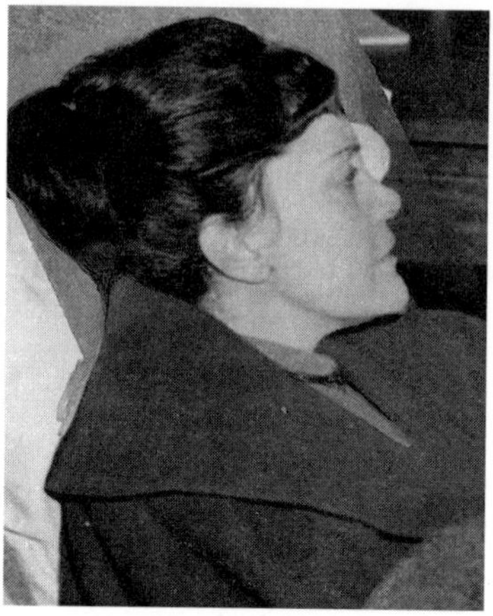

Erster Spionageprozess vor einem westdeutschen Gericht, Januar 1953: die Angeklagte Maria Knuth, im Krankenstuhl zur Verhandlung gebracht, vor dem Oberlandesgericht Köln.

Irmgard Schmidt kurz vor Prozessbeginn im Gerichtsgebäude, Dezember 1954

wurde, bereits schwer an Krebs erkrankt, zu vier Jahren Zuchthaus verurteilt und starb 1955 im Kölner Gefängniskrankenhaus.

Im Dezember 1954 fand vor einem amerikanischen Militärgericht in West-Berlin ein Spionageprozess gegen eine auffallend schöne Frau statt. **Irmgard Schmidt,** von der Boulevardpresse als „betörende Sirene aus Sachsen" beschrieben, war Ende 1952 im Alter von 22 Jahren angeblich aus politischen Gründen aus der DDR geflüchtet. In Wirklichkeit hatte der sowjetische Geheimdienst sie beauftragt, nach West-Berlin zu gehen, um die Bekanntschaft von Offizieren der amerikanischen Nachrichtendienste zu machen.

Welche Spionagemotive sie selbst hatte, ist nicht genau feststellbar. Ist sie durch die Inhaftierung ihres Freundes in Halle erpresst worden, dem sie das Leben retten wollte? War es das Geld, das ihr sowjetische Offiziere gegeben hatten? Joachim Joesten beschrieb sie so:

„Fräulein Schmidt führte (oder spielte) ein Doppelleben. Sie konnte stundenlang in ihrem bescheidenen Zimmer in West-Berlin sitzen und philosophische Bücher lesen. Auch für Kunst hatte sie großes Interesse. Sie sprach fließend fünf Sprachen. Auf der anderen Seite war sie in Berliner Nachtlokalen keine Unbekannte. Oft durchtanzte sie ganze Nächte am Kurfürstendamm. Sie war immer elegant gekleidet und trug kostbaren Schmuck – Attribute einer reizvollen und raffinierten Verführerin."[19]

Ihre offensichtliche Aufgabe war es, von den amerikanischen Offizieren die Quellen zu erfahren, über die die CIA und die übrigen Geheimdienste der USA in der DDR verfügten. Das scheint ihr in erstaunlichem Maße gelungen zu sein. Bei amerikanischen „cocktail parties" erwies sie sich als äußerst trinkfest. Gleich mit mehreren einflussreichen Offizieren zugleich unterhielt sie intime Beziehungen, und mit deren Hilfe wurde sie ohne ausreichende Sicherheitsüberprüfung als Zivilangestellte bei einer CIA-Dienststelle beschäftigt. Dort fiel ihre außerordentliche Neugier schließlich auf.

Um das Ausmaß des Schadens, den sie angerichtet hatte, nicht erörtern zu müssen, hat das amerikanische Militärgericht nur eine Stunde gegen sie verhandelt. Auch die Namen der ihr näher bekannten Offiziere wurden im Prozess von niemandem genannt. Sie wurden nur sofort und in aller Stille in die USA zurückversetzt. Die Angeklagte bekam fünf Jahre Haft, eine unter den gegebenen Umständen milde Strafe, die auch als Belohnung für ihr Schweigen vor Gericht interpretiert worden ist.

Es war ebenfalls eine KGB-Agentin, die den Kapitänleutnant der Bundesmarine Erhard Müller heiratete. Sie ließ ihn über ihre Tätigkeit im Unklaren, setzte sich zu Ostern 1978 in die DDR ab und forderte ihn von dort aus auf, ihr zu folgen, wenn er weiter mit ihr zusammenleben wolle. Er folgte ihr im November 1978, ruinierte dadurch seine zwanzigjährige militärische Karriere und gab bis Mai 1979 sein gesamtes dienstlich erlangtes Wissen preis. Anschließend ließ sich die Angetraute von ihm scheiden. Im April 1991 wurde Müller aufgrund eines seit 1981 bestehenden Haftbefehls in Dresden festgenommen und im März 1993 wegen Landesverrats verurteilt.

Die Hauptverwaltung Aufklärung im SSD der DDR hat nicht nur die Auswahl und den Einsatz der Romeos perfektioniert, sondern in den siebziger und achtziger Jahren auch den Julias präzise Kampfziele vorgegeben und ihre Kampftaktik verfeinert. Politiker wie Klaus Bölling, Heinrich Lummer und Karsten Voigt sind Opfer von Spioninnen geworden, die sie zwar nicht als Agenten anwerben, sondern nur „abschöpfen" sollten, wie es im Jargon heißt.

Bölling lernte als Ständiger Vertreter der Bundesrepublik Deutschland in der DDR eine Dame kennen, die er nach seiner Rückversetzung nach Bonn mitnahm, um sie zu heiraten. Erst nach Hinweisen der Nachrichtendienste und Presseerörterungen änderte er seine Absicht. Die

Auserwählte kehrte in die DDR zurück. Der sehr kontaktfreudige Heinrich Lummer suchte als prominenter Berliner CDU-Politiker Gesprächspartner aus allen Bevölkerungskreisen in Ost-Berlin und lernte dabei auch eine Susanne Rau kennen, die in Wirklichkeit **Frauke Borchardt** hieß. Mit ihr verband ihn bald eine intime Freundschaft. Erpressungsversuchen, die direkt von Markus Wolf ausgingen, widerstand er jedoch, indem er die zeitweilige Verbindung selbst offenbarte.

Auf Karsten Voigt, den außenpolitischen Sprecher der SPD im Bundestag, versuchte der SSD durch die Journalistin **Brigitta Richter** Einfluss zu nehmen. Erst nach der Wende 1989 konnte und musste Voigt erkennen, dass die reizende junge Dame als Agentin auf ihn angesetzt worden war.

Keine Julia-Agentin ist nach dem Untergang der DDR vor Gericht gestellt worden.

1 Piekalkiewicz: Weltgeschichte der Spionage, S. 332
2 Ebd., S. 333 f.
3 Ebd., S. 337
4 Ebd., S. 343
5 Reile: Frauen im Geheimdienst, S. 83
6 Rado: Dora meldet, S. 176 f.
7 Ebd., S. 216 f.
8 Blank/Mader: Rote Kapelle gegen Hitler, S. 493
9 Müller-Enbergs: Inoffizielle Mitarbeiter des Ministeriums für Staatssicherheit. Teil 2, S. 123 f.
10 Ebd., S. 124
11 Andrew/Mitrochin: Schwarzbuch des KGB, S. 548
12 Ebd., S. 549
13 Mündliche Mitteilung eines damals anwesenden Kriminalbeamten an den Autor
14 Wolf: Spionagechef im geheimen Krieg, S. 152
15 Pfister: Unternehmen Romeo, S. 172
16 Ebd., S. 178 f.
17 Urteilsbegründung des Oberlandesgerichts Düsseldorf vom 15. 10. 1996
18 Pfister: Unternehmen Romeo, S. 192
19 Joesten: CIA, S. 96 f.

Hinweise

Zu Jerzy Sosnowski

Buchheit: Der deutsche Geheimdienst, S. 46-50, sowie: Die anonyme Macht,

S. 348 / Emde: Verrat und Spionage in Deutschland, S. 139 f. / Piekalkiewicz: Weltgeschichte der Spionage, S. 331-344 / Reile: Frauen im Geheimdienst, S. 77-84 / Leserbrief Irene von Jenas in: Der Spiegel 1954/49/53 /
Auch Soltikow und Newman haben über die Sosnowski-Affäre publiziert, jedoch in so unseriöser Form, dass ihre Darstellungen für dieses Buch nicht herangezogen worden sind. Am verlässlichsten ist die Abhandlung von Piekalkiewicz, an der ich mich weitgehend orientiert habe. Aufgrund seiner Sprachkenntnisse konnte er auch polnisches Quellenmaterial auswerten.

Zu Hans Peters

Blank/Mader: Rote Kapelle gegen Hitler, S. 334, 351-353, 355, 364, 367, 370, 372, 375, 377, 379, 493 / Dallin: Sowjetspionage, S. 227, 239, 255, 256, 274 / Foote: Handbuch für Spione, S. 87, 149 f. / Höhne: Krieg im Dunkeln, S. 362, 403, 419, 421 / Piekalkiewicz: Spione-Agenten-Soldaten, S. 207 ff., 220 ff. / Rado: Dora meldet, S. 176 f., 216 ff., 220, 369 ff., 380, 391f., 406 f., 417 f. / Reile: Frauen im Geheimdienst, S. 83

Zu Heinz Sütterlin

Andrew/Mitrochin: Schwarzbuch des KGB, S. 548 f. / Emde: Verrat und Spionage in Deutschland, S. 206-211 / Pfister: Unternehmen Romeo, S. 31 f. / Deutsches Allgemeines Sonntagsblatt, 29. 10. 1967 / Der Spiegel 1967/44/30 f.; 1967/46/67; 1969/43/54-60; 1969/47/111-113 / Stuttgarter Nachrichten, 26. 9. 1990 / Bild-Zeitung, 1. 12. 1990 / Anklageschrift vom 3. 5. 1969

Zu Roland Gandt

Müller-Enbergs: Inoffizielle Mitarbeiter des Ministeriums für Staatssicherheit. Teil 2, S. 123 f., 232 / Pfister: Unternehmen Romeo, S. 177-192 / Schwan: Erich Mielke, S. 136 / Wagner: Die Sitzung ist eröffnet, S. 43 / Wolf: Spionagechef im geheimen Krieg, S. 152 f. /
Die nachstehenden Zeitungsartikel betreffen sowohl Gandt als auch Margarete Lubig: Pressemitteilung des Generalbundesanwaltes vom 16. 9. 1991 / B.Z., Berlin, 30. 4. 1993 / Berliner Zeitung, 4. 2. 1997 / Frankfurter Neue Presse, 17. 9. 1991 / Kölner Stadt-Anzeiger, 17. 9. 1991 und 5. 6. 1993 / Leipziger Volkszeitung, 4. 2. 1997 / Neues Deutschland, 15. 10. 1996 / Süddeutsche Zeitung, 4. 6. 1993 und 17. 10. 1996 / Die Welt, 17. 9. 1991 / Urteil des Oberlandesgerichts Düsseldorf gegen M. Lubig vom 15.10.1996

Zu den Julias

Maria Knuth – Wehner: Geheim, S. 284-313 / Rheinische Post, 22. 1. 1953 / Westdeutsche Allgemeine, 22. 1. 1953 / Die Welt, 27. 1. 1953 / Express, Köln, 25. 5. 1983

Irmgard Schmidt – Joesten: CIA, S. 96-101

Frau Müller [tatsächlicher Name unbekannt] – Bohnsack: Hauptverwaltung Aufklärung, S. 14-16 / Pressemitteilungen des Generalbundesanwaltes (betreffend Erhard Müller) vom 26. 4. 1991 und 29. 1. 1993 / Kölner Stadt-Anzeiger,

27. 4. 1991 / Morgenpost, Berlin, 19. 3. 1991 / Süddeutsche Zeitung, 30. 1. 1993

Frauke Borchardt (im Zusammenhang mit dem gegen Heinrich Lummer gerichteten Erpressungsversuch) – Urteilsbegründung des Oberlandesgerichts Düsseldorf gegen Markus Wolf vom 6. 12. 1993, S. 44-46 / Schwan: Erich Mielke, S. 173-175

Brigitta Richter – Bild-Zeitung, 20. 12. 1991 / Frankfurter Rundschau, 20. 12. und 23. 12. 1991 / Kölner Stadt-Anzeiger, 28. 12. 1991 / Der Spiegel 1991/52/Panorama / Stuttgarter Zeitung, 20. 12. 1991 / Super-Illu, 20. 12. 1991/ Die Welt, 19. 12. 1991

Die verliebten Spione
Bernard Boursicot und Shi Peipu

Im Oktober 1964 trat der zwanzigjährige Bernard Boursicot als zweiter Buchhalter der französischen Botschaft in Peking seinen wenig aufregenden Dienst an. Er sortierte Rechnungen, sandte Reiseberichte des Botschafters an die Regierung in Paris ab, bediente die Kopiermaschine und den Reißwolf. Sein Privatleben wurde bald wesentlich prickelnder, denn auf einem Botschaftsempfang lernte Boursicot den 25 Jahre alten Chinesen Shi Peipu kennen, der als Star der Peking-Oper Frauenrollen spielte, fließend französisch sprach und durch seine seltsame Schönheit faszinierte.

Er erzählte Boursicot die alte chinesische Legende von einem Mann, der erst in seiner Todesstunde erfährt, dass er eine Frau ist, weil seine Eltern lieber einen Sohn gehabt und die Tochter als solchen erzogen hätten. „Das", sagte Shi Peipu, „ist auch meine Geschichte." Sie klang nicht eimal so ungewöhnlich in einem Land, in dem noch heute Mädchen bei der Geburt umgebracht werden, wo Bauern Mädchen wie Knaben kleiden, um ihr Unglück vor den Nachbarn zu verbergen, und im Theater die Frauenrollen von Männern gespielt werden.

Bernard Boursicot verliebte sich unsterblich in einen Mann, den er für eine Frau hielt, der ihm nach einiger Zeit seine Schwangerschaft mitteilte und später sogar glaubhaft machte, dass Boursicot der Vater seines „Sohnes" Shi Dudu sei.

Bernard Bousicot und Shi Peipu auf der Anklagebank in Paris, Mai 1966

Die Wahrheit war nüchterner. Shi Peipu wurde 1939 in der Provinz Jünnan nach zwei Töchtern als erster Sohn einer reichen Mandarinfamilie geboren. Es wäre für den Vater furchtbar gewesen, wenn auch das dritte Kind ein Mädchen gewesen wäre. Shi Peipu selbst hätte nichts dagegen gehabt. Bei französischen Nonnen in einem benachbarten Kloster lernte er Französisch. Als Zwölfjähriger begann er eine Opernausbildung und mit 18 Jahren begann er seine Ausbildung als männlicher Darsteller von Frauenrollen. Bald schrieb er eigene Opern, und als er 25 Jahre alt war, lobte ihn sogar Mao Tse-Tung als vorbildlichen Schauspieler.

Die Affäre zwischen Boursicot und Shi Peipu führte zu genüsslichem Klatsch in Diplomatenkreisen, blieb aber auch den Geheimdiensten nicht verborgen, schon gar nicht dem chinesischen und dem französischen. 1966, während der angeblichen Schwangerschaft, wurde Boursicot nach Saudi-Arabien versetzt. Der chinesische Geheimdienst veranlasste Shi Peipu, die Frauenrolle weiter zu spielen und so erhielt Boursicot nach angemessener Zeit Fotos seines „Sohnes". Das Kind gab es wirklich. Shi Peipu hatte es in der westlichen Provinz Sinkiang, wo nichtchinesische Minderheiten leben, gekauft und adoptiert – ein in China übliches Verfahren.

Boursicot wurde 1969 auf dem Höhepunkt der Kulturrevolution nach Peking zurückversetzt. In der Freizeit suchte er überall nach „seiner Frau und seinem Kind". Schließlich sorgte der chinesische Geheimdienst dafür, dass er beide fand und in Shi Peipus Pekinger Wohnung treffen durfte. Doch das hatte seinen Preis. Boursicot musste alle Dokumente aus der französischen Botschaft, die er erlangen konnte, kopieren und einem Mitarbeiter des chinesischen Geheimdienstes aushändigen.

1972 wurde Boursicot nach Dublin versetzt, dann nach Paris und New Orleans. 1978 kam er an die französische Botschaft nach Ulan Bator in der Mongolei. Hier meldete sich der ihm schon bekannte Kontaktmann des chinesischen Geheimdienstes wieder und versprach erneute Treffen mit Shi Peipu, wenn Boursicot noch einmal Dokumente liefere. Er tat, was von ihm verlangt wurde und durfte dafür besuchsweise nach China einreisen.

1981 begann er Shi Peipu zu überreden, mit ihm nach Frankreich zu kommen, und ein Jahr später schaffte es Boursicot, im Rahmen des Kulturaustausches zwischen Frankreich und China eine Einladung nach Paris zu erwirken, wo Shi Peipu, der immer noch berühmte Schauspieler und Mitglied des chinesischen Schriftstellerverbandes, Vorlesungen über die Peking-Oper halten sollte. Auch der Star wollte nun China verlassen. Die Kulturrevolution hatte ihn völlig desillusioniert und er erklärte einer ausländischen Berichterstatterin:

„Wir haben im Kult um Mao gelebt, er war unser Buddha. Aber er hat uns Böses angetan und unser Geist ist zerbrochen. ... Wie kann ich heute noch revolutionäre Opern schreiben? Vor zwanzig Jahren glaubte ich daran. Heute nicht mehr. Deshalb muss ich fort."

Im Herbst 1982 reiste er aus China aus. Begleiten durfte ihn sein „Sohn" Shi Dudu, weil Shi Peipus Gesundheit nach einem Herzinfarkt stark beeiträchtigt war. Die skurrile Familie war nun endlich vereint. Boursicot konnte nicht irritieren, dass Shi Peipu nach außen als Mann auftrat. Das war bisher immer so gewesen. Doch nun widmete der französische Geheimdienst dem Paar seine verstärkte Aufmerksamkeit. Er konnte bald so viele Beweise für Spionagetätigkeit vorlegen, dass zunächst Boursicot im Juli 1983 in Untersuchungshaft kam. Shi Peipu blieb davon wegen seines schlechten Gesundheitszustandes verschont, nicht jedoch von den staatsanwaltlichen Ermittlungen. Sie führten auch zu gerichtsmedizinischen Untersuchungen, die teilweise in Anwesenheit Boursicots durchgeführt wurden.

Der naive und offensichtlich stark gehemmte Beamte erkannte erst jetzt, dass „seine Frau" ein Mann war, machte geltend, dass er seinen Partner in intimen Situationen nur im Dunkeln und nie nackt gesehen habe, beging einen Selbstmordversuch und legte später ein umfassendes Geständnis ab. Als das seltsame Paar im Mai 1986 in Paris vor Gericht stand, verfolgte der inzwischen zwanzigjährige „Sohn“ Shi Dudu im Verhandlungssaal den Prozess gegen seine „Eltern“. Und während sich das Gros der französischen Presse über den traurigen Sachverhalt nur köstlich amüsierte, wussten die Richter nicht so genau, ob sie lachen oder weinen sollten, denn die Bewertung der strafbaren Spionagetatbestände war unter den gegebenen Umständen schwierig. Schließlich verurteilten sie Bernard Boursicot als Spion und Shi Peipu als Komplizen zu jeweils sechs Jahren Haft.

Hinweise

Polmar/Allen: Spy Book, S. 82 /
Der Spiegel 1986/21/146 f. / General-Anzeiger, Bonn, 6. 5. und 8. 5.1986

Kübel-Achim

Am 12. Juli 1983 gab der Generalbundesanwalt eine Pressemitteilung heraus, mit der er die Öffentlichkeit darüber unterrichtete, dass gegen den Rentner **Hans-Joachim Schneider**, geboren am 13. Juni 1924 in Halle an der Saale, ein Ermittlungsverfahren wegen geheimdienstlicher Agententätigkeit für das Ministerium für Staatssicherheit (MfS) eingeleitet worden sei. Zur näheren Erläuterung schrieb der Generalbundesanwalt:

Hans-Joachim Schneider

„Dem Beschuldigten wird zur Last gelegt, seit 1971 – teilweise unter Mitwirkung seiner inzwischen verstorbenen Ehefrau und seiner Tochter – Bücher und Unterlagen amerikanischer Dienststellen, die er bei seiner Arbeit als Heizer in amerikanischen Depots in Abfallbehältern fand, bei zahlreichen Treffen unter konspirativen Umständen Mitarbeitern des MfS gegen erhebliche Bezahlung ausgehändigt zu haben.

Der Beschuldigte befindet sich seit dem 23. März 1983 aufgrund Haftbefehls des Ermittlungsrichters des Bundesgerichtshofes in Untersuchungshaft. Die Ermittlungen dauern an."

Rentner, früher Heizer, Abfallbehälter, Spionage? Die Journalisten horchten auf, weil die Einzelheiten überhaupt nicht zueinander zu passen schienen. Alles roch nach einem ungewöhnlichen Fall. Und so war es auch.

Hans-Joachim Schneider verfügte nur über recht mäßige geistige Gaben und hatte nicht viel Glück im Leben gehabt. Wie er sich selbst ausdrückte, hatte „der Hass auf die Bolschewiken" dem gebürtigen Hallenser in der Nachkriegszeit ein Jahr Gefängnis eingebracht. Anschließend flüchtete er aus der DDR nach dem Westen. Doch sein Versuch, sich hier eine Existenz aufzubauen, scheiterte, denn er fand weder Arbeitsmöglichkeiten noch Wohnraum. Mit der Familie ging er zurück in die DDR, war jedoch dort unerwünscht und versuchte nun sein Glück als politischer Flüchtling in West-Berlin. Doch der Notaufnahmeausschuss nahm ihm die „politischen Gründe" nicht ab. Der Frage: „Warum haben Sie versucht, in die DDR zurückzukehren, obwohl Ihnen dort Gefahr drohte?" hatte er vermutlich keine plausible Antwort entgegenzusetzen.

Schließlich versuchte Schneider mit Frau und vier Töchtern im Saarland Fuß zu fassen. Es gelang nur schlecht und recht. Als Lumpen- und Schrottsammler kam er auf höchstens 300 DM im Monat. Folglich ließ er sich noch in den fünfziger Jahren als Hilfshauer im Bergwerk anlernen. Doch diese Arbeit vertrug er nicht oder sie war ihm zu schwer. Deshalb nahm er Ende der sechziger Jahre eine Tätigkeit als Lackierer in einem US-Militärdepot in Kaiserslautern auf und wechselte 1971 als Heizer in die Munitions- und Reparaturbasis im nahegelegenen Miesau. Monatlich verdiente er 1.800 DM netto, was zu dieser Zeit nicht gerade ein Hungerlohn war, aber inzwischen war der Gerichtsvollzieher Dauergast bei Schneiders, denn die Familie hatte Schulden über Schulden.

Die neue Position in Miesau bot jedoch Möglichkeiten der Schuldentilgung. Amerikaner werfen nämlich unglaublich viel weg, und auf den Militärstützpunkten in Europa hatten sie keine anderen Gewohnheiten als zu Hause. Deshalb wühlte Schneider in jeder freien Minute sowie nach Feierabend im Sperrmüll und in Containern. Mit Kennerblick sortierte er Fernseher, Kassettenrecorder, Uhren, Spielzeug, Kleidung, Eisenschrott und sogar „Essbares" aus. Was nicht im eigenen Haushalt zu verwenden war, wurde „an die Polaken im Obdachlosenasyl verkloppt". Mit freundlicher Duldung der amerikanischen Posten belud er allabendlich den Anhänger seines Mopeds mit der Ausbeute des Tages. Dann schwang sich „Kübel-Achim", wie er von den Arbeitskollegen genannt wurde, in den Sattel und fuhr durch das schwer bewachte Tor des Stützpunktes nach Hause. Kontrolliert wurde er nie.

Die Lebensverhältnisse verbesserten sich dank des Nebenverdienstes etwas und das Ehepaar Schneider fuhr noch 1971 zu einem Verwandtenbesuch in die DDR. Bei Cousine Hanna Nötzel warteten aber nicht nur die Gastgeber. Auch „zwei hochgewachsene Kerle" traten aus einem Hinterzimmer, die über Kübel-Achim recht gut Bescheid wussten und die Bedeutung des US-Stützpunktes Miesau bestimmt besser beurteilen konnten als er. Kein Wunder, denn die neuen Bekannten waren vom Staatssicherheitsdienst (SSD).

„Rolf" und „Werner" interessierten sich ebenfalls brennend für den dort lagernden Müll, aber ausschließlich für bedrucktes Papier. Sie instruierten Kübel-Achim, der kein Wort Englisch konnte, welche Aufschriften auf Gebrauchsanweisungen und Handbüchern für sie besonders wichtig waren, zum Beispiel „nuclear" oder „missile" [Raketen] und baten um Lieferung. Zum Beweis ihrer Honorigkeit und ihres guten Willens zahlten die Herren erst einmal einen Vorschuss in Höhe von 1.200 DM und Kübel-Achim wurde mit ihnen handelseinig. Er vernachlässigte seine bisherigen Sammelgebiete und spezialisierte sich auf die Wünsche seiner neuen Kunden. Dabei nahm er soviel wie möglich von dem mit, was in speziellen Containern öffentlich herumlag, denn eine zielgerichtete Auswahl der Drucksachen war ihm aus Mangel an Allgemeinbildung und Fachkenntnissen gar nicht möglich.

Falls er überhaupt ein Unrechtsbewusstsein gehabt hat, wurde es durch ein Erlebnis mit dem amerikanischen Sicherheitsdienst zusätzlich gedämpft. Als er sich ein Funkfrequenzbuch aus dem Müll angeeignet hatte, wurde er von einem Wachtposten gestellt und dem zuständigen Sicherheitsoffizier vorgeführt. Der entschied jedoch, den Mann laufen zu lassen, weil das Buch nicht so wichtig sei.

Die Lieferungen spielten sich ein. Kübel-Achim reiste pro Jahr zweimal, seine Frau sechsmal „in die Zone", wie er sich noch 1983 vor Gericht ausdrückte. Ohne jede Tarnung stopften die beiden Eheleute Koffer, Reisetaschen und Rucksäcke mit den Drucksachen voll, die sie nicht lesen konnten, fuhren mit einem Transitzug nach West-Berlin und gelangten von dort aus in den zu Ost-Berlin gehörenden Bahnhof Friedrichstraße. Einen großen Teil des Bahnhofs durften Besucher aus dem Westen unkontrolliert betreten. Dort befanden sich Schließfächer, in die Herr oder Frau Schneider ihre Gepäckstücke einlegten. Dann fuhren sie als Tagesbesucher nach Ost-Berlin, trafen auf dem Alexanderplatz

„Rolf" oder „Werner", händigten den Schließfachschlüssel aus und kassierten jeweils um 1.000 DM. Das Gepäck holten dann Leute des SSD.

Das System war völlig sicher. Den normalen Kontrolleuren an der Grenze nach Ost-Berlin oder anderen Wartenden konnten die Gepäckstücke nie auffallen. Bei einer Passkontrolle im Westen konnte man nie sehen, dass Schneiders in Ost-Berlin gewesen waren, weil Tagesbesuchern kein Visum oder Vermerk in den Pass eingestempelt wurde. Auf diese Weise gelangten komplette Manöverunterlagen, Beschreibungen ganzer Waffensysteme, Panzerreparaturbücher, Unterlagen über Raketenstandorte und vieles andere in die DDR. Alles war geheimes oder streng geheimes Material.

Auf Decknamen und Codewörter wurde natürlich nicht verzichtet. Schneider hieß „Herr Lift", seine Frau war „Susanne". „Gold" bedeutete ‚Material gefunden'. „Silber" hieß ‚Nichts vorhanden'. „Eisen" warnte vor ‚Gefahr im Verzug'. „Baum" stand für ‚Anruf innerhalb der nächsten drei Tage'. Die Codes wurden wichtig, weil man sich ab 1979 mit den Geschäftspartnern aus der DDR in Mannheim treffen musste, denn Frau Schneider wurde kränklich und wollte nicht mehr so weit fahren. Vor den Treffs wurden Sichtkontakte verabredet, bei denen auf bestimmte Signale zu achten war. „Mütze aufsetzen" bedeutete ‚Die Luft ist rein. Wir treffen uns gleich im Restaurant Rosengarten'.

Die Geschäfte gestalteten sich zur beiderseitigen Zufriedenheit. Zufallstreffer von Kübel-Achim, wie ein Raketenhandbuch, wurden als besondere Leistungen honoriert. Es gab Geldprämien, 1974 und 1980 auch einen Orden. Bei der ersten Ordensverleihung nahm der Müll-Agent übel, dass seine Frau in der Verleihungsurkunde nicht mit erwähnt worden war, denn sie sei mindestens so fleißig gewesen wie er. Bei der zweiten Dekorierung wurde darauf geachtet, dass sich der Fauxpas nicht wiederholte. Als der Richter ihn später im Prozess fragte, warum er die Orden überhaupt angenommen habe, obwohl es ihm nach eigener Bekundung stets nur um Geld gegangen sei, antwortete Kübel-Achim: „Ach wissen Sie, Herr Präsident, ich habe in meinem Leben so viel Altmetall gesammelt. Wieso sollte ich das Silber nicht nehmen?"

Nach den Berechnungen des Gerichts hat der SSD für das gesamte Material mindestens 100.000 DM bezahlt. Auch sonst zeigte sich der DDR-Geheimdienst großzügig. Nachdem Schneiders Ehefrau gestorben war und er selbst nach einem schweren Unfall lange Zeit an Krücken gehen musste, gestattete man Cousine Hanna, die einst das Spionagegeschäft eingefädelt hatte, für ein paar Wochen als Krankenpflegerin nach dem Westen zu fahren.

Ab 1981 war jedoch klar, dass Kübel-Achim ein Leben als Frührentner bevorstand, dem der Zugang zu den gewinnträchtigen Mülldeponien nach dem Ende seiner Dienstzeit bestimmt verwehrt werden würde. Deshalb musste rechtzeitig für Nachwuchs gesorgt werden. Schneiders Tochter Silvia hatte einen Sergeant der US-Army geheiratet. Der Vater und die Führungsoffiziere aus Ost-Berlin überredeten sie, sich am Geschäft zu beteiligen, weil sie in einer US-Siedlung wohnte und dadurch begrenzten Zugang zu interessanten Materialien hatte. Sie war zunächst auch einverstanden und besorgte ein internes Telefonbuch der US-Army. Vor allem sollte sie jedoch ihren Ehemann als Spion gewinnen. Sergeant Walter Wilson lehnte sofort ab und verbot seiner Frau jede weitere Aktivität, meldete aber die Spionagetätigkeit seines Schwiegervaters, von der er nun Kenntnis hatte, nicht seinen Vorgesetzten.

Trotzdem wurde Hans-Joachim Schneider zwölf Jahre nach Beginn seiner „Nebentätigkeit" enttarnt und inhaftiert. Im November 1983 standen er und seine Tochter vor dem Oberlandesgericht Koblenz. Bereits in der Voruntersuchung hatte er ein umfassendes Geständnis abgelegt, und sein Verteidiger plädierte daraufhin dafür, zunächst einmal festzustellen, was das amerikanische Militär alles so achtlos wegwerfe. Dann könne man erst ermessen, wie leicht dem Angeklagten seine Spionagetätigkeit gemacht worden sei.

Das Gericht berücksichtigte diesen Einwand und verurteilte Hans-Joachim Schneider trotz des Umfanges seiner Materiallieferungen nur zu vier Jahren Haft. Seine Tochter Silvia bekam eine Haftstrafe von sechs Monaten, die zur Bewährung ausgesetzt wurde. Vergleichsweise hart traf es ihren Mann. Er wurde von einem US-Militärgericht wegen Nichtanzeige eines Spionagefalles zu vier Monaten Zwangsarbeit, Degradierung und unehrenhafter Entlassung aus der Armee verurteilt.

Offen blieb in der Gerichtsverhandlung die Frage, wie die Sicherheitsbehörden Kübel-Achim auf die Spur gekommen waren. In Journalistenkreisen hielt sich hartnäckig folgende Antwort: Er hatte vier Töchter, aber immer nur Silvia mit wertvollen Geschenken bedacht. Eine der anderen Töchter, die deswegen neidisch war, soll den entscheidenden Tipp gegeben haben.

Hinweise

Pressemitteilungen des Generalbundesanwalts vom 12. 7., 25. 8. und 14. 12. 1983 sowie 11. 7. 1984 / Bild-Zeitung, 2. 9. 1983 / Kölner Rundschau, 26. 8. 1983 / Neue Osnabrücker Zeitung, 15. 11. 1983 / Sonntag Aktuell, 6. 11. 1983 / Tageszeitung, Berlin, 21. 11. 1983 / Die Welt, 9. 11. 1983 / Der Spiegel 1983/38/104-107 /
Hans Jürgen Haller in: „Politisches Forum" , WDR/NDR, 12. 11. 1984

Das linientreue Leben der Agentin Anna

Am Donnerstag dem 8. August 1985, erschien in der Tageszeitung „Die Welt“ die folgende Notiz:

Johanna Olbrich kurz vor Prozessbeginn in Düsseldorf, Februar 1993

„Im Bundeswirtschaftsministerium macht man sich Sorgen über den Verbleib von Frau Sonja Lüneburg, die zu den engsten Mitarbeitern von Bundeswirtschaftsminister Martin Bangemann gehört. Das Ministerium hat gestern die Polizei davon unterrichtet, dass Frau Lüneburg (60) zwei Tage lang ohne Angaben von Gründen nicht an ihrem Arbeitsplatz im Leitungsbereich des Ressorts erschienen ist. Frau Lüneburg, die unverheiratet ist, hatte sich für Montag freigenommen, weil sie eine Wochenendtour nach Brüssel unternehmen wollte. Seitdem hat sie kein Lebenszeichen von sich gegeben. Im Bundeswirtschaftsministerium hieß es gestern, neben anderen persönlichen Gründen sei es durchaus auch denkbar, dass die Frau im Ausland bei einem Verkehrsunfall verletzt und in ein Krankenhaus eingeliefert worden sein könnte. Frau Lüneburg war seit vielen Jahren die Chefsekretärin von Bangemann, auch in der Zeit, in der der FDP-Politiker seinen Schreibtisch in Brüssel und Straßburg stehen hatte. Nach der Ernennung von Bangemann zum Bundeswirtschaftsminister war sie dann auch dort seine Chefsekretärin, bis sie vor einigen Wochen die Aufgabe einer Sachbearbeiterin in der Führungsetage übernahm.“

Bereits einen Tag später berichtete der in Bonn erscheinende „General-Anzeiger”, dass man in der Wohnung der vermissten Frau Geräte für Dokumentenfotografie entdeckt und der Generalbundesanwalt ein Ermittlungsverfahren wegen geheimdienstlicher Agententätigkeit eingeleitet habe. In der Wohnung deutete alles auf einen überstürzten Aufbruch hin. Das Bett war nicht gemacht, Geschirr nicht gespült und Kleidung in den Zimmern verstreut worden. Die Nachfrage bei Bekannten ergab, dass Frau Lüneburg alleine verreist sein musste.

Das Presseecho war eine Woche lang groß. Es gab zahllose Spekulationen, markige Aufforderungen zu mehr Wachsamkeit und betuliche Mahnungen, niemanden ohne Beweise vorzeitig zu verurteilen. Alles war wie immer in vergleichbaren Fällen, wenn die Berichterstatter nichts Konkretes wussten. Dann folgten die üblichen amtlichen Beschwichtigungen, dass Frau Lüneburg keinen Zugang zu Geheimmaterial gehabt hätte. Natürlich glaubte das wieder niemand und bewies mit mehr oder weniger großer Detailkenntnis das Gegenteil.

Die wichtigste Meldung war, dass Martin Bangemann eine Asienreise abgebrochen hatte und unverzüglich nach Bonn zurückgekehrt war. Das Verschwinden seiner langjährigen Mitarbeiterin hatte ihn und seine Familie sehr berührt, die zu der Vermissten auch private Kontakte unterhalten hatten. Die Irritation nahm zu, als am 19. August 1985 erstmals Pressemeldungen erschienen, die darauf hindeuteten, dass Frau Lüneburg auch ganz jemand anders sein könnte. Aber erst in einer Pressemitteilung des Generalbundesanwaltes vom 11. Dezember 1985 wurde es dann konkreter:

„Ermittlungsverfahren gegen

– Unbekannt alias Sonja Lüneburg, geboren am 7. Dezember 1924 in Berlin,

wegen des Verdachts der geheimdienstlichen Agententätigkeit für einen Nachrichtendienst des Ostblocks.

Die Beschuldigte, deren wahre Identität noch nicht feststeht, wurde unter dem Namen einer zuletzt in Berlin wohnhaft gewesenen Person Anfang 1967 über Frankreich in die Bundesrepublik Deutschland eingeschleust.

Sie war von 1969-1973 bei dem FDP-Politiker William Borm angestellt. In der Folgezeit bis 1975 war sie als Sekretärin verschiedener FDP-Generalsekretäre tätig. Seitdem war sie Mitarbeiterin von Dr. Bangemann, zunächst in dessen Eigenschaft als Mitglied des Deutschen Bundestages, später als Mitglied des Europäischen Parlaments und zugleich als Präsident der Fraktion der Liberalen und Demokratischen Parteien, zuletzt als Bundesminister für Wirtschaft.

Die Ermittlungen haben ergeben, dass es sich bei der Beschuldigten, die sich am 3. August 1985 abgesetzt hat, um eine langjährige geheime Mitarbeiterin eines östlichen Nachrichtendienstes gehandelt hat. ...“

Die Ermittlungen dauerten an, brachten aber erst nach der deutschen Wiedervereinigung ein greifbares Ergebnis. Am Abend des 11. Juni 1991 wurde die seit Jahren gesuchte Johanna Olbrich (alias Sonja Lüneburg) an ihrem Wohnsitz in der Nähe von Berlin durch Beamte des Bundeskriminalamtes festgenommen und am darauffolgenden Tag dem Ermittlungsrichter des Bundesgerichtshofes in Karlsruhe vorgeführt, der gegen sie Haftbefehl wegen des Verdachts auf Landesverrat erließ. Jetzt erst konnte mit Aussicht auf Erfolg versucht werden, Licht in die ganze Angelegenheit zu bringen.

Johanna Olbrich wurde am 26. Oktober 1926 in Lauban (Schlesien, jetzt Polen) geboren. Nach dem Volksschulabschluss 1941 besuchte sie bis zum Kriegsende mehrere Lehrerbildungsanstalten, bis sie infolge der Kriegswirren aus Schlesien flüchten musste. Nach dem Kriegsende 1945 nahm sie im sächsischen Löbau eine Tätigkeit als Neulehrerin auf, bestand 1949 die erste und 1953 die zweite Lehrerprüfung und war als Schulleiterin tätig. Sie absolvierte neben dem Beruf ein Fernstudium zur Ausbildung als Lehrerin für deutsche Sprache und Literatur und wurde 1960 Hauptreferentin für dieses Fachgebiet im Ministerium für Volksbildung der DDR. Sie blieb unverheiratet und alleinstehend.

1964 trat ein Arbeitskollege im Volksbildungsministerium an Johanna Olbrich mit der Frage heran, ob sie bereit sei, ihre Wohnung für die Abwicklung konspirativer nachrichtendienstlicher Treffs zur Verfügung zu stellen. Nach kurzer Bedenkzeit erklärte sie sich damit einverstanden. Als sie im gleichen Jahr von der Parteiorganisation des Ministeriums zu einem Einjahreslehrgang an die SED-Bezirksparteischule delegiert wurde (so etwas galt als verpflichtende Auszeichnung), kam der Arbeitskollege wieder zu ihr, um sie zu bitten, sich mit Offizieren des SSD zu treffen.

Frau Olbrich wurde nach mehreren Gesprächen eröffnet, man habe sie für eine nachrichtendienstliche Tätigkeit außerhalb der DDR vorgesehen. Dann fragte man, ob sie auch von sich aus dazu bereit sei. Sie war wiederum einverstanden und zweifellos eine Überzeugungstäterin. Denn als sie nach ihrer Verhaftung 1991 nach den Motiven für die Zustimmung zur aktiven Spionage gefragt wurde, wies sie darauf hin, dass sie ihre Schüler im Sinne der SED und der DDR-Führung erzogen hätte. Im Angebot der Hauptverwaltung Aufklärung (HVA) sah sie eine Gelegenheit, ihren Worten Taten folgen zu lassen und ihre Fähigkeiten zu erproben. Als sie im Juni 1993 im Prozess gegen Markus Wolf als Zeugin vorgeladen wurde, sagte sie:

„Es klingt etwas abgegriffen, wenn man über Gefühle redet." Danach schilderte sie ihre Erinnerungen an das Kriegsende und betonte: „Ich wollte etwas tun, dass es keine kriegerischen Auseinandersetzungen mehr gibt." Gleichzeitig gab sie aber auch zu: „Mag sein, dass ein bisschen Abenteuerlust dabei war."[1]

Bei ihrem ersten Auftritt als Angeklagte vor dem Oberlandesgericht Düsseldorf am 22. Februar 1994 äußerte sie sich ähnlich. Der Berichterstatter der „Frankfurter Allgemeinen Zeitung" notierte:

„Als junge Frau habe sie gegen Ende des Krieges einen Marsch von KZ-Häftlingen beobachtet. Das Bild der entkräfteten, ausgemergelten Gestalten, barfuß in Holzpantinen trotz bitterer Kälte, habe ihr zum Bewusstsein gebracht, welches Verbrechen dieser Krieg gewesen sei. In ihr sei der Wunsch entstanden, alles zu tun, um Kriege zu vermeiden; der Einsatz als Spionin schien ihr dafür ein probates Mittel zu sein."[2]

Doch zurück zu ihren Taten. Nach Abschluss des Lehrganges auf der Parteischule kehrte Johanna Olbrich nicht mehr an ihren Arbeitsplatz im Volksbildungsministerium zurück. Gegenüber ihren Verwandten, Freunden und Bekannten wurde verbreitet, dass sie in den Auswärtigen Dienst eingetreten sei und in Nordkorea eingesetzt werde. Um diese Legende glaubhaft erscheinen zu lassen, wurden von ihr in Ost-Berlin geschriebene Briefe in Nordkorea aufgegeben. Als dieses Verfahren schließlich zu zeitaufwendig wurde, fälschte der SSD die nordkoreanischen Poststempel.

Um Frau Olbrich „Regimekenntnisse" zu verschaffen und ihre nachrichtendienstlichen Fähigkeiten zu prüfen, schickte man sie nach West-Berlin, um dort Objekte abzuklären. Es folgten Reisen nach Wien, London und Stockholm, wo sie sich mit den Örtlichkeiten in diesen Städten und mit den Lebensverhältnissen von Personen vertraut zu machen hatte, deren Rolle sie eventuell künftig spielen sollte. Um außerhalb der DDR berufstätig werden zu können, wurden ihr solide Kenntnisse im Maschineschreiben und in Stenografie vermittelt. Gleichzeitig erhielt die künftige Spionin den Decknamen „Anna" und eine gründliche nachrichtendienstliche Schulung. Von verschiedenen Mitarbeitern der HVA wurde sie darin unterwiesen, geheime Nachrichten zu ent- und zu verschlüsseln, Dokumente mit einer Mikratkamera zu fotografieren, den einseitigen A 3-Funk zu empfangen, Container zu handhaben, nachrichtendienstliche Zeichen anzubringen und Tote Briefkästen anzulegen.

Unter Containern versteht man Verstecke für schriftliche Nachrichten, Dokumente und Filmrollen in alltäglichen Gegenständen, zum Beispiel doppelte Böden in Koffern, Geheimfächer in Handtaschen, ausgehöhlte Spazierstöcke oder Schirmspitzen und vieles andere. Tote Briefkästen sind Verstecke, die nur dem Spion selbst und einem Kurier bekannt sind. Das können unter anderem Baumhöhlen, nicht mehr benutzte Nistkästen oder Mauerlücken sein, die mit einem losen Stein verschlossen werden. Die Benutzung eines Toten Briefkastens hat den Vorteil, dass sich Spion und Kurier nicht persönlich treffen, ja sich nicht einmal kennen müssen, um Material auszutauschen.

Im Herbst 1966 erhielt Johanna Olbrich den Auftrag, sich mit den Lebensumständen und biographischen Daten von Sonja Lüneburg vertraut zu machen, die im selben Jahr aus West-Berlin in die DDR übergesiedelt war und deren Rückübersiedlung oder besuchsweise Ausreise in den Westen auf jeden Fall verhindert werden würde. Frau Olbrich fuhr nach West-Berlin, trat dort als Freundin von Sonja Lüneburg auf, beglich deren Schulden in Höhe von 3.000 DM und sorgte dafür, dass die Frau aus dem Schuldnerverzeichnis des Amtsgerichts gestrichen wurde. Die Agentin Anna wurde dadurch mit den bisherigen Lebensverhältnissen von Frau Lüneburg so vertraut, dass sie außerhalb Berlins in deren Identität schlüpfen konnte.

Die echte Sonja Lüneburg wurde am 7. Dezember 1924 als Sonja Goesch in Berlin geboren und zog 1949 nach West-Berlin, um zu heiraten. Die Ehe wurde jedoch bereits ein Jahr später geschieden. Die nunmehrige Frau Lüneburg führte bis 1964 einen Friseursalon in Berlin-Wedding, übergab das Geschäft an einen Nachfolger und siedelte nach verschiedenen Aushilfstätigkeiten 1966 in die DDR über, wo Angehörige von ihr lebten. Während ihres langen Aufenthaltes in einem Aufnahmelager wurden ihr alle Papiere abgenommen und nicht zurückgegeben. In den West-Berliner Personalausweis wurde das Bild der Johanna Olbrich hineinpraktiziert, die außerdem das echte Scheidungsurteil und das Original der Geburtsurkunde von Frau Lüneburg erhielt.

Sonja Lüneburg selbst wurde 1968 in die Psychiatrische Klinik in Berlin-Buch eingewiesen, wo die behandelnden Ärzte eine paranoide Schizophrenie diagnostizierten. Nach ihrer Entlassung im November 1974 wurde sie von August 1975 bis April 1976 wegen ihrer psychischen Erkrankung ein zweites Mal stationär behandelt. Seit 1983 lebte sie in geistig verwirrtem Zustand in einem Altersheim in Ost-Berlin. Bis zur Wende 1989 betreute sie dort ein Angehöriger der „Volkssolidarität", der in Wirklichkeit hauptamtlich für den SSD arbeitete. Für die nach der deutschen Wiedervereinigung in der Presse auftauchenden Unterstellungen, dass Sonja Lüneburg vorsätzlich in die Geisteskrankheit getrieben worden sei, gibt es keine Beweise; dass sie als Legendenspenderin gezielt ausgesucht und benutzt worden ist, steht dagegen fest.

Johanna Olbrich begab sich als Sonja Lüneburg noch 1966 nach Colmar in Frankreich, meldete sich von dort aus in West-Berlin ab und erhielt eine Abmeldebestätigung der dortigen Behörden. (Die echte Sonja Lüneburg hatte sich vor ihrer Übersiedlung in die DDR nicht abgemeldet.) Johanna Olbrich legte die Abmeldung der Sonja Lüneburg im Januar 1967 in Offenbach am Main vor, meldete sich dort an, beantragte einen Personalausweis bei der Stadtverwaltung und erhielt nun ein echtes Dokument auf ihren neuen Namen.

Aufgrund einer Zeitungsannonce bewarb sie sich bei einer Rechtsschutzversicherung in Frankfurt am Main als Registratur- und Schreibkraft, fiel dort jedoch wegen ihrer Intelligenz und ihres Allgemeinwissens auf. Beides passte nicht zu ihrem früheren Beruf als Friseuse und zu ihrer augenblicklichen Arbeitsstellung. Nachdem sie ihre Führungsstelle in Ost-Berlin auf diesen Sachverhalt aufmerksam gemacht hatte, erhielt sie ein total gefälschtes Abiturzeugnis, in dem bescheinigt wurde, dass Sonja Goesch am 17. März 1943 an der Lietzensee-Schule, einer Oberschule für Mädchen in Berlin-Charlottenburg, die Reifeprüfung bestanden hatte. Agentin Anna wurde angewiesen, die Fälschung nur mit Vorsicht zu verwenden.

Im Januar 1967 verlegte die neue Sonja Lüneburg ihren Wohnsitz nach Hamburg, wurde in das dortige Schadensbüro der Versicherung versetzt und betreute im Auftrag der HVA vorübergehend ein Ehepaar, das Informationen liefern sollte und dem sie dafür Geld überbrachte. Am wichtigsten war jedoch, dass sie bei der Hamburger Innenbehörde einen Reisepass beantragte, den sie nach der Vorlage ihres in Offenbach ausgestellten Personalausweises anstandslos bekam. Die Legalisierung der „Sonja Lüneburg“ war damit abgeschlossen.

Mitte 1969 beschloss die Führungsstelle in Ost-Berlin, „Sonja Lüneburg“ im Bonner Raum als Sekretärin zu etablieren, denn von diesem Zeitpunkt an erhielten die Abgeordneten des Deutschen Bundestages personenbezogene Diäten für die Beschäftigung einer Assistentin oder einer Bürokraft. Agentin Anna kündigte ihre Arbeitsstelle bei der Rechtsschutzversicherung und annoncierte in Bonner Tageszeitungen wegen einer neuen Beschäftigung. Sie erhielt daraufhin mehrere Angebote, die von ihren Führungsoffizieren gesichtet wurden. Auftragsgemäß bewarb sie sich bei William Borm und wurde zum 1. Juli 1969 von ihm als Sekretärin angenommen. Gleichzeitig bezog sie eine Wohnung in Bonn.

Der im September 1987 verstorbene FDP-Politiker war von 1965 bis November 1972 als Berliner Abgeordneter Mitglied und seit 1969 zugleich Alterspräsident des Deutschen Bundestages. In der Legislaturperiode 1969 bis 1972 gehörte er den Ausschüssen für innerdeutsche und auswärtige Angelegenheiten sowie dem aus nur acht Abgeordneten bestehenden Gremium an, das von der Bundesregierung fortlaufend vertraulich über die Vertragsverhandlungen mit der Sowjetunion, mit Polen und der DDR unterrichtet wurde. Außerdem gehörte er dem Europäischen Parlament an.

Borm war ebenfalls geheimdienstlicher Mitarbeiter der HVA und traf sich regelmäßig mit Markus Wolf, hatte jedoch keine Kenntnis davon, dass es sich bei „Sonja Lüneburg“ um eine eingeschleuste Agentin handelte. Umgekehrt wusste sie nichts über die nachrichtendienstlichen Hintergründe des FDP-Politikers. (Siehe auch den Abschnitt über Borm im Kapitel „Abgeordnete auf Abwegen“.)

Agentin Anna spähte vom Juli 1969 bis zum August 1985, das sind sechzehn Jahre, systematisch die Führungsgremien der FDP, deren politische Vorstellungen und Ziele aus. Darüber hinaus sah sie außerordentlich viele Positionspapiere der Bundesregierung, in denen deren taktisches Vorgehen und die politischen Ziele beschrieben wurden, besonders bei Verhandlungen mit der Sowjetunion, Polen und der DDR. An unzähligen Sitzungen und Besprechungen von FDP-Gremien mit namhaften Politikern der Partei hat Agentin Anna als stumme und unentbehrliche Protokollantin teilgenommen. Jedes Schriftstück, das in der Partei kursierte oder archiviert wurde, war ihr zugänglich. Über ihre Erkenntisse berichtete die fleißige und akribische Frau möglichst aktuell. Die Auswahl der Meldungen nahm sie aufgrund ihrer Intelligenz und ihres politischen Gespürs in aller Regel selbst vor. Nur selten bekam sie eine Anweisung der HVA, einen bestimmten Sachverhalt zu erforschen. Selbstverständlich fertigte sie auch Charakteristiken der Personen an, die sie kennenlernte und beobachten konnte. Intimitäten sowie Klatsch und Tratsch wurden dabei nicht ausgespart.

Für William Borm arbeitete Agentin Anna bis zum 28. Februar 1973. Danach hatte er keine Verwendung mehr für sie, weil er aus dem politischen Leben ausgeschieden war. „Frau Lüneburg“ wurde von der Bundesgeschäftsstelle der FDP übernommen und arbeitete als Zweitsekretärin im Büro des Generalsekretärs Karl Hermann Flach. Nach dessen Tod im August 1973 blieb sie das auch bei seinem Nachfolger Harald Hoffmann. Als Martin Bangemann im Oktober 1974 zum Generalsekretär gewählt worden war, wurde „Sonja Lüneburg“ seine Chefsekretärin.

Sie erledigte die üblichen Sekretariatsarbeiten, bearbeitete die ein- und ausgehende Post, führte den Terminkalender und war mit der gesamten Terminplanung beauftragt. Darüber hinaus hatte sie Bangemanns Besprechungen organisatorisch vorzubereiten, seine Pressekonferenzen, Arbeitsessen und Auslandsreisen zu betreuen und ihn zu Präsidiums- und Bundesvorstandssitzungen sowie Bundesparteitagen zu begleiten. Durch ihre Tätigkeit erhielt Agentin Anna Kenntnis von den innerhalb der FDP zu treffenden Entscheidungen sowie den zum Teil unterschiedlichen Positionen führender Mitglieder des Bundesvorstandes. Sie kannte die Meinungsbildungsprozesse und Entscheidungsabläufe im inneren Führungskreis der FDP.

Nach dem Rücktritt Bangemanns als Generalsekretär der FDP beendete Agentin Anna ihr Dienstverhältnis mit der Bundesgeschäftsstelle und arbeitete ab 1. Januar 1976 weiterhin für ihn als Sekretärin, nunmehr in seiner Eigenschaft als Mitglied des Deutschen Bundestages. Sie besaß nach wie vor das volle Vertrauen des Abgeordneten, der mit ihrer Arbeit sehr zufrieden war, und kümmerte sich auch um seine privaten Belange. So versah sie zeitweise seinen Bonner Haushalt und verfügte aus diesem Grund über einen Wohnungsschlüssel. Das gute Verhältnis erstreckte sich auch auf die Ehefrau und die Kinder von Martin Bangemann, so dass sie mit seiner Familie 1976 einen gemeinsamen Segelurlaub in Griechenland verbrachte und sich anschließend mit sämtlichen Familienmitgliedern duzte.

Nachdem Bangemann im Juni 1979 in das Europäische Parlament gewählt worden war, schied er 1980 mit Ablauf der 8. Legislaturperiode aus dem Deutschen Bundestag aus. Bereits Anfang 1980 war er nach Brüssel verzogen, wohin ihm Agentin Anna nach einigen Monaten folgte. Sie arbeitete dort als Angestellte der liberalen Fraktion des Europäischen Parlaments. Ihre Wohnung in Bonn behielt sie. Im Einvernehmen mit Bangemann fuhr sie regelmäßig donnerstags nach Bonn, um freitags die für ihn eingegangene Post zu erledigen. Da sie nur mäßig Englisch sprach und keine Französischkenntnisse besaß, konnte sie nur Schriftstücke in deutscher Sprache bearbeiten und für die HVA auswerten.

Allerdings sammelte Agentin Anna alles erreichbare Material über die Funktionsweise und die zunehmende politische Bedeutung der Europäischen Gemeinschaft. Sie hoffte, durch die Weiterleitung dieser Informationen an die HVA zu einer ähnlich prosperierenden Entwicklung des COMECON, der Wirtschaftsgemeinschaft der damaligen Ostblockstaaten, beizutragen. Bei ihrer Führungsstelle stieß sie jedoch auf mangelndes Interesse für diesen Bereich.

Die zweite Direktwahl zum Europaparlament am 17. Juni 1984 brachte der FDP ein schlimmes Ergebnis. Die Partei verlor sämtliche Mandate. Auch für Agentin Anna war das das Ende ihrer Tätigkeit in Brüssel. Da Martin Bangemann aber zwischenzeitlich zum Bundesminister für Wirtschaft ernannt worden war, folgte sie ihm wieder nach Bonn, um ab Juli 1984 als erste Vorzimmersekretärin des Ministers zu amtieren. Neben den üblichen Schreibarbeiten bereitete sie seine Reisen vor, auch nach Ost-Berlin und zur Leipziger Messe. Zusätzlich erledigte sie die persönliche Korrespondenz des Ministers sowie seine Bank-, Steuer- und Beihilfeangelegenheiten. Auch für seine neue Wohnung in Bonn besaß sie einen Schlüssel, um sich dort, wie bisher, um private Dinge kümmern zu können. Außerdem war sie für den Bereich der Parteiarbeit im nationalen und internationalen Rahmen zuständig. So begleitete sie Bangemann im Februar 1985 zum FDP-Parteitag nach Saarbrücken sowie zu internationalen Konferenzen der Liberalen in Dänemark und in den Niederlanden.

Mitte Mai 1985 erhielt Agentin Anna eine im Wirtschaftsministerium neugeschaffene Planstelle als Sachbearbeiterin. Sie erledigte die an das Ministerium gerichtete Korrespondenz, die wegen ihres allgemeinen politischen Inhalts weder einer anderen Stelle im Hause zugeordnet noch an die Bundesgeschäftsstelle der FDP abgegeben werden konnte. Es handelte sich um die sogenannte Bürgerpost des Ministers. Ihre Zugangsmöglichkeiten zu Unterlagen, die für die HVA interessant waren, verringerten sich jedoch stark.

Sehr wichtig in Annas Agentenleben war die ständige Verbindung zu ihrer Führungsstelle in der HVA sowie die reibungslose Nachrichtenübermittlung. Führungstreffs fanden zwischen 1967 und 1985 jährlich mindestens einmal statt, zumeist in Ost-Berlin, bisweilen auch in anderen Orten der DDR, je einmal in Wien, Salzburg und Belgrad. Die Treffs dauerten immer mehrere Tage, in denen die Agentin ihre weitere Tätigkeit mit der Zentrale abstimmte, mündlich berichtete und Fragen beantwortete. Die Führungsoffziere waren in dieser Zeit bemüht, ihr ein Gefühl der Geborgenheit unter wahren Freunden in einer verschworenen geheimen Gemeinschaft zu vermitteln, sie psychisch zu stärken und Zweifel am Sinn ihrer Spionagetätigkeit gar nicht erst aufkommen zu lassen.

Auch Markus Wolf traf deshalb einmal mit ihr zusammen, um ihr seine Anerkennung auszusprechen. Bei dieser Begegnung verhielt er sich so, wie beim Zusammentreffen mit anderen Top-Spionen. Er plauderte über seine Kindheit und Jugendzeit, erzählte von der schriftstellerischen Tätigkeit seines Vaters Friedrich Wolf sowie von der Arbeit seines Bruders Konrad als Filmregisseur und unterhielt sich schließlich mit Agentin Anna über Kochrezepte.

Um stets aktuell berichten zu können, traf sie sich zwischen 1969 und 1974 ein- bis zweimal im Monat an verschiedenen Orten außerhalb Bonns mit Kurieren, denen sie Material übergab. Ab 1975 wählte sie ein anderes Übermittlungsverfahren. Die für die HVA interessanten Schriftstücke nahm sie in der Handtasche von ihrer jeweiligen Arbeitsstelle mit, fotografierte sie zu Hause mit einer Minox-Kamera und brachte die Papiere am nächsten Tag wieder zurück. Weil sie nie kontrolliert wurde, fiel die zeitweise Mitnahme des Materials zu keiner Zeit auf.

Mit den Filmen beschickte sie einen „rollenden toten Briefkasten“.

Das war in ihrem Fall ein Versteck im D-Zug, der zwischen Köln und Berlin verkehrte, in der DDR-Grenzstation lange kontrolliert wurde und an mehreren Orten in der DDR hielt. An den für sie vorgesehenen Tagen, nämlich samstags oder sonntags am späten Vormittag, begab sie sich einmal im Monat nach Köln, bestieg den Zug und bestückte das Versteck in einer bestimmten Zugtoilette mit zwei bis drei Filmen, die jeweils 36 Aufnahmen enthielten. Danach verließ sie den Zug wieder. Treffen mit Kurieren oder Instrukteuren fanden ab 1975 im Westen nur noch selten statt. Insgesamt hat Agentin Anna zwischen 1969 und 1985 Schriftstücke in einem Gesamtumfang von mindestens 15.000 Blatt an die HVA übermittelt.

Für ihre Spionagetätigkeit ist sie auch entlohnt worden. Während der gesamten Dauer ihres Westeinsatzes wurden zu ihren Gunsten monatlich 700 Mark der DDR auf ein Sperrkonto überwiesen. Vom Guthaben waren 1990 noch ungefähr 100.000 Mark übrig, die bei der Währungsumstellung in 50.000 DM umgetauscht wurden. Besondere Aufwendungen während ihres Einsatzes wurden ihr sofort in DM ersetzt, etwa für die Anschaffung eines Pkw oder einer Wohnungseinrichtung. Außerdem wurden ihr die Reisekosten und Auslagen erstattet, die sie aufbringen musste, um zu Führungstreffs zu kommen.

Im Juli 1985 hatte Agentin Anna im Wirtschaftsministerium angegeben, dass sie ihren Urlaub in Griechenland verbringen, dort aber keine feste Adresse haben würde. In Wirklichkeit war sie zu einem längeren Aufenthalt in die DDR gefahren und von dort über Athen und Rom wieder zurückgekehrt. Beim Zwischenaufenthalt in Rom vergaß sie in einem Taxi ihre Handtasche, in der sich neben einem größeren Bargeldbetrag auch ein Falschausweis befand, unter dessen Personalien sie von Griechenland nach Italien eingereist war und der ihr Foto enthielt. Daraufhin reiste sie mit ihrem auf den Namen „Lüneburg" ausgestellten Personalausweis in die Bundesrepublik ein. Als sie zum ersten Mal wieder den rollenden Toten Briefkasten bestückte, setzte sie ihre Führungsstelle auch vom Verlust des Ausweises in Kenntnis.

Da die HVA befürchtete, dass der italienische Taxifahrer oder sonst irgendjemand den falschen Ausweis bei der Polizei abliefern könnte, ordnete Markus Wolf den Rückzug der Agentin an. Ihre Verhaftung und ein Gerichtsverfahren wegen Spionage hätten in der FDP-Führung Emotionen und Irritationen ausgelöst, die sich gegen die DDR auswirken konnten.

Anna empfing den Anruf eines Instrukteurs mit der Aufforderung, sich am 3. August 1985 mit ihm in Lübeck zu treffen. An diesem Tag fuhr sie mit ihrem Pkw nach Köln, stellte ihn in der Garage des Kölner Hauptbahnhofs ab und fuhr mit dem Zug nach Lübeck. Dort traf sie sich mit dem Instrukteur und einem ihr bis dahin unbekannten Schleuser. Mit öffentlichen Verkehrsmitteln fuhr das Trio zu einem Waldgebiet und begab sich dann zu Fuß zu einem Gewässer in der Nähe der innerdeutschen Grenze. Mit einem Boot setzten alle drei auf das Gebiet der DDR über. Die Zeit der Illegalität war für die Agentin Anna vorbei.

Johanna Olbrich wurde zunächst in einem Gästehaus des SSD in Ost-Berlin untergebracht. Erst dort erfuhr sie, dass sie nicht mehr in die Bundesrepublik Deutschland zurückkehren werde. In der Folgezeit berichtete sie über ihre Erkenntnisse aus der Zeit ihres Einsatzes und hielt Vorträge vor einem ausgewählten Zuhörerkreis. Markus Wolf besuchte sie und zeichnete sie mit dem „Vaterländischen Verdienstorden" in Gold aus. Sie erhielt außerdem eine Prämie in Höhe von 10.000 Mark der DDR.

In der Bundesrepublik Deutschland hörte man bis zur Wende nichts mehr von „Sonja Lüneburg". Sie gab keine Erklärung im Fernsehen der DDR ab und durfte auch keinen Möbelwagen der Firma Deutrans nach Bonn schicken, um ihre Wohnungseinrichtung abtransportieren zu lassen. Das waren bisher immer sichere Indizien dafür gewesen, dass eine verschwundene Person in der DDR lebte.

Nach ihrer Verhaftung am 11. Juni 1991 blieb Johanna Olbrich bis zum 28. August 1991 in Untersuchungshaft, aus der sie gegen Auflagen und Zahlung einer Kaution in Höhe von 35.000 DM bis zum Prozessbeginn entlassen wurde. Während des Prozesses und schon in den Vorermittlungen war sie weitgehend geständig, so weit es ihre eigene Spionagetätigkeit betraf. Allerdings machte sie keinerlei Angaben über die Mitarbeiter der HVA, die sie in diesem Zusammenhang kennengelernt hatte. Unter den Zeugen der Anklage befanden sich dagegen ehemalige Führungsoffiziere von ihr, darunter auch derjenige, der sie 1964 als Spionin angeworben und bis Ende 1982 zu ihren unmittelbaren Betreuern gehört hatte. Als im Prozessverlauf die Motive für ihre Agententätigkeit erörtert wurden, räumte Johanna Olbrich ein, dass sie besonders gegenüber Martin Bangemann wegen ihres permanenten Vertrauensbruchs schon ein schlechtes Gewissen gehabt habe. Offenbar fühlte sie sich jedoch gegenüber der HVA stärker in der Pflicht.

Nach einem ersten Prozessanlauf im Februar 1994, anschließender Revision und darauf folgender Verfassungsbeschwerde sprach das Oberlandesgericht Düsseldorf am 16. Januar 1996 das endgültige und rechtskräftig gewordene Urteil: Johanna Olbrich erhielt wegen geheimdienstlicher Agententätigkeit eine Freiheitsstrafe von einem Jahr und neun Monaten. Die Strafvollstreckung wurde zur Bewährung ausgesetzt.

Ein wesentlicher Teil ihres früheren Vermögens in Höhe von 56.000 DM, das aus ihrer Agententätigkeit herrührte, war bereits vorher zugunsten der Staatskasse eingezogen worden.

War dieses Urteil schon erstaunlich, so war es die schriftliche Urteilsbegründung noch mehr. Hier ein Auszug mit den wesentlichsten Gründen:

„Ein besonders schwerer Fall im Sinne des § 99 Absatz 2 des Strafgesetzbuches liegt trotz der langen Zeit und der Intensität der Spionage nicht vor.

Innerhalb des vorbezeichneten Strafrahmens hat der Senat zugunsten der Angeklagten im wesentlichen folgendes berücksichtigt: Sie ist in einer die Verfahrensdurchführung erheblich erleichternden Weise geständig gewesen. Die durch Kriegserlebnisse und die Aufbauphase der DDR maßgeblich geprägte, marxistisch gesinnte Angeklagte hat sich für die Agententätigkeit entschieden, um hierdurch aus ihrer Sicht einen persönlichen Beitrag zum Frieden und zum Schutz der DDR vor äußeren Feinden zu leisten. Nicht im Vordergrund ihres Handelns hat gestanden, die Bundesrepublik Deutschland oder Menschen zu schädigen. Die aufgrund ihrer langjährigen persönlichen, teils sogar familiären Beziehungen zu den Personen, in deren Umfeld sie spioniert hat, entstandenen Gewissenskonflikte hat sie zugunsten ihres Staates, der DDR, gelöst. Die Angeklagte ist inzwischen vorgerückten Alters; die Beendigung der Tat liegt bereits über zehn Jahre zurück. Ein meßbarer Schaden ist der Bundesrepublik Deutschland nicht entstanden. Nicht außer acht gelassen hat der Senat in diesem Zusammenhang auch, dass der Angeklagten die Verratstätigkeit von Anfang an leicht gemacht wurde, indem weder bei ihrer Einstellung noch später wirksame Kontrollmaßnahmen ergriffen wurden. Auch hat die Angeklagte einen wesentlichen Teil ihres früheren Vermögens in Höhe von über 56.000 DM infolge des Vollzuges der rechtskräftigen Einziehungs- und Verfallsentscheidung ... zugunsten der Staatskasse verloren. Ganz wesentlich hat sich zugunsten der Angeklagten ausgewirkt, dass sich die politische Situation, die zu ihrer Spionagetätigkeit geführt hat, inzwischen durch die Vereinigung beider deutscher Staaten vollständig verändert hat. Einerseits ist eine Gefährdung der Bundesrepublik Deutschland durch MfS-Spionage entfallen, andererseits ist der Staat, für den sie aus Überzeugung tätig geworden ist, nicht mehr existent. Die Fürsorge und der Schutz (z. B. Bemühung um Austausch im Falle ihrer Verhaftung in der Bundesrepublik Deutschland), die sie von der DDR hätte erwarten können, ist dieser durch Existenzaufgabe nicht mehr möglich. Die Vereinigung der beiden deutschen Staaten hat vielmehr sogar die Aufdeckung der Legende der Angeklagten und ihre Strafverfolgung durch denjenigen Staat zur Folge gehabt, der jetzt auch als der ihre gilt, gegen den sich aber ihre frühere Tätigkeit richtete."[3]

Man muss einräumen, dass das Urteil zumindest ökonomisch positive Auswirkungen gehabt hat. Im Januar 1996 war Johanna Olbrich fast siebzig Jahre alt. Sie lebte von einer Rente in Höhe von 802 DM monatlich. Das war der Standardsatz für alle ehemaligen hauptamtlichen Angehörigen des SSD. Dazu kam eine Mietbeihilfe in Höhe von 200 DM. Außerdem erzielte sie monatliche Einkünfte in Höhe von 400 DM, weil sie eine schwerbehinderte ältere Frau betreute. Bedenkt man, dass die Unterbringung eines Häftlings sehr teuer ist, das hohe Alter von Frau Olbrich im Strafvollzug wahrscheinlich ein besonderes Problem geworden wäre und die Versorgung ihres schwerbehinderten Pfleglings neu zu regeln gewesen wäre, so sind der öffentlichen Hand durch das Urteil Kosten erspart worden.

Ob der Richterspruch gerecht und seine Begründung richtig war, wird jeder Leser selbst beurteilen können.

1 Kölner Stadt-Anzeiger, 23. 6. 1993
2 Frankfurter Allgemeine Zeitung, 23. 2 1994
3 Urteilsbegründung, S. 27 f.

Hinweise

Aachener Volkszeitung, 13. und 14. 8. 1985 / Bild am Sonntag, 11. und 18. 8. 1985 / Bild-Zeitung, 13., 14., 15., 17.,19. und 20. 8. 1985 / Deutsches Allgemeines Sonntagsblatt, 18. 8. 1985 / Express, Köln, 9. und 19. 8. 1985 / Frankfurter Allgemeine Zeitung, 19. und 20. 8. 1985 sowie 23. 2. 1994 und 12. 10. 1999 / Frankfurter Neue Presse, 10. 8. 1985 / Frankfurter Rundschau, 17. und 20. 8. 1985, 4. 9. 1985 und 22. 8. 1992 / General-Anzeiger, Bonn, 9. 8. 1985 / Hannoversche Allgemeine Zeitung, 10. und 20. 8. 1985 / Kölner Stadt-Anzeiger, 14. und 20. 8. 1985, 13. 6. 1991 und 23. 6. 1993 / Kölnische Rundschau, 10. und 13. 8. 1985 sowie 4. 9. 1985 / Morgenpost, Berlin, 10. und 14. 8. 1985 / Neue Osnabrücker Zeitung, 9. 8. 1985 / Neue Ruhr Zeitung, 20. 8. 1985 / Passauer Neue Presse, 10. 9. 1985 / Rheinische Post, 19. 8. 1985 und 13. 6. 1991 / Saarbrücker Zeitung, 13. 8. 1985 / Stuttgarter Nachrichten, 10. und 17. 8. 1985 / Stuttgarter Zeitung, 9. und 19. 8. 1985 / Süddeutsche Zeitung, 10., 19. und 20. 8. 1985, 13. 6. 1991, 8. 10. 1994 und 17. 1. 1996 / The Times, 9. 8. 1985 / Die Welt, 8., 13., 19. und 20. 8. 1985 / Weserkurier, 12. 8. 1985 / Die Zeit, 16. 8. 1985 /

Bunte, 15. 8. 1985 / Focus 1993/23/51 / Quick, 15. 8. 1985 und 20. 6. 1991 / Der Spiegel 1985/33/29 / Stern, 29. 8. 1985 /
Pressemitteilungen des Generalbundesanwaltes vom 11. 12. 1985, 22. 7. 1986, 12. 6. 1991 und 21. 8. 1992 / Urteil des Oberlandesgerichtes Düsseldorf gegen Johanna Olbrich vom 16. 1. 1996; Aktenzeichen VII-17/95 3 Ste 4/92-2(3)

Der verführte Wachtposten Clayton Lonetree

Am 27. März 1987 berichtete der Korrespondent der „Neuen Zürcher Zeitung“ aus Washington: „Die Administration Reagan hat nach Darstellung des Hauptsprechers des Staatsdepartements, Charles Redman, eine Untersuchung über Vorgänge an der amerikanischen Botschaft in Moskau eingeleitet, nachdem bekannt geworden war, dass zwei Marinesoldaten des Sicherheitsdienstes, die in Moskau an der Botschaft eingesetzt waren, unter Spionageverdacht verhaftet worden sind. Die Marines versehen seit 1948 den Wachtdienst an den diplomatischen Vertretungen im Ausland, und bisher gab es praktisch keine Zwischenfälle, die Aufsehen erregt und eine Überprüfung dieser Aktivitäten erforderlich gemacht hätten. Als erster war im Dezember 1986 Sergeant Clayton Lonetree festgenommen worden. Nach Presseangaben führten die Nachforschungen in seinem Fall zur Festnahme von Korporal Arnold Bracy, die diese Woche bekannt gegeben wurde. Beide sollen auf klassische Weise von Sowjetagentinnen, einer Übersetzerin an der Botschaft und einer Köchin, in eine *Honigfalle* gelockt worden sein.“

Clayton Lonetree

Kurz darauf war aus anderen Zeitungen und vor allem aus dem „Spiegel“ zu erfahren, dass es sich bei Lonetree um einen Indianer und bei Bracy um einen schwarzen Amerikaner handelte. Die Sowjetagentinnen hatten dagegen eine weiße Hautfarbe, was bei Russinnen nicht weiter verwunderlich ist. Erstaunlicher war schon, dass sie wie 200 andere sowjetische Dienstkräfte an der Moskauer US-Botschaft arbeiteten. Die US-Regierung hielt diesen Zustand für normal, obwohl bekannt war, dass jeder Einheimische, der an einer westlichen Vertretung im Ostblock arbeitete, für den jeweiligen Inlandsgeheimdienst Berichte schreiben musste. Aus Kostengründen gingen die USA bis 1986 trotzdem nicht davon ab, auch in dieser Region Staatsbürger des Gastlandes als Bürokräfte, Telefonisten, Hauspersonal, Köche und Chauffeure zu beschäftigen.

Violetta Seina

Violetta Seina, in die sich Sergeant Lonetree verguckt hatte, galt nicht nur als äußerst attraktiv, sondern war ab Ende 1984 zunächst in der Residenz des Botschafters als Empfangsdame tätig und wechselte dann auf einen Sekretärinnenposten, auf dem sie die Umzüge des Botschaftspersonals organisierte sowie die Zollformalitäten erledigte. Auch als Übersetzerin wurde sie herangezogen. Im September 1985 war sie 25 Jahre alt, als sie den zwei Jahr jüngeren Sergeanten auf einer Moskauer Metrostation näher kennenlernte, mit ihm sofort intensiv ins Gespräch kam, alle Anschlusszüge versäumte und sich nach einem langen Spaziergang von ihm nach Hause bringen ließ.

Clayton Lonetree, Enkel eines Indianerhäuptlings und Neffe eines US-Marine-Infanteristen, der im Koreakrieg mit der Tapferkeitsmedaille ausgezeichnet worden war, trat 1980 in das Marinekorps ein. 1984 meldete er sich freiwillig für die Bewachung von Botschaften, wurde in einem Sechswochenkursus vorbereitet und der Moskauer Botschaft zugeteilt. Die 28 dort stationierten Marine-Infanteristen führten dienstlich wie privat ein ödes und freudloses Leben. Sie bewachten die Botschaft außen und innen und salutierten bei Empfängen vor den Gästen. Ihre Wohnräume waren eng und der Sold gering. In ihrer Freizeit joggten sie und trieben Mannschaftssportarten. Russisch konnten sie nicht. Bei den Damen in den westlichen Vertretungen, die entweder verheiratet waren oder von Diplomaten und Journalisten umworben wurden, hatten die jungen Soldaten keine Chance. Alle Kontakte zu Sowjetbürgern waren meldepflichtig. Beziehungen zu Frauen des Gastlandes fielen unter ein strenges Fraternisierungsverbot und wurden bei Entdeckung durch die Vorgesetzten bestraft.

Für Lonetree kam erschwerend hinzu, dass er den dauernden engen Kontakt zu seinen Kameraden in der Freizeit nur schwer ertrug. Ging er in Moskau spazieren, starrten ihn die Leute an, weil sie noch nie einen Indianer gesehen hatten. So fühlte er sich einsam und begann, mehr Alkohol zu trinken, als er vertragen konnte. Man braucht nicht viel Phantasie, um sich vorzustellen, wie stark das Entgegenkommen von Violetta Seina auf ihn gewirkt haben muss, die ihn bald in ihre Wohnung einlud, wo sie ihm nach mehreren Begegnungen eines Tages ihren Onkel Sascha, genauer den KGB-Führungsoffizier Alexej Jefimow, vorstellte.

Er forderte von Lonetree als Gegenleistung für weitere Treffen mit Violetta Informationen und erhielt sie auch, so Planskizzen vom geheimen siebten Stockwerk der Botschaft, Auskünfte über den Charakter und die Verhaltensweisen von Mitarbeitern der Vertretung, zum Beispiel Alkoholabhängigkeit, Drogenprobleme oder homosexuelle Neigungen. Auf Fotos identifizierte Lonetree als Diplomaten getarnte Angehörige des US-Geheimdienstes und übergab mehr als hundert geheime Akten.

Im November 1985 erhielt der Sergeant einen ehrenvollen Sonderauftrag. Er wurde zur Bewachung seines Präsidenten während des Gipfeltreffens zwischen Reagan und Gorbatschow nach Genf abgeordnet. Im März 1986 erfolgte die Versetzung des dienstlich gut beurteilten Soldaten von Moskau aus an die Botschaft in Wien. Am Abschiedsabend mit Violetta ließ ihn Jefimow ein Schriftstück unterzeichnen, in dem er sich als treuer Freund der Sowjetunion zu weiterer Zusammenarbeit mit dem KGB verpflichtete. In Wien tauchte Jefimow bald nach Lonetrees Ankunft wieder auf, erinnerte an die Verpflichtung und erhielt unter anderem einen Gesamtplan der dortigen US-Botschaft.

Am 12. Dezember 1986 wurde Jefimow als Lonetrees Führungsoffizier abgelöst und durch Juri Lisow ersetzt. Außerdem wurde dem Spion die Rückkehr nach Moskau und vor allem zu Violetta in Aussicht gestellt. Doch Lonetree geriet in eine Sinnkrise. Zwei Tage später offenbarte er sich dem Chef der CIA-Station in Wien, wurde in die USA überführt und legte am 29. Dezember ein schriftliches Geständnis ab. Nun folgten amtliche Untersuchungen, bei denen sich herausstellte, dass Lonetrees Moskauer Kamerad, Korporal Arnold Bracy, intime Beziehungen zur Botschaftsköchin Galina Golotina unterhielt. Dem stellvertretenden Kommandeur der Einheit, Stabssergeant Robert Stufflebeam, wurden ebenfalls Beziehungen zu sowjetischen Staatsbürgerinnen angelastet. Spionage konnte den beiden Soldaten später nicht nachgewiesen werden.

Zunächst gab es aber einen riesigen Pressewirbel. Nach dem Schock, dass sich zum ersten Mal in der über 200jährigen Geschichte des US-Marinekorps ein Angehöriger dieser Truppe als Spion zu verantworten hatte, überwogen bald andere kritische Stimmen. So fragte man in der veröffentlichten Meinung nachdrücklich, ob es denn vernünftig sei, in den US-Botschaften in kommunistischen Staaten einheimische Dienstkräfte zu beschäftigen. Außerdem hielt man es nun für unklug, junge Soldaten im Durchschnittsalter von zwanzig Jahren bis zu zwei Jahren in eine fremde Umgebung zu versetzen, in der sie eine fast mönchartige Existenz führen mussten. Der Ersatz durch verheiratete und gereifte Männer wurde empfohlen.

Die Verfahren gegen Bracy und Stufflebeam wurden niedergeschlagen. Lonetree stand dagegen im August 1987 vor dem Kriegsgericht des Marinekorps in Quantico, Virginia. Vor dem Gerichtssaal hatten sich die Familienangehörigen, unter ihnen seine Mutter, in der Stammestracht der Navajos versammelt und beschworen die Unschuld des Angeklagten. Im Gerichtssaal versuchten die Verteidiger nachzuweisen, dass es sich nicht um einen Spionageprozess, sondern um die rassistische Verfolgung ihres Mandanten handelte. Doch die Argumente des Staatsanwaltes waren durchschlagender.

Er behauptete, dass Lonetree für Sex, Geld, aus Egoismus und ideologischer Verblendung spioniert habe und konnte sich dabei auf das schriftliche Geständnis des Angeklagten sowie auf Zeugenaussagen berufen. Lonetree hatte die Liebesdienste der Violetta Seina und eine Entlohnung durch den KGB in Höhe von 3.500 Dollar selbst zugegeben und ehemalige Kameraden sagten aus, dass der Angeklagte ein seltsamer Einzelgänger gewesen sei, der in Gesprächen das nationalsozialistische und das sowjetische Regime gelobt habe, vom KGB mehr als von der CIA hielte und deshalb von ihnen hin und wieder scherzhaft „Genosse Lonetree" genannt worden sei. Spionage hatte ihm allerdings niemand zugetraut.

Nach dreistündiger Beratung verkündete das Militärgericht am 24. August 1987 folgendes Urteil: Sergeant Lonetree wurde zu dreißig Jahren Haft mit erstmaliger Begnadigungsmöglichkeit nach zehn Jahren, unehrenhafter Entlassung aus der Armee, Verlust aller Versorgungsansprüche aus dem Dienstverhältnis sowie 5.000 Dollar Geldstrafe verurteilt. Dabei wurde das Urteil noch als milde bezeichnet, weil Lonetree sich selbst gestellt und ein Geständnis abgelegt hatte. Er hätte auch zu mehrfach lebenslänglicher Haft oder zum Tode verurteilt werden können.

Nach der Verurteilung arbeitete Lonetree weiter mit den Ermittlungsbehörden zusammen. Deshalb wurde seine Haftstrafe am 22. Mai 1988 auf fünfundzwanzig Jahre herabgesetzt, die Geldstrafe gestrichen und die Möglichkeit einer vorzeitigen Entlassung nach achteinhalb Jahren eingeräumt. Doch erst nach mehr als neun Jahren öffneten sich für ihn im Februar 1996 die Gefängnistore.

Hinweise

Polmar/Allen: Spy Book, S. 34 /
Der Spiegel 1987/15/139 ff. und 1987/26/107 f. / Time, 23. 11. 1987 / Die Zeit, 3. 4. 1987 / Frankfurter Allgemeine Zeitung, 3. 4. 1987 / International Herald Tribune, 30. 3., 1. 4., 21. 7. und 26. 8. 1987 / Kölnische Rundschau, 1. 4. 1987/ Kölner Stadt-Anzeiger, 31. 3. 1987 / Neue Zürcher Zeitung, 29. 3. 1987 / Stuttgarter Zeitung, 25. 6. 1987 / Süddeutsche Zeitung, 2. 2., 26. 3., 1. 4., 2. 4. und 23. 7. 1987 / Tagesspiegel, Berlin, 22. 5. 1988 / The Times, 30. 3. 1987 / Die Welt , 15. 1., 18. 8. und 24. 8. 1987 / Welt am Sonntag, 29. 3. 1987

Die untilgbare Schuld eines Spions

Im Jahre 1944 brachte die Niederländerin Johanna van Haarlem einen Sohn zur Welt, dessen Vater ein deutscher Besatzungssoldat war. Das Kind wurde sieben Wochen nach der Geburt zu Pflegeeltern gegeben, die es in die Tschechoslowakei mitnahmen. Doch ungefähr 1978 fand die leibliche Mutter nach langer Suche über das Rote Kreuz eine Spur ihres Sohnes. Erwin van Haarlem lebte als Kunsthändler in London und verkehrte vorwiegend in jüdischen Gruppen, die aus der Sowjetunion emigriert waren und ihre dort verbliebenen Glaubensgenossen nach Kräften bei ihren Ausreisebemühungen unterstützten. Johanna van Haarlem war überglücklich, ihren Sohn nach so langer Zeit doch noch wiedergefunden zu haben. Beide führten über zehn Jahre einen intensiven Briefwechsel und trafen sich gelegentlich.

Erwin van Haarlem hatte 1975 zuerst in einer kleinen Wohnung in Westminster und dann in Golden Green, einem traditionellen jüdischen Viertel im Norden Londons, gewohnt. Seit 1979 lebte er dort in einer kostspieligen Eigentumswohnung und ging seinen Geschäften nach. Er war nur selten zu sehen und unterhielt sich nicht mit den Nachbarn. Vielleicht gerade deshalb fiel einer alten Dame, die mit ihrer Tochter im gegenüberliegenden Haus wohnte, besonders auf, dass van Haarlems Wohnung intensiv beobachtet wurde. In eine über ihrem Appartement liegende Einzimmerwohnung waren im Oktober 1987 neue Mieter eingezogen, die sich dort vor allem abends intensiv zu schaffen machten. Sie hatten Kameras mit Teleobjektiven, Nachtsichtgeräte und Richtmikrophone in die kleine Wohnung gebracht, in der sich zeitweise vier Männer und zwei Frauen aufhielten. Was sie taten, konnte man von außen nicht erkennen, denn die dichten Vorhänge vor den Fenstern waren zugezogen. Dass dort etwas Ungewöhnliches vorging, merkte man aber auch an anderen mysteriösen Vorfällen.

Bei allen Nachbarn flatterten die Fernsehbilder in rhythmischen Intervallen und die elektrischen Uhren mit Batteriebetrieb zeigten extrem falsche Zeiten an. Da sie nicht sämtlich defekt sein konnten, deutete alles darauf hin, dass in unmittelbarer Nähe sehr leistungsstarke elektronische Geräte arbeiteten, die wie Sender wirkten und die Störungen verursachten. Die Polizei reagierte auf Beschwerden der Nachbarn nicht, und was Mr. van Haarlem von den Aktivitäten in der gegenüberliegenden Wohnung bemerkt hat, wissen wir nicht.

Ende November 1987 wurde Erwin van Haarlem festgenommen, und drei Wochen später zogen die merkwürdigen Mieter aus der gegenüberliegenden Wohnung aus. Aber erst im April 1988 löste sich das Rätsel, zumindest teilweise. Die Zeitungen meldeten, dass gegen den Festgenommenen Anklage wegen Spionage erhoben worden war, und seine Wohnungsnachbarn erfuhren jetzt, dass sie die letzte Arbeitsphase eines Observationsteams der britischen Spionageabwehr miterlebt hatten. Der Angeschuldigte schwieg zur Person und zur Sache, aber die Ermittler waren ihm lange Zeit auf den Fersen gewesen und konnten dem Gericht im März 1989 eindrucksvolle Ergebnisse präsentieren:

– Obwohl die tschechoslowakische Botschaft leugnete, ihn zu kennen und ihn auch nicht identifizieren wollte, ist der Angeklagte Tscheche. Er spricht Englisch, Russisch und Deutsch mit dem entsprechenden Akzent und ist ungefähr 44 Jahre alt. Er hat in Wien zwei Jahre als Kellner gearbeitet und anschließend eine Schule für Party Service besucht. Am 1. Mai 1975 kam er nach Großbritannien, um in Hilton Hotels zu arbeiten. Dabei wies er sich mit einem niederländischen Pass aus, der in der niederländischen Botschaft in Wien ausgestellt worden war. Seit seiner Einreise war der Angeklagte geheimdienstlich tätig.

– Der Angeklagte ist auf seine Aufgabe als illegaler Resident sorgfältig vorbereitet worden. Er sollte ohne diplomatischen Status und entsprechenden Schutz selbstständig arbeiten und neu angeworbene Agenten im Operationsgebiet führen. Beim Angeklagten ist eine Liste von Geheimverstecken – Tote Briefkästen – gefunden worden.

– Der Angeklagte betätigte sich ab 1979 als Händler für jüdische Kunst, um besser Zugang zu jüdischen Organisationen in London zu finden, deren Aktivitäten er im Auftrag seiner tschechoslowakischen und sowjetischen Auftraggeber ausspionieren sollte. Jeder, der ihn kannte, nahm an, dass er jüdischer Abstammung sei. Er gewann das Vertrauen der in London lebenden Juden und begleitete 1985 als Übersetzer einen Arzt auf einer Reise in die Sowjetunion. Der Arzt sollte dort Kontakt zu sowjetischen Juden aufnehmen, denen die Ausreisevisa verweigert worden waren, und mit ihnen beraten, welche Hilfen von Großbritannien aus sinvoll sein konnten. 1986 beteiligte sich der Angeklagte an einer zweiten Reise jüdischer Aktivisten in die Sowjetunion.

– Der Angeklagte hat den tschechoslowakischen Agentenfunk abgehört und die für ihn bestimmten Nachrichten entschlüsselt. Dafür erforderliche Codes sind in seiner Wohnung gefunden worden. Bis zu seiner Verhaftung hat er 200 Funkbotschaften erhalten. Darin ist der Angeklagte auch angewiesen worden, die Firmen festzustellen, die am Projekt „Sternenkrieg" beteiligt sind. (Darunter verstand man das von den USA ausgehende Projekt zur Entwicklung von Weltraumwaffen.) Der Angeklagte sollte Kontakte zu Mitarbeitern dieser Firmen herstellen und sie zur Spionage verleiten. Auf seine Spur sind zuerst die Spezialisten in Cheltenham gekommen, die am „Großen Ohr" arbeiten. (So nennt man unter Insidern die Abhörzentrale des britischen Geheimdienstes, die alle verschlüsselten Funksendungen auffängt und zu dechiffrieren versucht.)

– Nach der Verhaftung des Angeklagten veranlassten die Ermittler bei ihm und Johanna van Haarlem DNA-Tests. Sie brachten das eindeutige Ergebnis, dass es sich nicht um Mutter und Sohn handeln konnte. Der wirkliche Erwin van Haarlem ist einige Jahre nach dem Ende des Zweiten Weltkrieges an einer Kinderkrankheit in Prag gestorben. Um 1972 hat der tschechoslowakische Geheimdienst den Angeklagten in die Identität des Verstorbenen schlüpfen lassen und mit gefälschten Papieren versehen, mit denen er anschließend in Wien auf der niederländischen Botschaft einen echten Reisepass auf den Namen Erwin van Haarlem bekam.

Weder vor Gericht noch später hat der Angeklagte seinen tatsächlichen Namen genannt. Nachdem ihn eine zwölfköpfige Jury schuldig gesprochen hatte, wurde er wegen Spionage zu zehn Jahren Haft verurteilt. Anläßlich der Urteilsverkündung sagte der Richter zu ihm:

„Ich nenne Sie bei dem [angegebenen] Namen, obwohl ich davon überzeugt bin, dass das nicht Ihr Geburtsname ist. ... Ich habe nicht den geringsten Zweifel daran, dass Sie ein engagierter, disziplinierter und einfallsreicher Spion sind, und ich habe gleichfalls keinen Zweifel daran, dass Sie in den kommenden Jahren, wenn Sie nicht erwischt worden wären, alles getan hätten, was Ihre Vorgesetzten von Ihnen fordern, egal wie schlimm sich das auf unsere nationalen Interessen ausgewirkt hätte.“[1]

Sicher hat der namenlose tschechische Agent vor allem aus politisch-ideologischen Gründen für sein damals noch kommunistisch beherrschtes Vaterland und das gesamte „Weltfriedenslager“ spioniert, und vermutlich hat er nicht die gesamte Strafe abgesessen, zu der ihn der Richter verurteilt hatte. Auch in Großbritannien ist es üblich, einen verurteilten Straftäter „wegen guter Führung“ vorzeitig aus dem Gefängnis zu entlassen und im vorliegenden Fall als lästigen Ausländer in seine Heimat abzuschieben. Ob er während seiner Haft oder später einmal darüber nachgedacht hat, dass er mit der zehn Jahre aufrecht erhaltenen Täuschung und schließlichen Desillusionierung einer vom Leben hart geprüften Frau eine Schuld auf sich geladen hat, die untilgbar ist?

1 The Times, 4. 3. 1989 (Übersetzung)

Hinweise

Frankfurter Allgemeine Zeitung, 6. 4. 1988 / Kölner Stadt-Anzeiger, 1. 3. 1989/ dpa-Meldung, 3. 3. 1989 / The Times, London, 4. 3. 1989 / Monitordienst des Prager Rundfunks, 8. 3. 1989

Clyde Lee Conrad oder Die pure Geldgier

Das Leben des Clyde Lee Conrad ist auf den ersten Blick farblos wie ein Glas Wasser und steht überhaupt nicht im Einklang damit, dass er der einzige Spion war, der nach 1945 in der Bundesrepublik Deutschland zu lebenslänglicher Haft verurteilt worden ist und im Gefängnis starb. Sein Agentenlohn für dreizehnjährige Arbeit gilt nach Expertenansicht als Weltrekord, denn laut gerichtlicher Feststellung handelte es sich um mindestens 2.200.000 DM.

Clyde Lee Conrad vor Gericht in Koblenz, Juni 1990

Doch der Reihe nach:

Conrad wurde am 28. August 1947 als Staatsbürger der USA in Bergholz, Ohio, geboren. Über seine Kindheit und Jugend ist nichts bekannt. Vermutlich hat er, wie in seinem Heimatland allgemein üblich, bis zu seinem 18. Lebensjahr die High School besucht. Am 9. August 1965, wenige Wochen vor der Vollendung seines 18. Lebensjahres, trat er als Berufssoldat in die US-Army ein. Nach einer achtwöchigen Ausbildung in Fort Knox, Kentucky, wurde er für ein Jahr als Infanterist in Vietnam eingesetzt und erhielt die üblichen Medaillen, die für die ehrenvolle, aber nicht unbedingt herausragende Dienstleistung in einer Kampfeinheit vorgesehen sind.

Im Mai 1967 wurde er in die Bundesrepublik Deutschland versetzt, diente zunächst, unterbrochen durch zwei Aufenthalte in den USA, als Einsatzspezialist bei einem Infanterieregiment in Baumholder und kam im September 1975 zur Stabsabteilung der 8. US-Infanteriedivision nach Bad Kreuznach. Dort blieb er, unterbrochen durch einen einjährigen Aufenthalt in den USA, bis zum 30. August 1985. An diesem Tag schied er nach zwanzigjähriger Dienstzeit freiwillig aus der Armee aus, hatte den Rang eines Oberfeldwebels erreicht, war 38 Jahre alt und bekam von nun an eine monatliche Pension in Höhe von 764 Dollar, die er verleben durfte, wo er wollte.

Damit konnte er auch in Bad Kreuznach, wo er weiter wohnte, keine großen Sprünge machen, zumal er inzwischen für seine Familie, die deutsche Ehefrau und den zwölfjährigen Sohn, zu sorgen hatte. Jeder nahm an, dass er sich bald eine Nebenbeschäftigung suchen würde. Das war jedoch nicht nötig, denn Clyde Lee Conrad hatte vorgesorgt.

Seit 1975 war er als Verwalter von Verschlusssachen der Division eingesetzt. Bei seinen Vorgesetzten galt er als äußerst intelligent, ordentlich und fleißig, entwickelte auf eigene Initiative zweckmäßige Registratursysteme, hatte Zugriff auf Dokumente aller Geheimhaltungsstufen, erledigte Tätigkeiten von Offizieren und wurde vom Divisionskommandeur sogar zu Konferenzen mitgenommen, auf denen er den teilnehmenden Offizieren die von ihm verwahrten allgemeinen Verteidigungspläne, aber auch Übungs- und Gefechtspläne erläuterte. Seine Beurteilungen waren glänzend. Er wurde zur bevorzugten Beförderung vorgeschlagen. Sicherheitsvorschriften wurden dagegen nur lax oder überhaupt nicht eingehalten. So durfte Conrad an einem Kopiergerät ohne Kontrollmechanismus unbeaufsichtigt vervielfältigen, was er wollte.

Sein unmittelbarer Vorgesetzter in diesem Arbeitsbereich war zunächst Oberfeldwebel Zoltan Szabo, ein gebürtiger Ungar, der 1959 als Berufssoldat in die US-Army eingetreten und bis zu seiner Entlassung 1979 nahezu ausschließlich in Deutschland stationiert war. 1971 hatte ihn der ungarische Nachrichtendienst als Agent angeworben. Seitdem belieferte er seine Auftraggeber mit militärischen Unterlagen. Als Kurier zwischen ihm und den ungarischen Führungsoffizieren fungierte Sandor Kercsik, der 1956 Ungarn verlassen hatte und nach Schweden ausgewandert war. Dort hatte er sich, nach dem Erwerb der schwedischen Staatsbürgerschaft, in der Nähe von Göteborg als Arzt niedergelassen. Seit 1967 war er für den ungarischen Nachrichtendienst tätig.

Szabo hatte sich bald mit Conrad angefreundet und bemerkte sehr schnell, dass dessen Hauptinteresse Geld war und davon möglichst viel. Nach Genehmigung aus Ungarn trafen sich Zoltan Szabo und Sandor Kercsik im Spätherbst 1975 in einer Gaststätte in Gau-Bickelheim mit Conrad, der dort sofort seine Bereitschaft zur Spionage erklärte und auf Kercsiks Frage, was er denn anzubieten habe, antwortete: „Alles“. Noch am selben Abend fuhr Conrad mit Szabo zur Dienststelle in Bad Kreuznach, ging an seinen Arbeitsplatz in der Planungsabteilung, nahm dort Kopien von zwei Geheimdokumenten an sich und übergab sie Kercsik als „Materialproben“. Sie gefielen dem ungarischen Nachrichtendienst so gut, dass Szabo für die erfolgreiche Anwerbung seines Kameraden eine Prämie in Höhe von 25.000 DM bekam.

Am 30. Januar 1976 traf sich Conrad in Innsbruck zum ersten Mal direkt mit dem für ihn nunmehr zuständigen Führungsoffizier, Deckname Lajos. Bei diesem und weiteren Treffen in Ungarn wurde er nachrichtendienstlich geschult, lernte das Erkennen und Abschütteln von Observationen, die Codierung von Nachrichten sowie Bedienung und Gebrauch der üblichen Hilfsmittel für Spione. Auch die Honorarfragen sind bei diesen Zusammenkünften geregelt worden.

Conrads Lieferungen nahmen einen solchen Umfang an, dass Szabo, Sandor Kercsik, dessen Bruder Imre sowie ein unbekannt gebliebener Schweizer im Laufe der Jahre als ständige Kuriere eingesetzt werden mussten. Unser Held, der mit ihnen bald eng befreundet war, übergab das Material in offenen Behältern und erhielt sein Geld in verschlossenen Umschlägen, erteilte den Kurieren aber freimütig Auskunft über die jeweiligen Summen, 50.000 oder auch 100.000 DM für eine Lieferung. Weil die Ablichtung der Geheimdokumente in der Dienststelle wegen des Umfanges oft nicht zweckmäßig war, nahm Conrad viele Originale völlig unbeanstandet mit nach Hause, fotografierte sie mit Szabos Hilfe ab und übergab den Kurieren nur Filmrollen, die längst nicht so viel Platz einnahmen wie große Pakete mit Fotokopien.

In der zweiten Jahreshälfte 1983 warb Conrad auf eigene Faust den ihm unterstellten Soldaten Roderick Ramsay zu seiner Unterstützung an, schulte ihn für das Spionagegeschäft, gab ihm Aufträge und zahlte ihm aus eigener Tasche relativ niedrige Pauschalbeträge in unterschiedlicher Höhe. Der Umfang der Materiallieferungen nach Ungarn steigerte sich dadurch so, dass die Brüder Kercsik alleine zwischen Anfang 1984 und Herbst 1985 etwa 64 Kurierfahrten durchführen mussten.

Conrad hatte ursprünglich gehofft, nach seiner Pensionierung von Ramsay weiter Dokumente zu erhalten, die er verkaufen konnte. Doch daraus wurde nichts, weil gegen den Soldaten im Spätsommer 1985 ein Ermittlungsverfahren wegen des Gebrauches von Marihuana eingeleitet worden war. Die Rückversetzung in die USA und die Entlassung aus der Armee waren relativ kurzfristig zu erwarten. Ramsay sammelte deshalb ab September 1985 jedes erreichbare Dokument, packte Mitte November alles in eine riesige Segeltuchtasche mit eineinhalb Quadratmeter Grundfläche und verließ damit unkontrolliert die Dienststelle. Conrad hatte zunächst Schwierigkeiten, die ungeheure Menge sicher zu deponieren. Dem ungarischen Führungsoffizier Lajos stellte er Ramsay als seinen Mitarbeiter vor. Beide verschwiegen aber dessen Rückversetzung in die USA.

Im nächsten Jahr überbrachten die Brüder Kercsik portionsweise Material aus Ramsays Schlusslieferung nach Budapest und behaupteten dort ebenfalls, dass er noch in Bad Kreuznach tätig sei. Erst 1987 bemerkten die Ungarn den Betrug, brachen aber die Zusammenarbeit mit Conrad nicht ab, weil sie sich in Zukunft doch noch wertvolle Dienste von ihm erhofften. Der hatte jedoch schon längst eine weitere Geldquelle angestochen. Er intensivierte nach seiner Pensionierung eine schon seit 1981 bestehende Verbindung zum tschechoslowakischen Geheimdienst. Kopien von bereits nach Ungarn gelieferten Materialien verkaufte er noch einmal und kassierte dafür schätzungsweise 200.000 DM.

1986 gelang ihm außerdem ein märchenhafter Coup. Mit Hilfe der Brüder Kercsik spiegelte er einem amerikanischen Nachrichtendienst vor, dass er ein ungarischer Agent sei, der Angaben über einen Spion in der US-Army machen könne. Einem in ungarischer Sprache geschriebenen Brief fügte er ein geheimes Dokument aus seiner ehemaligen Dienststelle bei. Tatsächlich kam es daraufhin im Sommer des Jahres zu insgesamt vier Treffen in der Schweiz zwischen Imre Kercsik und amerikanischen Agenten, die von Conrad und Sandor Kercsik aus einem Versteck beobachtet wurden. Bei diesen Zusammenkünften wurden von den Amerikanern insgesamt 210.000 DM übergeben, die sich Conrad mit den Brüdern teilte.

Im Frühjahr 1988 machte er Pläne, sich ein immunisierendes Gegenmittel gegen biologische Angriffswaffen zu beschaffen, über das die amerikanische Armee nach seiner Kenntnis verfügte. Er wollte dazu den Fahrer eines Fahrzeuges ermorden oder ermorden lassen, in dem das Mittel transportiert wurde. Anschließend wollte er es für mehrere Millionen DM an einen Schweizer Pharmakonzern verkaufen. Als Komplizen versuchte Conrad, ausgerechnet einen Soldaten anzuwerben, der der Spionageabwehr der US-Army angehörte und wegen einiger Verdachtsmomente auf ihn angesetzt worden war. Gleichzeitig versuchte er, für die weitere Lieferung von Spionagematerial nach Ungarn einen Sergeant Major aus seiner alten Dienststelle in Bad Kreuznach zu gewinnen, der aber nur zum Schein auf das Angebot einging, 50.000 bis 100.000 DM jährlich zu verdienen, und bei der Spionageabwehr Meldung machte.

Langsam zog sich die Schlinge zu. Die US-Abwehr und das Bundesamt für Verfassungsschutz begannen, Conrad koordiniert zu beobachten. In Göteborg wurden die Brüder Kercsik verhaftet, in Wien der inzwischen in Österreich wohnhafte Zoltan Szabo. In den USA stellte man Roderick Ramsay unter Aufsicht des FBI. Am 23. August 1988, einen Monat nach dem letzten Treffen mit seinem Führungsoffizier Lajos in Wien, wurde Conrad festgenommen.

Die nun folgenden Untersuchungen offenbarten das Ausmaß des angerichteten Schadens. Die Regierungen der USA und der Bundesrepublik Deutschland waren höchst beunruhigt, denn der Warschauer Pakt verfügte nun über die Verteidigungspläne des Westens von Hannover bis nach Passau, wie ein Sachverständiger feststellte. Sämtliche Bemühungen zur Vorneverteidigung ohne Einsatz atomarer Waffen konnten deshalb von der östlichen Militärkoalition unterlaufen werden. Ein defensiver Nuklearschlag des Westens wäre vom Osten ebenfalls nuklear beantwortet worden und hätte Deutschland unwiederbringlich zerstört. Die ganze europäische Verteidigung wäre zusammengebrochen.

Unter den verratenen Dokumenten befanden sich auch Notfallanordnungen, die in Friedenszeiten galten, zum Beispiel bei Terroranschlägen auf US-Einrichtungen und Sabotageakten. Verraten worden waren außerdem detaillierte Planungen der französischen Armee und der Bundeswehr. Nicht nur für die Presse, die dieses Prädikat schnell gebraucht, sondern auch für sachkundige Fachleute war dies nach den Erkenntnissen der Jahre 1988 und 1989 wirklich der größte Spionagefall in der Geschichte der Bundesrepublik Deutschland.

Mit den langwierigen Untersuchungen gegen Conrad fielen die Wandlungsprozesse in Osteuropa zusammen. Bereits im Spätsommer 1989 orientierte sich die ungarische Regierung nach Westen, verhandelte mit der deutschen Bundesregierung und ließ Tausende DDR-Flüchtlinge in die Bundesrepublik ausreisen. In der Folgezeit gab es viele sensationelle Pressemeldungen, so dass der kurze Bericht in der „Süddeutschen Zeitung" vom 25. Januar 1990 schon gar nicht mehr auffiel, in dem es hieß:

„Die ungarische Regierung hat sich bei der Bundesrepublik und den USA für die Spionagetätigkeit ihres ehemaligen Geheimdienstes gegen die NATO entschuldigt. Der Unterstaatssekretär im ungarischen Außenministerium, Laszlo Kovacs, empfing Anfang der Woche nacheinander den Botschafter der Bundesrepublik, Alexander Arnot, und US-Botschafter Mark Palmer, um ihnen mitzuteilen, dass seine Regierung die ‚irrige Politik der ehemaligen militärischen und politischen Leitung' verurteile. Kovacs habe insbesondere die Affäre um den Ex-Unteroffizier der in der Bundesrepublik stationierten US-Armee Clyde Lee Conrad angesprochen, der derzeit in der Bundesrepublik wegen Spionage für den ungarischen und tschechoslowakischen Geheimdienst vor Gericht steht."

Am 10. Januar 1990 war die Hauptverhandlung eröffnet worden, und nach vierundzwanzig Verhandlungstagen wurde Conrad am 6. Juni 1990 vom Oberlandesgericht Koblenz wegen Landesverrats und geheimdienstlicher Agententätigkeit zu lebenslänglicher Haft verurteilt. Außerdem ordnete das Gericht den Verfall eines Geldbetrages in Höhe von 2,2 Millionen DM an. Die Summe wurde nach Schätzungen bestimmt und relativ niedrig angesetzt, denn die genaue Höhe des Spionagelohnes ist nicht bekannt, weil der Angeklagte sein Geld überwiegend auf Schweizer Konten deponiert hatte und im Prozess jede Aussage verweigerte. Trotzdem hat Clyde Lee Conrad nichts mehr davon gehabt, denn am 8. Januar 1998 verstarb er im Alter von fünfzig Jahren in der Vollzugsanstalt Diez an der Lahn.

Hinweise

Der überwiegende Teil der Angaben in dieser Geschichte stammt aus der sehr präzisen und umfangreichen Urteilsbegründung des Oberlandesgerichts Koblenz vom 6. Juni 1990 im Prozess gegen Clyde Lee Conrad wegen Landesverrats und geheimdienstlicher Agententätigkeit, Aktenzeichen: 2 StE 3/89-1. Außerdem wurden herangezogen:

Pressemitteilungen des Generalbundesanwalts vom 25. 8. 1988, 27. 7. 1989, 12. 12. 1989 und 28. 5. 1990 / Der Spiegel 1988/35/Panorama / Quick, 5. 9. 1988/ Bild-Zeitung, 26. 8. 1988 / Frankfurter Allgemeine Zeitung, 26. und 27. 8. 1988 / General-Anzeiger, Bonn, 26. 8. 1988 / Hannoversche Allgemeine Zeitung, 26. 8. 1988 / International Herald Tribune, 26. und 27. 8. 1988 / Kölnische Rundschau, 7. 6. 1990 / Kölner Stadt-Anzeiger, 7. 6. 1990 / Stuttgarter Zeitung, 26. 8. 1988 / Süddeutsche Zeitung, 26. und 27. 8. 1988, 25. 1. 1990 sowie 13. 1. 1998 / Tageszeitung (taz), 6. 6. 1990 / The Times, 26. 8. 1988 / Die Welt, 26. und 27. 8. 1988 / Welt am Sonntag, 28. 8. 1988

Vom Teufelsberg, Hagens Flucht und einem verratenen Verräter

Markus Wolf, ehemaliger Chef der DDR-Auslandsspionage und seit der Wende 1989 talentierter Erzähler unvollendeter Geschichten, kommt regelmäßig ins Schwärmen, wenn er als Stargast einer Talkshow über seine beiden Top-Spione berichtet, den Türken Hussein Yildirim und den Amerikaner James William Hall. Allerdings erzählt Wolf immer nur den Teil der Geschichte, der für ihn, den großen Zampano der Geheimdienste, am vorteilhaftesten ist. Doch die Bäume der Hauptver-

Hussein Yildirim

James William Hall

waltung Aufklärung (HVA) sind nicht in den Himmel gewachsen, denn manchmal arbeiteten auch die Gegner mit großem Einfallsreichtum, und außerdem war der Zufall ein unberechenbarer Geselle. Weil Wolfs Leute nicht so unfehlbar waren, wie ihr Chef dem Publikum einreden will, wird hier einmal die ganze Geschichte so vollständig wie möglich erzählt.

Spätestens seit 1980 arbeitete der Türke **Hussein Yildirim** als Zivilangestellter bei den amerikanischen Streikräften in West-Berlin. Er war in deren Auto-Craft-Shop als Kfz.-Meister beschäftigt. Zu ihm kamen fast alle Angehörigen der amerikanischen Einrichtungen in Berlin, wenn sie Probleme mit ihren Dienstwagen hatten. Die ehemaligen HVA-Offiziere Klaus Eichner und Andreas Dobbert berichten in ihrem Buch „Headquarters Germany", dass Yildirim als Spion der Stasi gewonnen werden konnte und von Führungsoffizieren betreut worden ist, die auf der sogenannten Amerikalinie der HVA arbeiteten, das heißt, auf die Ausspähung von Amerikanern in Deutschland spezialisiert waren.

Ethische Prinzipien oder so etwas wie Gewissen scheint es in Yildirims Vorstellungswelt nicht gegeben zu haben. Er galt als kontaktfreudig, geldgierig und waghalsig und wurde erfolgsorientiert von der Stasi bezahlt, das heißt, nach der Qualität seiner Nachrichten, die er bei Besuchen in Ost-Berlin, der damaligen Hauptstadt der DDR, an seine Auftraggeber ablieferte. Die Bezahlung war angesichts seiner maßlosen Honorarforderungen gering, aber wohl besser als nichts. Seine Waghalsigkeit und vor allem seine Undisziplinierheit und Sprunghaftigkeit trieben seinen Führungsoffizieren die Schweißperlen auf die Stirn und ließen ihre Haare ständig zu Berge stehen, wenn sie nur an ihn dachten. Befehle und Verhaltensinstruktionen ignorierte er, wenn sie ihm nicht passten. Von Unterordnung hielt er nichts. Zu jedem Treff brachte Yildirim (Stasi-Deckname „Blitz“) unerbetene Informationen über den einen oder anderen Werbekandidaten aus dem Bereich der amerikanischen Garnison in Berlin mit, teilweise sogar mit deren angeblicher Zusage, ihm Geheimmaterial zu besorgen.

Diese Anwerbungsversuche führten zu nichts und gefährdeten ihn eigentlich nur, bis es ihm spätestens 1982 in West-Berlin gelang, den Unteroffizier **James William Hall** anzuwerben, der damals 24 Jahre alt war und unbedingt Geld brauchte. Hall hatte sich im September 1976 als Achtzehnjähriger zu einer zwölfjährigen Dienstzeit in der US-Army verpflichtet, war seit 1977 in der Bundesrepublik Deutschland stationiert, gehörte zum Geheimdienst der US-Landstreitkräfte und wurde als Auswerter von Materialien ausgebildet, die der amerikanischen Armee durch elektronische Abhörmaßnahmen im Bereich des Ostblocks zugänglich geworden waren.

Bevor er 1981 nach West-Berlin versetzt wurde, heiratete er in Bayern seine deutsche Freundin Heide, mit der er bereits ein gemeinsames Kind hatte. Hall träumte von einem voluminösen Finanzpolster, das ihm nach seiner Rückkehr in die USA zur Verfügung stehen sollte. Außerdem wollte er sich in seiner Freizeit als Sportflieger betätigen. Die Voraussetzung dafür war der Erwerb des Pilotenscheines. Kurz – das waren Bedürfnisse, Wünsche und Täume, die sich ein Unteroffizier mit ca. 2.000 Dollar Monatsgehalt während des Aufenthaltes in Deutschland kaum leisten konnte. In Berlin arbeitete Hall in der Field Station auf dem Teufelsberg, die von Amerikanern und Briten betrieben wurde.

Der Teufelsberg ist ein 115 Meter hoher Trümmerberg im Berliner Grunewald und die höchste geographische Erhebung im damaligen West-Berlin. Die auf dem Berg erbaute Station war das große elektronische Ohr der USA in West-Berlin. Es konnte elektronische Emissionen von Waffen und Waffenleitsystemen im Radius von 300 km aufnehmen sowie Funkverkehr unterschiedlicher Reichweiten kontrollieren. In Zusammenarbeit mit anderen Stationen in Berlin sowie auf dem Territorium der alten Bundesrepublik Deutschland konnten sich die Amerikaner über Computersimulationen in den direkten Funkverkehr zwischen den sowjetischen Bodenleitstationen in der DDR und den Einsatzflugzeugen so eintakten, dass beide Gegenstellen dies nicht bemerkten. Auf diese Weise konnten falsche oder irreführende Befehle an die Flugzeugführer übermittelt werden. Die Folgen hätten im Ernstfall für die Sowjets katastrophal sein können. Die Basis für derartige Operationen waren Datenbanken, in denen die Stimmenprofile der Flugzeugbesatzungen und der Offiziere in den Leitstellen erfasst und ständig aktualisiert wurden. Diese Datenbanken wurden auch vom Teufelsberg aus gefüttert.

Außerdem schnitt man in der Station rund um die Uhr den Richtfunkverkehr zwischen den einzelnen SED-Leitungsgremien mit, den Richtfunkverkehr der DDR-Luftwaffe sowie den nachrichtendienstlichen Führungsfunk des Ministeriums für Staatssicherheit. Weil das für die DDR-Wirtschaft zuständige Politbüromitglied Günter Mittag ebenfalls die Richtfunkanlagen der SED ständig benutzte, um mit maßgeblichen Wirtschaftsfunktionären und den Generaldirektoren der Kombinate zu kommunizieren, erhielten die USA-Geheimdienste auch ein sehr präzises Bild der Wirtschaftslage in der DDR.

Die Aktionsmöglichkeiten der Field Station auf dem Teufelsberg waren damit noch längst nicht erschöpft – doch zurück zu den Helden unserer Geschichte. Die HVA-Offiziere erkannten schnell, dass ihnen mit Halls Bereitschaft zur Spionage ein Glückslos zugefallen war. Yildirim konnte die Möglichkeiten, die ihm Halls Nachrichtenlieferungen boten, ebenfalls gut einschätzen. Er sah Verdienstmöglichkeiten in bisher nicht vorstellbarer Höhe voraus, solange er der Verbindungsmann zwischen Hall und der Stasi war, die Nachrichten überbrachte und Bestellungen der Auftraggeber übermittelte. Zunächst aber war Vorsicht die Mutter der Porzellankiste.

Die HVA entschied, Hall unter falscher Flagge anzuwerben. Dazu spiegelte ihm Yildirim auftragsgemäß vor, dass der türkische Geheimdienst an einer Zusammenarbeit interessiert sei, weil die US-Instanzen ihrem kleineren NATO-Partner leider nicht alle Geheimnisse über die Sowjetunion mitteilten, über die sie verfügten. Außerdem bat Yildirim seinen Geschäftspartner um Verständnis, dass die „arme Türkei" die Lieferungen Halls nicht so honorieren konnte, wie dieser sich das vorstellte. Die Stasi hatte schließlich nur begrenzte Devisenvorräte.

Hall lieferte trotzdem prompt und zuverlässig. Allerdings wählte er vor allem Nachrichten aus, die die Türkei im Hinblick auf die angrenzende Sowjetunion interessieren mussten. Die Stasi konnte diese Berichte nur an den KGB weiterleiten. Von dort kamen immer mehr Dankschreiben an die HVA, leider aber keine Rückvergütungen der ausgegebenen Devisen. So zahlte die Stasi hohe Summen für Materialien, die keine spezifischen Bedürfnisse der DDR befriedigten.

Übrigens erhielt Hall zunächst den Stasi-Decknamen „devil" = Teufel. Die praktische Zusammenarbeit zwischen ihm und Yildirim entwickelte sich unproblematisch und unkompliziert. Hall übergab ihm die Dokumente, die er für interessant hielt, entweder in Kopien oder als Originale. Letztere zog Yildirim auf Münzkopierern in großen Kaufhäusern ab und gab Hall die Originale umgehend zurück. Das Verfahren war genial, denn kein Kaufhauskopierer enthält Sicherungsvorrichtungen, die Behördenkopierer haben und an denen man erkennen kann, ob verbotenerweise Geheimmaterial abgelichtet worden ist. Blitz alias Yildirim schaffte die Materialien, die ihm der Teufel alias Hall geliefert hatte, zumeist in Plastiktüten nach Ost-Berlin.

Im Mai 1985 endete Halls Stationierungszeit auf dem Teufelsberg. Er wurde für kurze Zeit in die USA zurückversetzt, lieferte von dort aus wichtiges Material über den Nahen Osten, das fast ausschließlich für die Sowjetunion interessant war, und kehrte 1986 in die Bundesrepublik Deutschland, jetzt nach Frankfurt am Main, zurück. Seine Lieferungen gingen weiter und – wie man hört – in noch höherer Qualität. Er konnte jetzt Dokumente beschaffen, die einen Überblick über die weltweiten Abhörstationen der USA und deren gesamte Aktivitäten ermöglichten. Das Material galt praktisch als unbezahlbar.

Jetzt beschloss die HVA jedoch, das Spiel mit der falschen Flagge zu beenden. Hall sollte klargemacht werden, dass er nie für die Türkei, sondern schon seit 1982 im Auftrag der DDR tätig geworden und von ihr bezahlt worden war. Dafür musste er zu einem Treffen nach Ost-Berlin gebracht werden, um seine eigentlichen Führungsleute kennenzulernen und deren präzise Aufträge entgegenzunehmen. Hall erklärte sich zur weiteren Zusammenarbeit bereit. Er bekam nun den Decknamen Paul. Yildirim blieb sein Kurier, denn die beiden waren aufeinander eingespielt. Die praktische Arbeitsteilung sah so aus:

Hall nahm aus seiner Dienststelle Geheimdokumente mit, die über seinen Tisch gegangen waren oder die er sich zur vorübergehenden Lektüre ausgeliehen hatte. Er stopfte sie in eine Sporttasche mit großem Geheimfach, legte verschwitzte Sportkleidung in die Tasche und traf dann Yildirim entweder in einem PX-Laden der Amerikaner in Frankfurt oder in einer kleinen angemieteten Wohnung. Dort hantierte Yildirim stundenlang an einem Tischkopierer, dessen Abdeckplatte er entfernt hatte, um die Blätter schneller auflegen zu können. Zum Schutz vor den starken Lichtstrahlen hatte er sich eine Sonnenbrille aufgesetzt. Wenn besonders umfangreiche Dokumente abzulichten waren, half Hall nach Dienstschluss mit. Danach setzte sich Yildirim in sein Auto, legte die Kopien auf den Beifahrersitz, darüber Zeitungen oder Zeitschriften, und fuhr nach West-Berlin. Auf der Transitstrecke durch die DDR übergab er die Materialien.

Doch die schöne Zeit ging zu Ende. Im Laufe des Jahres 1987 sollte Hall planmäßig in die USA zurückkehren. Er hatte keine Chance mehr, in Deutschland zu bleiben. Auch Yildirim, inzwischen 59 Jahre alt, wollte sich in den USA zur Ruhe setzen. Er hatte die begüterte Amerikanerin Peggy Bie kennengelernt und zog zu ihr nach Florida. Von den Mitarbeitern der HVA wurde er in Ehren und mit Dank verabschiedet. Da man jedoch nicht wusste, ob, wann und wie man Hall in Zukunft noch brauchen konnte, wurde er bei einem Treff in Ost-Berlin mit einem Kontaktmann bekanntgemacht, der bei Bedarf die bisherige Rolle Yildirims übernehmen sollte. Die Stasi nannte ihn Hagen, und wir wollen es auch in dieser Geschichte bei diesem Namen bewenden lassen.

Hagen war hauptberuflich Hochschullehrer an der Humboldt-Universität in Ost-Berlin und verfügte über vorzügliche englische Sprachkenntnisse. Die Stasi hatte ihn mehrfach in West-Berlin eingesetzt, wenn es ihr darum ging, Kontakte zu Amerikanern und Engländern aufzunehmen. Doch 1986 beging Hagen während eines Einsatzes einen Ladendiebstahl in einem West-Berliner Kaufhaus. Detektive stellten ihn.

Für Hagen schien in jeder Hinsicht das Ende gekommen zu sein, aber in den achtziger Jahren war ein kluger Kopf im West-Berliner Landesamt für Verfassungsschutz auf einen perfiden und gleichzeitig genialen Einfall gekommen. Die Kaufhausdetektive wurden gebeten, Ladendiebe, die aus der DDR oder einem anderen Ostblockland stammten und offensichtlich noch nicht im Rentenalter waren, möglichst so lange aufzuhalten, bis ein Beamter des Verfassungsschutzes zugegen war. Die Zusammenarbeit war erfolgreich und funktionierte auch im Fall Hagen. Ihm wurde zugesichert, den Ladendiebstahl nicht weiter zu verfolgen, wenn er zu gewissen Gegenleistungen bereit wäre.

Bei dem nun folgenden Gespräch stellte sich heraus, dass Hagen gelegentlich auf der Amerikalinie der HVA für die Stasi arbeitete. Wie damals in West-Berlin in solchen Fällen üblich, benachrichtigte der Verfassungsschutzmann die zuständige amerikanische Dienststelle, und die CIA nahm Hagen unter ihre Fittiche. Er akzeptierte ihr Angebot, für sie als Doppelagent zu arbeiten. Die Stasi erfuhr von der ganzen Sache nichts, denn der deutsche Beamte in Berlin hatte es entweder nicht für nötig befunden oder vergessen, das Bundesamt für Verfassungsschutz in Köln über Hagen ins Bild zu setzen. Dort aber saß der Oberamtsrat Klaus Kuron, zuständig für die Werbung und Führung von Doppelagenten. Kuron arbeitete seit 1982 gleichzeitig für die HVA der Stasi, die er über jeden Ostagenten informierte, den der Verfassungsschutz erfolgreich umgedreht hatte. Weil Kuron nichts gemeldet worden war, erfuhr die Stasi auch nichts und blieb Hagen weiterhin gewogen.

Auf irgendeine Weise gab Hagen Anfang 1988 der CIA einen Tipp, der sie auf Hall aufmerksam machte. Die ersten Routinekontrollen wurden veranlasst. Im Sommer 1988 fiel auf, dass Hall, der nun in Fort Stewart bei Savannah im US-Bundesstaat Georgia stationiert war, wesentlich über seine Verhältnisse lebte. Er war zwar befördert worden, hatte aber inzwischen eine Familie mit drei Kindern. Sein Jahresgehalt mit allen Zulagen betrug 25.894 Dollar. Auch von seinem 61jährigen deutschen Schwiegervater, der in Bayern seine Frührente erwartete, konnte der Geldsegen nicht stammen. Durch Videoüberwachung seines Dienstzimmers wurde festgestellt, dass Hall Papiere in das Geheimfach seiner Tasche steckte. Außerdem gab es Anhaltspunkte dafür, dass er Kontakte zu KGB-Residenten suchte, weil die Stasi ihn in seiner Heimat nicht mehr betreute.

Doch CIA und FBI (in den USA für Spionageabwehr zuständig) wussten, dass mit diesem Kleinkram kaum ein Haftbefehl gegen Hall zu erwirken war und eine Verurteilung wegen Spionage schon gar nicht. Es musste ein Kronzeuge her. Der saß jedoch weiterhin in Ost-Berlin. Bei einer passenden Gelegenheit ist Hagen gefragt worden, ob er bereit sei, sich in den Westen ausschleusen zu lassen und in die USA zu kommen. Er war einverstanden, doch nur, wenn er Ehefrau und Hund mitnehmen durfte. Das sagte die CIA zu. Eine vorzüglich geplante Fluchtoperation rollte an, deren letzter entscheidender Tag hier beschrieben werden soll.

Am frühen Freitagnachmittag des 16. Dezember 1988 wurde von der zuständigen Pass- und Kontrolleinheit am Ausländerübergang Friedrichstraße, gegenüber dem Checkpoint Charlie, die Einreise von William Emory Fields in die Hauptstadt der DDR gemeldet. Er war der Stasi bestens bekannt, denn er hatte mehrere Jahre an der Botschaft der USA in der DDR verbracht und war zur Zeit seiner Einreise Angehöriger der CIA, mit Sitz in West-Berlin. Fields galt als agentenführender Mitarbeiter mit mehreren CIA-Quellen auf dem Gebiet der DDR. Diese Quellen standen in der Regel unter der Kontrolle der Stasi, die sicher auch wusste, dass Fields das wusste. Doch für alle Fälle rückten die zuständigen Observationsteams aus, um Fields zu beobachten.

Der fuhr mit seinem Auto in die Leipziger Straße, stieg aus und tat nichts. Er guckte in die spärlichen Schaufenster, schlenderte herum und traf niemand. Die Überwachung dürfte ihm nicht entgangen sein, denn er wurde von vorne, von hinten und von der Seite fotografiert, aber da keine besonderen Maßnahmen angeordnet worden waren und Überstunden bei der Stasi nicht bezahlt wurden, räumten die Observanten nach ungefähr drei Stunden das Feld, denn Mr. Field blieb weiterhin untätig und ohne Kontakt zu irgend jemand in der Leipziger Straße.

Einige Zeit nach Fields Einreise war am Kontrollpunkt Friedrichstraße der Teufel los. Der Mitarbeiter der politischen Abteilung der US-Botschaft in Bonn, Garry D. Robbins, fuhr in die schmale Slalomstrecke ein. In der Limousine der US-Mission mit Diplomatenkennzeichen saßen er, seine Ehefrau und seine Eltern. Unter Hinweis auf den diplomatischen Status des Fahrzeugs lehnte er für sich und alle Insassen jede Identitätskontrolle ab. Zwangsläufig blockierte er die Fahrbahn für jeden Verkehr. So etwas hatten die Pass- und Kontrolleinheiten noch nicht erlebt. Sie waren rat- und hilflos. Erst nach einem einstündigen Wortgefecht zeigte Robbins die Pässe vor und reiste ein. Hinter ihm hatte sich inzwischen ein riesiger Stau ausländischer Fahrzeuge gebildet, die nur über diesen Kontrollpunkt einreisen durften. Sie wurden mit ungeheurer Schnelligkeit nach flüchtiger Überprüfung abgefertigt, auch das präparierte Schleusungsfahrzeug. Es fuhr in eine stille Seitenstraße der Leipziger Straße.

Dort war inzwischen der nicht mehr überwachte Fields eingetroffen und überwachte seinerseits die Verladung der Eheleute Hagen und ihres Hundes in den Kofferraum des Fluchtfahrzeugs. Als es anfuhr, setzte er sich in sein eigenes Auto und folgte dem Fluchtfahrzeug zum Kontrollpunkt. Mr. Robbins war hier bereits angekommen und begann erneut ein langes Palaver, verbunden mit der Weigerung, sich und die Insassen seines Wagens kontrollieren zu lassen. Als die Autoschlange hinter ihm wieder einige hundert Meter lang war, gab er nach und reiste nach West-Berlin aus. Die nachfolgenden Fahrzeuge wurden wiederum in Windeseile abgefertigt, auch das Fluchtfahrzeug. Familie Hagen wurde umgehend in die USA geflogen und dort versteckt.

Am Dienstagabend, dem 20. Dezember 1988, traf sich Hall in einem Motel in der Nähe von Savannah mit einem angeblichen Agenten des KGB, der in Wirklichkeit ein verdeckt arbeitender FBI-Agent war. Die Unterredung war lang und aufschlussreich. Hall brüstete sich mit seinen bisherigen Spionageerfolgen, erzählte, was er so alles besorgt hatte und nannte auch sein Motiv – Geldgier.

Nachdem die beeidete Zeugenaussage des FBI-Agenten in Savannah vorlag, wurde Hall am frühen Mittwochmorgen des 21. Dezember 1988 verhaftet. Ob Hagen dieser FBI-Agent war, ist eine Spekulation, aber nicht ausgeschlossen. Zur Treffzeit am 20. Dezember 1988 hielt er sich mit Sicherheit schon in Savannah auf. Die Gesprächigkeit Halls während der Unterredung wird besser erklärbar, wenn man davon ausgeht, dass er seinen Partner schon kannte.

Wie dem auch sei, Hall war überführt. Ihm drohte als aktivem Soldaten für seine Spionagetätigkeit die Todesstrafe. Um sein Leben zu retten, entschloss er sich sofort zur vollen Kooperation mit den Justizbehörden, sagte rückhaltslos aus und war bereit, gegen seinen Partner Yildirim, der unmittelbar nach Hall in Florida verhaftet worden war, als Kronzeuge aufzutreten.

Die Untersuchungen ergaben, dass Hall als DDR-Agent zwischen 1982 und 1987 ungefähr 300.000 Dollar für seine Dienste erhalten hat. Der von ihm verursachte Schaden wird auf Hunderte Millionen Dollar geschätzt, ist aber nicht exakt zu beziffern. Am 10. März 1989 wurde er im Alter von 30 Jahren zu einer 40jährigen Haftstrafe verurteilt.

Vor der Verurteilung des inzwischen 60jährigen Yildirim gab seine Lebensgefährtin Peggie Bie ein Interview, in dem sie behauptete, dass er ein Antikommunist gewesen sei, der immer versucht habe, Hall von Spionageaktivitäten abzuhalten. Dokumente mit besonderer Schadenswirkung für die USA habe er nicht an die Stasi weitergeleitet, sondern in Westdeutschland versteckt. Nach einem Bericht der „International Herald Tribune“ vom 8. Mai 1989 ist ein FBI-Team mit einer von Yildirim überlassenen Karte nach Deutschland gereist und habe nach Grabungen an darauf eingezeichneten Stellen Behälter mit klassifizierten Dokumenten gefunden. Wie auch immer – Yildirim erhielt trotzdem lebenslängliche Haft unter Ausschluss einer Berufungsmöglichkeit.

Das Ende der Geschichte: Hall und Yildirim sitzen im Zuchthaus. Hagen soll nach Abschluss aller Untersuchungen und Prozesse von den Amerikanern eine Million Dollar erhalten haben, ist nach Deutschland zurückgekehrt und hat sich unter den Schutz des Bundesamtes für Verfassungsschutz gestellt. Ja, und wenn er nicht gestorben ist, lebt er heute noch unerkannt unter uns. Die Abhörstation auf dem Berliner Teufelsberg ist im Januar 1992 geschlossen worden. Durch das Ende des Ost-West-Konflikts war sie sinnlos geworden. Die Gebäude dämmern leer und verlassen einer ungewissen Zukunft entgegen. Markus Wolf geht hin und wieder auf dem Gelände fernsehwirksam spazieren. Kein Spion hat das alles voraussehen können.

Hinweise

Wolf: Spionagechef im geheimen Krieg, S. 411 ff. / Eichner/Dobbert: Headquarters Germany, S. 224 ff. /

dpa-Meldungen vom 21. 12. 1988, 7. 3. 1989 und 10. 3. 1989 / General-Anzeiger, Bonn, 23. 12. 1988 und 8. 5. 1989 / Quick, 11. 1. 1989 / International Herald Tribune, 23. 12. 1988 und 8. 5. 1989

Computerspionage für Moskau

Dr. Clifford Stoll, Astronom und Experte für Computersicherheit an der kalifornischen Universität Berkeley, überprüfte im August 1986 die Rechnung für den Datenanschluss seines dienstlich genutzten Computers. Dabei fiel ihm ein Betrag von 75 cents auf, den er sich nicht erklären konnte. Nähere Nachforschungen brachten ihm die Erkenntnis, dass jemand in das Computersystem der Universität eingebrochen sein musste, um von dort aus in das Datensystem Milnet einzudringen. Dadurch konnte der Einbrecher Zugang zu Datenspeichern von Behörden, militärischen Einrichtungen sowie Universitätslaboratorien bekommen und so wesentliche Erkenntnisse über Verteidigungsplanungen in den USA erhalten.

Für Stoll stellten sich deshalb zwei wichtige Fragen: Wer ist der Einbrecher und wo lebt er? Um eine Antwort zu finden, legte der Computerexperte Köder aus, indem er unter Schlüsselwörtern wie „Atomkraft“, „Interkontinentalraketen“ und „biologische Kriegsführung“ umfangreiche Informationen einspeicherte. Mit viel Geduld und großer Sachkenntnis gelang ihm schließlich die Feststellung, dass sich ein elektronischer Einbrecher aus der Bundesrepublik Deutschland für die Köder interessierte und das Spielmaterial abrief. Den deutschen Sicherheitsbehörden, denen Stoll seine Erkenntnisse mitteilte, gelang es daraufhin, den 1961 geborenen Markus Hess aus Hannover als denjenigen festzustellen, der aus Berkeley unberechtigt Daten abrief und über diesen Universitätscomputer versuchte, in andere sensible Datenbanken zu gelangen. Bevor zugegriffen werden konnte, stellte sich jedoch eine wichtige Frage. Wo lag die Motivation für den Einbruch in die elektronischen Speicher? Zwischen einem Kriminellen, der aus Gewinnsucht in fremde Datensysteme einbricht und einem Hacker gibt es nämlich gravierende Unterschiede.

DIE ZEHN GEBOTE DER HACKER
Zusammengestellt vom ‚Chaos Computer Club‘ in Hamburg

1. Ein Hacker arbeitet nicht im Auftrag.
2. Ein Hacker zerstört nichts in fremden Rechnern, die er besucht.
3. Ein Hacker verhält sich wie ein Gast.

4. Der Zugriff auf Computer und alles, was einem zeigen kann, wie diese Welt funktioniert, soll unbegrenzt und vollständig sein.
5. Alle Information soll frei und unbeschränkt sein.
6. Beurteile einen Hacker nach dem, was er tut, nicht an handelsüblichen Kriterien wie Aussehen, Alter, Rasse, Geschlecht oder gesellschaftlicher Stellung.
7. Ein Hacker kann mit einem Computer Kunst und Schönheit schaffen.
8. Computer können dein Leben zum Besseren verändern.
9. Ein Hacker müllt nicht mit den Daten anderer Leute.
10. Misstraue Autoritäten, fordere Dezentralisierung.

Quelle: Stern Nr. 25 vom 15. 6. 1989

In der Praxis dringt ein passionierter Hacker in ein Datensystem ein, um entweder geheim gehaltene Informationen zugänglich zu machen, auf die die Öffentlichkeit nach seiner Meinung einen Anspruch hat, oder um Sicherheitsmängel in bestimmten Dateien aufzuspüren und auf sie hinzuweisen.

Als am 3. März 1989 die ersten noch sehr vagen Meldungen über die Verhaftung von drei deutschen Computerspionen auftauchten, die für den sowjetischen Geheimdienst (KGB) gearbeitet haben sollten, ergriff der „Präsident" des Chaos Computer Clubs, Wau Holland, einen Tag später in der „Tageszeitung" (taz) das Wort zu einer geharnischten Erklärung:

„... die Leute, die mit dem KGB zusammengearbeitet haben sollen, das sind für mich keine Hacker. Die Hackerkreise, die ich kenne, haben immer gesagt: Wir machen einen offenen Informationsaustausch, und wer für irgendetwas Geld nimmt, schließt sich selbst aus. Dass es irgendwo Leute gibt, die sich an irgendetwas ranklinken wollen und bestechlich sind, das ist normal. Aber Hacker gleich Spione – das ist einfach ein Witz. Wir Hacker haben uns mit den Anwerbungsversuchen von Geheimdiensten intensiv beschäftigt. ... Nehmen wir zum Beispiel das Geld: Als wir 1984 bei dem BTX-System der Sparkasse eine Sicherheitslücke gefunden haben, hätten wir sofort 135.000 Mark auf unser Konto überweisen können. Darauf haben wir öffentlichkeitswirksam verzichtet. Das ist unser Umgang mit Geld. Sonst wären wir auf der Ebene von Computer- und Wirtschaftskriminalität gelandet.

Unsere Überlegung ist: Wenn wir auf Schwächen stoßen, dürfen wir uns davon keinen finanziellen Vorteil verschaffen. Das ist der Kernsatz der Hackerbewegung. Zu allem anderen gibt es eine ganz klare Distanz."[1]

Karl Koch

Das Interesse der Strafverfolgungsbehörden und der Öffentlichkeit konzentrierte sich schließlich auf acht Personen, von denen in der Folgezeit fünf namentlich und mit wichtigen Details ihrer Lebensläufe bekannt wurden. Die interessanteste von ihnen ist zweifellos **Karl Koch.** Er wurde 1965 geboren und wuchs in Hannover in Verhältnissen auf, die man mit flüchtigem Blick als gutbürgerlich bezeichnen konnte. Sein Vater leitete die Lokalredaktion der „Hannoverschen Allgemeinen Zeitung" und auch seine Mutter arbeitete als Journalistin. An sinnvollen Beschäftigungsmöglichkeiten fehlte es dem intelligenten Jungen nicht. Er sammelte Fossilien und Mineralien und spielte mit seinem Elektronikbaukasten.

Der Vater hatte Alkoholprobleme, zog aus und der siebenjährige Karl blieb bei seiner Mutter, die bald an Krebs erkrankte. Über drei Jahre erlebte das Kind das langsame Sterben der Mutter. Nach ihrem Tod lebte der Zehnjährige wieder mit dem Vater zusammen und wurde von der 81 Jahre alten Großmutter versorgt. Auf der Gesamtschule, die er besuchte, gehörte er bald zu den Besten und gab sich dort auch deshalb Mühe, weil er sich die Anerkennung seines Vaters erhoffte, der aber oft lieber Briefmarken sortierte, als sich seinem Sohn zuzuwenden.

Als Fünfzehnjähriger bekam Karl zunehmend Streit mit seinem Vater, wollte ausziehen und wandte sich vergebens an den schulpsychologischen Beratungsdienst. Als Schulsprecher stürzte er sich in umfangreiche Aktivitäten und besuchte als Mitglied des Stadtschülerrates viele Wochenendseminare, um der häuslichen Misere möglichst oft zu entgehen.

Nach der Versetzung in die zehnte Klasse konzentrierte sich Karl Koch nur noch auf seine Arbeit als Schulsprecher, vernachlässigte dabei die eigene Schulausbildung und ließ sich für zweieinhalb Monate von der Schule beurlauben. Fast zwangsläufig war jemand wie er auch auf den

Demonstrationen der Kernkraftgegner zu finden und wurde dabei einmal von der Polizei in Brokdorf vorläufig festgenommen.

Im August 1984 starb auch der Vater an Krebs. Der junge Mann gab nun die Schule ganz auf und widmete sich, da er in der realen Welt, wie er meinte, bisher weder Erfolg noch Anerkennung errungen hatte, lieber seinem Computer. Dabei nutzte er alle Möglichkeiten, um an andere Datenspeicher heranzukommen. Das tun andere junge Leute auch, aber Karl Koch widmete sich dieser Tätigkeit mit einem sich ständig steigernden krankhaften Fanatismus, ähnlich einem Spieler an Automaten, der spielsüchtig geworden ist.

Der offensichtlich kontaktarme Junge hatte bereits als Vierzehnjähriger von seinem Vater den Science-fiction Roman „Illuminatus" von Robert Anton Wilson und Robert Shea bekommen, in dem ein Kapitän Hagbard Celine gegen einen weltbeherrschenden Geheimbund von Verschwörern, die Illuminati, kämpft und einen Dritten Weltkrieg verhindert. Immer mehr identifizierte sich Karl Koch mit Hagbard und stellte sich die Aufgabe, eingebildete Verschwörer, die diese Welt angeblich mit ihren Datennetzen beherrschen, mit Hilfe seines Computers zu bekämpfen und zu besiegen. Um nächtelang am Gerät sitzen zu können, brauchte er Aufputschmittel und nahm deshalb seit seinem sechzehnten Lebensjahr Drogen.

Nach dem Tod seines Vaters hatte er 100.000 DM geerbt. Er benutzte das Geld, um sich eine kleine Wohnung notdürftig mit Möbeln, einem teuren Computer und einem Telefon einzurichten. Durch die Schaltung eines Modems zwischen Computer und Telefon war er nun in der Lage, mit gleichgesinnten Enthusiasten in aller Welt zu kommunizieren, sich aber auch in fremde Dateien einzuschleichen. Die Zeit spielte keine Rolle, denn er ging keiner anderen Beschäftigung nach.

Der Rauschgiftkonsum und Telefonrechnungen von über 2.000 DM pro Monat ließen die Erbschaft rasch zusammenschmelzen. Nachdem er neben Haschisch auch LSD und Kokain einnahm, war er ab 1985 regelrecht süchtig. Außerdem bekam er massive gesundheitliche Probleme, verfiel in tiefe Depressionen, litt unter Schlafstörungen und Migräne. Anfang 1986 konnte er eine Therapie, die er so nötig brauchte, nicht mehr bezahlen.

Persönlich verkehrte Koch nur noch mit einigen Computerfreaks aus Hannover und Berlin, die einen ähnlichen persönlichen Hintergrund hatten, besuchsweise bei ihm wohnten und ihn finanziell ausnutzten, so lange er noch Geld hatte. Zu diesem merkwürdigen Freundeskreis gehörten der Programmierer Dirk Brzezinski und der damalige Schüler Hans Hübner aus Berlin sowie der ehemalige Croupier Peter Carl und der gescheiterte Physikstudent Markus Hess aus Hannover. Bei einer Party in Kochs Wohnung während der CeBIT-Messe 1986 wurde erstmalig der Vorschlag erörtert, dem sowjetischen KGB Datenmaterial zu verkaufen, das bei den Beutezügen in internationalen Netzen angefallen war. Wie es dann weiterging, schilderte der „Stern“:

„Und dann, ausgerechnet vor dem Reaktorunglück in Tschernobyl, saß Karl Koch drei Tage lang ohne zu essen und zu schlafen an seinem Computer und versuchte, in den Rechner eines Atomkraftwerks einzudringen. Nachdem die Katastrophe passiert war, rannte der Hacker nackt im verseuchten Regen herum. Seine Wahnvorstellung: Die ‚Illuminati‘, also der Geheimbund aus seinem Science-fiction-Buch, hätten ihn missbraucht, um Tschernobyl auszulösen.

Die in seiner Kindheit gewachsenen Aggressionen projizierte er nach außen, um sich dann selbst zu ihrem Opfer machen zu können. Wenn er dann in den Computern brisante militärische Daten entdeckte, verstand er es bestens, sie in seine Verschwörungstheorie einzubauen. Mit Hilfe von Computerviren, die sich selbst verändern und gezielt aktiviert werden können, wollte Koch persönlich den drohenden Dritten Weltkrieg verhindern, sollten … hunderte Computer blockiert werden.“[2]

Im Sommer 1988 offenbarten sich Karl Koch und Hans Hübner dem Verfassungsschutz. Sie sagten aus, dass sie seit Anfang 1986 dem KGB Programme und Zugangsmöglichkeiten zu westlichen Datenbanken verkauft hatten. Nach diesem Geständnis schien sich Koch persönlich zu stabilisieren. Er wurde zunächst vom Verfassungsschutz unterstützt, der ihn als Zeugen gegen die anderen Computerspione nutzen wollte. Dann bemühte er sich, wenn auch vergeblich, um einen Therapieplatz und nahm Anfang 1989 eine Stellung als Bürobote und Kraftfahrer bei der Geschäftsstelle der niedersächsischen CDU an. Dort wusste man weder von seinen Zulieferungen an den KGB noch von seiner späteren Zusammenarbeit mit dem Verfassungsschutz. Doch am 23. Mai 1989 beging Karl Koch auf einer Dienstfahrt im Wald bei Gifhorn Selbstmord. Er hatte sich mit Benzin übergossen und angezündet.

Die Ermittlungen gegen die Computerspione waren inzwischen so weit gediehen, dass gegen sie vom Generalbundesanwalt Anklage erhoben werden konnte. In einer Pressemitteilung vom 16. August 1989 wurden die Anklagepunkte gegen drei Freunde von Koch präzise umrissen. Danach erhob der Generalbundesanwalt gegen den 1954 geborenen ehemaligen Croupier Peter Carl aus Hannover, den 1959 geborenen Computerfachmann Dirk Brzezinski aus Berlin und den 1961 geborenen Programmierer Markus Hess aus Hannover Anklage wegen des Verdachts der gemeinschaftlichen geheimdienstlichen Agententätigkeit für den sowjetischen Nachrichtendienst KGB. Es war die erste Anklage gegen Computerspione in der Bundesrepublik Deutschland.

Der Pressemitteilung zufolge waren die Angeschuldigten sowie der durch Selbstmord verstorbene Karl Koch und der wegen geheimdienstlicher Agententätigkeit gesondert verfolgte Hans Hübner im Frühjahr 1986 überein gekommen, ihre Hacker-Kenntnisse zu Geld zu machen und vorhandene oder zu beschaffende Zugangsberechtigungen für Rechnersysteme an Interessenten zu verkaufen. Die fünf jungen Männer waren Mitglieder eines von Koch Anfang des Jahres 1985 in Hannover gegründeten Hackerstammtischs, der sich „Chaos Computer Club, Leitstelle 511" nannte.

Peter Carl, der selbst nicht aktiv hackte, erklärte sich bereit, Kontakt zum sowjetischen Geheimdienst aufzunehmen und das von den vier anderen erbeutete Datenmaterial zum Kauf anzubieten. Er fuhr spätestens im September 1986 von West-Berlin aus zu einem Tagesaufenthalt nach Ost-Berlin, ging zur damaligen sowjetischen Handelsvertretung in der Leipziger Straße und verlangte ein Gespräch mit einem Mitarbeiter des KGB. Darauf kam ein Mann, der sich Sergej nannte und dem Carl vorhandene oder noch zu beschaffende Zugangsberechtigungen für elektronische Rechnersysteme in der Bundesrepublik Deutschland und im westlichen Ausland zum Kauf anbot.

Als Hinweis auf die Zugriffsmöglichkeiten übergab Carl eine Probelieferung, die im wesentlichen eine Dokumentation der erfolgreichen Hackangriffe auf verschiedene Computersysteme und die dabei abgezogenen Daten sowie Aufstellungen von Inhaltsverzeichnissen widerrechtlich angegriffener Rechner enthielt. Dabei hatten Carl und die vier Spionagehacker die Vorstellung, ihr gesamtes Fachwissen, einschließlich aller Zugangsmöglichkeiten zu fremden Datensystemen, die ihnen bekannt waren, für einen Pauschalpreis von einer Million DM zu verkaufen. Das lehnte Sergej im Namen des KGB jedoch ab, sondern bestand darauf, dass alle gewünschten Informationen von den Lieferanten selbst erhackt würden. Ein besonderes Interesse bekundete Sergej an Software, an Compilern und Fertigungssteuerungen, an CAD-Programmen zur rechnergestützten Konstruktion von Komponenten und Geräten für den Fahrzeug-und Flugzeugbau sowie an Informationen aus militärisch genutzten Rechneranlagen und Datenbanken der USA.

Peter Carl lieferte in den folgenden zweieinhalb Jahren bis zu seiner Festnahme bei etwa 25 weiteren Treffs mit seinem Führungsoffizier Sergej Datenmaterial, das vor allem von Markus Hess, der in Hackerkreisen als Spezialist für das Eindringen in militärische Rechner der USA galt, von fremden Rechnern abgezogen worden war. Vom Frühjahr 1987 an hatte der KGB kein Interesse mehr am Material der übrigen Spionagehacker. Folglich arbeiteten von da an bis Ende 1988 nur noch Hess und Carl mit dem KGB zusammen.

Den Umfang des gelieferten Datenmaterials genau zu bestimmen, war der Anklagebehörde nicht möglich, weil Hacker bei ihren Einbrüchen in der Regel keine Spuren hinterlassen und die Angaben der Angeklagten oft ungenau und widersprüchlich waren. Auf jeden Fall waren sie laut Anklage in Rechnersysteme aus dem Forschungs-, Industrie- und Miltärbereich folgender Staaten eingedrungen: Bundesrepublik Deutschland, USA, Kanada, Großbritannien, Frankreich, Italien, Spanien, Niederlande, Norwegen, Österreich, Schweiz, Japan und Hongkong.

Für das gelieferte Material erhielt Peter Carl von Sergej insgesamt 90.000 DM, die er teilweise an die vier anderen Spionagehacker weitergegeben hat. Die Bezahlung der einzelnen Lieferungen erfolgte stets erst beim nächsten Treffen in Ost-Berlin, weil Sergej alles, was er entgegennahm, zunächst von Experten in Moskau prüfen und klassifizieren lassen musste.

Am 11. Januar 1990 begann vor dem 3. Strafsenat des Oberlandesgerichts Celle der Prozess gegen Peter Carl, Dirk Brzezinski und Markus Hess. Hans Hübner war aus Berlin als Zeuge geladen worden. Der persönliche Hintergrund der vier Männer war, soweit er Familienverhältnisse, tägliches Leben, abgebrochene Ausbildung, Kontaktarmut im zwischenmenschlichen Umgang, mathematische Kombinatsfähigkeit und Spielsucht am Computer betraf, ähnlich wie bei Karl Koch. Allerdings teilten sie nicht dessen Fanatismus und politische Wahnvorstellungen.

Peter Carl, zu Prozessbeginn 35 Jahre alt, wuchs nach dem Tod der Eltern zeitweise in einem Kinderheim, dann in einem Jugendwohnheim auf. Ein Lehrprogramm des zweiten Bildungsweges brach er ab. Anschließend an die Bundeswehrzeit arbeitete er von 1975 bis Ende 1986 als Croupier in der Spielbank Hannover am Maschsee. Nach dem Zusammenbruch der Spielbank

Peter Carl (r.) und Dirk Brzezinski

hatte er die staatsanwaltlichen Untersuchungen gegen Casinochef Marian Felsenstein und den Spielbankaufseher Gerhard Roemheld in Gang gebracht. Die Affäre belastete die damalige von der CDU gestellte niedersächsische Landesregierung. Ab Ende 1986 war Carl arbeitslos. An Computern versuchte er sich, um verschiedene Spielsysteme auszuprobieren. Dabei kam nicht viel heraus. Von seinen Freunden am Hackerstammtisch wurde er vor allem deshalb als Verbindungsmann zum KGB ausersehen, weil er am kontaktfreudigsten war und Verkaufserfahrungen hatte. Brzezinski hatte es den anderen gegenüber auf den Punkt gebracht: „Der hat eine freche Schnauze, der soll mit denen drüben den Kontakt knüpfen."[3]

Der KGB in Gestalt von Sergej hatte mit den Lieferungen auch seine Probleme. Er hatte es zunächst nicht für möglich gehalten, dass man von einem deutschen Wohnzimmer oder von einer Telefonzelle aus einem Wildfremden in den USA gleichsam in die Brieftasche schauen konnte, ja, dass man stehlen kann, ohne dass etwas fehlt. An einer Globallieferung aller Zugangsmöglichkeiten zu den Rechnern konnte er schon deshalb nicht interessiert sein, weil es sowjetischen Computerexperten wegen des technischen Rückstandes in ihrem Land gar nicht möglich war, sich von dort aus in die westlichen Rechner einzuloggen. Experten vermuteten auch, dass der KGB bei den Lieferungen von Carl oft gar nicht zwischen geheimen und öffentlich zugänglichen Materialien aus westlichen Quellen unterscheiden konnte. Sie hielten die Zahlungen von insgesamt 90.000 DM deshalb für überhöht.

Dirk Brzezinski hatte sein Abitur auf einer englischen Internatsschule in Kenia bestanden. Seine Eltern arbeiteten in der Entwicklungshilfe. In Deutschland verbrachte er drei Jahre mit Gelegenheitsarbeiten, bevor er sich zum EDV-Fachmann ausbilden ließ. Eine feste Anstellung hatte er nicht. Während des Prozesses wurde er aus der Strafhaft vorgeführt, weil er gerade eine Gefängnisstrafe wegen Fahnenflucht verbüßte. Über Brzezinski schrieb die einfühlsame Reporterin Gisela Friedrichsen während des Prozesses im „Spiegel":

„Freiberuflich, mal hier mal dort, machte er sein Geld. Bald verdiente er 110 Mark in der Stunde. Wie viele Wochenstunden? ‚Unterschiedlich, da war keine Systematik drin, bis zu 200 Stunden im Monat manchmal'.

Mit den Wohnungen, ‚das war alles ein bißchen kompliziert'. Die Kompliziertheit des Lebens, das Unkalkulierbare, Unüberschaubare – in der einsamen Zweisamkeit mit dem Computer, einem Gegenüber, das man an- und abschalten kann, entging er dem. Er trank immer mehr, nahm Drogen, verlor den Bezug zur Außenwelt. Seine Eltern entschwanden nach Pakistan, nach Malaysia, seit zwei Jahren leben sie in Australien. Nur noch vor dem Terminal oder in der Kneipe hielt er sich schließlich auf, umringt von weit jüngeren Computerfreaks. Zur Tatzeit galt er, obwohl er sich längst zurückgezogen hatte von allen Kontakten, als Integrationsfigur in einem Kreis, den allein die Faszination der Maschine und das auf Formeln reduzierte Denken zusammenhielt."[4]

Einmal hat er Carl zu Sergej begleitet. Als er dem Gericht darüber und über sein Verhältnis zu dem Führungsoffizier berichten soll, sagt er: „Von da an wird es dunkel bei mir. Mein Tag wurde spärlich." Ein Gespräch mit Sergej war ihm nicht möglich. „Wir konnten uns nicht verständigen."[5]

Markus Hess, ein guter Schüler mit dem Lieblingsfach Physik, das er nach dem Abitur erfolglos studierte, war ebenfalls dem Computer verfallen. Er konnte am besten „die Kübel schlitzen", wie es im Fachjargon heißt, wenn man in fremde Rechner eindringt. Ruth Kuntz-Brunner schrieb über ihn und den Zeugen Clifford Stoll im „Deutschen Allgemeinen Sonntagsblatt":

„Als einziger Angeklagter hat Markus Hess einen festen Wohnsitz und einen festen Arbeitsplatz (er baut für einen Verlag ein Mailbox-System auf). Er ist jener geheimnisvolle Hacker, den Clifford Stoll (38), heute Zeuge der Anklage, fast ein Jahr lang verfolgte. Stoll, damals ein auf die Venus spezialisierter Astrophysiker in Kalifornien, entdeckte zufällig 1986 einen Eindringling, der den Institutsrechner benutzte, um in weitere Forschungs- und Rüstungscomputer vorzustoßen. Der Hacker ging diszipliniert, methodisch und zielstrebig vor, knackte Passwörter und verschaffte sich in einigen Rechnern den Status eines ‚Super Users' mit Generalschlüssel. ‚Er war in der Lage, Codes, die wir durch den Fleischwolf gedreht hatten, zusammenzufügen. Als ob er die Kurbel zurückgedreht und aus Hackfleisch wieder ein Schwein gemacht hätte. Er musste mindestens so gut sein wie ich.' Hess schmunzelte belustigt."[6]

Markus Hess

Hans Hübner trat im Prozess gegen seine ehemaligen Kumpel nur als Zeuge auf, weil er zur Tatzeit noch minderjährig gewesen war und sein Tatbeitrag deshalb vor einer Jugendstrafkammer verhandelt werden musste. Er hatte als

Vierzehnjähriger den ersten Computer gesehen und war seitdem nicht mehr von den Rechnern wegzubringen. Unter den Computerspionen war er der jüngste und kaltschnäuzigste, auch noch vor Gericht:

„Wir wollten uns als Hacker dem KGB verkaufen. Wir wollten Zugangsinformationen verkaufen, wir wollten auch unser Wissen in Form von Schulung verkaufen."[7]

Er hoffte darauf, dass ihm der KGB in Ost-Berlin eine sichere Hackmöglichkeit einräumen, ihn mit vernünftiger Hardware ausstatten und einen Spielraum für Kommuniketionskosten gewähren würde. Als aus diesem Wunschtraum nichts wurde und er andererseits bemerkte, dass Karl Koch, dessen Wahnvorstellungen er nicht teilte, mit Journalisten, Anwälten und schließlich mit dem Verfassungsschutz zu reden begann, schloss sich Hübner ihm an. Wahrscheinlich war dabei die Erkenntnis maßgebend, dass die Strafverfolgungsbehörden durch Kochs unkalkulierbares Verhalten sowieso auf seine Spur kommen würden, er aber durch eine rechtzeitige Zusammenarbeit mit dem Verfassungsschutz die eigene Bestrafung abmildern oder ganz verhindern könne.

Wenn man die Persönlichkeiten und die Interessenlage von Brzezinski, Hess und Hübner genau betrachtet, so waren sie keine politischen Täter. Das Gewirr aus Neugier, Besessenheit und haltloser isolierter Genialität hatte sie in ein Leben geführt, das sie sich unbedingt erhalten wollten. Dafür brauchten sie Geld, teilweise für Rauschgift, vor allem aber zur Bezahlung der hohen Telefonrechnungen, die beim Hacken entstanden.

Peter Carl, der von den Faszinationen der anderen frei war, brauchte nur Geld. Er hätte die Hackfrüchte seiner Freunde vermutlich auch an die Chinesen verkauft oder, falls es sich um sowjetisches Datenmaterial gehandelt hätte, an die Amerikaner. Seine gegenteiligen Äußerungen, dass er durch den Verkauf des westlichen Materials an den KGB einen Beitrag zur Herstellung des Machtgleichgewichts in der Welt und zur Verhinderung eines Dritten Weltkriegs leisten wollte, waren nicht besonders ernst zu nehmen.

Die Persönlichkeiten der Angeklagten abzuklären, war für das Gericht nicht besonders schwierig. Als unmöglich für alle Prozessbeteiligten erwies es sich jedoch, den Umfang des gelieferten Spionagematerials einzuschätzen und den Schaden zu definieren, der der Bundesrepublik Deutschland und anderen westlichen Staaten entstanden war. Wie schon gasagt, hinterließen die Einbrüche in die Rechner in der Regel keine Spuren, die den Angeklagten zuzuordnen waren. Die Angeklagten waren außerdem die eigentlichen Sachverständigen, die sich jedoch hüteten, detaillierte Angaben zu machen, um sich nicht selbst zu belasten.

Anklagebehörde, Gericht und Verteidigung waren von der Materie total überfordert und konnten oftmals überhaupt keine sinnvollen Fragen stellen. Unabhängige Sachverständige auftreten zu lassen, hatte keinen Zweck, weil auch sie nicht konkret herausbekommen konnten, welche Daten die Angeklagten geliefert hatten. Völlig unklar blieb außerdem, bis zu welchem Grade der KGB das gelieferte Material angesichts des sowjetischen Rückstandes in der elektronischen Datenverarbeitung hatte nutzen können.

Obwohl die Anklagebehörde zur allgemeinen Abschreckung (Generalprävention) fühlbare Strafen für angemessen hielt, konnte sich das Gericht aufgrund der dürftigen Beweislage am 15. Februar 1990 nur zu relativ milden Urteilen entschließen. So erhielten Peter Carl zwei Jahre, Dirk Brzezinski ein Jahr und zwei Monate und Markus Hess ein Jahr und acht Monate Haft, die sämtlich zur Bewährung ausgesetzt wurden. Von den 90.000 DM KGB-Lohn musste Carl 3.000 DM, Brzezinski 5.000 DM und Hess 10.000 DM zurückzahlen.

Als einzigem der ehemaligen Spionagehacker blieb Karl Koch, der sich der unvollkommenen irdischen Gerechtigkeit entzogen hatte, ein gewisses öffentliches Interesse erhalten. Der Regisseur Hans-Christian Schmid drehte 1999 den Film „23", in dem er Karl Kochs bizarres Leben und Sterben nachzeichnete. 23 war für den Filmhelden die magische Zahl. Nach seiner Meinung starben alle großen Anarchisten an einem 23. des einen oder anderen Monats, so etwa Sacco und Vanzetti am 23. August , Bonnie und Clyde am 23. Mai.

„Ich glaube“, sagt Hans-Christian Schmid, der mit vielen Zeitzeugen gesprochen hat, „dass er eine intelligente, sensible, engagierte Person war. Aber irgendwie auch naiv, nicht gegen die Härten des Alltags gewappnet. Man legt vieles bloß, wenn man so obsessiv ist, so leidenschaftlich. Er war wie eine Wunderkerze, die an beiden Enden brennt.“[8]

1 Tageszeitung, Berlin, 4. 3. 1989
2 Stern, 8. 6. 1989
3 Hannoversche Allgemeine Zeitung, 5. 4. 1989
4 Der Spiegel 1990/5/182
5 Ebd.
6 Deutsches Allgemeines Sonntagsblatt, 9. 2. 1990
7 Der Spiegel 1990/5/184
8 Die Zeit, 14. 1. 1999

Hinweise

Bunte, 16. 3. 1989 / Quick, 13. 3. 1989 und 12. 10. 1989 / Spiegel TV, 11. 6.

1989 (Wortprotokoll) / Der Spiegel 1989/24/87-94 und 1990/5/181-184 / Stern, 8. 6., 15. 6., 22. 6. und 29. 6. 1989
Bild-Zeitung, 13. 3., 5. 6. und 8. 6. 1989 / Bild am Sonntag, 4. 6. 1989 / Deutsches Allgemeines Sonntagsblatt, 9. 2. 1990 / Frankfurter Allgemeine Zeitung, 6. 3. und 25. 7. 1989 sowie 16. 2. 1990 und 20. 1. 1999 / Frankfurter Rundschau, 6. 3. 1989 und 9. 2. 1990 / General-Anzeiger, Bonn, 3. und 4. 3. 1989 / Hamburger Abendblatt, 3. 3. 1989 / Hannoversche Allgemeine Zeitung, 5. 4., 3. 6., 6. 6.und 8. 6.1989 sowie 9. 1., 20. 1. und 2. 2. 1990 / Hannoversche Neue Presse, 3. 6., 5. 6. und 13. 8. 1989 sowie 12. 1. 1990 / Kölner Stadt-Anzeiger, 3. und 4. 3. 1989 sowie 12. 1. 1990 / Kölnische Rundschau, 6. 3. 1989 / Tageszeitung (taz), 4. 3., 6. 3. und 6. 6. 1989 sowie 11. 1. 1990 / The Times, 4. 3. 1989 / Unsere Zeit, 23. 6. 1989 / Weser-Kurier, 18. 7. und 17. 8. 1989 sowie 20. 1. 1990 / Die Welt, 4. und 6. 3. 1989 / Welt am Sonntag, 5. 3. 1989 / Die Zeit, 14. 1. 1999 /
Pressemitteilungen des Generalbundesanwalts vom 27. 7., 16. 8.und 12. 12. 1989 sowie vom 28. 5. 1990

Spion Götz Schlicht – Porträt eines bösen Menschen

Herr Dr. Götz Schlicht, geboren am 9. März 1908 in Berlin, Oberlandesgerichtsrat a. D., Mitarbeiter im Untersuchungsausschuss freiheitlicher Juristen ab 1957 sowie in der Berliner Abteilung des Gesamtdeutschen Instituts zwischen 1969 und 1973, jahrelanger Chefredakteur der Zeitschrift „Recht in Ost und West", ist, juristisch gesehen, ein ehrenwerter Mann, denn er gilt nirgends als vorbestraft. Zwar hat er zwischen 1952 und 1957 fünf Jahre in schwerer DDR-Haft verbracht, aber unschuldig. Danach war er 32 Jahre lang ein gefährlicher und hinterhältiger Spion. Dafür ist er nie bestraft worden, obwohl er große Schuld auf sich geladen hat. Wie ist das möglich?

Götz Schlicht wuchs in Potsdam auf, besuchte dort zunächst vier Jahre die Volksschule, danach ein Gymnasium und legte 1926 das Abitur ab. Anschließend studierte er Jura in Freiburg und Berlin und legte am 30. Juni 1930 die Erste juristische Staatsprüfung ab. Aus dem Vorbereitungsdienst als Rechtsreferendar beim Kammergericht in Berlin wurde er am 18. August 1933 aufgrund des Gesetzes zur Wiederherstellung des Berufsbeamtentums wegen „nichtarischer Abstammung" mit sofortiger Wirkung entlassen. Danach arbeitete er vom 1. Oktober 1933 bis zum 28. Februar 1938 als Angestellter in einem rechtswissenschaftlichen Fachverlag und vom 1. April 1938 bis zum 15. April 1940 als Inspektor bei einer Versicherung. Beide Arbeitsstellen befanden sich in Berlin.

Zwischenzeitlich gelang es Schlicht, der nach den nationalsozialistischen Rassegesetzen wahrscheinlich nur als „Halb- oder Vierteljude" galt, durch einen Trick oder eine unwahre Behauptung über seine Abstammung die Anerkennung als „Arier" zu erreichen, so dass er ab April 1940 auch als wehrwürdig galt und zum Kriegsdienst eingezogen wurde. Im Mai 1945 geriet er in britische Kriegsgefangenschaft, aus der er bald entlassen wurde.

Am 26. Juli 1946 bestand Schlicht vor dem Justizprüfungsamt der Sowjetischen Besatzungszone in Deutschland die Zweite juristische Staatsprüfung und trat in den Justizdienst des Landes Brandenburg ein. Bis Ende 1950 arbeitete er als Dozent an der Richterschule in Potsdam-Babelsberg. Dort wurden damals in Schnellkursen „Volksrichter" ausgebildet, die die aus dem nationalsozialistischen Staat übernommen Richter nach und nach ersetzten. Während dieser Zeit wurde Schlicht zum Landgerichtsrat und schließlich zum Landgerichtsdirektor befördert. Außerdem promovierte er an der Humboldt-Universität im damaligen Ost-Berlin 1949 zum Doktor der Rechte. Mit Wirkung zum 1. Januar 1951 ernannte man ihn zum Richter am Oberlandesgericht Potsdam.

Diese schnelle und erfolgreiche Nachkriegskarriere endete abrupt, als Götz Schlicht am 7. Mai 1952 von Angehörigen des Staatssicherheitsdienstes (SSD) der DDR festgenommen und am 20. November desselben Jahres wegen „Boykotthetze" zu zehn Jahren Zuchthaus verurteilt wurde. Anlass dieser harten Maßnahme, die nach rechtsstaatlichen Kriterien unrechtmäßig war, war die Tatsache, dass Götz Schlicht aus Unzufriedenheit mit den politischen und wirtschaftlichen Verhältnissen in der DDR im Sommer 1951 Verbindung zum Untersuchungsausschuss freiheitlicher Juristen (UfJ) in West-Berlin aufgenommen und in der Folgezeit dessen Publikationen an Interessenten in Potsdam verteilt hatte.

Götz Schlicht verbüßte die ihm auferlegte Haft in verschiedenen Zuchthäusern der DDR unter den üblichen menschenunwürdigen Bedingungen und trug einen dauernden Gehörschaden davon. Was er in dieser Zeit durchmachen musste, haben auch andere politische Häftlinge erlebt – es ist vielfach beschrieben worden. Doch das nimmt den Geschehnissen nichts von ihrer Schrecklichkeit.

Der Untersuchungsausschuss freiheitlicher Juristen (UfJ)

Der UfJ war ein Zusammenschluss aus der DDR geflüchteter Juristen und Verwaltungsfachleute, die im Staatsdienst, als Anwälte oder in der Wirtschaft gearbeitet hatten, jedoch Gegner des dort herrschenden politischen und wirtschaftlichen Systems waren. Die Organisation wurde im Oktober 1949 in West-Berlin von Horst Erdmann gegründet, der in der Öffentlichkeit unter dem Namen Dr. Theo Friedenau auftrat. Politisch und finanziell unterstützt wurde der UfJ von der Bundesregierung, dem Berliner Senat und vor allem von der amerikanischen Besatzungsmacht. Deshalb hatte er auch seine gegen Einbrüche und Überfälle gesicherte Geschäftsstelle in der Limastraße in Berlin-Dahlem, im damaligen amerikanischen Sektor von Berlin.

Die Aufgaben des UfJ waren vielfältig. Die Mitarbeiter widmeten sich bis zum Mauerbau 1961 in erster Linie den vielen Besuchern aus der DDR, die angesichts der für sie undurchschaubaren neuen Bestimmungen um kostenlose Rechts- und Vermögensberatungen baten oder Ratschläge für ihre persönliche Sicherheit haben wollten. Vor allem kamen auch ständig in der DDR tätige Juristen, um mit gleichgesinnten und versierten Fachkollegen Gedanken auszutauschen. Durch ihre Gespräche mit den vielen Besuchern bekamen die hauptamtlichen Mitarbeiter des UfJ detaillierte Erkenntnisse über alle Lebensgebiete in der DDR, so dass die amerikanische Besatzungsmacht, die Bundesregierung, der Berliner Senat und die Presse mit vorzüglichen Expertisen und Berichten bedient werden konnten. Vor allem die westlichen Rundfunksender nutzten die Materialien für ihre politischen Sendungen, die sie für die Bevölkerung der DDR zusammenstellten. Besonders wirkungsvoll waren die Warnmeldungen, in denen Spitzel des KGB und des SSD mit ihren Klarnamen, Adressen und wichtigen Lebensdaten genannt und dadurch enttarnt wurden.

Das Informantennetz, über das der UfJ verfügte, war schon nach zweijähriger Arbeit viel dichter als das der Ostbüros von SPD und CDU oder der Kampfgruppe gegen Unmenschlichkeit (KgU). Deshalb konnte es unter den Bedingungen des Kalten Krieges gar nicht ausbleiben, dass der UfJ von den Amerikanern, aber auch von der Organisation Gehlen, der Vorläuferin des Bundesnachrichtendienstes, immer stärker zur aktiven Informations- und schließlich zur

Spionagearbeit herangezogen wurde. Besucher der Geschäftsstelle wurden gebeten, Flugschriften in die DDR mitzunehmen und dort gezielt zu verteilen oder bestimmte Informationen zu beschaffen. Das galt als Widerstandstätigkeit und wurde nicht honoriert. Später wurden unter amerikanischer Anleitung sogar Dreiergruppen aus Informanten gebildet, die Funkgeräte mitnahmen und versteckten, um sie ausschließlich im Kriegsfall zu aktivieren.

Vor allem die Tatsache, dass vor dem UfJ so gut wie nichts geheimgehalten werden konnte, was in der DDR geschah, veranlasste KGB und SSD zu äußerst brutalen Gegenmaßnahmen.

– Am 8. Juli 1952 wurde Dr. Walter Linse, Leiter der Wirtschaftsabteilung des UfJ, auf offener Straße in West-Berlin niedergeschlagen, in eine bereitstehende Limousine gezerrt und durch Pistolenschüsse in die Beine widerstandsunfähig gemacht. Dann raste das Auto mit hoher Geschwindigkeit über die nahegelegne Stadtgrenze in die DDR. Am Übergang hatten Volkspolizisten vorsorglich die sonst ständig geschlossene Schranke geöffnet, so dass das Auto ohne Halt weiterfahren konnte. Die unmittelbaren Täter waren vier Berufsverbrecher, die der SSD im Auftrag des KGB angeworben hatte. Linse ist am 23. September 1953 von einem sowjetischen Militärtribunal in einem Geheimprozess wegen Spionage, antisowjetischer Propaganda und Bildung einer antisowjetischen Organisation zum Tode verurteilt und am 15. Dezember desselben Jahres in der Moskauer Lubjanka erschossen worden.

– Am 20. August 1958 wurde Dr. Erwin Neumann, damaliger Leiter der Abteilung Wirtschaftsrecht im UfJ, von zwei guten Bekannten, die Agenten des SSD waren, auf seinem eigenen Segelboot durch Gift handlungsunfähig gemacht und vom Wannsee aus in die DDR verschleppt. Neumann wurde in einem Geheimprozess zu einer lebenslänglichen Zuchthausstrafe verurteilt, die er in ständiger Isolationshaft verbringen musste. Er starb am 3. Juli 1967 als anonymer Nummernhäftling in einem Gefängniskrankenhaus an Herzversagen.

– Die vom SSD im Laufe der Jahre entdeckten Informanten und Materialverteiler des UfJ sind zumeist zu sehr hohen Zuchthausstrafen verurteilt worden.

Vergleichsweise harmlos mutet dagegen an, dass es dem SSD im Juli 1958 gelang, Dr. Theo Friedenau als Horst Erdmann zu entlarven, der weder juristische Staatsexamen abgelegt noch promoviert hatte. Es gab einen Presseskandal im Westen, durch den Erdmann zum Rücktritt gezwungen wurde.

Doch die Führungspersonen wurden ersetzt, ohne die Wirksamkeit der Organisation im Hinblick auf ihre antikommunistische Öffentlichkeitsarbeit wesentlich zu beeinträchtigen. Als viel effektiver erwies es sich, innerhalb des UfJ einen Spitzenagenten zu platzieren, der nach und nach alle Informanten der Organisation, die ihm bekannt wurden, an den SSD verriet.

Nach dem Mauerbau von 1961 reduzierte sich zwangsläufig die Tätigkeit des UfJ auf politische Analysen und die Beratung von Flüchtlingen aus der DDR. Im Juli 1969 wurde er aufgelöst und die verbleibenden Angestellten in den unmittelbaren Staatsdienst übernommen. Sie kamen in die Berliner Abteilung des Gesamtdeutschen Instituts, einer nachgeordneten Behörde des Bundesministeriums für innerdeutsche Beziehungen. Auch der Spitzenagent des SSD trat automatisch in den Bundesdienst über.

Im Februar 1957 unterbreitete der SSD Schlicht jedoch ein bemerkenswertes Angebot. Er sollte vorzeitig aus der Haft entlassen und anschließend gut honoriert werden, wenn er künftig bei der „Zerschlagung von Agentenzentralen in West-Berlin" behilflich sei. Die Offerte war verlockend. Schlicht standen noch weitere fünf Jahre Haft bevor. Er war verheiratet und hatte zu dieser Zeit sechs Kinder, die draußen auf ihn angewiesen waren. Er nahm das Angebot an. Daraufhin begnadigte ihn der damalige Staatspräsident der DDR, Wilhelm Pieck, mit Wirkung zum 15. Mai 1957. Einen Tag später verfasste Schlicht eine handschriftliche Verpflichtungserklärung, in der er den Decknamen „Dr. Lutter" wählte und seine Bereitschaft zur Zusammenarbeit mit dem Ministerium für Staatssicherheit der DDR bekräftigte. Er erhielt den Auftrag, sich nach West-Berlin abzusetzen und eine Tätigkeit beim UfJ aufzunehmen. Aus diesem Bereich sollte er dann alles Wissenswerte berichten. Die Flucht gelang natürlich problemlos.

Bis hierhin handelt es sich noch um einen für die damalige Zeit fast normalen Vorgang. Tausende deutsche Kriegsgefangene in der Sowjetunion waren erst entlassen worden, nachdem sie eine Verpflichtungserklärung unterschrieben hatten, nach ihrer Rückkehr für den sowjetischen Geheimdienst zu arbeiten. Hunderte von politischen Häftlingen in der DDR waren erst begnadigt worden, nachdem sie vor KGB- oder SSD-Offizieren ähnliche Erklärungen wie Schlicht abgegeben hatten. Der Erfolg derartiger Erpressungen lag nach den 1957 im Westen vorliegenden Erkenntnissen bei Null. Bereits in den Aufnahmelagern für

Heimkehrer oder Flüchtlinge, spätestens jedoch bei der polizeilichen Anmeldung am Wohnort in der Bundesrepublik Deutschland oder in West-Berlin offenbarten sich die Erpressten, erklärten, die Verpflichtung keinesfalls erfüllen zu wollen und baten gegebenenfalls um Schutz und Hilfe, falls jemand versuchen sollte, einen geheimdienstlichen Kontakt zu ihnen aufzunehmen.

Bei Götz Schlicht war es anders. In ihm muss während der Haftzeit ein erschreckender Gesinnungswandel vor sich gegangen sein. Wie er erfolgt ist, weiß niemand genau, vielleicht nicht einmal er selbst. Tatsache ist, dass er sich sofort nach seiner „Flucht" bei Walther Rosenthal, dem stellvertretenden Leiter des UfJ, meldete. Beide waren alte Bekannte aus Potsdam. Seine Verpflichtungserklärung verschwieg Schlicht, und seine Bewerbung um eine Anstellung war nur noch Formsache. Vom 1. September 1957 bis zum 30. September 1969 leitete er die Außenstelle des UfJ im Notaufnahmelager für Flüchtlinge aus der DDR in Berlin-Marienfelde. 1958 übernahm er zusätzlich die Schriftleitung der Zeitschrift „Recht in Ost und West", die er bis 1990 innehatte. Als die Außenstelle Marienfelde Ende September 1969 aufgelöst und die hauptamtlichen Mitarbeiter des UfJ in das Gesamtdeutsche Institut eingegliedert worden waren, änderte sich auch Schlichts Tätigkeitsbereich. Er wurde am 1. Oktober 1969 als Referent im Angestelltenverhältnis in das Referat „Recht und Verwaltung" des Gesamtdeutschen Instituts übernommen. Am 31. Dezember 1973 schied er altersbedingt aus seiner hauptamtlichen Tätigkeit aus und und bezog Rente. Er behielt jedoch für die redaktionellen Arbeiten an der Zeitschrift ein Büro in seiner ehemaligen Arbeitsstelle bei, hatte weiterhin Zugang zu allen benötigten Unterlagen und ständigen Kontakt mit seinen bisherigen Kollegen.

Wenn man sich fragt, wie diese Karriere im Auftrag des SSD möglich war, sind die Antworten relativ einfach. 1957 hatte keine Sicherheitsbehörde im Westen die Erkenntnisse, die man erst ab 1990 mühsam erwerben konnte. Im übrigen sind die Möglichkeiten der Sicherheitsbehörden, Erkenntnisse zu gewinnen, in demokratischen Staaten beschränkt. Konkret war bei Götz Schlicht zu bedenken:

– Er hatte vor seiner Verhaftung freiwillig und aus Überzeugung für den UfJ gearbeitet und es gab keinen Grund, gerade nach der Haftzeit an seiner Überzeugungstreue zu zweifeln.

– Es lagen offensichtlich keinerlei Anschuldigungen ehemaliger Mithäftlinge vor, dass er sich während der Haft ihnen gegenüber unkorrekt verhalten, zum Beispiel Kameraden bespitzelt hatte.

– Er hatte die für seine hauptamtliche Tätigkeit beim UfJ nötige Qualifikation und gab sich mit einem relativ bescheidenen Gehalt zufrieden. Zwar wäre er für eine Übernahme in den Justizdienst schon aus Altersgründen nicht mehr in Frage gekommen, aber im Bereich der freien Wirtschaft hätte er mit Sicherheit mehr verdienen können.

Zwischen dem 16. Mai 1957 und dem 8. November 1989 ist Götz Schlicht ununterbrochen für den SSD nachrichtendienstlich tätig gewesen und in dieser Zeit nacheinander von vier verschiedenen Führungsoffizieren betreut worden. Mindestens einer von ihnen hat sich nach 1989 der Anklagebehörde als Zeuge zur Verfügung gestellt.

Bis zum Bau der Berliner Mauer am 13. August 1961 traf sich Schlicht mit seinem Führungsoffizier und dessen Vorgesetzten ungefähr siebzigmal in verschiedenen konspirativen Wohnungen in Ost-Berlin. Bei jedem Treff erstattete der Agent mündlich Bericht, übergab Materialien, bekam Aufträge und erhielt sein Honorar. Nach dem Mauerbau fanden bis 1985 aufgrund von Sicherheitsbedenken der Betreuer nur noch zwei persönliche Führungstreffs statt. Das Führungs- und Verbindungswesen wurde völlig neu gestaltet. Von Anfang 1962 bis Mitte 1967 verfasste Schlicht im Geheimschreibverfahren etwa 240 Briefe und sandte sie an eine Deckadresse in Ost-Berlin. Um die Unmenge des von ihm beschafften Materials bewältigen zu können, setzte die Führungsstelle ab Oktober 1962 zusätzlich den Kurier Otto-Heinrich Reinhold, Deckname Baumann, ein. Ihm fiel die Aufgabe zu, ein Versteck in West-Berlin – einen Toten Briefkasten – im Turnus von drei Wochen zu leeren und mit neuen Instruktionen sowie dem festgelegten Agentenlohn zu beschicken. Von November 1962 bis März 1966 benutzte Schlicht zur Informationsübermittlung außerdem eine Wurfschleuse am Jenbacher Weg in West-Berlin. (Darunter verstand man eine bestimmte verdeckte Stelle innerhalb der Grenzanlagen, die vom Westen aus einer geringen Wurfdistanz zu erreichen war, aber in kurzen Abständen von DDR-Grenzposten aufgesucht wurde, um abgeworfenes Material in Empfang zu nehmen.) Öffentlich zugängliche Schriften leitete Schlicht auf dem normalen Postweg über eine Deckadresse an die Führungsstelle weiter.

Im Oktober 1967 wurde die Nachrichtenverbindung erneut umgestellt. Die Materialschleusungen, die Beschickung Toter Briefkästen und das regelmäßige Geheimschreibverfahren entfielen. Stattdessen trafen sich Schlicht und Baumann ein- bis zweimal im Monat in West-Berlin, um identische, mit einem Geheimfach versehene Aktentaschen auszutauschen. Zwischen Juli 1973 und Ende 1984 übernahm ein anderer Kurier Baumanns Aufgabe, und im Zeitraum vom 2. Mai 1985 bis zu 8. November 1989 übernahm der Oberstleutnant des SSD Werner Fleischhauer selbst die Kontakte zu Schlicht. Beide trafen sich 21mal in West-Berlin. Ein für den 14. Februar 1990 vereinbarter Treff ist wegen der Auflösung des Ministeriums für Staatssicherheit nicht mehr zustande gekommen.

Insgesamt hat Schlicht in der Zeit seiner geheimdienstlichen Tätigkeit an mindestens 340 konspirativen Zusammenkünften teilgenommen. Für die vorübergehende Aufbewahrung und den Transport des Materials beziehungsweise als Versteck für Fluchtgeld und Fluchtpapiere besaß er ständig mehrere mit einem Geheimfach ausgestattete Container, die ihm der SSD zur Verfügung gestellt hatte. Über verschiedene Deckadressen und konspirative Telefonnummern konnte der Agent zu jeder Zeit in Verbindung zu seiner Führungsstelle treten.

Bis zum Mauerbau im August 1961 lieferte Schlicht seinen Führungsoffizieren folgende Informationen :

Über Personalstruktur, Organisation und Arbeitsweise des UfJ teilte er in Form von Berichten, Originalunterlagen und Abschriften alles mit, wozu er Zugang hatte oder sich Zugang verschaffen konnte. Daneben fertigte er umfangreiche Charakteristika der hauptamtlichen UfJ-Mitarbeiter an und gab in Stimmungsberichten die Auffassung der UfJ-Angehörigen zu aktuellen politischen Ereignissen wieder. Aus eigenem Antrieb unterbreitete er seiner Führungsstelle wiederholt Vorschläge zu negativen Presseberichten über den UfJ.

Da der UfJ in der Zeit bis zum Mauerbau mit Bewohnern der DDR zusammenarbeitete, die in regelmäßigen Abständen über die dortigen Verhältnisse berichteten und anschließend wieder an ihre Heimatorte zurückkehrten, setzte der SSD alles daran, diese vermeintlichen und in Einzelfällen tatsächlichen Spione aufzuspüren und festzunehmen. Schlicht teilte deshalb seiner Führungsstelle alles mit, was er über die in der DDR tätigen UfJ-Informanten in Erfahrung bringen konnte: Vor- und Zunamen, etwaige Decknamen, Geburtsdatum, Wohnort, Arbeitsstelle, zuständige Sachbearbeiter des UfJ, Art und Dauer der Tätigkeit für den UfJ. Gelegentlich erstellte er auch umfangreiche Personenbeschreibungen in der Art eines Steckbriefes. Aufgrund dieser Berichte fiel es den Sicherheitsorganen der DDR leicht, die gesuchten Personen zu ermitteln. In allen Fällen waren drakonische Gefängnis- oder Zuchthausstrafen die Folge. Die genaue Zahl der UfJ-Informanten, die bis August 1961 von Schlicht denunziert worden sind, steht nicht fest. Es kam jedoch durch seine Schuld zu mindestens zehn Festnahmen.

Schlicht forschte das berufliche und persönliche Umfeld des UfJ-Abteilungsleiters Dr. Erwin Neumann aus und half dadurch bei der Vorbereitung von Neumanns Entführung in die DDR (siehe Kasten).

Bis zum Mauerbau nahmen täglich zahlreiche Besucher aus der DDR das Angebot einer kostenlosen Rechtsberatung durch den UfJ wahr und trugen ihre Anliegen vor, wobei viele ihre insgeheim gehegten Fluchtpläne offenbarten. Schlicht fertigte darüber Besuchervermerke an und leitete sie an seine Führungsoffiziere weiter, die die nachdrückliche Befragung, Überwachung oder Festnahme der Denunzierten nach deren Rückkehr in die DDR veranlassten. Allein im Zeitraum vom 18. März 1958 bis zum 28. Juli 1961 bezichtigte Schlicht mindestens 650 Besucher der „Vorbereitung zur Republikflucht".

Als Leiter der UfJ-Außenstelle in Berlin-Marienfelde hatte Schlicht ständig einen aktuellen Überblick über die Fluchtbewegungen aus der DDR. Er lieferte dem SSD monatlich Listen der registrierten Flüchtlinge, forschte auftragsgemäß nach dem Verbleib bestimmter Personen und befragte die bei ihm vorsprechenden Flüchtlinge gezielt nach DDR-Bürgern, die bei der Flucht behilflich gewesen waren oder selbst Fluchtabsichten hegten. Insgesamt erhielt der SSD von Schlicht Informationen zu Tausenden von Flüchtlingen.

Nach dem Mauerbau entfiel die Massenfluchtbewegung. Besucher aus der DDR blieben zwangsläufig aus und die noch in der DDR verbliebenen UfJ-Mitarbeiter bendeten ihre Tätigkeit. Götz Schlicht richtete deshalb zwischen August 1961 und September 1969 sein Hauptaugenmerk auf die Befragung der neu ankommenden Flüchtlinge, vor allem der „Sperrbrecher". (Darunter verstand man Personen, die an geeigneten Stellen mit List oder Gewalt die Grenzsperren der DDR überwunden hatten, um in den Westen zu flüchten.) Die in der UfJ-Außenstelle vertrauensvoll vorsprechenden ehemaligen DDR-Bürger forschte er hinsichtlich der näheren Umstände ihrer Flucht umfassend aus. Persönliche Anteilnahme heuchelnd erkundigte er sich auftragsgemäß nach weiteren Fluchtvorhaben. Die so gewonnenen Erkenntnisse übermittelte er umgehend seiner Führungsstelle. Darunter befanden sich auch zahlreiche Informationen über die von West-Berlin aus tätigen Fluchthilfeorganisationen. Es ist anzunehmen, dass Schlicht Hunderte von Fluchtvorhaben dem SSD offengelegt und somit vereitelt hat.

Im Februar 1967 veranlasste Schlicht die Festnahme einer Ost-Berliner Rentnerin, die er als Agentin des UfJ bezeichnete.

Nach seiner Übernahme als Angestellter in das Gesamtdeutsche Institut lieferte er ab Oktober 1969 Mitarbeiterlisten, Telefonverzeichnisse, Geschäftsverteilungs-, Stellenbesetzungs- und Organisationspläne, interne Hausmitteilungen, Presseerklärungen sowie Informationsschriften, die im Auftrag des Bundesministeriums für innerdeutsche Beziehungen hergestellt worden waren. Schlichts regelmäßige schriftliche Berichte enthielten Erläuterungen zur Arbeit des Gesamdeutschen Instituts und Dossiers über die Mitarbeiter. Ferner berichtete er über die Stimmungslage der Belegschaft im Zusammenhang mit aktuellen politischen Ereignissen. Auch weiterhin, wenn auch in geringerem Umfang als bisher, gelangte er an Informationen über Fluchthilfeorganisationen oder kam in Kontakt zu Besuchern des Instituts, die sich nach den Fluchtrisiken für Angehörige oder Freunde erkundigten, die die DDR ohne offizielle Genehmigung verlassen wollten. Auch dieses Wissen offenbarte er sofort dem SSD.

Im März 1972 machte Schlicht seiner Führungsstelle Mitteilung über eine undichte Stelle im Justizministerium der DDR. Mit Hilfe des von ihm gelieferten Materials ermittelte der SSD diesen Informanten des UfJ, verhaftete ihn am 11. Dezember 1973 und ließ ihn am 11. September 1975 vom Bezirksgericht Frankfurt/Oder wegen Spionage zu einer Freiheitsstrafe von 15 Jahren verurteilen. Der ehemalige Häftling stand der Anklagebehörde 1993 als Zeuge gegen Schlicht zur Verfügung.

Auch als Rentner blieb Schlicht in den 16 Jahren zwischen 1974 und 1989 ein reger Agent. Da er weiterhin über ein eigenes Büro im Dienstgebäude des Gesamtdeutschen Instituts verfügte, pflegte er einen regen Informationsaustausch mit den Mitarbeitern der einzelnen Referate. Dadurch konnte er dem SSD weiterhin über die aktuelle Organisations- und Personalstruktur sowie über Arbeitsvorhaben der Behörde berichten. Auftragsgemäß beteiligte er sich nun auch an der Arbeit wissenschaftlicher Gesellschaften, die von der Bundesregierung politisch und finanziell gefördert wurden, so die „Gesellschaft für Deutschlandforschung", die „Deutsche Sektion der Internationalen Juristenkommission" und der „Königsteiner Kreis". Schlicht nahm an deren Tagungen teil, trug die ihm zugänglichen Materialien zusammen und berichtete über die dort agierenden Personen.

Gegen Ende seiner Agentenlaufbahn machte sich Schlicht auf die Suche nach einem geeigneten Nachfolger. Er zog Erkundigungen über Mitarbeiter des Gesamtdeutschen Instituts ein, die nach seiner Auffassung für eine nachrichtendienstliche Zusammenarbeit in Betracht kamen, und legte dem SSD seine Rechercheergebnisse vor. Es gibt aber keine Anhaltspunkte dafür, dass seine Bemühungen erfolgreich waren.

Die fortlaufende Honorierung des Agenten entsprach seinen Leistungen. Insgesamt hat Schlicht vom SSD im Laufe von 32 Jahren mindestens 345.000 DM erhalten. Außerdem wurde in Ost-Berlin ein Konto für ihn geführt, das am 5. Dezember 1989 ein Guthaben in Höhe von 170.000 Mark der DDR aufwies. (Wo dieser Betrag 1990 verblieben ist, konnte nicht geklärt werden.) Allein die empfangenen Gelder ermöglichten Schlicht sowohl den Erwerb eines Eigenheimes in bevorzugter Lage als auch die Bildung eines beträchtlichen Vermögens. Die Hochschätzung des SSD für den Agenten Schlicht erkennt man auch daran, dass der beträchtliche Monatslohn selbst in den letzten zehn Jahren nicht herabgesetzt wurde, als der Wert seiner Lieferungen deutlich nachgelassen hatte.

Von SSD-Chef Erich Mielke ist Schlicht mit Auszeichnungen und Belobigungen überhäuft worden. Sie wurden ihm allerdings nie ausgehändigt, sondern nur gezeigt und dann wieder weggeschlossen. Hervorzuheben sind:

– Erinnerungsmedaille des Ministeriums für Staatssicherheit (1970)
– Ehrentitel Verdienter Mitarbeiter des Ministeriums für Staatssicherheit (1971)
– Kampforden für Verdienste um Volk und Vaterland in Gold (1983)
– Medaille für treue Dienste in der Nationalen Volksarmee in Gold (1983)
– Verdienstmedaille der DDR (1988).

In der Begründung für die zuletzt genannte Auszeichnung heißt es: „In den ersten Jahren seines Einsatzes hatte er maßgeblichen Anteil an der Zerschlagung der Feindzentrale ‚Untersuchungsausschuss freiheitlicher Juristen'. Auf der Grundlage seiner Informationen und mit seiner direkten Unterstützung wurden wirksame Aktionen gegen diese Feindeinrichtung durchgeführt. Ein besonderes Verdienst erwarb er sich bei der Entlarvung und Liquidierung von Agenten des UfJ in der DDR."

Götz Schlicht bei der Überreichung des Bundesverdienstkreuzes durch Bundespräsident Richard von Weizsäcker, 1991

Im Hinblick auf Orden hat man sich auch im Westen gegenüber Schlicht nicht lumpen lassen. Auf Vorschlag des Regierenden Bürgermeisters von Berlin wurde er unter Hervorhebung seines unermüdlichen und selbstlosen Einsatzes für die freiheitlich-demokratische Grundordnung am 12. Juli 1985 mit dem Verdienstkreuz am Bande und am 24. Oktober 1991 mit dem Verdienstkreuz Erster Klasse des Verdienstordens der Bundesrepublik Deutschland ausgezeichnet. Den zuletzt genannten Orden überreichte ihm der damalige Bundespräsident Richard von Weizsäcker persönlich im Schloss Bellevue.

Wenn man nach Schlichts Motiven für seine Agententätigkeit fragt, so sind sie mit den Worten „Erpressung“ und „Geld“ auf keinen Fall vollständig benannt. Vor allem mit der anfänglichen Erpressung ist die 32 Jahre dauernde Spionagetätigkeit Schlichts überhaupt nicht zu erklären. Die hohen Geldzahlungen haben ihn dagegen ganz bestimmt stark motiviert. Auch einer seiner Führungsoffiziere hat in einer Beurteilung hervorgehoben, dass Schlichts „materielle Interessiertheit eine motivbildende Säule darstellt“. Entscheidend für Schlichts denunziatorische Energie war jedoch etwas anderes – es wird in der Diktion seiner Originalmeldungen an den SSD deutlich, die 1993 nach seiner Entlarvung auch in der Presse wiedergegeben worden sind:

– Die Lehrerin [folgt Name und Geburtstag] ist von Dresden nach MF gereist. Sie will in Nürnberg den Studenten und Verlobten [folgt Name, Geburtstag, Anschrift] heiraten, der auch die Reise eingeleitet hat. …

– Die Krankenschwester [folgt Name und Geburtstag] ist von Oberwiesenthal in die CSSR gegangen, dort unten im Tal gegen 17 Uhr von ihrem Verlobten [folgt Name, Geburtstag] in Empfang genommen und noch am selben Tag im eigenen Pkw versteckt bei Cheb in die BRD gebracht worden. …

– Der in der BRD wohnhafte [Name, Geburtstag, Anschrift] will die Studentin [Name, Geburtstag, Anschrift] aus Leipzig heiraten. Wie bekommt man die Braut nach dem Westen, will er wissen. („gar nicht“ – fügte Schlicht am Schluss der Meldung in Klammern hinzu.)

– Aus Erfurt will der Fischhändler [Name, Geburtstag] flüchten. Sein bester Freund, der im FDGB-Zentralvorstand arbeitet, will ihm bei der Flucht behilflich sein.

– Alfred [Familienname, Geburtstag, Anschrift] ist Rentner und hat die Absicht 15.000 bis 20.000 Mark von seinem Konto abzuheben, um republikflüchtig zu werden.

Aus den elf Aktenordnern, die beim Bundesbeauftragten für die Unterlagen des SSD in der ehemaligen DDR über Schlicht vorliegen, könnte man seitenweise weitere Meldungen dieser Art zitieren. Erfuhr er von Festnahmen, zu denen er beigetragen hatte, reagierte er stets hocherfreut. Berichte, in denen er Fluchtpläne von DDR-Bürgern offenbarte, versah er mit Zusätzen wie: „Hoffe auf viel Freude beim Verzehr der leckeren Sachen“ oder „… hoffe, dass sie gut lesbar sind und ihr weiterer Inhalt etwas Freude ausgelöst hat. Guten Appetit!“

Schlicht bereitete es Vergnügen, unerkannt böse zu sein. Hierin und in seiner Geldgier lag die eigentliche Motivation seines Handelns. Eine politische Überzeugung oder so etwas wie ein Gewissen hat er nie gehabt. Wem er sich überhaupt menschlich verbunden fühlte, ist seinen Kollegen immer verborgen geblieben. Zu seinen zuletzt neun Kindern verhielt er sich nach eigenen Angaben „distanziert".

Nach der Aufdeckung seiner Taten im Dezember 1992 verweigerte Schlicht vor den Untersuchungsbehörden jede Aussage zur Sache, gab jedoch in der Presse und im Fernsehen bereitwillig Interviews, in denen er sich zu seiner Spionagetätigkeit bekannte. Fragen, die er nicht beantworten wollte, blockte er unter Hinweis auf seine Schwerhörigkeit ab. Noch im Sommer 1993 hatten die Journalisten sowie seine ehemaligen Kollegen aus dem Gesamtdeutschen Institut nicht den Eindruck, einen gebrechlichen Greis vor sich zu haben. Allerdings gab er seiner Hoffnung Ausdruck, dass die Justiz ihm nichts mehr anhaben könne. So war es dann auch. Nach Fertigstellung der Anklageschrift entschied das zuständige Gericht auf der Grundlage eines medizinischen Gutachtens, dass Götz Schlicht aus gesundheitlichen Gründen auf Dauer verhandlungsunfähig sei.

Deshalb endet die böse Geschichte wie im Märchen. Weil er nie rechtskräftig verurteilt worden ist, konnte der Agentenlohn nicht aus seinem Vermögen entnommen und beschlagnahmt werden. Aus dem gleichen Grund konnten nicht einmal die beiden Bundesverdienstkreuze zurückgefordert werden, die ihm 1985 und 1991 verliehen worden waren. Und wenn er nicht inzwischen gestorben ist, so lebt er heute noch in Frieden und Freiheit.

Hinweise

Bailey: Die unsichtbare Front, S. 159-171 / Fricke: Ein Mann namens Linse / Fricke über Walter Linse in: Deutschland Archiv 1996/5/713-717 sowie 1996/6/917-919 / Kühn über Erwin Neumann in: Deutschland Archiv 2000/6/914-922 / Knabe: Die unterwanderte Republik, S. 373, 388, 397 f., 530/ Frankfurter Rundschau, 9. 12. 1992 / Criminal-Digest, Mai/Juni-Heft 1993, S. 161 ff. / ARD Tagesthemen, 4. 8. 1993 (Mitschnittprotokoll) / Bild-Zeitung, Ausgabe Berlin, 5. 8. und 9. 8. 1993 / Frankfurter Allgemeine Zeitung, 6. 8. 1993 / Kölner Stadt-Anzeiger, 7. 8. und 9. 11. 1993 / Die Zeit, 12. 8. 1993 / Super Illu, 19. 8. 1993 / Der Spiegel 1993/32/20 f. /

Pressemitteilung des Generalbundesanwalts vom 8. 11. 1993 / Anklageschrift des Generalbundesanwalts beim Bundesgerichtshof in Karlsruhe vom 15. 10. 1993

Von Doppelagenten und vom Rechtsstaat

Oberamtsrat Klaus Kuron, beschäftigt in der Abteilung Spionageabwehr des Bundesamtes für Verfassungsschutz, stellte irgendwann im Jahr 1981 fest, dass sein Nettoeinkommen von 4.123 DM monatlich weit unter seinen finanziellen Bedürfnissen lag. Er hatte vier Söhne, die alle studieren sollten, und musste hohe Raten für die Abzahlung seines Hauses aufbringen. Gemeinsam mit seiner Ehefrau kam er zu dem Entschluss, sein Einkommen zu verdoppeln. Beide wussten auch wie: durch Spionage für die Stasi, der sich Kuron selbst anbot. Dazu schrieb er anonyme Briefe über die Ständige Vertretung der DDR in Bonn an die Hauptverwaltung Aufklärung (HVA), die die Auslandsspionage betrieb, und ließ darin erkennen, dass er ein Profi war, der über wertvolle Erkenntnisse verfügte.

Nach Auslandstreffen in Brüssel und Wien mit ranghohen Offizieren der Stasi kam es im Oktober 1982 in Dresden zur entscheidenden Zusammenkunft mit Markus Wolf, der inzwischen wusste, dass Kuron alle Stasispione kannte, die vom Bundesamt für Verfassungsschutz „umgedreht" worden waren, das heißt, auch für den Westen arbeiteten. Deshalb akzeptierte Wolf Kurons Bedingungen sofort, darunter die Zahlung eines monatlichen Nettogehaltes in Höhe seiner derzeitigen Nettobezüge und eine Anfangszahlung in Höhe des dreifachen Jahresnettogehalts. Kuron lieferte dafür unter anderem die Namen der Doppelagenten und ließ sich im Interesse seiner eigenen Sicherheit zusagen, dass die DDR-Behörden gegen diese Personen nicht mit Strafmaßnahmen vorgehen würden. Selbstverständlich versprach ihm Markus Wolf das und hielt sich bis Ende August 1985 sogar daran.

Unter den von Kuron Preisgegebenen befand sich ein Mann, der **Horst Garau** hieß, als Schulrat in Cottbus amtierte, mit dem Ehepaar Honecker privat bekannt war, zu wissenschaftlichen Kongressen und aus anderen Anlässen ins westliche Ausland fahren durfte und dabei auch Kurierauftäge der Stasi erledigte. Seit 1976 stand Garau mit dem Bundesamt für Verfassungsschutz in Verbindung und gab der Behörde Informationen, denn er wollte bei passender Gelegenheit zusammen mit seiner Ehefrau in den Westen flüchten.

Das war der Stand der Dinge, als Kurons Vorgesetzter beim Verfassungsschutz, Regierungsdirektor Hans Joachim Tiedge, am 19. August 1985 in die DDR flüchtete. Die Nachricht schlug in der Öffentlichkeit wie eine Bombe ein und war von niemand vorausgesehen worden, von

Tiedges Vorgesetzten nicht und von der Stasi auch nicht. Der alkoholsüchtige, hoffnungslos verschuldete und von familiären Schwierigkeiten geplagte Beamte hatte nur noch die Möglichkeit gesehen, sich entweder umzubringen oder überzulaufen.

Horst Garau,
Aufnahme ca. 1980

Er wurde von der Stasi mit offenen Armen aufgenommen, verriet systematisch alles, was er wusste und wurde fürstlich dafür belohnt. Er erhielt eine voll eingerichtete Villa in Berlin-Karolinenhof. Allein das Wohnzimmer hatte 60 Quadratmeter. Die Stasi ließ ihn von seiner Alkoholsucht heilen, vermittelte ihm eine Ehefrau sowie einen Doktortitel und transferierte ihn 1990 nach Russland, wo er heute noch lebt.

Wesentliche Neuigkeiten hat die Stasi von Tiedge nicht erfahren, weil Kuron bereits alles Wissenswerte verraten hatte und laufend weitere Informationen lieferte. Das wusste aber Tiedge nicht, und das Bundesamt für Verfassungsschutz auch nicht. Viel wichtiger für die Stasi war, dass sie nun ungehemmt gegen die ihr bekannten Doppelagenten vorgehen konnte, denn Fachleute und Öffentlichkeit im Westen mussten deren Verhaftung und Verurteilung ausschließlich auf Tiedges Verrat zurückführen und Kuron konnte ungefährdet weitermachen.

Fünf Tage nach Tiedges Übertritt wurden Horst Garau und seine Ehefrau Gerlinde verhaftet. Das Militärobergericht der DDR in Berlin verurteilte ihn im Dezember 1986 wegen Spionage zu lebenslänglicher Haft und sie zu einer Haftstrafe von dreieinhalb Jahren. Zu diesem Zeitpunkt war Horst Garau 47 Jahre alt, ein gesunder, hochgewachsener und gut aussehender Mann. Zur Strafverbüßung wurde er in die berüchtigtste Strafanstalt der DDR, Bautzen II, eingeliefert.

Gerlinde Garau wurde nach einiger Zeit aus gesundheitlichen Gründen vorzeitig aus der Haft entlassen. Sie war selbst nach den strengen DDR-Maßstäben für haftunfähig erklärt worden und durfte von nun an in jedem zweiten Monat einmal ihren Mann in Bautzen besuchen. Am 6. Juli 1988 schrieb er ihr einen Brief, in dem es heißt: „Sei nicht traurig, bleibe zuversichtlich. Eines Tages werden wir wieder zusammen sein. Ich will durchhalten."

Doch sechs Tage später, am 12. Juli 1988, war Horst Garau tot. Ein Militärstaatsanwalt teilte der Witwe mündlich mit: „Ihr Mann hat Selbstmord verübt. Er hat sich mit einer Decke in seiner Zelle erhängt.“ Einen Totenschein und einen Obduktionsbericht erhielt Gerlinde Garau nicht. Zur Beerdigung war die Einladung von Trauergästen und der Druck von Todesanzeigen verboten. Das war der amtliche Stand der Dinge bis zur Wende in der DDR im November 1989. Von nun an zog langsam aber sicher auch in diesen Teil Deutschlands der Rechtsstaat ein, von dem zwar alle wissen, dass sein Abstand zur Gerechtigkeit enorm sein kann, aber von dem zumindest die Juristen annehmen, dass er eine verlässliche Ordnung garantiert.

Am 23. Mai 1990 wandte sich Gerlinde Garau an die Zentrale Erfassungsstelle für DDR-Verbrechen in Salzgitter und schilderte dort bemerkenswerte Wahrnehmungen, die den Schluss zuließen, dass ein Selbstmord von Horst Garau ziemlich unwahrscheinlich war, dagegen Körperverletzung mit Todesfolge, Totschlag oder sogar Mord durchaus im Bereich der Möglichkeiten lagen. Außerdem ließen viele Zeitungen sie zu Wort kommen und griffen ihre Beschuldigungen auf.

Sie machte geltend, dass es in Zellen, in denen ihr Mann in Bautzen untergebracht war, überhaupt keine Möglichkeit zum Selbstmord gab – eine Behauptung, die Kenner der Verhältnisse bestätigten. Nach dem Tod ihres Mannes durfte sie den Leichnam noch einmal sehen und erinnerte sich so: „Mein Mann lag in der Gerichtsmedizin von Dresden. Sein Körper war mit einem weißen Laken bedeckt. Ich zog es zur Seite, gegen den Widerstand der Stasi-Aufpasser. Am Hals waren keine Würgemale, also konnte er sich nicht aufgehängt haben. Aber seine rechte Gesichtshälfte war blutig unterlaufen. Und hinter dem Ohr war eine frische Narbe, zehn Zentimeter lang.“

Ein Mithäftling von Garau, Jürgen Rybicki, der in Bautzen als Kalfaktor arbeitete, erklärte am 29. Mai 1991: „Horst Garau, zu lebenslanger Haft verurteilt, wurde von mir und einem Mithäftling, dem Arzt Dr. Frank B., morgens um halb sieben im Sommer 1986 tot in seinem Bett aufgefunden. Seine Arme und Hände waren voller angetrocknetem Blut. Am Abend zuvor hatte der leitende Wachtmeister … von mir Rasierzeug für einen Häftling verlangt. Ich sah, wie er in die Zelle von Horst Garau ging und bald ohne das Rasierzeug wieder herauskam. Ich sagte ihm, Rasur ohne Aufsicht sei bei Horst Garau verboten. Als Todesursache wurde den Angehörigen mitgeteilt: Tod durch Erhängen. – Eine Lüge.“

Der ehemalige Aufseher Christian Jahn, der in der Haftanstalt Bautzen II Dienst getan hat, erklärte am 15. Juli 1993 in einer Boulevardzeitung: „An Selbstmord glaube ich nicht. Garau hat sich mit der Stasi angelegt. Der hat doch zuviel geplappert – das kann Konsequenzen haben. Aber ich habe damit nichts zu tun – ich bin verpflichtet zu schweigen."

Doch lassen wir die Presseerklärungen, die keinesfalls mit gerichtlichen Beweiserhebungen gleichzusetzen sind, erst einmal auf sich beruhen und stellen wir fest, was die Justiz inzwischen getan hat. Sie hat sich ab Oktober 1990 zunächst Klaus Kuron vorgenommen und ihn 1992 nach einer langen Hauptverhandlung, in der der Fall Garau ausführlich thematisiert worden ist, zu zwölf Jahren Haft und Verfall des Agentenlohnes in Höhe von 692.000 DM verurteilt. Kuron hat knapp sechs Jahre abgesessen, wurde auf Bewährung (!) entlassen, lebt heute von Sozialhilfe, aber in seinem eigenen Haus, und ist, nach den neuesten Fernsehbildern zu urteilen, gesund und munter.

Hansjoachim Tiedge, für die deutsche Justiz unerreichbar in Moskau, ist ebenfalls wohlauf, lässt sich hin und wieder von deutschen Korrespondenten interviewen und hat inzwischen seine Memoiren geschrieben, nach deren Lektüre man sich nur noch ekelt. Dank einiger Gesetzeslücken hat er gute Aussichten, ab 2002 auch in Moskau seine Beamtenpension vom deutschen Steuerzahler zu erhalten.

Markus Wolf stand mehrfach vor Gericht und ist am 27. Mai 1997 rechtskräftig zu zwei Jahren Freiheitsstrafe auf Bewährung (!) und zu einer Geldbuße von 50.000 DM verurteilt worden, allerdings nicht wegen Spionage, sondern wegen Freiheitsberaubung, Nötigung und dergleichen. Er schreibt Bücher, plaudert in Talkshows und fährt in den Skiurlaub. Es geht ihm gut. Der Fall Garau ist in seinem Prozess von 1993 erörtert worden, hat bei der Urteilsfindung aber keine Rolle gespielt.

Der Letztverantwortliche für alle Stasi-Aktivitäten – auch in Bautzen II –, der ehemalige Minister für Staatssicherheit Erich Mielke, ist wegen seiner Taten nach 1945 nie vor Gericht gestellt worden, weil er als haft- und verhandlungsunfähig galt. Am 28. Dezember 1997 feierte er im trauten Familienkreis seinen 90. Geburtstag. Bis zu seinem Tod am 22. Mai 2000 lebte er ruhig und friedlich als Rentner in Berlin.

Folglich ist alles in schönster Rechtsordnung – bis auf den Fall Garau. Wie ist er gestorben? Da keine Presseberichte zu finden waren, aus denen man etwas über weitere Untersuchungen des Sachverhaltes entnehmen konnte, musste man von der Einstellung des Verfahrens ausgehen. Deshalb konnte nur eine Anfrage an das Landgericht Berlin weiterhelfen. Es war nach der Wende für kapitale politisch motivierte Straftaten aus der DDR-Zeit zuständig, weil die Justiz in den neuen Bundesländern noch nicht voll funktionsfähig war.

Am 1. März 1999 bat ich um die Zusendung der Begründung für die Einstellung des Ermittlungsverfahrens, aus der hervorgeht, warum nicht weiter verfolgt wird, ob Garau durch Fremdeinwirkung oder durch Selbstmord gestorben ist. Die Antwort der zuständigen Staatsanwaltschaft I beim Landgericht Berlin bestand aus diesem Satz: „Ein Spionagefall Gerau ist hier nicht bekannt, so dass ich Ihr Anliegen leider nicht näher überprüfen kann."

Na gut. Irrtümer sind in jeder Verwaltung möglich. Deshalb schrieb ich noch einmal an den zuständigen Herrn Oberstaatsanwalt, machte auf den Schreibfehler aufmerksam und erläuterte außerdem, wer Garau war, erwähnte die Erklärungen von Gerlinde Garau, Rybicki und Jahn mit genauen Fundstellen und bat nochmals um den Einstellungsbeschluss mit Begründung. Im Antwortschreiben vom 30. März 1999 heißt es:

„Auf Ihr Schreiben vom 22. März 1999 teile ich Ihnen mit, dass hier keine einschlägigen Vorgänge archiviert sind. Wie ich Ihrem Schreiben entnehme, ist Garau vom Militärobergericht verurteilt worden. Daraus ergibt sich, dass die damaligen zivilen Strafverfolgungsbehörden in Berlin (Ost), deren Aktenbestand hier übernommen wurde, nicht mit dem Fall befasst waren. Die Register und Akten der Militärjustiz der DDR befinden sich im Bundesarchiv-Militärarchiv. ... Sie sollten sich dahin wenden. ..."

Im Klartext kann das doch nur heißen, dass nach der Wende im Todesfall Garau überhaupt nicht mehr ermittelt worden ist, denn Spionageprozesse dieser Art fanden in der DDR stets vor Militärgerichten statt, wenn der Angeklagte in besonderer Weise von der Stasi verpflichtet worden war. Hinzu kommt, dass der Todesfall Garau kein singuläres Ereignis in Bautzen II war.

Am 9. März 1982 starb dort der Doppelagent Dieter Vogel, der sich im Auftrag der amerikanischen CIA der Stasi als Mitarbeiter angeboten hatte, angeblich durch Selbstmord. Sachkenner im Westen haben dagegen Mord nie ausgeschlossen. Am 12. Oktober 1987 starb Armin Raufeisen, ein ehemaliger Stasi-Agent, der im Januar 1979, um seiner Verhaftung zu entgehen, aus der Bundesrepublik Deutschland in die DDR geflohen war. Im September 1981 verurteilte ihn das Militärobergericht der DDR wegen landesverräterischer Agententätigkeit im schweren Fall und versuchter Republikflucht zu lebenslanger Haft. Von ihm war bekannt, dass er aus Unzufriedenheit mit den Lebensverhältnissen in der DDR wieder in den Westen zurückkehren wollte. Die Ehefrau behauptet, dass er nach der Beibringung von Gift schwer krank geworden und schließlich im Haftkrankenhaus Leipzig-Meusdorf gestorben sei.

Von Recht im Sinne von Gerechtigkeit soll hier gar nicht geredet werden, aber ist es denn rechtsstaatlich in Ordnung, dass angesichts des dargestellten Sachverhaltes im Todesfall Garau nach 1990 vermutlich überhaupt nichts mehr unternommen worden ist? Schließlich kann es sich doch um Mord handeln, und dieses Delikt verjährt nicht.

Hinweise

Kölnische Rundschau, 30. 5. 1990 / Bunte, 2. 8. 1990 / Quick, 26. 9. 1991 / Der Spiegel 1991/40/24 / Stern, 29. 5. 1991 und 12. 9. 1991 / Bild-Zeitung (Berlin), 15. 7. 1993

Nachwort

In diesem Buch ist nicht generell von nachrichtendienstlicher Arbeit die Rede, zu der, besonders in der heutigen Zeit, auch Sabotageakte, Entführungen, illegale Verhöre, Terrorismus, Tötungsdelikte und verdeckte Kriegshandlungen gehören, sondern lediglich von Spionage. Folglich gilt meine Aufmerksamkeit nur Personen, die im Auftrag eines souveränen Herrschers oder eines Nachrichtendienstes illegal Geheimnisse gegnerischer Mächte ausgespäht und geliefert oder gezielt Desinformationen verbreitet haben.

Bereits im Vorwort habe ich darauf hingewiesen, dass ich die Namen und verfügbaren Daten von 2.100 Personen karteimäßig festgehalten habe, die vom ausgehenden 17. bis zum Ende des 20. Jahrhunderts als Spioninnen oder Spione tätig geworden sind (Tab. 1). Niemand hat bisher die Gesamtzahl der Menschen feststellen können, die im genannten Zeitraum Spionage getrieben haben. Auch die Dunkelziffer der unentdeckt gebliebenen Spione ist nicht abschätzbar. Trotzdem gehe ich angesichts der von mir erfassten großen Personenzahl davon aus, dass die nachfolgenden Statistiken in Verbindung mit meinen ebenfalls bereits erwähnten Archivunterlagen einige Verallgemeinerungen zulassen.

Die insgesamt 2100 männlichen und weiblichen Spione agierten in folgenden Zeiträumen								
	vor 1800	1800-71	1872-1914	1914-18	1919-32	1933-45	1945-91	Zusammen
Männer	20	8	68	69	52	365	1185	1767
Frauen	4	4	7	24	3	89	202	333
Zusammen	24	12	75	93	55	454	1387	2100

Tabelle 1

Frauen als Spioninnen

Auch Frauen haben zu allen Zeiten und und unter den verschiedensten gesellschaftlichen Bedingungen spioniert. Deshalb ist die Schlussfolgerung erlaubt, dass ihre Beteiligung an dieser Tätigkeit unverzichtbar gewesen sein muss. Offensichtlich beziehen Frauen, wenn sie geheime Tatbestände ermitteln, andere Kategorien in ihr Denken und Handeln ein als Männer und lassen sich dabei auch stark von gefühlsmäßigen Intuitionen und nicht nur von der formalen Logik leiten.

Jeder, der die Arbeit von Kriminalpolizisten oder Warenhausdetektiven kennt, weiß, wie wichtig die Ermittlungstätigkeit von Frauen ist und wie sehr es auf die Zusammenarbeit von Männern und Frauen in diesen

Berufen ankommt. (Eine plastische Vorstellung davon, wie eine gute weibliche Ermittlungsbeamtin denkt, vermittelt der 1969 in Frankreich und Italien gedrehte Film „Der Kommissar und sein Lockvogel" mit Marlène Jobert und Lino Ventura in den Hauptrollen. Darin wird gezeigt, wie wesentlich die Ideen und die Denkrichtungen einer Frau dazu beitragen, in Paris einen untergetauchten Belastungszeugen zu ermitteln, der sich aus Angst verbirgt, obwohl seine Aussage in einem Mordprozess dringend benötigt wird.)

Doch zurück zu den Spioninnen. Mehr als den Tatbestand, dass es sie schon immer genau so wie die männlichen Spione gab, sagt die Statistik nicht aus. Nur wenn man sich die Einzelfälle ansieht, stellt man fest, dass Frauen, die selbstständig arbeiteten und nicht als untergeordnete Partnerinnen von Männern tätig waren, oft zu den Spitzenkräften der Branche gehörten. (Beispiele sind die im Buch dargetellten Agentinnen Cynthia und Sonja.) Andererseits spielten Frauen als Lebenspartnerinnen und mitarbeitende Kameradinnen männlicher Spione in vielen Fällen eine entscheidende Rolle. Ihre Hintergrundarbeit ermöglichte erst die Erfolge der jeweiligen Partner. (Beispiele in diesem Buch sind Waltraud Lotz, Christel Guillaume, aber auch die Ehefrau von Kübel-Achim.)

Eine prozentuale Berechnung des Frauenanteils, die aufgrund der Daten in Tabelle 1 möglich ist, ergibt dagegen keinen Sinn und würde zu Fehlschlüssen führen, wenn man die Prozentzahlen verallgemeinert. Das hat folgende Gründe:

Schwierig ist oft die Unterscheidung, ob eine Frau (strafbare) Mittäterin oder lediglich (straflose) Mitwisserin ihres Partners gewesen ist. Gerade in Prozessen, die nach rechtsstaatlichen Kategorien ablaufen, ist das für Anklagebehörde, Gericht und Verteidigung nicht immer erkennbar. Ein Mann, der zwanzig bis dreißig Jahre mit derselben Frau zusammenlebt und in dieser Zeit geheimdienstlich tätig ist, steht unter dem Zwang, seine Partnerin einzuweihen. Wer dauernd merkwürdige Telefonanrufe und Besuche erhält, plötzlich das Haus verlässt oder verreist, gemeinsam verabredete Urlaubstermine nicht einhält und sich nachts mit stundenlangen Schreibarbeiten oder der Entwicklung von Filmen beschäftigt, muss sich irgendwann erklären und um Verständnis oder Unterstützung bitten. Ob eine Ehefrau oder Lebensgefährtin in einem so langen Zeitraum schließlich auch zur Mittäterin wird, bleibt für Außenstehende meist zweifelhaft. Gerichte in Rechtsstaaten ordnen spionageverdächtige Frauen deshalb oft nur als Mitwisserinnen ein, wenn nicht sehr klare Beweise für Mittäterschaft vorliegen..

Nationalsozialisten und Kommunisten teilten die in rechtsstaatlichen Systemen geltende Vorstellung nicht, dass eine Ehefrau oder Verlobte in jedem Fall ein Zeugnisverweigerungsrecht hat. Sie erwarteten vielmehr von den Frauen, dass sie ein staatsfeindliches Delikt unverzüglich anzeigen, das ihre Partner begangen haben oder erst begehen wollen. Entsprechend verhielten sich die Untersuchungsorgane und Gerichte in diesen Diktaturen, die in der Regel Mittäterschaft und Mitwisserschaft gleichsetzten. So erschienen in den Jahren 1970–1989 immer wieder Zeitungsmeldungen wie die folgende aus der „Stuttgarter Zeitung" vom 8. Februar 1983:

„Ehepaar wegen Spionage in der DDR verurteilt.

Zu einer lebenslänglichen beziehungsweise einer sechsjährigen Freiheitsstrafe hat am Montag das Militärobergericht in Ostberlin ein Ehepaar aus der Bundesrepublik wegen Spionage verurteilt. Nach Angaben der DDR-Nachrichtenagentur ADN wurde dem Mann, dessen Name mit Heinz Jonsek angegeben wurde, Spionagetätigkeit für den USA-Geheimdienst in einem ‚besonders schweren Fall' vorgeworfen. Er habe sich zusammen mit seiner Ehefrau Lore an ‚schwerwiegenden subversiven Angriffen gegen die DDR und andere sozialistische Staaten' beteiligt. Der Mann sei als Vermittler und Empfänger nachrichtendienstlicher Informationen aus sozialistischen Ländern intensiv tätig gewesen, hieß es bei ADN."

Falls man in derartigen Fällen heute Recherchen über die Mittäter- oder Mitwisserschaft der Ehefrau anstellen will, stößt man an die undurchdringliche Schweigemauer von CIA, Bundesnachrichtendienst (BND), Bundesamt für Verfassungsschutz (BfV) und dem Bundesbeauftragten für die Unterlagen des SSD der ehemaligen DDR (BStU). Denn fragt man jetzt, nachdem die Verurteilten längst wieder in Freiheit sind und der ganze Fall obsolet geworden ist, bei diesen Institutionen nach den Hintergründen des Falles, so erhält man bestenfalls die Auskunft, dass man nichts mitteilen könne, ohne weiterhin geheim zu haltende Arbeitsmethoden offen zu legen. Fragt man ehemals Betroffene selbst, so geben sie meist ebenfalls keine klaren Antworten, weil sie aufgrund von mehrjähriger Haft, Gesundheitsschäden und Arbeitslosigkeit nach wie vor auf die Unterstützung ihres ehemaligen Nachrichtendienstes angewiesen sind.

Der Anteil von Frauen an der geheimdienstlichen Arbeit wurde auch davon beeinflusst, dass bestimmte Geheimdienste, die viele Agenten beschäftigten, die Mitarbeit von Spioninnen ablehnten oder nur in sehr geringem Ausmaß akzeptierten. Das gilt beispielsweise für den österreichischen Geheimdienst vor dem Ersten Weltkrieg. Sein damaliger Leiter, Max Ronge, gab das in seinen Memoiren auch unverhohlen zu:

„Bei uns war die Nichtverwendung von Frauen wenigstens im Frieden – vielleicht schon aus dem Grunde der Geldknappheit – traditionell, weil man Frauenaffären, die bei minderen Frauenzimmern kaum zu vermeiden waren, fürchtete. Höherstehende Frauen kamen mangels militärischer Kenntnisse, welche keine mit den Kosten einer solchen Akquisition im Verhältnis stehende Ergebnisse erwarten ließen, eher für den politischen Nachrichtendienst in Betracht."[1]

Folglich sagt eine Prozentrechnung auch nichts über die generelle Bereitschaft von Frauen zur Spionagetätigkeit aus. Ob und inwieweit sie andere Motive hatten als Männer, wird weiter unten noch zu erörtern sein.

Einfluss der Nationalität oder der Staatsangehörigkeit auf die Motivation

Von den 2.100 Personen, deren Daten zur Verfügung stehen, stammen 2.087 aus Staaten oder Nationen, die von der abendländischen Kultur geprägt worden sind. Folglich lässt das vorliegende Material nur Schlüsse auf die Motive europäischer und amerikanischer Spione zu. Ob sich Spione aus dem Vorderen Orient, Afrika oder Asien von anderen Motiven leiten lassen, müsste gesondert untersucht werden. Die hier vorhandenen Daten von 13 Personen reichen für Schlussfolgerungen nicht aus.

Die Spione in den einzelnen Geheimdiensten

Vergleicht man Tabelle 2 und 3 miteinander, so stellt man fest, dass sich die einzelnen Zahlen überhaupt nicht decken. So arbeiteten 181 Bürger der USA als Spione (Tab. 2), aber nur 141 Personen (die meist keine US-Bürger waren) arbeiteten für Spionagedienste der USA (Tab. 3). 319 Bürger der Sowjetunion wurden als Spione festgestellt (Tab. 2), aber 642 Personen arbeiteten als sowjetische Spione (Tab. 3). Für das Deutsche Reich zwischen 1872 und 1945 waren 198 Spione tätig (Tab. 3). Im gleichen Zeitraum wurden 247 Deutsche als Spione festgestellt (Tab. 2).

Die Zahlen sind deshalb so unterschiedlich, weil alle Geheimdienste bestrebt sind, möglichst Bürger des Staates als Agenten zu gewinnen, der ausspioniert werden soll. Bürger des eigenen Staates werden seltener angeworben. Sie fallen im Ausland meist auf, weil sie die Landessprache oft nur unvollkommen beherrschen oder die Sitten und Gebräuche nicht genau kennen.

Staatsangehörigkeit oder Nationalität der Spione in den einzelnen Zeiträumen								
Name	Zus.	vor 1800	1800-71	1872-1914	1914-18	1919-32	1933-45	1945-91
Ägypten	3	0	0	0	0	0	1	2
Albanische Nat.	1	0	0	0	0	0	1	0
Argentinien	1	0	0	0	1	0	0	0
Bulgarien	7	0	0	0	0	0	0	7
Chile	1	0	0	0	0	0	0	1
Costa Rica	1	0	0	0	0	0	0	1
Dänemark	6	0	0	0	0	0	0	6
Deutsch/Öster.Nat.	47	0	1	26	7	3	10	0
Deutsche Nat.	1026	4	2	4	13	15	215	773
Finnland	5	0	0	1	0	0	1	3
Flämische Nat.	30	1	0	0	8	8	10	3
Französische N.	84	4	0	0	21	0	35	24
Ghana	1	0	0	0	0	0	0	1
Griechenland	1	0	0	0	1	0	0	0
Großbritannien	78	4	2	1	2	9	26	34
Indien	2	0	0	0	0	0	2	0
Irak	2	0	0	0	0	0	2	0
Iran	2	0	0	0	0	0	0	2
Irland	9	0	0	0	1	1	7	0
Island	1	0	0	0	0	0	0	1
Israel	15	0	0	0	0	0	0	15
Italienische Nat.	30	2	0	10	5	2	1	10
Kanada	8	0	0	0	1	0	2	5
Kolumbien	1	0	0	0	0	0	0	1
Kuba	2	0	0	0	0	0	0	2
Mexiko	2	0	0	0	2	0	0	0
Neuseeland	1	0	0	0	0	0	0	1
Nicaragua	1	0	0	0	0	0	0	1
Norwegen	7	0	0	0	0	0	3	4
Österreich	8	0	0	0	0	0	0	8
Peru	1	0	0	0	0	0	0	1
Polnische Nat.	72	0	0	11	2	6	24	29
Rumänien	15	0	0	0	8	0	0	7
Russische N.	14	0	0	10	4	0	0	0
Schweden	10	0	0	0	0	0	3	7
Schweiz	13	0	0	0	1	1	6	5
Serbische Nat.	3	1	0	0	0	0	2	0
Slowenische Nat.	1	0	0	0	1	0	0	0
Sowjetunion	319	0	0	0	1	8	43	267
Spanien	4	0	0	1	3	0	0	0
Südafrika	4	0	0	0	0	0	1	3
Tsche.u.slow.Nat.	54	0	0	8	4	0	11	31
Türkei	2	0	0	0	0	0	0	2
Ukrainische Nat.	6	0	0	0	6	0	0	0
Ungarn	17	0	0	2	0	0	6	9
USA	181	8	7	1	1	2	42	120
Vatikanstaat	1	0	0	0	0	0	0	1
	2100	24	12	75	93	55	454	1387

Tabelle 2

Die Spione agierten in den einzelnen Zeiträumen für folgende Staaten oder Organisationen								
Name	Zus.	vor 1800	1800-71	1872-1914	1914-18	1919-32	1933-45	1945-91
Ägypten	3	0	0	0	0	0	0	3
Australien	2	0	0	0	0	0	0	2
Belgien	3	0	0	0	2	0	0	1
Bulgarien	9	0	0	0	0	0	0	9
Bundesr. Deutschl.	102	0	0	0	0	0	0	102
Chile	1	0	0	0	0	0	0	1
China	1	0	0	0	0	0	0	1
Dänemark	3	0	0	0	0	0	0	3
Deut.Dem.Rep.	556	0	0	0	0	0	0	556
Deutsches Reich	198	0	0	2	18	7	171	0
Frankreich	44	4	1	2	9	15	5	8
Ghana	2	0	0	0	0	0	0	2
Griechenland	1	0	0	0	0	0	0	1
Großbritannien	119	10	2	1	10	6	63	27
IRA Nordirland	1	0	0	0	0	0	1	0
Irak	2	0	0	0	0	0	0	2
Iran	1	0	0	0	0	0	0	1
Island	1	0	0	0	0	0	0	1
Israel	11	0	0	0	0	0	0	11
Italien	21	0	0	8	9	0	1	3
Japan	3	0	0	0	0	1	2	0
Kamerun	1	0	0	0	0	0	0	1
Kanada	2	0	0	0	0	0	0	2
Lybien	2	0	0	0	0	0	0	2
Mittelmächte	22	0	0	0	22	0	0	0
Niederlande	1	0	0	0	0	0	0	1
Nordkorea	2	0	0	0	0	0	0	2
Österreich	24	1	1	19	2	0	0	1
Polen	40	0	0	0	0	3	9	28
Preußen	4	3	1	0	0	0	0	0
Rumänien	13	0	0	0	7	0	0	6
Russland	51	0	0	41	10	0	0	0
Sandino Nica.	1	0	0	0	0	0	0	1
Saudi Arabien	1	0	0	0	0	0	0	1
Schweiz	1	0	0	0	0	0	0	1
Sowjetunion	642	0	0	0	1	22	168	451
Spanien	3	1	0	1	0	0	0	1
Südafrika	1	0	0	0	0	0	0	1
Südstaaten/USA	4	0	4	0	0	0	0	0
Syrien	5	0	0	0	0	0	0	5
Tschchoslowakei	40	0	0	0	0	0	16	24
Ungarn	13	0	0	0	0	0	0	13
USA	141	5	3	1	3	1	16	112
Vatikan	2	0	0	0	0	0	2	0
	2100	24	12	75	93	55	454	1387

Tabelle 3

Ganz deutlich wird in Tabelle 3 der enorme Anteil der kommunistisch beherrschten Staaten an der gesamten Spionage im Zeitraum zwischen 1945 und 1991. Von den 1387 Spionen, die die Tabelle enthält, arbeiteten 1091 = 78,6% für kommunistische Geheimdienste. Für die Nachrichtendienste der westlichen Bündnissysteme (einschließlich Israel und Australien) zeigt die Tabelle für denselben Zeitraum nur 276 Spione. Das entspricht 19,9% der Gesamtzahl. Außerhalb des Ost-West-Konfliktes agierten nur 20 Spione = 1,5%. Lässt man die geringe Zahl der „neutralen" Spione unberücksichtigt, so kommen auf einen entdeckten „Westspion" vier entdeckte „Ostspione".

Allerdings gibt das Verhältnis 1:4 noch längst nicht das ganze Ausmaß der kommunistischen Spionage wieder. Die Aufklärungsrate von Spionagefällen war in den westlichen Demokratien wesentlich geringer als im Ostblock. Andererseits war Spionagetätigkeit in den weitgehend offenen Strukturen der westlichen Staaten viel intensiver möglich als im kommunistischen Machtbereich.

Allgemein bekannt ist, dass die gesamten kommunistischen Spionageaktivitäten aller europäischen Ostblockstaaten von der Sowjetunion gelenkt worden sind. Doch massenhafte und allumfassende Spionage gehörte auch schon vor 1917 zur russischen Tradition. Max Ronge veröffentlicht im Anhang der Erstausgabe seines Buches „Kriegs- und Industriespionage" Namenslisten der in Österreich-Ungarn verurteilten Spione. Setzt man die Angaben in Zahlen um, so ergibt sich:

Von 1889 bis Juli 1914 sind in Österreich-Ungarn 199 Spione rechtskräftig zu Gefängnisstrafen verurteilt worden. Todesurteile waren dort in Friedenszeiten bei Spionagedelikten ausgeschlossen. Von diesen 199 Personen hatten 6 für Frankreich, 13 für Italien, 1 für Montenegro und 3 für Serbien gearbeitet. Die übrigen 176 Personen = 88,4% waren im Auftrag Russlands tätig geworden.

Seit der Wiedervereinigung Deutschlands hat Spionage gegen unser Land nicht etwa aufgehört. Im Gegenteil, besonders Wirtschaftsspione, gegen die wir zur Zeit nur sehr unzulängliche juristische Mittel einsetzen können, kommen aus allen Staaten, auch aus denen der westlichen Verbündeten. Vor allem aber hat Russland sich seit 1992 auf seine Spionagetraditionen besonnen. Alle Anzeichen deuten darauf hin, dass im Auftrag dieses Staates wieder die meisten Spione tätig sind.

Doch gerade weil allseitige Spionage auch weiterhin zum Alltag gehören wird, bleibt deren Bekämpfung eine ständige Aufgabe. Besonders die vorbeugende Spionageabwehr in Dienststellen, Betrieben und Forschungseinrichtungen wird dann besonders erfolgreich sein, wenn sie die wichtigsten Motive berücksichtigt, die Spione in der Vergangenheit hatten und folglich auch in Gegenwart und Zukunft haben werden.

Bei den 2.100 untersuchten Spionen wurden 25 verschiedene Handlungsmotive erkennbar, die in den Tabellen 4 bis 6 aufgeführt sind.

Die Motive der Spione

1.Motiv für Spionage					<		Männer und Frauen jeweils zusammen				>
Nr.	Motiv	Zus.	Männer	Frauen	vor 1800	1800-71	1872-1914	1914-18	1919-32	1933-45	1945-91
0	Kein Motiv erkennbar	420	350	70	3	0	22	34	12	79	270
1	Geld und andere materielle Vorteile	350	317	33	5	1	17	8	15	30	274
2	Sexuelle Bindung	93	39	54	1	1	2	2	0	12	75
3	Verwandtschaftliche Bindungen	38	27	11	0	0	0	0	1	3	34
4	Freundschaft u.Sympathie	12	9	3	0	0	0	0	0	0	12
5	Religion	3	3	0	1	0	0	0	0	1	1
6	Patriotismus	117	94	23	8	7	16	31	6	39	10
7	Kommunistische Überzeugung oder Sympathie	285	219	66	0	0	0	1	11	108	165
8	Nationalsozialist.Überzeugung oder Sympathie	47	41	6	0	0	0	0	0	43	4
9	Faschistische Überzeugung	0	0	0	0	0	0	0	0	0	0
10	Demokratische Überzeugung	6	6	0	0	0	0	0	0	1	5
11	Widerstand gegen eine Diktatur	38	27	11	0	0	0	0	0	23	15
12	Abenteuerlust,Leichtsinn,Bedenkenlosigkeit	24	17	7	3	0	0	0	2	12	7
13	Geltungsbedürfnis,übertriebener Ehrgeiz	11	11	0	0	0	0	0	0	0	11
14	Unterforderung im eigentlichen Aufgabenbereich	2	2	0	0	0	0	0	0	1	1
15	Geringes Risiko,niedrige Strafen	0	0	0	0	0	0	0	0	0	0
16	Freude an der Konspiration und am Rollenspiel	17	16	1	0	2	1	3	0	7	4
17	Erpressung	63	56	7	0	0	0	0	1	13	49
18	Hass,Rache,übersteigerte Antipathie	9	8	1	1	0	1	1	0	3	3
19	Schizophrenie, Wahnvorstellungen	3	3	0	0	0	0	0	0	0	3
20	Hilfe bei der Emigration	3	2	1	1	0	0	0	0	1	1
21	Neues Leben durch Überlaufen	105	96	9	0	0	0	3	1	12	89
22	Handeln i.berufl.Auftrag als Offizier,Diplomat u.ä.	436	408	28	1	1	16	10	6	65	337
23	Sucht:Alkohol,Rauschgift,Glücksspiel	5	5	0	0	0	0	0	0	0	5
24	Krasse charakterliche Labilität	10	9	1	0	0	0	0	0	0	10
25	Rückversicherung f.d.Zeit eines Machwechsels	3	2	1	0	0	0	0	0	1	2
		2100	1767	333	24	12	75	93	55	454	1387

Tabelle 4

2.Motiv für Spionage					Männer und Frauen jeweils zusammen >						>
Nr.	2.Motiv	Zus.	Männer	Frauen	vor 1800	1800-71	1872-1914	1914-18	1919-32	1933-45	1945-91
0	Kein 2.Motiv erkennbar	1443	1247	196	12	2	59	66	30	307	967
1	Geld und andere materielle Vorteile	132	98	34	4	0	4	0	1	17	106
2	Sexuelle Bindung	34	18	16	1	0	0	2	1	6	24
3	Verwandtschaftliche Bindungen	23	17	6	0	0	0	0	1	6	16
4	Freundschaft und Sympathie	18	16	2	0	0	0	0	1	7	10
5	Religion	3	2	1	0	0	0	0	0	1	2
6	Patriotismus	22	17	5	1	1	0	3	0	8	9
7	Kommunistische Überzeugung oder Sympathie	70	57	13	0	0	0	0	2	12	56
8	Nationalsozialist.Überzeugung oder Sympathie	11	10	1	0	0	0	0	0	6	5
9	Faschistische Überzeugung	2	1	1	0	0	0	0	0	1	1
10	Demokratische Überzeugung	26	20	6	1	2	0	0	1	6	16
11	Widerstand gegen eine Diktatur	47	35	12	0	1	0	1	2	31	12
12	Abenteuerlust,Leichtsinn,Bedenkenlosigkeit	35	30	5	1	1	2	2	3	12	14
13	Geltungsbedürfnis,übertriebener Ehrgeiz	28	25	3	1	0	0	0	1	5	21
14	Unterforderung im eigentlichen Aufgabenbereich	3	2	1	0	0	0	0	1	0	2
15	Geringes Risiko,niedrige Strafen	16	10	6	0	0	0	0	0	0	16
16	Freude an der Konspiration und am Rollenspiel	99	86	13	2	4	5	14	9	19	46
17	Erpressung	23	20	3	0	0	0	2	0	3	18
18	Hass,Rache,übersteigerte Antipathie	19	18	1	0	0	2	0	1	4	12
19	Schizophrenie,Wahnvorstellungen	2	1	1	0	0	0	0	0	1	1
20	Hilfe bei der Emigration	1	1	0	0	0	0	0	0	0	1
21	Neues Leben durch Überlaufen	8	7	1	0	0	0	0	0	0	8
22	Handeln i.berufl.Auftrag als Offizier,Diplomat u.ä.	14	12	2	1	1	0	1	1	2	8
23	Sucht:Alkohol,Rauschgift,Glücksspiel	6	5	1	0	0	0	1	0	0	5
24	Krasse charakterliche Labilität	14	11	3	0	0	3	1	0	0	10
25	Rückversicherung f.d.Zeit eines Machtwechsels	1	1	0	0	0	0	0	0	0	1
		2100	1767	333	24	12	75	93	55	454	1387

Tabelle 5

3.Motiv für Spionage					<		Männer und Frauen je	jeweils zusammen			>
Nr.	3.Motiv	Zus.	Männer	Frauen	vor 1800	1800-71	1872-1914	1914-18	1919-32	1933-45	1945-91
0	Kein 3.Motiv erkennbar	1826	1548	278	19	6	70	81	40	389	1221
1	Geld und andere materielle Vorteile	50	39	11	1	1	0	2	1	4	41
2	Sexuelle Bindung	11	4	7	0	0	0	1	0	1	9
3	Verwandtschaftliche Bindungen	6	6	0	0	0	0	0	1	2	3
4	Freundschaft und Sympathie	13	12	1	0	0	0	1	0	2	10
5	Religion	1	1	0	0	0	0	0	0	0	1
6	Patriotismus	14	12	2	0	0	0	5	1	6	2
7	Kommunistische Überzeugung oder Sympathie	18	16	2	0	0	0	0	0	4	14
8	Nationalsozialist.Überzeugung oder Sympathie	2	1	1	0	0	0	0	0	2	0
9	Faschistische Überzeugung	0	0	0	0	0	0	0	0	0	0
10	Demokratische Überzeugung	12	9	3	0	0	0	0	1	3	8
11	Widerstand gegen eine Diktatur	8	7	1	0	0	0	0	0	6	2
12	Abenteuerlust,Leichtsinn,Bedenkenlosigkeit	26	18	8	1	3	3	2	3	7	7
13	Geltungsbedürfnis,übertriebener Ehrgeiz	16	14	2	0	0	0	1	0	4	11
14	Unterforderung im eigentlichen Aufgabenbereich	0	0	0	0	0	0	0	0	0	0
15	Geringes Risiko,niedrige Strafen	19	10	9	0	0	0	0	1	1	17
16	Freude an der Konspiration und am Rollenspiel	43	39	4	2	2	1	0	4	17	17
17	Erpressung	16	12	4	1	0	1	0	2	2	10
18	Hass,Rache,übersteigerte Antipathie	3	3	0	0	0	0	0	0	1	2
19	Schizophrenie,Wahnvorstellungen	2	2	0	0	0	0	0	0	0	2
20	Hilfe bei der Emigration	0	0	0	0	0	0	0	0	0	0
21	Neues Leben durch Überlaufen	4	4	0	0	0	0	0	0	1	3
22	Handeln i.berufl.Auftrag als Offizier,Diplomat u.ä.	1	1	0	0	0	0	0	1	0	0
23	Sucht:Alkohol,Rauschgift,Glücksspiel	3	3	0	0	0	0	0	0	1	2
24	Krasse charakterliche Labilität	6	6	0	0	0	0	0	0	1	5
25	Rückversicherung f.d.Zeit eines Machtwechsels	0	0	0	0	0	0	0	0	0	0
		2100	1767	333	24	12	75	93	55	454	1387

Tabelle 6

Interpretation der Tabellen 4 bis 6

0 – KEIN MOTIV ERKENNBAR

Auf den ersten Blick in Tabelle 4 ist es sicher erstaunlich, dass nur bei 1.680 Personen = 80%, die nachweislich Spionage betrieben haben, wenigstens ein persönliches Handlungsmotiv erkennbar ist. Das bedeutet natürlich nicht, dass 420 Personen = 20% überhaupt kein Motiv gehabt haben. Man kann es nur nicht feststellen. Wenn wir bei Berücksichtigung der Angaben in den Tabellen 5 und 6 außerdem davon ausgehen, dass kaum ein Mensch aus einem einzigen Motiv, sondern aus einem Motivbündel heraus handelt und dass das auch bei Spionen nicht anders ist, so fragt sich natürlich jeder, warum dann nur bei 657 Personen = 31,3% noch ein zweites und lediglich bei 274 Personen = 13% auch noch ein drittes Motiv genannt werden kann.

Die Ursachen für diese Erkenntnislücken liegen einerseits in der Berichterstattung über Spionagefälle und andererseits bei den Spionen selbst. In der seriösen Presse sowie in Fachpublikationen wird bei der Beschreibung eines Falles in der Regel mitgeteilt, wer der Spion ist sowie wann, wo, wie und für wen er gearbeitet hat. Auf die Frage, warum er tätig geworden ist, erhält man höchstens Erklärungen über die Interessenlage des auftraggebenden Geheimdienstes, während die persönlichen Motive des Spions nur selten thematisiert werden.

In dem umfangreichen Standardwerk „Weltkriegsspionage", herausgegeben von Lettow-Vorbeck im Jahr 1931, findet man zwar eine Unmenge Bilder von Spionen, die gerade geköpft, aufgespießt, gehängt, erschossen oder mit Stockschlägen gezüchtigt werden, aber in den Begleittexten verschwenden die Autoren nur in Einzelfällen einige Worte über deren Motive, wobei feindliche Spione in der Regel geldgierig und charakterlich verlumpt sind, während die eigenen Kundschafter natürlich nur von ihrer Vaterlandsliebe angetrieben werden. Selbst Schlomann, der in seinen Büchern „Operationsgebiet Bundesrepublik", erschienen 1989, und „Die Maulwürfe", erschienen 1994, Hunderte SSD-und KGB-Spione namentlich nennt sowie ihre Taten beschreibt, verliert kaum einmal ein Wort über die persönlichen Motive der einzelnen Personen.

Die Spione selbst haben meist gute Gründe, ihre wahren Motive zu verbergen. So haben kommunistische Spione vor Gerichten in der Bundesrepublik Deutschland oft auf ihre politische Überzeugung verwiesen, weil sie sich davon ein milderes Urteil erhoffen konnten, während Spione der CIA und des BND bei Prozessen in Ostblockstaaten ihre politischen und weltanschaulichen Beweggründe möglichst verbargen und sich als irregeführte Werkzeuge kapitalistischer Mächte ausgaben, die materiellen Verlockungen nicht widerstehen konnten. Ein Bekenntnis in dieser Richtung hat manchem westlichen Geheimagenten zumindest das Leben gerettet.

In ihren späteren Autobiographien, die meist unter Aufsicht ihrer ehemaligen „Arbeitgeber" geschrieben worden sind, geben berühmte Spione ihre Motive zwar auch nicht unumwunden zu, machen sie aber oft unfreiwillig erkennbar, wenn sie ihre Taten oder ihre Einstellung zu bestimmten Menschen beschreiben. So erkennt man in Günter Guillaumes Buch „Die Aussage" durchaus seine Freude an der Konspiration und am Rollenspiel, obwohl der Text nicht von ihm selbst, sondern nur nach seinen Angaben von einem Schriftsteller formuliert worden ist.

Befragt man Spione persönlich, meist lange nach der Tat, nach ihren Motiven, so bekommt man in der Regel keine klaren Antworten. Entweder bemühen sie sich, ihre Beweggründe zu verschleiern, um ihre Reputation im bürgerlichen Leben nicht noch weiter zu ruinieren, oder sie können nach einem langen Doppelleben zwischen Lüge und Wahrheit nicht mehr unterscheiden. So bleibt oft nur übrig, aus den Fakten, das heißt aus den Taten und Verhaltensweisen eines Spions, den Umständen seiner Anwerbung, seinen biographischen Daten sowie aus seiner Erziehung, Ausbildung und Lebensführung Rückschlüsse auf seine Motive zu ziehen. Wenn man aber auch dann keinen plausiblen persönlichen Beweggrund findet, kann man die betreffende Person nur unter der Rubrik „Kein Motiv erkennbar" einordnen.

1 – GELD UND ANDERE MATERIELLE VORTEILE

Die landläufige Antwort auf die Frage, warum Menschen Spionage betreiben, ist ganz eindeutig und besteht aus einem einzigen Wort: Geldgier. Doch diese Einschätzung ist falsch, weil sie durch die Fakten nicht gedeckt wird. Betrachtet man die einschlägigen Zahlen in den Tabellen 4-6, so stellt man fest, dass Geld und materielle Vorteile

das 1. Motiv für 350 Personen = 16,6%
das 2. Motiv für 132 Personen = 6,3%
das 3. Motiv für 50 Personen = 2,4%

waren. Folglich spielte das Motiv nur für 25,3% überhaupt eine Rolle.

Selbst wenn man unterstellt, dass unter den Personen, die kein erkennbares Motiv hatten, das Geld der wichtigste Beweggrund war, so kommt man nur auf 36,6% (420+350 = 770 Personen).

Sieht man sich die einzelnen Personen unter den 16,6% an, für die Geld und materielle Vorteile das wichtigste Tatmotiv war, so kann man nur in wenigen Fällen eindeutig von Geldgier sprechen. Der krasseste

Fall, und selbst unter Spionen eine Ausnahmeerscheinung, ist der des Clyde Lee Conrad, der in diesem Buch beschrieben worden ist. Außerdem kann man bei den Technologiespionen, die geheime Computersysteme und neuentwickelte technische Geräte an Geheimdienste lieferten, in der Regel von Geldgier ausgehen. Ansonsten gibt es bei vielen Spionen ein ausgeprägtes Gewinnstreben neben weiteren Motiven, wie bei anderen Berufstätigen auch.

Man darf nicht vergessen, dass ein Spion, der keiner anderen geregelten Arbeit nachgeht, für den eigenen Lebensunterhalt und den seiner Angehörigen einfach Geld braucht. Hinzu kommt, dass für die Fassade, die die Spionagetätigkeit abdeckt, ebenfalls Geld erforderlich ist. Falls ein Spion vorgibt, Gemüsegroßhändler zu sein, braucht er Kapital, um das Geschäft aufzuziehen und die Angestellten zu bezahlen, die tatsächlich etwas vom Gemüsehandel verstehen müssen. Wenn ein anderer Spion als Heizer auf einem Schiff arbeitet und in einem bestimmten Hafen mit seinem Führungsoffizier sprechen soll, so muss der Treff aus Tarnungsgründen eventuell in einem Nobelhotel stattfinden. Der Heizer braucht folglich teure Kleidung und Geld, um angemessen auftreten zu können. Diese Beispiele lassen sich beliebig vermehren.

Andererseits sind die Geheimdienste von sich aus bestrebt, den für sie arbeitenden Spionen Geld und materielle Vorteile anzubieten, um sie in ständiger Abhängigkeit halten zu können. Auch einem Geheimagenten, der aus religiösen, patriotischen oder weltanschaulichen Gründen tätig ist, versucht man meist Geld anzubieten oder sogar aufzudrängen. Die Überlegungen dabei sind:

Fast jeder Mensch gewöhnt sich an zusätzliche Einnahmen und möchte sie nicht mehr missen. Wer Geld annimmt, unterschreibt in der Regel eine Quittung und wird dadurch erpressbar. Ein religiöser Glaube kann wanken, die patriotische Einstellung zerbröseln, eine politische Weltanschauung aufgrund von Enttäuschungen zunichte werden, doch die dem Spion wie seinem Führungsoffizier bewusste Möglichkeit zum Geldentzug und zur Erpressung schafft lange andauernde Bindungen.

Es gab Geheimdienste, die nur dann mit einem Spion zusammenarbeiteten, wenn er Geld annahm. Dazu gehörte, nach allem, was man weiß, die amerikanische CIA. Andere Nachrichtendienste boten in Einzelfällen so viel Geld, dass auch gefestigte Personen verlockt wurden. So operierte der KGB oft mit Unsummen, ebenso wie vor ihm der zaristische Geheimdienst.

Andererseits gab es Nachrichtendienste, die sich zumindest um ihre ausländischen Spione in keiner Weise kümmerten, falls diese in Schwierigkeiten kamen. Ein unrühmliches Beispiel war auch hier wieder die

CIA. Sie beschäftigte zwischen 1949 und 1989 viele deutsche Agenten. Falls einer von ihnen beim Einsatz in der DDR oder im übrigen Ostblock festgenommen wurde, teilte die CIA das der deutschen Bundesregierung nicht mit. So wussten die deutschen Behörden oft nichts von ihm und konnten sich nicht um seine Freilassung bemühen. Unter solchen Umständen war es verständlich, dass sich selbst ein Spion, der aus weltanschaulichen Gründen gegen die Kommunisten kämpfte, gleichzeitig um Geld für die eigene spätere Existenzsicherung oder die der Familie kümmern musste. Derartige Bemühungen vom Motiv der Geldgier zu trennen, ist für Außenstehende nicht immer möglich.

Falls ein Spion absolut kein Geld annahm oder es taktisch ungeschickt gewesen wäre, ihm welches anzubieten, dann war die Überreichung wertvoller Geschenke, zum Beispiel von Sammlerbriefmarken oder Schmuck meist ebenso erfolgreich wie eine Honorierung in bar.

2 – SEXUELLE BINDUNG

Wer das Kapitel „Von den Affären der Romeos und Julias" sowie einige andere einschlägige Darstellungen in diesem Buch gelesen hat, kann nachempfinden, wie stark das sexuelle Motiv in Spionagefällen sein kann. Das gilt gleichermaßen für Männer und Frauen, für heterosexuelle wie für homosexuelle Bindungen und wird sich auch in Zukunft kaum ändern, denn jeder gesunde Mensch im aktiven Alter hat Probleme damit, ständig sein Sexualverhalten zu steuern und es rationalen Erfordernissen unterzuordnen. Gerade das kann schwieriger sein, als nur mäßig zu essen, keinen Alkohol zu trinken oder sich das Rauchen wieder abzugewöhnen.

Im übrigen steigt absolut und prozentual ständig die Zahl der Personen im aktiven Alter, die zumindest wochentags aus beruflichen Gründen als Singles leben oder überhaupt auf eine feste Bindung verzichten. Gerade weil diese Lebensweise nicht naturgegeben ist, bieten sich „Romeos" und „Julias" immer wieder Chancen, sexuelle Bindungen herzustellen und sie für Spionagezwecke zu nutzen.

3 – VERWANDTSCHAFTLICHE BINDUNGEN

Geheimdienste sehen es in der Regel gerne, wenn verwandtschaftliche Bindungen für die nachrichtendienstliche Arbeit genutzt werden. Das gilt zum Beispiel für die Beziehungen zwischen dem Agentenführer und dem Agenten im Einsatz. Handelt es sich um Brüder oder um Vater und Sohn, so vertrauen sie in der Regel einander stärker als fremden Menschen, vor allem aber kennen sie sich besser. Ein Agentenführer, der den eigenen Bruder einsetzt, wird nicht gleich nervös, wenn dieser unpünktlich zum Treff erscheint, denn er weiß, dass sich der Bruder immer und überall verspätet. Ebenso nimmt der Agentenführer gelegentlichen Alkoholismus des Spions nicht so tragisch, weil dessen Berechenbarkeit dadurch nicht beeinträchtigt wird. Generell können Verwandte außergewöhnliche Situationen gemeinsam besser meistern als andere, die sich nur kurz kennen.

In der Phase vor Ausbruch des Zweiten Weltkrieges hat sowohl der polnische als auch der deutsche Geheimdienst oft verwandtschaftliche Beziehungen genutzt und damit Erfolge erzielt. So sind deutsche Soldaten zur Spionage gegen Polen gerade deshalb herangezogen worden, weil sie Geschwister auf der anderen Seite hatten, die ihnen aus verwandtschaftlichen Gründen halfen. Umgekehrt war es genauso.

Im geteilten Deutschland nutzten Geheimdienste aus Ost und West ebenfalls verwandtschaftliche Beziehungen zwischen den Bewohnern beider Staaten. Spionage wurde dann oft sogar mit einem Hilfsdienst verwechselt. Man tat doch seinem Bruder aus der ehemaligen DDR nur einen Gefallen, wenn man ihm Pläne und Muster aus der westdeutschen Arbeitsstelle mitbrachte. War es andererseits Unrecht, wenn ein Deutscher aus der DDR seinem Cousin aus dem Westen half, einen Auftrag auszuführen, zu dem ihn der amerikanische oder französische Geheimdienst, oft mit fragwürdigen Mitteln, veranlasst hatte?

4 – FREUNDSCHAFT UND SYMPATHIE

Über die geheimdienstliche Zusammenarbeit zwischen engen und langjährigen Freunden ohne homosexuelle Bindungen gilt sinngemäß das, was in Bezug auf die Verwandten schon ausgeführt worden ist. Auch enge Freundinnen haben hier Erstaunliches geleistet. Hingewiesen sei in diesem Zusammenhang auf Gertrud Liebing und Erika Lokenvitz aus Ost-Berlin, die aus politischer Überzeugung im ZK der SED und in einem Volkseigenen Betrieb für die CIA arbeiteten. Reinhard Borgmann und Jochen Staadt haben den beiden Frauen und ihren Helfern mit dem Buch „Deckname Markus" einen eindrucksvollen Gedenkstein gesetzt.

Wichtig ist aber auch, dass sich Agentenführer und Agent, die sich erst während der geheimdienstlichen Arbeit kennenlernen, gegenseitig sympathisch sind. Dieses Band der Sympathie muss im Laufe der Zeit immer stärker werden. Wird es wieder dünner oder reißt es, wird die nachrichtendienstliche Arbeit gefährdet. Falls der Spion nur ein Befehlsempfänger ist oder sich so fühlt, kommt es zu Spannungen und schließlich zu Pannen, sogar dazu, dass der Spion zum gegnerischen Geheimdienst überläuft. Ein Agentenführer oder Führungsoffizier, was dasselbe ist, muss dem im Einsatz befindlichen Spion bei jedem Kontakt stets das Gefühl vermitteln, dass er ihn ernst nimmt, als gleichrangigen Partner betrachtet sowie um seine Sicherheit und sein Wohlergehen besorgt ist. Entsteht das Band gegenseitiger Sympathie nicht, muss der Agentenführer ausgewechselt oder der Spion „abgeschaltet“ werden.

5 – RELIGION

Spionage aus religiösen Motiven hat es zu allen Zeiten und selbstverständlich auch in den letzten drei Jahrhunderten gegeben. Wenn an dieser Stelle und überhaupt in diesem Buch nur wenig darüber gesagt wird und nur 7 von 2.100 Personen ein religiöses Motiv zugeordnet werden kann, so deshalb, weil die bisherigen Erkenntnisse noch völlig unzureichend sind.

Sicher ist allerdings, dass es sich bei dem in diesem Buch dargestellten gläubigen Protestanten und SS-Offizier Kurt Gerstein um eine einzigartige Persönlichkeit handelt, für die es in der Geschichte der Spionage keinen Vergleich gibt.

Von den Spionen des Vatikanstaates weiß man, dass es sie gab und gibt, aber man kann es nicht beweisen. Woran liegt das?

Die gesamte Diplomatie des Vatikans ist Geheimdiplomatie einer Wahlmonarchie ohne Kontrolle durch demokratisch legitimierte Gremien. Nach seiner Wahl herrscht der jeweils regierende Papst absolut und nimmt in aller Regel Änderungen in der Gesetzgebung und Rechtsprechung, vor allem aber in der Regierungsarbeit vor. Das gilt sowohl für den Zuschnitt und die Geschäftstätigkeit der einzelnen Amtsbereiche als auch für die Personen, die sie leiten.

Eine Kontinuität geheimdienstlicher Arbeit in Form eines institutionalisierten Nachrichtendienstes, der die Regierungszeit der einzelnen Päpste überdauert, gibt es nicht. Die Meldewege für geheime Informationen an den Vatikan waren und sind ebenso unbekannt wie die Methoden, die bei der Koordinierung und Überprüfung von Nachrichten angewandt werden. Ebenfalls unbekannt sind die Methoden bei der Auswahl, Schulung und Führung von Geheimagenten. Vermutlich wechseln sie mit den jeweils verantwortlichen Personen. Die Zuständigkeit für Geheimdiensttätigkeit innerhalb der vatikanischen Regierung wird nicht bekanntgegeben. Prozesse gegen entlarvte Agenten des Vatikans sind nirgends geführt worden. Amtliche Erklärungen und seriöse Literatur über die nachrichtendienstliche Tätigkeit des Vatikans gibt es nicht.

Die offiziösen Beteuerungen, dass das Beichtgeheimnis von den Priestern in keinem Fall gebrochen werden darf, auch nicht zur Übermittlung nachrichtendienstlicher Erkenntnisse an die Vorgesetzten (Bischof,

Kardinal, Papst), sind durchaus glaubhaft. Doch kommt es darauf gar nicht an. Auch ohne Bruch des Beichtgeheimnisses ist die Sammlung und Übermittlung geheimer Nachrichten möglich. Ob und durch wen das in den letzten 300 Jahren wirklich geschah, ließ sich bis jetzt nicht beweiskräftig verifizieren. Sicher war nicht jeder Spion, der für den Vatikan tätig geworden ist, religiös motiviert, von den meisten von ihnen ist es jedoch anzunehmen.

Die Erfolge des israelischen Geheimdienstes „Mossad" sind ganz bestimmt auch darauf zurückzuführen, dass seine Agenten von vielen Juden in aller Welt unterstützt wurden. Das geschah aus Glaubensgründen und dem damit zusammenhängenden Bewusstsein, zu einem gemeinsamen Volk zu gehören. Erfolgsbeispiele sind die Beschaffung der Geheimrede Chruschtschows über Stalin auf dem XX. Parteitag der KPdSU durch Asher Ben Natan, den späteren Botschafter Israels in Bonn, sowie die Fahndungen von Simon Wiesenthal nach Adolf Eichmann und anderen NS-Verbrechern. Den einzelnen Spionen, die als Juden für Israel gearbeitet haben, mit der erforderlichen Sicherheit religiöse Motive zuzuordnen, ist nach dem bisherigen Erkenntnisstand allerdings nur selten möglich.

Für Historiker bleibt noch viel Arbeit im Hinblick auf religiös motivierte Spione. Über Geheimagenten, die als muslimische Fundamentalisten spionierten, liegen aus dem Untersuchungszeitraum noch keine verallgemeinerungsfähigen Erkenntnisse vor.

6 – PATRIOTISMUS

Friedrich der Große konnte sich Spione, die aus ehrenwerten Motiven handelten, noch nicht vorstellen, und patriotische Spione schon gar nicht. Das ist erklärlich, weil es zu seiner Zeit in Europa den Begriff der Nation noch nicht gab, folglich auch keine Nationalstaaten, die erst Patriotismus hervorbrachten. Erstaunlich ist trotzdem, wie lange die Pauschalansicht des Großen Königs über Spione nachgewirkt hat, obwohl schon in seinen letzten Lebensjahren patriotische Spione im Unabhängigkeitskrieg der USA gegen England tätig geworden sind. Caleb Brewster, Lydia Darragh, Natan Hale, John Honeyman und Robert Townsend sind Beispiele dafür. Hale ist sogar ein amerikanischer Nationalheld geworden, dem später eine Briefmarke in hoher Auflage gewidmet wurde.

In Preußen wandelte sich das Spionenbild besonders langsam. Heinz Höhne schreibt:

„Am 6. März 1906 unterbreitete Moltke [Generalstabschef und Neffe des Feldmarschalls – d. Verf.] dem preußischen Kriegsminister Karl von

Einem den Plan, Generalstabsoffiziere in den Grenzkorps mit der Leitung eines Spionagedienstes gegen Russland zu beauftragen. Der Kriegsminister war entsetzt. Ihm schien es aus Standesgünden ungeheuerlich, ‚jüngere Offiziere, denen ein weiteres Fortkommen in der Armee gesichert bleiben soll, durch ihren Dienst mehrere Jahre hindurch dem dauernden Verkehr mit Persönlichkeiten zweifelhaften Rufes auszusetzen'. Doch Moltke blieb bei seinem Plan."[2]

Noch Walter Nicolai, ab 1913 Chef des deutschen Nachrichtendienstes, merkt man das Erstaunen über seine Entdeckung an, dass Spione nicht nur Strolche waren:

„Es war für mich, der ich bis dahin in der volkstümlichen Auffassung von der untergeordneten Art von Spionen lebte, eine Überraschung, diese in hoher geistiger und sozialer Schicht zu finden. Ich lernte Menschen von vollendeten gesellschaftlichen Formen, höchster Kultur und umfassender allgemeiner und politischer Bildung kennen."[3]

Dem österreichischen Nachrichtendienst stellten sich vor Ausbruch des Ersten Weltkrieges ebenfalls viele anständige Menschen mit patriotischer Gesinnung zur Verfügung. Die beiden Weltkriege wurden dann auch in allen europäischen Staaten die großen Zeiten der patriotischen Spione. Hans Lody ist, stellvertretend für andere, in diesem Buch erwähnt worden.

7 – KOMMUNISTISCHE ÜBERZEUGUNG ODER SYMPATHIE

Mit dem Ende des Ersten Weltkrieges begann die Zeit der weltumspannenden politischen Ideologien, die bestrebt waren, den ganzen Menschen in allen Lebensbereichen zu führen und zu beherrschen. Eine von ihnen war der Kommunismus, der nach der Oktoberrevolution von 1917 mit der Entstehung der Sowjetunion eine territoriale Basis bekam. Von nun an verhielten sich überzeugte Kommunisten in der übrigen Welt bewusst unpatriotisch und verrieten ohne Skrupel schutzwürdige Belange des eigenen Landes, wenn die politische Überzeugung oder die Interessenlage der Sowjetunion das erforderte. Nimmt man hinzu, dass Kommunisten auch nicht mehr gewillt waren, religiöse Bindungen oder Verpflichtungen für sich selbst weiterhin gelten zu lassen, so erklären diese Sachverhalte den großen Anteil kommunistischer Spione an der Gesamtzahl der Geheimagenten.

In der Zeit zwischen 1919 und 1991 betrieben 1.896 Personen Spionage. Davon war kommunistische Überzeugung

	das 1. Motiv bei	284	Personen = 15%
	das 2. Motiv bei	70	Personen = 3,7%
	das 3. Motiv bei	18	Personen = 0,9%
Insgesamt also ein Motiv bei		372	Personen = 19,6%

Um jedoch nicht zur Entstehung einer unverdienten Heldensage beizutragen, ist daran zu erinnern, dass es in Westeuropa Millionen überzeugter Kommunisten gegeben hat. Man braucht nur an das Deutschland der Weimarer Republik oder an Frankreich und Italien nach 1945 zu denken. Die meisten dieser Menschen waren zur Spionage entweder nicht gewillt, nicht geeignet oder hatten keine Gelegenheit dazu. Diejenigen, die im Millionenheer der Kommunisten einschlägig tätig geworden sind, lassen sich in Prozentzahlen gar nicht ausdrücken.

Betrachtet man berühmte kommunistische Spione genauer, so hatten sie stets noch andere Motive außer ihrer Überzeugung. Einen Mann wie Richard Sorge trieben auch Abenteuerlust, Leichtsinn und Bedenkenlosigkeit an. Ebenso war es bei Ruth Werner (Sonja), die in diesem Buch beschrieben worden ist. Die Engländer Burgess, Maclean, Philby, Blunt und Cairncross, oft auch als „Die glorreichen Fünf" bezeichnet, ergänzten ihr Hauptmotiv ganz erheblich durch Geltungssucht sowie freundschaftliche oder homosexuelle Beziehungen.

8 – NATIONALSOZIALISTISCHE ÜBERZEUGUNG ODER SYMPATHIE

Der von Deutschland ausgehende Nationalsozialismus war ebenfalls eine internationale Bewegung. Zu seinen Anhängern gehörten nicht nur deutsche Staatsangehörige und Personen mit deutscher Volkszugehörigkeit, sondern auch US-Amerikaner, Briten, Franzosen, Flamen, Skandinavier, viele Personen aus Osteuropa und dem Balkan sowie russische Emigranten. Das brachte den deutschen Geheimdiensten (Abwehr und SD/Ausland) in der Zeit zwischen 1933 und 1945 enorme Vorteile, weil sie trotz der ständig zunehmenden Isolierung des eigenen Landes auf ein Reservoir von Ausländern zurückgreifen konnten, die Spionageaufträge annahmen. Es war nicht so, dass lediglich der SD/Ausland Nationalsozialisten beschäftigte und die Abwehr der feine Klub blieb, dessen Spione sich nur von Patriotismus und militärischer Pflichterfüllung leiten ließen. Auch die Geheimagenten des Herrn Admiral Canaris waren in der Regel überzeugte Nazis und keine getarnten Widerstandskämpfer.

Gemessen an der Mitgliederzahl in nationalsozialistischen Organisationen war der Anteil nationalsozialistisch motivierter Spione bestimmt genauso gering wie bei den Kommunisten. Auch ein überzeugter Nationalsozialist wurde nur dann geheimdienstlich tätig, wenn noch andere Antriebskräfte in ihm wirksam waren.

Wenn die Zahl der Spione mit nationalsozialistischer Überzeugung zwischen 1933 und 1945 trotz allem kleiner ist als die der vom Kommunismus überzeugten Geheimagenten, so hat das zwei simple Gründe:

– Die Literatur über nationalsozialistische Spione ist wesentlich geringer.

– Die Zahl der Kommunisten war auch in dieser Zeit im internationalen Maßstab größer als die der Nazis. Das musste sich zwangsläufig auf die Zahl der Spione auswirken.

9 – FASCHISTISCHE ÜBERZEUGUNG

Dieses Motiv steht in den Tabellen 4-6 nur als Merkposten, weil zwei Personen, die sich sekundär von faschistischer Überzeugung leiten ließen, eigentlich keine eigene Rubrik rechtfertigen. Sie ist aber schon deswegen erforderlich, um Faschismus und Nationalsozialismus voneinander abzugrenzen. Zwischen beiden Bewegungen gibt es Unterschiede, zum Beispiel in der Einstellung zum Christentum, vor allem zur Katholischen Kirche, zu Rassenfragen und zum Antisemitismus. Diese und andere Unterschiede sollen hier nicht vertieft, aber auch nicht verwischt werden.

Außerdem wurde für dieses Buch keine Literatur in italienischer und spanischer Sprache herangezogen. Wäre das geschehen, so würde deutlich, dass auch Mussolini und Franco über Spione verfügten, die die Weltanschauung ihrer Auftraggeber teilten. Ihre Zahl hätte sich dann stärker in den Tabellen niedergeschlagen.

10 – DEMOKRATISCHE ÜBERZEUGUNG

Nur bei 44 Personen ist demokratische Überzeugung *ein* Motiv für Spionage (siehe Tab. 4-6). Verglichen mit der Gesamtzahl von 2.100 untersuchten Personen ist das wenig, verglichen mit der Zahl der Spione, die aus kommunistischer (372) oder nationalsozialistischer Überzeugung (60) tätig geworden sind, erst recht. Dabei muss man jedoch berücksichtigen, dass viele Menschen, die aus politischen Gründen spioniert haben, ihre demokratische Grundeinstellung für so selbstverständlich hielten, dass sie sie nie betonten und in Zeitzeugnissen oder späteren Biographien darüber ebenfalls kein Wort verloren wurde. Hinzu kommt, dass vor allem CIA und BND, wie schon mehrfach erwähnt, nicht bereit sind, Auskunft über die Motive der Personen zu geben, die für sie tätig geworden sind.

Bei 51 von 82 Spionen des BND und bei 33 von 108 Spionen der CIA ist das Motiv unbekannt, weil die öffentlich zugänglichen Quellen darüber nichts aussagen.

11 – WIDERSTAND GEGEN EINE DIKTATUR

Nach dem Ersten Weltkrieg entwickelten sich Massenbewegungen, die sich von allumfassenden Ideologien leiten ließen und in einzelnen Staaten totalitäre Diktaturen errichteten. So entstanden:

1917 eine kommunistische Diktatur in der späteren Sowjetunion,
1923 eine faschistische Diktatur in Italien,
1933 die nationalsozialistische Diktatur in Deutschland,
ab 1936 eine ebenfalls faschistische Diktatur in Spanien und
nach 1945 kommunistische Diktaturen nach dem Vorbild der Sowjetunion in Osteuropa sowie im Osten Deutschlands.

Ihr gemeinsames Kennzeichen war die Unterdrückung der Menschenrechte, das Außerkraftsetzen der demokratischen Bürgerrechte und rechtsstaatlichen Prinzipien sowie die Unterordnung aller individuellen Interessen und Bindungen unter den Willen der politischen Führung, die über alle Machtmittel des Staates gebot.

Widerstandskämpfer gegen eine derartige Diktatur mussten illegal arbeiten und konspirative Methoden anwenden, wenn sie überleben und erfolgreich sein wollten. Falls der eine oder andere Widerstandskämpfer das Mittel der Spionage wählte, so handelte er unter Umständen effektiver als durch den Anschluss an eine konventionelle Widerstandsgruppe. Sie konnte eher von Spitzeln durchsetzt werden als ein fremder Nachrichtendienst, in dem Fachleute für Konspiration die Führungsaufgaben wahrnahmen und das Risiko einer Entdeckung verringerten.

Ob ein Widerstandskämpfer als Spion lediglich zum Handlanger des fremden Nachrichtendienstes wurde, ohne einen Beitrag zur Schwächung oder zum Sturz der ihn bedrückenden Diktatur zu leisten, kann man nur nach Prüfung des Einzelfalles entscheiden. Abwegig ist es jedoch, diese Personen ohne Umschweife *moralisch* als Landes- oder Vaterlandsverräter abzuqualifizieren. Wer mit Hilfe des Auslandes, zum Beispiel als Deutscher, Hitler stürzen oder als Russe Stalin und seine Nachfolger bekämpfen wollte, handelte nicht unmoralisch. Diese Selbstverständlichkeit gilt auch für Spione.

12 – ABENTEUERLUST, LEICHTSINN, BEDENKENLOSIGKEIT

Laut Tabelle 4 bis 6 sind Abenteuerlust, Leichtsinn und Bedenkenlosigkeit bei insgesamt 86 von 2.100 untersuchten Personen, das heißt bei 4% der Spione, erkennbare Motive für Spionage. Sieht man sich die Namen der Personen genauer an, für die die Motivgruppe 12 bestimmend war, so findet man unter ihnen gerade besonders erfolgreiche Geheimagenten aus dem Untersuchungszeitraum. Ein Mann wie Richard Sorge bestand vor und während des Zweiten Weltkrieges eben nicht nur aus kommunistischer Überzeugung, sondern ist ohne die hier in Rede stehenden Motive nicht denkbar. Das wird schon deutlich, wenn man seine von allen nichtkommunistischen Biographen hervorgehobenen amourösen Affären betrachtet, die der umtriebige Mann ständig während und neben seiner geheimdienstlichen Tätigkeit hatte und die nicht gerade zu seiner Sicherheit beigetragen haben. Auch jemand wie Werner Stiller wird sicher nicht protestieren, wenn man ihm Abenteuerlust sowohl bei seinem Eintritt in den Staatssicherheitsdienst der DDR als auch bei seinem Frontwechsel zum Bundesnachrichtendienst im Jahr 1979 als Motiv unterstellt. Doch auch bei einigen der in diesem Buch beschriebenen Spione war Abenteuerlust eine wichtige Antriebskraft, denkt man nur an Vera de Cottany-Chalbur, Sonja und Cynthia sowie an Wolfgang Lotz.

13 – GELTUNGSBEDÜRFNIS, ÜBERTRIEBENER EHRGEIZ

Gemessen an der untersuchten Gesamtzahl der Spione sind Geltungsbedürfnis und übertriebener Ehrgeiz relativ häufige Spionagemotive, allerdings im Zusammenhang mit anderen Triebkräften. Als erstes Motiv ist es bei 11, als zweites bei 28 und als drittes bei 16 Personen zu finden, insgesamt bei 55 Personen = 2,6%.

Führungsoffiziere der Nachrichtendienste werden darin unterwiesen, geltungsbedürftigen Agenten so weit wie möglich entgegenzukommen, um ihrer Eitelkeit zu schmeicheln und jeden Ehrgeiz für die geheimdienstliche Arbeit zu nutzen. Sieht man sich Namen und Taten der Spione genauer an, die durch Geltungsbedürfnis und Ehrgeiz besonders aufgefallen sind, so stellt man fest: Unter den 11 Personen, für die das die Erstmotivation ist, befinden sich nicht wenige Prominente, die im öffentlichen Leben eine Rolle gespielt haben, unter ihnen Friedrich Cremer und Hermann Kastner, die in diesem Buch beschrieben worden sind, aber auch der ÖTV-Funktionär Hans Faltermeier sowie Rolf Grunert, der ehemalige Vorsitzende des Bundes Deutscher Kriminalbeamter. Faltermeier und Grunert waren Agenten des SSD. Dagegen arbeitete der einstige Staatssekretär und politische Hoffnungsträger der norwegischen Sozialdemokraten Arne Treholt für den KGB, während der Schweizer General Jean-Louis Jeanmaire dem militärischen Pendant GRU zu Diensten gewesen ist.

Unter den 28 Personen, für die Geltungsbedürfnis und übertriebener Ehrgeiz die Zweitmotivation waren, fallen die ebenfalls im Buch dargestellten Raketendiebe Wolf-Diethard Knoppe und Manfred Ramminger sowie der Bürobote Lothar Lutze aus dem Bonner Verteidigungsministerium besonders auf.

14 – UNTERFORDERUNG IM EIGENTLICHEN AUFGABENBEREICH

Dieses Motiv ist nicht ohne Bedeutung, obwohl es nur 5 der 2.100 untersuchten Personen zuzuordnen ist. Die betreffenden Spione befriedigte ihr eigentlicher Aufgabenbereich nicht, sei es das Hausfrauendasein, eine untergeordnete Bürotätigkeit oder das langweilige Dasein als Amtsbote in einem Ministerium. Spionage war in diesen Fällen auch Ersatz für Arbeitszufriedenheit und fehlende Aufstiegsmöglichkeiten.

15 – GERINGES RISIKO, NIEDRIGE STRAFEN

Keine der 2.100 untersuchten Personen hat in erster Linie deshalb spioniert, weil das Risiko gering war oder nur niedrige Strafen drohten (siehe Tab. 4). Für 16 Personen waren diese beiden Gesichtspunkte jedoch die zweite und für 19 Personen die dritte Motivation (siehe Tab. 5 und 6). Bei den 16 Personen waren ausschließlich Geld oder sexuelle Bindungen das Erstmotiv, bei den 19 Personen überwiegend das Erst- und Zweitmotiv. Von den 16 Personen mit Zweitmotiv (Tab. 5) spionierten 8 für den SSD, 7 für den KGB und 1 Person für den kommunistischen Nachrichtendienst Polens. Von den 19 Personen mit Drittmotiv (Tab. 6) arbeiteten 2 für Vorläuferorganisationen des KGB, 5 für den KGB und 12 für den SSD der DDR. Alle 35 Personen spionierten in westlichen demokratischen Staaten für ihre kommunistischen Auftraggeber. Dieses Ergebnis ist keineswegs überraschend, sondern bestätigt lediglich einen offensichtlichen Tatbestand.

Tatsächliche Spionage war in allen Diktaturen des 20. Jahrhunderts außerordentlich risikoreich, ob es sich um das nationalsozialistische Deutschland, faschistische Staaten, die kommunistischen Diktaturen oder die diktatorischen Regime in arabischen Staaten handelte. Viele Dinge galten dort als geheim, die in demokratischen Staaten öffentlich erörtert wurden. Überdies wurden selbst gewöhnliche Recherchen, die ein Journalist oder Wissenschaftler anstellte, um sie anschließend zu publizieren, dort oft als Spionage bewertet. Dementsprechend waren die Strafen. In Fällen tatsächlicher Spionage waren zeitliche Freiheitsstrafen unter zehn Jahren selten, dagegen lebenslange Haftstrafen oder die Todesstrafe häufig, in bestimmten Zeitabschnitten sogar die Regel. Untersuchungs- und Gerichtsverfahren ohne alle Rechtsgarantien für die Angeklagten kamen hinzu. Wer in den genannten Diktaturen spionierte, wusste, dass er ein hohes Risiko einging.

In den westlichen Demokratien muss dagegen in allen gesellschaftlichen Bereichen, auch am Arbeitsplatz, Vertrauen die Grundlage aller zwischenmenschlichen Beziehungen sein. Weicht man von diesem Prinzip ab, zerstört man die Gesellschaftsordnung, die man schützen will. Folglich dürfen auch Soldaten, Beamte und selbst Angehörige der Geheimdienste nicht dauernd in einer Weise kontrolliert werden, die ihren demokratischen Rechten, rechtsstaatlichen Prinzipien und der Menschenwürde zuwiderlaufen. Praktisch bedeutet das vor allem, dass auch bei diesen Personengruppen der Intimbereich in aller Regel nicht ausgeforscht werden darf. Zwischen den Kontrollmaßnahmen, die zum Schutz geheimhaltungsbedürftiger Tatbestände auch in einem demokratischen Staat unabweisbar sind, und dem Respekt vor den Rechten jedes einzelnen Menschen stets den richtigen Weg zu finden, bleibt eine ständige Aufgabe. Beispiele dafür, dass man Schutz- und Sicherungsmaßnahmen aus Prinzipenreiterei oder Gedankenlosigkeit unterlässt, gibt es zur Genüge. Hier einiges aus einer unendlich großen Materialfülle:

Als Henry L. Stimson 1928 sein Amt als Außenminister der USA antrat, fand er im Außenamt zu seiner Verwunderung vier Offiziere vor. Er erkundigte sich nach ihren Aufgaben und hörte, dass die vier Herren die Dechiffrierabteilung des Ministeriums und damit das Rudiment einer Spionageabwehr darstellten. Er entließ die Offiziere sofort mit der Begründung: „Ein Gentleman liest nicht die Post anderer Leute.“ Das Ergebnis dieser rührenden Maßnahme ist unglaublich, aber wahr: Die USA besaßen bis zum Beginn des Zweiten Weltkrieges keinen Auslandsgeheimdienst und folglich auch keine Spionageabwehr.

Im Zweiten Weltkrieg fragte der Begründer des Marinenachrichtendienstes der USA einen hohen Offizier der Kriegsmarine: „Wie sieht es bei Ihnen mit dem geheimen Nachrichtendienst aus, Sir?“ Der Offizier antwortete: „Wir brauchen keine geheimen Nachrichtendienst. Auf unseren Schiffen gibt es keine Kommunisten.“[4]

Ein namentlich nicht bekannter deutscher Spion aus der Zeit vor 1945 berichtete:

„Oberflächlich gesehen gab es in den Vereinigten Staaten keinerlei

Geheimnisse, die tüchtigen und fleißigen ausländischen Geheimdiensten unzugänglich blieben. Ein Besuch in der Staatsdruckerei in Washington ergab gewöhnlich zu normalen Preisen Daten, die sich Agenten in anderen Ländern nur unter ungeheuren Schwierigkeiten verschaffen können. Die meisten technischen Handbücher des Heeres und der Marine sind käuflich zu haben. Die Dokumentensammlungen des Senats und des Repräsentantenhauses waren weitere Informationsquellen. Oft genug mussten wir in Frankreich oder England viele tausend Dollar für Blaupausen von neuen Flugzeugtypen zahlen, während wir in den Vereinigten Staaten alle nötigen Details um den Preis einer Zeitung oder Zeitschrift erhielten."[5]

Doch wegen dieser amerikanischen Naivität und Vertrauensseligkeit, die sich übrigens in dieser Form nicht bis auf den heutigen Tag erhalten hat, braucht sich in Europa und besonders in der Bundesrepublik Deutschland niemand auf ein hohes Ross zu setzen. Hier ein simples Beispiel aus meinem eigenen Arbeitsleben: Zwischen April 1969 und September 1998, also 29,5 Jahre, arbeitete ich zunächst im Bundesministerium für innerdeutsche Beziehungen und danach im Bundesministerium des Innern. Während meiner gesamten Dienstzeit war ich mit Vorgängen befasst, die bis zum Grad „Geheim" eingestuft waren. Trotzdem ist nicht ein einziges Mal in diesen Jahren an der Pforte mein Aktenkoffer kontrolliert worden, wenn ich das Gebäude verließ. Ich kenne auch keine männlichen oder weiblichen Arbeitskollegen aus meinen Tätigkeitsbereichen, deren Akten- oder Handtaschen irgendwann von Sicherheitsbeauftragten visitiert worden sind. Alle Kollegen und ich hätten unbemerkt und ohne Schwierigkeiten Geheimvorgänge im Original oder in Kopien mitnehmen können, und die mir aus meinem Arbeitsleben bekannten Spione, die ich im Vorwort erwähnt habe, haben das auch getan. Als ich über das Thema einmal mit Kollegen vom britischen Innenministerium (Home Office) sprach, erklärten sie mir feierlich, dass das alles in Großbritannien nicht anders sei.

Nachdem die Datenschutzbestimmungen ständig erweitert worden sind, ist es in deutschen Behörden nicht einmal mehr erlaubt, dass Sicherheitsbeauftragte alle Telefongespräche abhören und auswerten, die die Bediensteten während der Arbeitszeit aus dienstlichen Gründen führen. Die gesetzlich zulässigen Ausnahmen sind dieselben wie beim Abhören von Privatgesprächen.

Die Datenschutzgesetze in Deutschland verbieten es auch, vor der Einstellung von achtzehnjährigen Anwärtern für den Polizeidienst nachzuprüfen, ob ein Bewerber vorher gerichtlich zu einer Jugendstrafe verurteilt worden ist.

Ein weiteres Sicherheitsproblem im öffentlichen Dienst ist die falsche Rücksichtnahme und weitgehende Entschlusslosigkeit von Vorgesetzten, wenn sie erkennen müssen, dass ein ihnen unterstellter Beamter oder Angestellter Alkoholprobleme hat oder hoffnungslos verschuldet ist. Bevor wirkungsvolle Disziplinarmaßnahmen in der Dienststelle ergriffen werden, ist es oft zu spät, weil sich der Betroffene entweder nach einer Anwerbung oder auf eigenen Entschluss (Selbstanbieter) einem fremden Nachrichtendienst zur Verfügung gestellt hat. Beispiele dafür gibt es überreichlich. Der in der Öffentlichkeit bekannteste Fall betrifft den Regierungsdirektor Hansjoachim Tiedge vom Bundesamt für Verfassungsschutz, der 1985 aufgrund extrem hoher Schulden und vollkommen zerrütteter persönlicher Verhälnisse, die seinen Vorgesetzten bekannt waren, zum SSD in die DDR überlief.

In der deutschen Privatwirtschaft ist das Risiko, als Spion entlarvt zu werden, noch geringer als im Staatsdienst. Selbst Rüstungsbetriebe oder Werke, die Sicherungseinrichtungen herstellen, dürfen von Bewerbern um einen Arbeitsplatz höchstens ein Polizeiliches Führungszeugnis verlangen, das nichts Wesentliches über die Person aussagt. Alle weitergehenden Nachforschungen sind den Betriebsleitungen und den staatlichen Sicherheitsbehörden nach den Bestimmungen des Datenschutzgesetzes verboten.

Doch wenn schon das Entdeckungsrisiko für einen Spion in den USA, Großbritannien und Frankreich ebenfalls sehr niedrig ist, so sind die Strafen, die entlarvte Geheimagenten zu erwarten haben, in aller Regel hoch. Es herrscht dort nicht nur in der Justiz, sondern auch in der gesamten meinungsbildenden Öffentlichkeit die Auffassung vor, dass Spionage ein krimineller Tatbestand mit hohem Unrechtsgehalt und großer Schadenswirkung ist. Auch die in diesem Buch dargestellten Spione Aldridge Ames, Wilhelm August Fischer (Rudolf Abel), Bernard Boursicot, Shi Peipu, Clayton Lonetree, James William Hall und Hussein Yildirim sind mit angemessener Härte verurteilt worden.

Im Gegensatz dazu waren und sind die Urteile gegen Spione in der Bundesrepublik Deutschland in der Regel lächerlich niedrig. Große Teile der öffentlichen Meinung, bis in Parteivorstände hinein, sind offensichtlich der Auffassung, dass es sich dabei um Kavaliersdelikte handelt. Die Reaktion auf den in diesem Buch dargestellten Fall des Friedrich Cremer ist ein deutliches Indiz dafür. Viele Gerichte schlossen sich der vorherrschenden Meinung über Spionage an. Besonders das Oberlandesgericht Düsseldorf, vor dem die meisten Spionagefälle verhandelt worden sind, hat mit seinen geringfügigen Strafen Rechtsgeschichte gemacht. Man braucht sich nur an die Verfahren gegen die Raketendiebe von Neuburg an der Donau, gegen das „Bonner Dreigestirn“, gegen die spionierenden Sekretärinnen sowie gegen die Agentin Anna zu erinnern.

Wer dagegen das Pech hatte, vor dem Bayerischen Obersten Landesgericht in München wegen Spionage angeklagt zu werden, durfte mit einer ein bis zwei Jahre längeren Strafe rechnen als in Düsseldorf. Leider keine Rechtsgeschichte hat die Urteilsbegründung des Oberlandesgerichts Koblenz vom 6. Juni 1990 gegen Clyde Lee Conrad gemacht, in der es heißt:

„Anlass zu einer Strafmilderung hat der Senat auch nicht in den – von der Verteidigung wiederholt hervorgehobenen – in jüngster Zeit eingetretenen politischen Veränderungen im Ost-Westverhältnis gesehen. Es war nicht das Verdienst des Angeklagten, dass es zu dieser politischen Entspannung gekommen ist. Sein Beitrag bestand eher in einer Erschwerung des Entspannungsprozesses; denn es liegt nahe, dass die mehr als ein Jahrzehnt bestehende militärische Überlegenheit, die der Warschauer Pakt durch den Verrat des Angeklagten über die NATO erlangt hatte, dessen Bereitschaft, einen bewaffneten Konflikt zu vermeiden, eher gemindert als gefördert hat. Entscheidend für die Beurteilung der ‚Schuld‘ des Angeklagten ist, dass sein Verrat zu der Zeit, als er ihn beging, die Kriegsgefahr und damit die Gefahr eines außerordentlich schweren Nachteils für die äußere Sicherheit der Bundesrepublik Deutschland sowie die Sicherheit der Vereinigten Staaten und ihrer hier stationierten Truppen ganz erheblich gesteigert hat. Es war die Zeit der Breschnew-Ära, in der sich die beiden großen Miltärblöcke hochgerüstet im ‚Kalten Krieg‘ gegenüberstanden und es zahlreiche Spannungsherde mit Ost-West-Konfrontation gab. Der dennoch eingetretene Entspannungsprozess ist ein Ereignis, das nicht dem Wirken des Angeklagten zuzuschreiben und ihm daher auch nicht zugute zu halten ist.“[6]

Ganz im Gegensatz zu diesem Urteilstenor steht das Gesamtverhalten der Justiz in der Bundesrepublik Deutschland nach der politischen Wende von 1989. Nach Angaben von Helmut Müller-Enbergs wurden ab 1990 1.553 Agenten erfasst, die im Westen für den SSD gearbeitet hatten. Gegen 1.343 wurden Ermittlungsverfahren eingeleitet, 181 wurden zu Bewährungsstrafen verurteilt, lediglich 62 zu Gefängnisstrafen von mehr als zwei Jahren, aber bald vorzeitig begnadigt.[7] Soviel zur deutschen Gerichtsbarkeit in Spionagefällen.

Abzurunden ist das Bild noch durch einen internationalen Aspekt. Wer in einem NATO-Staat rechtskräftig wegen Spionage für einen Gegner des Bündnisses verurteilt worden war und in einen anderen NATO-Staat flüchtete, hatte dort weder seine Auslieferung noch eine Strafverfolgung zu befürchten. Zum ersten Mal wurde 1958 ein entsprechender Vorfall bekannt. Am 19. Juli des Jahres waren der Physiker Karl Jahn und der Diplomingenieur Kurt Keitel vom Bundesgerichtshof in Karlsruhe wegen „versuchter Ausspähung von Staatsgeheimnissen“ zu je eineinhalb Jahren Zuchthaus verurteilt worden. Die beiden Angeklagten hatten versucht, das belgische NATO-Schnellfeuergewehr für den sowjetischen Geheimdienst zu erwerben, der ihnen dafür hohe Geldsummen geboten hatte. Jahn trat seine Strafe an, während Keitel eine kurze Haftverschonung nach dem Urteil nutzte, um nach Italien zu flüchten. Deutsche und italienische Juristen bemühten sich daraufhin gemeinsam mit aller Energie, Keitel seiner Strafe zuzuführen. Es gelang ihnen nicht, denn das italienische Auslieferungsabkommen sah bei politischen Verbrechen, und dazu zählte auch verbotene geheimdienstliche Tätigkeit, ausdrücklich keine Auslieferung vor.

Die deutschen Behörden entzogen daraufhin Keitel seinen Reisepass und ermöglichten es dadurch den Italienern, ihn wegen unzureichender Ausweispapiere vorübergehend festzunehmen. Als das geschehen war, wurde erwogen, gegen ihn in Italien ein neues Spionageverfahren zu eröffnen. Schließlich hatte sich Keitel wegen der versuchten illegalen Beschaffung des Gewehrs gegen die gesamte NATO vergangen. Doch der Plan scheiterte, weil ein Angeklagter in Italien nicht für eine Tat verurteilt werden durfte, für die er schon einmal – wenn auch im Ausland – verurteilt worden war. Keitel musste in Italien freigelassen werden. Wäre er nach Frankreich oder Dänemark geflüchtet, wäre die Situation ähnlich gewesen.

Nun ist seit 1958 genug Zeit vergangen, um durch einen Auslieferungsvertrag zwischen allen NATO-Staaten das Schlupfloch zu schließen, das Kurt Keitel einst genutzt hatte. Doch nichts in dieser Richtung ist in der Zwischenzeit geschehen. 1980 ist das unter dringendem Verdacht der Spionage für den SSD stehende ehemalige Vorstandsmitglied der IG Metall, Heinz Dürrbeck, ebenfalls nach Italien geflüchtet. Ein Auslieferungsantrag ist, soweit bekannt, gar nicht erst gestellt worden. Und als in Deutschland, lange nach der politischen Wende von 1989, entdeckt worden war, dass der hochrangige NATO-Angestellte Rainer Rupp – Deckname Topas – ein Spitzenagent des SSD gewesen ist, durfte er im NATO-Hauptquartier Castaux/Belgien weder von Sicherheitskräften des Bündnisses noch von der belgischen Polizei verhaftet und ausgeliefert werden. Die deutsche Polizei musste abwarten, bis der Herr Spion am 31. Juli 1993 seine Mutter in Saarburg bei Trier besuchte, um zugreifen zu können.

16 – FREUDE AN DER KONSPIRATION UND AM ROLLENSPIEL

Diese Motivation ist relativ häufig. Bei 17 der 2.100 untersuchten Personen ist sie überhaupt der wichtigste, bei 99 der zweite und bei 43 der dritte erkennbare Antrieb. Insgesamt spielt er bei 159 Personen = 7,6% eine Rolle. Unter ihnen sind vor allem die Geheimagenten, die etwas von ihrer Sache verstanden und viel bewirkt haben. Gerade deshalb einige Worte darüber, warum das so ist.

Jeder kennt aus seiner Kinderzeit das Märchen vom Rumpelstilzchen und hat es als schöne Geschichte im Gedächtnis behalten, aber viele Spione aus Leidenschaft, deren Freude an der Konspiration man deutlich erkennen kann, haben die Figur des Rumpelstilzchen verinnerlicht. So durchzieht das gesamte Erinnerungsbuch „Die Aussage“ von Günter Guillaume die Freude, dass er während seiner aktiven Zeit über seine Opfer immer mehr wusste, als sie über ihn. Er war so unentbehrlich als Organisator, diskreter Bote und Kofferträger von Bundeskanzler Brandt, dass er schon gar nicht mehr wahrgenommen wurde, wenn er sich bei vertraulichsten Lagebesprechungen im Raum befand. Guillaumes Genugtuung über seine gelungenen Täuschungsmanöver und seine perfekte Tarnung gleicht dem Triumphgesang des tückischen Zwerges vor seiner Waldhütte: „Ach wie gut, dass niemand weiß, dass ich Rumpelstilzchen heiß´!“

Nicht nur Guillaume, sondern auch vielen anderen Spionen merkt man deutlich an, dass sie genauso empfanden wie Rumpelstilzchen. Während es immer wieder Menschen gibt, deren berufliche Zufriedenheit daran gebunden ist, dass sie von der Öffentlichkeit positiv wahrgenommen werden, zum Beispiel Politiker, Schauspieler, Schriftsteller, Journalisten und Spitzensportler, besteht die Selbstbestätigung des Spions in der Tatsache, dass er viel bewirkt, obwohl oder gerade weil ihn niemand kennt. Er zieht an unsichtbaren Drähten und eine wohlvorbereitete Verhandlung scheitert. Er gibt ein verabredetes Signal und ein Munitionsdepot fliegt in die Luft. Er stiehlt eine Formel und nach kurzer Zeit wird ein ganzer Wirtschaftszweig schwer durch die Konkurrenz geschädigt. Die Ratlosigkeit der Verantwortlichen, die die Ursachen für ihre Misserfolge nicht finden können, und die steigende Erregung in der Öffentlichkeit ist vielen Spionen wichtiger gewesen, als Lob und Anerkennung oder Geld. Zu dieser Freude an der Konspiration gehört auch die Befriedigung, in mindestens zwei Identitäten zu leben, das heißt, mehrere Rollen gleichzeitig zu spielen.

Das traf auf prominente Vertreter der Agentenbranche zu. Beispielhaft genannt seien hier nur Thomas Edward Lawrence (der berühmte

Lawrence von Arabien) oder auch die in diesem Buch beschriebenen Vera de Cottany-Chalbur, Jerzy Sosnowski und Götz Schlicht. Aber auch bei Spionen wie Guillaume oder Richard Sorge, deren kommunistische Überzeugung zweifellos ihr wichtigstes Motiv war, ist als zweiter wesentlicher Antrieb die Freude an der Konspiration und am Rollenspiel erkennbar.

Man kann es auch „Freude am lebenslangen Indianerspiel" nennen, was guten Spionen geradezu ein Bedürfnis sein muss. Wie soll man sonst längere Zeit die Modalitäten der Agententreffs durchhalten, wie sie Leopold Trepper beschreibt:

„Zwei Agenten, die einander treffen sollen, verlassen ihre Wohnung lange vor der verabredeten Treffzeit. Sie treiben sich nicht auf den Straßen herum, sondern gehen ihrer Beschäftigung nach und bemühen sich, dem verabredeten Treffpunkt möglichst weit entfernt zu bleiben. Im Prinzip fahren sie mit der Métro, immer im letzten Waggon, aus dem sie möglichst mit den letzten aussteigen, um die vorher ausgestiegenen Passagiere überwachen zu können. Sie steigen in eine andere Linie um und verhalten sich auf die gleiche Weise, bis sie völlig sicher sind, dass sie nicht verfolgt werden. Dann gehen die beiden Verbindungsagenten in eine im voraus bestimmte Telefonzelle, um im Telefonbuch nachzusehen, ob das vom Code vorgesehene Wort unterstrichen wurde; zum Beispiel der zehnte Name in der zweiten Kolonne, was bedeutet, dass der Weg frei ist.

Die eigentliche, scheinbar zufällige Begegnung, gewöhnlich in den U-Bahnhöfen, dauert nie länger als einige Sekunden. Manchmal verabrede ich auch Zusammentreffen in einem Schwimmbad. Es genügt, wenn man in zwei nebeneinander liegende Kabinen geht, deren Trennwand nicht bis zur Decke reicht. Dann ist die Übergabe der Botschaften ganz leicht zu bewerkstelligen. Eine andere einfache Variante sind Toiletten von wenig besuchten Cafés oder Restaurants. Auch im Theater können zwei ... [Agenten] zusammentreffen. Natürlich kennen sie einander nicht, aber der Zufall (eine dritte Person, die die Plätze besorgt hat) ergibt, dass sie nebeneinander sitzen."[8]

Sobald ein Geheimagent enttarnt ist, verliert er die Macht über seine Opfer, und im Märchen ist die Enttarnung ausschließlich das Werk des Abwehrbeauftragten. Der Jäger findet Rumpelstilzchen im Wald, stellt die Lage seiner Hütte fest, hört seinen Gesang und kann nun der Königin Namen und Adresse des Zwerges mitteilen. Sobald sie seine Identität kennt, ist es für Rumpelstilzchen zwecklos, von ihr das Kind zu fordern, denn nun hat sie genügend Machtmittel, um es sich gegebenenfalls zurückzuholen.

In der Wirklichkeit der demokratischen Staaten kooperierte die Spionageabwehr meist mit dem Zufall. So kamen zwei altgediente Angehörige des Bundesamtes für Verfassungsschutz im Frühjahr 1973 während einer gemeinsamen Kaffeepause auf die Idee, die Personalien von Günter und Christel Guillaume mit den Texten uralter Funksprüche des SSD zu vergleichen, die man bisher keinem bestimmten Westagenten zuordnen konnte. Dabei zeigte sich, dass die Texte persönliche Anspielungen enthielten, zum Beispiel Glückwünsche zum Geburtstag und zur Geburt des Sohnes, die genau mit den Personaldaten der Eheleute übereinstimmten. Noch spannender ist es, wenn nur der Zufall zur Enttarnung eines Agenten führt. Lassen wir dazu noch einmal Altmeister Trepper zu Wort kommen:

„Der Umgang mit einer Frau ist für einen Geheimagenten eine Quelle unvorhersehbarer Scherereien. Tagsüber können wir unsere Reaktionen und unsere Rede kontrollieren, aber wie soll man vermeiden, im Schlaf in seiner Muttersprache zu sprechen?“[9]

17 – ERPRESSUNG

Jeder Leser der Boulevardpresse und Konsument schlechter Agentenfilme muss annehmen, dass Erpressung ein ganz wesentliches Spionagemotiv ist. Auf den ersten Blick bestätigen das auch die hier erhobenen Zahlen. So ist es für 63 Personen = 3% das wichtigste, für 23 das zweite und für 16 das dritte Motiv. Insgesamt ist Erpressung für 102 Personen = 4,8% ein erkennbarer Antrieb. Doch jeder gute Führungsoffizier weiß, dass Erpressung, wenn überhaupt, nur mit äußerster Vorsicht angewendet werden darf. Ein auf diese Weise zur Spionage gezwungener Agent wird nie gute Leistungen erbringen und versuchen, sich seinen Auftraggebern so schnell wie möglich zu entziehen.

Unter den 63 Personen mit Erstmotiv Erpressung sind nur 10 von den Geheimdiensten demokratischer Staaten angeworben worden. Das ist nicht etwa deshalb geschehen, weil diese Organisationen grundsätzlich moralischer sind als andere, sondern war reines Zweckdenken. Je höher das Risiko, desto weniger ist Erpressung ein Antrieb zur Spionage. Andere Motivationen, die schon beschrieben worden sind, bewirken viel eher, dass ein Agent ein hohes Risiko eingeht.

Bei den 10 Personen, die von Geheimdiensten demokratischer Staaten erpresst worden sind, waren 7 Personen ursprünglich deutsche Agenten, die im Zweiten Weltkrieg in den USA (2) und in Großbritannien (5) entdeckt und „umgedreht“ worden sind. Sie hatten die Wahl, entweder hingerichtet zu werden oder sich als Doppelagenten gegen Deutschland einsetzen zu lassen.

Agent Nr. 8 war der deutsche Kriegsverbrecher Klaus Barbie, dessen Kenntnisse und Verbindungen in Westeuropa sich der amerikanische Geheimdienst mehrere Nachkriegsjahre lang zunutze machte. Barbie hatte die Wahl zwischen Zusammenarbeit mit den Amerikanern und der Auslieferung an die französische Justiz.

Agent Nr. 9 war der amerikanische Filmregisseur Boris Morros, dem das FBI Spionageaktivitäten für die Sowjetunion nachweisen konnte. Mit dem bindenden Versprechen, diese Beweise nicht zu verwerten, hohen Geldzuwendungen und dem Appell an Abenteuerlust, Leichtsinn und Bedenkenlosigkeit gelang es dem FBI, Morros umzudrehen und ihn als Doppelagenten sogar zu Reisen in die Sowjetunion zu veranlassen. Morros war erfolgreich und ist nirgends gefasst oder verurteilt worden.

Agent Nr. 10 war ein frankophoner Belgier, den der belgische Geheimdienst erfolglos gegen den Geheimdienst eines kommunistischen Staates einzusetzen versuchte.

Unter den von kommunistischen Geheimdiensten erpressten 53 Personen (Erstmotiv) waren außer dem ehemaligen SPD-Bundestagsabgeordneten Alfred Frenzel keine herausragenden Agenten. Auch bei Frenzel kam gleich nach der Erpressung das finanzielle Motiv. Die Einzelheiten sind im Buch beschrieben worden. Geht man alle Namen und Taten der insgesamt 102 erpressten Agenten durch und vergleicht ihre Leistungen mit denen ihrer anders motivierten Kollegen, so bleibt als Ergebnis, dass sich Erpressung nicht lohnt.

18 – HASS, RACHE, ÜBERSTEIGERTE ANTIPATHIE

Diese Motivationsgruppe tritt bei den untersuchten 2.100 Personen nicht häufig auf. Sie ist nur 9 mal als Erstmotiv, 19 mal als Zweit- und 3 mal als Drittmotiv vertreten. Unter denjenigen, die sich von dieser Motivation leiten ließen, befindet sich kein großer Spion mit bekanntem Namen. Trotzdem haben Hass, Rache und übersteigerte Antipathie einige Bedeutung in der Spionage gehabt. So berichtet Friedrich Bauermeister (Agricola) in seinem Buch „Spione durchbrechen die Front“ über die polnische Agentin Genia Josifowna und ihren Verlobten, die aus nationalistischem Hass gegen die Russen im Ersten Weltkrieg an der Ostfront ganz außerordentliche Leistungen vollbrachten. Der in unserer Geschichte „Die Raketendiebe von Neuburg an der Donau“ beschriebene Josef Linowski ist ebenfalls ein Beispiel für einen hasserfüllten Spion.

Leider haben die Autoren, die Spionage im Zeitalter der Nationen und des Nationalitätenhasses im späten 19. und im frühen 20. Jahrhundert beschrieben haben, auf die detaillierte Beschreibung der Spione, die vom eigenen Geheimdienst eingesetzt oder von der Abwehr enttarnt wurden, in der Regel wenig Wert gelegt und sich mit pauschalen Hinweisen begnügt. Gelingt es jedoch, durch weitere Recherchen mehr Persönlichkeitsbilder besonders aus der Zeit des Ersten und Zweiten Weltkrieges, den Unabhängigkeitskämpfen der Kolonialvölker sowie aus dem Nahostkonflikt zu gewinnen, so könnte sich das augenblickliche statistische Bild stark ändern.

Dass Hass, Rache und übersteigerte Antipathie auch immer wieder das persönliche Motiv eines beruflich frustrierten Beamten oder einer gekränkten Chefsekretärin sein kann, sollte außerdem nie vergessen werden.

19 – SCHIZOPHRENIE, WAHNVORSTELLUNGEN

Wie die einschlägigen Tabellen zeigen, ist diese Motiviationsgruppe äußerst selten und wird hier nur wegen der Vollständigkeit erwähnt. Sie ist auch nur nach der Enttarnung eines Spions erkennbar und selbst dem Agenten zur Tatzeit nicht bewusst. Ein Beispiel für einen Spion, den offensichtlich Wahnvorstellungen motiviert haben, ist der in der Geschichte „Computerspionage für Moskau" beschriebene Karl Koch.

Die hier gemeinte Motivation ist nicht zu verwechseln mit der „kontrollierten Schizophrenie", von der der Atomspion Klaus Fuchs einmal in seinen Verhören gesprochen haben soll und worunter das bewusste Agieren in zwei deutlich voneinander getrennten Rollen gemeint ist (siehe auch Motivationsgruppe 16).

20 – HILFE BEI DER EMIGRATION

Bei dieser Motivation handelt es sich eigentlich um eine besonders perfide Abart der Erpressung zur Spionage, die vor allem im 20. Jahrhundert öfter vorgekommen ist, als es die vorliegende Statistik prozentual und in absoluten Zahlen ausweist. Das eklatanteste Beispiel ist die deutsche Jüdin Lilly Stein, der die Abwehr im Dritten Reich die Emigration in die USA unter der Bedingung ermöglichte, dass sie dort einen Modesalon eröffnete, der als Spionagestützpunkt diente.

Was die Nationalsozialisten auch noch in anderen Fällen mit Juden so erfolgreich begonnen hatten, setzten die Kommunisten nach dem Zweiten Weltkrieg mit deutschstämmigen Aussiedlern aus der Sowjetunion und Rumänien fort. Sie gestatteten einem Ausreisewilligen die Übersiedlung in die Bundesrepublik Deutschland unter der Bedingung, dass er für den KGB beziehungsweise für die rumänische Securitate als Spion arbeitete. Um zu gewährleisten, dass er seine Aufträge wirklich erfüllte und sich nicht den deutschen Sicherheitsbehörden offenbarte, wurden nahe Angehörige, die auch übersiedeln wollten, erst noch jahrelang in der alten Heimat zurückgehalten, um ihnen dann als Spionagelohn für den Erstaussiedler ebenfalls die Ausreise zu gestatten. Der zuerst Ausgereiste war zu diesem Zeitpunkt bereits so in die Agententätigkeit verstrickt, dass die auftraggebenden Geheimdienste weitere Druckmittel gegen ihn in der Hand hatten.

Aufgedeckte Fälle wurden von den deutschen Behörden, aber auch von der Presse, meist sehr abstrakt und mit großer Zurückhaltung geschildert, wobei Namensnennungen in aller Regel vermieden wurden. Deshalb ist anzunehmen, dass die Anzahl der Personen, auf die die hier behandelte Motivation zutrifft, in der Realität höher liegt, als es die Tabellen 4 bis 6 ausweisen.

21 – NEUES LEBEN DURCH ÜBERLAUFEN

Diese Motivation ist aus der Geschichte der Spionage, besonders in der zweiten Hälfte des 20. Jahrhunderts, gar nicht mehr wegzudenken. Vor allem die Geheimdienste der USA und Großbritanniens entwickelten eine große Perfektion bei der Abwerbung von hochkarätigen Geheimnisträgern aus der Sowjetunion und anderen europäischen Ostblockstaaten. Nachdem es aufgrund der hypertrophen Sicherheits- und Kontrollmaßnahmen in den kommunistischen Staaten schon ab 1950 kaum noch gelang, dort direkt westliche Agenten zu platzieren oder aus der einheimischen Bevölkerung anzuwerben, war die Befragung von Überläufern als Ausweg geblieben.

Zunächst konzentrierten sich die westlichen Nachrichtendienste auf die Personen, die von sich aus kamen. Meist waren es Diplomaten, Handelsfunktionäre, Sportler, aber auch kommunistische Agenten, die einen ständigen oder vorübergehenden Aufenthalt in demokratisch regierten Industriestaaten zum Absprung nutzten. Die Unzufriedenheit mit den politischen und wirtschaftlichen Verhältnissen in der Heimat sowie die plötzliche Konfrontation mit der viel begehrenswerteren Lebensweise in einem demokratischen Staat reichten vielfach aus, um das bisherige Leben hinter sich zu lassen.

Doch die westlichen Nachrichtendienste brauchten auch noch andere Informanten, die nicht von selbst kamen und bei denen man nachhelfen musste. So wurden Raster entwickelt, um potenziell absprungbereite Personen erkennen zu können und dann zu entscheiden, ob und wie sie abgeworben werden sollten. Diplomaten und Besucher aus dem Ostblock wurden gezielt beobachtet und soweit wie möglich ausgeforscht. Wichtige Anhaltspunkte waren: Alter, Familienstand, Kinderzahl, Beruf, derzeitige Tätigkeit, Karriereaussichten, Konsumgewohnheiten, kulturelle Interessen, Sammelleidenschaft für Briefmarken, Münzen und ähnliche Dinge, aber auch sexuelle Orientierung, lockere Familienbindung, Abhängigkeit von Nikotin, Alkohol, Drogen oder Glücksspiel, allgemeiner Gesundheitszustand, chronische Erkrankungen, gesellig oder Einzelgänger und anderes.

Der ideale Kandidat für eine Abwerbung sah dann oft so aus: Männlich, um 50 Jahre alt, am Ende der beruflichen Karriere, keine Chance für weitere Auslandsaufenthalte, lockere Partnerbindung oder geschieden, aber an Frauen oder Männern weiterhin interessiert, kinderlos oder erwachsene Kinder, alkoholabhängig, aber nicht suchtkrank, konsumfreudig, geringe Chancen für die Behandlung einer bestimmten Krankheit in der Heimat, Einzelgänger. Wie man dann an den Kandidaten herankam und welches Angebot man ihm machte, hing von den individuellen Umständen ab. Ob man den Kandidaten überzeugen konnte, war eine Charakterfrage. In der Regel waren es nicht die wertvollsten Menschen, die man auf diese Weise gewann, aber als Wissensträger waren sie unentbehrlich. Die ihnen gegebenen Versprechen im Hinblick auf materielle Sicherstellung und persönlichen Schutz wurden strikt eingehalten, denn Nachfolger sollten ermuntert und nicht abgeschreckt werden.

Sieht man sich Tabelle 4 an, so haben 105 von 2.100 untersuchten Personen = 5% die Chance zum Überlaufen genutzt. Davon waren 96 Männer und 9 Frauen. Bei den 3 Überläufern im Ersten Weltkrieg handelt es sich um österreichische Soldaten tschechischer Nationalität, die nach Absprache mit dem italienischen Geheimdienst desertiert sind. Der Überläufer im Zeitraum zwischen 1919 und 1932 war ein Sowjetbürger, der in Frankreich absprang. Bei den 12 Überläufern aus der Zeit zwischen 1933 und 1945 handelt es sich in der Mehrzahl um Deutsche, die sich dem britischen Secret Service und in zwei Fällen den Geheimdiensten der USA zur Verfügung gestellt haben. Am interessantesten ist die Aufteilung der 89 Überläufer aus der Zeit zwischen 1945 und 1991:

Überläufer aus dem Osten nach		Überläufer aus dem Westen nach	
Australien	2	Bulgarien	2
BR Deutschland	18	DDR	7
Großbritannien	11	Sowjetunion	1
Kanada	2		
Österreich	1		
USA	45		
Gesamt	79	Gesamt	10

Die 8 beziehungsweise 4 Überläufer aus den Tabellen 5 und 6 werden hier vernachlässigt, weil für sie ein neues Leben durch Überlaufen nicht das wichtigste Spionagemotiv war, sondern lediglich eine Konsequenz aus anderen Gründen.

22 – HANDELN IM BERUFLICHEN AUFTRAG

Im Staatsdienst gab es stets Berufgruppen, deren Angehörige auf Weisung ihrer Vorgesetzten auch zur Spionage verpflichtet werden konnten. Dazu gehörten Diplomaten, Konsularangestellte, Mitarbeiter von Handels- und Militärmissionen, Soldaten und Offiziere der regulären Streitkräfte, aber auch hauptamtliche Mitarbeiter von Nachrichtendiensten, die zeitweise als aktive Geheimagenten eingesetzt wurden.

So hatte die Regierung des nationalsozialistischen Deutschland keinerlei Hemmungen, ihre Botschaften in aller Welt als Spionagezentralen zu missbrauchen und dort Diplomaten zu platzieren, die in erster Linie für die Abwehr oder den SD/Ausland arbeiteten. Übertroffen wurde das Dritte Reich vor und besonders nach dem Zweiten Weltkrieg nur noch durch die Sowjetunion. Westliche Geheimdienste sind für die Zeit nach 1945 davon ausgegangen, dass entweder die Hälfte oder zumindest ein Drittel des sowjetischen Botschaftspersonals in den westlichen Gaststaaten aus Agenten von KGB und GRU bestand. Anläßlich großer Spionageskandale bestätigten sich diese Prognosen stets. So wiesen die Briten und Franzosen je einmal ein Drittel des sowjetischen Botschaftspersonals in London und Paris wegen geheimdienstlicher Aktivitäten aus. Doch auch von den Botschaften der USA, Großbritanniens und Frankreichs in den Ostblockstaaten sind unbestreitbar Spionageaktivitäten ausgegangen, wenn auch in wesentlich geringerem Umfang.

Aktive Offiziere sind besonders in Spannungszeiten vor Ausbruch eines Krieges oder im Krieg selbst zu Spionagetätigkeiten verpflichtet worden. Damit ist nicht die Aufklärung durch uniformierte Verbände im eigenen Gefechtsvorfeld gemeint, sondern die aktive Agententätigkeit in ziviler Tarnung im Machtbereich des potenziellen oder bereits aktiven Kriegsgegners.

Die Motive, die die spionierenden Diplomaten und Offiziere, abgesehen vom beruflichen Auftrag, eventuell noch hatten, sind in aller Regel nicht feststellbar. Diplomaten, die als Spione überführt oder betrachtet wurden, kamen nicht vor Gericht, sondern wurden aus dem Gastland ausgewiesen. Meist erklärten sie zu Hause, dass die Vorwürfe gegen sie unberechtigt waren. Der Wahrheitsgehalt ihrer Einlassungen ist unüberprüfbar. Offiziere, die im Krieg als feindliche Spione ergriffen wurden, verurteilte man zum Tode. Falls es überhaupt Protokolle der vorangegangenen Kriegsgerichtsverfahren gibt, sind sie wenig aussagefähig. Offiziere und hauptamtliche Angehörige der gegnerischen Nachrichtendienste, die in Friedenszeiten als Spione ergriffen wurden, behielt man dagegen als Austauschobjekte für eigene Agenten in Verwahrung. Nach dem Austausch schwieg jede Seite über die Einzelheiten der eigenen und gegnerischen Taten. Das gehörte zu den vereinbarten Spielregeln.

So bleibt nur zu konstatieren, dass 436 von 2.100 Personen, das sind fast 21%, im beruflichen Auftrag aktiv spioniert haben und dabei enttarnt worden sind. Besonders interessant ist dabei, wieviele der 337 Spione aus dem Zeitraum zwischen 1945 und 1991 (Tab. 4) für die einzelnen Staaten tätig waren:

Westliche Staaten		Ostblock	
BR Deutschland	1	Bulgarien	3
Ghana	1	DDR	104
Großbritannien	3	Polen	11
USA	8	Rumänien	1
		Sowjetunion	196
		CSSR	8
		Ungarn	1
Gesamt	13	Gesamt	324

23 – SUCHT: ALKOHOL, RAUSCHGIFT, GLÜCKSSPIEL

Auch Personen, die alkoholabhängig, drogensüchtig oder dem Glücksspiel verfallen sind, können unter Umständen für Geheimdienste nützlich sein. Zahlenmäßig fällt die Gruppe (siehe Tab. 4 bis 6) nicht ins Gewicht, weil ihre Angehörigen wegen ihrer Auffälligkeit, ihrer charakterlichen Labilität und ihres Gesundheitszustandes in der Regel nicht als Langzeitagenten geeignet sind. Für das Erreichen kurzfristiger Ziele oder für eine einmalige Aktion, die keiner langen Vorbereitung bedarf, können sie jedoch durchaus brauchbar sein.

24 – KRASSE CHARAKTERLICHE LABILITÄT

Unter krasser charakterlicher Labilität wird hier ein Verhalten zusammengefasst, das man auch als völlige Hemmungslosigkeit aufgrund fehlender ethischer Wertmaßstäbe beschreiben kann. Spione, die in diesem Sinne charakterlich labil sind, setzen sich ohne Hemmungen über alle Verpflichtungen hinweg, die sich aus Familienbindungen, Partnerschaftsverhältnissen und Freundschaften ergeben. Auch Kameradschaft und Kollegialität sind ihnen völlig fremd. Sie missbrauchen jedes Vertrauen im Interesse ihrer egoistischen Ziele. Die in diesem Buch geschilderten Spione Hans Kemritz und Reino Hayhanen haben durch ihr Verhalten deutlich gezeigt, was krasse charakterliche Labilität ist.

25 – RÜCKVERSICHERUNG FÜR DIE ZEIT EINES MACHTWECHSELS

Dieses Motiv ist schwer erkennbar und auch enttarnten Spionen nur selten nachzuweisen. Doch es war für viele Geheimagenten maßgebend, die in geographischen Grenzgebieten zwischen zwei Machtblöcken lebten und sich dort unter Umständen auch als Doppelagenten betätigten, zum Beispiel im Elsass in der Zeit zwischen 1871 und 1914, in Oberschlesien zwischen 1919 und 1939 oder in Berlin nach 1945.

Dieses Motiv hatte aber auch Hans Walter Zech-Nenntwich, der im Zweiten Weltkrieg als SS-Offizier Verbrechen begangen hatte, aber schon vor Kriegsende desertierte, um sich dem britischen Secret Service zur Verfügung zu stellen. Auch der im Vorwort erwähnte Lothar Weirauch arbeitete deshalb für den SSD, weil er davon ausging, dass in den Archiven auf dem Gebiet der DDR Belastungsmaterial gegen ihn aus der nationalsozialistischen Zeit vorliegt. Beide sind in diesem Buch noch nicht beschrieben worden, weil die bis jetzt zur Verfügung stehenden Unterlagen für ein Personenporträt nicht ausreichen.

Schlussbemerkung

Jeder, der die Motivation eines Spions feststellen will, hat mit drei möglichen Schwierigkeiten zu rechen:

– Die Fakten reichen nicht aus, so dass die Motivation nicht feststellbar ist.

– Der Sachverhalt ist vollkommen aufgeklärt. Die Motivation ist trotzdem nicht eindeutig feststellbar.

– Trotz aller Bemühungen bleibt jede Feststellung einer Motivation subjektiv.

1 Ronge: Kriegs- und Industrie-Spionage, S. 70 f.
2 Höhne: Der Krieg im Dunkeln, S. 87
3 Nicolai: Geheime Mächte, S. 11 f.
4 Gramont: Der geheime Krieg, S. 22
5 Ebd., S. 25 f.
6 Urteilsbegründung, S. 240
7 Deutschland Archiv 2000/3/452 f.
8 Trepper: Die Wahrheit, S. 133
9 Ebd., S. 135

Literaturverzeichnis

Abbati, Caterina: Ich, Carmen Mory. Das Leben einer Berner Arzttochter und Gestapo-Agentin (1906-1947). Zürich 1999

Agee, Philip und **Louis Wolf** (Hrsg.)**:** Die CIA in Westeuropa. Berlin/Ost 1981

Agricola (d. i. Friedrich Bauermeister)**:** Spione durchbrechen die Front. Berlin 1933

Alexander, Günter: So ging Deutschland in die Falle. Anatomie einer Geheimdienstoperation. Düsseldorf/Wien 1976

Andrew, Christopher und **Oleg Gordiewsky:** KGB. Die Geschichte seiner Auslandsoperationen von Lenin bis Gorbatschow. München 1990

Andrew, Christopher und **Wassili Mitrochin:** Das Schwarzbuch des KGB. Moskaus Kampf gegen den Westen. Berlin 1999

Anonym: Kundschafter - Patrioten. Band 1 und 2. Leipzig 1984

Anonym: Kundschafter des Friedens. Band 1. Leipzig 1989

Arce, Luz: Die Hölle. Eine Frau im chilenischen Geheimdienst. Eine Autobiographie. Mit einem Nachwort von Thomas M. Scheerer. Hamburg 1994

Auerbach, Leopold: Denkwürdigkeiten des Geheimen Regierungsrathes Dr. Stieber. Aus seinen hinterlassenen Papieren bearbeitet. Berlin 1884

Auswärtiges Amt (Hrsg.)**:** Widerstand im Auswärtigen Dienst. Gedenkfeier für die Opfer des Widerstandes im Auswärtigen Dienst am 9. September 1994 im Auswärtigen Amt, Bonn.

Autorenkollektiv: Feliks Dzierzynski. Biographie. Berlin/Ost 1989

Backes, Uwe und **Eckhard Jesse** (Hrsg.): Extremismus und Demokratie. Jahrgänge 1-9, Bonn 1989-1997

Bailey, George/Sergey A. Kondraschow/David E. Murphy: Die unsichtbare Front. Der Krieg der Geheimdienste im geteilten Berlin. Berlin 1997

Barron, John: KGB. Arbeit und Organisation des sowjetischen Geheimdienstes in Ost und West. Mit einer ausführlichen Dokumentation und einem Beitrag von Alexander Solschenizyn. Bern/München 1974

Barron, John: KGB heute. Moskaus Spionageorganisation von innen. Bern/München 1984

Bazna, Elyesa: Ich war Cicero. Die Bekenntnisse des größten Spions des Zweiten Weltkrieges. Aufgezeichnet von Hans Nogly. München 1964

Biernat, Karl Heinz und **Luise Kraushaar:** Die Schulze-Boysen/Harnack-Organisation im antifaschistischen Kampf. Berlin/Ost 1970

Binder, Gerhart: Spione – Verräter – Patrioten. Nachrichtendienste im Schatten der Politik. Herford 1986

Binder, Heinrich: Spionagezentrale Brüssel. Der Kampf der deutschen Armee mit der belgisch-englischen Spionage und der Meisterspionin Gabrielle Petit. Aus den Paperen der Geheimagenten E. E. und M. A. Hamburg/Berlin/Leipzig 1929

Birckholtz/Eschenburg/Maassen/Mercker: Bericht der Kommission „Vorbeugender Geheimschutz" über die Prüfung von Sicherheitsfragen im Zusammenhang mit dem Fall Guillaume. Im Auftrag der Bundesregierung erstattet im November 1974. Manuskript ohne Verlag, Ort und Jahr

Bittman, Ladislav: Geheimwaffe D. Bern 1973

Bittman, Ladislav: Zum Tode verurteilt. Memoiren eines Spions. München 1984

Blake, George: Keine andere Wahl. Die Autobiographie des wichtigsten Doppelagenten aus der Ära des Kalten Krieges. Berlin 1995

Blank, Alexander S. und **Julius Mader:** Rote Kapelle gegen Hitler. Berlin/Ost 1979

Bohnsack, Günter und **Herbert Brehmer:** Auftrag Irreführung. Wie die Stasi Politik im Westen machte. Herausgegeben von Christian von Ditfurth. Hamburg 1992

Bohnsack, Günter: Hauptverwaltung Aufklärung: Die Legende stirbt. Das Ende von Wolfs Geheimdienst. Mit einem Beitrag von Jörg Gfrörer. Berlin 1997

Bolz, Lothar: Es geht um Deutschland. Reden und Aufsätze. Berlin/Ost 1951

Borgmann, Reinhard und **Jochen Staadt:** Deckname Markus. Zwei Top-Agentinnen im Herzen der Macht. Berlin 1998

Boris, Peter: Die sich lossagten. Stichworte zu Leben und Werk von 461 Exkommunisten und Dissidenten. Köln 1983

Bourke, Sean: Der Ausbruch. Hamburg 1972

Boveri, Margret: Der Verrat im 20. Jahrhundert. Hamburg 1956

Boyle, Andrew: Ring der Verräter. Fünf Spione für Rußland. Hamburg 1980

Brown, Anthony Cave: Die unsichtbare Front. Entschieden Geheimdienste den Zweiten Weltkrieg? München 1976

Buchheit, Gert: Der deutsche Geheimdienst. Geschichte der militärischen Abwehr. München 1966

Buchheit, Gert: Die anonyme Macht. Aufgaben, Methoden, Erfahrungen der Geheimdienste. Mit einer Einführung von Wilhelm Ritter von Schramm. Frankfurt am Main 1969

Buchheit, Gert: Im Würgegriff der Politik. Vom Geheimkampf der Geheimdienste. Landshut 1974

Bulloch, John und **Henry Miller:** Ideologen und Verräter. Aufbau und Zusammenbruch des Spionagerings Lonsdale. Tübingen 1961

Bundesamt für Verfassungsschutz (Hrsg.): Verfassungsschutz in der Demokratie. Beiträge aus Wissenschaft und Praxis. Köln/Bonn/München 1980
Bundesministerium für gesamtdeutsche Fragen (Hrsg.): Der Staatssicherheitsdienst. Ein Instrument der politischen Verfolgung in der sowjetischen Besatzungszone Deutschlands. Bonn 1962
Bundesminister des Innern (Hrsg.): Erfahrungsbericht über die Beobachtungen der Ämter für Verfassungsschutz im Jahre 1968
Bundesministerium des Innern bzw. **Bundesamt für Verfassungsschutz** (Hrsg.): Verfassungsschutzberichte 1972 - 1996
Chartess, Paul: Strategie und Technik der Geheimen Kriegsführung. Teil II. Geheimpolitik und Geheimdienste als Faktoren der Zeitgeschichte. Band A. Berlin 1987
Ciszek, Walter J. und **Daniel L. Flaherty**: Der Spion des Vatikan. 1939 - 1963. Dreiundzwanzig Jahre für Gott in Rußland. München 1964
Cohen, Yoel: Die Vananu Affäre. Israels geheimes Atompotential. Vorwort von Frank Barnaby. Heidelberg 1995
Coppi, Hans/Jürgen Danyel/Johann Tuchel: Die Rote Kapelle im Widerstand gegen den Nationalsozialismus. Berlin 1994
Coppi, Hans: Harro Schulze-Boysen – Wege in den Widerstand. Eine biographische Studie. Koblenz 1995
Coppi, Hans und **Geertje Andresen** (Hrsg.): Dieser Tod paßt zu mir. Harro Schulze-Boysen – Grenzgänger im Widerstand. Briefe 1915-1942. Berlin 1999
Corino, Karl (Hrsg.): Die Akte Kant. IM „Martin“, die Stasi und die Literatur in Ost und West. Reinbek bei Hamburg 1995
Corson, William R./Susan B. Trento/Joseph J. Trento: Maulwürfe. Die geheimen Kriege des KGB gegen die USA. München 1989
Dallin, David J.: Die Sowjetspionage. Prinzipien und Praktiken. Köln 1956
Dan, Ben: Der Spion aus der Wüste. Leben und Tod des israelischen Meisterspions Eli Cohen. Gütersloh o. J. (nach 1967)
Deakin F. W. und **G. R. Storry**: Richard Sorge. Die Geschichte eines großen Doppelspiels. Berlin/Darmstadt/Wien 1965
Desgranges, Pierre (Leutnant vom 2. Büro des Französischen Generalstabes, Sektion 1 Geheimer Nachrichtendienst und Gegenspionage): In geheimer Mission beim Feinde 1915-1918. Leipzig/Zürich 1930
Dietl, Wilhelm: Die Agentin des Mossad. Operation Roter Prinz. Düsseldorf/Wien/New York/Moskau 1992
Dulles, Allen W. (Auswahl und Kommentar): Der lautlose Krieg. 39 berühmte Spionagefälle. München 1968
Ebert, Ottomar: Spionage-Karussell Ost-West. Bergisch-Gladbach 1982

Eichner, Klaus und **Andreas Dobbert:** Headquarters Germany. Die USA-Geheimdienste in Deutschland. Berlin 1997

Eltgen, Hans: Ohne Chance. Erinnerungen eines HVA-Offiziers. Berlin 1995

Emde, Heiner: Verrat und Spionage in Deutschland. Texte-Bilder-Dokumente. München/Zürich 1980

Engel, Rudolf: Feinde und Freunde. Berlin/Ost 1984

Eppler, John W.: Rommel ruft Kairo. Aus dem Tagebuch eines Spions. Gütersloh 1959

Eppler, John W.: Geheimagent im II. Weltkrieg. Zwischen Berlin, Kabul und Kairo. Preußisch-Oldendorf 1974

Farago, Ladislas: Das Spiel der Füchse. Deutsche Spionage in England und den USA 1918-1945. Frankfurt am Main/Berlin 1972

Felfe, Heinz: Im Dienst des Gegners. Autobiographie. 2. Aufl., Berlin/Ost 1989

Field, Hermann und **Kate Field:** Departure Delayed. Stalins Geisel im Kalten Krieg. Hamburg 1996

Flemming, Max: Der Fall Schmeisser. München 1956

Flocken, Jan von und **Michael F. Scholz**: Ernst Wollweber. Saboteur, Minister, Unperson. Berlin 1994

Förster, Günter: Bibliographie der Diplomarbeiten und Abschlußarbeiten an der Hochschule des MfS. Reihe A: Dokumente Nr. 1/1998. Hrsg.: Der Bundesbeauftragte für die Unterlagen des Staatssicherheitsdienstes der ehemaligen Deutschen Demokratischen Republik. Abteilung Bildung und Forschung. Berlin 1998

Foote, Alexander: Handbuch für Spione. Darmstadt 1954

Franz, Helmut: Kurt Gerstein. Außenseiter des Widerstandes gegen Hitler. Zürich 1964

Freeman, Clive und **Gwynne Roberts**: Der kälteste Krieg. Professor Frucht und das Kampfstoff-Geheimnis. Frankfurt am Main/Berlin/Wien 1982

Fricke, Karl Wilhelm: Spionage und Koexistenz in Deutschland. In: Deutschland Archiv 1985/10/1029 ff.

Fricke, Karl Wilhelm: Mitteilungen und Mutmaßungen zu Markus Wolf. In: Deutschland Archiv 1987/3/229 ff.

Fricke, Karl Wilhelm: Bekenntnisse und Selbstverklärungen eines Ex-Spions. In: Deutschland Archiv 1987/6/565 ff.

Fricke, Karl Wilhelm: Entführungsopfer postum rehabilitiert. Das Schicksal des Rechtsanwalts Walter Linse. In: Deutschland Archiv 1996/5/713 ff.

Fricke, Karl Wilhelm: Postskriptun zum Fall Walter Linse. In: Deutschland Archiv 1996/6/917 ff.

Fricke, Karl Wilhelm: Ein Mann namens Linse. Schicksale aus der Zeit des Kalten Krieges. Ein Deutschlandfunk-Feature. Köln 1972

Fricke, Karl Wilhelm und **Roger Engelmann**: Konzentrierte Schläge. Staatssicherheitsaktionen und politische Prozesse in der DDR 1953-1956. Berlin 1998

Friedländer, Saul: Spion im Lager der Mörder. Kurt Gerstein: Ein SS-Mann sabotiert die Endlösung. München 1969

Frucht, Maria und **Adolf Henning Frucht:** Briefe aus Bautzen II. Berlin 1992

Fuchs, Jürgen: Magdalena. MfS, Memphisblues, Stasi, Die Firma, VEB Horch & Gauck – ein Roman. Berlin 1998

Gast, Gabriele: Kundschafterin des Friedens. 17 Jahre Topspionin der DDR beim BND. Frankfurt am Main 1999

Gebauer, Karl: Doppelagent. Erinnerungen. Berlin 1979

Geheime Kommandosache. Hinter den Kulissen des II. Weltkrieges. 2 Bände. 3. Aufl., Stuttgart/Zürich/Wien 1976

Gehlen, Reinhard: Der Dienst. Erinnerungen 1942-1971. Mainz/Wiesbaden 1971

Gehlen, Reinhard: Verschlußsache. Mainz 1980

Gellermann, Günther W.: ...und lauschten für Hitler. Geheime Reichssache: Die Abhörzentralen des Dritten Reiches. Bonn 1991

Goliath, Inge: Das Interview. Inge Goliath enthüllt Geheimnisse des Dr. Werner Marx. Broschüre ohne Verlag, Ort und Jahr (Berlin/Ost 1982, verfasst vom SSD)

Goljakow, Sergej und **Wladimir Ponisewski**: Richard Sorge. Kundschafter und Kommunist. Biografie. Berlin/Ost 1982

Grabner, Hasso und **Heinz Mildner**: Der Weg nach Hause. Berlin/Ost 1963

Gramont, Sanche de: Der geheime Krieg. Die Geschichte der Spionage seit dem Zweiten Weltkrieg. Wien/Berlin/Stuttgart 1962, TB-Ausg. München1964

Greene, Graham (Hrsg.): Tatsächliche und erdichtete Spionagegeschichten, -fälle und -affären von und mit Johann Wolfgang von Goethe, Peter Cheyney und vielen anderen. Zürich 1975

Griebel, Regina/Marlies Coburger/Heinrich Scheel: Erfasst? Das Gestapo-Album zur Roten Kapelle. Eine Foto-Dokumentation. Halle 1992

Große, Lea: Eine Inventur. Berlin/Ost 1982

Im Kampf bewährt. Erinnerungen an **Richard Großkopf.** Ohne Verfasser, Verlag, Ort und Jahr (gedruckt in Leipzig 1984, Ausgabe im Auftrag des SSD, nie im Buchhandel)

Grote, Hans Henning Freiherr (Hrsg): Vorsicht! Feind hört mit! Eine Geschichte der Weltkriegs- und Nachkriegsspionage. Neue durchges. und verbesserte Aufl., Dresden 1937

Günther, Heinz: Wie Spione gemacht wurden. Berlin o. J. (1992)

Guillaume, Günter: Die Aussage. Wie es wirklich war. München 1990

Gunzenhäuser, Max: Geschichte des geheimen Nachrichtendienstes (Spionage, Sabotage und Abwehr). Literaturbericht und Bibliographie. Frankfurt am Main 1968

Haase, Dieter: Mein Name ist Haase – ich weiß zuviel?! Ein Doppelagent berichtet über unheimliche Dienste, Regierungskriminalität. Celle 1993

Henkel, Rüdiger: Im Dienste der Staatspartei. Über Parteien und Organisationen der DDR. Hrsg. von der Unabhängigen Kommission zur Überprüfung des Vermögens der Parteien und Massenorganisationen der DDR. Baden-Baden 1994

Hermes, E. A.: Die Kriegsschauplätze und die Bedingungen der Kriegsführung. Luzern 1941

Herms, Michael und **Gert Noack:** Aufstieg und Fall des Robert Bialek. Berlin 1998

Herz, Peter: Berlin Lichtenberg, Normannenstraße 22. Agentenzentrale des SSD. Hrsg. vom Untersuchungsausschuß Freiheitlicher Juristen. Berlin 1961

Höhne, Heinz: Kennwort Direktor. Die Geschichte der Roten Kapelle. Frankfurt am Main 1970

Höhne, Heinz: Canaris. Patriot im Zwielicht. München 1976

Höhne, Heinz: Der Krieg im Dunkeln. Macht und Einfluß der deutschen und russischen Geheimdienste. Frankfurt am Main/Berlin 1988

Horchem, Hans Josef: Der Fall Tiedge und die Folgen. In: Beiträge zur Konfliktforschung 1985/4

Hyde, H. Montgomery: Cynthia. Geliebte und Geheimagentin. Meisterspionin im 2. Weltkrieg. Velbert/Kettwig 1966

Irnberger Harald: Nelkenstrauß ruft Praterstern. Am Beispiel Österreich: Funktion und Arbeitsweise geheimer Nachrichtendienste in einem neutralen Staat. Wien 1981

Jakob, Bernd: Geheime Nachrichtendienste und Globalisierung. Der Faktor „Intelligence“ zwischen staatenweltlicher Bedrohungsanalyse und weltgeschichtlicher Risikorezeption. Frankfurt am Main 1999

Jakovlev, N. N.: CIA contra UdSSR. Berlin/Ost 1985

Joesten, Joachim: CIA. Wie der amerikanische Geheimdienst arbeitet. München 1958

Joffroy, Pierre: Der Spion Gottes. Kurt Gerstein – ein SS-Offizier im Widerstand? 2. Aufl., Berlin 1995

John, Otto: Zweimal kam ich heim. Vom Verschwörer zum Schützer der Verfassung. Düsseldorf/Wien 1969

Kasnatschejew, Aleksander: Wegweiser nach Westen. Erlebnisse eines Sowjetdiplomaten. Köln o. J.

Kaufmann, Bernd/Eckhard Reisener/Dieter Schwips/Henri Walther: Der Nachrichtendienst der KPD 1919 - 1937. Berlin 1993

Kegel, Gerhard: In den Stürmen unseres Jahrhunderts. Ein deutscher Kommunist über sein ungewöhnliches Leben. 3. Aufl., Berlin/Ost 1987

Kern, Erich: Verrat an Deutschland. Spione und Saboteure gegen das eigene Vaterland. Göttingen 1963

Keworkow, Wjatscheslaw: Der geheime Kanal. Moskau, der KGB und die Bonner Ostpolitik. Mit einem Nachwort von Egon Bahr. Berlin 1995

Kießling, Wolfgang: Partner im Narrenparadies. Der Freundeskreis um Noël Field und Paul Merker. Berlin 1994

Kießling, Wolfgang: Leistner ist Mielke. Schatten einer gefälschten Biographie. Berlin 1998

Helmut Kindler zum 70. Geburtstag. Beiträge von Freunden und Mitarbeitern, hrsg. von Wolfgang Keienburg. Zürich 1982

Kindler, Helmut: Zum Abschied ein Fest. Die Autobiographie eines deutschen Verlegers. München 1992

Kisch, Egon Erwin: Käsebier und Fridericus Rex. In: Gesammelte Werke in Einzelausgaben, Band 11/2. Prager Pitaval. Berlin/Weimar 1975

Kisch, Egon Erwin: Der Fall des Generalstabschefs Redl. In: Gesammelte Werke in Einzelausgaben, Band 11/2. Prager Pitaval. Berlin/Weimar 1975

Kisch, Egon Erwin: Wie ich erfuhr, dass Redl ein Spion war. In: Gesammelte Werke in Einzelausgaben, Band VII. Marktplatz der Sensationen. Berlin/Weimar 1974

Knabe, Hubertus u. a.: Die „West-Arbeit“ des MfS und ihre Wirkungen. Als Manuskript gedruckt. Berlin 1998

Knabe, Hubertus u. a.: West-Arbeit des MfS. Das Zusammenspiel von „Aufklärung“ und „Abwehr“. 2. Aufl., Berlin 1999

Knabe, Hubertus: Die unterwanderte Republik. Stasi im Westen. Berlin 1999

Knightley, Phillip: Die Geschichte der Spionage im 20. Jahrhundert. Aufbau und Organisation, Erfolge und Niederlagen der grossen Geheimdienste. Bern/München/Wien 1989

Knopp, Guido in Zusammenarbeit mit **Peter Adler** u. a.: Top-Spione. Verräter im Geheimen Krieg. München 1994

Koch, Peter Ferdinand: Die feindlichen Brüder. DDR contra BRD. Eine Bilanz nach 50 Jahren Bruderkrieg. Bern/München/Wien 1994

Menschen, ich hatte euch lieb, seid wachsam! Erinnerungen an **Robert Korb.** 2. überarb. Aufl. 1985 (ohne Verfasser, Verlag und Ort, Ausgabe des SSD, gedruckt in Leipzig, nie im Buchhandel)

Kramish, Arnold: Der Greif. Paul Rosbaud – der Mann, der Hitlers Atompläne scheitern ließ. München 1987

Krivitsky, Walter: Ich war in Stalins Dienst. Amsterdam 1940

Kuckhoff, Greta: Vom Rosenkranz zur Roten Kapelle. Ein Erlebnisbericht. 7. Aufl., Berlin/Ost 1986

Kühn, Detlef: Ein eingefleischter Feind der DDR. Die Entführung des UfJ-Mitarbeiters Erwin Neumann durch Angehörige des MfS 1958. In: Deutschland Archiv 2000/6/914 ff.

Kundschafter des Friedens. Band I (siehe bei Anonym)

Kundschafter – Patrioten. Band I und II (siehe bei Anonym)

Kunze, Reiner: Deckname Lyrik. Eine Dokumentation. Frankfurt am Main 1990

Labrenz-Weiß, Hanna: Die Hauptabteilung II: Spionageabwehr. In: Anatomie der DDR-Staatssicherheit. MfS-Handbuch Teil III/7. Hrsg. vom Bundesbeauftragten für die Unterlagen des Staatssicherheitsdienstes der ehemaligen Deutschen Demokratischen Republik. Berlin 1997

Deckname Stabil. Stationen aus dem Leben und Wirken des Kommunisten und Tschekisten **Paul Laufer**. Leipzig 1988 (ohne Verfasser und Verlag, offensichtlich Auftragsarbeit des MfS der DDR, nie im Buchhandel)

Die lautlose Macht. Band I und II (37 aufsehenerregende Spionagefälle). Stuttgart/Zürich/Wien 1985

Lawrence, T. E.: Leben ohne Legende. München 1955

Lettow-Vorbeck, Paul von (Hrsg.): Die Weltkriegsspionage. München 1931

Lewis, Flora: Bauer im roten Spiel. Das Leben des Noël H. Field. Berlin/Frankfurt am Main/Wien 1965

Lewytzkyj, Boris: Die rote Inquisition. Die Geschichte der sowjetischen Sicherheitsdienste. Frankfurt am Main 1967

Liston, Robert: Spione und Spionage. Tatsachenberichte über berühmte Fälle. Genf 1971

Loeff, Wolfgang: Spionage. Aus den Papieren eines Abwehroffiziers. Stuttgart 1950

Loest, Erich: Der Zorn des Schafes. Aus meinem Tagewerk. 2. Aufl., Leipzig 1990

Lonsdale, Gordon: Spy. Twenty years of secret service. Memoirs. London 1965

Lotz, Wolfgang: Fünftausend für Lotz. Der Bericht des israelischen Meisterspions Wolfgang Lotz. Frankfurt am Main 1975

Lynder, Frank: Spione in Hamburg und auf Helgoland. Neuentdeckte Geheimdokumente aus der napoleonischen Zeit. Hamburg 1964

Mader, Julius: Dr. Sorge-Report. Berlin/Ost 1984

Mankowska, Klementyna: Odyssee einer Agentin. Ein Frauenschicksal im Zweiten Weltkrieg. Berlin 1995

Markus, Georg: Der Fall Redl. Mit unveröffentlichten Geheimdokumenten zur folgenschwersten Spionage-Affaire des Jahrhunderts. 2. Aufl., Wien/München 1984

Marx, Karl und **Friedrich Engels:** Werke. Band 8 der Ausgabe in 42 Bänden. Hrsg. vom Institut für Marxismus-Leninismus beim ZK der SED. Berlin/Ost 1978

Massing, Hede: Die große Täuschung. Geschichte einer Sowjetagentin. Freiburg/Basel/Wien o. J. (ca. 1953)

Masterman, John C.: Unternehmen Doppelspiel. Sir John Mastermans Geheimbericht an die Regierung seiner Majestät. Der Kampf zwischen deutscher Spionage und britischer Abwehr im Zweiten Weltkrieg. Wien/München/Zürich 1973

Mauch, Christof: Schattenkrieg gegen Hitler. Das Dritte Reich im Visier der amerikanischen Geheimdienste 1941-1945. Stuttgart 1999

Mayenburg, Ruth von: Blaues Blut und rote Fahnen. Ein Leben unter vielen Namen. Wien/München/Zürich 1969

Meinl, Susanne: Im Mahlstrom des Kalten Krieges. Friedrich Wilhelm Heinz und die Anfänge der westdeutschen Nachrichtendienste 1945-1955. In Wolfgang Krieger und Jürgen Weber: Spionage für den Frieden? Nachrichtendienste in Deutschland während des Kalten Krieges. München/Landsberg am Lech 1997

Meinl, Susanne: Nationalsozialisten gegen Hitler. Die nationalrevolutionäre Opposition um Friedrich Wilhelm Heinz. Berlin 2000

Mitter, Armin und **Stefan Wolle** (Hrsg.)**:** Ich liebe euch doch alle! Befehle und Lageberichte des MfS. Januar - November 1989. 2. Aufl., Berlin 1990

Möchel, Kid: Der geheime Krieg der Agenten. Spionagedrehscheibe Wien. Hamburg 1997

Morozow, Michael: Die Falken des Kreml. Die sowjetische Militärmacht von 1917 bis heute. München/Wien 1984

Müller-Enbergs, Helmut: Der Fall Rudolf Herrnstadt. Tauwetterpolitik vor dem 17. Juni. Berlin 1991

Müller-Enbergs, Helmut (Hrsg.)**:** Inoffizielle Mitarbeiter des Ministeriums für Staatssicherheit. Teil 2: Anleitungen für die Arbeit mit Agenten, Kundschaftern und Spionen in der Bundesrepublik Deutschland. Berlin 1998

Müller-Enbergs, Helmut/Jan Wielgohs/Dieter Hoffmann (Hrsg.) unter Mitarbeit von Olaf W. Reimann und Bernd-Rainer Barth: Wer war wer in der DDR? Ein biographisches Lexikon. Überarb. und erw. Neuausgabe, Berlin 2000

Newman, Bernard: Spionage. Mythos und Wirklichkeit. München/Esslingen 1962

Nicolai, Walter: Geheime Mächte. Internationale Spionage und ihre Bekämpfung im Weltkrieg und heute. 3. Aufl., Leipzig 1925

Noetzel, Thomas: Die Faszination des Verrats. Hamburg 1989

Olivier, Stefan: Geliebte Genossin. Die Lebensgeschichte der Helga Wannenmacher. München o. J. (1972)

Ostrovsky, Victor und **Claire Hoy:** Der Mossad. Ein Ex-Agent enthüllt Aktionen und Methoden des israelischen Geheimdienstes. Hamburg 1991

Page, Bruce/David Leitch/Phillip Knightley: Philby. Der Spion, der seine Generation verriet. Vorwort von John le Carré. Reinbek 1968

Paul, Elfriede: Ein Sprechzimmer der Roten Kapelle. 2. Aufl., Berlin/Ost 1983

Peet, John: Der Spion, der keiner war. Mit einem Vorwort von Len Deighton. Wien/Zürich 1991

Penkowskij, Oleg: Geheime Aufzeichnungen. Hrsg. und eingel. von Frank Gibney. Vorwort von Edward Crankshaw. München/Zürich 1966

Perrault, Gilles: Auf den Spuren der Roten Kapelle. Reinbek bei Hamburg 1969

Pfister, Elisabeth: Unternehmen Romeo. Die Liebeskommandos der Stasi. Berlin 1999

Pethö, Albert: Agenten für den Doppeladler. Österreich-Ungarns Geheimer Dienst im Weltkrieg. Graz/Stuttgart 1998

Philby, Kim: Im Secret Service. Erinnerungen eines sowjetischen Kundschafters. Berlin/Ost 1983

Piekalkiewicz, Janusz: Spione, Agenten, Soldaten. Geheime Kommandos im Zweiten Weltkrieg. Überarb. Neuaufl., München 1988

Piekalkiewicz, Janusz: Weltgeschichte der Spionage. Agenten – Systeme – Aktionen. Mit einem Vorwort von Richard Meier. München 1988

Pötzl, Norbert F.: Basar der Spione. Die geheimen Missionen des DDR-Unterhändlers Wolfgang Vogel. Hamburg 1997

Polmar, Norman und **Thomas B. Allen:** The Encyclopedia of Espionage. New York 1997

Posser, Diether: Anwalt im kalten Krieg. Ein Stück deutscher Geschichte in politischen Prozessen 1951 - 1968. München 1991

Powers, Thomas: CIA. Die Geschichte. Die Methoden. Die Komplotte. Ein Insider-Bericht. Hamburg 1980

Rado, Sandor: Dora meldet... Berlin/Ost 1980

Reile, Oscar: Geheime Westfront. Die Abwehr 1935-1945. München/Wels 1962

Reile, Oscar: Geheime Ostfront. Die deutsche Abwehr im Osten 1921-1945. München/Wels 1963

Reile, Oscar: Frauen im Geheimdienst. Illertissen o. J. (ca. 1978)

Reile, Oscar: Der deutsche Geheimdienst im II. Weltkrieg. Der Kampf der Abwehr im westlichen Operationsgebiet, in England und Nordafrika. Augsburg 1989

Richter, Peter und **Klaus Rösler:** Wolfs West-Spione. Ein Insider-Report. Berlin 1992

Richter, Walter: Der militärische Nachrichtendienst der Nationalen Volksarmee der DDR. Magisterarbeit, Universität Bonn 1999

Ritter, Nikolaus: Deckname Dr. Rantzau. Die Aufzeichnungen des Nikolaus Ritter, Offizier im Geheimen Nachrichtendienst. Hamburg 1972

Rittlinger, Herbert: Geheimdienst mit beschränkter Haftung. Bericht vom Bosporus. Stuttgart 1973

Rojas, Marta und **Mirta Rodriguez Calderón:** Tanja, La Guerrillera. 7. Aufl., Berlin/Ost 1989

Ronge, Max: Kriegs- und Industriespionage. Zwölf Jahre Kundschafterdienst. Zürich/Leipzig/Wien 1930, Volksausgabe ebd. 1935

Sahm, Ulrich: Rudolf von Scheliha 1897-1942. Ein deutscher Diplomat gegen Hitler. München 1990

Schell, Manfred und **Werner Kalinka:** Stasi und kein Ende. Die Personen und Fakten. Frankfurt am Main/Berlin 1991

Schellenberg, Walter: Aufzeichnungen. Die Memoiren des letzten Geheimdienstchefs unter Hitler. Wiesbaden/München 1979

Schievelbusch, Wolfgang: Vor dem Vorhang. Das geteilte Berlin 1945 - 1948. München/Wien 1995

Schlomann, Friedrich Wilhelm: Operationsgebiet Bundesrepublik. Spionage, Sabotage und Subversion. München 1984; vollständig überarb. und erw. Ausgabe, Frankfurt am Main/Berlin 1989

Schlomann, Friedrich Wilhelm: Die Maulwürfe. Die Stasi-Helfer im Westen sind immer noch unter uns. Frankfurt am Main/Berlin 1994

Scholz, Michael F.: Bauernopfer der deutschen Frage. Der Kommunist Kurt Vieweg im Dschungel der Geheimdienste. Berlin 1997

Schwan, Heribert: Erich Mielke. Der Mann, der die Stasi war. München 1997

Schwienhorst, Carl: Der Spion. Schwank in einem Akt. Warendorf in Westfalen o. J.

Siebert, Eberhard: War Heinrich von Kleist als Industriespion in Würzburg? In: Jahrbuch Preußischer Kulturbesitz, Band XXII. Berlin 1986

Singer, Kurt: Die größten Spioninnen der Welt. Bern 1954

Soltikow, Michael Graf: Die Katze. Hamburg 1956

Soltikow, Michael Graf: Rittmeister Sosnowski. München 1961

Soltikow, Michael Graf: Meine Jahre bei Canaris. Wien 1980

Stehle, Hansjakob: Graue Eminenzen – Dunkle Existenzen. Geheimgeschichten aus vatikanischen und anderen Hinterhöfen. Düsseldorf 1998

Stephan, Enno: Geheimauftrag Irland. Deutsche Agenten im irischen Untergrundkampf 1939-1945. Oldenburg/Hamburg 1961
Stieber, Wilhelm J. C. E.: Spion des Kanzlers. Die Enthüllungen von Bismarcks Geheimdienstchef. Stuttgart 1978
Stiller, Werner: Im Zentrum der Spionage. Mit einem Nachwort von Karl Wilhelm Fricke. Mainz 1986, 2. Aufl. Bergisch-Gladbach 1989
Stöver, Bernd: Der Fall Otto John. Neue Dokumente zu den Aussagen des deutschen Geheimdienstchefs gegenüber MfS und KGB. In: Vierteljahrshefte für Zeitgeschichte 1999/1/103 ff.
Ströbinger, Rudolf: Stalin enthauptet die Rote Armee. Der Fall Tuchatschewskij. Stuttgart 1990
Strong, Sir Kenneth: Die Geheimnisträger. Männer im Nachrichtendienst. Wien/Hamburg 1970
Suworow, Viktor: GRU. Die Speerspitze. Spionage-Organisation und Sicherheitsapparat der Roten Armee – Aufbau, Ziele, Strategie, Arbeitsweise und Führungskader. Bern/München/Wien 1985
Tiedge, Hansjoachim: Der Überläufer. Eine Lebensbeichte. Berlin 1998
Tjulpanow, Sergej: Deutschland nach dem Kriege (1945-1949). Erinnerungen eines Offiziers der Sowjetarmee. Hrsg. und mit einem Nachwort von Stefan Doernberg. Berlin/Ost 1986
Tophoven, Rolf: Sterben für Allah. Die Schiiten und der Terrorismus. Herford 1991
Trepper, Leopold: Die Wahrheit. Autobiographie. München 1975
Tuck, Yay und **Karlhans Liebl** (Hrsg.): Direktorat T. Industriespionage des Ostens. Heidelberg 1998
Tumanow, Oleg: Geständnisse eines KGB-Agenten. Berlin 1993
Valtin, Jan (d. i. Richard Krebs): Tagebuch der Hölle. Köln/Berlin 1957
Verfassungsschutzbericht: Siehe unter Bundesministerium des Innern bzw. Bundesamt für Verfassungsschutz
Voelkner, Hans: Salto mortale. Vom Rampenlicht zur unsichtbaren Front. Berlin/Ost 1989
Wagenaar, Sam: Sie nannte sich Mata Hari. Bild eines Lebens – Dokument einer Zeit. Gütersloh o. J.
Wagner, Helmut: Schöne Grüße aus Pullach. Operationen des BND gegen die DDR. Berlin 2000
Wagner, Klaus: Die Sitzung ist eröffnet. Spione vor dem Oberlandesgericht Düsseldorf. Ein Richter erinnert sich. Als Manuskript gedruckt (ohne Verlag, Ort und Jahr, ca. 1997)
Waupschassow, Stanislaw: Vierzig Jahre in der sowjetischen Aufklärung. 2. Aufl., Moskau 1981

Wehner, Wolfgang: geheim. Ein Dokumentarbericht über die deutschen Geheimdienste. Stuttgart/Hamburg 1960

Wennerström, Stig: Mein Verrat. Erinnerungen eines Spions. München/Berlin 1973

Werner, Ruth: Sonjas Rapport. Berlin/Ost 1977

Wilkening, Christina: Staat im Staate. Auskünfte ehemaliger Stasi-Mitarbeiter. Berlin/Weimar 1990

Wise, David: Flucht nach Moskau. Wie der CIA-Agent Edward Lee Howard die eigenen Geheimdienste aufs Kreuz legte. München 1988

Wolf, Markus: Spionagechef im geheimen Krieg. Erinnerungen. München 1997

Wolf, Stephan: Einblicke. Geschichte und Verflechtungen des MfS in der ehemaligen DDR. Berlin 1990 (Selbstverlag)

Woodward, Bob: Geheimcode Veil. Reagan und die geheimen Kriege der CIA. München 1987

Wright, Peter und **Paul Greengrass:** Spycatcher. Enthüllungen aus dem Secret Service. Frankfurt am Main/Berlin 1988

Wulf, Rainer: Biographische Studie Lothar Bolz. Diplomarbeit, Karl-Marx-Universität Leipzig 1990

Wynne, Greville: Der Mann aus Moskau. Stuttgart 1967

Zapata, José A. Friedl: Tania. Die Frau, die Che Guevara liebte. Berlin 1997

Zarew, Oleg und **John Costello:** Der Superagent. Der Mann, der Stalin erpreßte. Wien 1993

Zucker, Ruth: Im Auftrag für Israel. Mein Leben als Spionin. München 1998

Abkürzungsverzeichnis

B.St.U.	Der Bundesbeauftragte für die Unterlagen des Staatssicherheitsdienstes der ehemaligen Deutschen Demokratischen Republik
BfV	Bundesamt für Verfassungsschutz
BHE	Bund der Heimatvertriebenen und Entrechteten
BND	Bundesnachrichtendienst
BRD	Bundesrepublik Deutschland
CDU	Christlich Demokratische Union
CIA	Central Intelligence Agency (Auslandsgeheimdienst der USA)
CSU	Christlich Soziale Union
CVJM	Christlicher Verein Junger Männer
DBD	Demokratische Bauernpartei Deutschlands
DDR	Deutsche Demokratische Republik
DSAP	Deutsche Sozialistische Arbeiterpartei (in der Tschechoslowakei bis 1938)
DSF	Gesellschaft für Deutsch-Sowjetische Freundschaft
FBI	Federal Bureau of Investigation (Bundespolizei der USA)
FDP	Freie Demokratische Partei
Gestapo	Geheime Staatspolizei (im Dritten Reich)
GPU	Gossudarstwennoje Politischeskoje Uprawlenije = Staatliche Politische Verwaltung (in der Praxis Vorläuferorganisation des KGB)
GRU	Glawnoje Raswedywatjelnoje Uprawlenije = Nachrichtendienstliche Hauptverwaltung des Generalstabs der sowjetischen Streitkräfte
HJ	Hitler-Jugend
HVA	Hauptverwaltung Aufklärung (Bestandteil des Ministeriums für Staatssicherheit der DDR und zuständig für die Spionage außerhalb der DDR)
IM	Informeller Mitarbeiter
KGB	Komitet Gossudarstwennoi Besopasnosti = Staatssicherheitsdienst der Sowjetunion
KJVD	Kommunistischer Jugendverband Deutschlands
KPD	Kommunistische Partei Deutschlands
KPdSU	Kommunistische Partei der Sowjetunion
KSZE	Konferenz für Sicherheit und Zusammenarbeit in Europa

KZ	Konzentrationslager
LDPD	Liberal-Demokratische Partei Deutschlands
LfV	Landesamt für Verfassungsschutz
MAD	Militärischer Abschirmdienst (in der deutschen Bundeswehr)
MfS	Ministerium für Staatssicherheit (der DDR)
Mil.ND	Militärischer Nachrichtendienst der DDR (für aktive Spionage)
NATO	North Atlantic Treaty Organization (Nordatlantische Verteidigungsgemeinschaft)
NDPD	National-Demokratische Partei Deutschlands
NKFD	Nationalkomitee Freies Deutschland
NS	Nationalsozialistisch
NSDAP	Nationalsozialistische Deutsche Arbeiterpartei
NVA	Nationale Volksarmee (der DDR)
OibE	Offizier im besonderen Einsatz (für den SSD der DDR)
ÖTV	Gewerkschaft Öffentliche Dienste, Transport und Verkehr
PSK	Psychologische Kampfführung
RAD	Reichsarbeitsdienst
RM	Reichsmark (deutsche Währung bis 1948)
RSHA	Reichssicherheitshauptamt (im Dritten Reich)
SA	Sturm-Abteilungen (Unterorganisation der NSDAP)
SAJ	Sozialistische Arbeiterjugend
SBZ	Sowjetische Besatzungszone (in Deutschland)
SD/Ausland	Sicherheitsdienst Ausland (Nationalsozialistische Spionageorganisation im Dritten Reich, die neben der Abwehr tätig war)
SDECE	Service de documentation exterieure et de contrespionage (französischer Auslandsgeheimdienst)
SED	Sozialistische Einheitspartei Deutschlands
SMAD	Sowjetische Militäradministration in Deutschland
SPD	Sozialdemokratische Partei Deutschlands
SS	Schutzstaffeln der NSDAP (im Dritten Reich Parallelorganisation der deutschen Wehrmacht [Waffen-SS] sowie Bewachungs- und Verwaltungspersonal der Konzentrationslager, auch Leibwache der NS-Führer [allgemeine SS])
SSD	Staatssicherheitsdienst in der DDR
Stasi	Volkstümliche Abkürzung für den Staatssicherheitdienst der DDR
UfJ	Untersuchungsausschuss freiheitlicher Juristen
VVN	Vereinigung der Verfolgten des Naziregimes
ZK	Zentralkomitee

Personen- und Decknamenregister

Decknamen erscheinen in kursiver Schrift

Bildnachweis

Bilderdienst Süddeutscher Verlag, München: 13 (S. 85, 167, 177, 199, 215, 289, 332, 355 [2], 364 [2]. 389, 397)
Ullstein Bilderdienst, Berlin: 9 (S. 39, 69 [auch Umschlag], 143, 158, 198, 255, 338, 339, 340)
dpa Bildarchiv, Frankfurt/M.: 9 (118, 290, 299, 311, 319, 376, 403 [2], 419)
Bundesarchiv, Koblenz: 7 (S. 32 [auch Umschlag], 41, 111, 133, 285, 305 [auch Umschlag], 316)
Gedenkstätte Deutscher Widerstand, Berlin: 1 (S. 63)
Agence France Press: 1 (S. 369)

Trotz gründlicher Recherche waren die Rechteinhaber der weiteren verwendeten Abbildungen nicht zu ermitteln. Berechtigte Ansprüche können beim Verlag geltend gemacht werden.